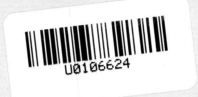

故宮

請貼郵票

九龍紅磡
鶴園東街4號
恒藝珠寶大廈二樓
商務印書館(香港)有限公司
顧客服務部收

故宮博物院藏文物珍品全集

清代書法

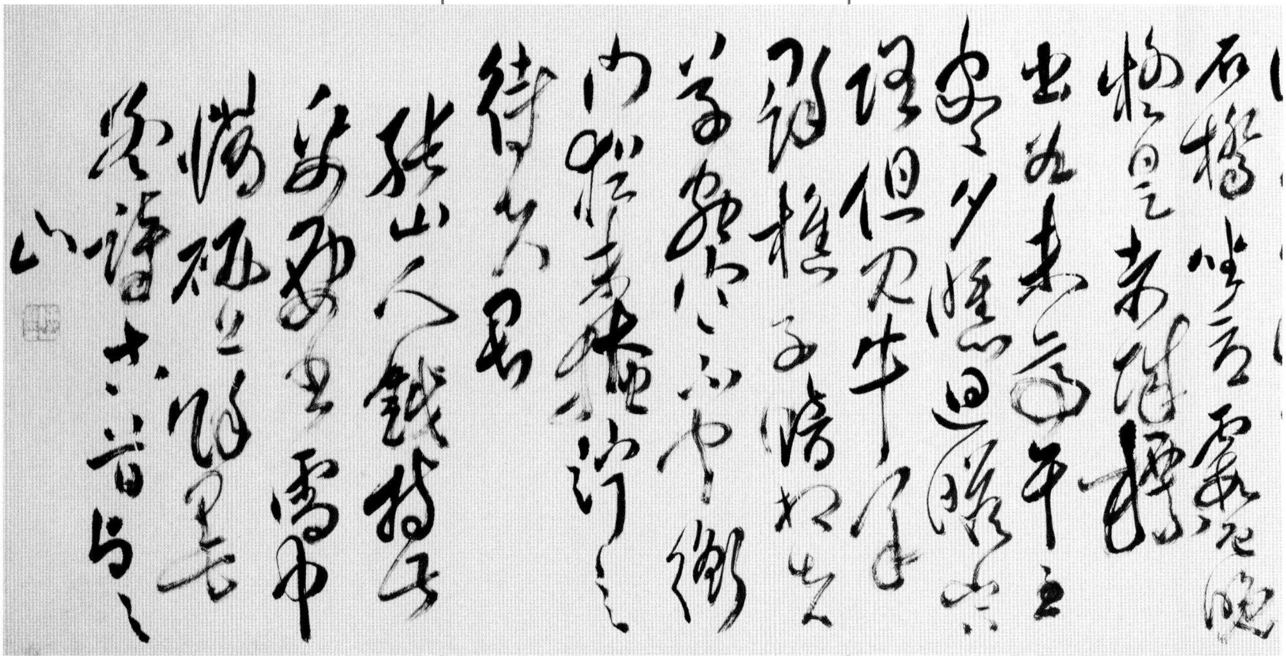

主編：單國強

商務印書館

清代書法

Calligraphy of the Qing Dynasty

故宮博物院藏文物珍品全集

The Complete Collection of Treasures of the Palace Museum

主　編 ………………… 單國強
副主編 ………………… 馬季戈
編　委 ………………… 傅紅展　華寧　李艷霞
攝　影 ………………… 馮　輝

出版人 ………………… 陳萬雄
編輯顧問 ………………… 吳　空
責任編輯 ………………… 段國強
設　計 ………………… 王　強
出　版 ………………… 商務印書館(香港)有限公司
香港筲箕灣耀興道3號東滙廣場8樓
http://www.commercialpress.com.hk
製　版 ………………… 中華商務彩色印刷有限公司
香港新界大埔汀麗路36號中華商務印刷大廈
印　刷 ………………… 中華商務彩色印刷有限公司
香港新界大埔汀麗路36號中華商務印刷大廈
版　次 ………………… 2001年12月第1版第1次印刷

ISBN 962 07 5338 0

All inquiries should be directed to:
The Commercial Press (Hong Kong) Ltd.
8/F., Eastern Central Plaza, 3 Yiu Hing Road, Shau Kei Wan, Hong Kong.

故宮博物院藏文物珍品全集

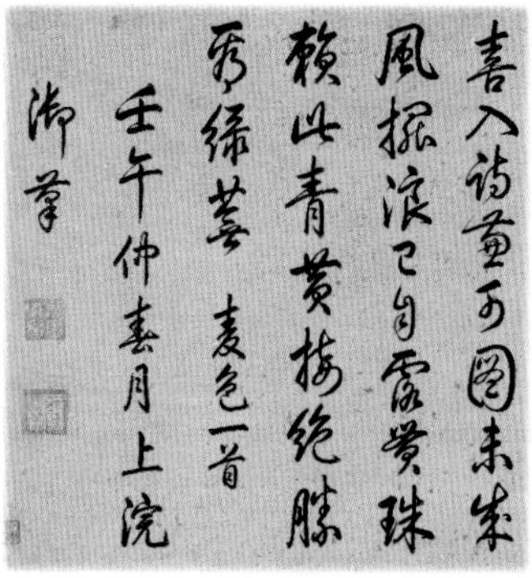

總序

楊新

故宮博物院是在明、清兩代皇宮的基礎上建立起來的國家博物館，位於北京市中心，佔地72萬平方米，收藏文物近百萬件。

公元1406年，明代永樂皇帝朱棣下詔將北平升為北京，翌年即在元代舊宮的基址上，開始大規模營造新的宮殿。公元1420年宮殿落成，稱紫禁城，正式遷都北京。公元1644年，清王朝取代明帝國統治，仍建都北京，居住在紫禁城內。按古老的禮制，紫禁城內分前朝、後寢兩大部分。前朝包括太和、中和、保和三大殿，輔以文華、武英兩殿。後寢包括乾清、交泰、坤寧三宮及東、西六宮等，總稱內廷。明、清兩代，從永樂皇帝朱棣至末代皇帝溥儀，共有24位皇帝及其后妃都居住在這裏。1911年孫中山領導的“辛亥革命”，推翻了清王朝統治，結束了兩千餘年的封建帝制。1914年，北洋政府將瀋陽故宮和承德避暑山莊的部分文物移來，在紫禁城內前朝部分成立古物陳列所。1924年，溥儀被逐出內廷，紫禁城後半部分於1925年建成故宮博物院。

歷代以來，皇帝們都自稱為“天子”。“普天之下，莫非王土；率土之濱，莫非王臣”（《詩經·小雅·北山》），他們把全國的土地和人民視作自己的財產。因此在宮廷內，不但匯集了從全國各地進貢來的各種歷史文化藝術精品和奇珍異寶，而且也集中了全國最優秀的藝術家和匠師，創造新的文化藝術品。中間雖屢經改朝換代，宮廷中的收藏損失無法估計，但是，由於中國的國土遼闊，歷史悠久，人民富於創造，文物散而復聚。清代繼承明代宮廷遺產，到乾隆時期，宮廷中收藏之富，超過了以往任何時代。到清代末年，英法聯軍、八國聯軍兩度侵入北京，橫燒劫掠，文物損失散佚殆不少。溥儀居內廷時，以賞賜、送禮等名義將文物盜出宮外，手下人亦效其尤，至1923年中正殿大火，清宮文物再次遭到嚴重損失。儘管如此，清宮的收藏仍然可觀。在故宮博物院籌備建立時，由“辦理清室善後委員會”對其所藏進行了清點，事竣後整理刊印出《故宮物品點查報告》共六編28

冊，計有文物117萬餘件（套）。1947年底，古物陳列所併入故宮博物院，其文物同時亦歸故宮博物院收藏管理。

二次大戰期間，為了保護故宮文物不至遭到日本侵略者的掠奪和戰火的毀滅，故宮博物院從大量的藏品中檢選出器物、書畫、圖書、檔案共計13427箱又64包，分五批運至上海和南京，後又輾轉流散到川、黔各地。抗日戰爭勝利以後，文物復又運回南京。隨着國內政治形勢的變化，在南京的文物又有2972箱於1948年底至1949年被運往台灣，50年代南京文物大部分運返北京，尚有2211箱至今仍存放在故宮博物院於南京建造的庫房中。

中華人民共和國成立以後，故宮博物院的體制有所變化，根據當時上級的有關指令，原宮廷中收藏圖書中的一部分，被調撥到北京圖書館，而檔案文獻，則另成立了“中國第一歷史檔案館”負責收藏保管。

50至60年代，故宮博物院對北京本院的文物重新進行了清理核對，按新的觀念，把過去劃分“器物”和書畫類的才被編入文物的範疇，凡屬於清宮舊藏的，均給予“故”字編號，計有711338件，其中從過去未被登記的“物品”堆中發現1200餘件。作為國家最大博物館，故宮博物院肩負有蒐藏保護流散在社會上珍貴文物的責任。1949年以後，通過收購、調撥、交換和接受捐贈等渠道以豐富館藏。凡屬新入藏的，均給予“新”字編號，截至1994年底，計有222920件。

這近百萬件文物，蘊藏着中華民族文化藝術極其豐富的史料。其遠自原始社會、商、周、秦、漢，經魏、晉、南北朝、隋、唐，歷五代兩宋、元、明，而至於清代和近世。歷朝歷代，均有佳品，從未有間斷。其文物品類，一應俱有，有青銅、玉器、陶瓷、碑刻造像、法書名畫、印璽、漆器、琺瑯、絲織刺繡、竹木牙骨雕刻、金銀器皿、文房珍玩、鐘錶、珠翠首飾、家具以及其他歷史文物等等。每一品種，又自成歷史系列。可以說這是一座巨大的東方文化藝術寶庫，不但集中反映了中華民族數千年文化藝術的歷史發展，凝聚着中國人民巨大的精神力量，同時它也是人類文明進步不可缺少的組成元素。

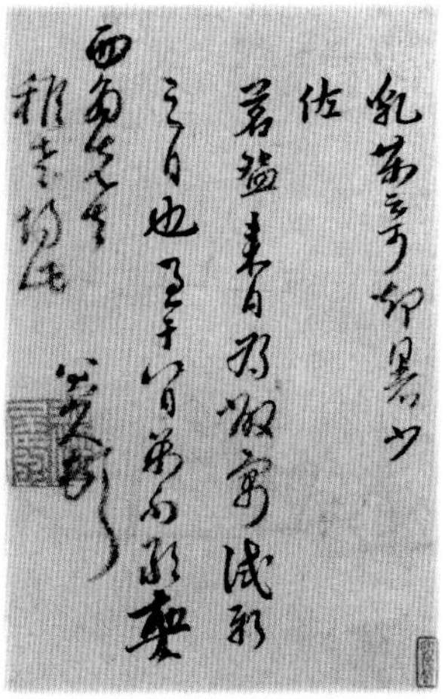

開發這座寶庫，弘揚民族文化傳統，為社會提供了解和研究這一傳統的可信史料，是故宮博物院的重要任務之一。過去我院曾經通過編輯出版各種圖書、畫冊、刊物，為提供這方面資料

作了不少工作，在社會上產生了廣泛的影響，對於推動各科學術的深入研究起到了良好的作用。但是，一種全面而系統地介紹故宮文物以一窺全豹的出版物，由於種種原因，尚未來得及進行。今天，隨着社會的物質生活的提高，和中外文化交流的頻繁往來，無論是中國還是西方，人們越來越多地注意到故宮。學者專家們，無論是專門研究中國的文化歷史，還是從事於東、西方文化的對比研究，也都希望從故宮的藏品中發掘資料，以探索人類文明發展的奧秘。因此，我們決定與香港商務印書館共同努力，合作出版一套全面系統地反映故宮文物收藏的大型圖冊。

要想無一遺漏將近百萬件文物全都出版，我想在近數十年內是不可能的。因此我們在考慮到社會需要的同時，不能不採取精選的辦法，百裏挑一，將那些最具典型和代表性的文物集中起來，約有一萬二千餘件，分成六十卷出版，故名《故宮博物院藏文物珍品全集》。這需要八至十年時間才能完成，可以説是一項跨世紀的工程。六十卷的體例，我們採取按文物分類的方法進行編排，但是不囿於這一方法。例如其中一些與宮廷歷史、典章制度及日常生活有直接關係的文物，則採用特定主題的編輯方法。這部分是最具有宮廷特色的文物，以往常被人們所忽視，而在學術研究深入發展的今天，卻越來越顯示出其重要歷史價值。另外，對某一類數量較多的文物，例如繪畫和陶瓷，則採用每一卷或幾卷具有相對獨立和完整的編排方法，以便於讀者的需要和選購。

如此浩大的工程，其任務是艱巨的。為此我們動員了全院的文物研究者一道工作。由院內老一輩專家和聘請院外若干著名學者為顧問作指導，使這套大型圖冊的科學性、資料性和觀賞性相結合得盡可能地完善完美。但是，由於我們的力量有限，主要任務由中、青年人承擔，其中的錯誤和不足在所難免，因此當我們剛剛開始進行這一工作時，誠懇地希望得到各方面的批評指正和建設性意見，使以後的各卷，能達到更理想之目的。

感謝香港商務印書館的忠誠合作！感謝所有支持和鼓勵我們進行這一事業的人們！

1995年8月30日於燈下

目錄

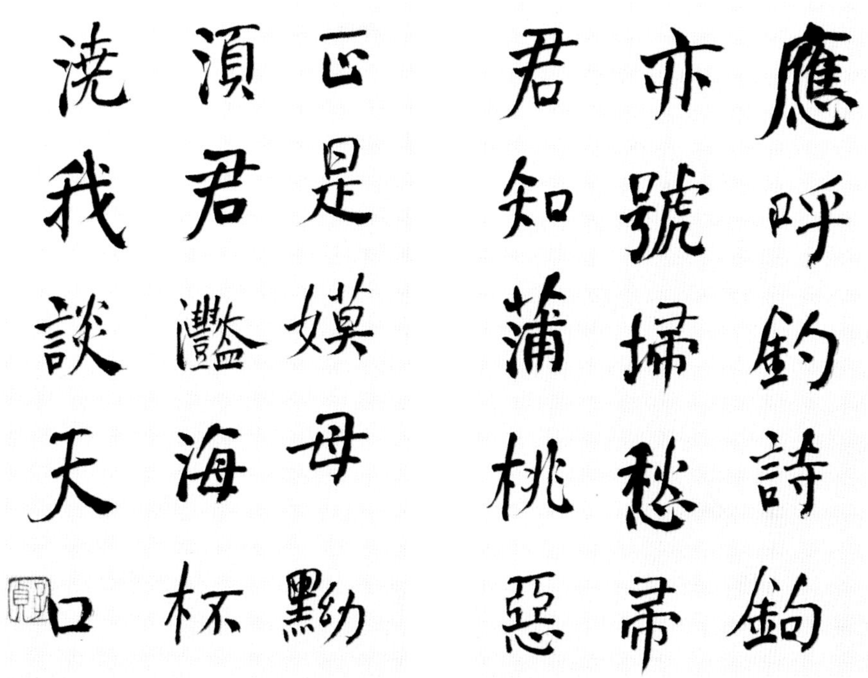

應呼釣詩鉤
亦號埽愁帚
君知蒲桃惡
正是嫫母黝
須君灩海杯
澆我談天口

文物目錄

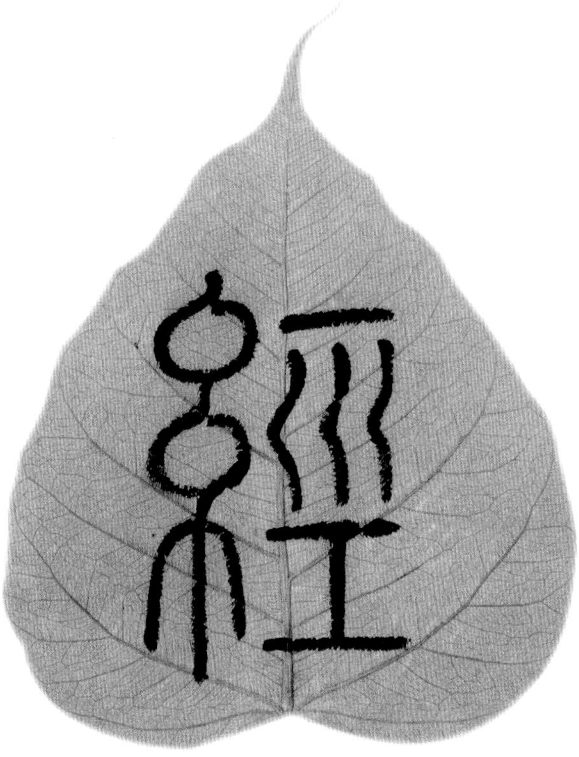

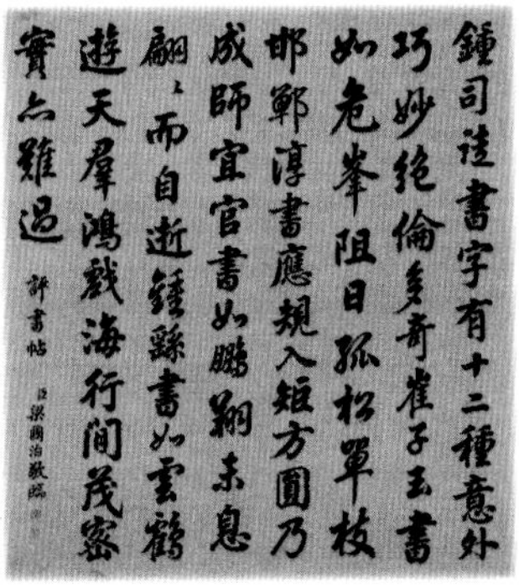
鍾司徒書字有十二種意外
巧妙絕倫多奇崔子玉書
如危峯阻日孤松單枝
邯鄲淳書應規入矩方圓乃
成師宜官書如鵬翔未息
翩翩而自逝鍾繇書如雲鶴
遊天羣鴻戲海行間茂密
實亦難過

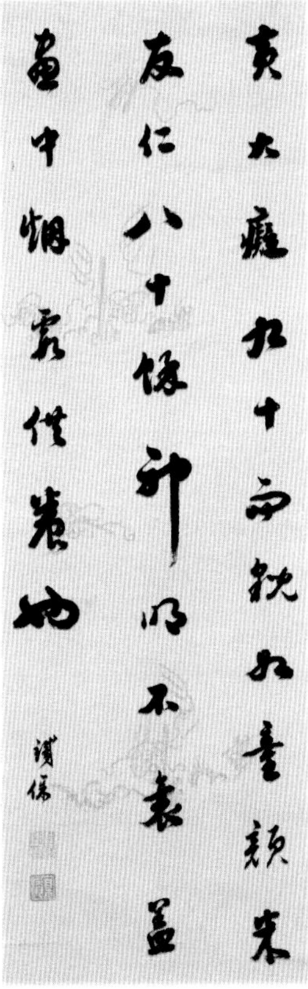

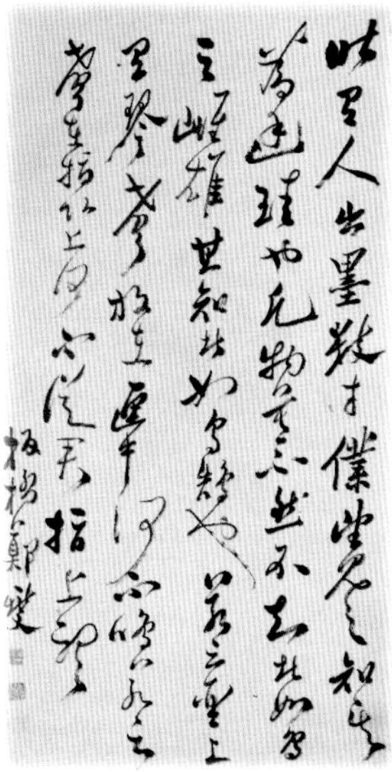

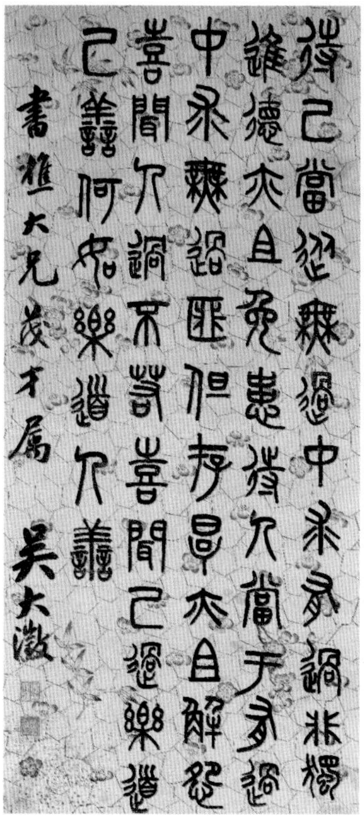

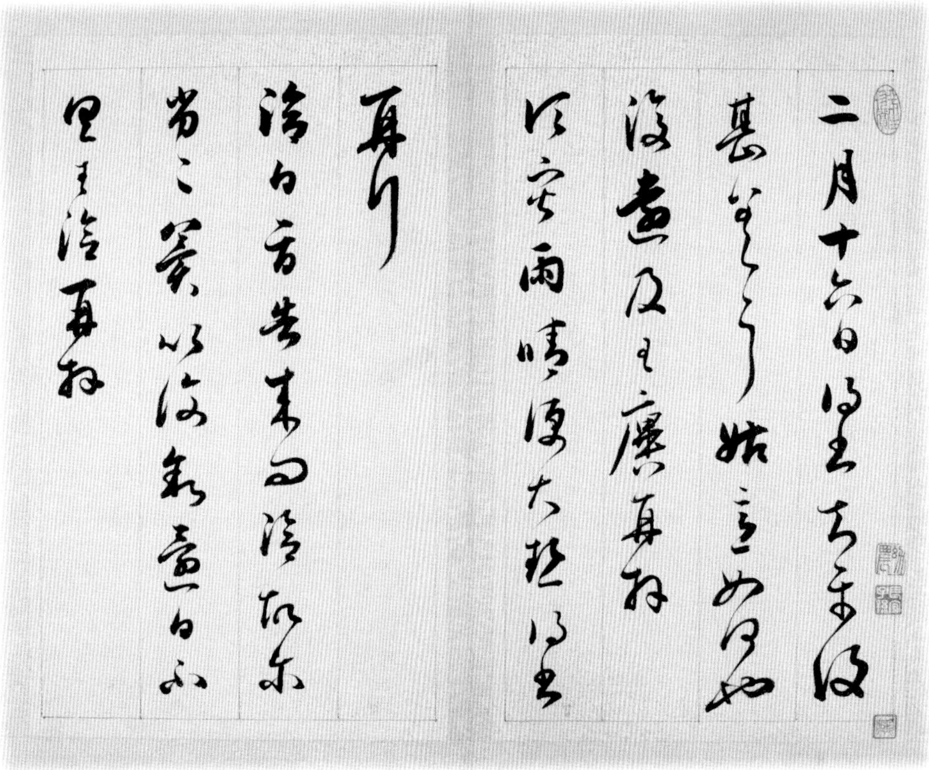

清代書法

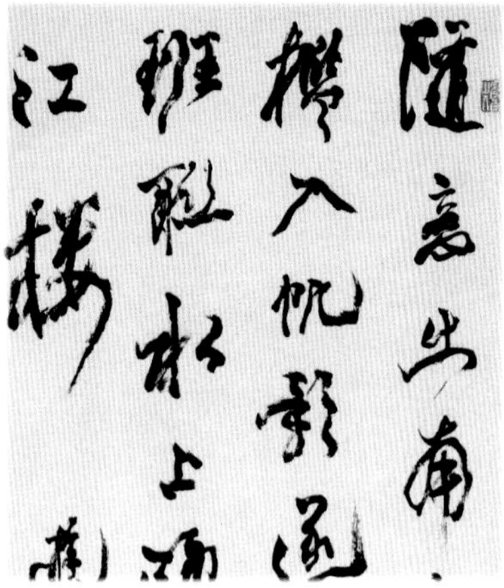

導言

單國強

清代堪稱中國書法史上的中興時期，在書法上所取得的成就遠比繪畫輝煌，其主要標誌是碑學的興起和繁榮，不但取得了可與千餘年帖學相輝映的顯赫成就，而且以方興未艾之勢影響及於近現代。

故宮博物院收藏的清代法書墨跡，在歷代書法藏品中數量最多，範圍也廣，幾乎涉及所有書派和名家，而且保存了大量的清代歷朝帝王和大臣的書跡，既得以比較全面系統地梳理出清代書法史的發展演變脈絡，又能夠凸現清室宮廷書風的固有特色。通過朝野書法的聯繫、比較，對於清代書法如是變化的時代背景、主客觀原因以及各種書派的優劣、得失，當能獲得更具體、客觀的了解。

清代書法中興所取得的成就，主要體現在以下幾方面：一是湧現出一批影響深遠、開宗立派的碑學名家，如鄧石如、伊秉綬、何紹基、趙之謙、吳昌碩等人；二是沉寂數百年的篆、隸書體，既重整旗鼓，又脱古鼎革，形成新的風格流派；第三，真草篆隸各體相互汲取和交融，形成以隸入篆、以篆寫草、草隸相間、隸楷互參的多種面貌，標新立異，紛創新格；第四，帖學向碑學的轉換，既促進了碑學的成熟，也使帖學改弦易轍，汲取碑學之長，突破成規，呈現新生契機。

清代書法發展階段的劃分，綜合考慮書法自身的發展規律和王朝的興衰，可分為三期，即早期，包括順治、康熙、雍正三朝，為帖學尚盛、碑學始倡時期；中期，乾隆、嘉慶、道光三朝，為碑學勃興時期；晚期，咸豐、同治、光緒三朝，為碑學拓展、碑帖雜糅時期。本卷以此三期為序，各期按書風類型歸納，概要勾畫出清代書法風格衍變的主線輪廓。

帖學尚盛、碑學始倡的清代早期書法

清初順治、康熙年間，書法仍延續晚明風氣，由黃道周、倪元璐肇始的硬倔、怪異書風餘音未絕，繼起者有傅山、王鐸等人。由此帶動一批帖學書家亦涉足秦漢碑銘，潛心篆隸，呈碑學端倪，如鄭簠的草隸、趙宧光的草篆等。同時，佔正統地位的晚明帖學大家董其昌的書風影響很大，形成康熙朝董字風靡，並湧現出專學董字的"康熙四家"。

1　追求硬倔、怪異書風的書家

明末清初政局動蕩，官僚文人命運多舛，許多人在經歷朝代更迭和動亂歲月後，沉緬於書法，步黃道周、倪元璐後塵，繼續追求硬倔、怪異書風，以傾吐鬱結之情，其中最著名者為傅山、王鐸。

傅山一生布衣，為人剛直不阿，明亡後隱居山林，康熙十七年(1678)薦博學鴻詞科不就，藉書畫遣情，尤以書法著稱。他廣涉諸家和各體，兼善真、草、隸、篆。學字注重書品，初習趙孟頫，後鄙夷其人品，改學顏真卿，領會其書的浩然正氣和雄渾氣勢。他針對當時的帖學末流，提出了"寧拙毋巧，寧醜毋媚，寧支離毋輕滑，寧真率毋安排"的藝術主張，書風怪拙而不失平正，率意而不離規矩，勁利中含圓轉，疏散中見緊密，面貌獨特新穎。他批判方整妍美的傳統帖學，推崇秦漢碑版書法，認為古篆、古隸有天機自然之妙，要寫好楷書，必須上溯篆隸，故其書法中已見碑學端倪。

傅山的書法創作，以行、草書最具特色，尤其所創"連綿草"，更富新意。此種書體用筆連綿婉轉，一個字點畫盤纏，若干字一筆寫成，上下左右纏成一體，推不散，扯不斷，形成一個整體；運筆迅疾流暢，自然而行，顯得輕快舒展，繁而不亂，其間又有頓挫跌宕，縱而能斂；簡化草體結構，若干筆畫又很密集，內斂外張，疏密相間。整體風格猶如古樹盤藤，龍蛇飛舞，富有鬱勃雄強氣勢和縱逸拙樸意趣。《草書孟浩然詩卷》(圖3)、《草書五古軸》(圖2)都反映了這種"連綿草"的典型面貌。至於行、楷書，則多體現筆鋒凝重、點畫披離、結體欹側、章法錯落，以及拙中藏巧、動中寓靜、剛中含柔等特色，如《行書戰國策冊》(圖4)、《行草書七言詩軸》(圖5)、《楷書李御史傳冊》等。

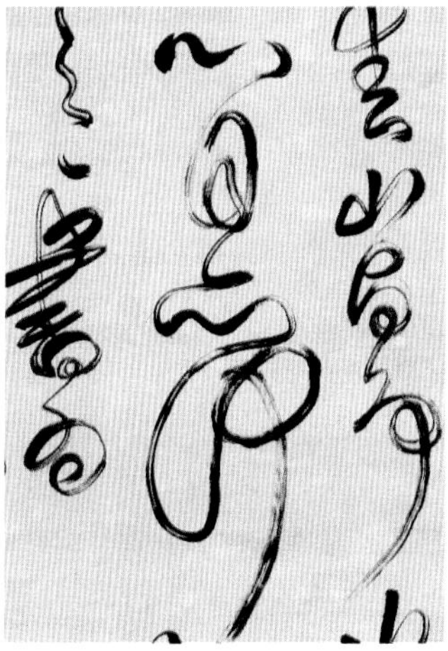

圖2　《草書五古軸》

王鐸與黃道周、倪元璐同年舉進士，在翰苑館相約共同深研書法，但以後與黃、倪走上不同之路。他身為明朝官員，卻並未以身殉國或反清復明，而是入仕清廷成為"貳臣"。王鐸一生苦攻書藝，立志革新，終成一代名家，書法成就高於黃、倪。清人吳德旋《初月樓論書隨筆》評："王覺斯人品頹喪，而作字居然有北宋大家之風，豈得以其人而廢之。"誠為的論。王鐸從帖學着手，重視傳統，上追晉人，認為"書不宗晉，終入野道"(1)。又主張"出帖"，脱古創新，所謂"書法之始也，難以入帖，繼也，難以出帖"(2)。為達到"出帖"，他強調要學碑，"學書不參通古碑，書法終不古，為俗筆多也"(3)。為此，他也學篆隸古碑，其書法既以晉唐正統帖學為根基，又力戒柔媚，奇而不怪，狂而不野，具蒼鬱雄暢之氣。

王鐸擅長行、草書，源自二王、米芾，既掌握了米芾以中鋒為主，求八面出鋒的運筆法，在圓轉中回鋒轉折，注意含蓄；又時常參入折鋒，以增勁健之勢。起筆、收筆及運行中的輕重、起伏富有變化，頓挫較大，時出顫動的點畫；墨色亦由濃及淡到枯，層次豐富，呈現出奇肆的骨力。結體緊密，連筆較多，姿態欹側，追求奇險；章法疏密相間，上下錯落，但又不是字字相連或個個東倒西歪，而是大小任其伸縮，做到"縱而能斂，故不極勢而勢若不盡"(4)。他的書法方勁挺拔和跳蕩激動處遠勝米芾，以骨力和動勢見長。《行書思台州詩軸》(圖12)、《草書錄語軸》(圖9)、《行草書自書詩卷》(圖8)等均反映了他書風的主要特點。

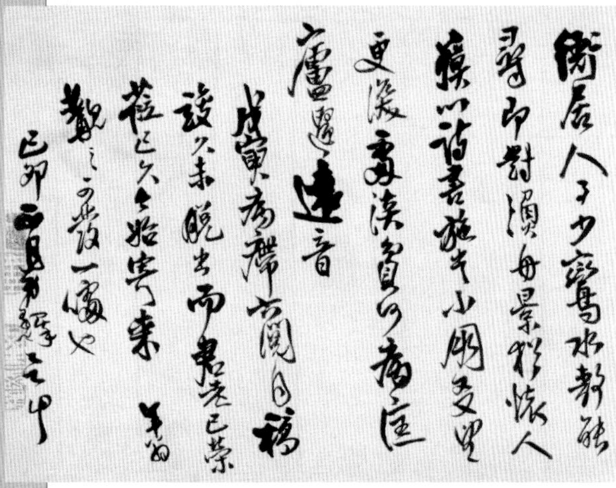
圖8　《行草書自書詩卷》

當時追求奇倔書風的還有王無咎、宋曹(圖13、14)、魏象樞、毛奇齡等人。

2　涉及碑刻，重倡篆隸

清初還有一些書家，為突破"閣帖"束縛，着意研究秦漢碑刻，潛心篆隸。漢碑推崇《曹全碑》、《禮器碑》、《乙瑛碑》、《史晨碑》等規整秀麗一路，究其原因，誠如楊守敬在《平碑記》中所云："嘗以此質之孺初，孺初曰：'分書之有《曹全》猶真行之有趙董'，可謂知言。"原來這些漢碑法度嚴謹，形態秀美，儘管字體與趙孟頫、董其昌不同，格調卻相近，故他們仍是從帖學的時尚來選擇漢碑的。秦碑主要學李斯的小篆，下及唐代李陽冰。所作篆隸還摻糅真、行、草各體，遂形成獨特新風，代表書家有創"草隸"的鄭簠和創"草篆"的趙宧光。

鄭簠終生未仕，摩挲漢碑三十餘年，尤沉湎於《曹全碑》，又參以草法，遂創"草隸"新體。用筆放逸縱肆，點畫的粗細、頓挫富於變化，變漢隸的沉穩為放肆；結體扁平舒展，秀中見拙，變漢隸的緊密為開拓。飄逸奇宕的書風，突破了當時循守唐隸的時尚。《隸書劍南詩軸》(圖20)、《隸書七言詩軸》(圖18)均反映了他的草隸面貌。其他宗法漢碑、擅長隸書的朱彝尊(圖21)、萬經(圖22、23)等人，則更多汲取漢隸的結體外形，點畫用筆仍未脫宋元明人的棗木習氣。

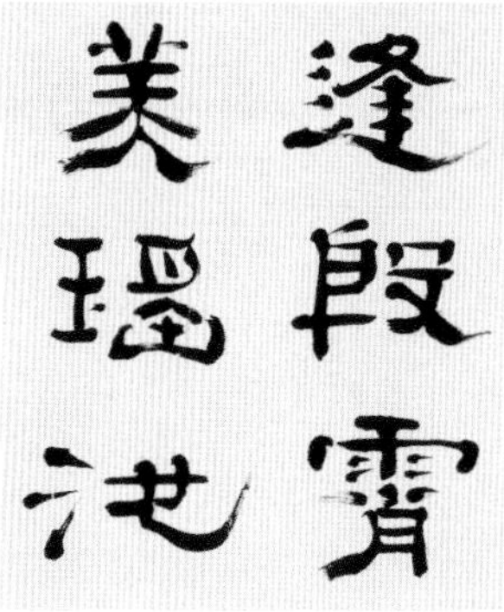

圖18 《隸書七言詩軸》

趙宧光專精字學，善刻印，精篆書，從《天發神讖碑》變化而出，創立"草篆"。善用硬筆直線，轉折棱角分明，一反圓潤婉轉的古法；點畫在一筆之中即有粗細、濃淡、徐疾、枯潤的變化，不同於平整細勻的玉箸篆；運筆融入草書的連筆，大小雖均衡，卻別具自由飛動之勢。此種書體是對傳統的突破，但過於怪異，追隨者很少。同時擅篆書的王澍，則恪守李斯傳統，結字勻稱端莊，筆畫纖細圓潤，帶館閣氣味(圖90)。

3 崇尚董字的"康熙四家"

清初，帖學尚盛，明末書壇泰斗董其昌的書風尤其風靡，康熙帝就十分推崇董字。究其原因，一是其書法老師沈荃即以仿董字著稱；二是近世得"閣帖"、"禊序"奧妙者，莫過於董；三是董字閒適平淡，娟秀妍潤，甚適合承平君王翰墨怡情的需求；四是當時收藏董書較易，俯拾皆是。故而康熙的書法，頗多董字遺韻，如《行書臨董書王維詩軸》(圖32)。帝王的喜好影響朝野，遂蔚成風氣，凡朝廷考試、齋廷供奉，皆以董字為尚，並逐漸衍變成仕途捷徑的"干祿"正書，成為清代"館閣體"的濫觴。

清初書家中，受董字影響的人很多，其中較有個性和成就者為姜宸英、何焯、汪士鋐、陳邦彥，時稱"康熙四家"。姜宸英書法少時學董其昌和米芾，後上追晉唐，自成一家。其小楷書最精，如

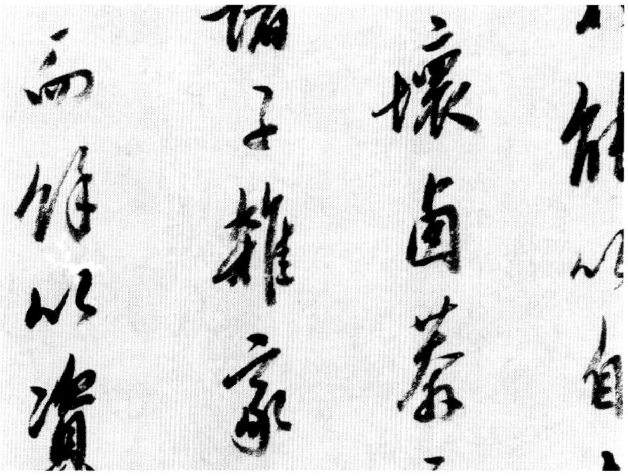

圖34 《行書勉齋說軸》

《行書勉齋説軸》(圖34)，楷中帶行，筆勢圓勁，結體清秀，姿態瀟灑，既具晉人之風神，又存董字之秀逸。何焯，喜臨晉唐法帖，擅長小楷，融唐人筆法和晉人結構於一體，風格謹嚴娟秀，如《楷書七言古詩軸》(圖37)。汪士鋐亦宗法晉唐，楷書汲取褚遂良瘦硬的筆法和趙孟頫勻稱的結體，形成瘦勁而又疏朗的書風(圖39)。陳邦彥兼法晉唐和董其昌，尤工小楷，風貌寬展秀發，如《楷書嘉瑞賦軸》(圖40)。

碑學勃興的清代中期書法

乾隆年間，帖學書法仍很流行，但由學董字轉向趙(孟頫)體，並逐漸形成"館閣體"。帖學中較有成就者為號稱"乾隆四家"的翁(方綱)、劉(墉)、成(親王)、鐵(保)，以及南方的梁(同書)、王(文治)；同時，涉足碑銘、融碑入帖、力圖變革的書家越來越多，"揚州八怪"堪稱代表；在此基礎上，至嘉道年間，終於湧現出開宗立派的碑學大師鄧石如和伊秉綬，使碑學取代帖學而居書壇主流地位。

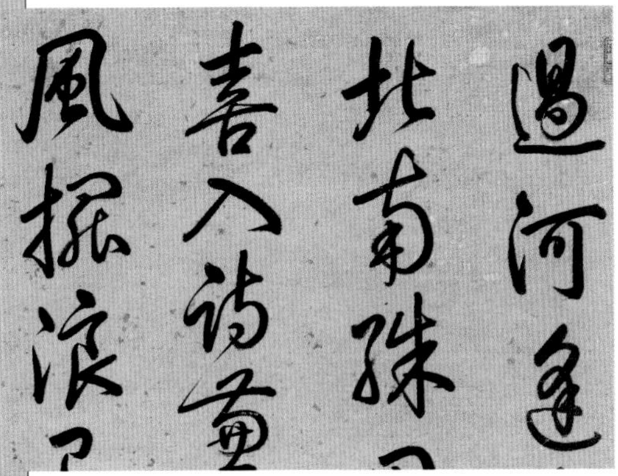

圖44　《行書麥色詩軸》

1 "館閣體"和帖學名家

乾隆年間，隨着乾隆皇帝對趙孟頫書法的酷愛，帖學由尚董變為崇趙，圓潤豐腴的趙體，取代了纖細疏秀的董字。乾隆自詡為儒家道統的承緒者和正宗明君，藝術上也十分仰慕文人畫家的楷模趙孟頫，每年都要臨仿幾件趙氏書畫，並力求肖似。其書法確存趙字秀媚之體、流潤之筆和飄逸之韻，但過於細柔，流於纖弱，太講法度，變為單調(圖44、45)。誠如馬宗霍《霋嶽樓筆談》所評："其書圓潤秀發，蓋仿松雪，惟千字一律，略無變化，雖饒承平之象，終少雄武之風。"(5)

其時，書法被正式列為科舉中的重要考核項目，朝野崇尚的趙體被強化了其規整、圓潤、端麗、柔媚的一面，大小一律，端秀華美，與皇家雍容華貴的氣派十分吻合。凡書寫試卷、奏摺、上諭、賀表，以及文稿、書籍等，均採用此體，遂成為"館閣體"，如洪亮吉《北江詩話》所論："今楷書之勻圓豐滿者謂之館閣體，類皆千手雷同。"乾隆三十七年(1772)四庫全書館開設以後，其風益盛，當時詔命館匠繕抄《四庫全書》七部，每部七萬九千餘卷，歷十年方完成，大批翰林學士均用工謹的小楷抄書，"館閣體"書風遂得到廣泛流佈。尤其是歷仕乾、嘉、道三朝的曹振鏞，任翰林院掌學十八年，負責多種叢書抄寫的總裁，以"烏、方、光"三字將"館閣體"定型(即指用墨濃重，字體方正，點畫光潔)，更使書體千人一面，千字一律，走上了僵化、衰亡之路。

乾隆時期的“館閣體”代表書家有張照、梁詩正、汪由敦和董邦達、董誥父子等，其中張照較具變化和個性，風格不全似“館閣體”。張照雍正年間官刑部尚書，乾隆時入直南書房，書法深受乾隆賞識，常請其代筆。他擅長行、楷書，初從董其昌入手，繼出入顏真卿、米芾，喜用露鋒，運筆流暢，結體秀潤。楷書端麗，如《臨郎官壁記軸》，在董字疏秀的格局中融入顏體雄健的筆力，清潤而又渾厚。行書多連綿之筆，具米、董遺意，如《行書七律詩軸》(圖47)，結體欹側，以米字為基礎，點畫又甚流潤，呈董其昌筆意。

北方的翁方綱、劉墉、成親王永瑆、鐵保，稱“乾隆四家”。他們崇尚帖學，泛宗諸家又涉及唐碑，故書風頗具個性，成就也較突出。翁方綱官至內閣大學士，精於碑帖及鐘鼎彝器的鑑賞考證，並將考據之法用於書道，對古人書跡悉心追摹，一點一畫皆講求不差毫厘，功力深厚，但缺乏創新。他主宗唐代顏真卿、歐陽詢、虞世南三家，評者謂“撫摹三唐，面目僅存”[6]。其《楷書心經冊》(圖53)，用筆瘦勁，字形細長，得歐陽詢之法，但平正而少險勢。《行書論綘帖卷》(圖55)，點畫粗重而婉轉，結體渾厚又清正，兼融顏、虞兩家筆法，呈外柔內剛之特色，反映了其書法的典型風貌。劉墉官至體仁閣大學士，書法初學趙、董，後泛學諸家，尤得蘇軾之長，晚年潛心北碑，遂自成力厚骨勁、氣韻蒼遒的風格。他學古不追求外表的形似，而注重用筆之法，起筆喜用藏鋒，轉折處用偃筆作折鋒，點畫外顯飽滿，內含剛勁，猶如棉裹鐵；用墨濃重，兼施乾墨，於潤中見枯，拙中見巧；結體中心緊湊，一角放寬，黑白相間，疏密有致。本卷所收幾件作品(圖56、57、58)反映了他的各體書貌。永瑆為乾隆第十一子，封成親王，書法少學趙孟頫，後宗歐陽詢，融合趙之端秀和歐之勁健，而自成工穩秀媚風格(圖59、60、61)。鐵保嘉慶時官至兩江總督，書法宗晉唐，楷書主學顏真卿，草法出自王羲之，旁及懷素、孫過庭，筆法精熟，深得古人形神，然少新意，成就遜於三家(圖62、63)。

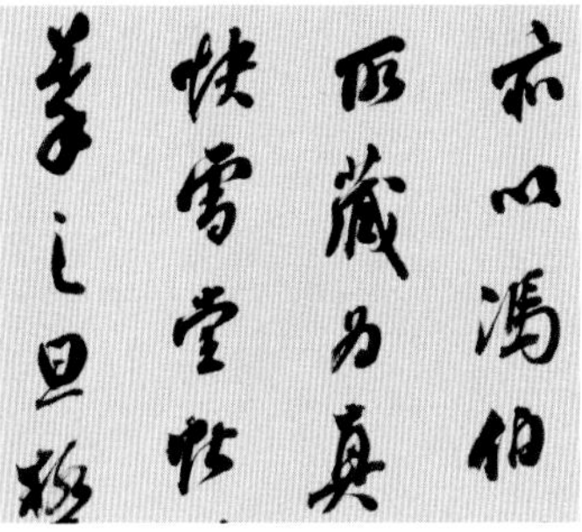
圖55 《行書論綘帖卷》

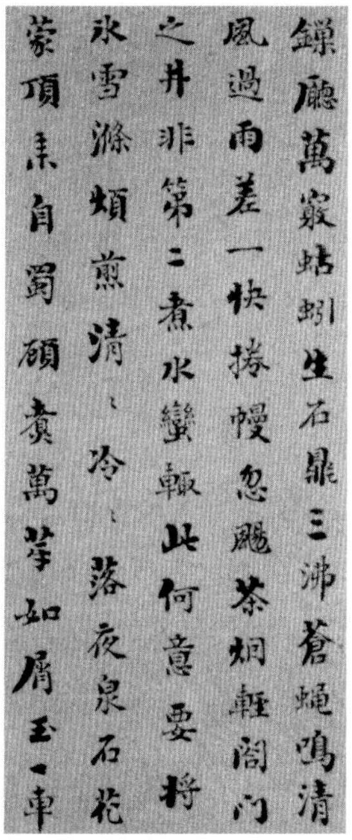
圖56 《小楷書七言詩冊》

南方的梁同書、王文治，與劉墉並稱當世，亦具個性。梁同書書法初宗趙、董，繼法顏、柳，中年學米芾，晚歲形成筆力雄厚、縱橫自然的風貌，《行書苕溪漁隱叢話軸》(圖64) 反映了他成熟書風的特色。王文治曾中探花，官翰林院侍讀，書法初習二王，後受米、趙、董影響較深，晚年出入張即之。擅長行、楷，用筆逸宕流暢，點畫圓潤豐美，結體端正瀟灑，風格清麗嫵媚，有“女郎書”之稱，《行書五言詩軸》(圖66) 即反映了他的典型面貌。

2　融碑入帖、力圖變革的揚州八怪

雍正、乾隆年間，經濟繁榮的揚州地區湧現出一批反正統、輕摹古、不隨時流、標新立異的書畫家，以“揚州八怪”為代表。他們不僅在繪畫上創立怪異風格，在書法上也立志革新，雖然探索未臻成熟，亦失之於“怪”，卻有力地推動了破舊立新的思潮。其中以金農、鄭燮兩人最富獨創性。

金農終生未仕，書法傾心於漢魏南北朝刻石，尤得力於《天發神讖碑》和龍門造像刻字等，並融合漢隸和魏楷，自創一種筆畫方正、楞角分明、橫粗豎細、墨色濃重的新體，稱為“漆書”。這種書體，以重為巧，以拙為妍，蒼古沉雄，前無古人，可謂獨特、狂怪。他兼擅隸、楷、行書，而以隸書最富“漆書”特色，如《相鶴經軸》(圖68)；楷書則筆畫比較均勻，字形有所變化，而拙意更濃；行書又將隸、楷合而為一，用筆澀重，結體生拙，尤其字勢向右下傾斜，逾於常規。

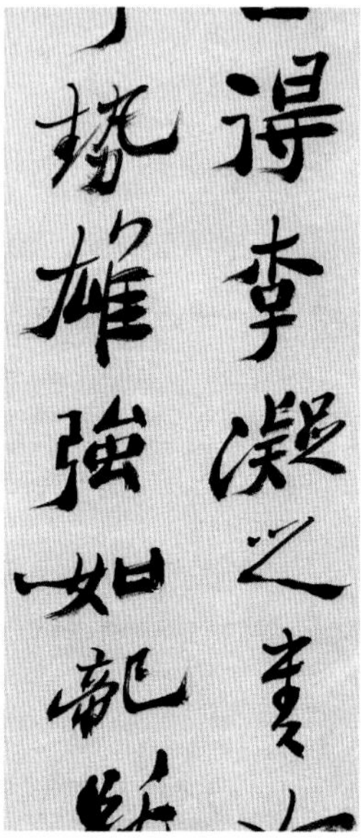
圖72　《隸書論書軸》

鄭燮的書法也自創新體，他雜參隸、楷、行三體，形成一種非隸非楷的字體，自稱“六分半”書。同時又將蘭竹畫法用於寫字，點畫、波磔奇古翩翩。他用筆極富變化，不拘一格，點畫或呈隸書之波磔，或現北碑之撇捺，或有行草之連筆引帶，或具黃庭堅之一波三折，或如蘭葉之飄逸，或近竹葉之挺勁，筆法抑揚頓挫，鏗鏘有力。結體誇張奇異，取隸楷之扁方，又帶行草之欹側，大小錯落，伸縮自如，富有節奏感。章法亦正斜相揖，疏密相間，在凌亂中見規矩，有“亂石鋪街”之喻。《行書七律詩軸》(圖73)、《隸書論書軸》(圖72) 均顯現出上述特點。

3　碑學的興盛和名家的崛起

雍、乾時期，嚴酷的文字獄使許多文人學士轉向與世無涉的考據之學，對文獻、實物的稽查、考證，使地面的碑石、銘刻和地下的金石、墓誌不斷地被發現，並日益受到重視。至乾、嘉時，古文字學和金石考據學已十分興盛，對碑刻、金石的摹拓臨學風氣也越來越盛，碑學遂日見興隆。同時，倡導碑學的書法理論專著也相繼出現，乾隆年間阮元就提出“南北書派論”和“北碑南帖論”，嘉、道年間包世臣著《藝舟雙楫》一書，進一步提出尊碑主張，並盛讚碑學書法家，遂使碑學逐漸佔據書壇主位。其時雖並重金石，但仍注重於石，並以宗法秦漢唐碑為主，篆隸古體得到進一步弘揚。在創作實踐方面，鄧石如的篆書和伊秉綬的隸體，以全新的風格，蔚成聲勢煊赫的流派。

鄧石如，工書法、篆刻，篆、隸、真、行、草五體俱精，尤以篆書著稱，被譽為“集篆之大成”。其篆書源自秦代李斯和唐代李陽冰，又悉心臨寫秦漢以來金石碑刻，將金文、隸書、瓦當、碑額的筆法和結體融入篆書，徹底改變了傳統玉箸篆勻整纖細、婉轉圓潤的體勢。其用筆以殺鋒取勁折之勢，而非一味圓婉；點畫具輕重頓挫、直中寓曲的變化，以凝重取代細勻。這種用筆和點畫實是對傳統的重大突破，即用筆取逆勢和點畫中截，“行中有留”，豐滿而具頓挫變化，從而達到萬毫齊力、入木三分、線條渾厚、四面圓足、行留相生、映帶回環的效果，產生類似摩崖刻石上風雨剝蝕、邊線起伏毛糙的形態，顯現蒼茫渾厚的金石之氣。誠如包世臣在《藝舟雙楫》中所總結的：“用筆之法，見於畫之兩端，而古人雄渾恣肆，令人斷不可企及者，則畫之中截。蓋兩端出入操縱之故，尚有跡可尋，其中截之所以豐而不怯，實而不空者，非骨勢洞達，不能倖致。”“余見六朝碑拓，行處皆留，留處皆行，凡橫直平過之處，行處也，古人必須逐步頓挫，不使率然輕過，是行處皆留也。”指出鄧石如書法“中截無不圓滿遒麗”，關鍵在於用筆取逆勢：“蓋筆向左迤後稍偃，是筆尖着紙即逆，而毫不得不平鋪於紙上矣……鋒既着紙，即宜轉換，於畫下行者，管轉向上，畫上行者，管左行者，管向下，畫左行者，管轉向右。”另外，鄧氏書法的結體也突破了傳統的規整格局，在對稱均衡中尋求不規則的變異，字形微方，大小參差。他的篆體婉而遒，更多陽剛之美，一洗陳習。靈動的筆法，更使古篆獲得新生，人皆能習之，如康有為所述：

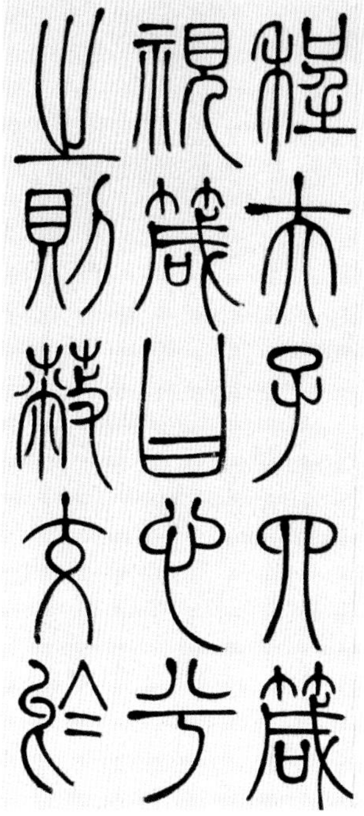
圖84　《篆書四箴四條屏》

“完白山人未出，天下以秦分為不可作之書，自非好古之士鮮或能之。完白既出之後，三尺豎僮僅解操筆，皆能為篆。”[7]《篆書四箴四條屏》(圖84) 為其篆書代表作。他的隸書也頗有成就和新意，以篆意入分，在扁方的體勢中融進圓潤之筆，又汲取魏楷的嚴整渾厚，兼具剛勁與柔潤，古樸與遒麗，形成古茂渾樸、遒美淳質的風格 (圖85)。楷書和行書，植根於篆、隸，又汲取北碑，也富有特色。從《四體書冊》(圖88) 中可領略其各體書的風貌。

篆書在清初已逐漸復甦，但大多恪守二李的玉箸篆傳統，至乾隆時桂馥、洪亮吉 (圖81)、孫星衍 (圖120)、錢坫等人尚無重大突破。鄧石如一出，遂形成新的流派，追隨者甚眾，嘉、道時的程荃 (圖89)、吳熙載 (圖93)，均屬此派名家。

伊秉綬，官至揚州知府，以隸書著稱，被譽為“集分書之成”，與鄧石如並稱“啟碑法之門”。他早年亦攻帖學，師事劉墉，臨學《蘭亭序》，尤得力於顏真卿，後受桂馥、黃易、孫星衍等金石書法家影響，上追漢魏、六朝碑刻，融篆入隸，書法古勁又富金石氣，遂創新格。其隸書點畫很少明顯的波磔，更多篆書均勻圓潤的痕跡，起、收筆還帶北碑的方折。結體也變漢隸的扁平為方正，緊密為舒寬，於拙中見巧。章法亦常充滿，顯得分外莊嚴。這種隸體，方正雄偉，凝重拙樸，愈大愈壯，十分適合書寫對聯、橫匾，《隸書五言聯》(圖94) 和《隸書五字橫幅》(圖95) 即具有上述鮮明特色。他也擅長篆、行、楷諸體，篆字講究形體的勻稱和線條的圓厚，又帶有隸書的筆法，行書學李東陽，楷書宗顏真卿，都兼具一定的金石味，活潑清新 (圖96)。

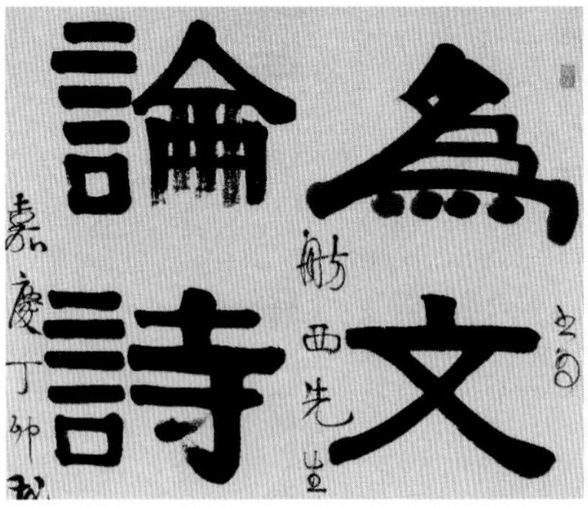

圖94 《隸書五言聯》

隸書在清代陸續出現了一些變革者，繼鄭簠、金農之後，乾隆時的桂馥、巴慰祖、黃易也在漢隸中融入金石北碑之長，增添了雄強、險勁、古拙之趣，但均未完全突破舊規。伊秉綬創格開派，才拓出一片新天地，嘉、道時期即有不少追隨者，如以篆入隸的錢楷樸古奇逸；錢泳於圓潤中稍增妍媚；阮元篆、碑兼取，筆勢飛動，不求工整 (圖98)；張廷濟承草隸而融北碑，放逸中具沉雄之氣 (圖99)；陳鴻壽以金石之法作隸，細勁疏爽 (圖102)；趙之琛書隸近篆，姿態奇特 (圖103)。

碑學拓展、碑帖雜糅的清代晚期書法

咸豐、同治至光緒中期，碑學繼續發展，並轉為崇尚北朝碑刻，在篆、隸繼續流行的同時，真、行、草書也新貌紛呈，代表書家有何紹基和趙之謙。光緒至宣統、民國初，書法家對新發現的殷商甲骨文、敦煌漢晉木簡、紙書、帛書及各朝寫經等書跡發生濃厚興趣，取法途徑更為多樣，創作思維更加活躍，同時對疏離已久的帖學也重加審視，於是出現了碑帖雜糅的新局面，形成又一轉化趨向。其時的碑學大家為吳昌碩，各擅一體的書家有楊沂孫、莫友芝、吳大澂、楊峴、俞樾、張裕釗、翁同龢、李瑞清、沈曾植、康有為、楊守敬等人。

1　兼善諸體的碑學名家

此時期碑學已從主宗唐碑和秦漢刻石轉為主宗北碑。這是由於六朝碑刻如墓碑、墓誌銘、造像題記、摩崖石刻不斷地被發現或出土，這些未經捶拓或未遭剝蝕的原石，較之磨損較多的唐碑和秦漢刻石字跡清晰得多，兼可洞悉其結構和筆法，攝取原法原韻。同時，其厚重拙大的風韻也使人耳目一新，從中可激發起豐富的想像力和藝術造境能力。崇尚北碑的風氣確實使碑學書法變為大氣，縱橫捭闔，氣勢磅礴，這時湧現的代表書家有何紹基、趙之謙和吳昌碩。

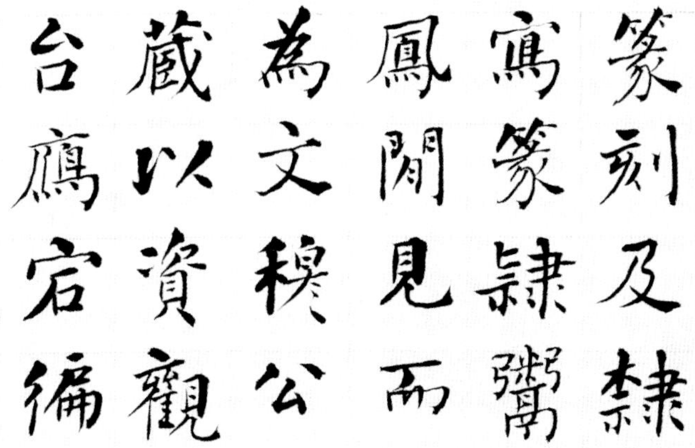
圖108　《楷書完白山人墓誌冊》

何紹基，精文字考訂學和金石學，書法兼長諸體，尤以楷書著稱。早年學顏真卿、歐陽詢，兼宗碑版；中年極意北碑，喜法《張黑女墓誌》；晚歲愛作篆、隸，並融入楷、行中。其成熟書風以篆、隸為根基，用篆意強其骨，隸意開其勢，又汲取顏體的圓厚、歐字的勁健和北碑的方直。同時運用獨特的“迴腕法”執筆作書，即以指攢筆杆上端，高懸肘腕，又將腕關節回勾，如此運鋒難以穩當、順暢和靈便，卻產生了直中見曲、靈活中含鈍拙的效果，使其書兼具巧拙、樸妍、正奇等相對立而又見和諧的因素，面貌獨具。他最精小楷，以顏體為基礎，吸收篆字婉通的筆法，北碑寬博的結體，隸書平整的格局，於豐厚中見秀勁，端嚴中顯靈韻，從《楷書冊》(圖107)、《楷書完白山人墓誌冊》(圖108) 中可見其風格一斑。隸書亦負盛名，體貌以方為主，用墨濃重，時出漲墨，與瘦勁點畫形成鮮明對比，呈強烈動勢，於沉雄遒勁中透出靈通之氣，如《隸書魯峻碑卷》(圖106)。行書多參篆意，圓轉恣肆中兼具勁健，縱橫欹斜而不失端秀。篆書宗法鄧石如，更多草法和金石味，唯顫抖扭曲過分，成就不及它體 (圖110)。

趙之謙，工書畫、篆刻，書畫均融入治印之法，富金石氣。書法兼善各體，楷書最精美。早年學顏真卿，後改習北碑，尤取北魏形體方正、用筆勁直舒展一路的書風。其楷書即以魏碑為框架，沉雄方整，又施以顏體之力，渾厚豐潤，形成端整遒麗、血肉豐美的風格，有“顏底魏面”之稱。篆、隸均宗鄧石如，並融以漢碑、三代金文、北碑，筆法又接近楷書，故亦獨具面貌。行書往往兼草體，並具北碑體勢、筆法。《四體書冊》(圖127) 為其代表作，反映了諸體的典型面貌。

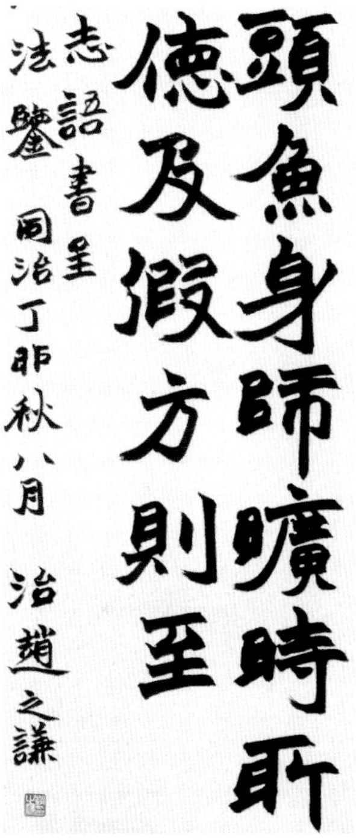

圖121　《楷書符瑞志四條屏》

吳昌碩是清末民初著名書畫、篆刻家，書法以篆字最著名，初學鐘鼎文，後專習石鼓文，並吸收治印之筆和畫梅之法，書風遂由橫平豎直轉為狂肆靈動。其成熟篆書，用筆方圓相兼，厚重而流暢；體勢以石鼓文為本，又變化豐富；章法也參差錯落，靈活自如。這種書體，勁、逸結合，富氣勢和動感，具雄健酣暢、蒼勁樸茂格調，《篆書臨石鼓文軸》(圖139) 為這種書風的典型作品。他的隸書上追漢碑，近學鄧石如，篆隸相間，體態扁方而寬博，用筆方圓互參，圓暢中見沉厚，氣勢雄強。楷書始學顏真卿，繼宗鍾繇，筆逸神清。行書初法王鐸，後融歐、米筆法，痛快狂肆 (圖138)。

2　各擅一體的晚清諸家

晚清書家大多主宗碑學，但涉獵更加廣泛，北碑、唐碑、秦漢刻石、三代金文、木簡、帛書、寫經、瓦當等文字書法，均從中吸取營養，並兼收帖學之長，又從篆、隸擴及楷、行、草體。其時出現了一批主攻一體的名家，風格自具，各擅勝場，餘緒直至近現代。

篆書方面有楊沂孫，在學鄧派同時兼取石鼓、鐘鼎，將大、小篆融為一體，筆畫細勁，體貌秀麗，時見方折之筆和挺直之姿，功力深厚，唯少變化 (圖112)。莫友芝篆書宗學《少室碑》一路，古拙有金石氣；宗學鄧石如一路，姿態趨於端美 (圖114)。吳大澂篆字取法秦詔版，後參以古籀文，點畫方圓相兼，具金文味，結體規矩整齊，字體大小變化較少 (圖115、116)。

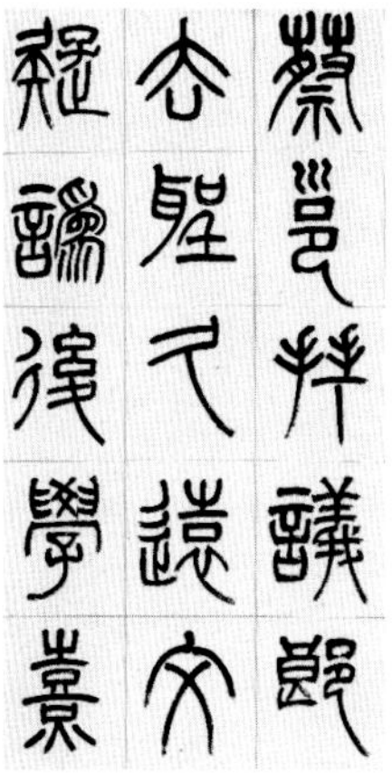

圖112　《篆書四條屏》

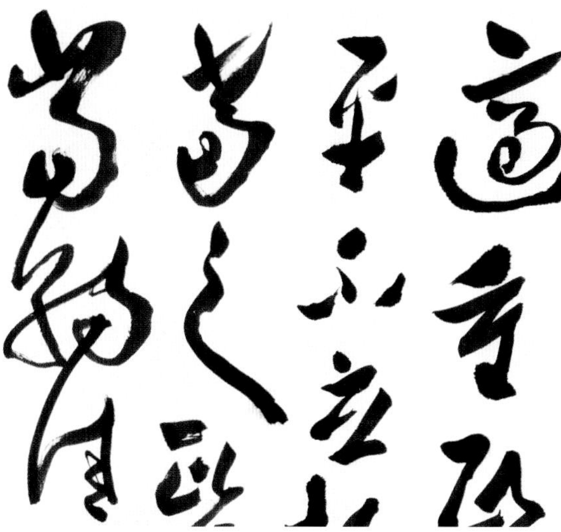

圖133　《草書臨帖軸》

隸書方面有楊峴，工金石考據學，參法漢碑，從《韓勅碑》中學用筆，《石門頌》中取結體，形成淋漓縱逸書風，如《隸書七言聯》(圖117)。俞樾隸書基於《好大王碑》和《張遷碑》、《衡方碑》等，用筆逆入平出，沉實穩健；又以篆入隸，點畫少波磔和按捺，起收筆多方形，中截平穩圓匀，呈方圓結合之勢，書風工穩典雅(圖119)。

楷書方面有張裕釗，初學歐陽詢，又受"館閣體"影響，後專習北碑，尤得力於《張猛龍碑》，遂創立一種"新魏體"(圖128)。其楷書，落筆折而呈方，轉折處提頓翻筆，形成外方內圓的形態；收筆時含蓄不露，又以圓為方。這種險勁外露、筋骨內含的字體，實屬新創，《贈沈曾植書軸》即為其典型的"新魏體"。翁同龢書法初從帖學入手，早年學董、米，中年由錢灃上及顏真卿，晚年主攻漢碑。楷書以顏體為主，然用筆較為奇肆率意，結體也很寬博開張，還時露董、米瀟灑多姿的體態，頗具新意(圖129)。李瑞清書法初學黃庭堅，後宗北碑、鐘鼎，楷、行均以蒼勁勝。但波折太多，一意顫掣，失之於露(圖130、131)。

行、草書方面有沈曾植，擅長草書，學包世臣，而更增縱橫馳騁之勢，雖不平穩，卻別具繽紛披離之美。寫章草，古拗生拙，遂使此體在晚清再度復興(圖132、133)。

康有為以書法理論專著《廣藝舟雙楫》在書壇影響甚大，書法以行楷書著稱，初學歐陽詢、趙孟頫，又師蘇軾、米芾，宗諸帖後又習北碑，重法《石門銘》，遂自成一格(圖134、135)。他的運筆法比較特殊，運指而不運腕，專講提頓，疏於轉折，故筆鋒頓挫跌宕，富於變化，但較少含蓄；以指控制毫端，雖有縱有斂，但不講求轉折的力度，仍顯得外露和率意。他仿宋代陳摶的"開張天岸馬，奇逸人中龍"五言聯，最明顯反映了他宗《石門銘》而形成的獨特書貌。

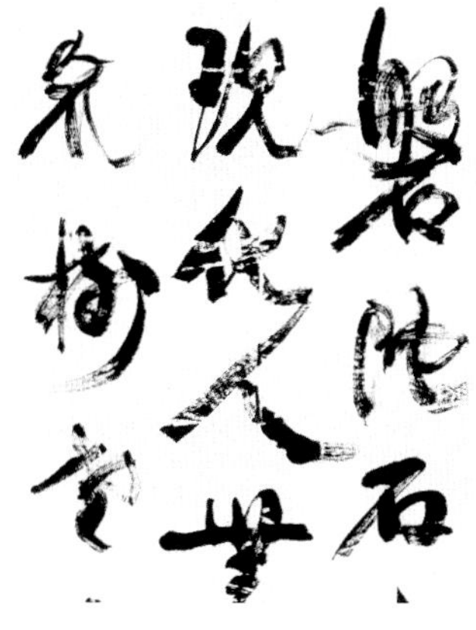

圖134　《行書七言詩軸》

楊守敬，精行書，宗法歐陽詢、蘇軾、黃庭堅和翁方綱，亦臨鐘鼎。其書呈橫向右仰勢態，用筆灑脱，運墨隨意，或墨漫成團，或枯淡入虛，具痛快淋漓之韻，兼得北碑之渾樸和宋人之意氣（圖136、137）。楊守敬曾出使日本，在其書風影響下，清代碑學在日本盛極一時，他也被視為“現代日本書法之父”。

註釋：

⑴ ⑶ 轉引自徐利明《中國書法風格史》，河南美術出版社，1997年11月第2次印刷。

⑵ 近人馬宗霍《書林紀事》卷二。

⑷ ⑸ 近人馬宗霍《書林藻鑑》卷十二。

⑹ 清代禮親王昭槤《嘯亭雜錄》。

⑺ 清代康有為《廣藝舟雙楫》“説分”。

圖版

1

傅山　草書臨帖軸

綾本 草書
縱162.2厘米 橫44厘米

Lin Tie (After a model calligraphy) in cursive script
By Fu Shan (1607-1684)
Hanging scroll, ink on silk
H. 162.2cm　L. 44cm

傅山(1607—1684)，字青主，號朱衣道人等，明末陽曲(今山西太原)人。明亡後隱居不仕，以行醫為生。清康熙十七年(1678)舉博學鴻詞，強徵至京，以死相拒，遂放歸。工詩文書畫。書工各體，以草書最富特色，包世臣《藝舟雙楫》將其草書定為“能品上”。趙彥偁云：“青主筆力雄奇宕逸，咄咄逼人。余嘗謂順康間名書以王孟津(鐸)為第一，今覽青主書，庶可為配，且欲過之。”《清史稿》有傳。

軸臨王羲之帖，款署“真山臨”，下鈐“傅山印”(白文)印。

此軸書法率意瀟灑，雖係臨摹古帖，但不拘泥於原帖之形，筆法上亦不受其拘束，而是揮灑自如，結字用筆，皆出己意。對古帖師其意，法其態，得其大略，通幅觀之，法度自蘊其中，顯示出恢宏逸宕的氣度。

鑑藏印記：“任伯顯鑑賞章”(白文)。

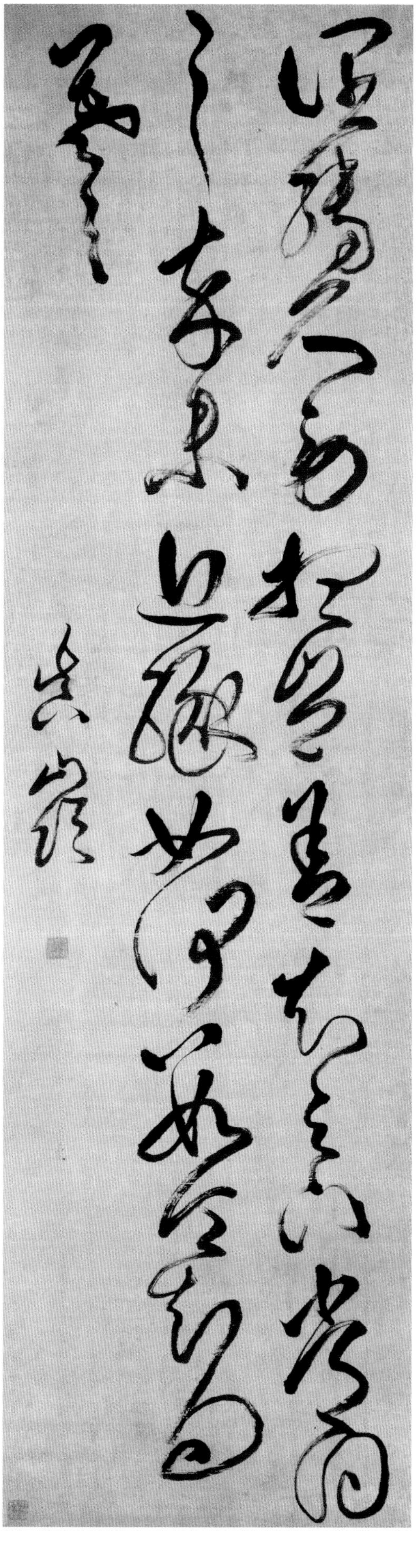

2

傅山　草書五古軸

綾本　草書
縱201.5厘米　橫50.9厘米

Wu Gu (five-syllable ancient-style poetry) in cursive script
By Fu Shan
Hanging scroll, ink on silk
H. 201.5cm　L. 50.9cm

此作為“惠介文兄粲”書錄五言古詩一首，款署“僑老傅真山”，下鈐“傅山之印”（白文），首鈐“忠厚傳家”（朱文）印。

此軸書法用墨乾渴，多飛白之筆，結字攲正相生，章法佈局平穩，行筆自如奔放。

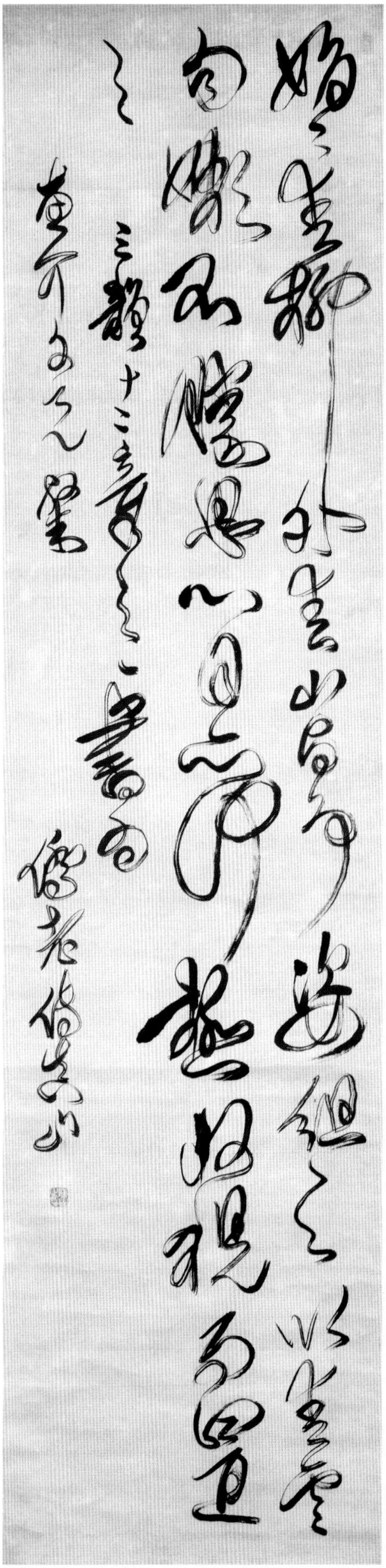

釋文：
娟娟青柳外，春山與爭姿。組之以青雲，句嫩不勝思。心目亦何極，收視而置之。　三韻十二章之一　書為惠介文兄粲　僑老傅真山

3

傅山　草書孟浩然詩卷

紙本 草書
縱28.2厘米 橫294.8厘米

Meng Haoran Shi (Meng Haoran's poems) in cursive script
By Fu Shan
Handscroll, ink on paper
H. 28.2cm　L. 294.8cm

此卷是為張鉞書錄唐代孟浩然“與諸子登峴山”等詩十八首，全卷凡三接紙，款署“山”，下鈐“傅山私印”(白文)印。

傅山在書法藝術上主張“寧拙毋巧，寧醜毋媚，寧支離毋輕滑，寧真率毋安排”。此卷書法縱逸奇宕，古拙雄健，字與字間不相連屬，結字攲正相間，但筆意相連不斷，充分體現了傅山書法的特色，是對其書法美學思想的最好詮釋。此卷為傅山草書中的上乘佳作，代表了傅山中、晚期行草書的最高水平。

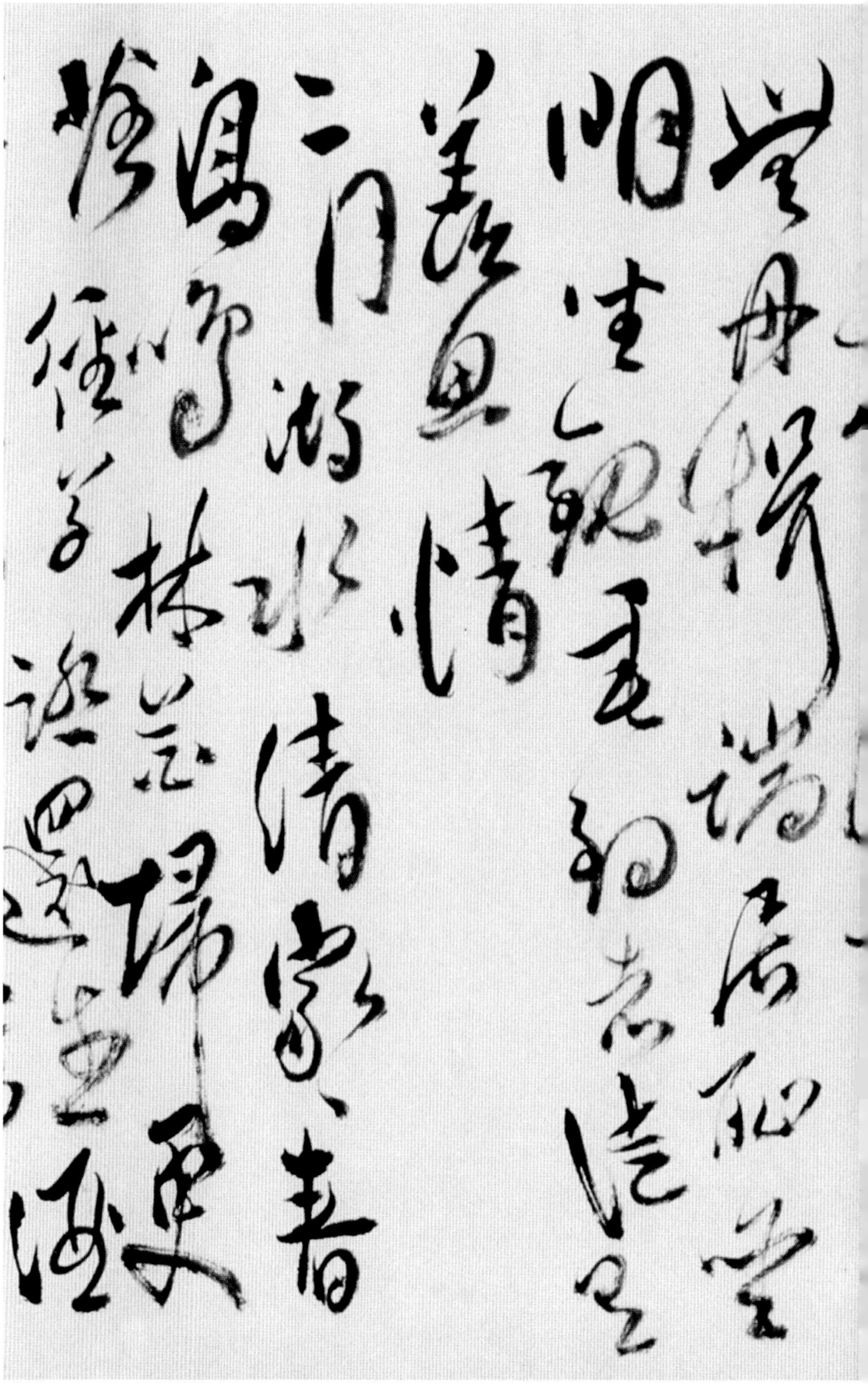

百里雷聲震，鳴弦暫輟彈。府中連騎出，江上待潮觀。照日秋雲迴，浮天渤澥寬。惊濤來似雪，一坐凜生寒。
義公習禪寂，結宇依空林。戶外一峯秀，階前眾壑深。夕陽連雨足，空翠落庭陰。看取蓮花淨，方知不染心。
白鶴青岩畔，幽人有隱居。階庭空水石，林壑罷樵漁。歲月青松老，風霜苦竹疏。睹茲懷舊業，攜策返吾廬。
九日未成旬，重陽即此晨。登高尋故事，載酒訪幽人。落帽恣歡飲，授衣同試新。茱萸正可佩，折取寄情親。
雲海訪甌閩，風濤泊島濱。如何歲除夜，得見故鄉親。余是乘槎客，君為失路人。平生復能幾，一別十餘春。
掛席東南望，青山水國遙。舳艫爭利涉，來往任風濤(點去)潮。問我今何適，天台訪石橋。坐看霞色晚，疑是赤城標。
出谷未停午，至家日夕曛。回瞻山下路，但見牛羊羣。樵子暗相失，草蟲寒不聞。衡門猶未掩，佇立待夫君。
張山人鉞持此紙要書，雪中惜研上餘墨，孟詩十八首與之。山

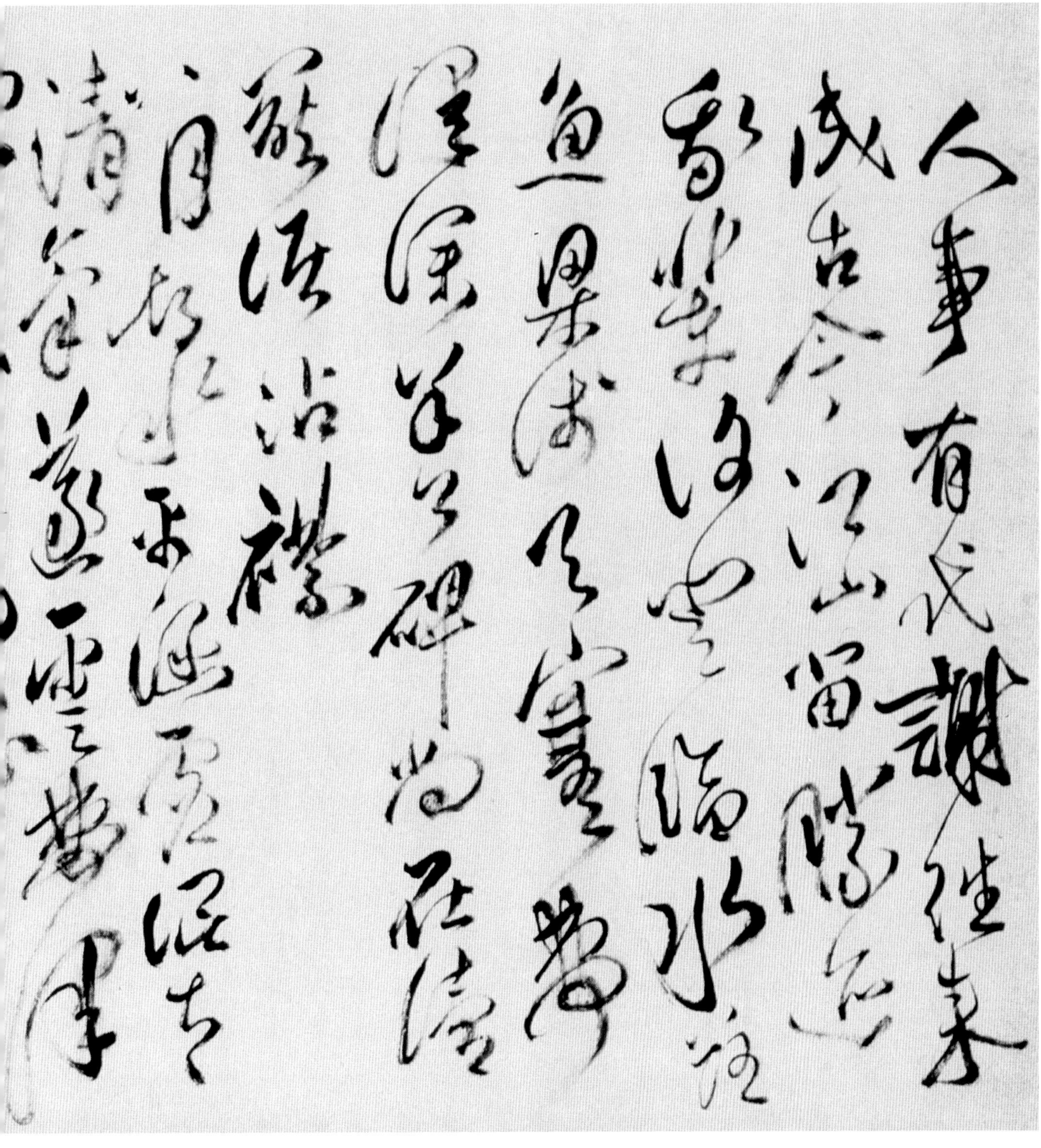

釋文：

人事有代謝，往來成古今。江山留勝跡，我輩復登臨。水落魚梁淺，天寒夢澤深。羊公碑尚在，讀罷淚沾襟。

八月湖水平，涵虛混太清。氣蒸雲夢澤，波撼岳陽城。欲濟無舟楫，端居恥聖明。坐觀垂釣者，徒有羨魚情。

二月湖水清，家家春鳥鳴。林花掃更落，徑草踏還生。酒伴來相命，更尊共解醒。當杯已入手，歌妓莫停聲。

北闕休上書，南山歸敝廬。不才明主棄，多病故人疏。白髮催年老，青陽逼歲除。永懷（愁）不寐，松月夜窗虛。

傲吏非凡吏，名流即道流。隱居不可見，高論莫能酬。水接仙源近，山藏鬼谷幽。再來迷處所，花下問漁舟。

林園雖少事，幽獨自多違。向夕開簾坐，庭陰葉落微。鳥從煙樹宿，螢傍水軒飛。感念同懷子，京華去不歸。

寂寂竟無待，朝朝空自歸。欲尋芳草去，惜與故人違。當路誰相假，知音世所稀。只應守寂寞，還掩故園扉。

武陵川路狹，前棹入花林。莫測幽源裏，仙家信幾深。水回青嶂合，雲度綠溪陰。坐聽閒猿嘯，彌清塵外心。

秋入詩人興，巴歌和者稀。泛湖同旅泊，吟會是歸思。白簡徒推薦，滄洲已拂衣。杳冥雲海去，誰不羨鴻飛。

龍象經行處，山腰度石關。屢迷青嶂合，時愛綠蘿間。宴息花林下，高談竹嶼間。寥寥隔塵事，疑是入雞山。

獨步人何在，嵩陽有故樓。歲寒問耆舊，行縣擁諸侯。泱莽北彌望，沮漳東會流。客中遇知己，無復越鄉憂。

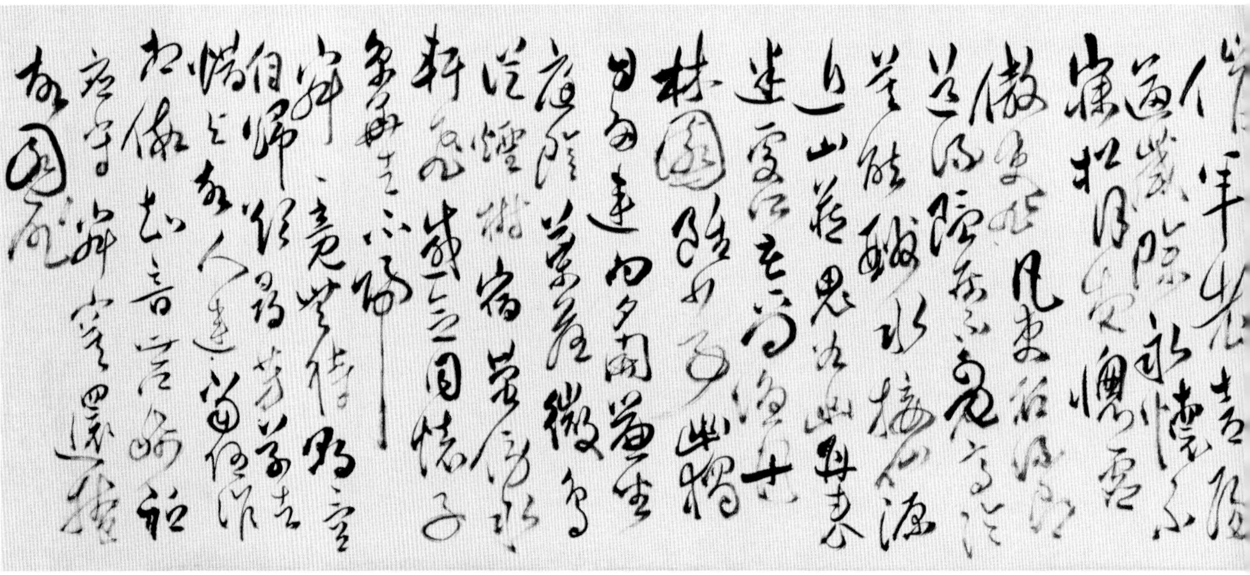

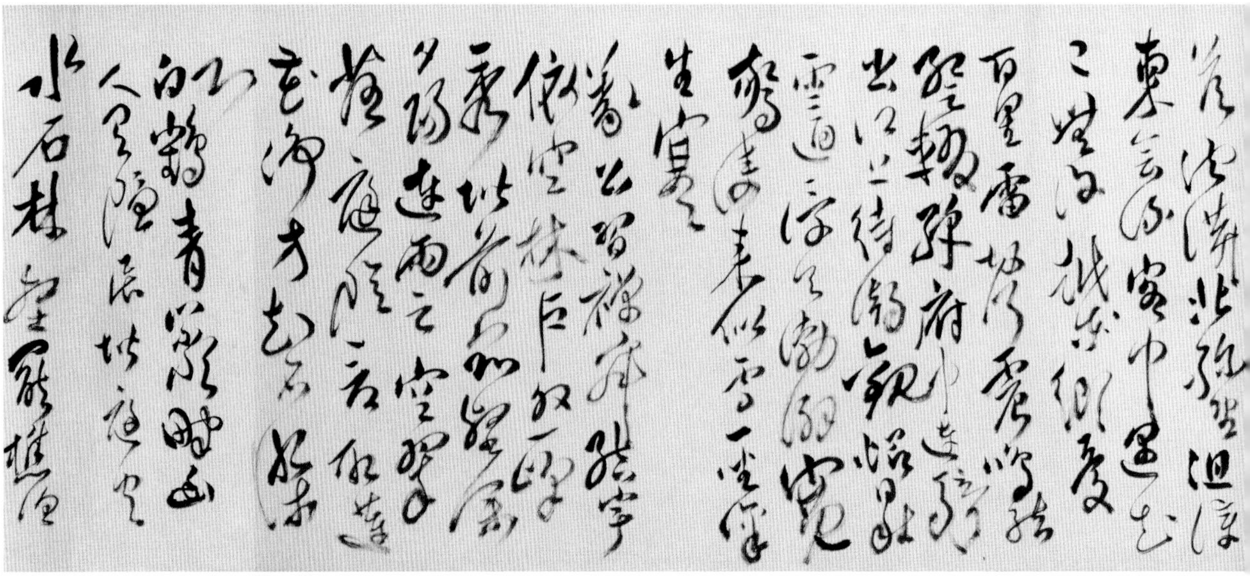

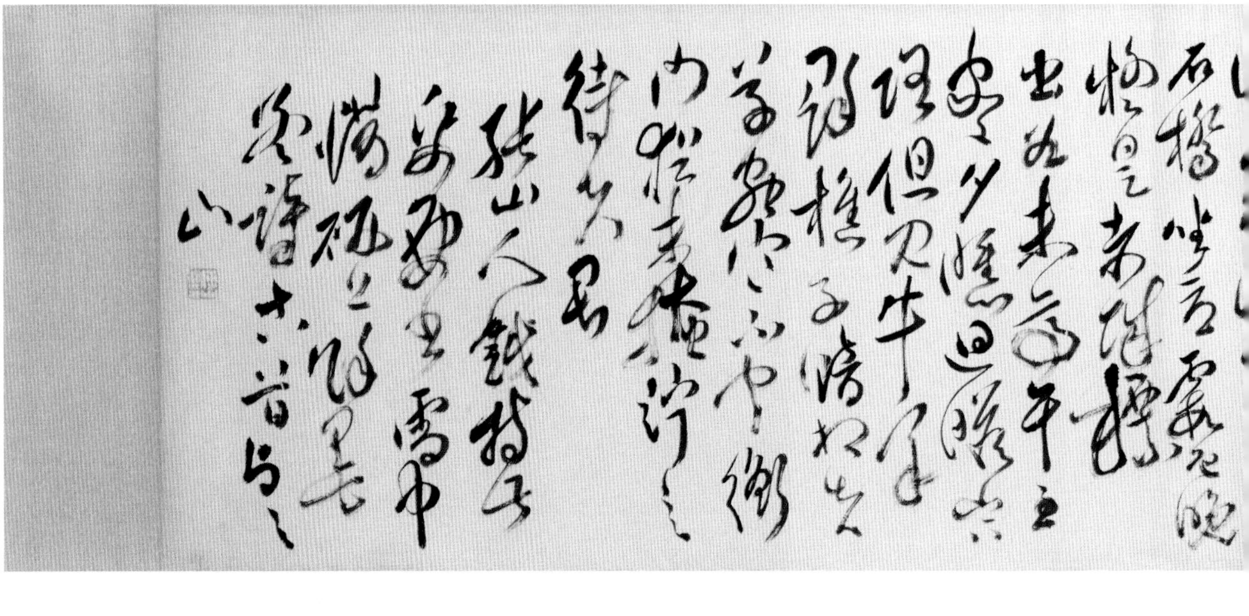

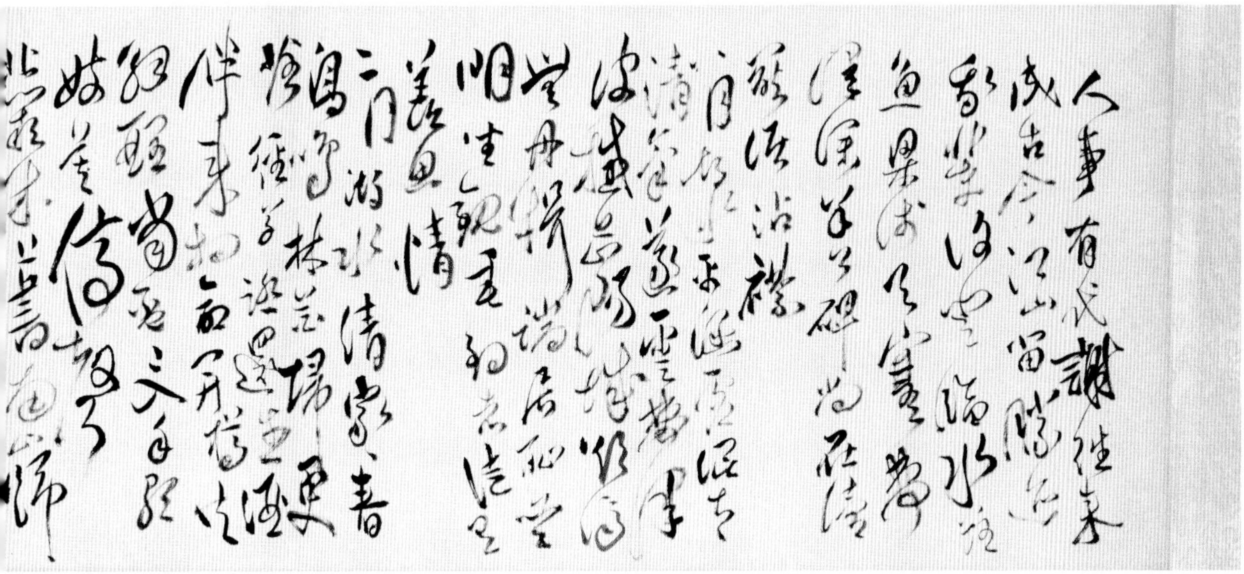

《孟浩然詩卷》之一

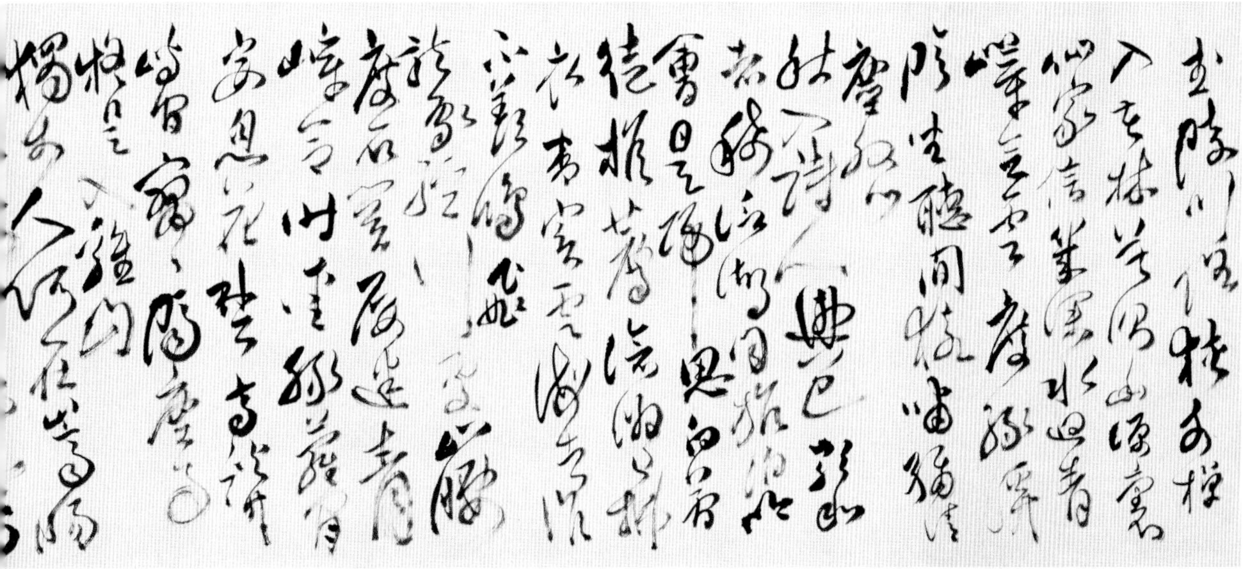

《孟浩然詩卷》之二

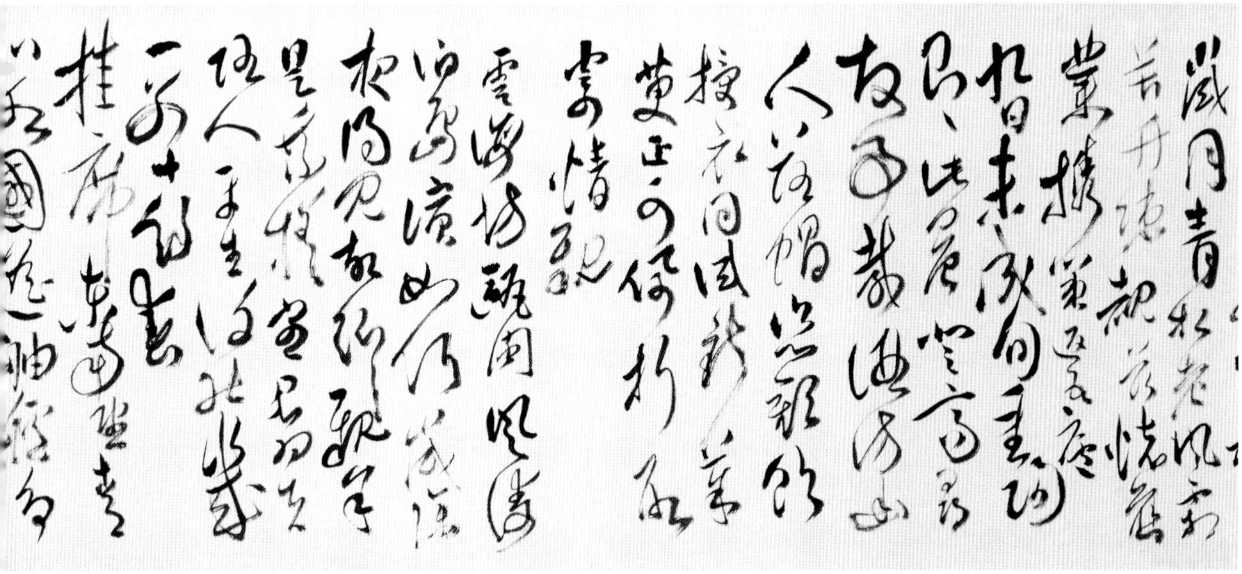

《孟浩然詩卷》之三

4

傅山　行書戰國策冊

紙本　行書　四開
開縱26.5厘米　橫23.4厘米

Zhan Guo Ce (Record of the Warring States) in running script
By Fu Shan
Album of 4 leaves, ink on paper
H. 26.5cm　L. 23.4cm

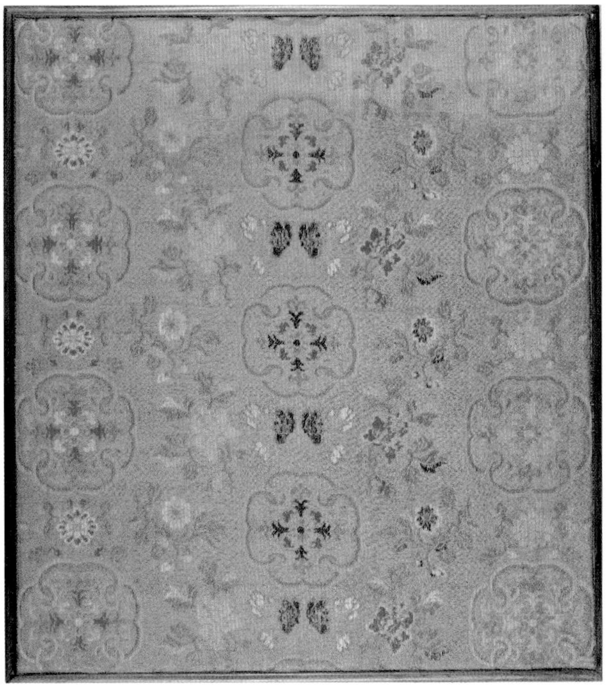

冊節錄《戰國策》文一段，無書者名款及印章，但從書法風格及當時人題跋來看，為傅山所書無疑。首開引首清代左權篆書“傅青主徵君墨寶”。後紙有馮司直所書信札三通，皆與此冊的收藏有關；許琴伯題一頁，敍述得此冊之經過，許氏友人熊冰、趙元禮、陳中嶽、楊昭俊、俞陛雲題詠。

此冊書法墨氣溫潤清淡，行距疏宕，章法佈局取法於明末著名書家黃道周，而結字用筆尚較為規整，由此判斷為傅山早期作品。

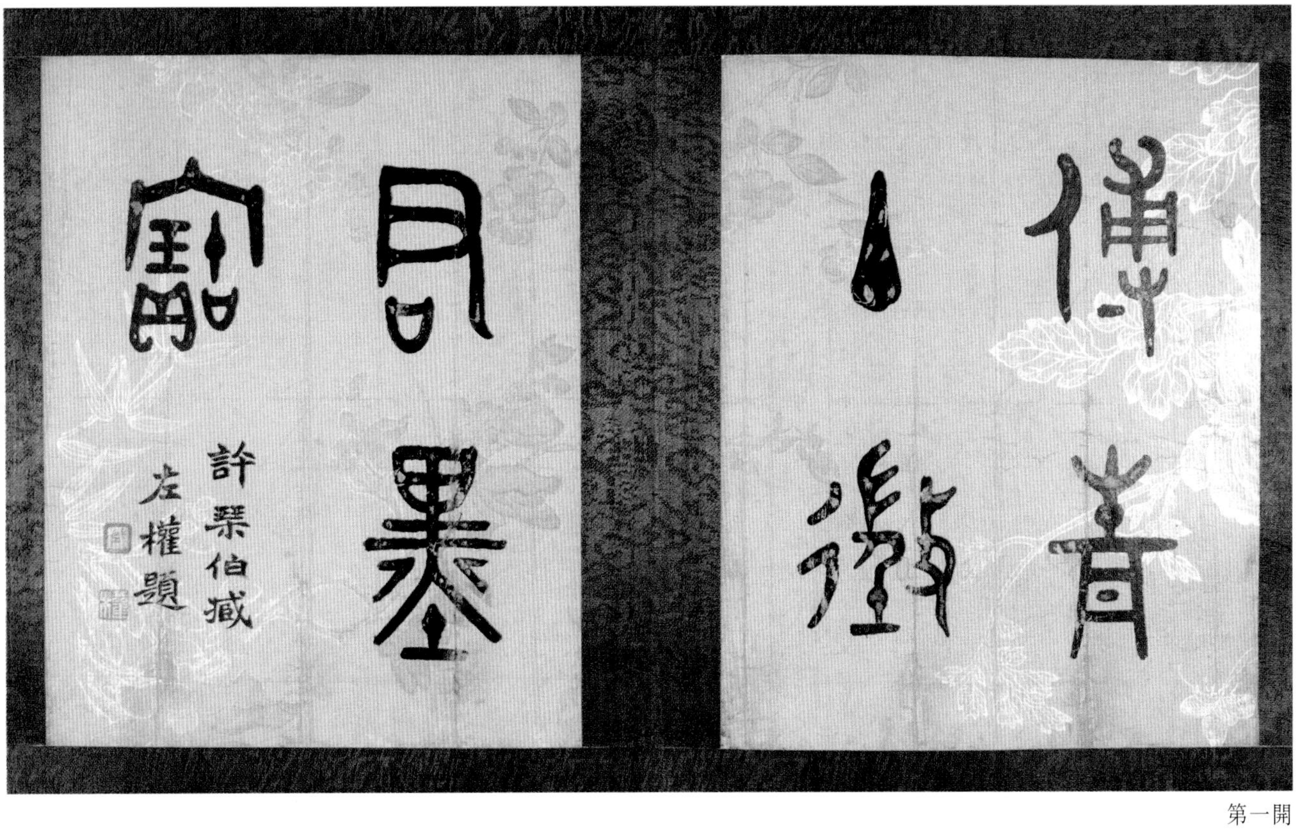

第一開

也有萬乘之號而無千乘之用也不可
臣故曰勿與常請守之昭常出景鯉入
見王曰齊使來求東地五百里為之奈
何景鯉曰不可與也雖然楚不能獨守
王身出玉聲以許萬乘之強齊也而

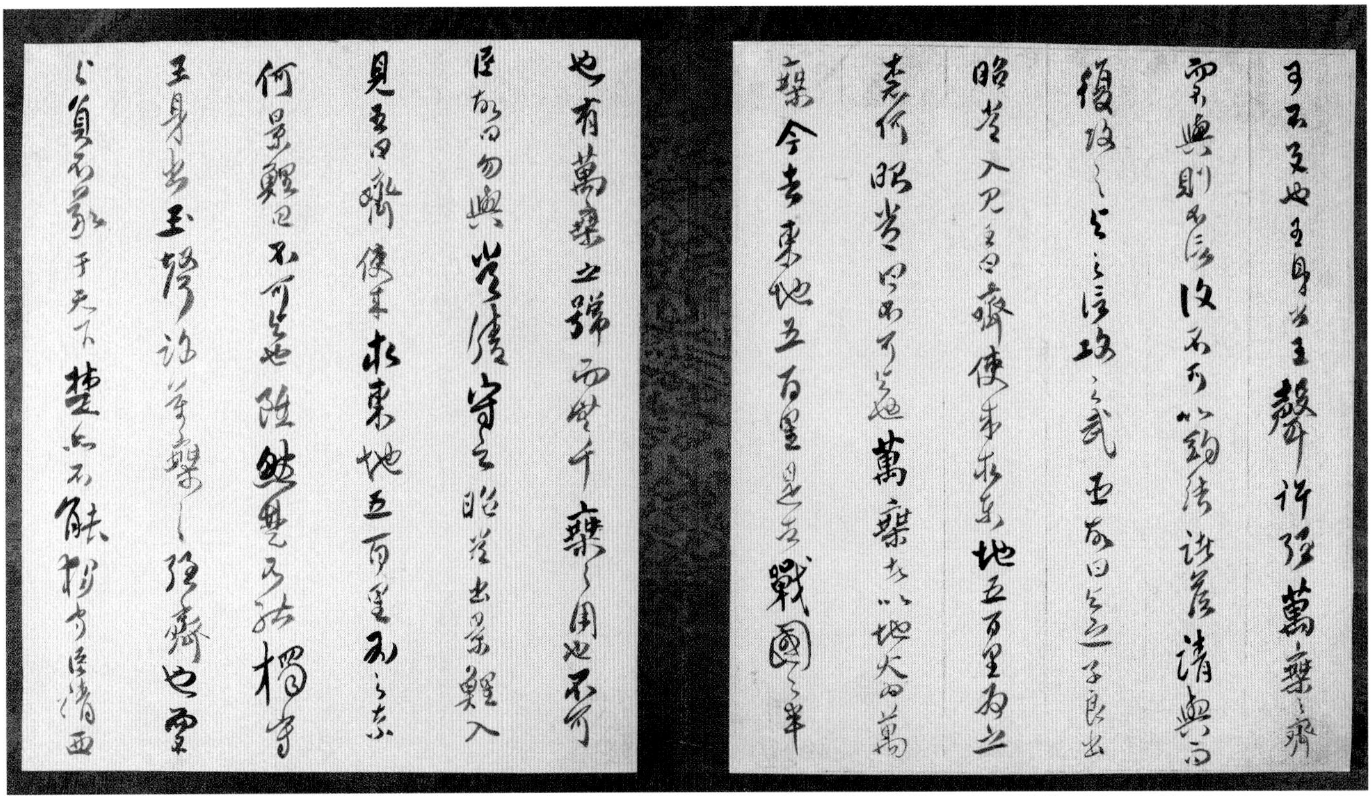

第三開

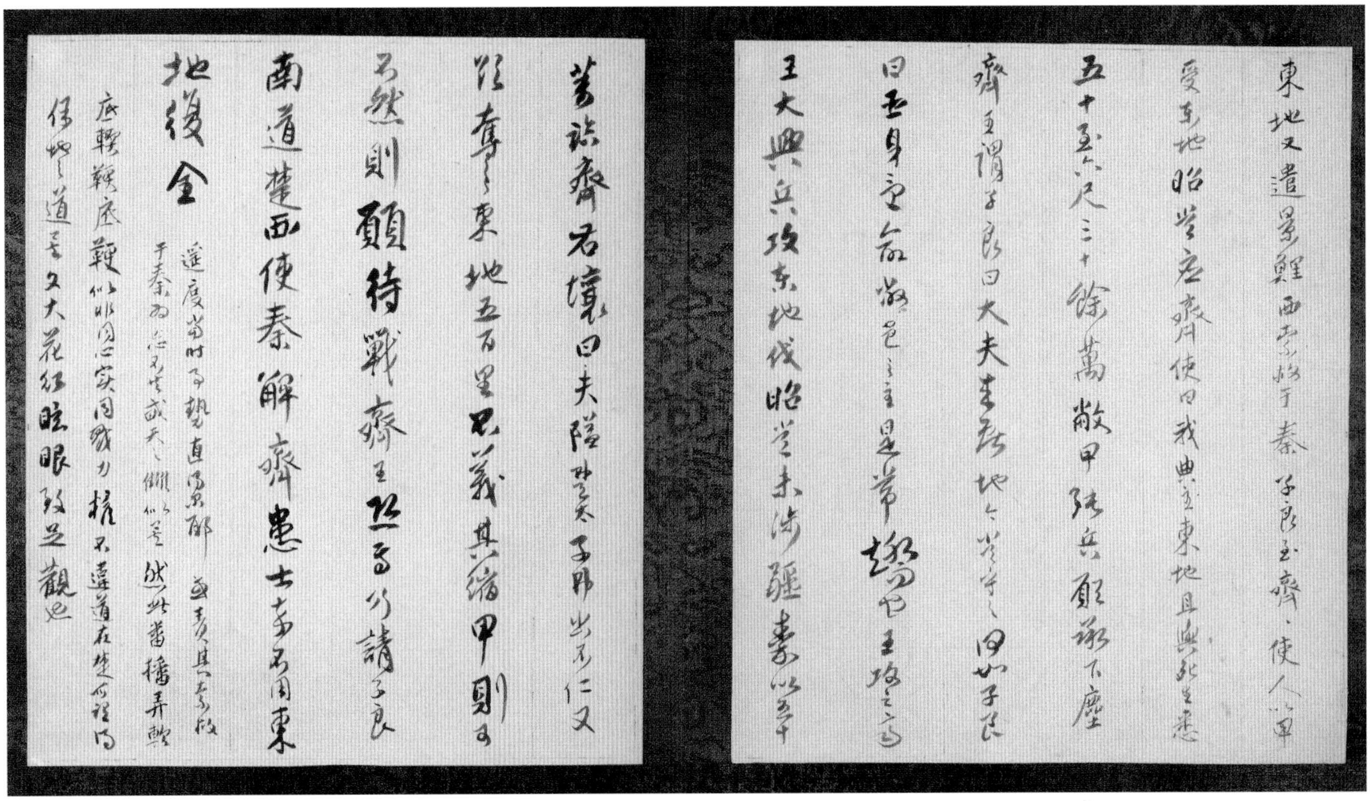

第五開

楚襄王為太子之時，質於齊。懷王薨，太子辭
於齊王而歸。齊王隘之曰：予我東地五百里，乃歸子。
子不予我，不得歸。太子曰：臣有傅，請追而問傅。
傅、慎子曰：獻之地，所以為身也。愛地不
送死父，不義。臣故曰獻之便。
太子入，致命齊王曰：敬獻地五百里。齊王歸楚太子。

太子歸，即位為王。齊使車五十乘，來取東地於楚。
楚王告慎子曰：齊使來索東地，奈何？
慎子曰：王明日朝群臣，皆令獻其計。
上柱國子良入見。王曰：齊使來索東地，為之奈何？
子良曰：王不可不與也。王身出玉聲，許強萬乘之齊而不
與，則不信，後不可以約結諸侯。請與而復攻之。
與之信，攻之武，臣故曰與之。

子良出，昭常入見。王曰：齊使來索東地，為之奈何？
昭常曰：不可與也。萬乘者，以地大為萬乘也。今
去東地五百里，是去戰國之半也，有萬乘之號而無千乘
之用也，不可。臣故曰勿與。常請守之。
昭常出，景鯉入見。王曰：齊使來索東地，為之奈何？
景鯉曰：不可與也。雖然，楚不能獨守。王身出玉聲，
許萬乘之強齊也而不與，負不義於天下。
楚亦不能獨守。臣請西索救於秦。

景鯉出，慎子入。王以三大夫計告慎子
曰：子良見寡人曰：不可不與也，與而復攻之。
常見寡人曰：不可與也，常請守之。
鯉見寡人曰：不可與也，雖然，臣請西索救於秦。
寡人誰用於三子之計？
慎子對曰：王皆用之。王怫然作色曰：何謂也？
慎子曰：臣請效其說，而王且見其誠然也。
王發上柱國子良車五十乘，而北獻地五百里於齊。
發子良之明日，遣昭常為大司馬，令
往守東地。遣昭常之明日，遣景鯉車五十乘，
西索救於秦。王發子良之明日，遣子良北獻
地於齊。遣子良之明日，立昭常為大司馬，使守
東地。

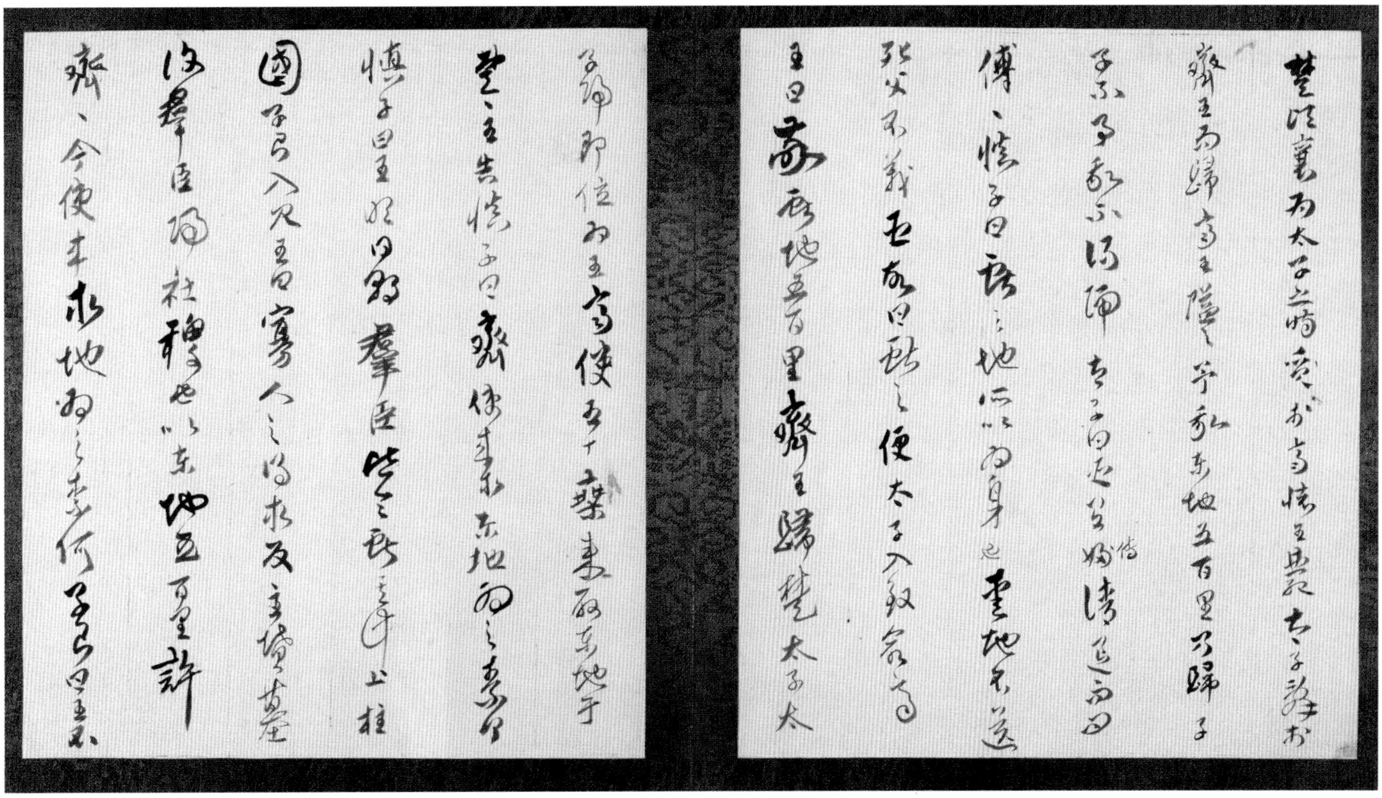

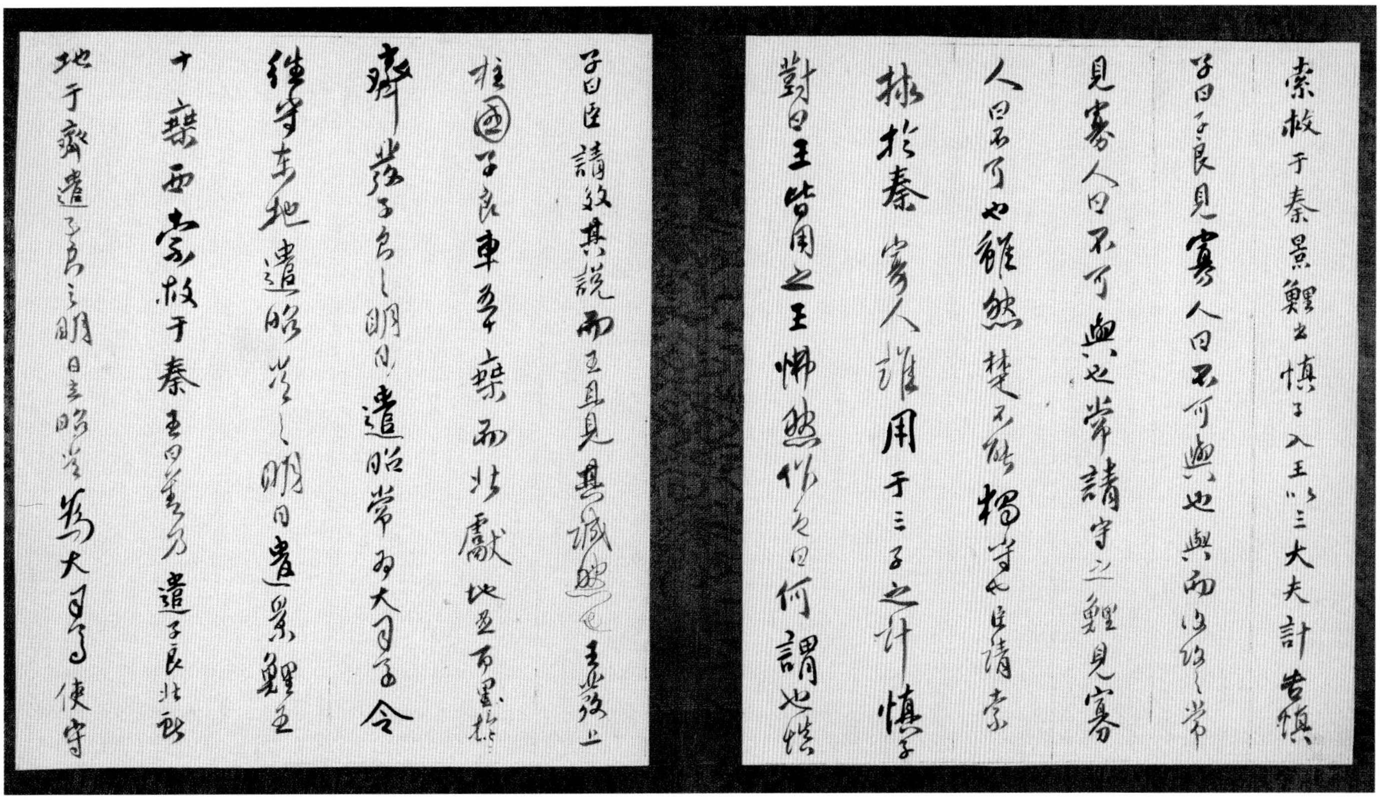

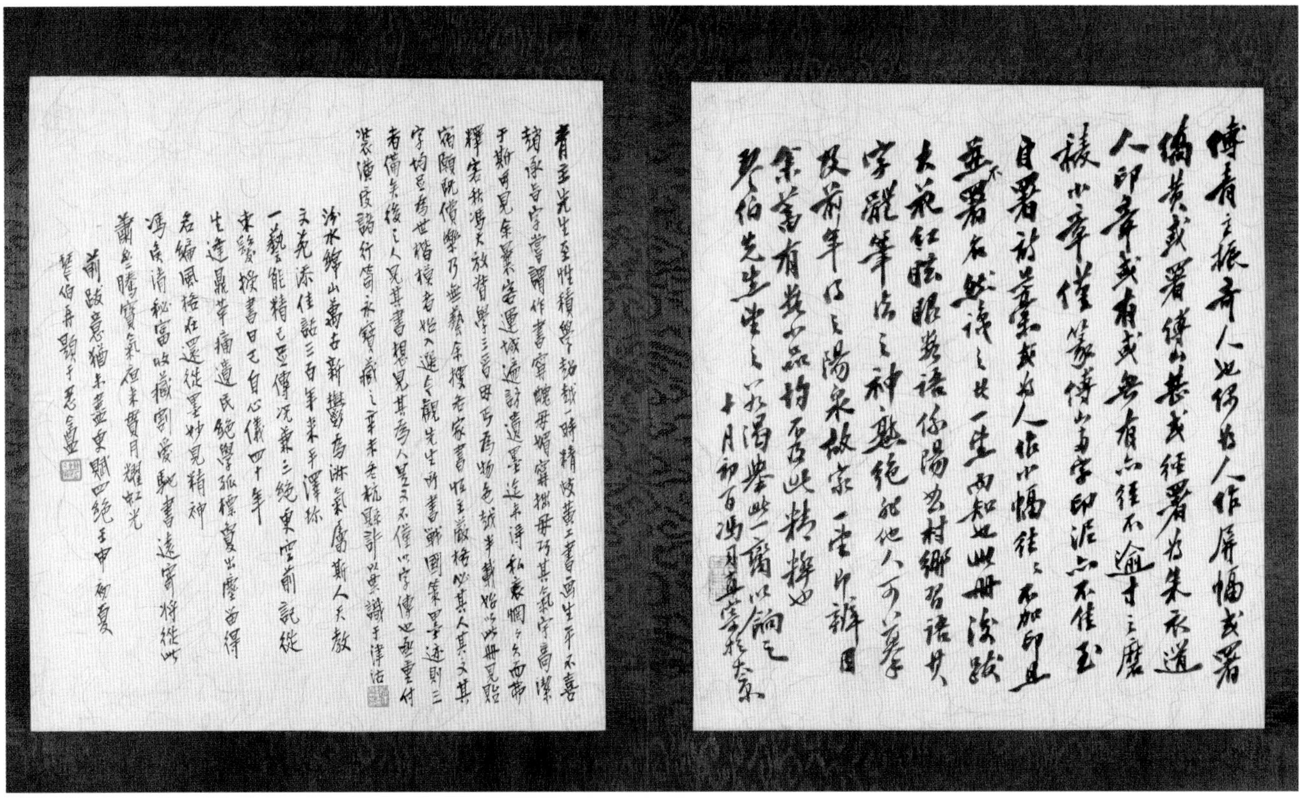

第七開

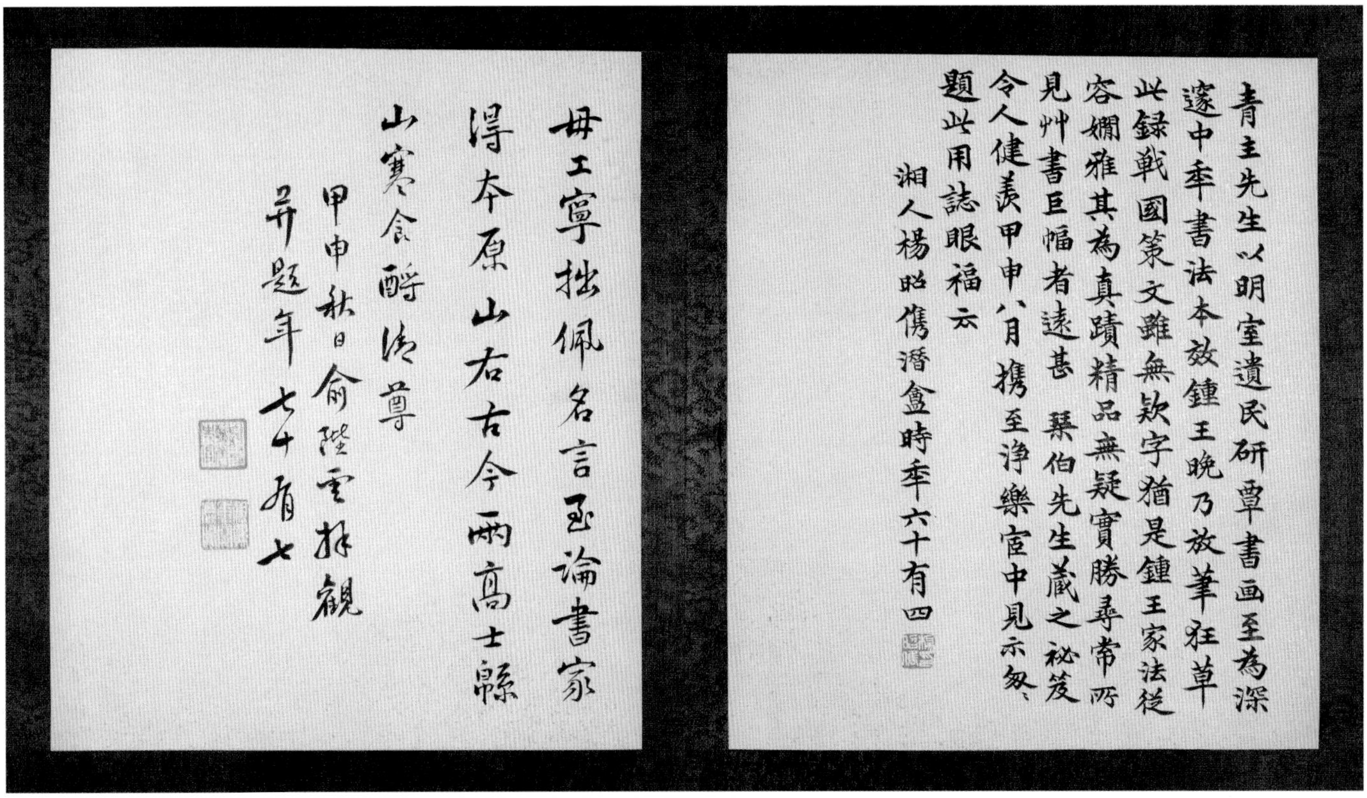
青主先生以明室遺民研覃書画至為深
邃中年書法本效鍾王晚乃放筆狂草
此録戰國策文雖無款字猶是鍾王家法從
容嫻雅其為真蹟精品無疑實勝尋常所
見艸書巨幅者遠甚 槊伯先生藏之秘笈
令人健羨甲申八月携至淨樂宧中見示匆匆
題此用誌眼福云
湘人楊昭儁潛盦時年六十有四
甲申秋日俞陛雲拜觀
并題年七十有七

第九開

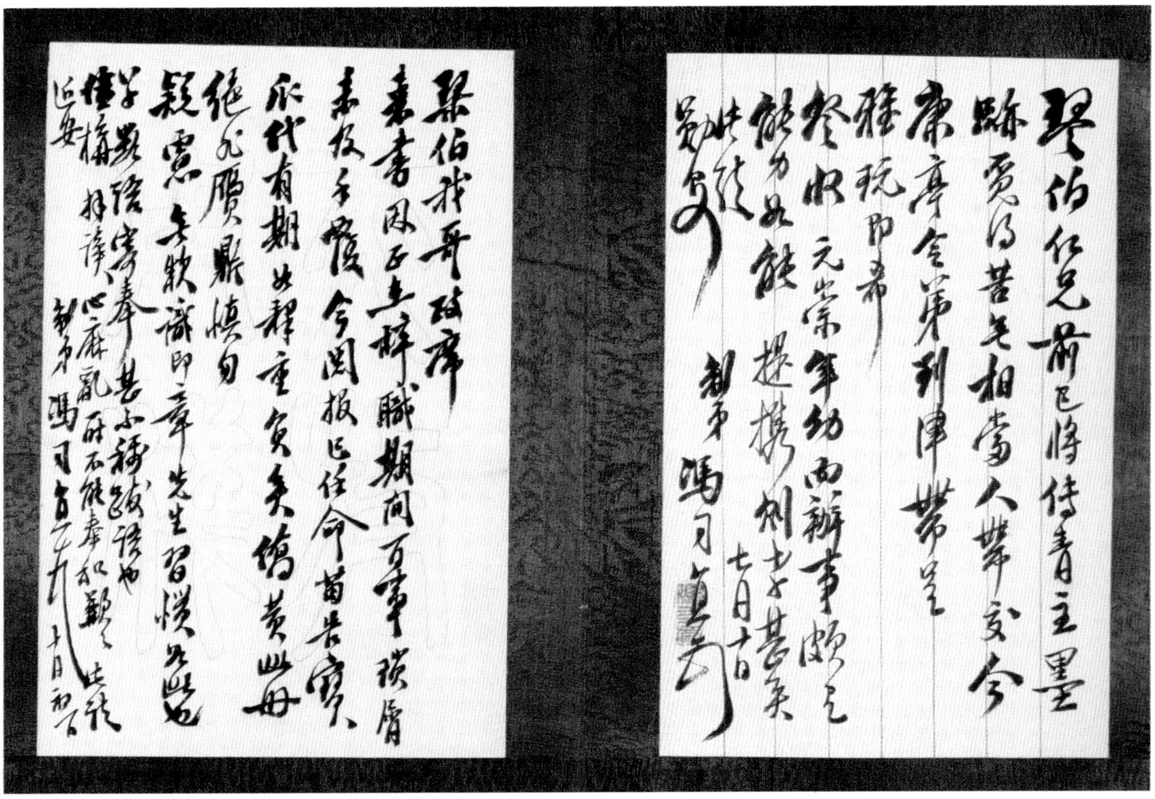

琴伯仁兄前飛將侍青主墨
蹟貢為昔先相當人華交今
雅玩即希
琴白元常年幼西辭事頗之
饒力及難趨攜劌志甚葉
姓名
教弟馮可 七日古

黍伯我哥政府
春書及弟老棹職期間百事頗屑
秦役弟假令閱報延任命苗去寶
你代有期此釋產貨矣儔黃抽毋
絕兄膺鼎慎旬
疑憲矢歌謹即章謙先生習慣多暇
傳棧拊讓心麻亂府石能奉敬之
延安 馮可二月九日和

琴白鷹教天放所貽傳青主先生
青戰國柒墨述考賦二截句昌之
印可辛未大雪陵三日同寀浩之正嚴
宗硯堂下觸高齋況晚園說清譚
永在時也因弁識之 熊冰

大節不可奪斯人何憂尋德齋李二
曲名延頤亭林八法猶徐事遺臣同
此心期君善藏青片羽比惠金
琴伯先生屬題 弟趙元禮

翠柏婷幽鑿雲中鳴孤鴻心肝
藉真氣淡墨誰能濃
斷華蕩空霄天華蒸太始總
勝妙文人浮失傍故紙
琴伯先生屬題
弟陳中嶽集霜紅龕句

第六開

第八開

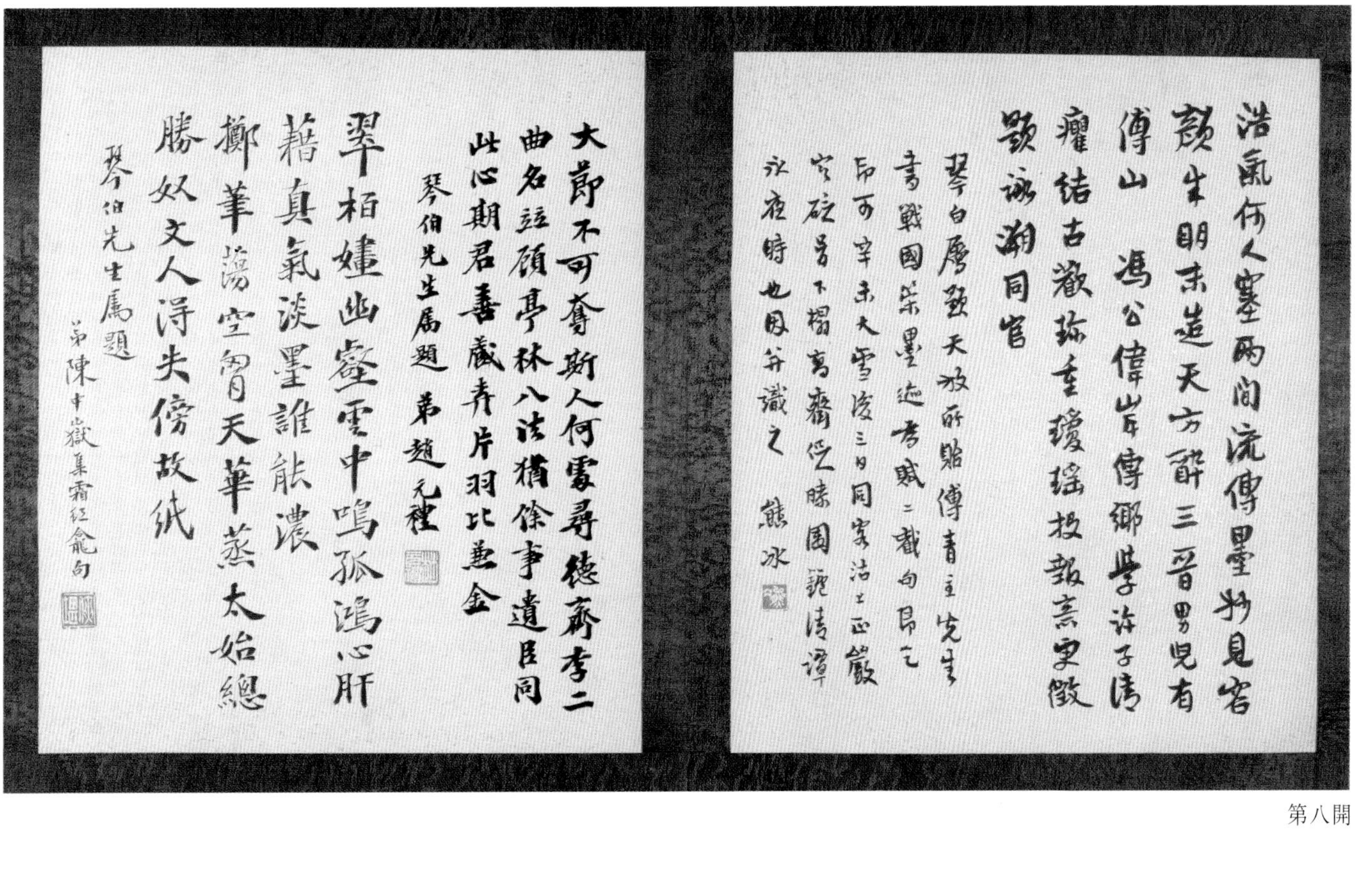

5

傅山　行草書七言詩軸
花綾本　行草書
縱182.9厘米　橫50.8厘米

Qi Yan Shi (seven-syllable poetry) in running-cursive script
By Fu Shan
Hanging scroll, ink on figured silk
H. 182.9cm　L. 50.8cm

軸書七言詩一首，末款“傅山”，下鈐“傅山印”(白文)印。

此軸書法筆力雄渾，連帶自然，章法佈局自出機杼，有咄咄逼人之勢。

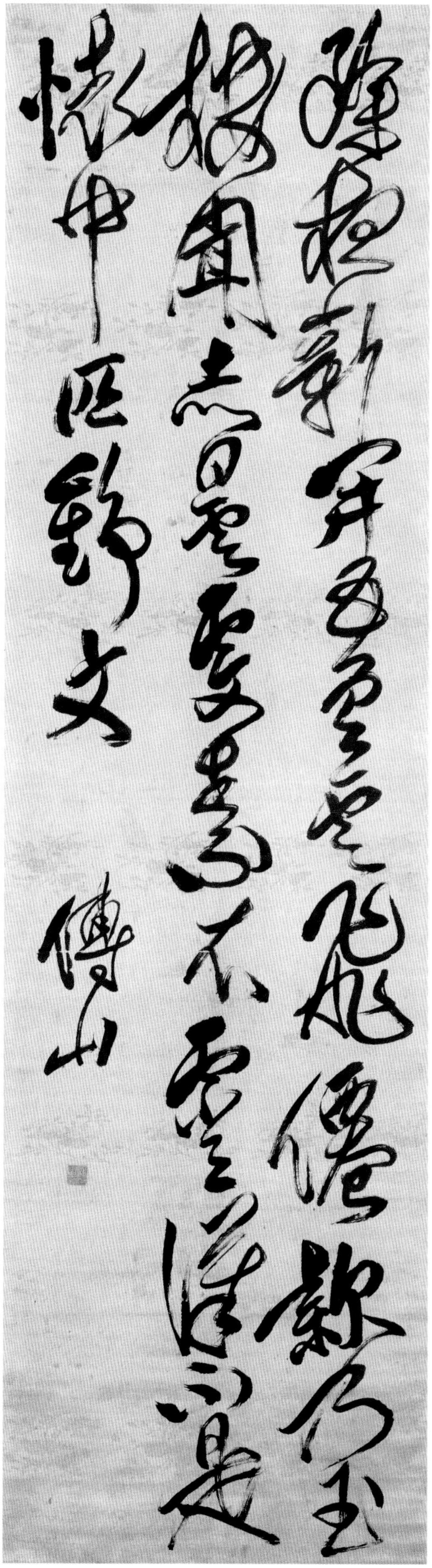

釋文：
除夜新開五色雲，飛仙款乃玉樓聞。赤曇雯素衣霄漢，不是懷中匹錚文。　傅山

6

傅山　行草書五律詩軸

綾本　行草書
縱185.7厘米　橫51厘米

Wu Lu Shi (five-syllable regulated verse) in running-cursive script
By Fu Shan
Hanging scroll, ink on silk
H. 185.7cm　L. 51cm

此作是為“松初先生”書錄唐代杜甫詩一首，款署“傅真山”，下鈐“傅山印”(白文)印。從書風判斷，為傅山中晚期作品。

據清代郭尚先《芳堅館題跋》云：“先生學問志節，為國初第一流人物。世爭重其分隸，然行草生氣鬱勃，更為殊觀。”此軸書法筆勢雄奇，連綿飛動，起伏跌宕，以其宏大的氣勢表現出生氣鬱勃的壯觀景象，顯示出書法家極強的個性。字間連帶自然，結字不求工穩，單個字看時顯得欹側不穩，然通幅觀之，氣韻生動，結構自然天成，字形大小的變化更增加了生動性和躍動感，給人以樸拙遒勁的美感。

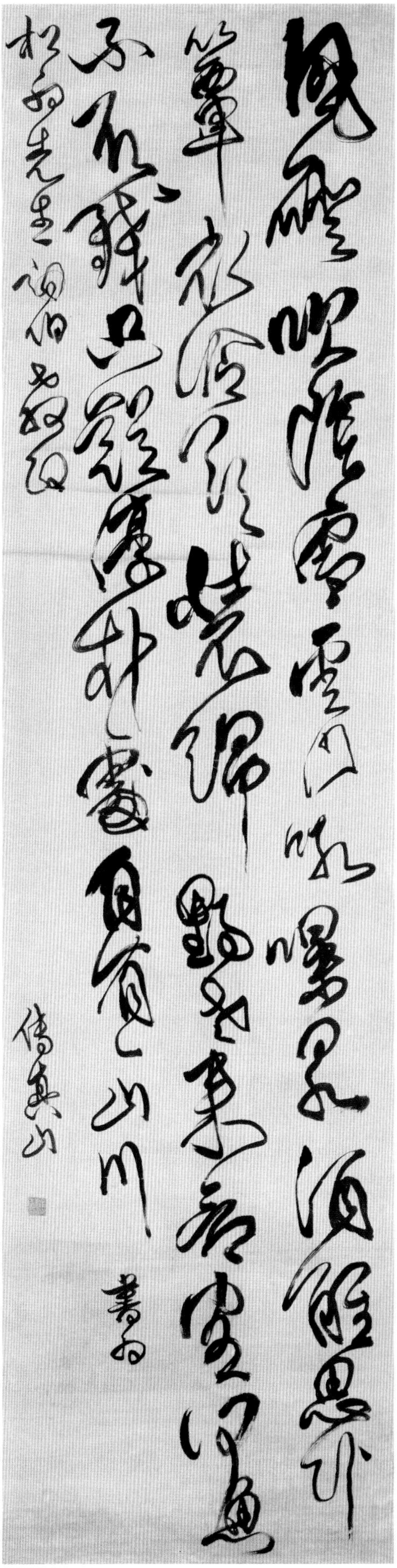

釋文：
風磴吹陰雪，雲門吼瀑泉。酒醒思臥簟，衣冷欲裝綿。野老來看客，河魚不取錢。只疑淳樸處，自有一山川。書為松初先生詞伯教政　傅真山

7

傅山　楷草書自書詩卷

絹本　楷草書
縱24.5厘米　橫104厘米

Zi Shu Shi (Self-transcribed Poem) in regular-cursive script
By Fu Shan
Handscroll, ink on silk
H. 24.5cm　L. 104cm

《自書詩卷》原裱為經折裝，後改為手卷。首段楷書詩數首，款署“山記”，鈐“傅山印”(白文)印。後接行草書古詩五頁，款署“山”，鈐“傅山印”(白文)印。後紙有李瑞清題及端方觀款。

此卷為傅山晚年所書，先楷後草，楷書精謹而草書飛揚縱逸。後紙李瑞清評價：“此卷乃其晚歲所書，絕不經意，自然高淡，尤可寶也。”青主楷書法晉宗唐，承二王及顏魯公之法，極具功力，但又不拘於成法，結字大小欹側相間，時出行書筆意，自然流暢。其存世楷書不多見，此卷可略窺其真面。後段草書則顯示出書家日常所具的縱逸飛揚的書法本色，為傅山晚年書法精品。

鑑藏印記：“山陰□千廙軒所藏”(朱文)。

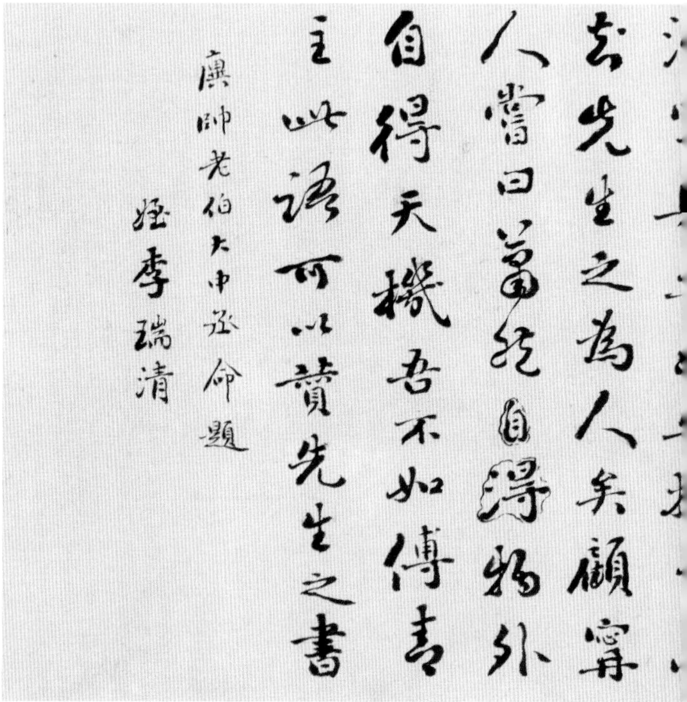

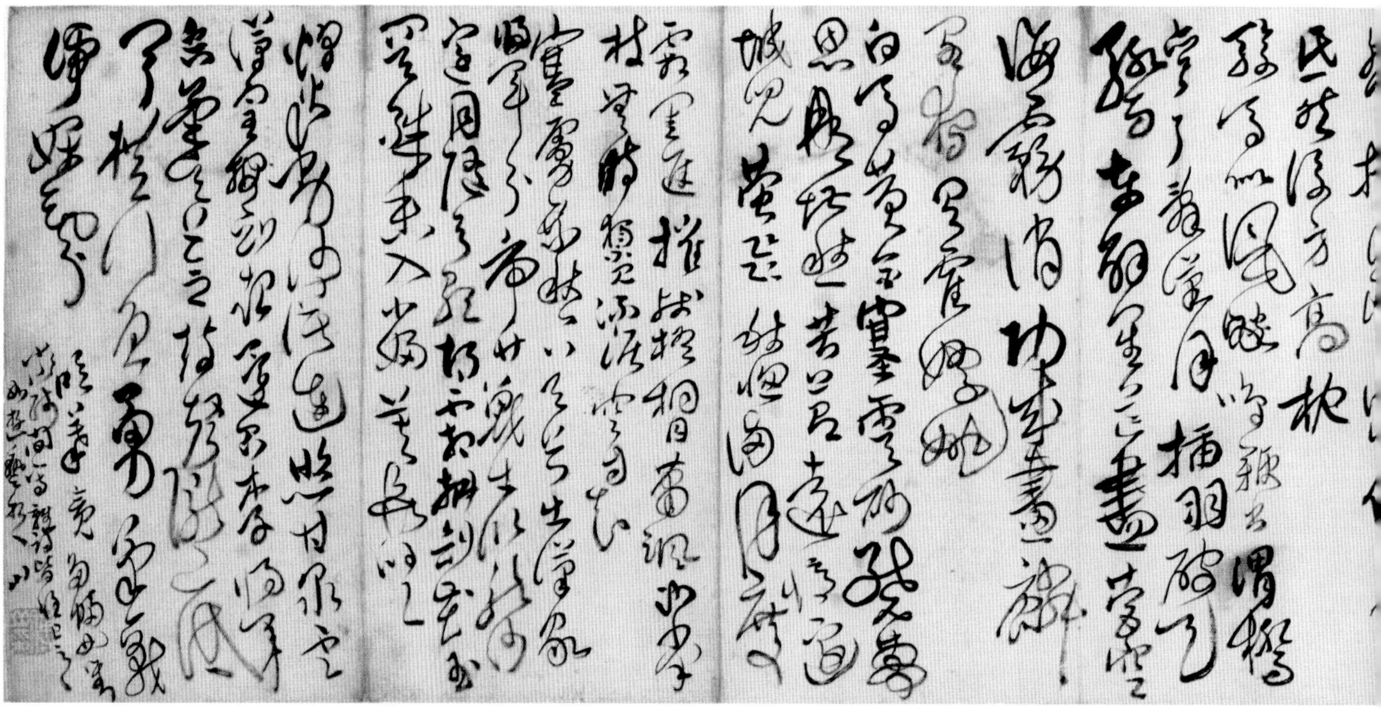

水趨於壑鳥集於林人
變於習勢逐兔也故有明
一代書法悉宗子文董於元之
法法悉宗子昂壽藤老
人素嫻強于必芸門源
露董文流入此人端學大令
然乾筆渴墨粉是董法余
嘗陸倪雲林傳壽主而先生
蜀時若示志有趙子昂文衡山董
元寧共比貝胸次絕高平素
徑門無所耽悅於時如青主先
生書余於京師見其大字氣江
南賦冊子又見貝手拟漢書學
魯公而稍緩逸此卷乃貝晚
歲所書絕不經意自然高淡
尤而寶也先生論去云寧拙

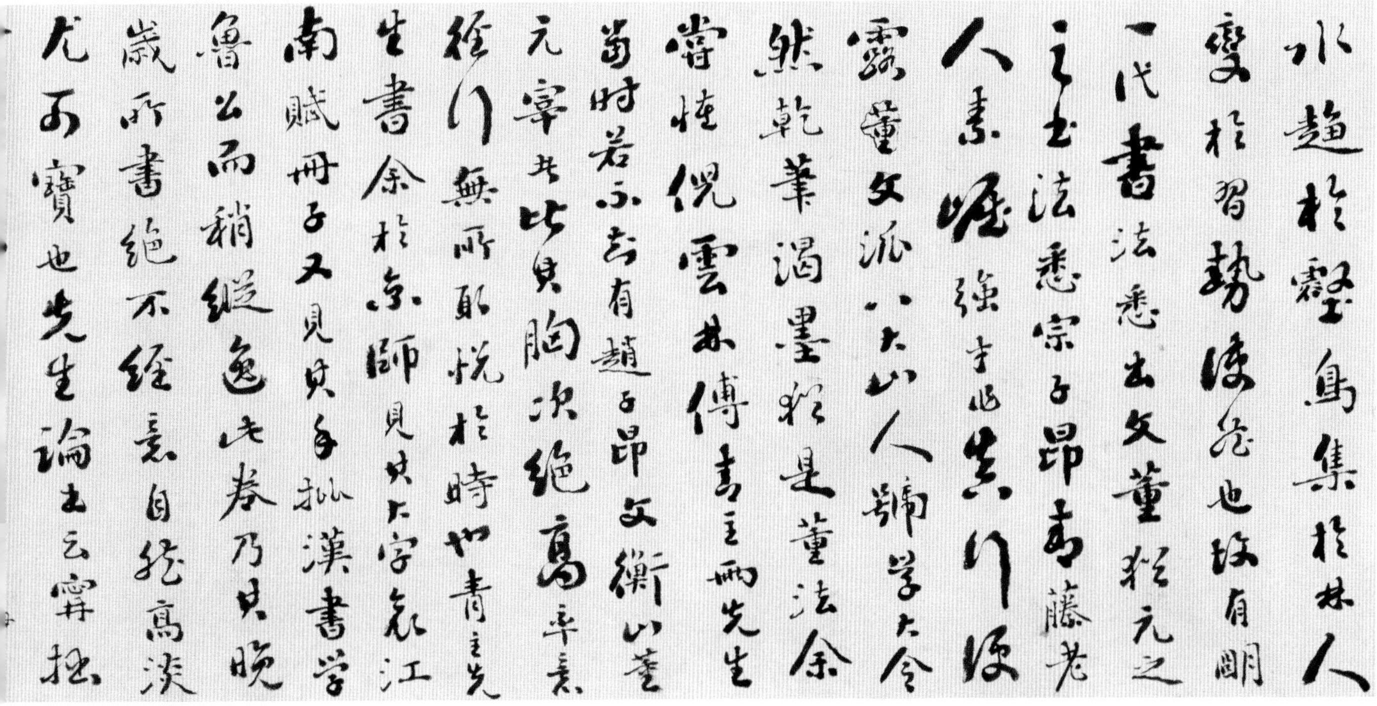

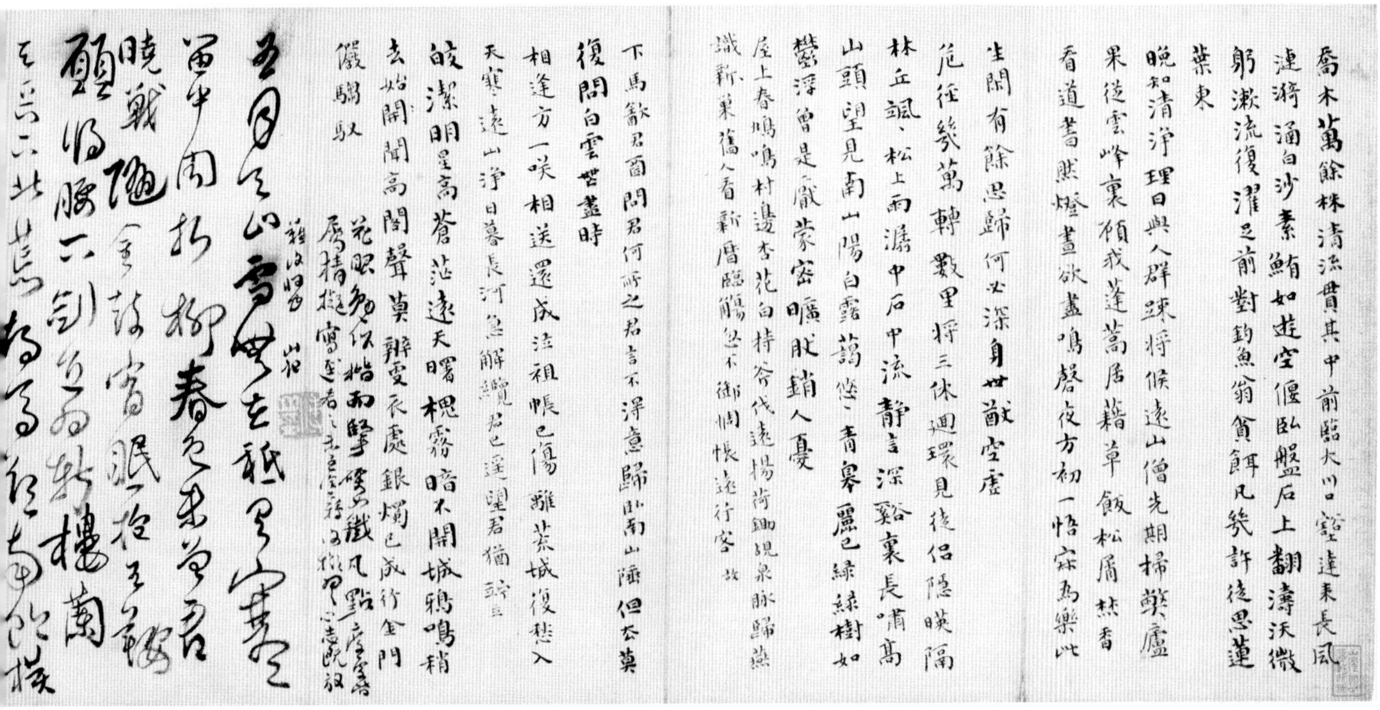

8

王鐸　行草書自書詩卷

紙本　行草書
縱28.9厘米　橫291.6厘米

Zi Shu Shi (Self-transcribed Poem) in running-cursive script
By Wang Duo (1592-1652)
Handscroll, ink on paper
H. 28.9cm　L. 291.6cm

王鐸(1592—1652)，字覺斯，一字覺之，號嵩樵、癡仙道人等，明末孟津(今河南孟縣)人。明天啟二年(1622)進士，為翰林，甲申(1644)後任南明弘光朝禮部尚書，後降清，官至禮部尚書。工書法，諸體悉備，行草書為最。宗法二王、鍾繇，既浸淫於古法，又有所創新，骨力豐厚又具靈巧瀟灑之姿，時人謂其書可與董其昌並駕齊驅。

卷書自作詩六首，首署"君宣年家兄翁判南康贈以六首"，末款"己卯正月　弟王鐸具草"。鈐"王鐸之印"(白文)、"煙潭漁叟"(白文)印。"己卯"為明崇禎十二年(1639)，王鐸時年四十七歲。

近人馬宗霍云："明人草書，無不縱筆以取勢者，覺斯則縱而能斂，故不極勢而勢若不盡，非力有餘者，未易語此。"王鐸的行草書不以勢重，信筆揮灑，極具自然之態。此卷書法筆勢連綿，字間雖連帶不多，但筆斷意連，行氣貫通，運筆流暢。書此卷時正值中年，恰是書風形成時期，頗具蒼鬱雄暢之風，"兼有雙井天中之勝"，屬中年期之典型作品。

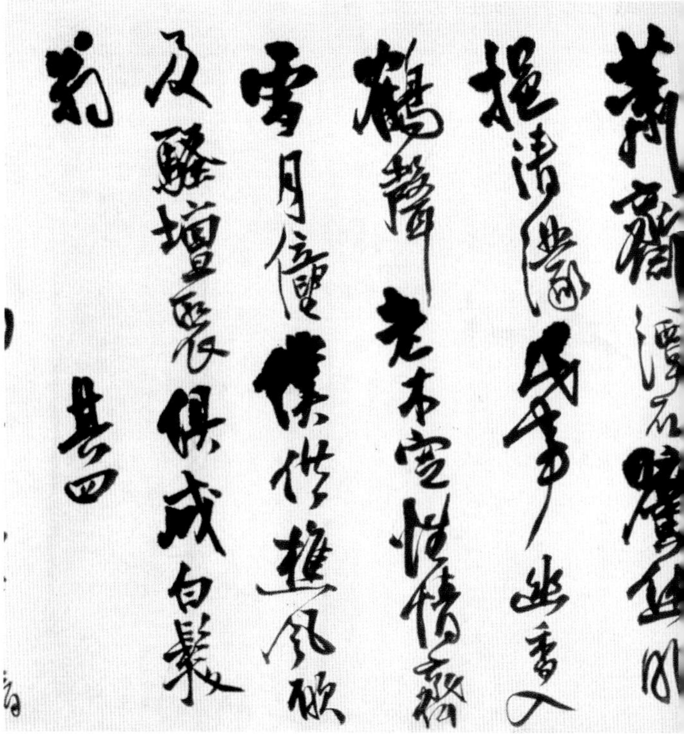

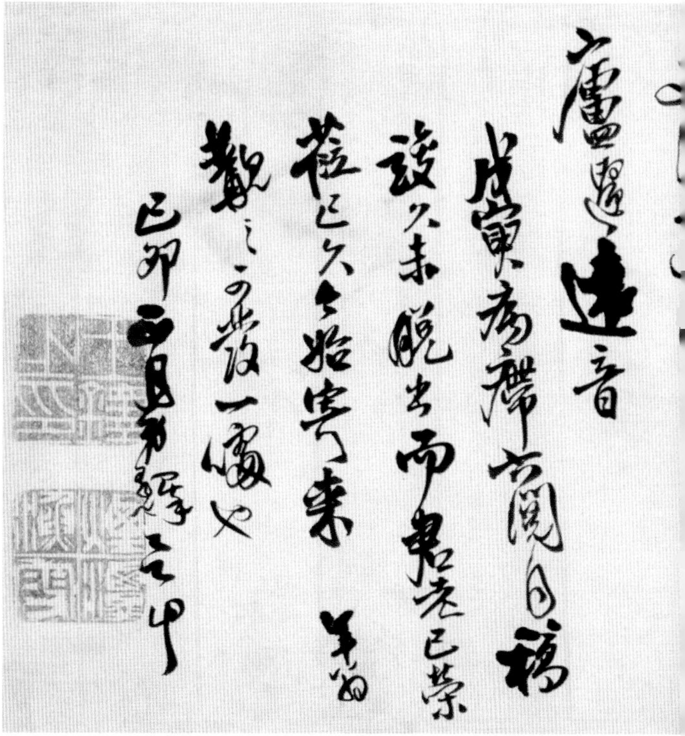

餘。高深真意外，軍旅壯心初。修己當何物，在公定不虛。詔優溢浦否，單緒相稀疏。

其五

仙經無外慮，時與古人言。案事隨時了，泉音入夜繁。南雲疑井裏，北斗味罍罇。重約潯源醉，岩花待古原。

其六

衙居人事少，鸞水靜能尋。即對漁舟景，猶懷人瘼心。詩書施嘗小，朋友望更深。處淡貧何病，匡廬遺遠音。

戊寅病癉六閱月，稿竣久未脱出，而君老已滎蒞已久，今始寄來，年翁觀之，可發一噱也。

己卯正月弟王鐸具草

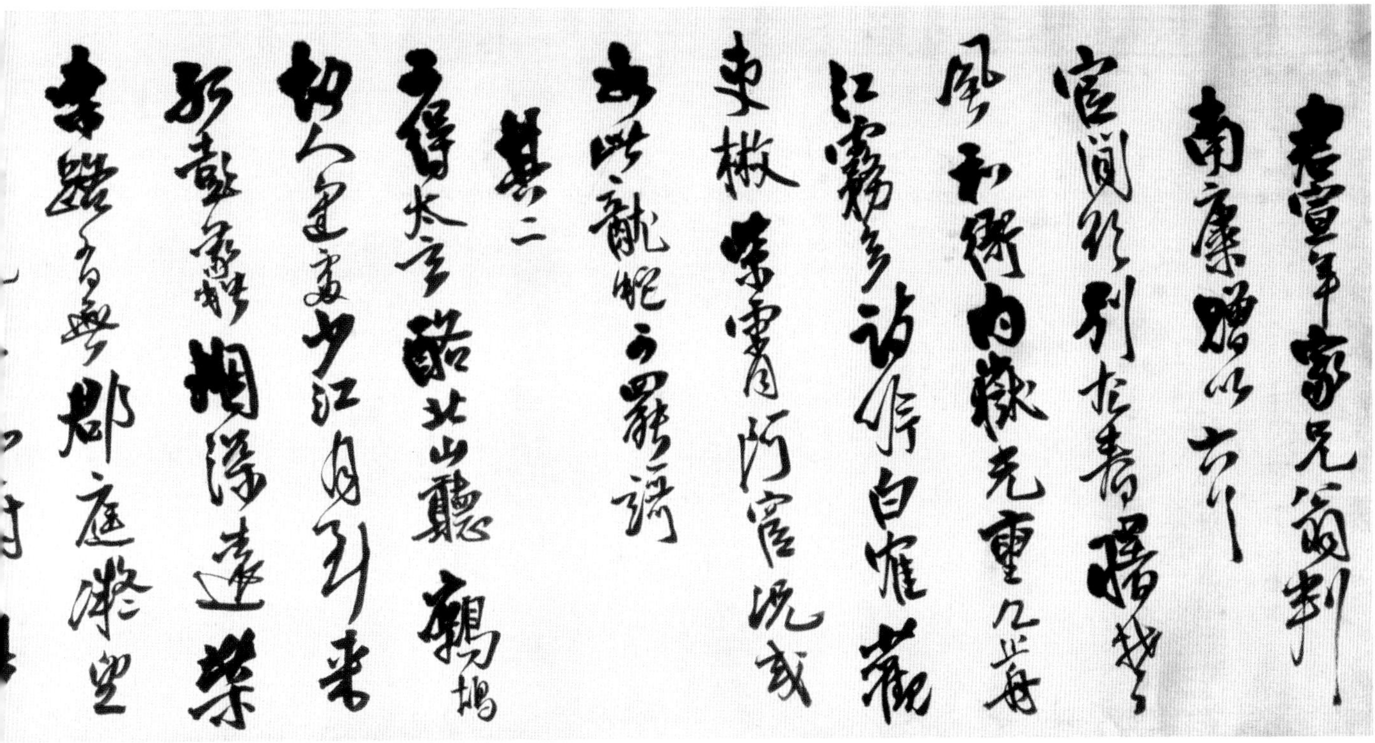

《自書詩卷》之一

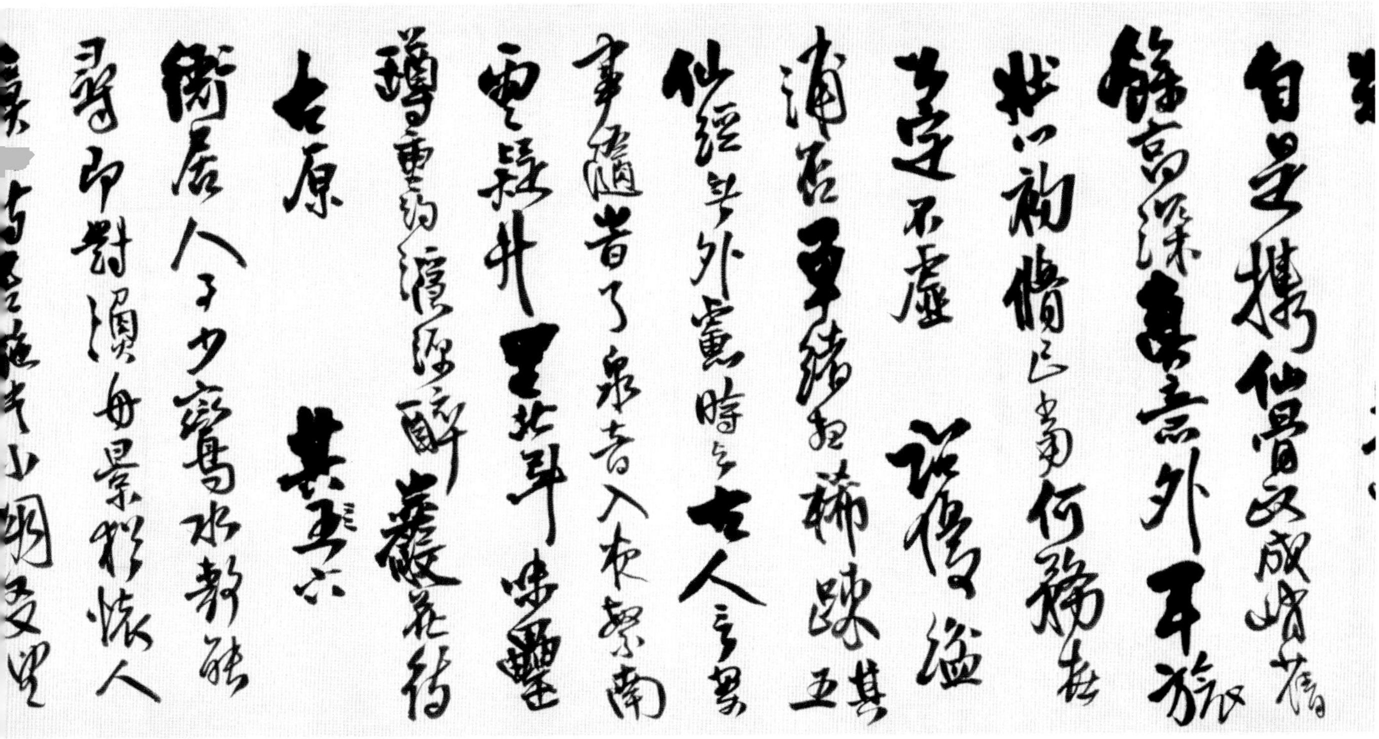

《自書詩卷》之二

釋文：

君宣年家兄翁判南康，
贈以六首
宦間欲別去，春曙楚風
和。衙內岳光重，幾寿
江霧多。詩吟白鶴觀，
吏楸紫霄阿。宦況或如
此，龍蛇可罷謌。
其二
可得太玄酪，北山聽鷓
鴣。故人逢處少，江月
到來孤。彭蠡煙深遠，
柴桑路有無。郡庭凝望
極，獨眺莫踟躇。
其三
蕭齋潭石曠，休暇挹清
濛。民事幽香入，鶴聲
老木空。性情齊雪月，
僮僕共樵風。願及騷壇
聚，俱成白髮翁。
其四
自是攜仙骨，政成峭舊

9

王鐸　草書錄語軸

綾本 草書
縱254.2厘米 橫48.2厘米

Lu Yu (quotations from the ancient style prose) in cursive script
By Wang Duo
Hanging scroll, ink on silk
H. 254.2cm　L. 48.2cm

軸錄語一段，末款"庚辰夏宵奉　王鐸"，鈐"崝嶸王鐸"(朱文)、"大宗伯印"(白文)印。作於明崇禎十三年(1640)，王鐸時年四十八歲。觀此作題款距邊緣很近，"奉"後無受書者名，或此人與明朝廷有關，清初為人將其名裁去。

此軸筆墨豐潤，行筆灑脱，但筆力略弱，字體亦較規正，反映了王鐸書風初成時期的特點。

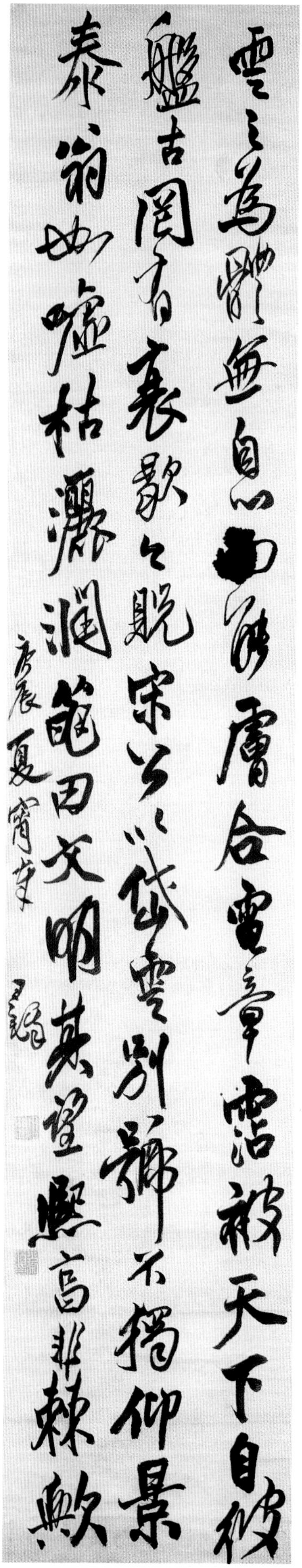

釋文：
雲之為體無自心，而能膚合電章，霑被天下，自彼盤古罔有衰歇之睨。宋公以岱雲別號，不獨仰景泰翁也。噓枯灑潤，篭田文明，其望熙亨非棘鰊。庚辰夏宵奉　王鐸

10

王鐸　行書臨帖軸

綾本　行書

縱235厘米　橫52.7厘米

Lin Tie (After a model calligraphy) in running script

By Wang Duo

Hanging scroll, ink on silk

H. 235cm　L. 52.7cm

軸臨古帖一則，款署"王鐸　庚寅正月廿日午時"，下鈐"王鐸之印"(白文)、"天淵太使"(白文)印。書於清順治四年(1647)，王鐸時年五十五歲，是其晚年書作。

此軸書法率意灑脱，雖係臨摹古帖，但不拘泥於原帖之形，筆法上亦不受其束縛，而是揮灑自如，結字用筆皆出於己意。師其意，得其大略，而於法度之外另闢蹊徑，字形大小、攲側相間，不拘一格，顯示出一種恢宏的氣度。

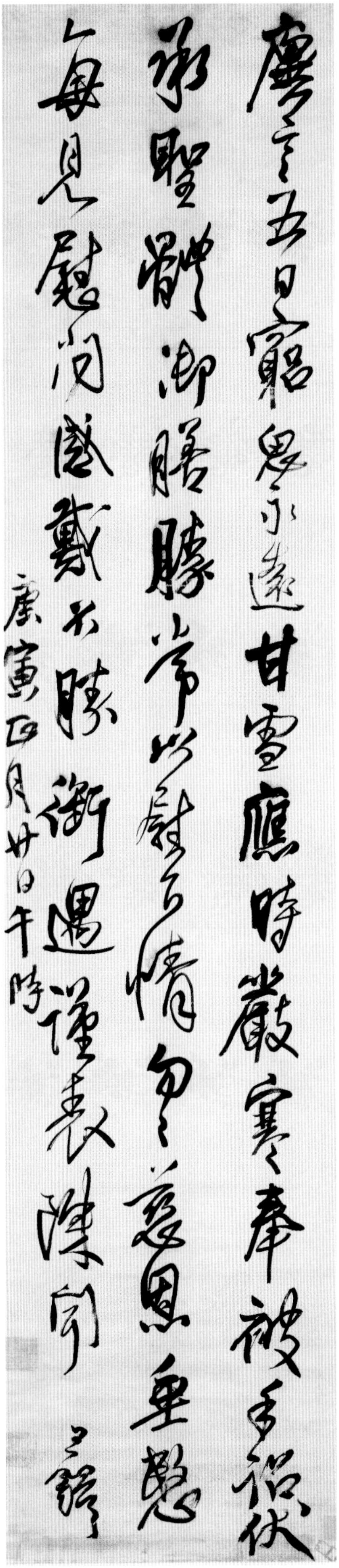

11

王鐸　行楷書王維詩卷

紙本　行楷書
縱21厘米　橫165.5厘米

Wang Wei Shi (Wang Wei's poems) in running-regular script
By Wang Duo
Handscroll, ink on paper
H. 21cm　L. 165.5cm

卷書錄唐代王維《濟州過趙叟家宴》、《春過賀遂員外藥園》二詩，後有行書自題一段，鈐"王鐸之章"（朱文）、"大宗伯印"（白文）印。書於明崇禎十六年（1643），王鐸時年五十一歲。此卷曾藏榮郡王綿億處，後歸溥侗所有。後紙有清代部煥元跋及陳寶琛觀款。

王鐸楷書不多見，他在跋中亦云："書綾卷鮮書楷法者"。此卷書法雄健，取法顏柳，結字不求工整，大小欹側，皆出於法度之外。但通篇觀之，則氣韻生動，古拙莊重。詩後行書自題，更是流暢自然，盡現王鐸書風本色。

鑑藏印記："祕晉齋印"（白文）、"溥侗之印"（朱白文）、"祕晉齋"（朱文）、"遠春堂印"（朱文）、"煥元私印"（白文）。

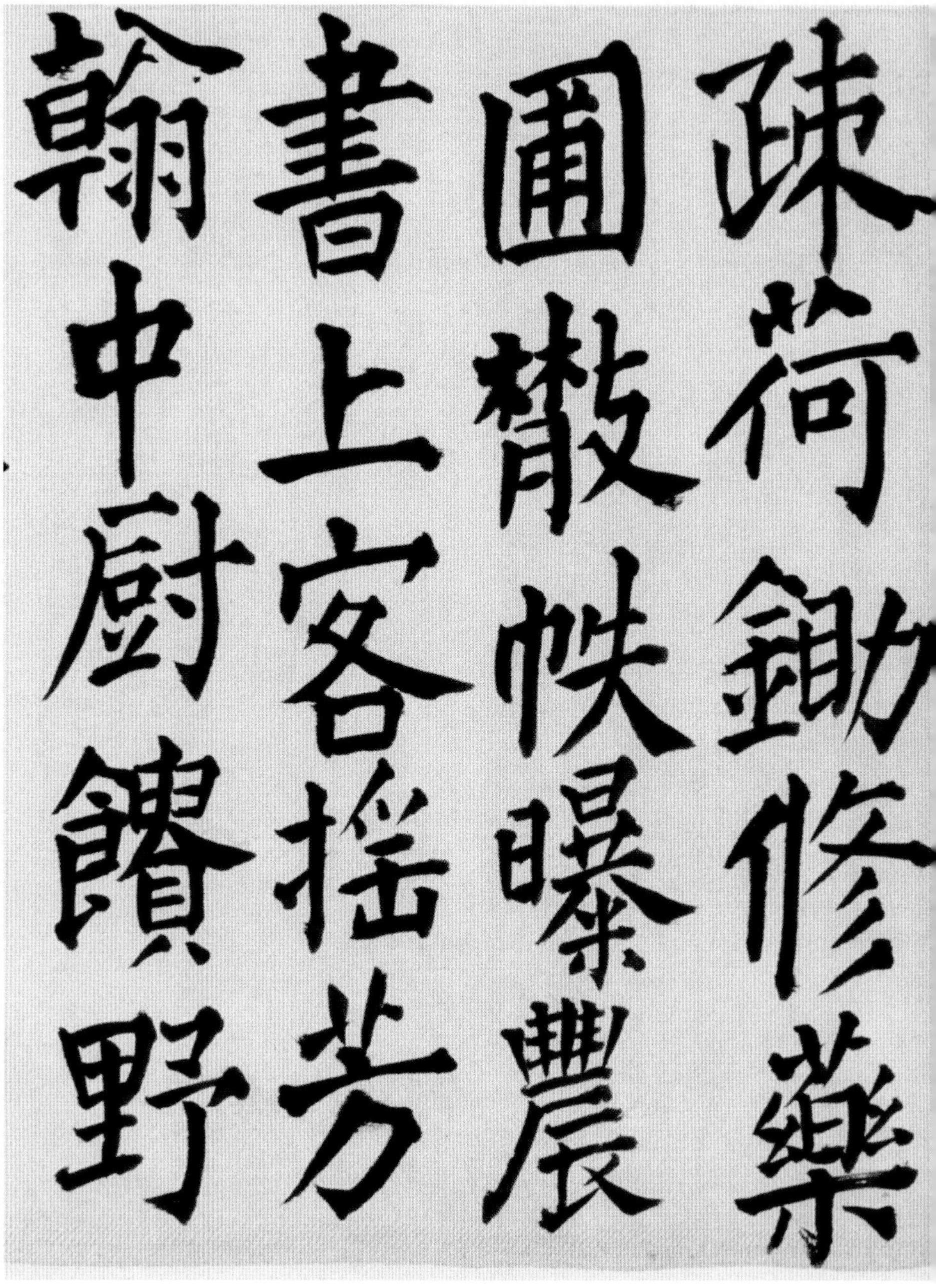

疎荷鋤修藥
圃散帙曝農
書上客搖芳
翰中廚饌野

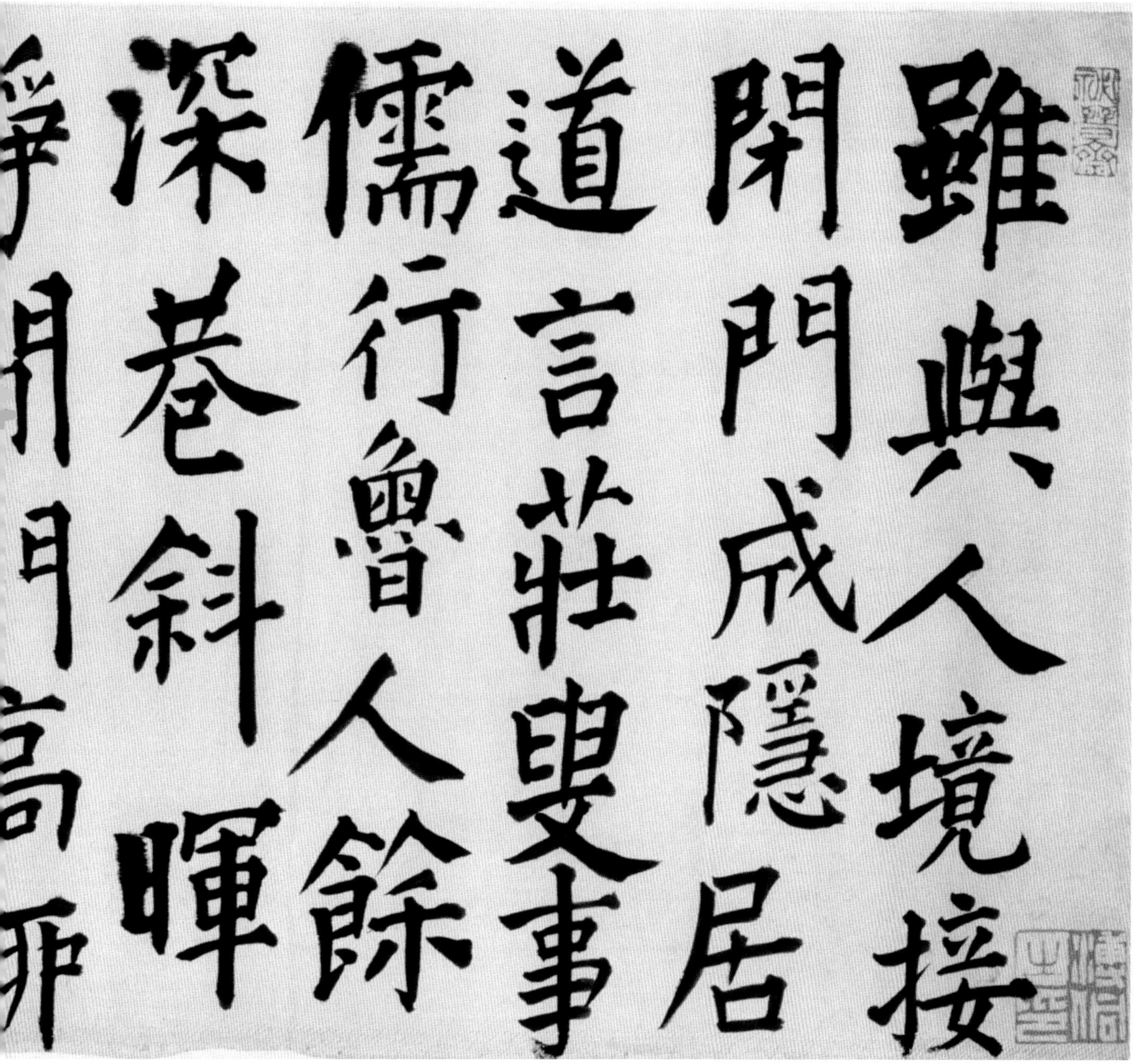
雖與人境接
閉門成隱居
道言莊叟事
儒行魯人餘
深巷斜暉

長卿水窄
盤后透藤
繋古松生
畫畏開厨
迤來蒙倒
疑迎蔗漿
菰米飾蒟
醬露葵羨頗
識灌園意
於陵不自輕

吾友摩詰心
春過頃遂負外葉園
書綾巻辭書
楷瘞考昂之華
亭言寧完第之觀也溪
素中月過
優玉上之親松有琴言
壽崗董董軒省陸

更代公家多推子溥因譽及
華亭太揃稨訪者祖竟陵
卽桃歷下也且觀筆巻末印
久安自謂華亭主之似隱然
以華亭為章志波譽甲冑以
妄意謬舍左祖四此巻況
雄璆毅已巳平原三味余向栢
桐城方術御密見華亭以亮
筆話魯公級似此公若俊華
亭見此完當挂臂入未爰
辰恠其善藏诸
丁未冬日雄椎郡憐元馨

辛酉六月十九日觀于水墙園陳寶案

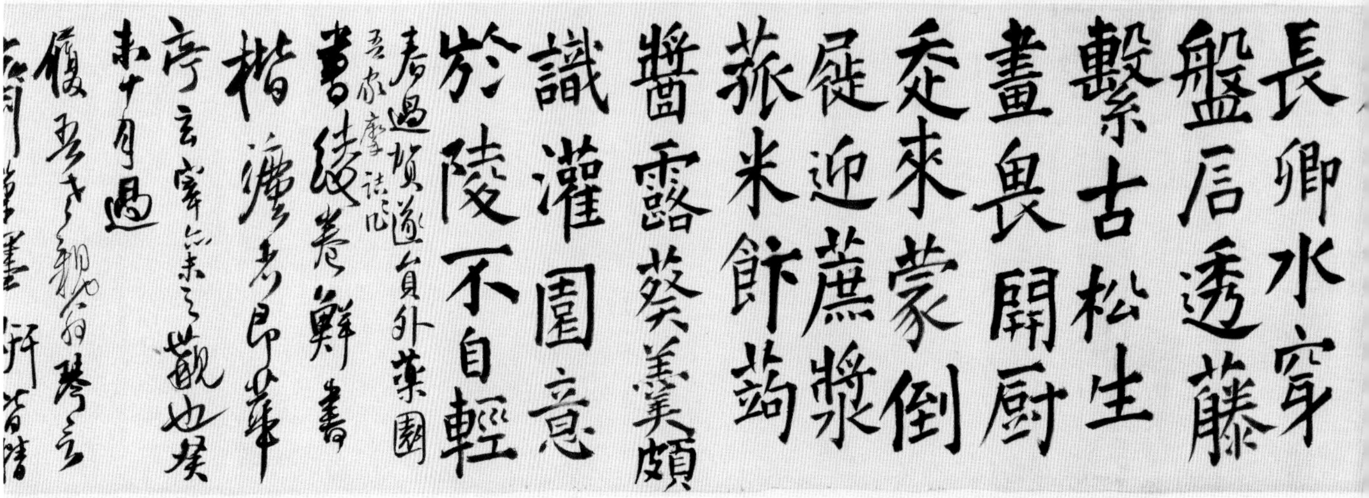

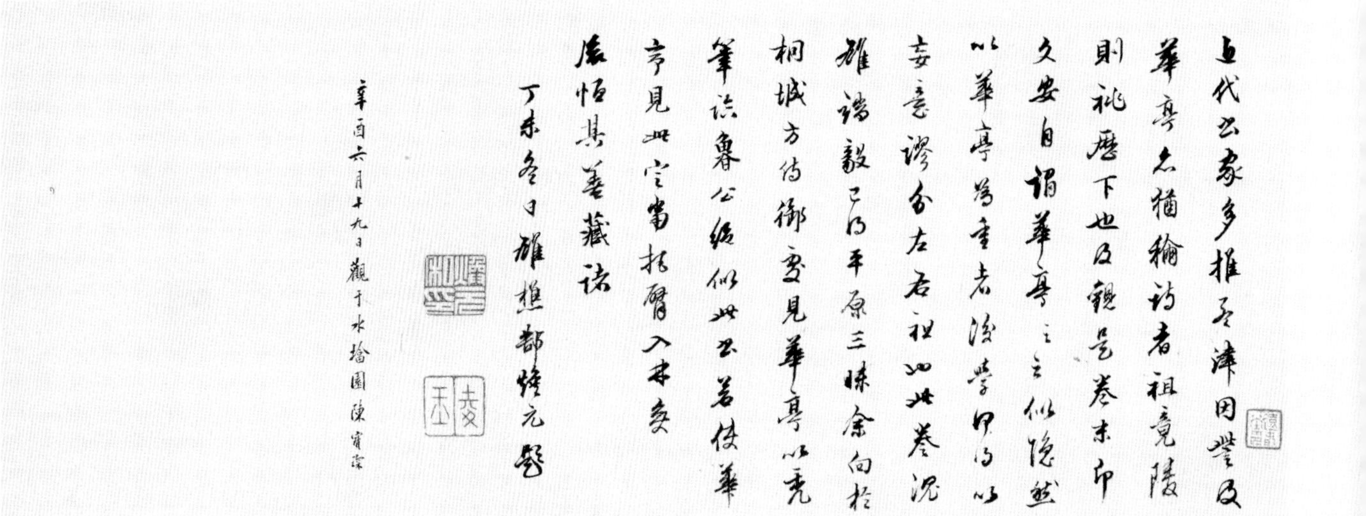

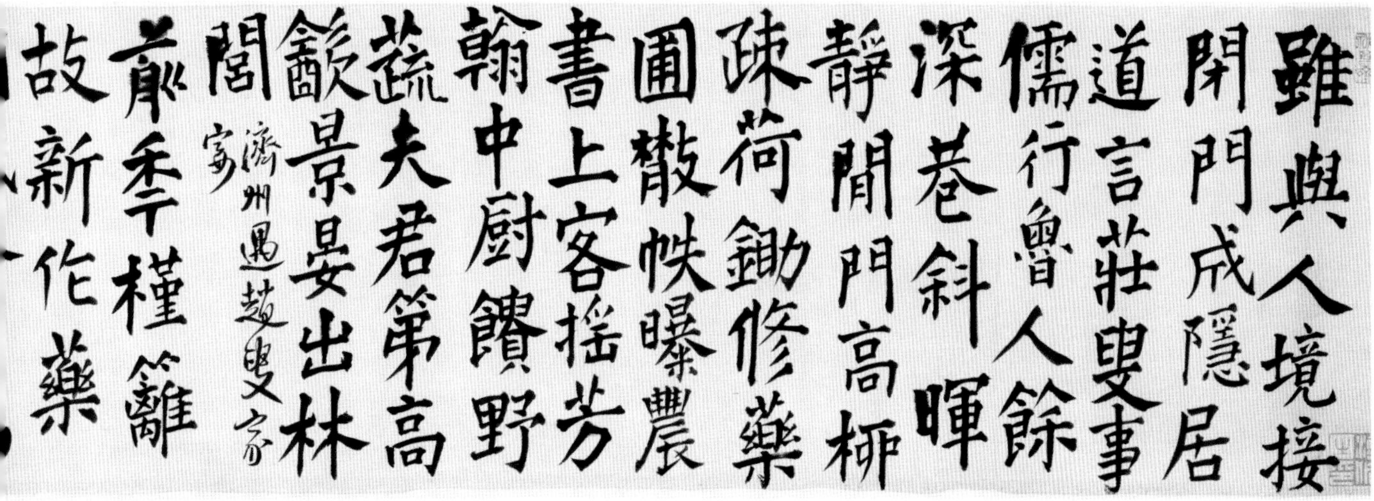

《王維詩卷》之一

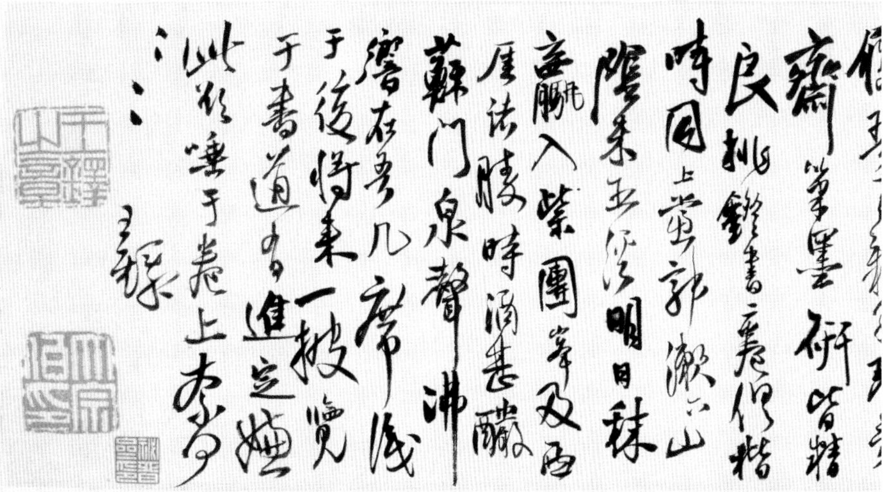

《王維詩卷》之二

12

王鐸　行書思台州詩軸

綾本　行書
縱84.3厘米　橫25.3厘米

Si Tai Zhou Shi (A Poem on Tai Zhou) in running script

By Wang Duo
Hanging scroll, ink on silk
H. 84.3cm　L. 25.3cm

軸書《思台州》五言詩一首，款署“思台州之一　辛卯秋日醉書　王鐸”，鈐“覺斯”（白文）、“宗伯圖書”（白文）印。書於清順治八年（1651），王鐸時年六十歲，為其卒前一年所書。

此軸書法行草相間，筆法高逸，使轉自如，用筆老辣而墨氣濃潤，為其晚年書作精品。

鑑藏印記：“羅朝漢印”（白文）。

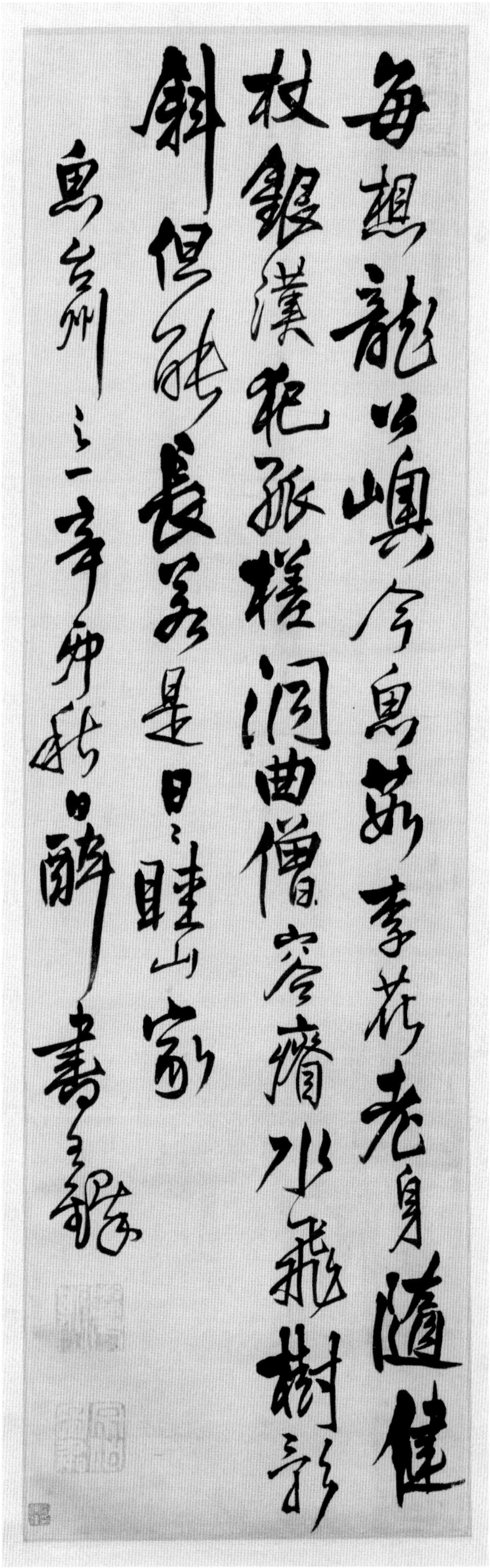

13

宋曹　草書臨王獻之帖軸

紙本 草書
縱156.4厘米 橫50.8厘米

Lin Wang Xianzhi Tie (After the model calligraphy of Wang Xianzhi) in cursive script
By Song Cao (17th century)
Hanging scroll, ink on paper
H. 156.4cm　L. 50.8cm

宋曹（生卒年不詳）字彬臣，或作邠臣，號射陵，江蘇鹽城人。明崇禎年間官中書，入清後隱居不仕。工詩，尤精書法，上溯二王，風格與曾風靡書壇的董其昌、黃道周、王鐸等大相徑庭，面貌獨特，極具個性。所撰《書法約言》是清代著名的書法理論著作。

本幅為臨王獻之《知鐵石帖》，款署“射陵宋曹”，下鈐“射陵宋曹”（朱文）、“中祕舊史”（白文），引首鈐“蔬枰別業”（朱文）印。

宋曹擅行草書，存世以臨古帖為多，然他以意臨為主，不囿於古人，不拘於形似，而能另闢蹊徑。正如他在《書法約言》中所説：“若一味摹仿古人，又覺刻畫太甚，必須脱去摹擬蹊徑，自出機軸。”此作既保留原帖疏朗瀟灑的特點，又現自身沉着穩健之個性。

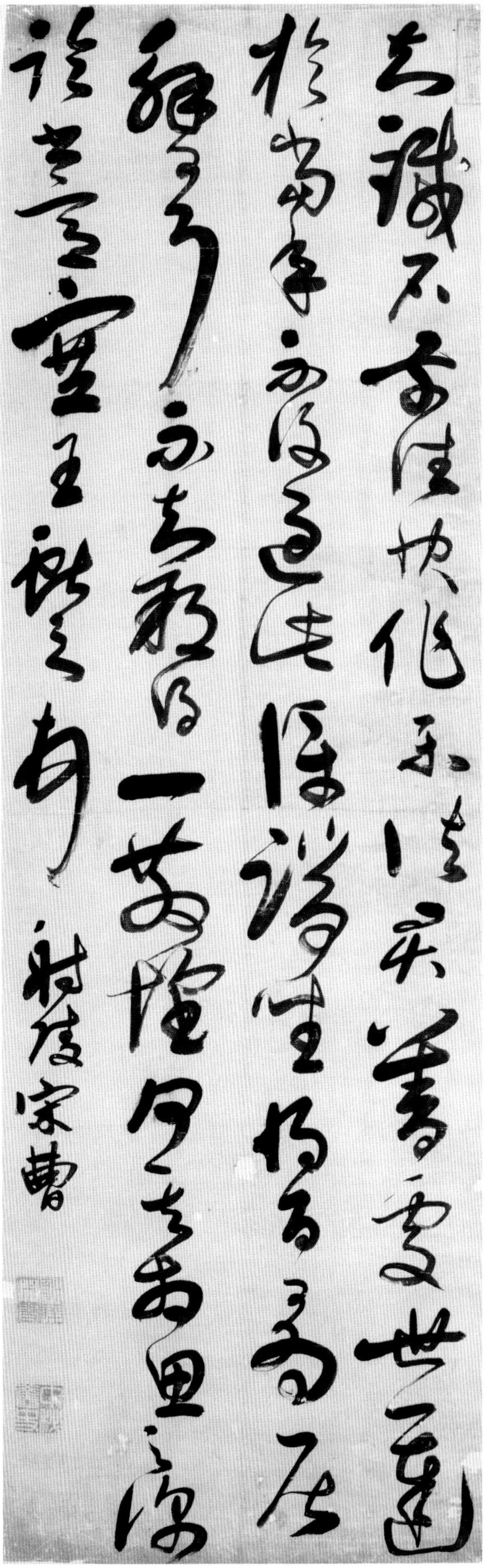

14

宋曹　行書五律詩軸

綾本　行書
縱84.8厘米　橫44.5厘米

Wu Lu Shi (five-syllable regulated verse) in running script
By Song Cao
Hanging scroll, ink on silk
H. 84.8cm　L. 44.5cm

軸錄五言律詩一首，款署“射陵宋曹”，下鈐“射陵宋曹”（朱文）、“中祕舊史”（白文），引首鈐“射陵”（朱文）印。

宋曹行草書有兩種風格，一種瘦勁雄秀，一種沉着厚重，後者較為常見。本幅即屬此種風格，用筆豐肥，墨色濃厚，筆力沉着，時出側鋒，為其典型風貌。

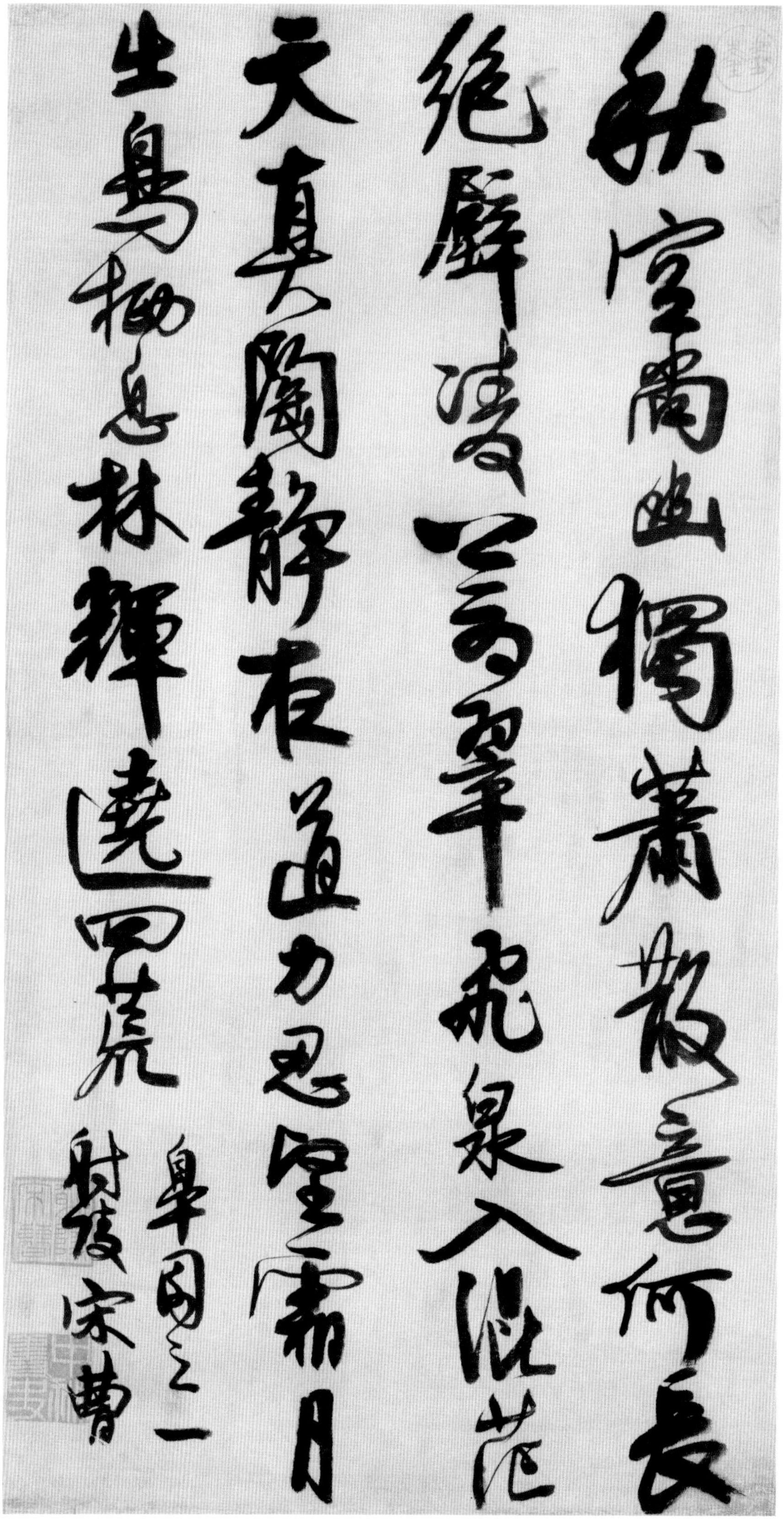

釋文：
秋空尚幽獨，蕭散意何長。絕壁淩蒼
翠，飛泉入混茫。天真陶靜夜，道力
忍堅霜。月出鳥棲息，林輝遶四荒。
皋園之一　射陵宋曹

15

龔賢　行草書七律詩軸

紙本　行草書
縱123.3厘米　橫54.2厘米

Qi Lu Shi (seven-syllable regulated verse) in running-cursive script
By Gong Xian (1618-1689)
Hanging scroll, ink on paper
H. 123.3cm　L. 54.2cm

龔賢(1618—1689)，字半千，又字野遺，號半畝、柴丈人，清代崑山(今屬江蘇)人。早年曾參加復社活動，明末戰亂時外出飄泊流離，入清隱居不仕，居南京清涼山，賣畫課徒。擅畫山水，風格獨具，為“金陵八家”之首。擅行草書，源自米芾，又不拘古法，自成一體。

軸書七律詩一首，款署“贈爾世為中鄰詞翁　鹿城龔賢”，鈐“龔賢之印”(朱文)、“半千”(白文)印。

龔賢繪畫強調用墨，注意明暗層次，講究虛實對比，景色富有深遠、立體感。在書法中也同樣注重用墨的濃淡和佈白的虛實。此作墨色濃重，又時出飛白；筆法縱放，時見粗細變化；結體渾厚，又正欹相依；字距緊密，行間寬裕，疏密、虛實得宜。其變化多端的筆法、結構，源自米芾，而墨豐筆健、疏密相間的追求，卻體現了自家的風貌。

鑑藏印記：“承素堂書畫記”(朱文)、“邦懷珍藏”(白文)。

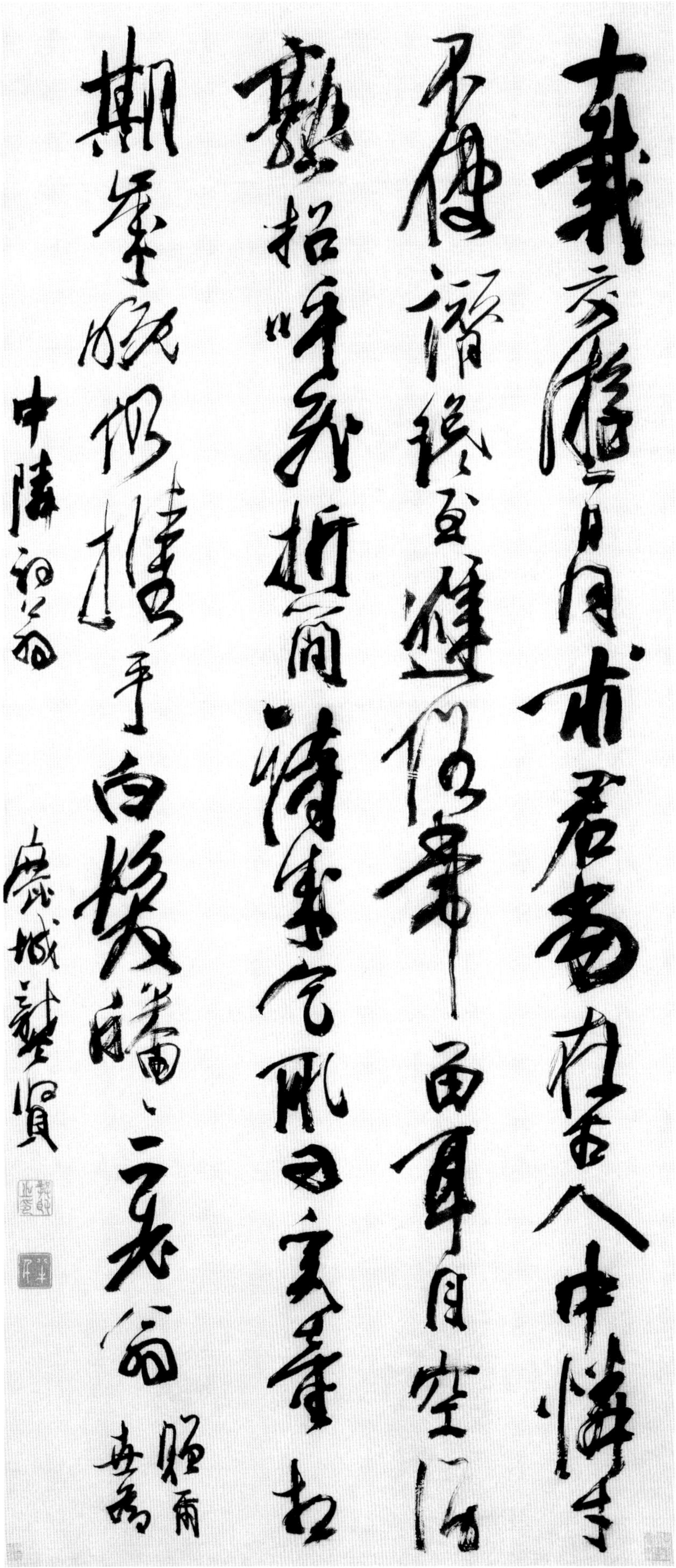

釋文：
十載交遊一日同，求君
當在古人中。憐才不使
譖纔至，避俗常留耳目
空。酒熟招呼飛折簡，
詩成乞取問客童。相期
歲晚仍攜手，白髮皤皤
二老翁。贈爾世為中鄰
詞翁　鹿城龔賢

16

法若真　草書草堂詩軸

紙本　草書
縱125.8厘米　橫55.1厘米

Cao Tang Shi (A poem on a visit to Dongtian by Xie Tiao) in cursive script
By Fa Ruozhen (1613-1696)
Hanging scroll, ink on paper
H. 125.8cm　L. 55.1cm

法若真(1613—1696)，字漢儒，號黃山，清代膠州(今屬山東)人。清順治三年(1646)進士，康熙十八年(1679)舉博學鴻詞，官安徽佈政使。著有《黃山詩留》。

軸書南朝謝朓《遊東田詩》一首。款署"甲戌之春檢謝玄暉詩集，錄其遊東田一首以寄興　黃山法若真"，鈐"法若真印"(白文)、"黃山"(朱文)印。"甲戌"為清康熙三十三年(1694)，法若真時年八十二歲，為其晚年作品。

此軸書法蒼勁沉穩，結體欹側錯落，點畫多方硬側鋒，字間牽絲引帶若斷若連，具蒼古質樸之韻，與晚明黃道周、倪元璐硬倔、奇異一路風格相似。

鑑藏印記："頤杮廬秦通理藏書畫印"(朱文)。

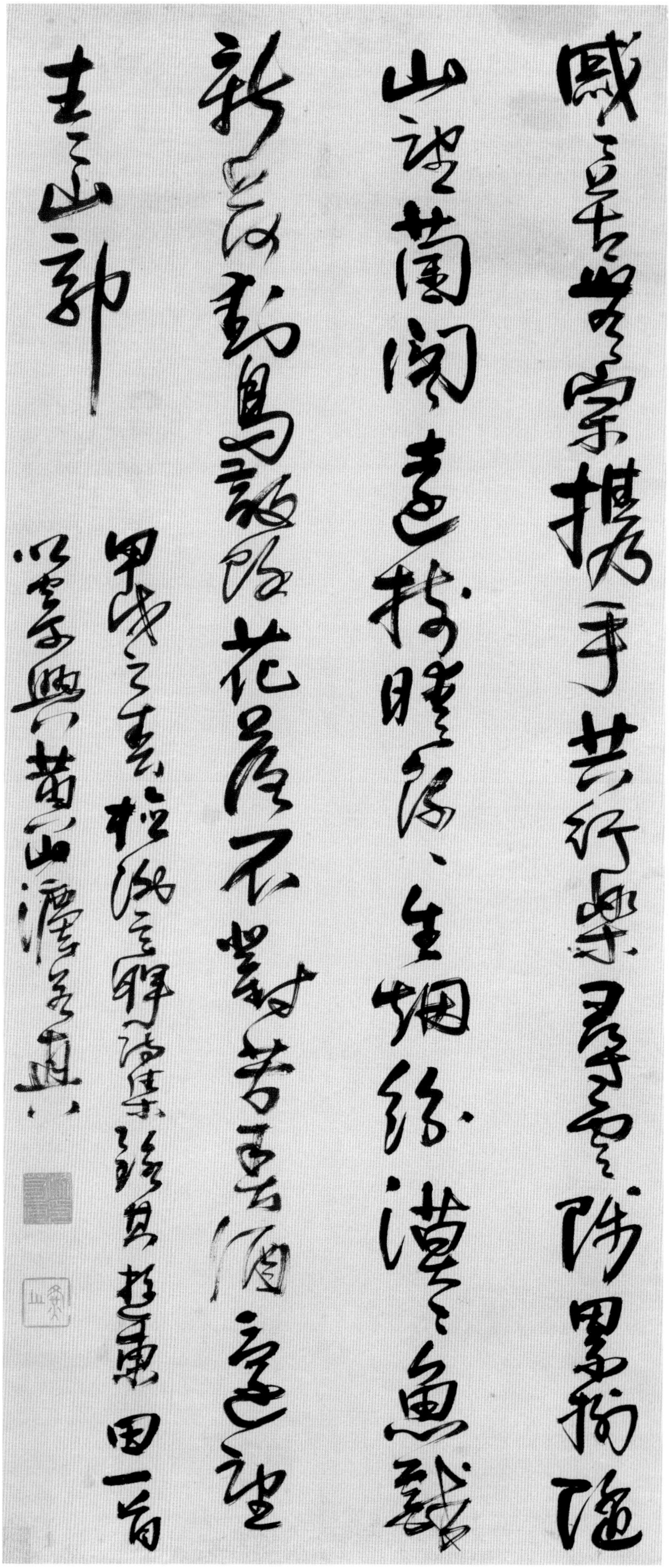

釋文：
戚戚苦無宗，攜手共行樂。尋雲陟累榭，隨山望菌閣。遠樹暖阡阡，生煙紛漠漠。魚戲新荷動，鳥散餘花落。不對芳春酒，還望青山郭。甲戌之春檢謝玄暉詩集，錄其遊東田一首以寄興　黃山法若真

17

王夫之　楷書雙鶴瑞舞賦卷

絹本　楷書
縱23.6厘米　橫297.5厘米

Shuang He Rui Wu Fu (Ode to double-crane dancing for auspiciousness) in regular script
By Wang Fuzhi (1619-1692)
Handscroll, ink on silk
H. 23.6cm　L. 297.5cm

王夫之（1619—1692），字而農，號薑齋，明末清初湖南衡陽人。明崇禎舉人，曾舉兵抗清，任南明桂王行人。後歸居衡陽石船山，築土室杜門著書，人稱“船山先生”。學識淵博，著述宏富。

《雙鶴瑞舞賦卷》款署“南嶽遺民王夫之頓首謹識”，鈐“王夫之印”（白文）、“一瓠道人”（白文）印，引首鈐“舊我生”（朱文）印。卷前有吳昌碩題字“王船山先生遺墨”，卷後有程頌萬、金蓉鏡題識。

此卷用筆端雅俊秀，結體俏麗勻整，源自鍾、王，尤其受鍾繇小楷影響很深，又似倪元璐、黃道周小楷橫畫末端提頓的欹峭之勢。風格高古純樸，幽雅深奧，疏密得當，剛柔相濟，具有濃鬱的文人書氣息。

鑑藏印記：“虞琴鑑賞”（朱文）、“虞琴祕笈”（朱文）、“□廣藏本”（朱文）。

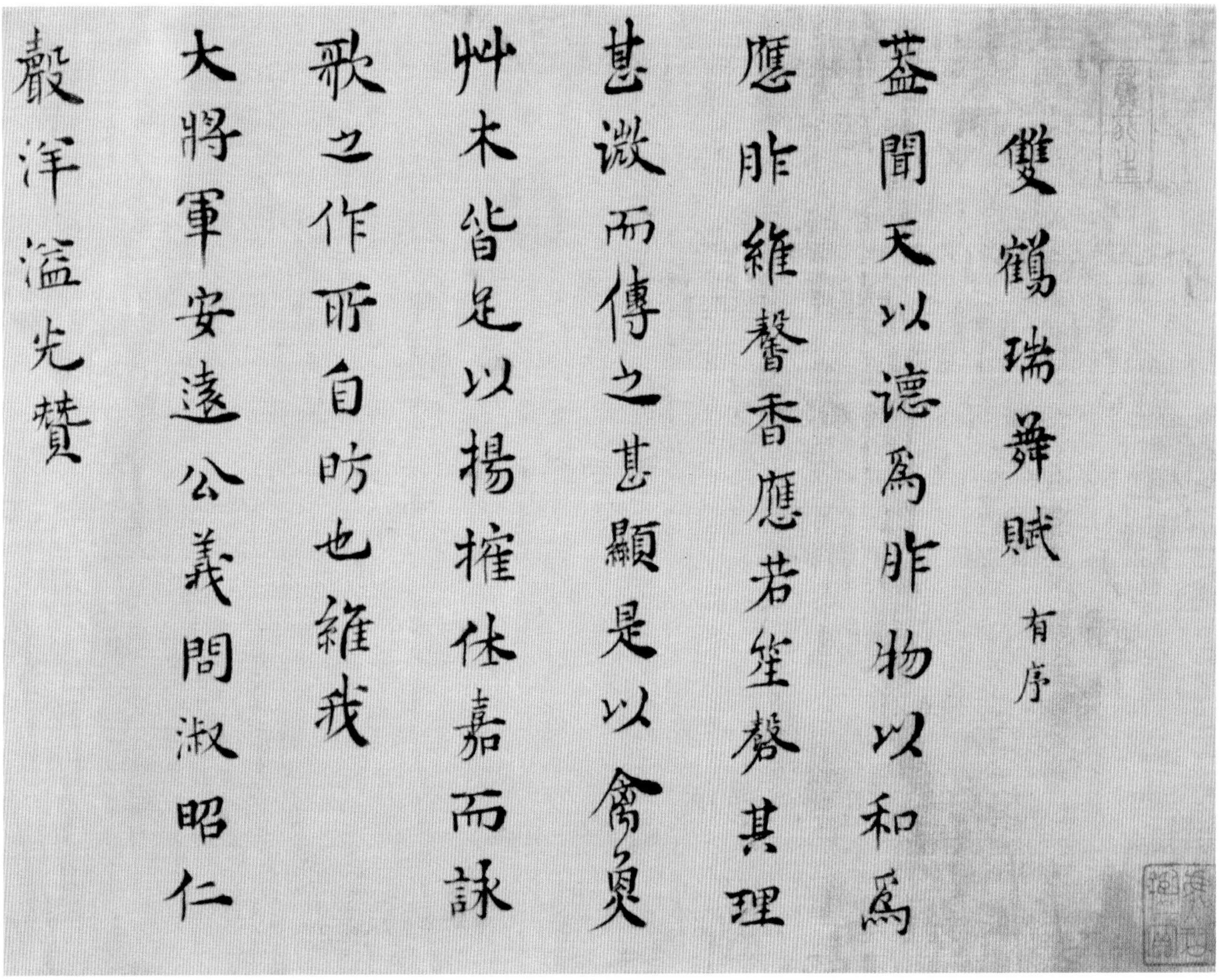

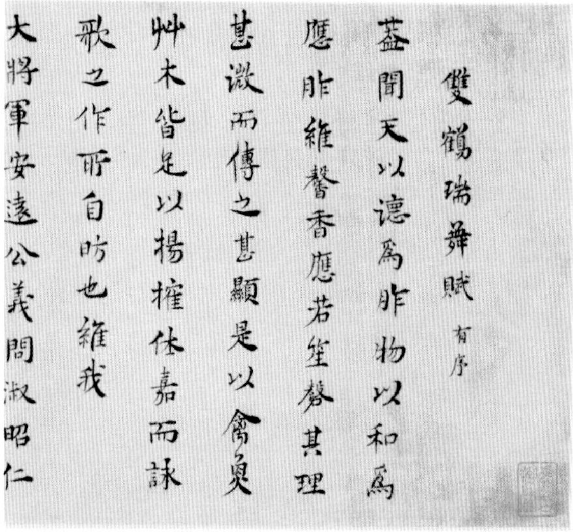
雙鶴瑞舞賦 有序
蓋聞天以德爲胙物以和爲
應胙維馨香應若玺蔡其理
甚徵而傳之甚顯是以禽鳥
艸木皆足以揚榷休嘉而詠
歌之作所自昉也維我
大將軍安遠公義問淑昭仁

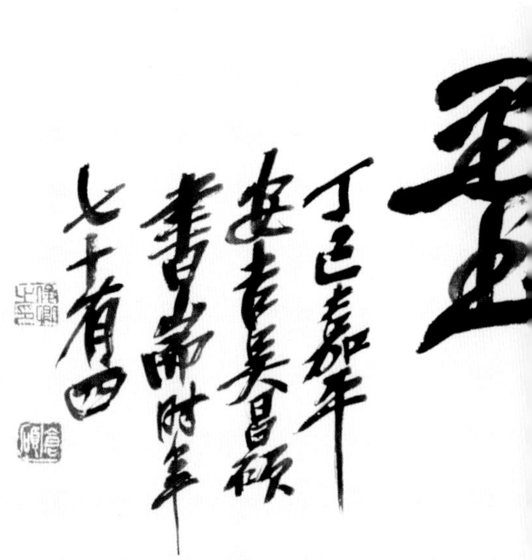
丁巳嘉平
安吉吳昌碩
書時年
七十有四

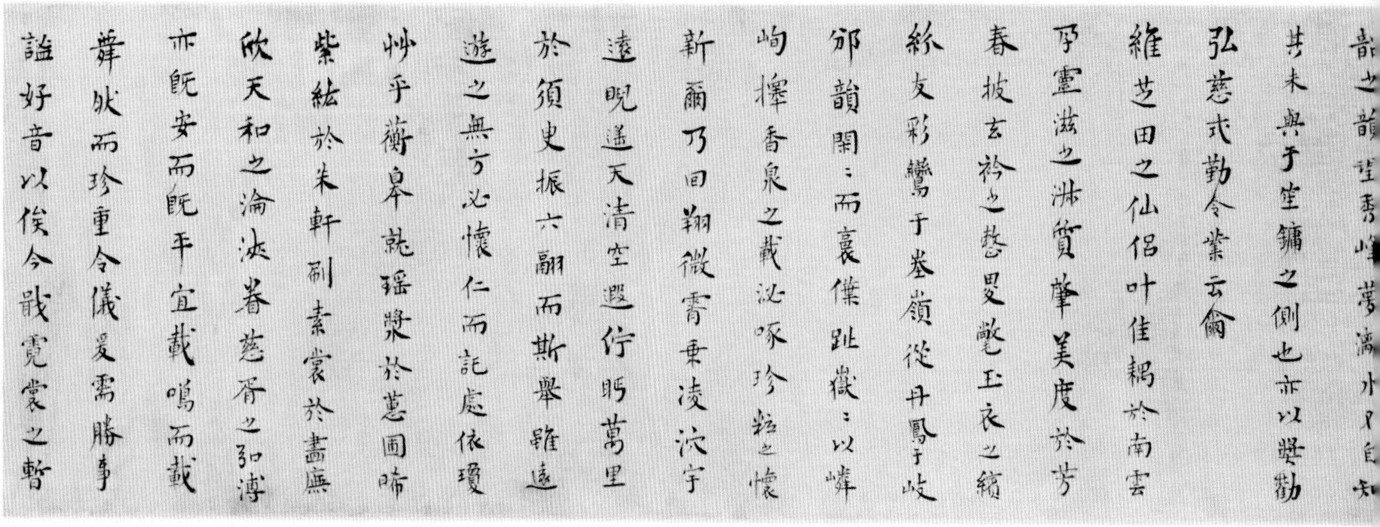
共未與于坐鏞之側也亦以娛勸
弘慈式勸令業云爾
維芝田之仙侶叶佳耦於南雲
孕靈滋之洲質肇美度於芳
春披玄衿之鬱叟艷玉衣之繽
紛友彩鸞于蓬嶺從丹鳳于岐
邠韻閒閒而裊儛趾岳岳以嶸
峋擢香泉之截沁啄珍粒之懷
新爾乃回翔微霄垂淩汎宇
遠睨遙天清空邈佇眄萬里
於須臾振六翮而斯舉雖遠
遊之無方必懷仁而託處依瓊
岭乎蘅皋就瑤漿於蕙圃晞
紫紘於朱軒刷素裳於畫廡
欣天和之淪浹眷慈脊之弘溥
亦既安而既平宜載鳴而載
舞狀而珍重令儀爰需勝事
謐好音以俟令戢霓裳之暫

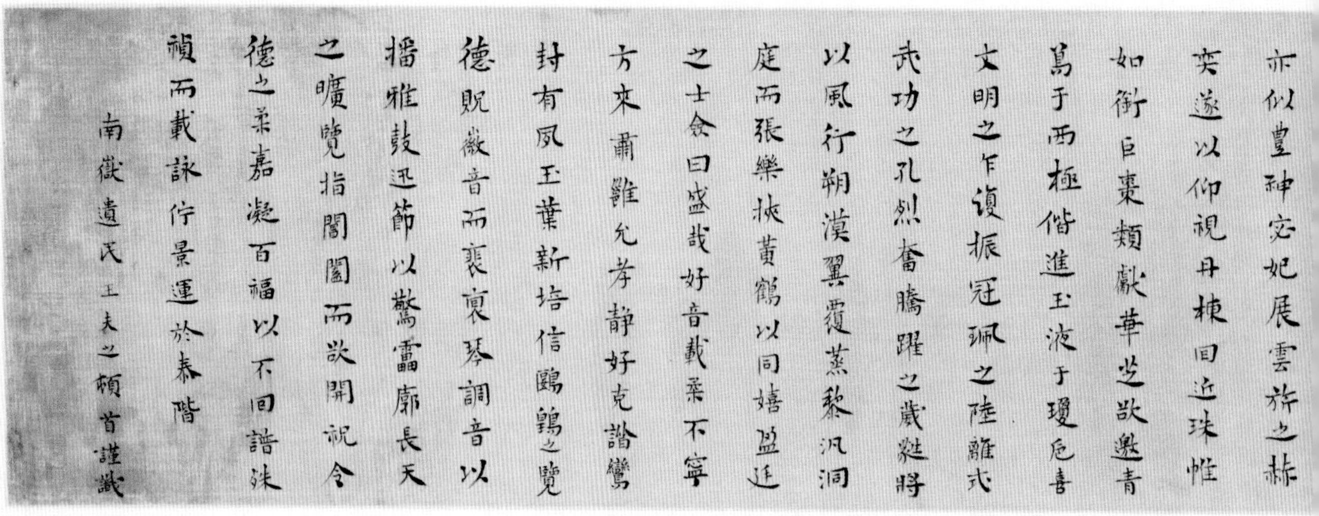
亦似豐神宓妃展雲旂之赫
奕遂以仰視丹棟回近珠帷
如御巨衆類獻華芝歆邀青
鳥于西極偕進玉液于瓊卮喜
文明之丕復振冠珮之陸離式
武功之孔烈奮騰躍之戴龍時
以風行朔漠翼霞蒸黎汎洞
庭而張樂振黃鶴以同嬉盈廷
之士僉曰盛哉好音載柔不寧
方來肅雝允孝靜好克諧鸞
封有鳳玉葉新培信鷗鴿之覽
德既徽音而裒衷琴調音以
播雅鼓迅節以驚雷廓長天
之曠覽指閶闔而啟開祝令
德之柔嘉凝百福以不回謹鉌
禎而載詠佇景運於泰階
南嶽遺民王夫之頓首謹撰

王舡山先生遺

《雙鶴瑞舞賦卷》之一

大將軍安遠公義問淑昭仁
殼洋溢先贊
興王督匡中夏師興之日
鸞翔鳳翥旣己洋洋吹感詫
于南服矣乃際誕辰元戎賓
佐拜祝在廷爰有雙鶴盤旋
應節和鳴中六津回翔中
九夏樂作翩行羣心載喜撥
其所自良有固狀慈慥之情孚
及羽族則晜品飯心千龍奏凱
之先幾也而且繹子和之占旣
為孝德之徵推同聲之吉又
著賓敬之範昔史克致頌上
歌壽母內諧令妻化殷閨庭
而大東開宇淮夷獻琛戌必
狀之券不謂人心所灼見者而
鶴能傳之也豈但蘇山僊迓縱
嶺窄來為遊率之慶哉夫之進
忘獻陰有匯瞻侍開詳內耀

《雙鶴瑞舞賦卷》之二

試維攜提之天開騰八荒之
瑞氣乩斗南雲鷹騰海澄
式戎
公之督匡奮南灣幺鵬翅滌
六富之霆雲喧曦輪之初麗
衣冠鵲起旌旗虎視梧雲洗
青湘惶濯翠刓令月之維嘉
晉壽鵑而迎瑞于時華鐘曉
發玉簫晨喧其素馨
鱸霤藝其蛟涎寶僚佩其琚瑤
將吏蕭其橐鍵咸奕奕以雍雍
閒羽吹逆震玉笨頻宣方暢情
以歖睇修羽客之翻韉驚犀
進娓娓之連斯歌斯頌載喧載
目而迴眜歖姝美之尤妍愛乃
引修吭舒廣翼伸長脛之亭亭
轉圓肩之柳衿弄回風騰帥
曙邑蕭邕邕將舒故息揉花

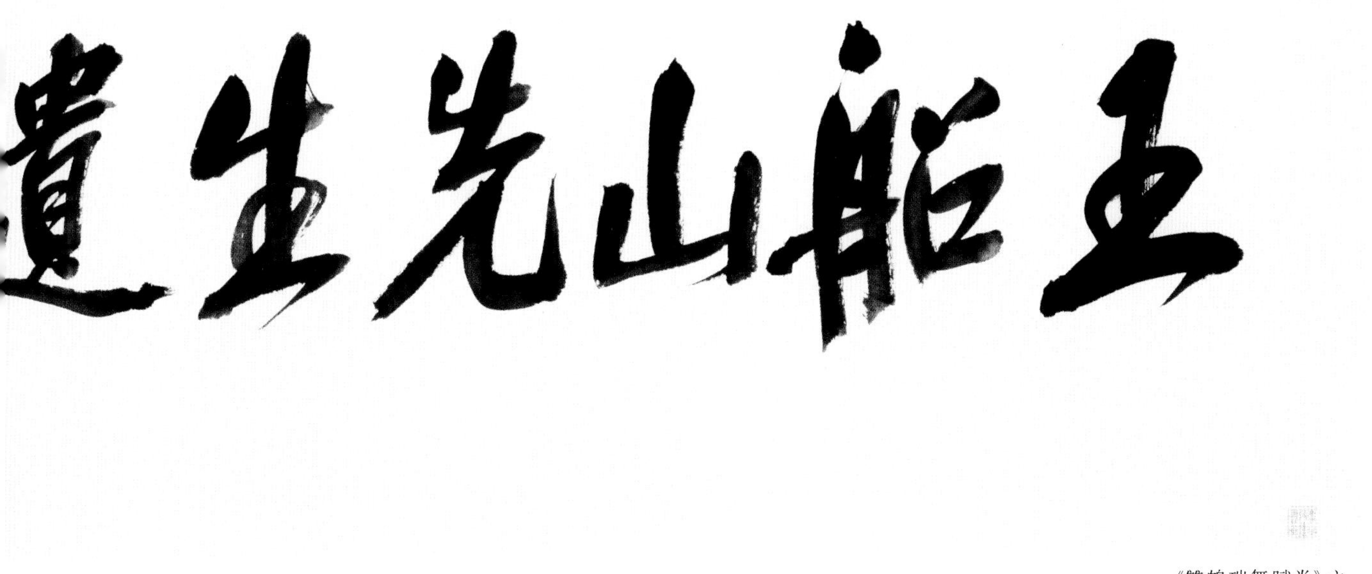

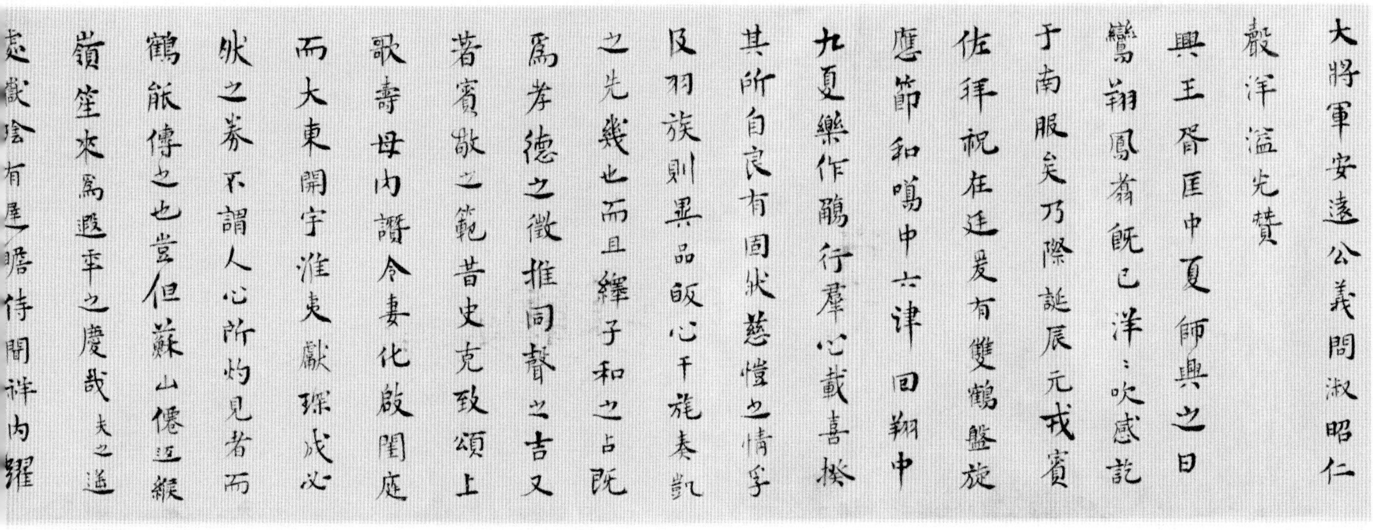

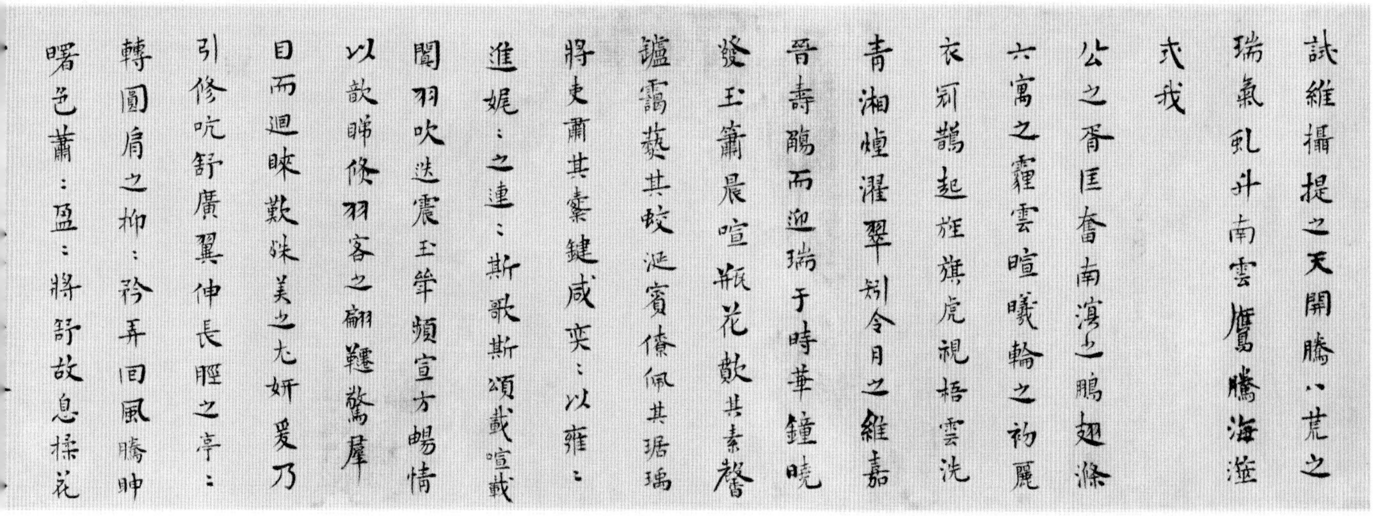

《雙鶴瑞舞賦卷》之三

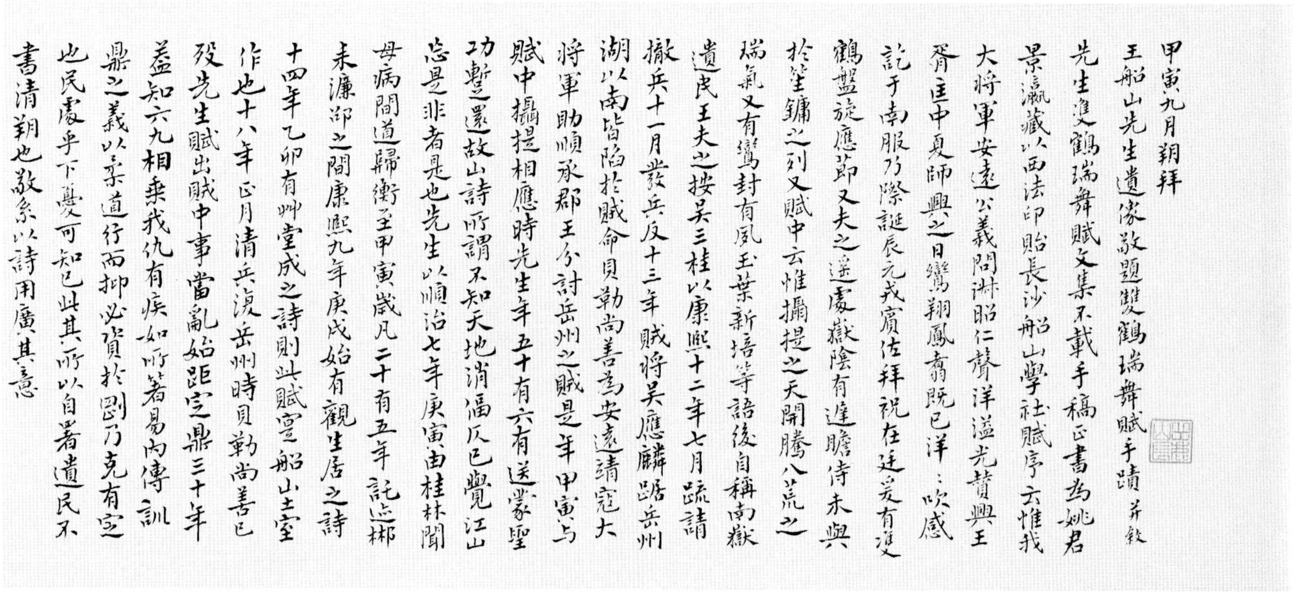

《雙鶴瑞舞賦卷》之四

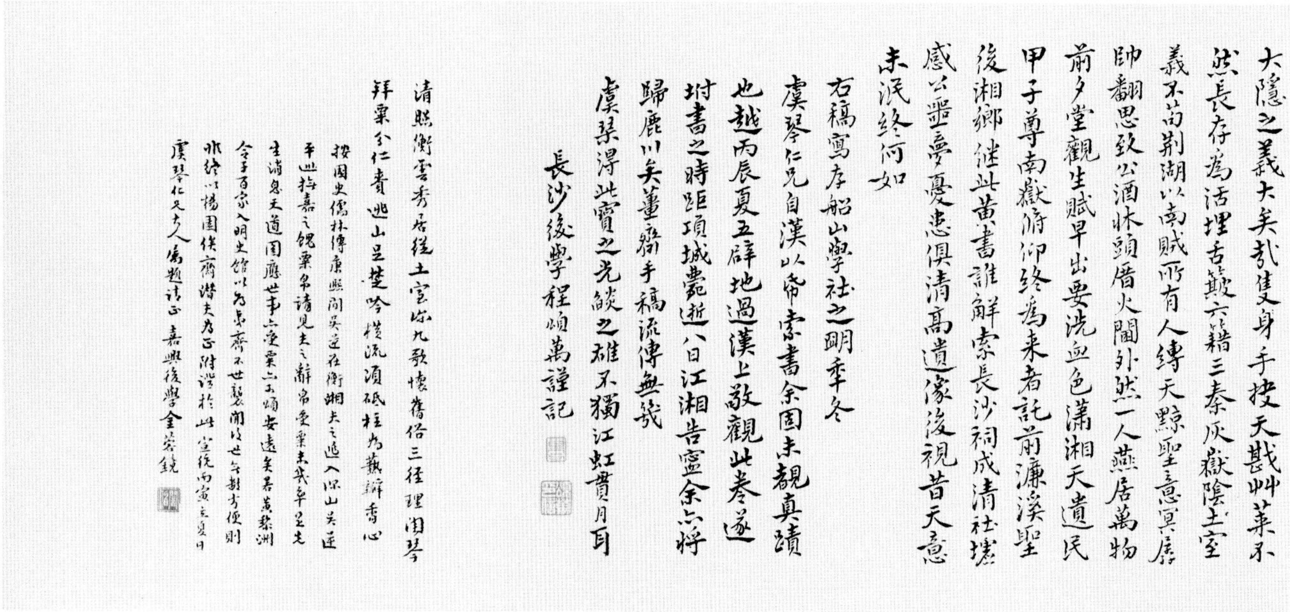

《雙鶴瑞舞賦卷》之五

18

鄭簠　隸書七言詩軸

紙本　隸書

縱202.2厘米　橫96.9厘米

Qi Yan Shi (seven-syllable poetry) in official script

By Zheng Fu (1622-1694)

Hanging scroll, ink on paper

H. 202.2cm　L. 96.9cm

鄭簠（1622—1694），字汝器，號谷口，清代上元（今江蘇南京）人。工書法，尤以隸書擅名於清初書壇。其隸書初學明代宋珏，後專意於《曹全碑》，並在隸書中融入草書筆法，形成疏宕縱逸、頓挫飛揚的獨特風格，對清代隸書產生很大影響。包世臣將其書列為“逸品上”，時有“谷口八分古今第一”之譽。

軸書錄唐代王建七言詩一首，款署“王建上李吉甫相公　谷口鄭簠書”，下鈐“鄭簠之印”（白文）、“谷口農”（朱文）印。

此軸書法結體端秀雅逸，尚有《曹全碑》靈動飄逸之風神，而筆畫的粗細及運筆卻極富變化，捨漢隸之方正，而求“盤盂跳蕩”之姿，尤其是一些草書筆法的應用，更增加了全幅飄逸靈動之勢，同時又不乏莊重沉實的氣息，代表了鄭簠隸書的典型風格。

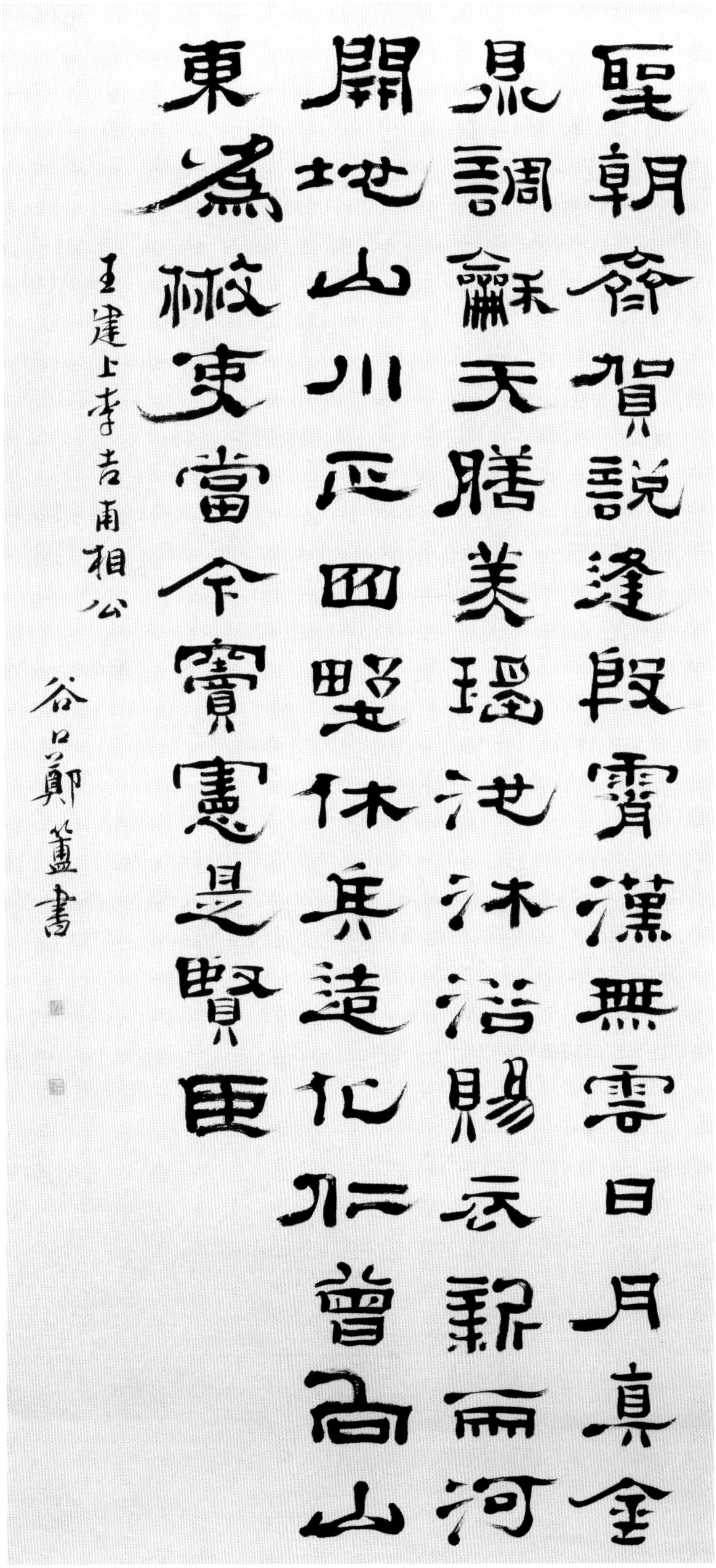

19

鄭簠　隸書石室山詩軸

紙本 隸書
縱200.2厘米 橫98.8厘米

Shi Shi Shan Shi (A poem on Shi Shi Shan by Xie Lingyun) in official script
By Zheng Fu
Hanging scroll, ink on paper
H. 200.2cm　L. 98.8cm

軸書錄謝靈運"石室山詩"一首，是為"實庵老公祖"書。鈐"鄭簠之印"(白文)、"脈望樓"(朱文)印，引首鈐"書帶草堂"(朱文)印。"己巳"為清康熙二十八年(1689)，作者時年六十七歲。清初號"實庵"者有二，一為巴陵人黃秀，字君實，康熙進士，官至山東道御史，尚樸學；另一為安丘人曹貞吉，字升元，亦為康熙進士，官禮部郎中，擅詩。題中所稱或為其中一人。

此軸書法雖以《曹全碑》為宗，但去其俏麗而略增雄渾之氣，用筆較為粗放，逾規越矩，別具風采，是其晚年佳作。

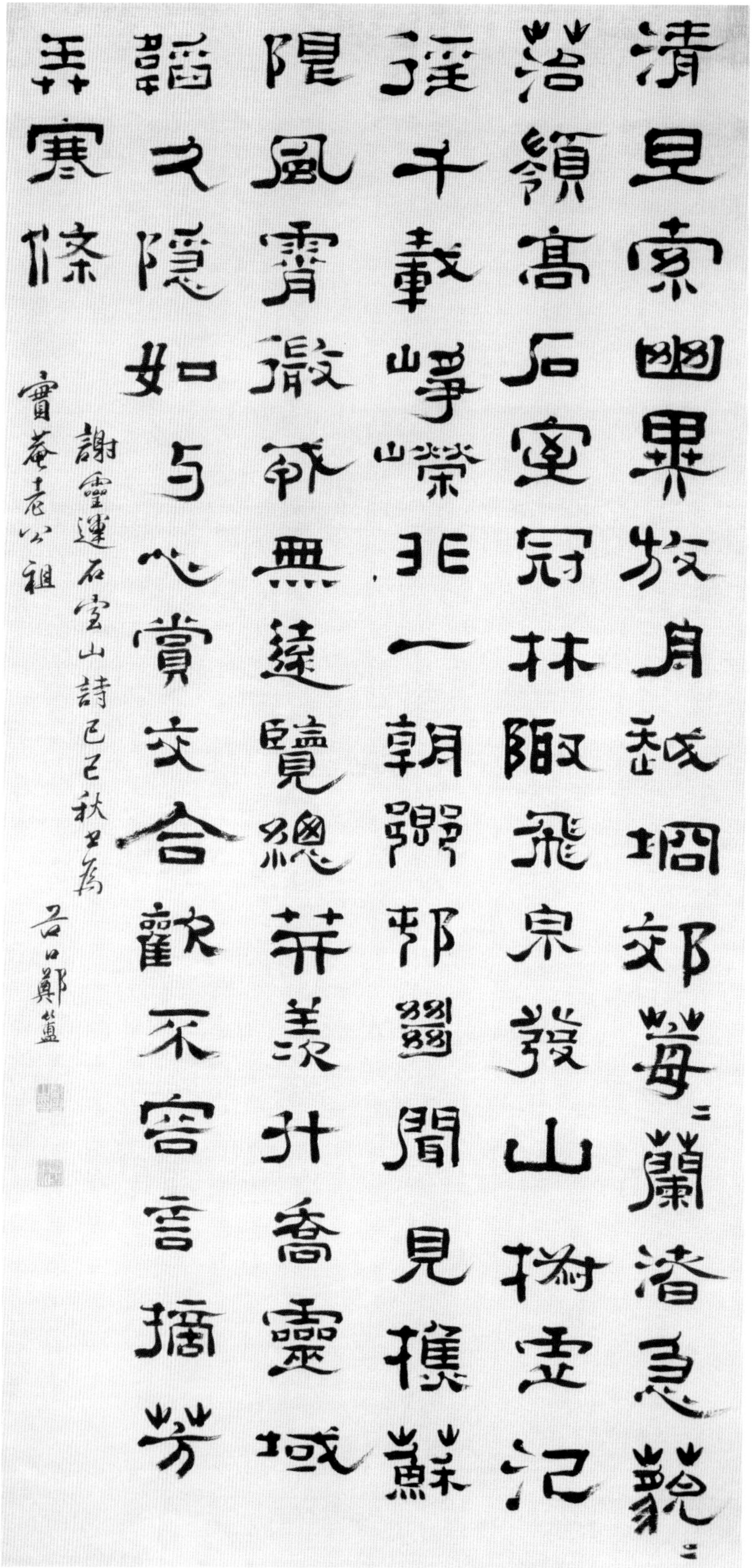

20

鄭簠　隸書劍南詩軸
紙本　隸書
縱104厘米　橫56.7厘米

Jian Nan Shi (Jian Nan poem) in official script
By Zheng Fu
Hanging scroll, ink on paper
H. 104cm　L. 56.7cm

軸錄七言詩一首，款署"劍南詩　庚午春歸日書　谷口鄭簠"，下鈐"鄭簠之印"(白文)、"脈望樓"(朱文)，首鈐"酒原泉處福長"(朱文)印。"庚午"為清康熙二十九年(1690)，鄭簠時年六十八歲。

此軸書法較前二幅用筆厚重，結字亦稍扁。鄭簠隸書到晚年產生了一些細微的變化，尤其在用筆上少了一些輕靈飄逸，而增加了沉實厚重的氣息，特別是一些出挑的用筆變化較大。結字也更加緊湊，在漢隸的基礎上求新求變，反映了鄭簠不懈的藝術追求。

鑑藏印記："伊秉綬印"(朱文)。

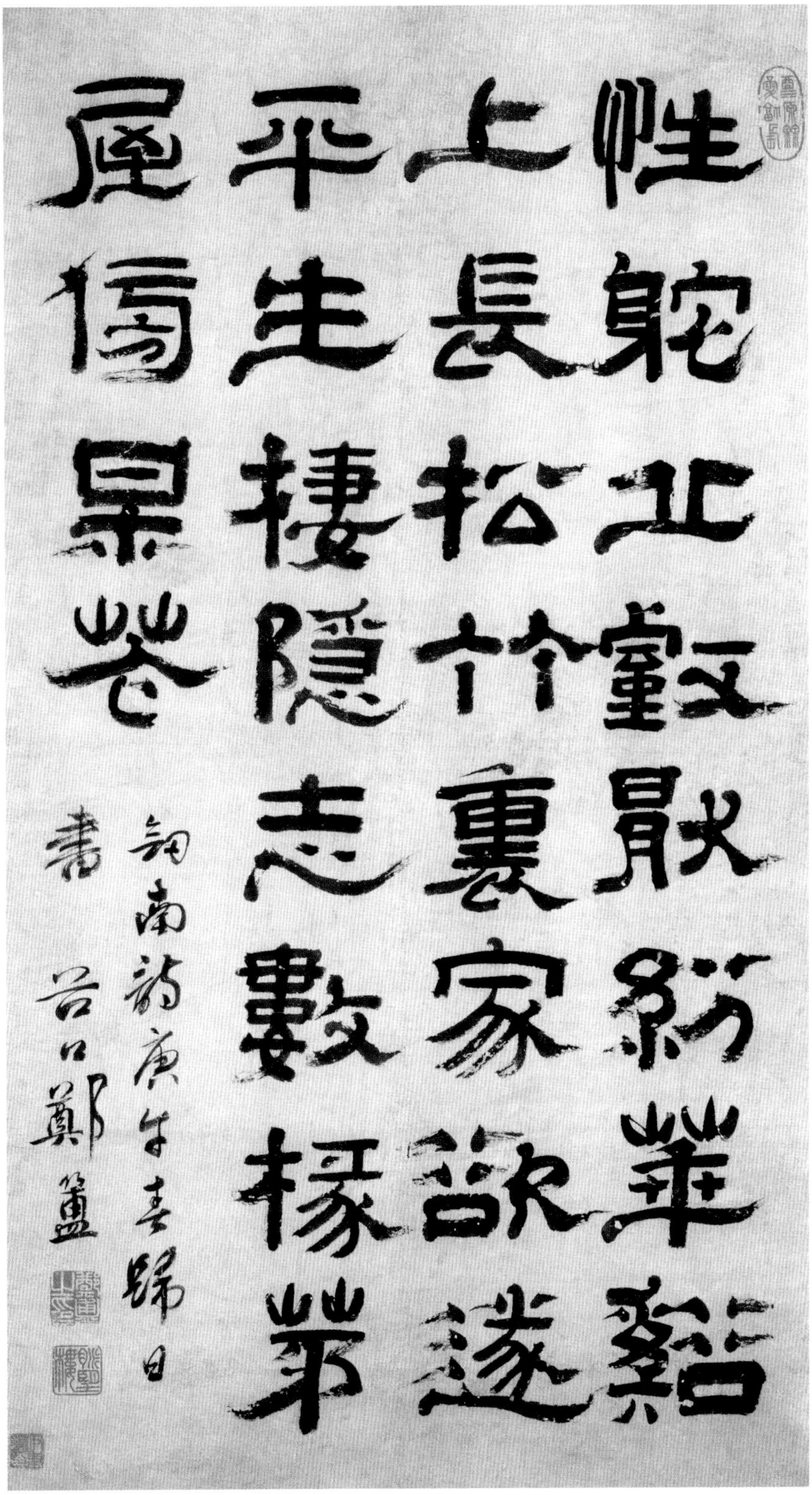

21

朱彝尊　隸書臨曹全碑卷

紙本 隸書
縱13.6厘米 橫400.5厘米

Lin Cao Quan Bei (After inscriptions from Cao Quan Stele) in official script
By Zhu Yizun (1629-1709)
Handscroll, ink on paper
H. 13.6cm　L. 400.5cm

朱彝尊(1629—1709)，字錫鬯，號竹垞，別號金風亭長、小長蘆釣魚師等，清代秀水(今浙江嘉興)人。康熙十八年(1679)授翰林院檢討，後入直內廷。工詩，與王士禎齊名。精於金石考據之學。書工古隸，筆意秀勁，韻致超逸。《藝舟雙楫》定其分書為"逸品下"。

此卷係為收藏家宋犖臨寫漢《曹全碑》。款署"小長蘆金風亭長朱彝尊識，時年七十有四"，鈐"朱十"(白文)、"彝"(白文)、"尊"(白文)印。引首莫友芝同治元年篆書"朱竹垞先生臨曹景完碑"，後紙劉之泗題及張厚谷觀款。

此卷為朱彝尊晚年所書，結字用筆均得力於《曹全碑》，筆畫瘦勁挺峭，與原碑比較略顯纖弱而乏秀逸之氣，但風骨仍存。

鑑藏印記：宋犖、徐經、劉之泗等印。

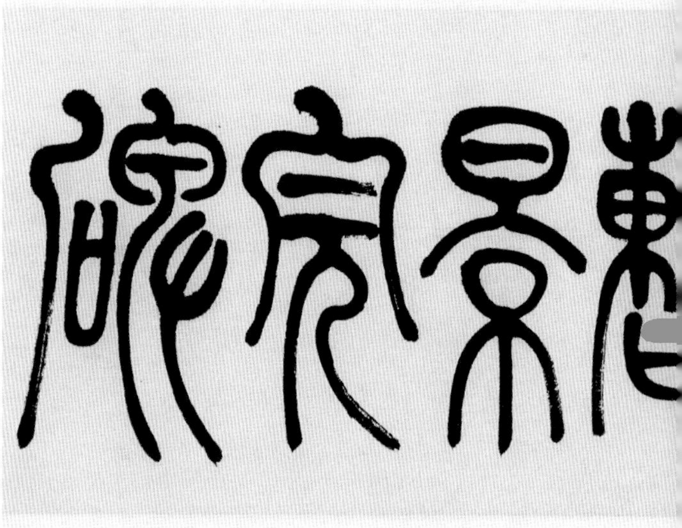

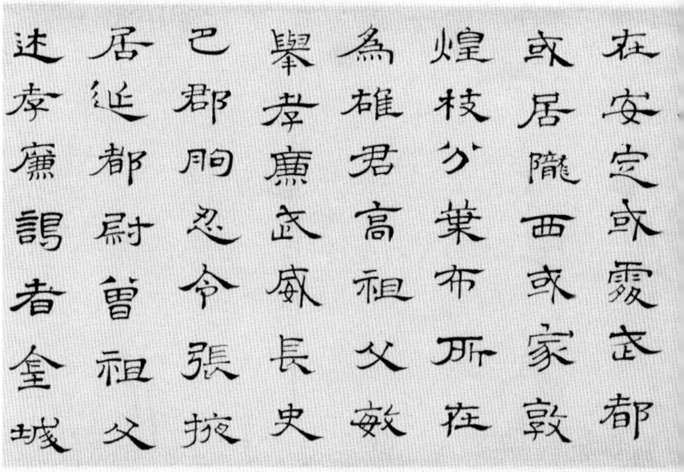

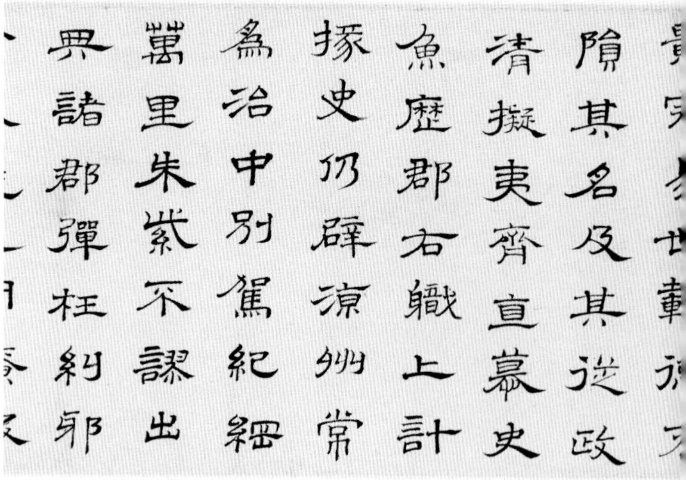

《臨曹全碑卷》之一

君諱全字景完敦
煌效穀人也其先
蓋周之冑武王東
乾之機蕭伐殷商
既定爾勳福祿彼
同封弟叔振鐸于
曹國因氏焉秦漢
之際曹參夾輔王
室世宗廓土斥竟

同治初元閏中
秋邵亳明齋
皖廬所收題
呂莊首

《臨曹全碑卷》之二

迄孝廉謁者金城
長史夏陽令蜀郡
西部都尉屬祖父鳳
奉廉張掖屬國都
尉丞右扶風隃麋
侯相金城西部都
尉北地大守父璜
少貫名州郡不奪
早世是以位不副
德君童齔好學甄
極炎緯無文不綜
賢孝之性根生於
心牧養季祖母供
事繼母先意承志
存亡之敬禮無遺
闕是以鄉人為之

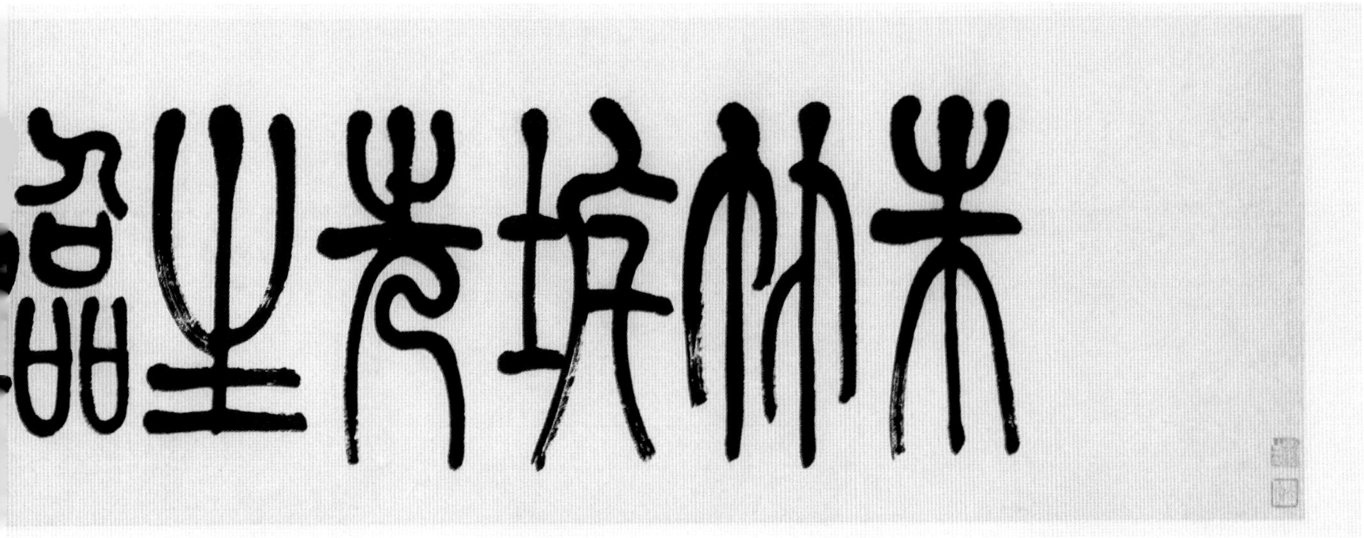

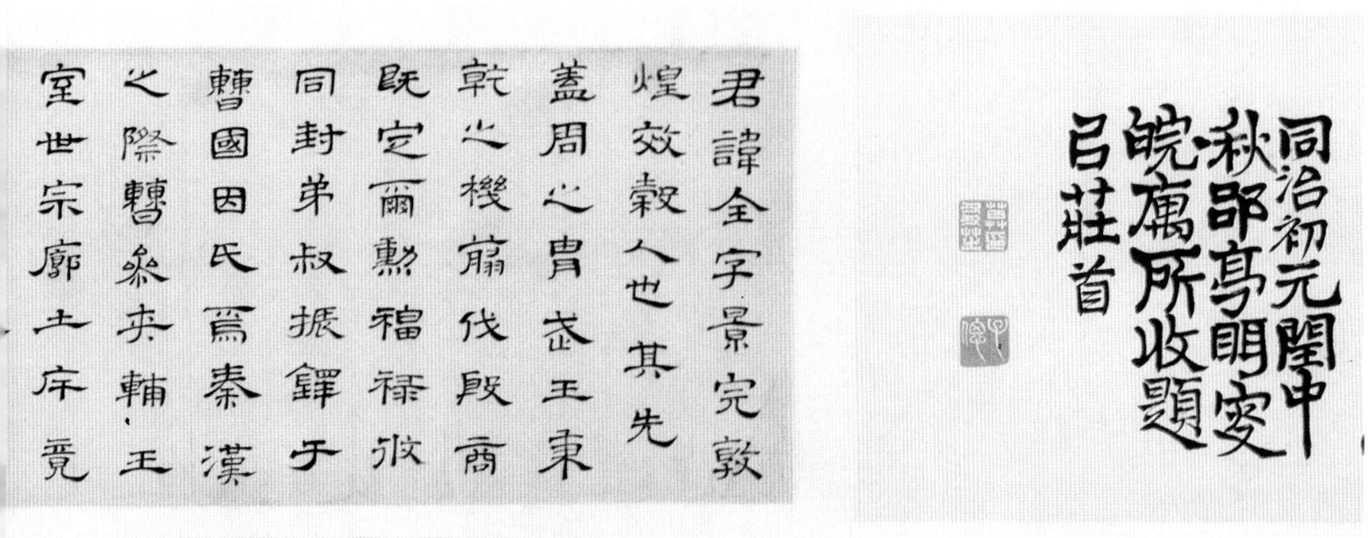

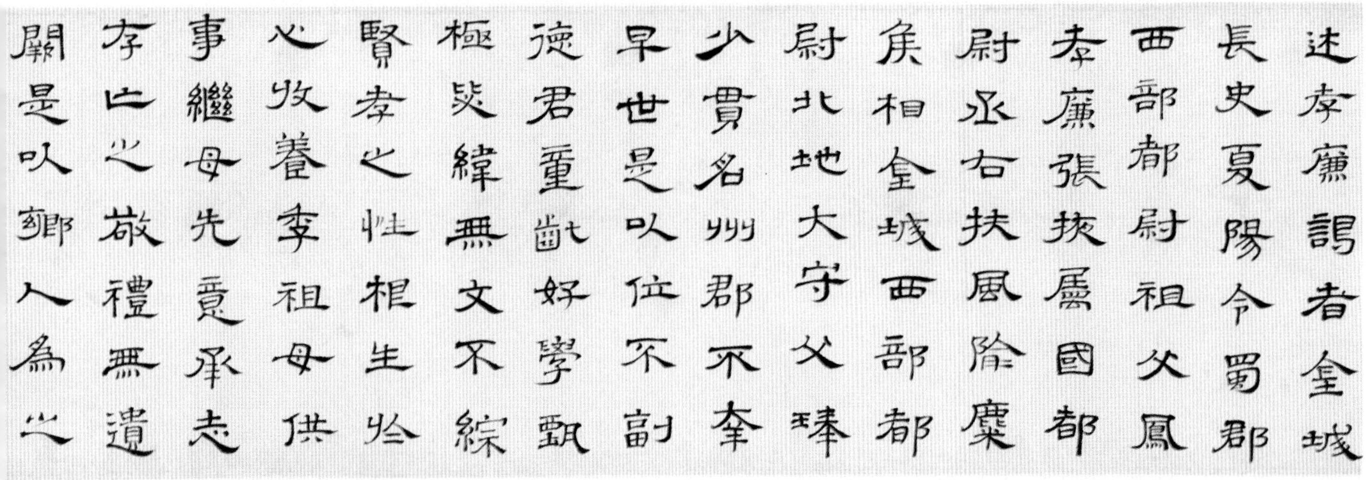

《臨曹全碑卷》之三

三月除郎中拜酒
泉祿福長訞賊張
角起兵幽冀兗豫
荊楊同時並動而
縣民郭家等復造
逆亂燔燒城寺萬
民騷擾人褱不安
三郡告急羽檄仍
至于時聖主諮諏
羣僚咸曰君哉轉
拜郃陽令收合餘
燼芟夷殘迸絕其
本根遂訪故老商
量儁艾王敞王畢
等恤民之要存慰
高年撫育鰥寡以

開南寺門承望華
嶽鄉明而治庶使
學者李儒欒規程
寅等各獲人爵之
報廓廣聽事官舍
廷曹廊閤升降揖
讓朝覲之階費不
出民役不干時門
下掾王敞錄事掾
王畢主薄王歷戶
曹掾秦尚功曹史
王顓等嘉慕奚斯
考甫之美乃共刊
石紀功其辭曰懿
明后德義章貢王
庭征鬼方威布列

臨曹全碑老眼生
花向日乃就此猶桓
宣武擬劉太尉似
處皆恨刻弄其形
失之乎
先生慎毋示客知能
護故人之短也三月
既望小長蘆金風
亭長朱彝尊識時
年七十有四

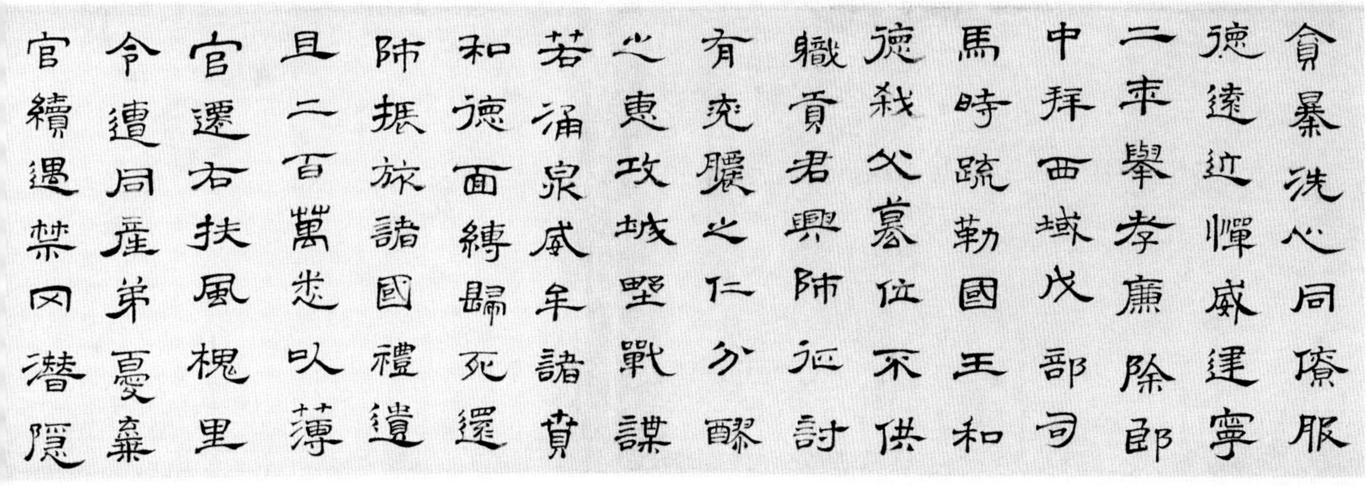

《臨曹全碑卷》之四

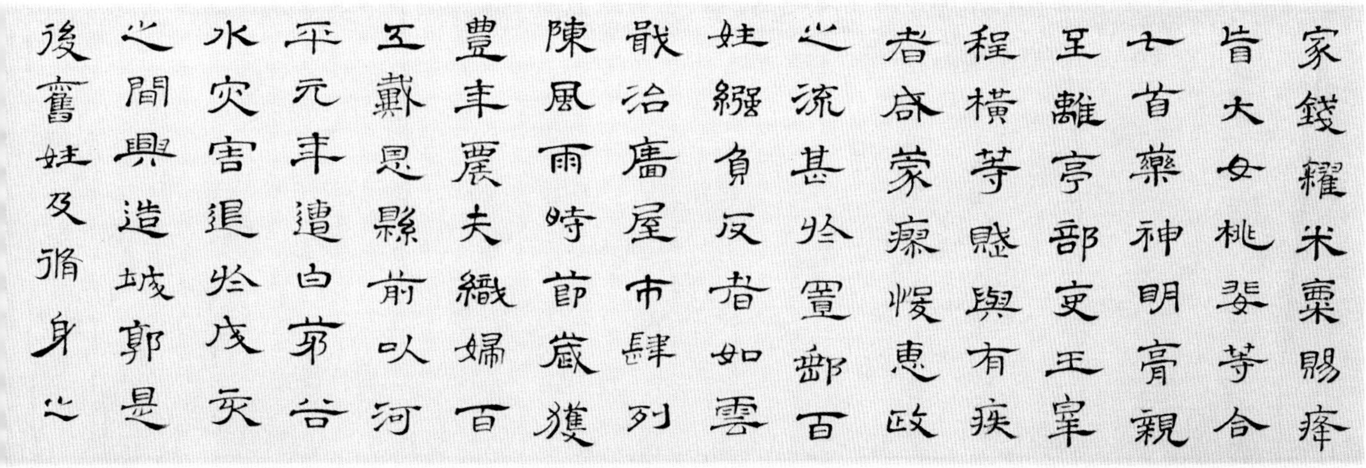

《臨曹全碑卷》之五

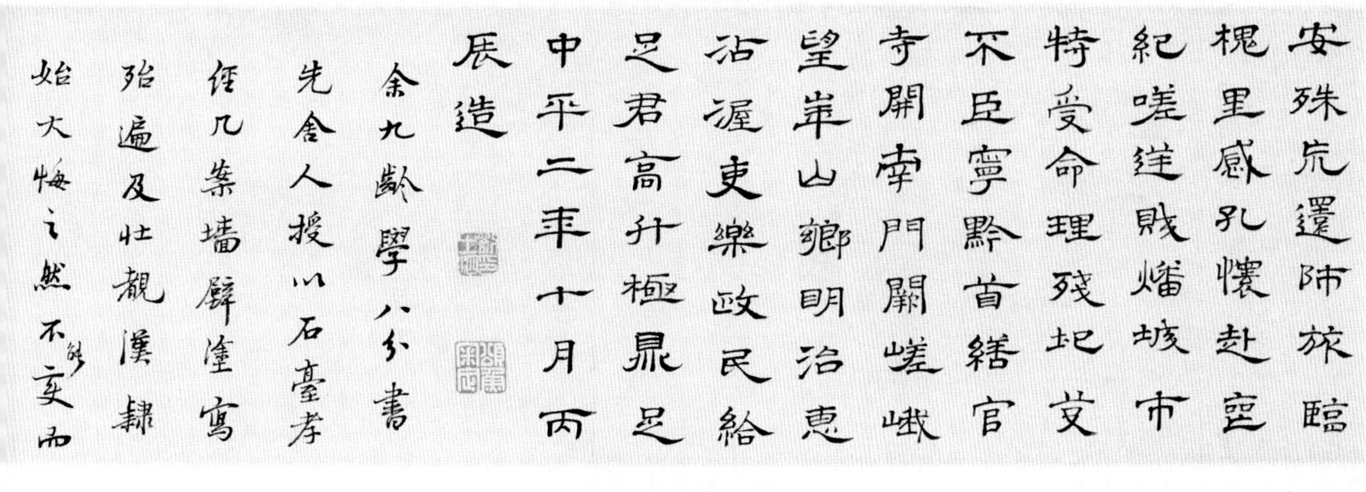

《臨曹全碑卷》之六

22

萬經　隸書七絕詩軸

紙本　隸書
縱132厘米　橫52.2厘米

Qi Jue Shi (a seven-syllable quatrain) in official script
By Wan Jing (1659-1741)
Hanging scroll, ink on paper
H. 132cm　L. 52.2cm

萬經（1659—1741），字授一，號九沙，清代鄞縣（今浙江寧波）人。著名學者萬斯大之子。康熙進士，授編修。後遭黜罷歸，以治學為本，輯纂甚富，終成萬氏經學。工書法，尤以隸書為精，著有《分隸偶存》。隸書宗法鄭谷口，書風清麗，甚為時重。晚年以鬻字為生。

軸錄七言詩一首，款署“癸巳長至為致谷年道兄　萬經”，下鈐“萬經之印”（白文）、“授一別號九沙”（朱文）印，首鈐“辨志堂”（朱文）印。“癸巳”為康熙五十二年（1713），萬經時年五十四歲。

此時期正是鄭谷口草隸興盛之時，萬氏受其影響，隸書呈現出與鄭簠極為相近的特徵，結字扁方，用筆粗細輕重富於變化，橫畫多用細筆，豎畫略粗，已無蠶頭雁尾之勢，較鄭書更具蒼秀華美之氣。

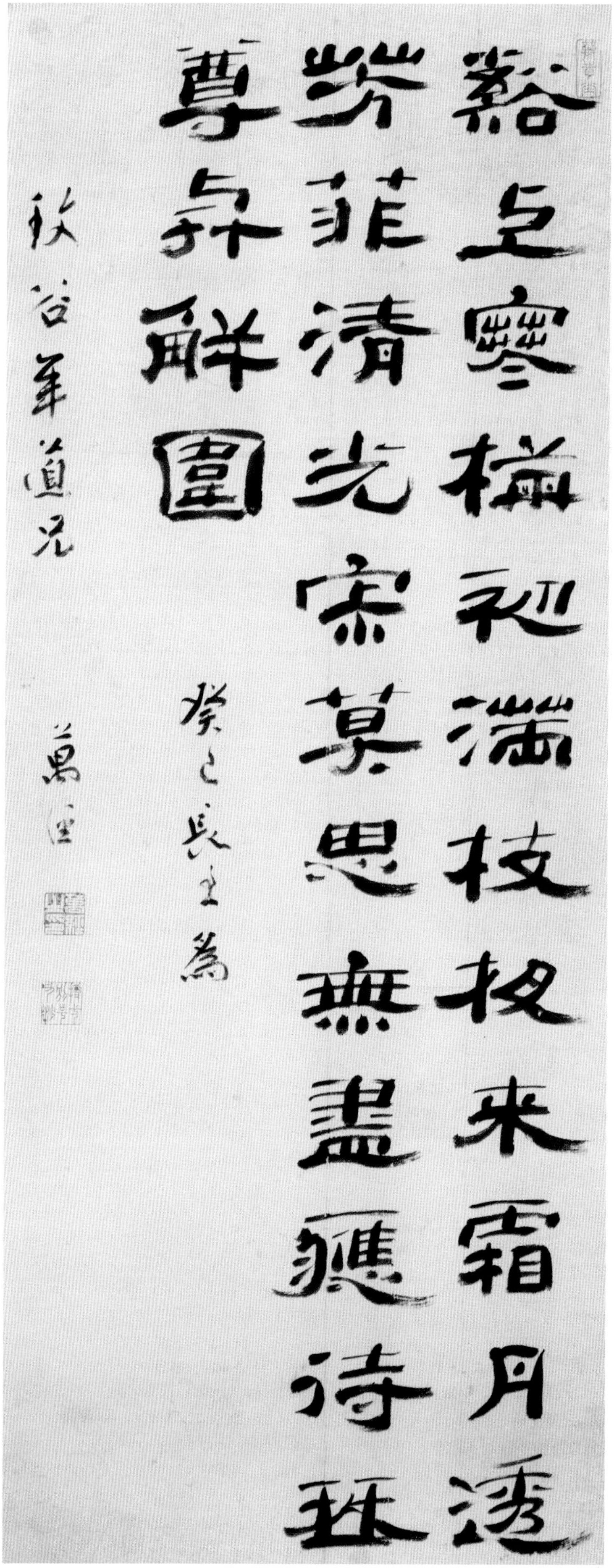

23

萬經　隸書七言詩軸
紙本　隸書
縱123.5厘米　橫57厘米

Qi Yan Shi (seven-syllable poetry) in official script
By Wan Jing
Hanging scroll, ink on paper
H. 123.5cm　L. 57cm

軸書七言詩一首，書贈"星茗年道兄"。款署"萬經"，下鈐"甬東萬經授一氏圖書"(白文)、"掄才晉國校書黔南"(朱文)印，引首鈐"御銘壽古齋"(朱文)印。

此軸書法結字扁方，筆畫粗勁，橫筆出挑略有回收，時有顫筆出現，與其早年書所表現出的流暢華美略有不同，更具蒼老沉着之氣。從書法風格判斷，當屬其晚年作品。

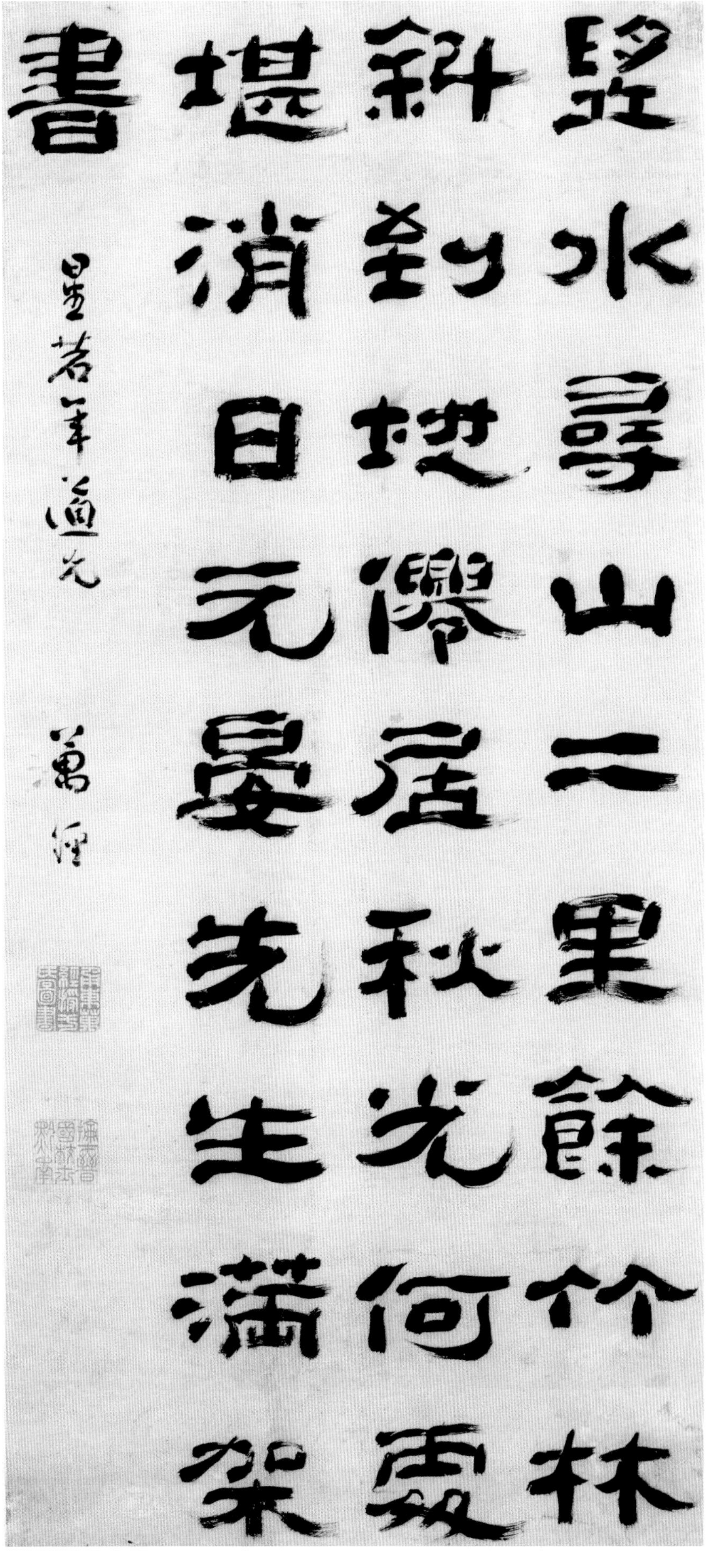

24

朱岷　隸書漁洋山人詩冊

紙本　隸書　十二開
開縱21厘米　橫11.8厘米

Yu Yang Shan Ren Shi (Yu Yan Shan Ren's poems) in official script
By Zhu Min (17th century)
Album of 12 leaves, ink on paper
Each leaf: H. 21cm　L. 11.8cm

朱岷（生卒年不詳）約活動於清康熙、雍正時期。字侖仲，一字導江，號客亭，江蘇武進人。工書法，尤精隸書，法漢碑而兼得於鄭谷口，行楷法蘇、王。工畫山水，得米芾法。

冊係朱岷為友人蘭齋先生書錄王士禎詩數首，款署"康熙壬寅冬至前一日，蘭齋先生屬書漁洋山人詩於紅玉書齋，即請評畫　　導江朱岷"，下鈐"朱岷"（朱文）、"朱侖仲印"（朱文）印。"康熙壬寅"為康熙六十一年（1722）。

此冊書法得力於《曹全碑》，亦受鄭簠影響，結字秀麗灑脫，磔、挑等筆法頗得鄭氏神韻，但略為收斂，自具特色。

鑑藏印記："墨壽軒"（朱文）。

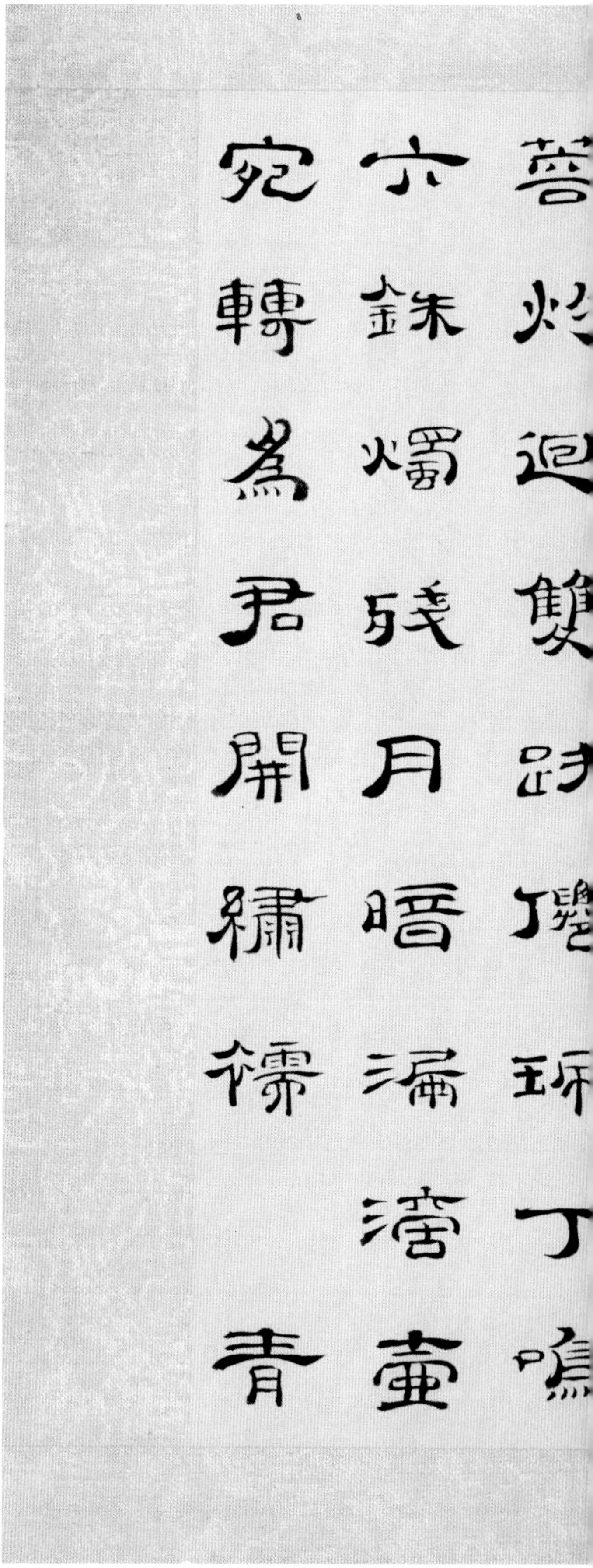

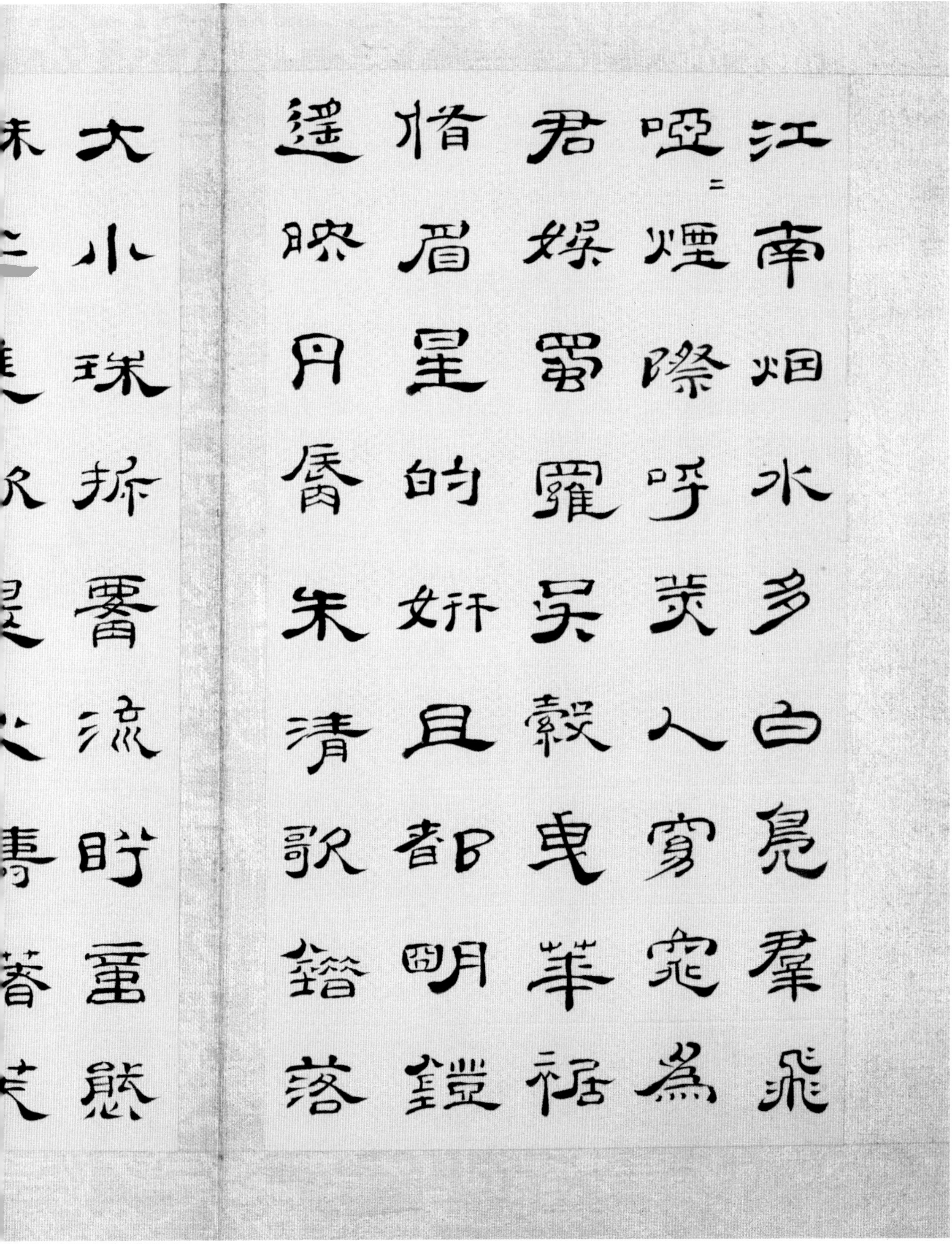
江南烟水多白鳥羣飛
啞二煙際呼莢人窠定爲
君娛蜀羅吳穀曳華裾
猗眉星的妍且都明鐺
遺睞丹脣朱清歌錯落
大小珠擲罯流盻量態

第一開

湘延巛供女春浣香織
成白紵父雲光上為襄
雲璫舞裳大素珍晤明
月璫崐山王攃晤金梁
齊阿趙瑟戲斲二七鞦妙

蹩紛相當須臾辟月沈
今茲方浇帝鳴雞晞曉霜迥
念此摧中腸翡翠裘幃幢
陳高堂請君安坐樂未

第三開

指舌上擣塞肌起棄心
骨驚上下蒼茫有神思
左右騰跳飛羆貔江帝
吳生皆為此一下筆皆
龍形昔者吳道子畫壁

天官寺將軍劍舞何蔚
政興色嗟筆落異氣礴磚萬
夫動百嗟神幹吳生畫
松正百載鐵霜皮終
不故南榮曝背爾儔

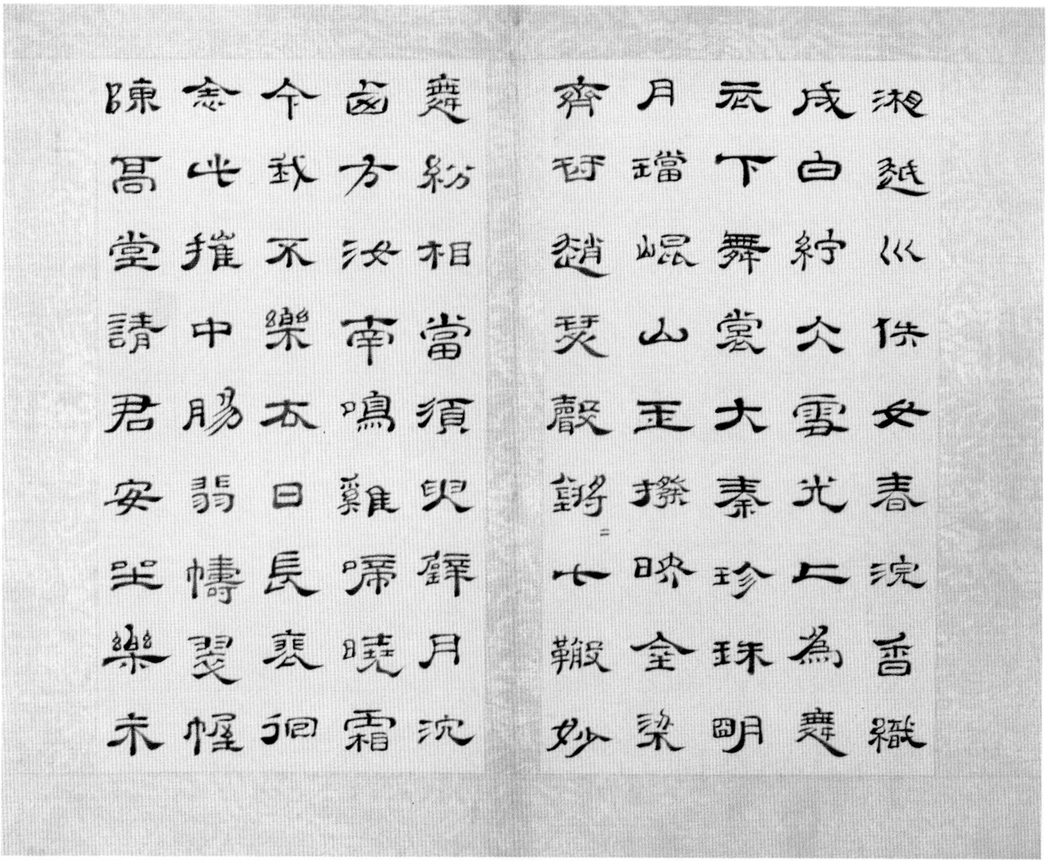

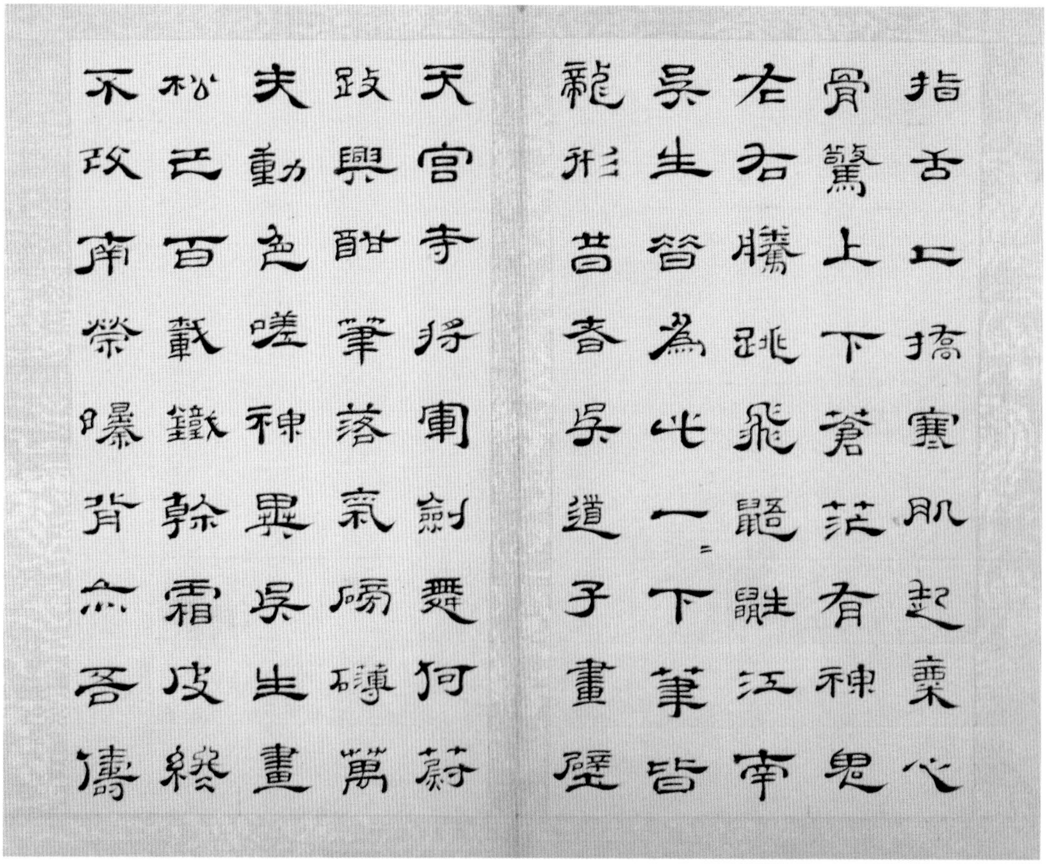

第五開

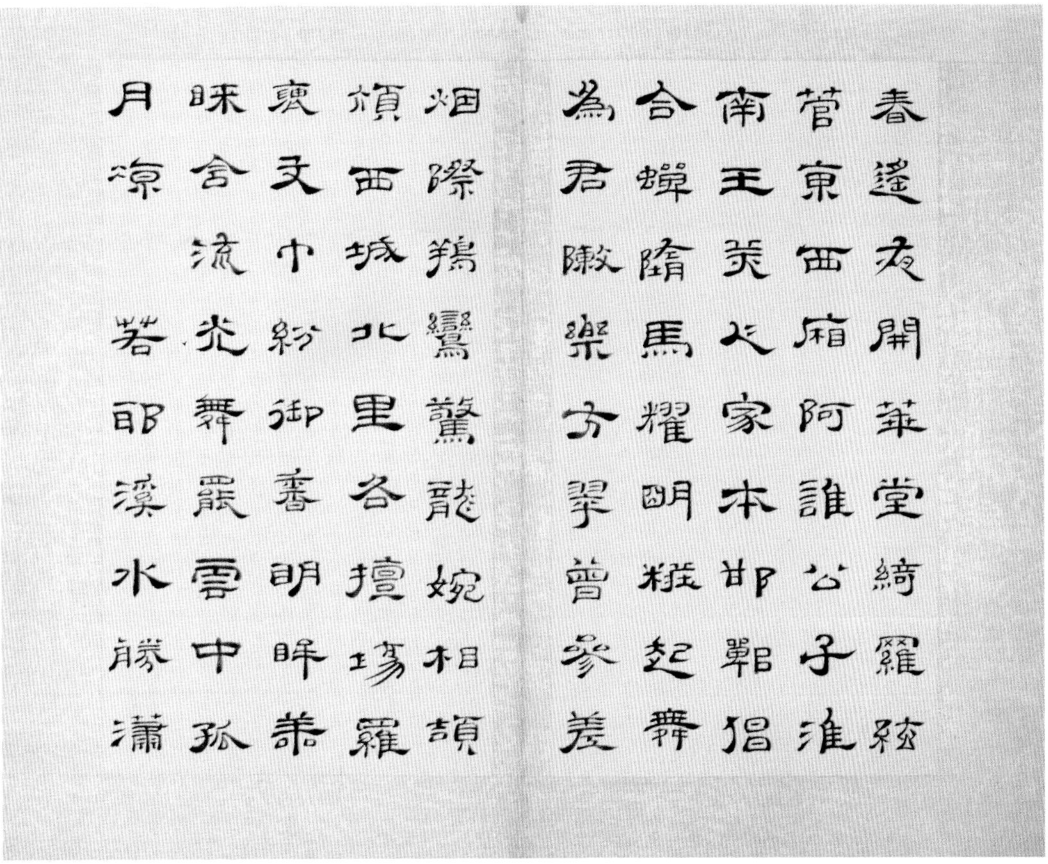
春遙夜開華堂綺羅絃
管東西廂阿誰公子淮
南王美人家本邯鄲倡
合蟬蹁馬耀明粧起舞
為君激樂方翠曾參差
烟際鵁鸞驚龍婉相顧
傾西城北里各擅場羅
衷文巾紛御香明眸兼
昧含流光舞罷雲中孤
月涼 若耶溪水勝瀟
第二開

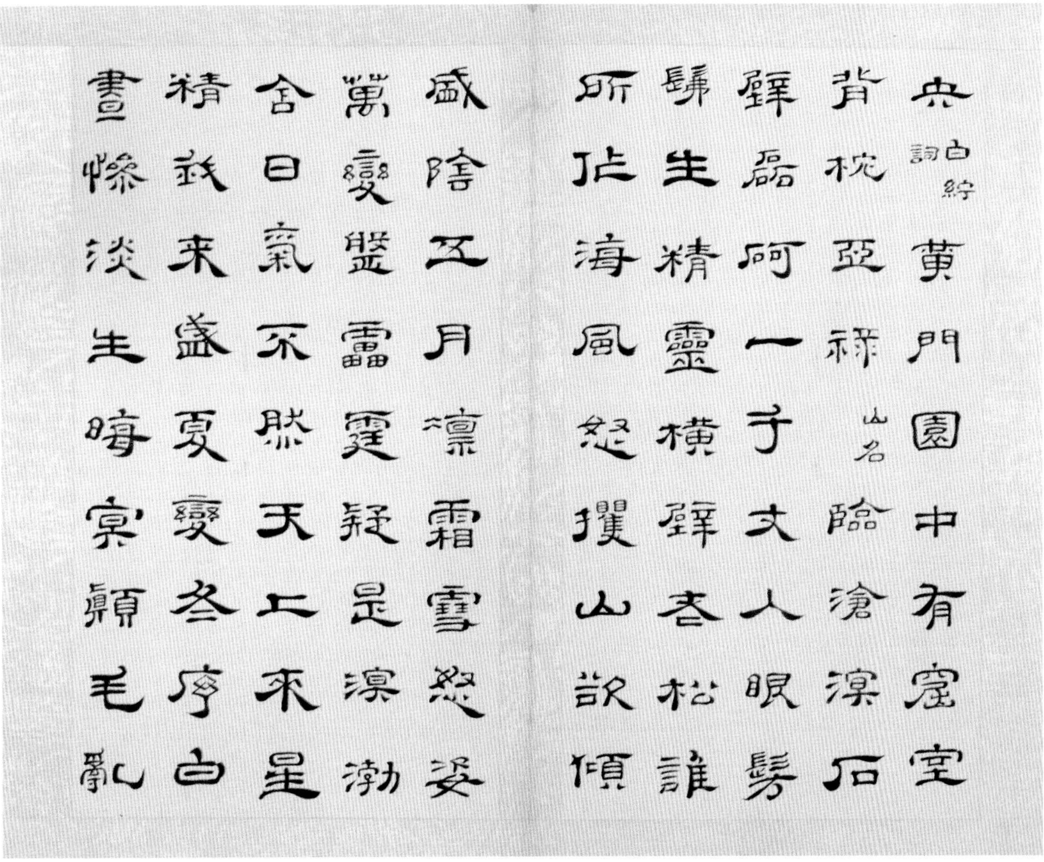
央 白紵詞 黃門園中有窟室
背枕亞禪 山名 臨滄溟石
壁磊砢一千丈人眼髮
歸生精靈橫壁杳松誰
所佔海風怒攫山欲傾
盛陰五月凜霜雪怒姿
萬變盤靁霆疑是溟渤
含日氣不然天上來星
精鐵來盛夏變冬序白
晝慘淡生晦冥顛毛亂
第四開

散紛拔當琴
沙紛劍奈仙
汕如聽何入
衆星君日臺
差宿歌主上
渴秋有祠雲
崚天酒能嶄
嶸裏不水巖
羅擊飲蕭羴

門武懷入朱
皆空抱生顏
誓經黃快是
不過膤意長
可祗輙無好
見令辭發吾
秦拍盡時將
皇顧茫明避
漢傷卅鏡世

顧曾鐔帶使
劍名神步筆
如顧鈚怒如
星青生如劍
日三一歡氣
光士文兒出
縱二拔吞此
橫人劍長公
昂按仜鯨無

乃豪于潺更
能快牟塞遒
鐵十奇皆絶
笄步論飛鍾
莊殺佐鳴王
生一哥雲腕
說里革間底
劍兼揮墨紛
固笛豪妙□

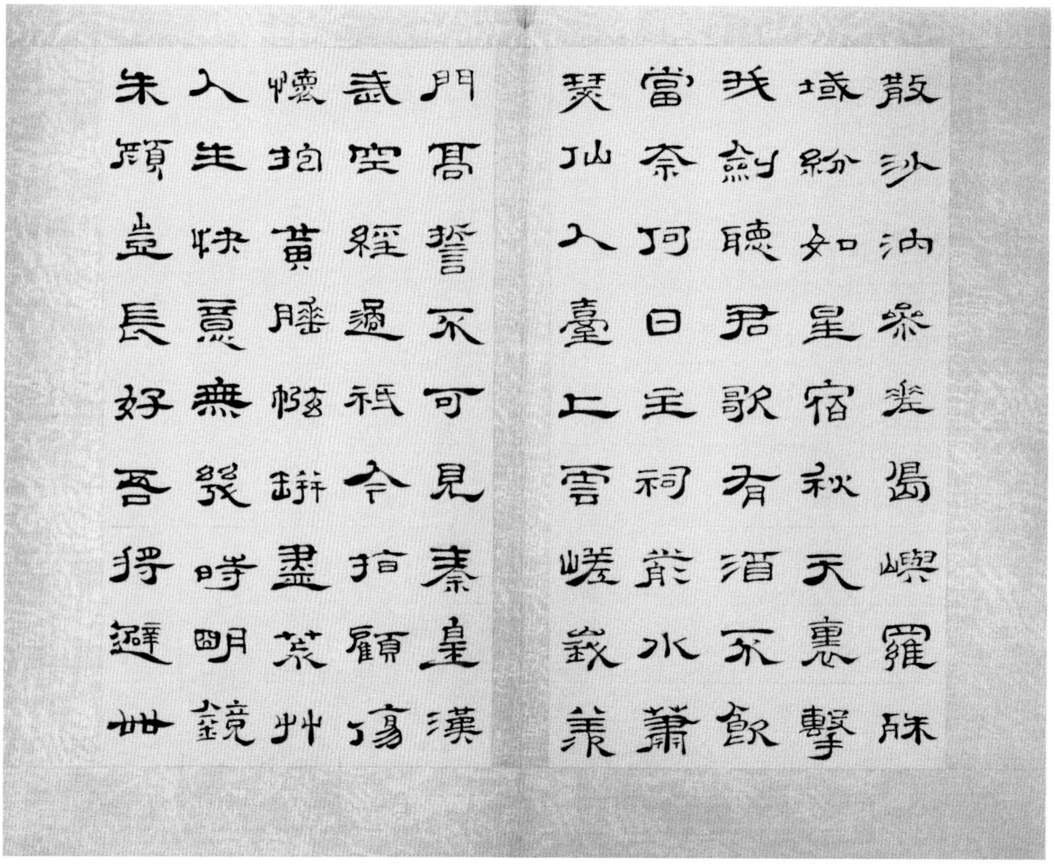

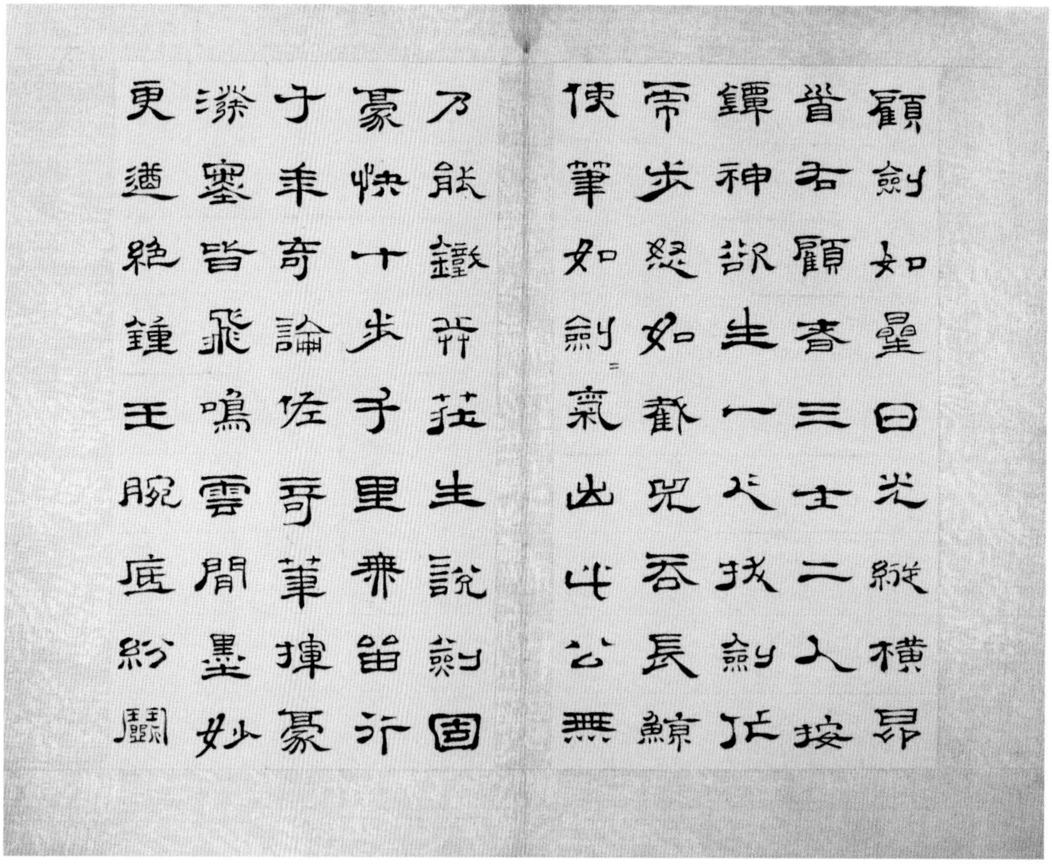

偃寒龍鱗好相待　蘇窟室畫　焚歌
登高正布望遠堪見
萬里之波濤長天寒窟
雲景黑春陰偃塞魚龍
高怒瀚乘風立于丈席

蛟水光紛騰延羣靈潛
結萬壑氣一痕未沒三
山椒源見勢盡瀚穴山
波淡天清靜如綺菱蕩
沉綠紛塘坊螺蚌搖光

女姑山不照垂釣鐸渡　鐻□之夢觀海
夐第一晉有衛協吳曹
誰第一晉有衛協吳曹
罪案唐周生奇勇行
筆瘦□姿峻增此圖全

延踰于轟墨光黯淡生
光晶君王隱逸各有態
絲煌篆文迴縈目瞱
鬢窔五劍客短後之衣
骨胡纓二人匈企目右

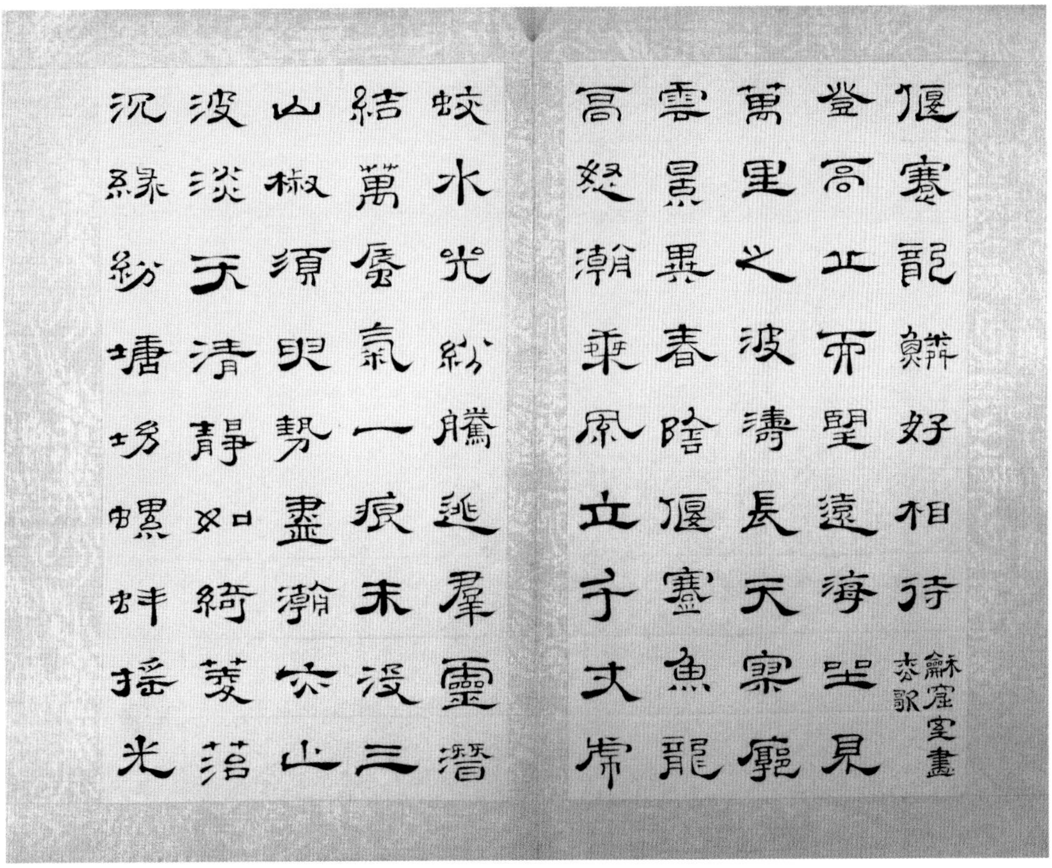

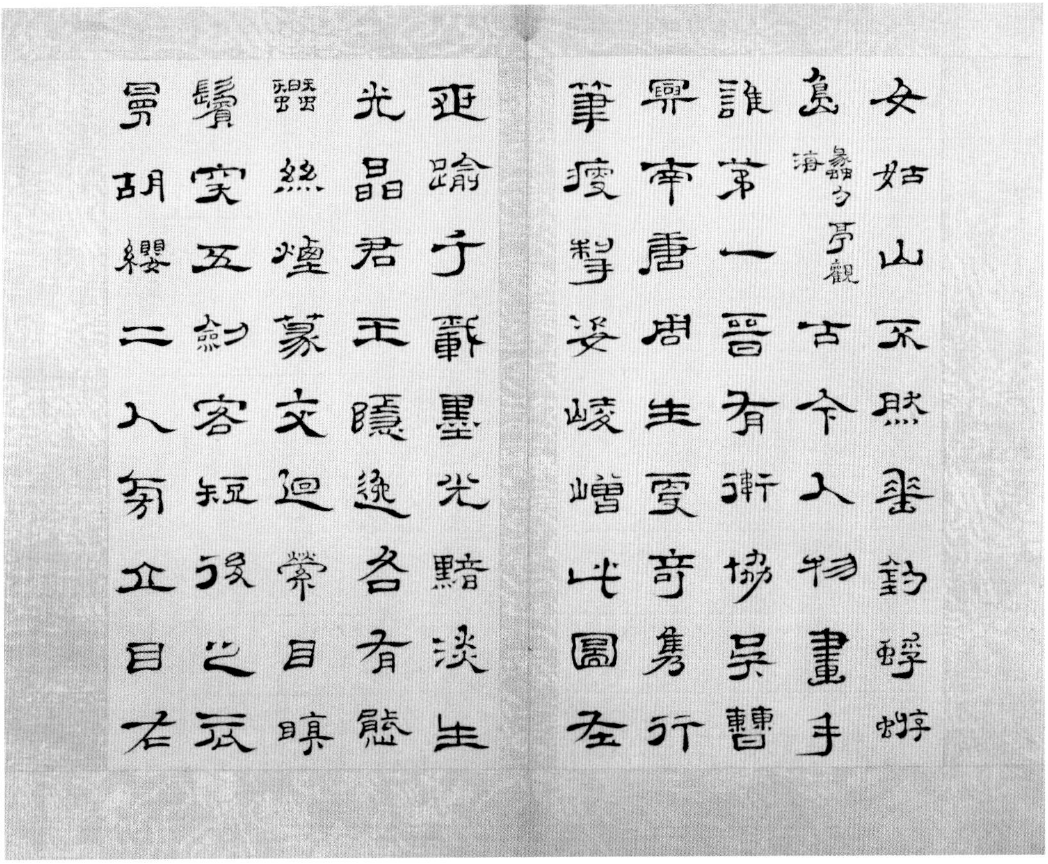

遊絲己罥櫻花亂　莺鳴瑪
乳燕春部郊枝桑時復
經田家田家父老尚高我
說穀雨久過三月節春
田龜坼苗不滋猶稻立

春三日雪我青七語重
嘆息瘠土辛事耕織葺
閒窮巷叱牛歸曉見公
家催懸人衣丰暘雨幸
兼惡稍二三震穫晏食春

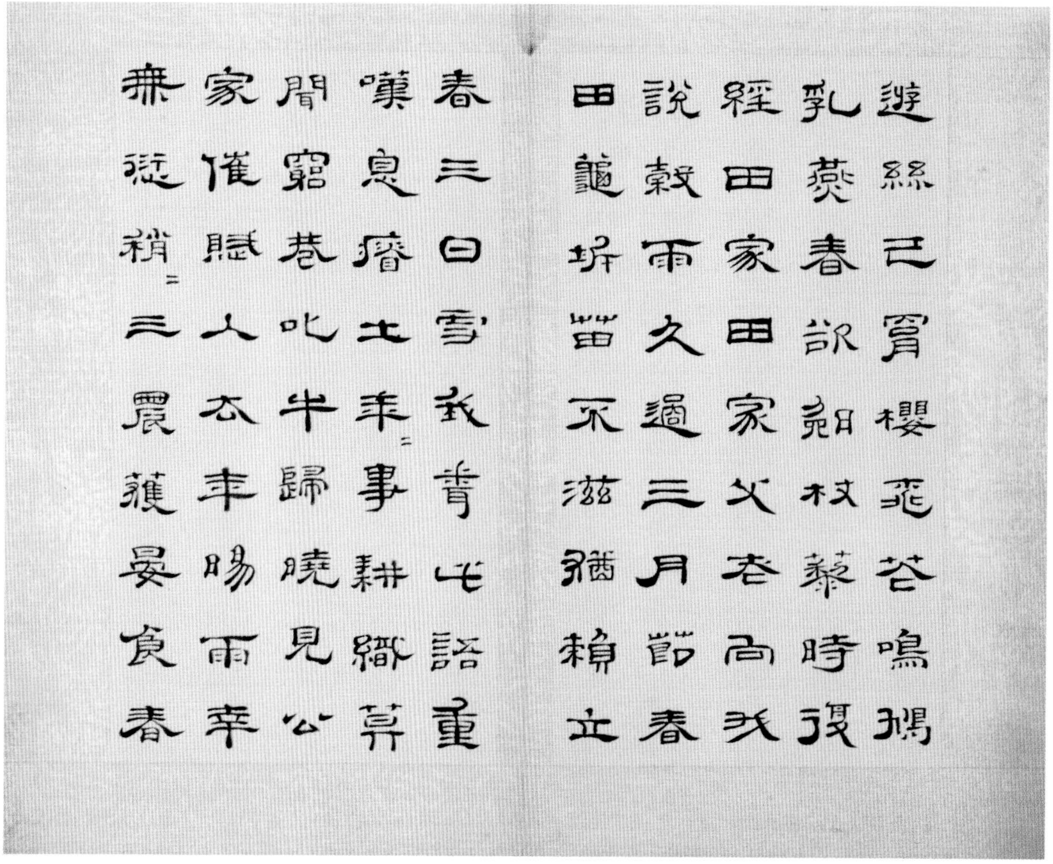

第十一開

第十開

爭自示昔見吳興書說
劍恨不於園雙妙非今
逢世巷信神物又恨作
書非趙卿排洞三歎出
金石燦然妙蹟如神明

效聞周生妙得後王作
字法秋胡謝女愿格清
秦淮蒼月沛京工感也
傷人余古情
宣和御藏文祿有秋胡故寶
謝女寫具琴圖
周文矩從
子說劍圖
西亭石竹新抽芽

第十二開

禾穀賤傷農不見饑
烏啄遺粒即今土亢不
可畎布穀飛翰草鳴春
葇於飯藜作羹吁嗟前
益方用矣
春禾

康熙壬寅冬至前一日
蘭齋先生屬書漫洋山人詩於紅玉齋南
評書 篁江朱岷

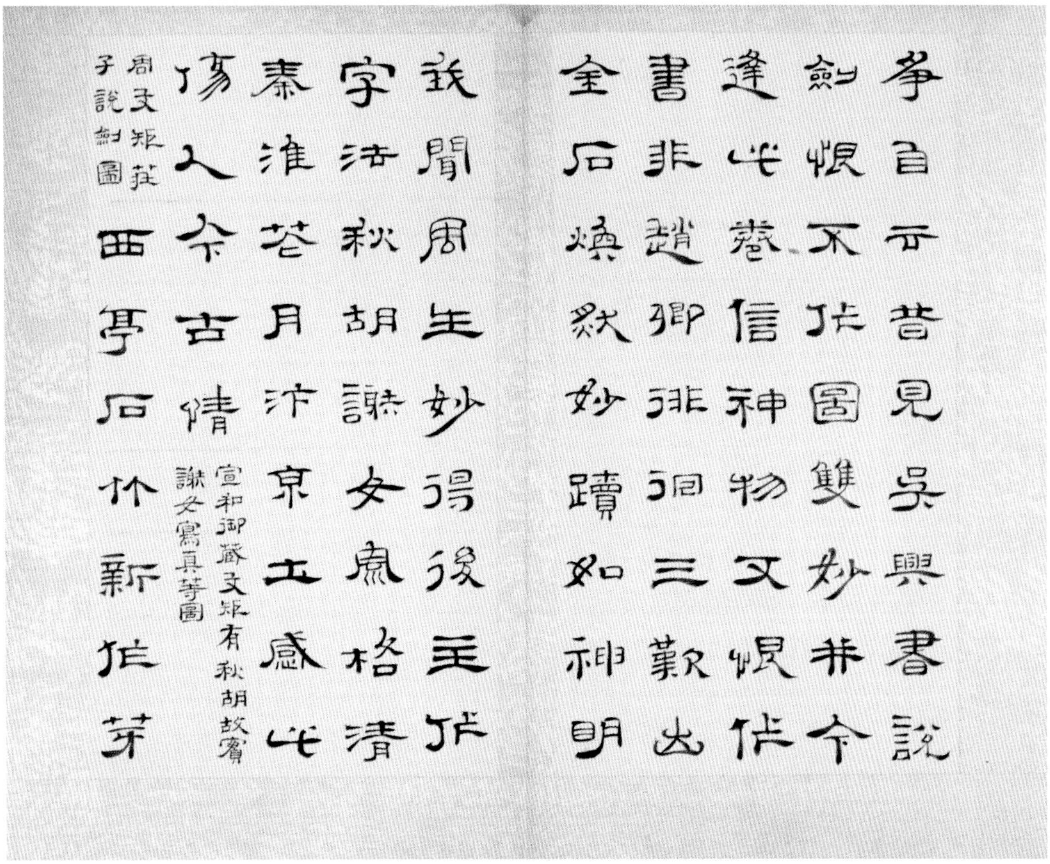

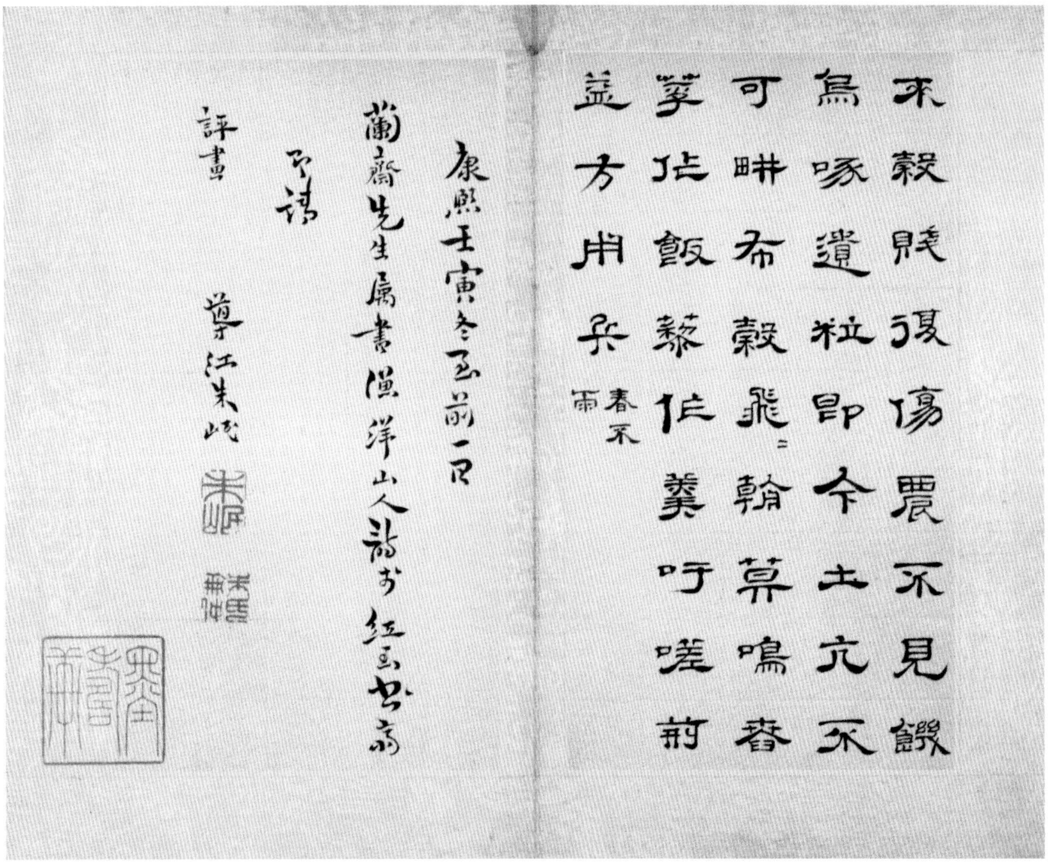

25

朱耷　行書題畫詩軸

紙本　行書
縱77.9厘米　橫166.8厘米

Ti Hua Shi (A poem inscribed on a painting) in running script
By Zhu Da (1626?-1705?)
Hanging scroll, ink on paper
H. 77.9cm　L. 166.8cm

朱耷（1626？—1705？），號八大山人，別號雪個、個山、驢屋等。明宗室，諱名統埜，江西南昌人。明亡後出家為僧，法名傳綮。工詩，擅書畫，與石濤、弘仁、髡殘共稱“清初四僧”。書畫皆極富個性，行楷書遠法王獻之，復宗顏魯公，淳樸圓潤；草書狂怪，自成一格。其書線條粗細均勻，轉折圓潤，大小參差，偏中求正，善用禿筆，書風別具特色。

軸錄五言題畫詩一首，款署“八大山人題畫”，下鈐“八大山人”（白文）印。

此軸書法純用中鋒揮就，行筆沉實，筆畫圓勁而流暢。結字大小、疏密錯落有致，結構舒張。從書法風格看當是其晚期成熟之作，略存明代王寵書遺意，通幅灑脱飄逸。

釋文：
鴿原此高蹈，鴻鵠曷翱翔。
下者命雋匹，樂天歸草堂。
北風歲已晏，秋水人何方。
迢遞巢雲子，漁歌楚竹傍。
八大山人題畫

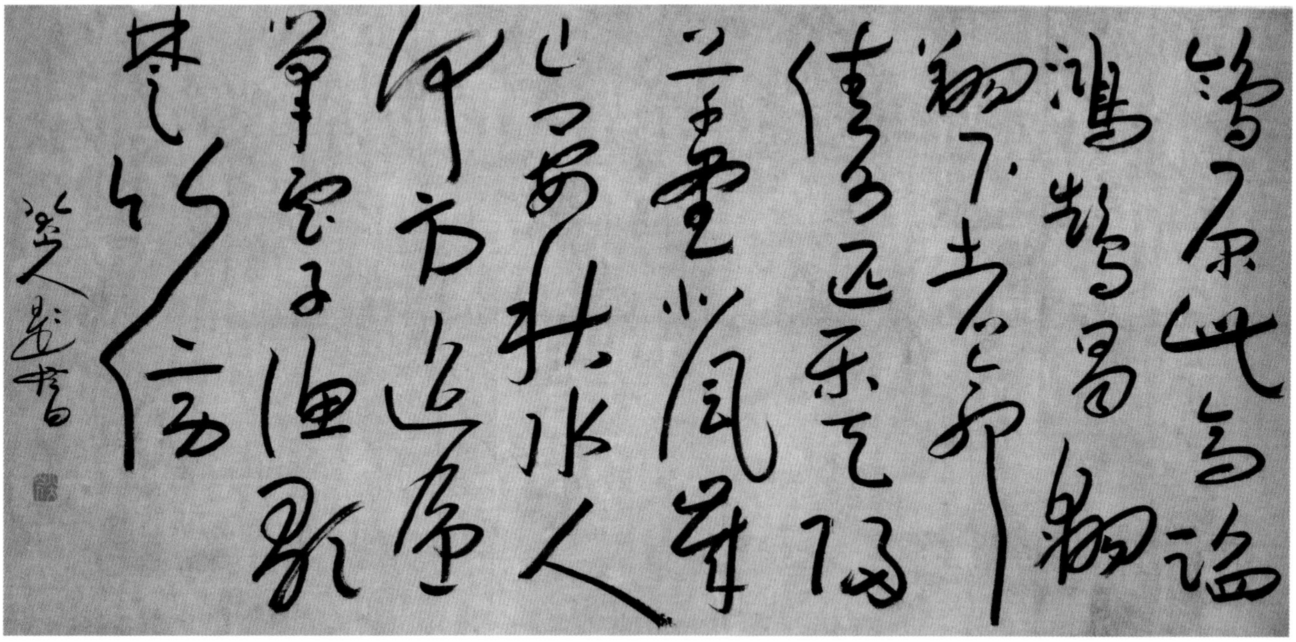

26

朱耷　行草書手札十三通冊

紙本 行草書 八開
開縱24.6 橫15.1厘米（不等）

Shou Zha Shi San Tong (thirteen letters) in running-cursive script
By Zhu Da
Album of 8 leaves, ink on paper
Each leaf: H. 24.6cm　L. 15.1cm (vary in width)

《手札十三通冊》集八大山人信札十三通，又稱《十三札冊》。每札均有屬名"八大山人"，大部分鈐有"八大山人"(朱文)印，其中第四札鈐"八還"(朱文)印，第五札鈐"十得"(朱文)印，第十札鈐"遙屬"(白文)印。上款"鹿邨先生"、"西翁"、"僧舍方丈"，都為其友方士琯。方氏為八大的書畫資助人和代理商，故札中所述多為友人間往還之事，其中不乏奉畫、飲宴之約，借錢、謝贈等事，從中可以窺見八大山人生活的一個側面，具有重要的文獻價值。從書法風格及落款形式，應為晚年之作。末開附清李葆恂題識四則，鈐"李文石"(白文)、"臣葆恂印"(白文)、"文石"(朱文)、"葆恂"(白文)、"文石父"(朱文)等印多方。第四札裱邊有遊悔廬主人題詩一首。

此冊書法揮灑自如，行草相間，無拘滯之感。由於為致書友人，全無拘束，緣紙走筆，縱橫馳騁，了無掛礙，能得其書法真趣，在藝術上亦具有很高價值。

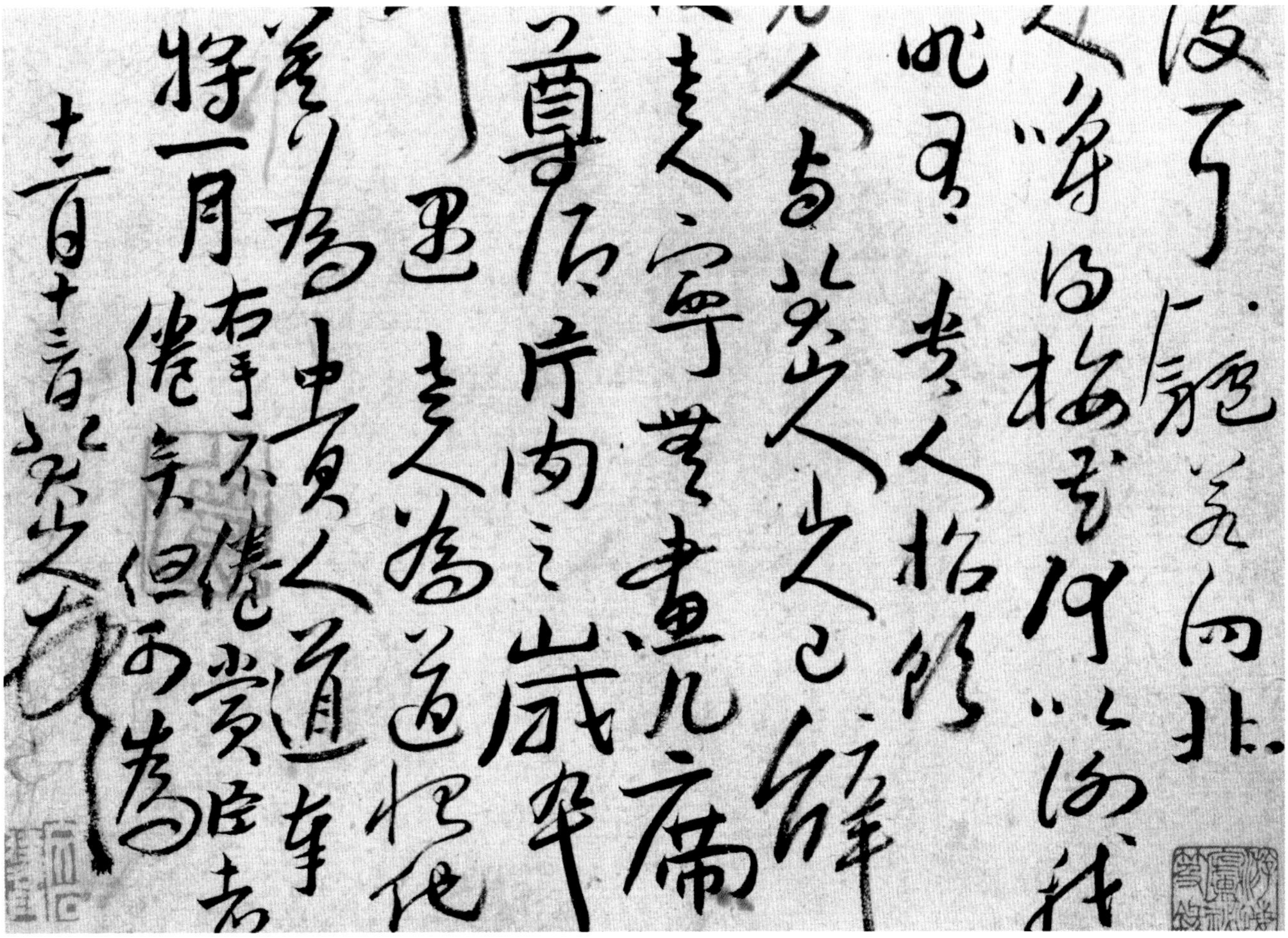

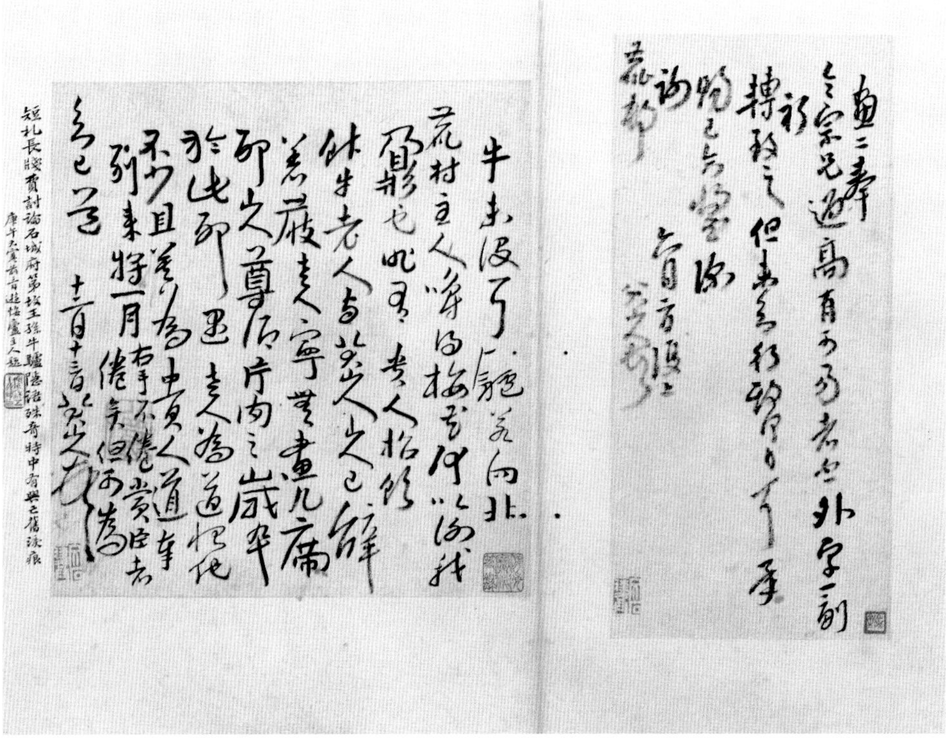

第二開

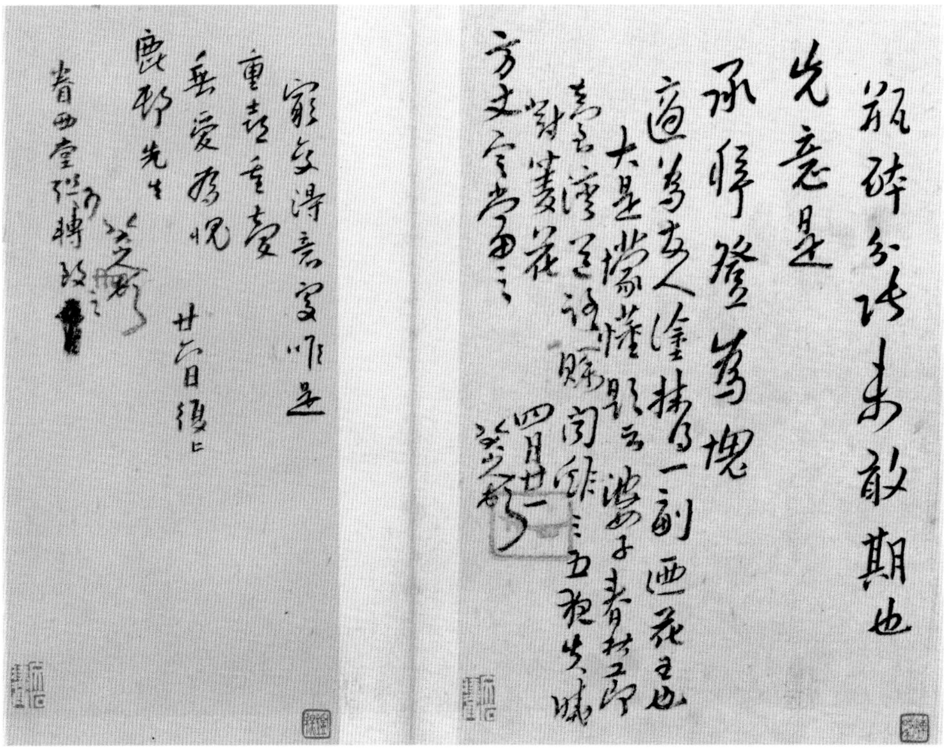

第四開

少，且莫為貴人道。奉別來將一月，右手不倦，賞臣者倦矣。但可為知己道。十二月十三日　八大山人頓首

隻手少甦，廚中便爾乏粒，知己處轉掇得二金否？前着重任奉謁，可道及此。究之參苓、白朮，日用僅止此耶？凡夫只知死之易，而未知生之難也，言之可為於至！上鹿郵先生　八大山人頓首　是月夢漁兄遠自常德，寄參五錢，亦是奇事並聞。

瓶砵分張，未敢期也。先意是承拜登為愧，適為友人塗抹得一副，迺花王也，大是懵懂。題云：婆子春秋節，台灣道路賒。聞雞三五夜，失曉對菱花。方丈定當之。四月廿一　八大山人頓首

窮變得意處，唯是重喜，重慶，垂愛為愧！廿六日復上鹿郵先生　八大山人頓首　眷西堂聯可轉致之。

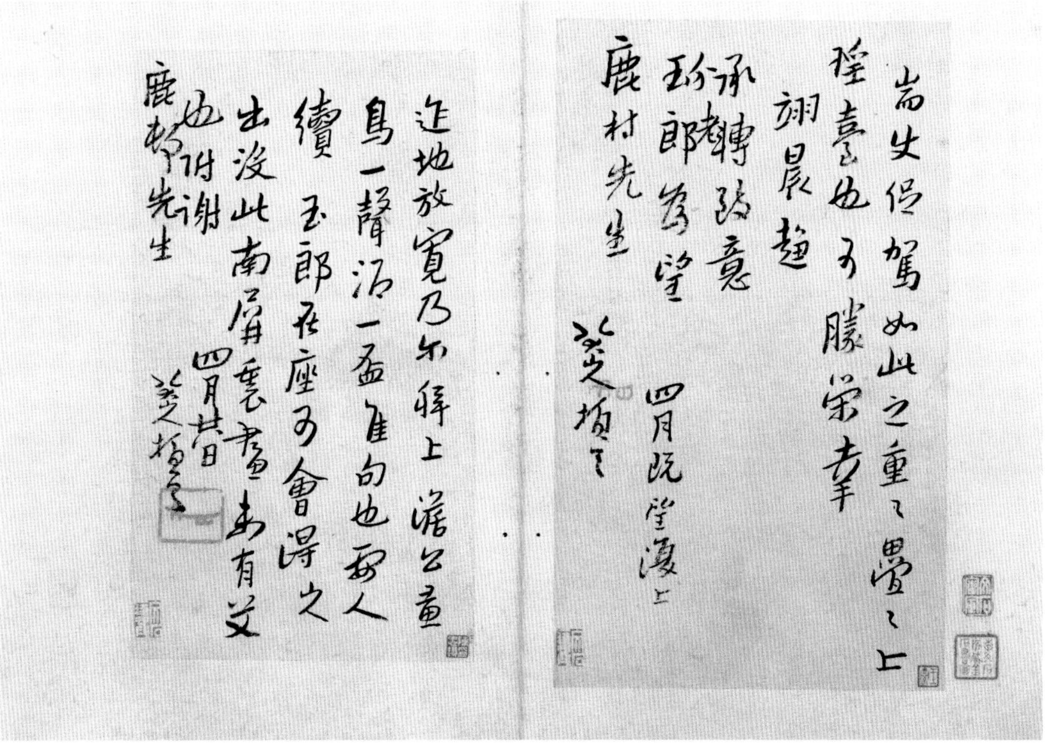

第一開

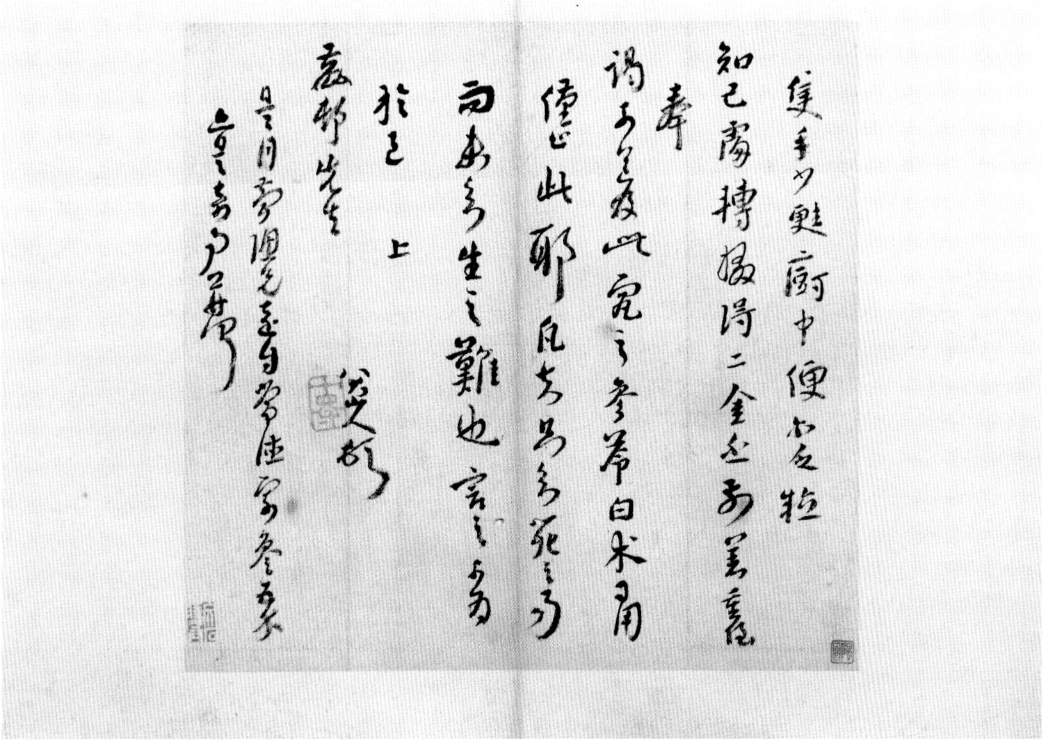

第三開

釋文：
嵓使促駕，如此之重重疊疊上瑤台也，可勝榮幸！翊晨趨承，轉致意介老玉郎為望。四月既望，復上鹿邨先生　八大山人頓首

迮地放寬乃爾，拜上澹公，黃鳥一聲，酒一杯，佳句也要人續。玉郎在座可會得？山人出沒此南屏裏，畫未有艾也。附謝鹿邨先生。四月廿八日　八大山人頓首

畫二奉令宗兄，過高有可易者否？外字一副，祈轉致之。但未知行期何日耳。承賜已合醬，深謝。六月二日復上鹿邨　八大山人頓首

牛未沒耳，驢若向北，鹿邨主人嚼得梅花，何以謝我蕭也？昨有貴人招飲飯牛老人與八大山人，山人已辭着屐，老人寧無畫几席耶？山人尊酒片肉之歲卒於此耶？遇老人為道恨他不

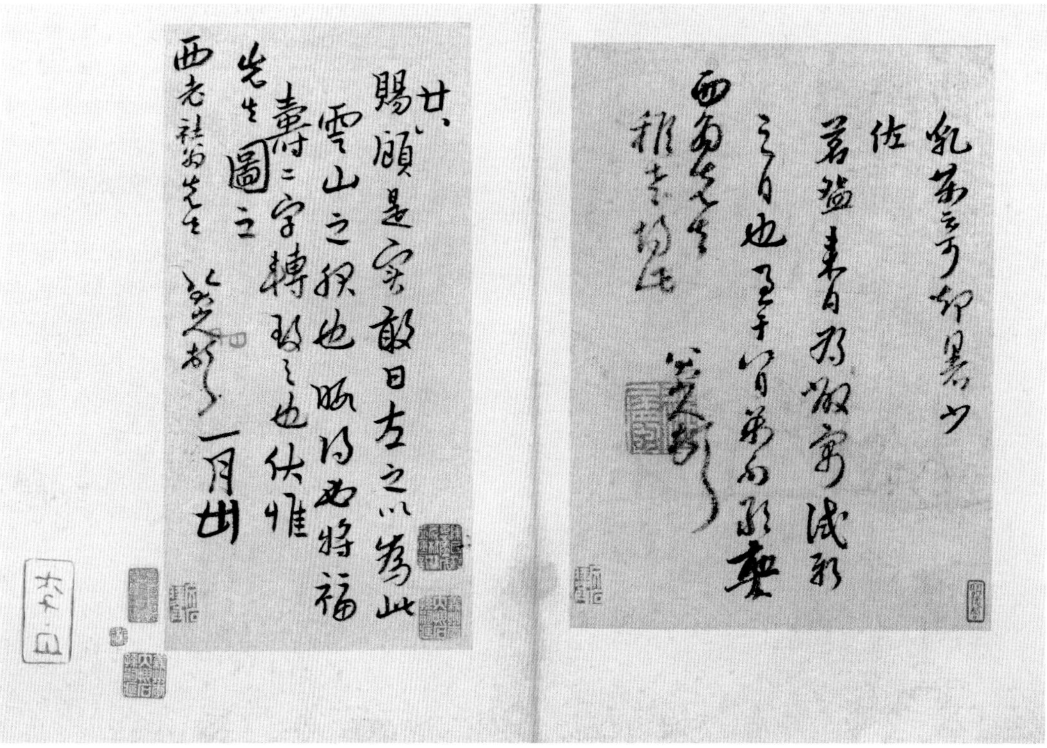

第六開

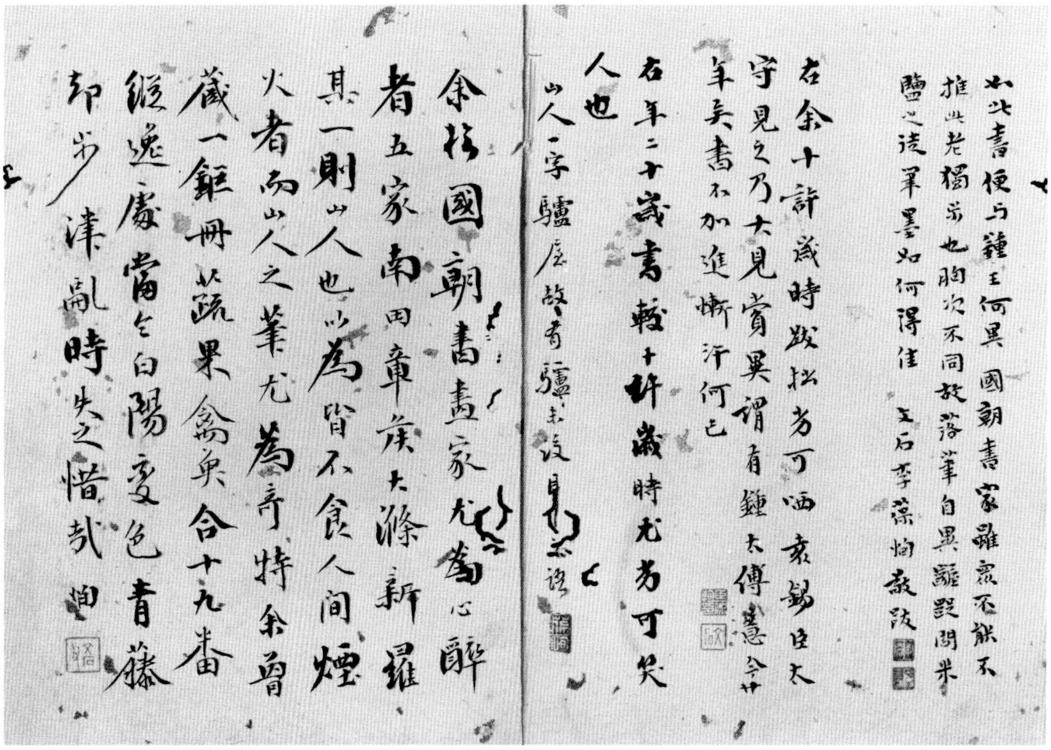

第八開

絕領到。西老年翁　八
大山人頓首　七月八日

乳茶云可卻署，少佐茗
碗，來日為敝寓試新之
日也。至於八日，萬不
敢爽。　八大
山人頓首　西老先生
稚老均此

廿八賜顧是實，敢日左
之，以為此雲山之服
也。暇得必將福壽二字
轉致之也。伏惟福壽先生圖
之。西老社翁先生
大山人頓首　一月卅

四韻遵示書之，拙作可
附驥去。畫十一編次，
一並附去。黜陟之乃佳
也。龍門一宿覺，先生
便騎馬到階除，或云訪
戴，此假道也，是耶？
途中昨書得一絕：苦雨經
旬忘，筇州杖莫旋。如
今石崇路，花放與苔
錢。祈晴萬壽宮六、七
日，已花好，無從一見
面。好花決無甚好處
耳，為之奈何。修禊先
日，復上西老社翁　八
大山人頓首

余於國朝書畫家尤為心醉
者五家南田章廣大滌新羅
其一則以人也以皆不食人間煙
火者向以人之筆尤為奇特余魯
藏一鉅冊蔬果翁與合十九番
縱逸廉當台白陽變色青藤
卻步津亂時失之惜哉炳

百凡庋之高閣可得耶？
翌晨石亭寺於兩處答
拜，然後可聯袂也。扶
昇兄至不？未至必往。
西翁兄　八大山人頓首

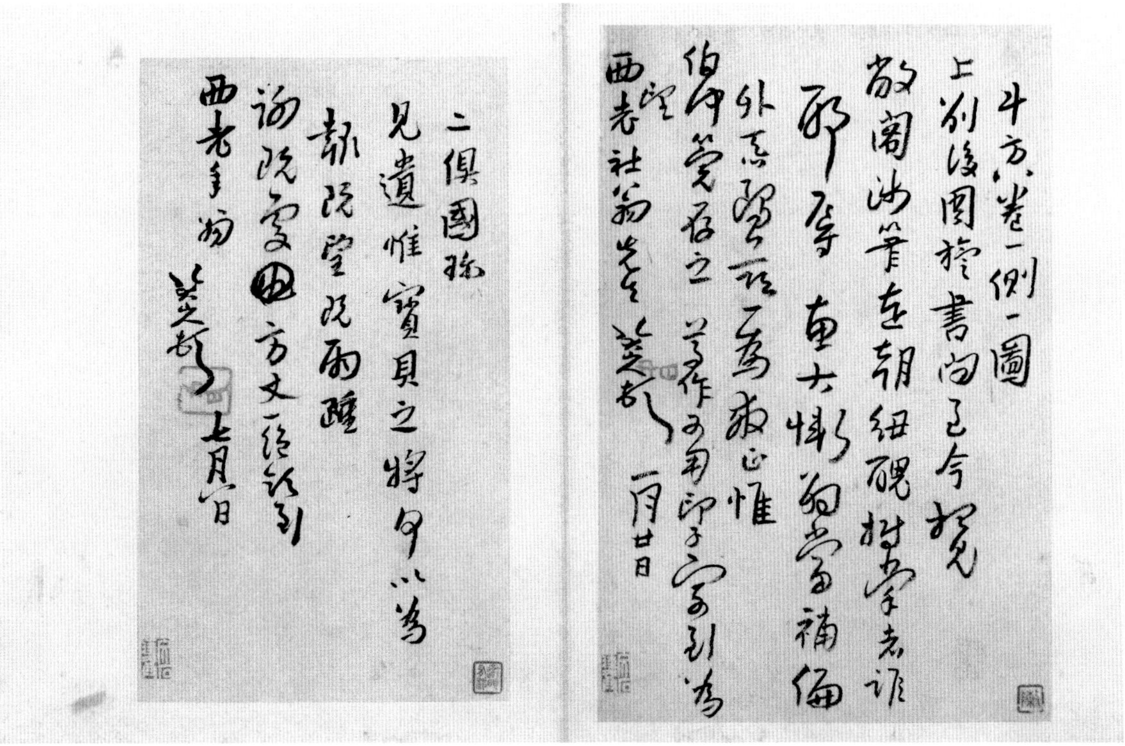

第五開

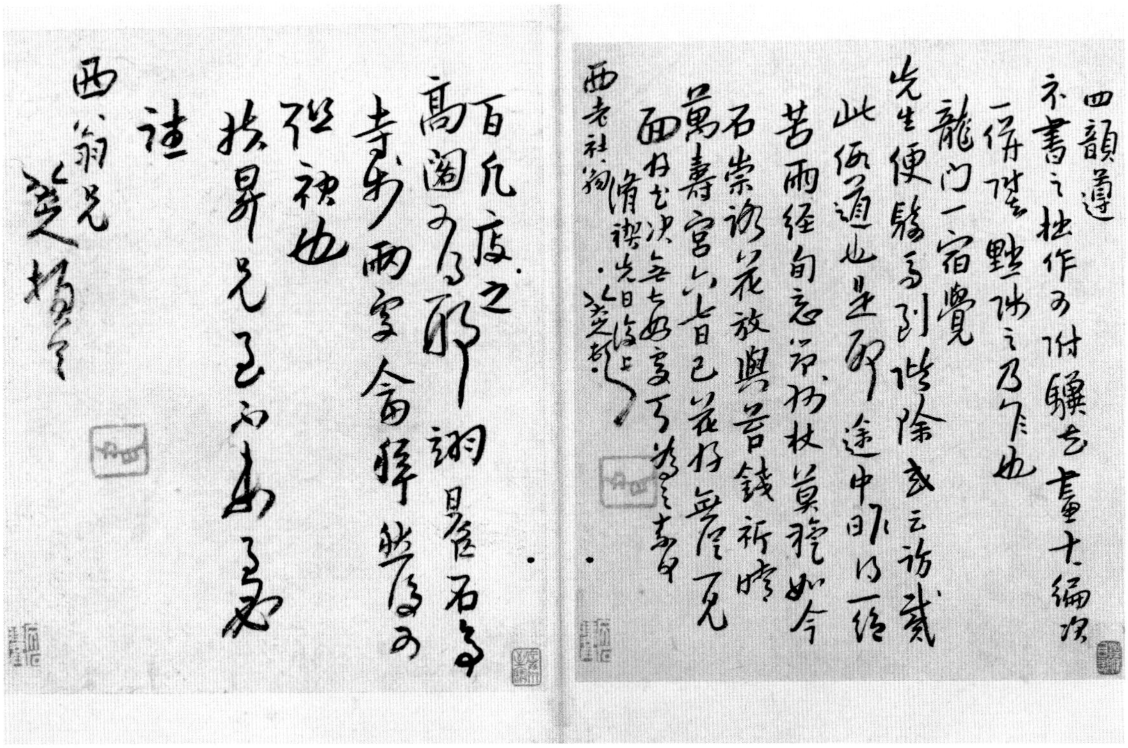

第七開

斗方八卷，一側一圖。上別後周旋書問，至今想見敝閣涉筆，連朝紐醜，拊掌者誰耶？辱惠大慚，嗣當補偏，外忝鷗鷺一為求正。惟伯仲莞存之。尊作可用印子寄到為望。西老社翁先生 八大山人頓首 一月廿日

二俱國珍見遺，惟寶貝之，將何以為報？既望既雨踵謝，既處方丈一

27

朱耷　行書弇州山人詩軸

紙本 行書
縱200.9厘米 橫76.5厘米

Yan Zhou Shan Ren Shi (Yan Zhou Shan Ren's poem) in running script
By Zhu Da
Hanging scroll, ink on paper
H. 200.9cm　L. 76.5cm

《弇州山人詩軸》書錄明代王士貞《喜肖甫中丞開府吳中》詩之二，文字與《四庫全書》本《弇州四部稿》略有出入。款署“弇州山人詩　八大山人書”，下鈐“八大山人”（白文）、“何園”（朱文）印，首鈐“遙屬”（朱文）印。

朱耷將篆書筆法融於行草書中所形成的獨特書體，在清初書壇也以面貌奇特著稱。此軸書法用藏鋒、直筆寫出粗細相對勻稱的筆畫，在端正中通過行間、字間的連帶和字形的簡化來求得通幅的變化，通過字與字的位置安排和行與行之間的錯落有致，於平衡中呈現出奇絕險怪的特徵，體現了奇特、誇張而又不失均衡、工整的藝術特色。

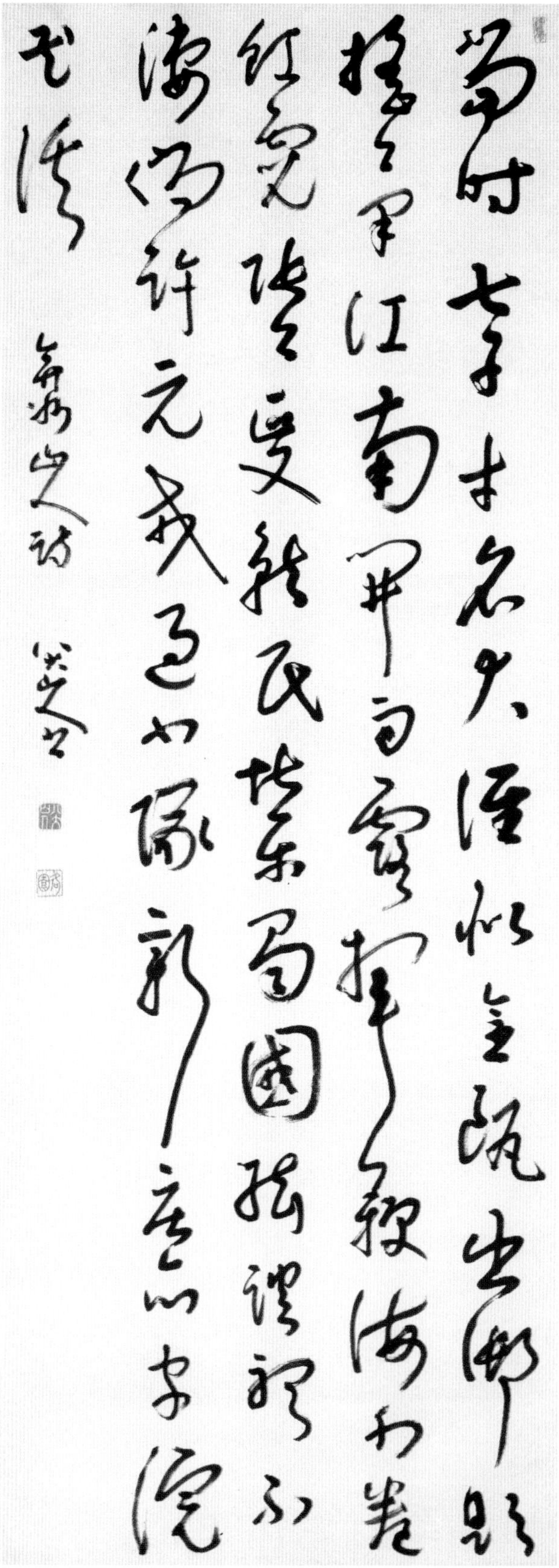

釋文：
當時七子才名大，誰似金甌出御題。搖筆江南開雨露，揮鞭海水捲虹霓。張公政就民堪樂，蜀國弦調聽不淒。倘許元戎過小隊，新莊亦字浣花溪。弇州山人詩　八大山人書

28

陳奕禧　行書七絕詩軸

紙本　行書
縱129.5厘米　橫50.2厘米

Qi Jue shi (a seven-syllable quatrain) in running script
By Chen Yixi (1648-1709)
Hanging scroll, ink on paper
H. 129.5cm　L. 50.2cm

陳奕禧（1648—1709），字六謙，又字子文，號香泉，浙江海寧人。歷官知府、戶部侍郎。工書與詩文，以書法名天下，書法晉人。與姜宸英過從甚密。於唐宋以來名跡收藏甚富，皆為題跋辨證。晚年重著述。

軸書七絕詩一首，款署“奕禧”，鈐“陳奕禧印”（白文）、“子文”（朱文），引首鈐“但從時輩笑，自得古人情”（白文）印。

此軸行筆疾徐有致，瀟灑自如，行距、字距疏朗寬綽，結體呈縱勢，形態沉穩，有米、董之意味。筆勢優雅，線條圓潤，疏秀中顯質樸。正如楊賓《大瓢偶筆》所言：“香泉專取姿致，然大書沉着渾融，絕無輕佻之態。”

鑑藏印記：“明善堂所見書畫印記”（白文）、“怡親王寶”（朱文）。

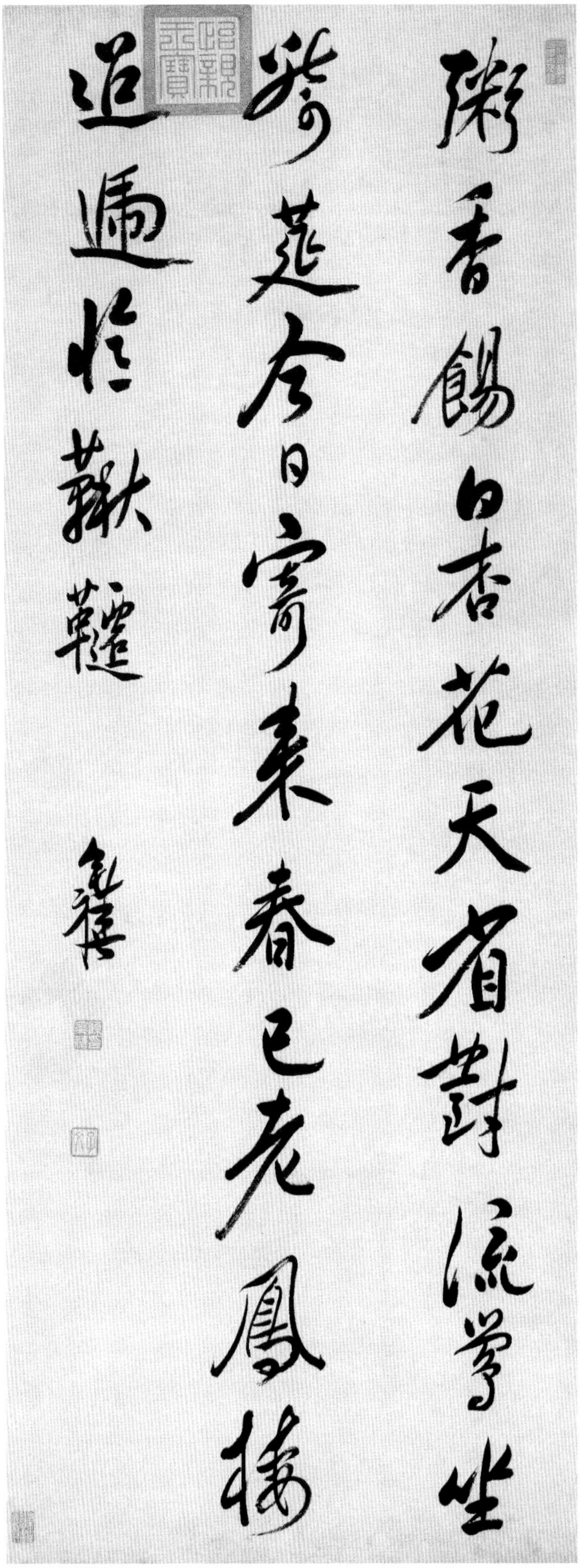

釋文：
粥香餳白杏花天，省對流鶯坐紫筵。
今日寄來春已老，鳳樓迢遞憶鞦韆。
奕禧

29

石濤　隸書七言詩軸

紙本　隸書
縱44厘米　橫27.6厘米

Qi Yan Shi (a poem with seven characters to each line) in official script
By Shi Tao (1642-1707)
Hanging scroll, ink on paper
H. 44cm　L. 27.6cm

石濤(1642—1707)，原姓朱，名若極，明代靖江王後人，出家後法名原濟，字石濤，號大滌子、清湘老人、苦瓜和尚等。以畫名世。亦工書法，自言得於蘇軾。著《畫語錄》。

軸書七言詩一首，款署“清湘遺人大滌子草，鳳岡高世兄以印章見贈，書謝博笑”，鈐“半個漢”(白文)、“大滌子”(朱文)印。

此軸書法延續了晚明書法的自然隨意性，以隸書為框架，又不拘於隸書的線條和章法，字形大小參差，正斜相倚，行楷隸相結合，不拘成法，但又不失隸書之古樸遒勁。整幅書法奇宕勁逸，姿態橫生，天真爛漫，別具情趣，與鄭板橋之“六分半”書頗有相合之處。

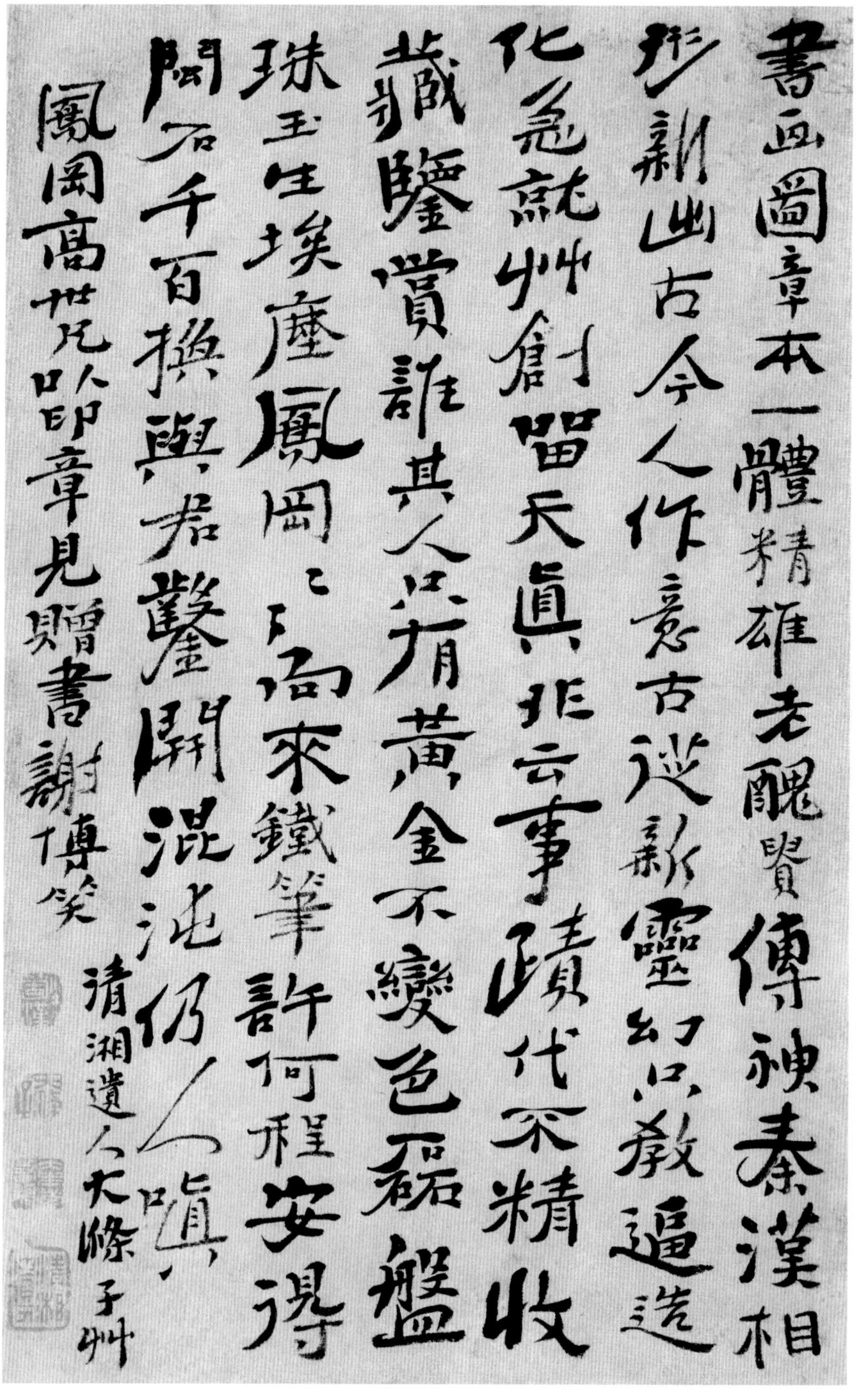

30

沈荃　行書浪淘沙詞軸

綾本　行書

縱178.2厘米　橫44.3厘米

Lang Tao Sha Ci (A Ci poem, Lang Tao Sha) in running script

By Shen Quan (1624-1684)

Hanging scroll, ink on silk

H. 178.2cm　L. 44.3cm

沈荃(1624—1684)，字貞蕤，號繹堂，別號充齋，清代華亭(今上海松江)人。清順治九年(1652)探花，授編修，累官詹事府詹事、翰林院侍讀學士、禮部侍郎。工書法，宗法米、董二家，深得康熙帝賞識，嘗召至內廷論書，“凡御制碑版及殿廷屏障御座箴銘，輒命公書之”。(方苞《望溪集外文》)為康熙帝書法代筆人之一。

軸書錄“弁陽歗翁”浪淘沙詞一首，款署“充齋沈荃”，鈐“沈荃印章”(白文)、“充齋”(朱文)印。

此軸書法筆法流暢自如，佈局疏宕，結字佈白深得董其昌書法神韻，略參米芾險絕的結字體勢，清勁秀雅，自具風神。

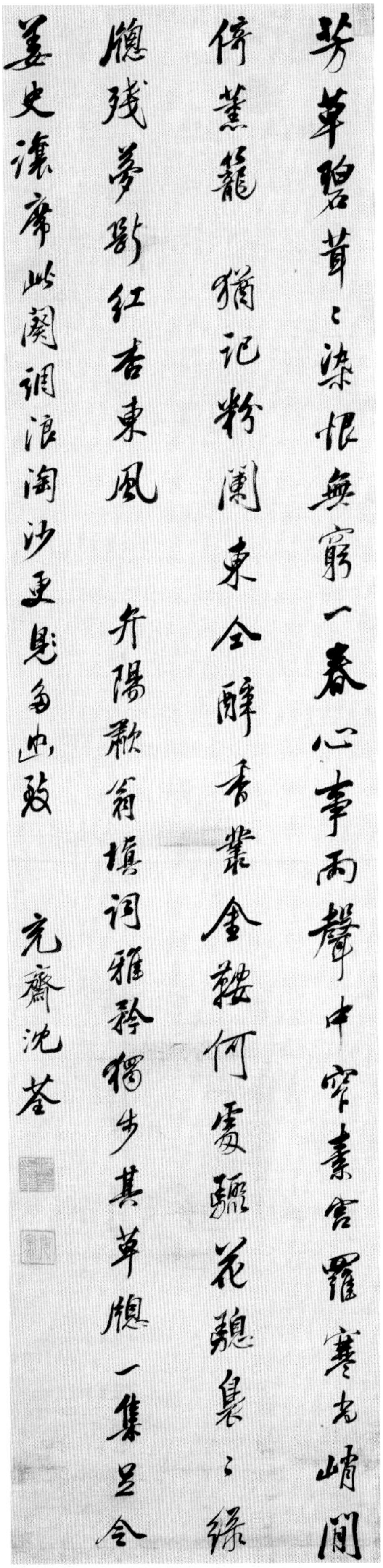

31

玄燁　行書柳條邊望月詩軸
紙本 行書
縱124厘米 橫58.4厘米
清宮舊藏

Liu Tiao Bian Wang Yue shi (A seven-syllable quatrain on full moon) in running script
By Aixinjueluo Xuanye (1654-1722)
Hanging scroll, ink on paper
H. 124cm　L. 58.4cm
Qing Court collection

愛新覺羅·玄燁(1654—1722)，即清聖祖康熙皇帝，順治皇帝福臨第三子，八歲(1662)即位，在位六十一年。執政期間，政局穩定，經濟復興，民族融和，政績顯著。好書法，在老師沈荃指授下，尤其崇尚董其昌書法，刻意臨摹，使董字風靡朝野。平時喜以御書賜廷臣及外國使臣。

軸書七言絕句"柳條邊望月"一首，鈐"康熙宸翰"(朱文)、"敕幾清晏"(朱文)印，引首鈐"淵鑑齋"(白文)印。

此軸書法學董其昌，筆畫圓勁秀逸，平淡古樸，字間與行間疏朗勻稱，表現出一種閒適、自然的情趣。

鑑藏印記："石渠寶笈所藏"(朱文)、"寶笈三編"(朱文)、"宣統尊親之寶"(朱文)、"教育部點驗之章"(朱文)。

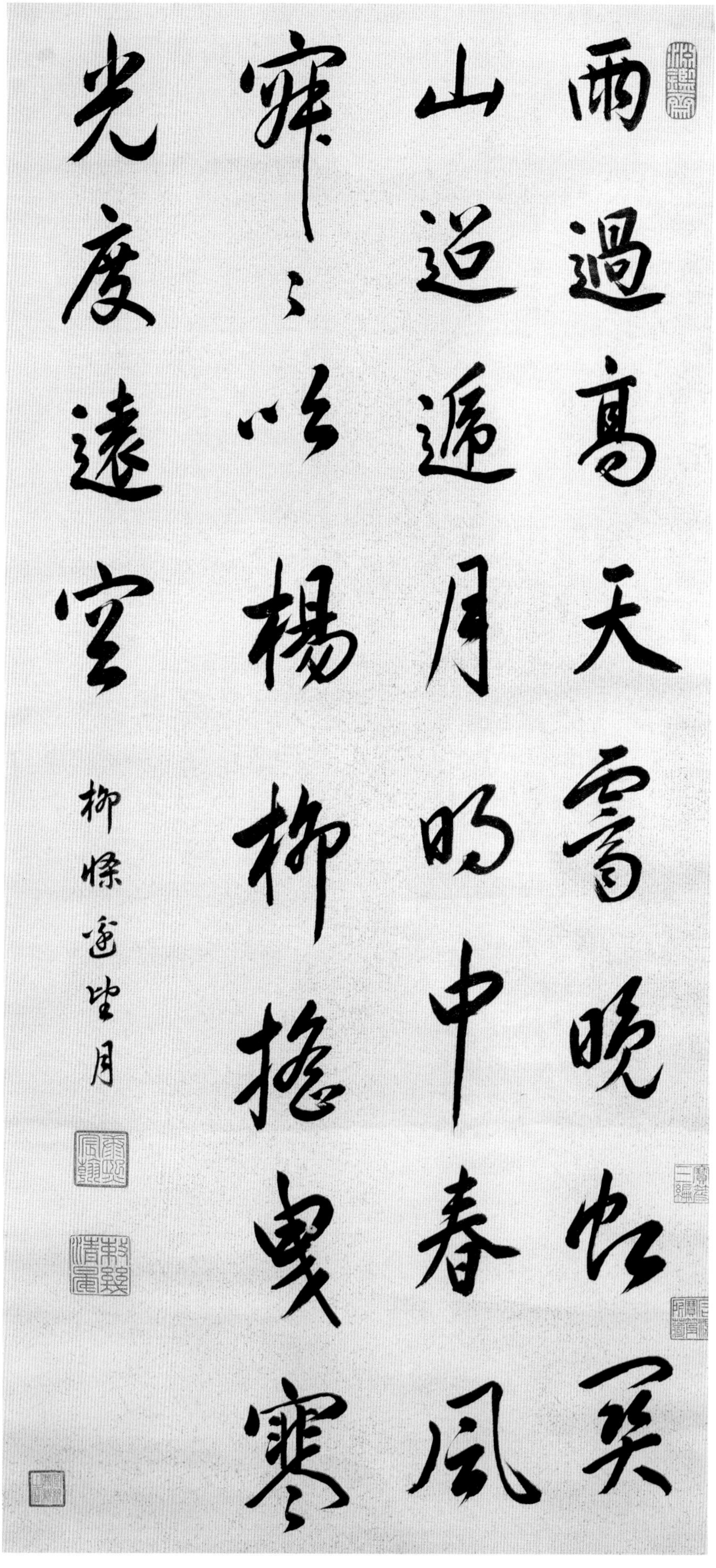

32

玄燁　行書臨董書王維詩軸

紙本　行書
縱151.6厘米　橫56.3厘米
清宮舊藏

Lin Dong Shu Wang Wei Shi (After the calligraphy of Wang Wei's poems by Dong Qichang) in running script
By Aixinjueluo Xuanye
Hanging scroll, ink on paper
H. 151.6cm　L. 56.3cm
Qing Court collection

軸臨董其昌書王維五絕詩，鈐“康熙宸翰”(朱文)、“敕幾清晏”(朱文)，引首鈐“日鏡雲伸”(朱文)印。

康熙皇帝工於書法，酷愛董其昌書，曾將董氏海內真跡搜訪殆盡，玉牒金題，匯登祕閣。他一生臨寫董字甚多，此軸即為刻意臨摹之本，行筆流暢，結體秀潤，保留了原作之形神，可謂達到肖似。

鑑藏印記：“石渠寶笈所藏”(朱文)、“寶笈三編”(朱文)。

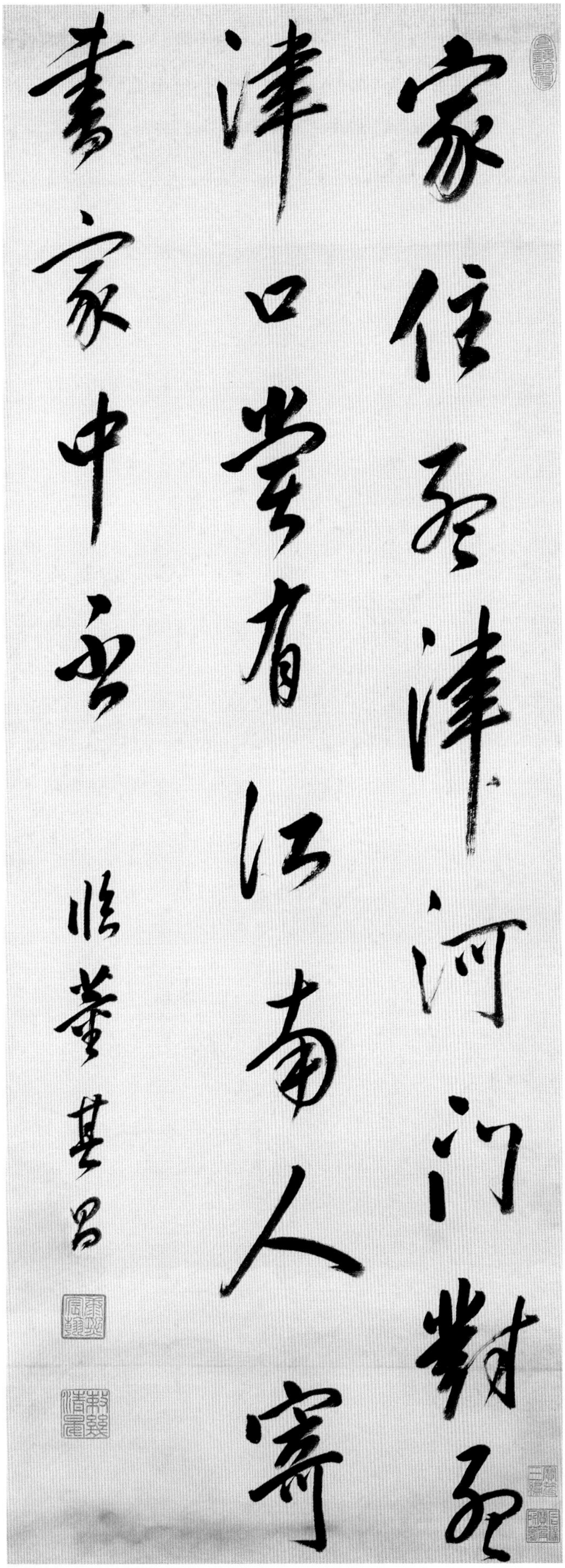

33

胤禛　行草書夏日泛舟詩軸

絹本　行草書
縱140.3厘米　橫62.2厘米
清宮舊藏

Xia Ri Fan Zhou Shi (A poem on boating in summer) in running-cursive script
By Aixinjueluo Yinzhen (1678-1735)
Hanging scroll, ink on silk
H. 140.3cm　L. 62.2 cm
Qing Court collection

愛新覺羅・胤禛(1678—1735)，即清世宗雍正皇帝，康熙皇帝第四子，在位十三年。他勤於政務，革除弊端，大力改制，使雍正年間成為承啟"康乾盛世"的重要階段。受其父影響亦喜書法，遠師二王及晉唐諸家，近法董其昌及館閣體，真、行二體頗入規矩，在清代皇帝之中書法造詣較高。

《夏日泛舟詩軸》無款，鈐"朝乾夕惕"(白文)、"雍正宸翰"(朱文)、"為君難"(朱文)印。

此軸書法筆墨豐滿酣暢，氣脈貫通，其圓熟之勢可與館閣體高手相頡頏。

鑑藏印記："寶笈三編"(朱文)、"石渠寶笈所藏"(朱文)。

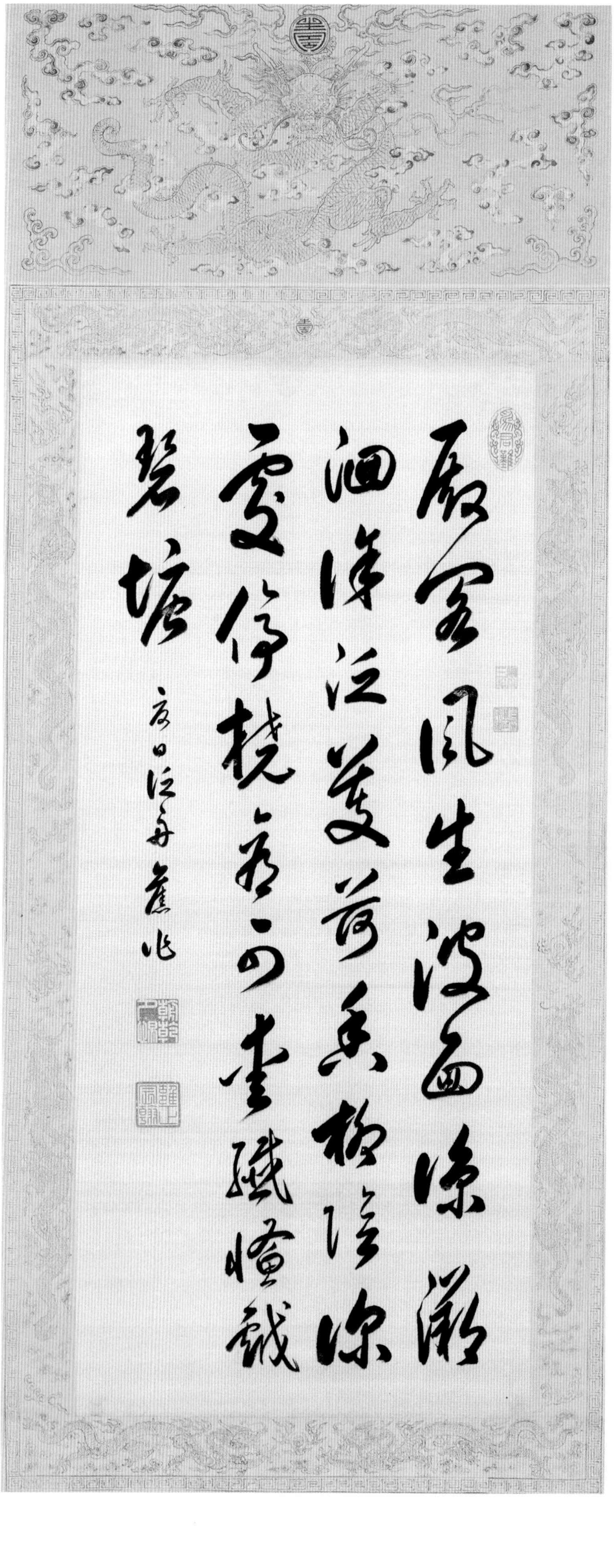

釋文：
殿閣風生波面涼，微洄徐泛芰荷香。柳陰深處停橈看，可愛纖鱗戲碧塘。夏日泛舟舊作

34

姜宸英　行書勉齋說軸

紙本　行書
縱174.2厘米　橫64.7厘米

Mian Zhai Shuo (Notes on Mian Zhai Study) in running script
By Jiang Chenying (1628-1699)
Hanging scroll, ink on paper
H. 174.2cm　L. 64.7cm

姜宸英(1628—1699)，字西溟，號湛園，又號葦間，清代慈溪(今浙江慈溪)人。清康熙三十六年(1697)探花，授編修。工書善畫，書宗米、董，飄逸俊秀，晚年始宗法晉人。七十歲後作小楷頗精，名重一時，與笪重光、汪士鋐、何焯並稱為"康熙四家"。為清初帖學書法的代表人物。

《勉齋說軸》係為友人張愚庵之子張勉撰書齋銘，款署"康熙三十六年歲在丁丑正月上元日　　慈溪姜宸英撰並書"，鈐"姜宸英印"(白文)、"西溟"(朱文)、"人書俱老"(白文)、"葦間書屋"(朱文)印，引首鈐"老易齋"(朱文)印。是在姜宸英進京趕考之前，寓居天津時所書，時年七十歲。

姜氏書法以摹古為根本，融各家之長為己用，書風清勁，全祖望謂其"書法尤入神，直追唐以前風格。"《清稗類鈔》云："西溟素以行草擅長於康熙朝"。此軸書法上承晉人而多存董書韻致，是其晚年行書精品。

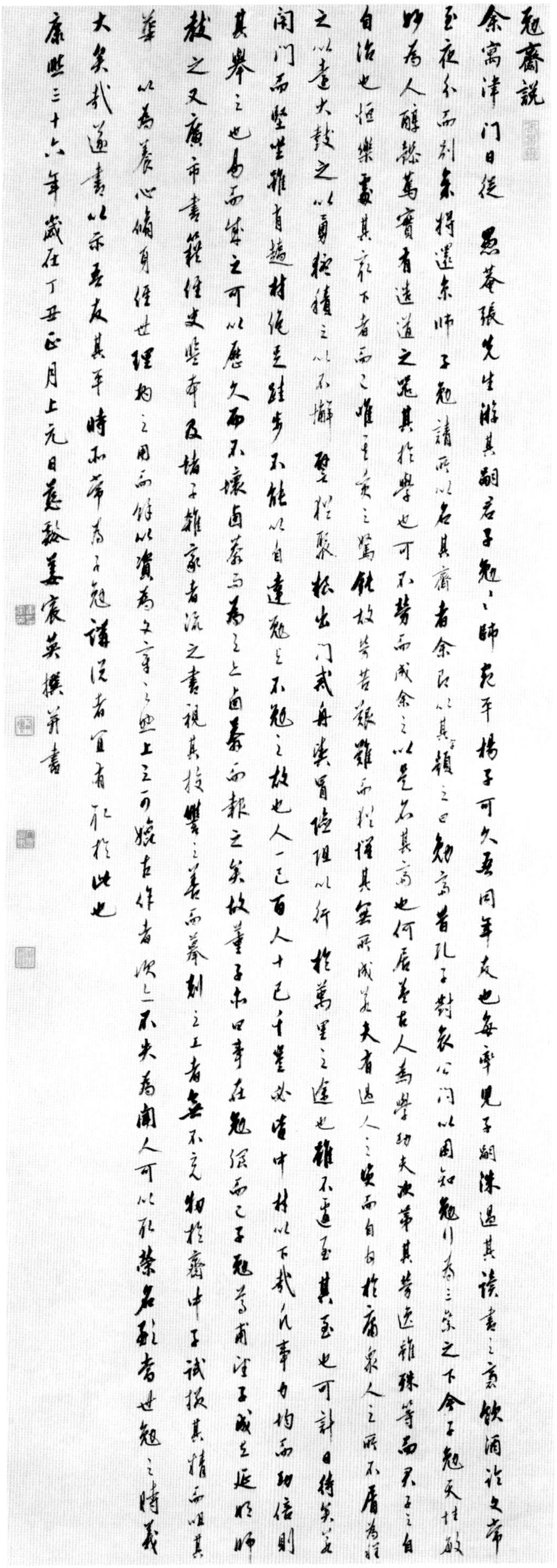

35

姜宸英　小楷書洛神賦冊

紙本　小楷書　二開
開縱24.7厘米　橫28.8厘米

Luo Shen Fu (Ode to the Goddess of the Luo River) in small regular script

By Jiang Chenying
Album of 2 leaves, ink on paper
Each leaf: H. 24.7cm　L. 28.8cm

冊書錄漢曹植《洛神賦》，款署“姜宸英書”，鈐“姜宸英印”(白文)、“西溟”(朱文)印，引首鈐“畦風閣”(朱文)印。冊後有清末黃易題跋，稱此冊為李鴻裔所藏。李鴻裔字眉生，別號香岩，中江人。咸豐舉人，官至江蘇按察使。工詩文書法。

從書風推測，此冊為姜氏晚年所書。姜宸英晚年尤長于小楷。此冊書法風格秀勁，取法於唐代虞、褚、歐諸家，兼融漢魏之意，正如黃易所評：“詢為楷法正宗，不可多得也。”

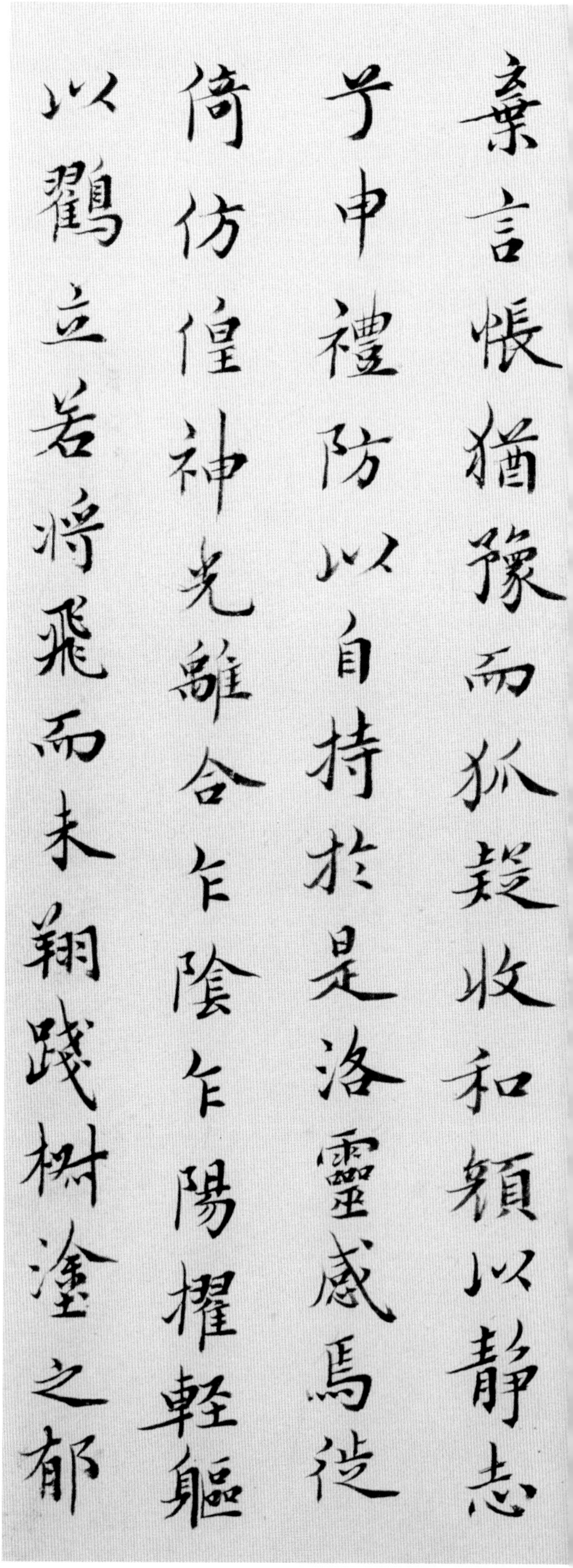

洛神賦

嬉左倚采旄右蔭桂旗攘皓腕於神滸兮採湍瀨之玄芝余情悅其淑美兮心振蕩而不怡無良媒以接歡兮託微波以通辭願誠素之先達兮解玉珮以要之嗟佳人之信脩兮羌習禮而明詩抗瓊珶以和予兮指潛淵而為期執眷眷

第二開

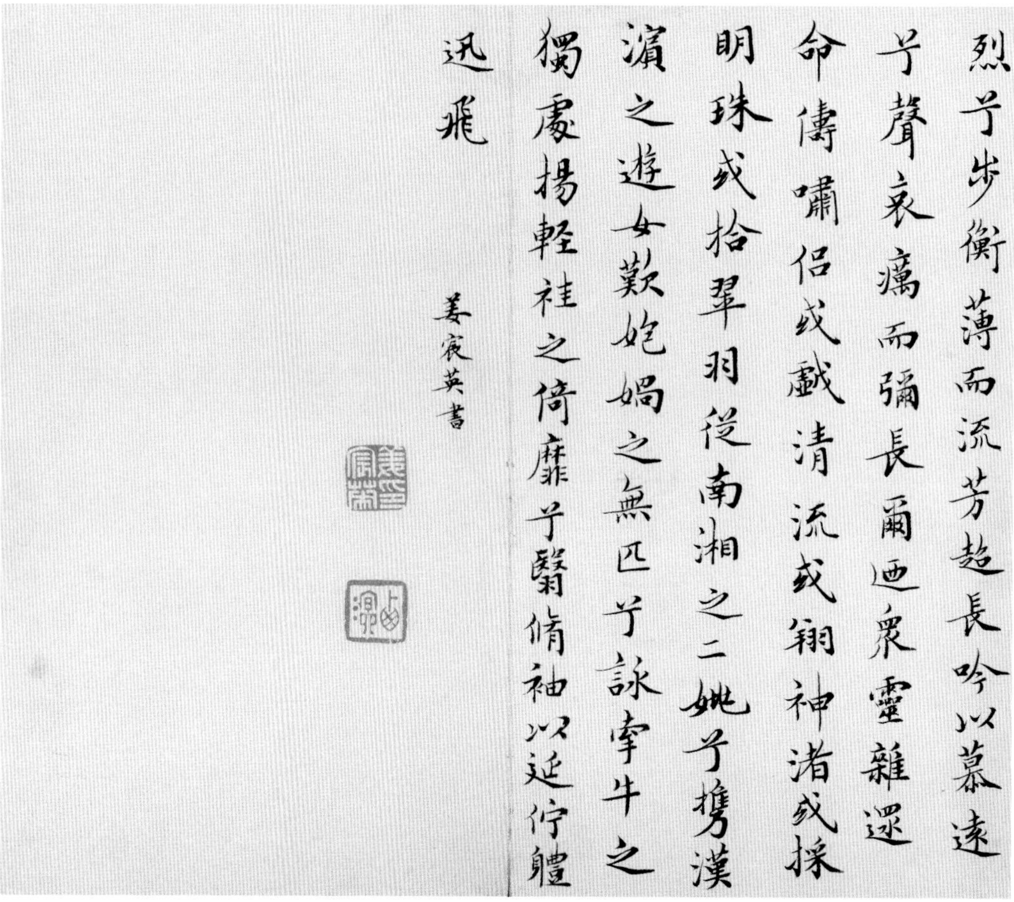
烈兮步衡薄而流芳超長吟以慕遠
兮聲哀厲而彌長爾迺衆靈雜遝
命儔嘯侶或戲清流或翔神渚或採
明珠或拾翠羽從南湘之二妃兮攜漢
濱之遊女歎匏媧之無匹兮詠牽牛之
獨處揚輕袿之倚靡兮翳脩袖以延佇體
迅飛

姜宸英書

第三開

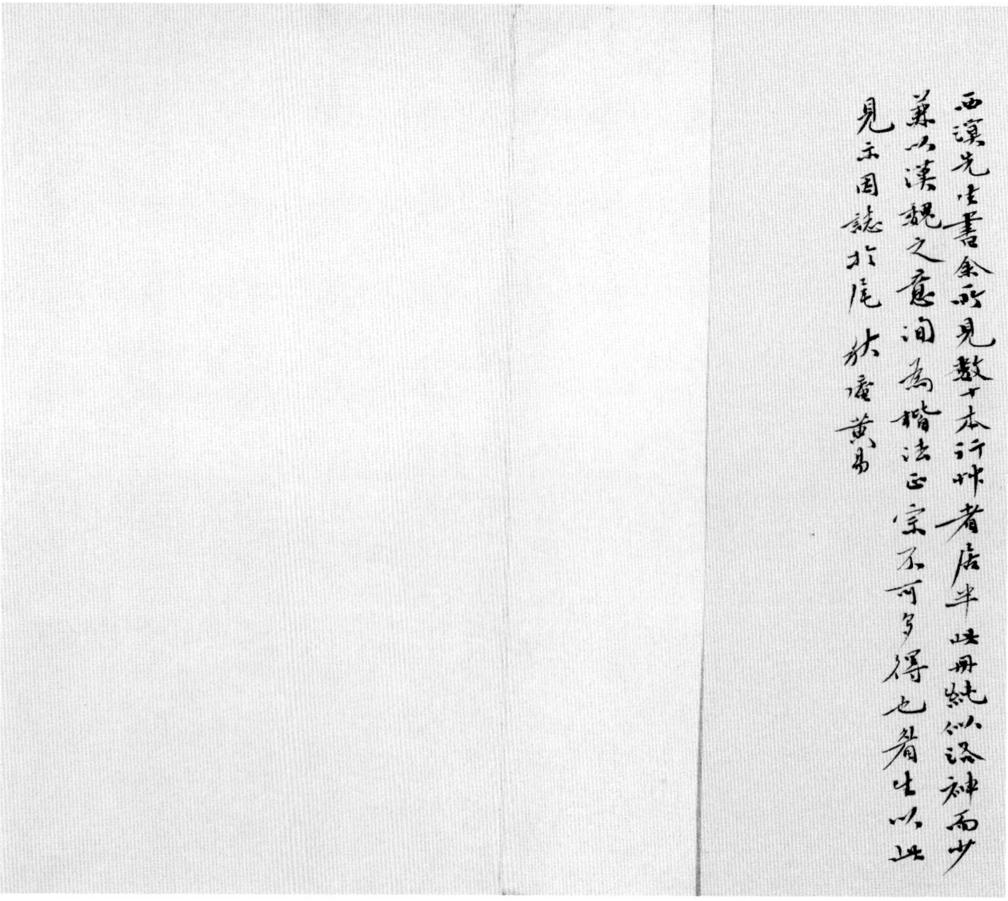
西溟先生書余所見數十本行艸者居半此冊純似洛神而少
兼以漢魏之意固為楷法正宗不可多得也眉生以此
見示因誌於尾 秋盦黃易

36

何焯　楷書桃花園詩軸

紙本 楷書
縱60.4厘米 橫33.8厘米

Tao Hua Yuan Shi (A poem on a peach blossom garden) in regular script
By He Zhuo (1661-1722)
Hanging scroll, ink on paper
H. 60.4cm　L. 33.8cm

何焯(1661—1722)，初字潤千，更字屺瞻，號茶仙，世稱"義門先生"，清代長洲(今江蘇蘇州)人。康熙四十一年(1702)進士，授編修。博學，長於考訂，精於校勘古碑版，通經史百家之學。工書法，喜臨晉唐法帖，又宗歐、褚各家，所作真、行書皆入能品。尤喜蠅頭小楷，書名極盛，與汪士鋐並稱"汪、何"，"康熙四家"之一。當時人爭索焯書，有好事者常以重金爭購其手校本。

軸書桃花源詩一首，自題"臨湜庵老師法"，湜庵即王遵訓，順治年間進士，康熙間官御史。款署"義門何焯"，下鈐"何焯之印"(朱文)、"屺瞻"(朱文)印。

此軸書法結體工謹端秀，筆力勁健，佈局舒展明朗，深得歐陽詢意韻。近人馬宗霍曾云："義門日事點勘，故小真、行書不習而工，較之習而工者為雅。"此作反映出何焯日事點勘抄寫所積累的深厚書法功力。

鑑藏印記："程心柏藏"(朱文)、"鞏伯平生真賞"(朱文)、"春林"(朱文葫蘆)。

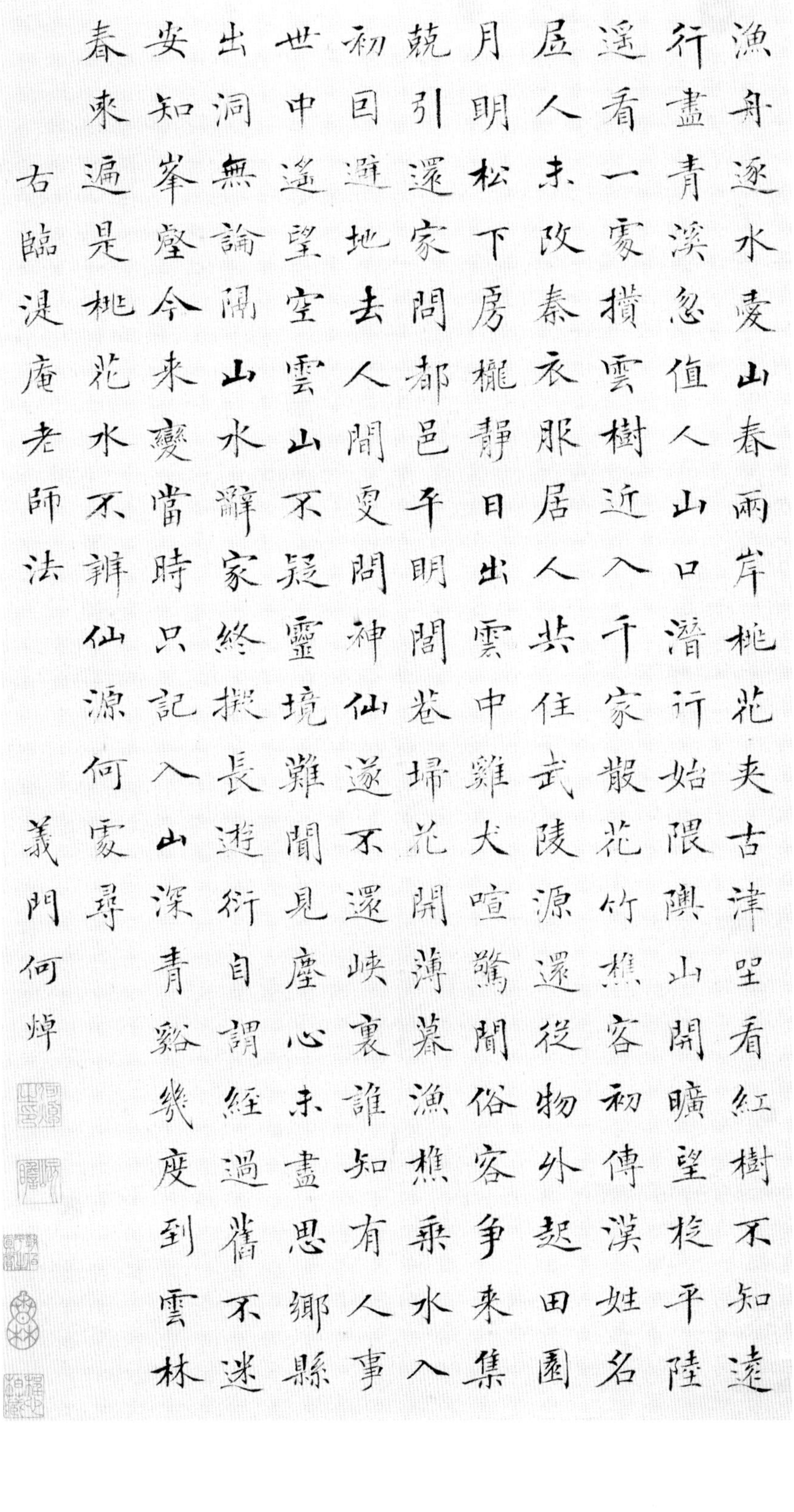
漁舟逐水愛山春兩岸桃花夾古津坐看紅樹不知遠
行盡青溪忽值人山口潛行始隈隩山開曠望旋平陸
遥看一處攢雲樹近入千家散花竹樵客初傳漢姓名
居人未改秦衣服居人共住武陵源還從物外起田園
月明松下房櫳靜日出雲中雞犬喧驚聞俗客爭來集
競引還家問都邑平明閭巷掃花開薄暮漁樵乘水入
初因避地去人間更問神仙遂不還峽裏誰知有人事
世中遥望空雲山不疑靈境難聞見塵心未盡思鄉縣
出洞無論隔山水辭家終擬長遊衍自謂經過舊不迷
安知峯壑今來變當時只記入山深青谿幾度到雲林
春來遍是桃花水不辨仙源何處尋
古臨湜庵老師法　義門何焯

37

何焯　楷書七言古詩軸

綾本 楷書
縱171.2厘米 橫42.8厘米

Qi Yan Gu Shi (seven-syllable ancient-style poetry) in regular script
By He Zhuo
Hanging scroll, ink on silk
H. 171.2cm　L. 42.8cm

軸書七言古詩一首，款署“古風一章，甲午夏日，郵祝大來老年台華誕並正，義門何焯”，下鈐“何焯屺瞻”(白文)、“太史氏”(白文)印。書於康熙五十三年(1714)，何焯時年五十四歲。

此軸因係祝壽之作，故書法尤其工整，點畫粗細均勻，用筆流潤秀美，結構端莊灑脫，具恬淡靈秀之美，為其成熟書風佳作。

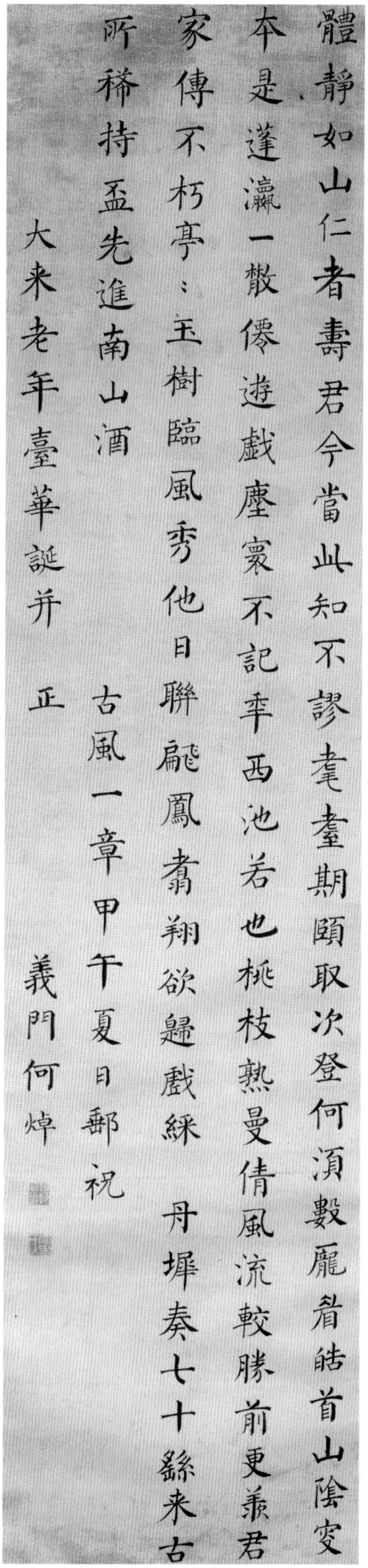

38

周亮工　行書七律詩軸

紙本 行書
縱202.8厘米 橫50.6厘米

Qi Lu Shi (seven-syllable regulated verse) in running script
By Zhuo Lianggong (1612-1672)
Hanging scroll, ink on paper
H. 202.8cm L. 50.6cm

周亮工(1612—1672)，字元亮，一字減齋、緘齋，號陶庵、櫟園、櫟下先生、適園等，明末清初祥符(今河南開封)人，後移居金陵(今南京)。明崇禎十三年(1640)進士，曾官御史。入清後歷任福建按察使、戶部侍郎等職。精於書畫鑑賞及收藏，家築賴古堂，藏品甚豐。工詩文，擅書畫。書工分隸及行草書諸體，不拘於成法，自成風格。

軸錄自作七律一首，款署“癸卯冬初過逸庵老世翁四本堂賦正　櫟下世弟周亮工稿”，下鈐“周亮工印”(白文)、“不讀王李鍾譚之詩”(朱文)印，首鈐“陶庵”(朱文)印。作於清康熙二年(1663)，周亮工時年五十二歲。受書人“逸庵”為清初河南登封人耿介，字介石，號逸庵，順治年間進士，官檢討並出為福建海道，後任少詹事。周亮工與之既為同僚，又同鄉。

此軸書法風格獨特，雖為行書而實近於楷，筆法怪異，多用側鋒，不似通常筆法所能形成。結字大小、欹側，率意無矩，而總體觀之，仍不失傳統之法，頗具個性。

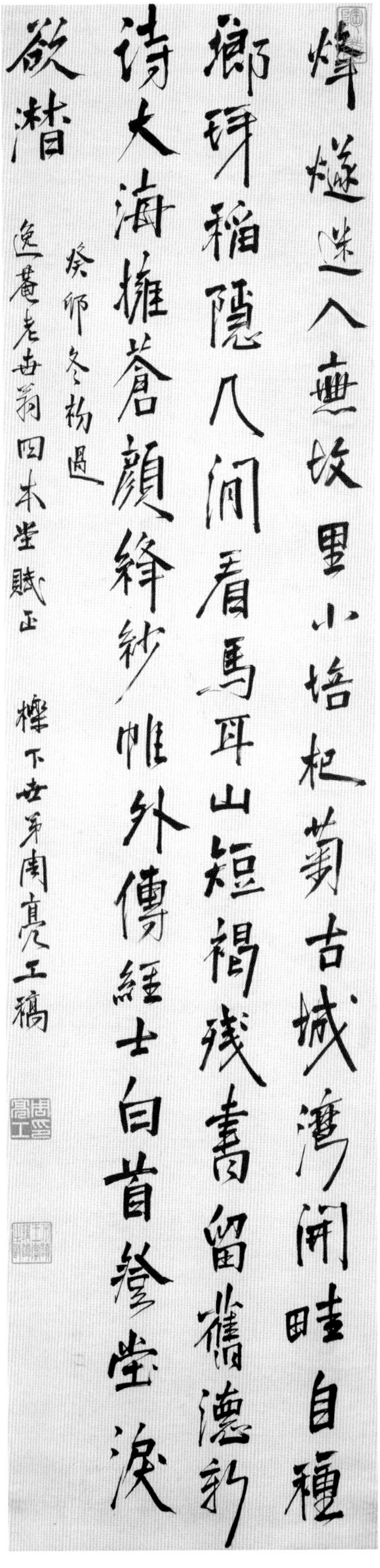

39

汪士鋐　行書東坡評語軸

紙本　行書
縱91厘米　橫50.9厘米

Dong Po Ping Yu (A comment by Su Shi) in running script
By Wang Shihong (1658-1723)
Hanging scroll, ink on paper
H. 91cm　L. 50.9 cm

汪士鋐(1658—1723)，字文升，號退谷，又號秋泉，清代長洲(今江蘇蘇州)人。康熙三十六年(1697)進士，授翰林院修撰，官至右中允，入直南書房。工書法，宗法褚遂良、趙孟頫，晚年習篆隸。與姜宸英齊名，時稱“姜汪”。

軸書錄蘇軾“唐氏六家書”題語。款署“右東坡書唐氏六家書後　汪士鋐”，下鈐“汪士鋐印”(白文)、“退谷”(朱文)印，引首鈐“秋泉”(朱文)印。

汪士鋐主要以行、楷書見長，存世作品中行書較多見。此書瘦勁挺拔，疏朗有致，分間佈白均衡，點畫波瀾翻飛，筆筆送到。前人曾評其書“瘦勁”、“老勁”、“書絕瘦硬”，此作可為證。

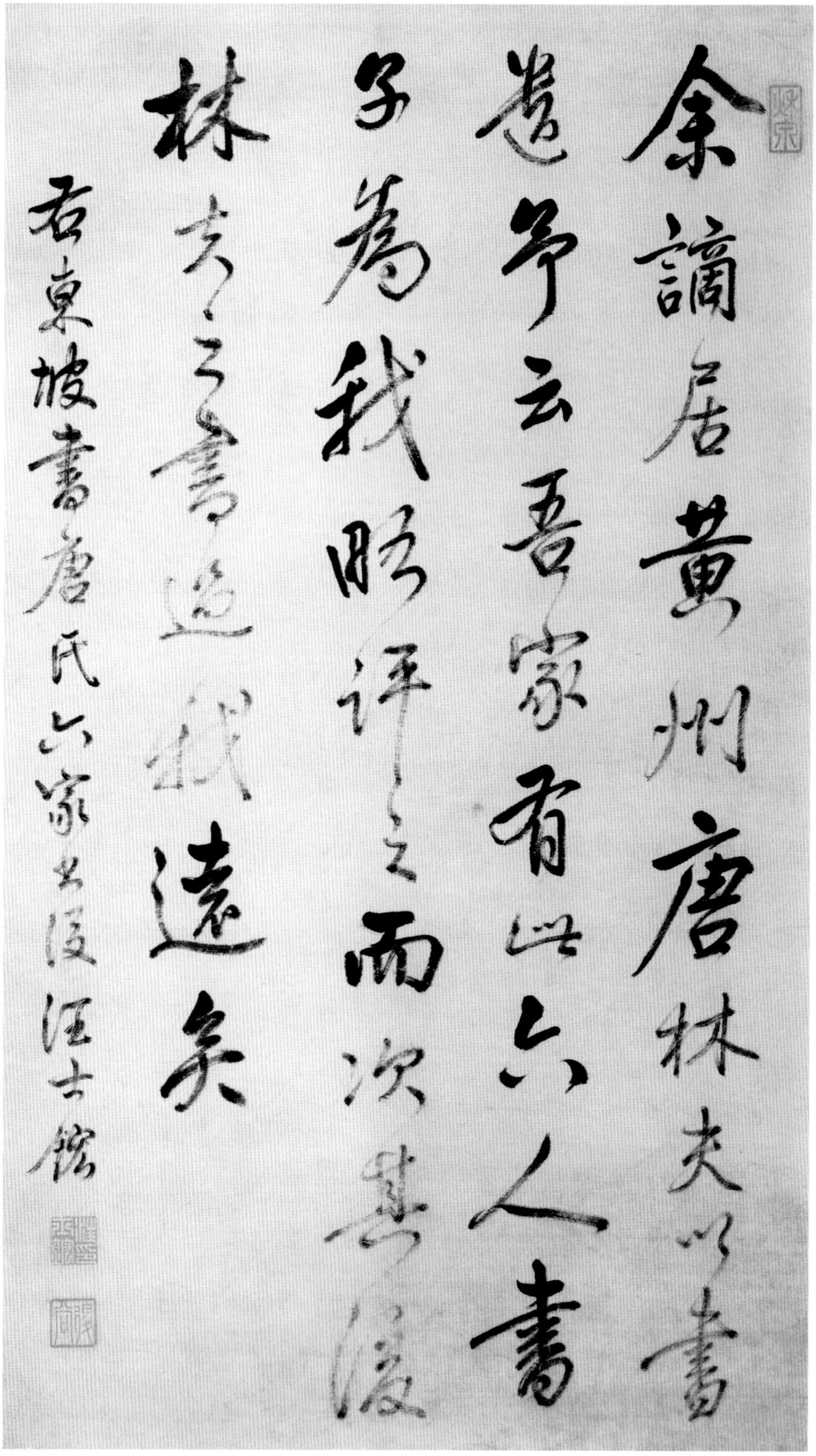

釋文：
余謫居黃州，唐林夫以書遺予，云吾家有此六人書，子為我略評之，而次其後，林夫之書過我遠矣。右東坡書唐氏六家書後　汪士鋐

40

陳邦彥　楷書嘉瑞賦軸
絹本　楷書
縱51厘米　橫22.9厘米

Jia Rui Fu (Ode to Good Luck) in regular script
By Chen Bangyan (1678-1752)
Hanging scroll, ink on silk
H. 51cm　L. 22.9cm

陳邦彥(1678—1752)，字世南，號春暉、匏廬等，浙江海寧人。康熙四十二年(1703)進士，官禮部侍郎。擅長書法，尤工小楷，行、草出入二王，而得董其昌神髓，深受康熙皇帝賞識，為"康熙四家"之一。

軸書錄魏劉邵《嘉瑞賦》。款署"陳邦彥敬書"，下鈐"臣陳邦彥"(朱文)、"恩深侍從"(白文)印。

此軸書法清勁秀美，疏朗勻稱，既有董書影響，又增柔婉、端麗之姿，為康熙朝"干祿"正書典型風格。

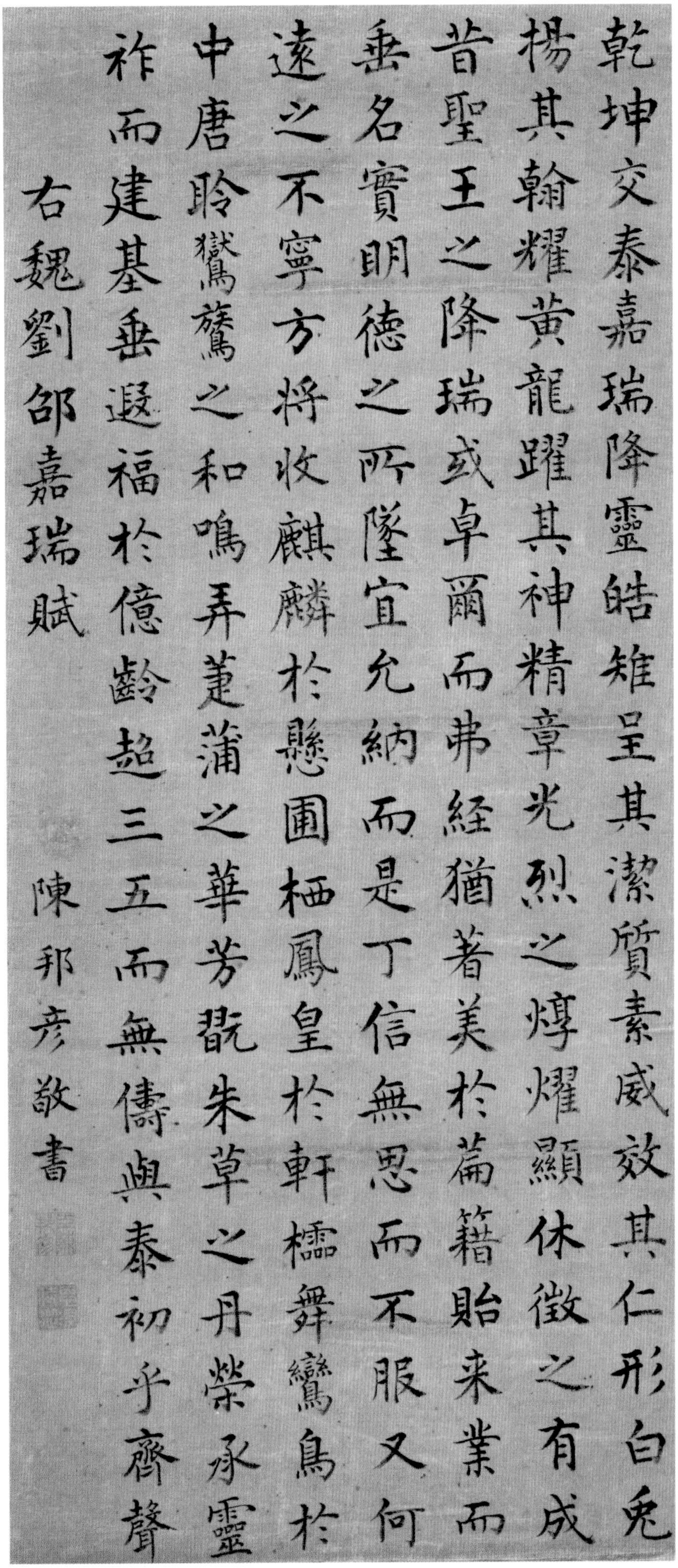

41

陳邦彥　行書七絕詩軸

綾本　行書
縱145.7厘米　橫47.6厘米

Qi Jue shi (seven-syllable quatrain) in running script
By Chen Bangyan
Hanging scroll, ink on silk
H. 145.7cm　L. 47.6cm

軸書七絕詩一首。款署“陳邦彥”，下鈐“陳邦彥字世南”(朱文)、“翰林供奉”(白文)印，引首鈐“春暉堂”(朱文)印。

此軸書體以董其昌為宗，筆墨沉着渾厚處又得顏真卿精髓。輕盈疏朗和雄秀端莊相結合的書風，反映了陳邦彥行書的特色。

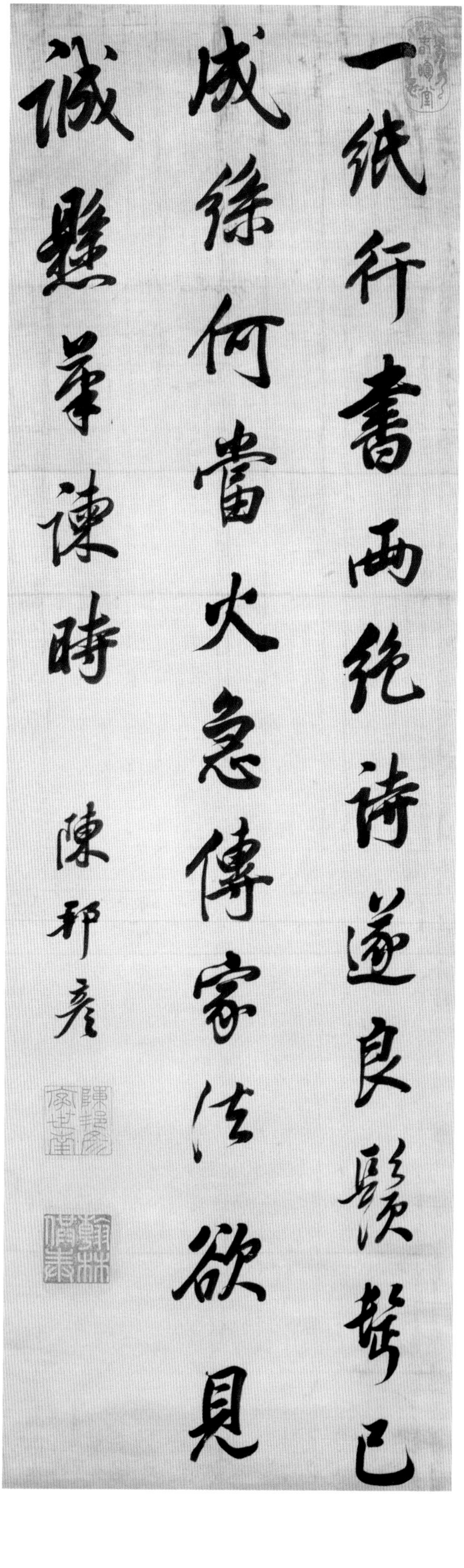

42

笪重光　行草書五律詩軸

紙本　行草書
縱242.8厘米　橫52.5厘米

Wu Lu Shi (five-syllable regulated verse) in running-cursive script
By Da Chongguang (1623-1692)
Hanging scroll, ink on paper
H. 242.8cm　L. 52.5cm

笪重光（1623—1692），字在辛，號江上外史、蟾光等，清代句容（今江蘇鎮江）人。清順治九年（1652）進士，官御史。晚年居茅山學道，改名傅光，署逸光，號逸叟。善書畫，名重一時。書法師蘇軾、米芾、董其昌，為“康熙四家”之一，最為王文治所稱服。著有《書筏》、《畫筌》、《有裨後學》等。

軸書五律詩一首，款署“答長安友人作，書為冉渠老公祖年台笑政　鬱崗治弟笪重光”，下鈐“笪重光印”（朱文）、“鬱崗精舍”（白文）、“江上外史”（朱文）印，引首鈐“華易□主”（朱文）印。

笪重光書法注重用筆，在其所著《書筏》中即云：“橫畫之發（起筆）筆仰，豎畫之發筆俯，撇之發筆重，捺之發筆輕”，此軸中的“何”、“後”、“及”等字的捺、撇筆，各具俯仰、輕重之姿。整幅作品出入米、董之間，字體修長，點畫豐腴，並有引帶、遊絲、飛白夾雜其中，流動繚繞，於秀雅姿媚中顯出強健。

鑑藏印記：“養臣珍藏”（朱文）。

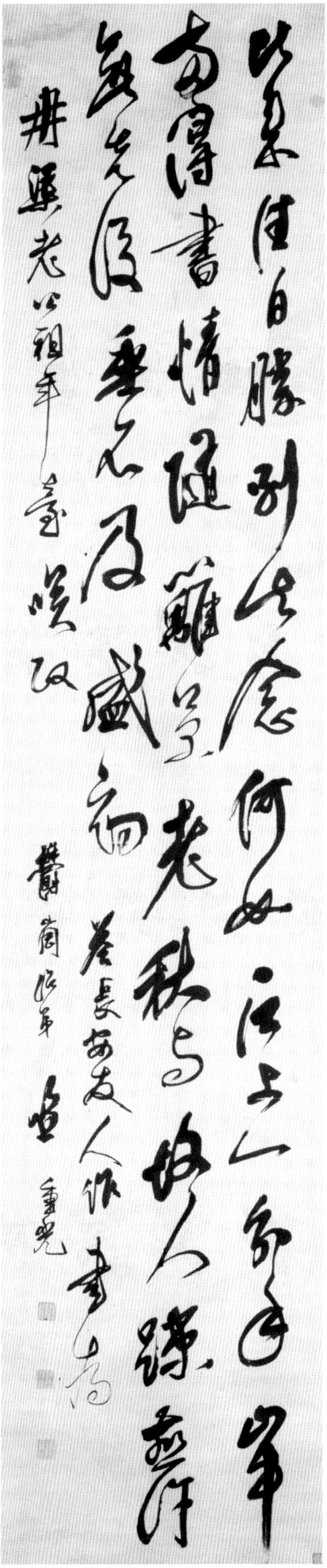

釋文：
比來佳自勝，別去念何如。江上一分手，山中兩得書。情隨籬景老，秋與故人疏。燕許無先後，垂名及盛初。答長安友人作，書為冉渠老公祖年台笑政　鬱崗治弟笪重光

43

笪重光　行書擬白樂天放歌行軸

紙本 行書
縱94.5厘米 橫42.7厘米

Ni Bai Le Tian Fang Ge Xing (After chanting a melody by Bai Letian) in running script

By Da Chongguang
Hanging scroll, ink on paper
H. 94.5cm　L. 42.7cm

軸書《擬白樂天放歌行》，款署"丙寅孟夏 始青道人書於鷃笑齋"，下鈐"笪重光印"（白文）、"江上外史"（朱文）印，引首鈐"始青"（白文）印。書於康熙二十五年（1686），時笪重光六十四歲，已為老年之筆。

此軸書法學蘇軾，兼取趙孟頫，行筆工穩而圓潤，字體豐厚又端麗，兩相輝映。筆健姿媚，已帶"館閣體"端倪。

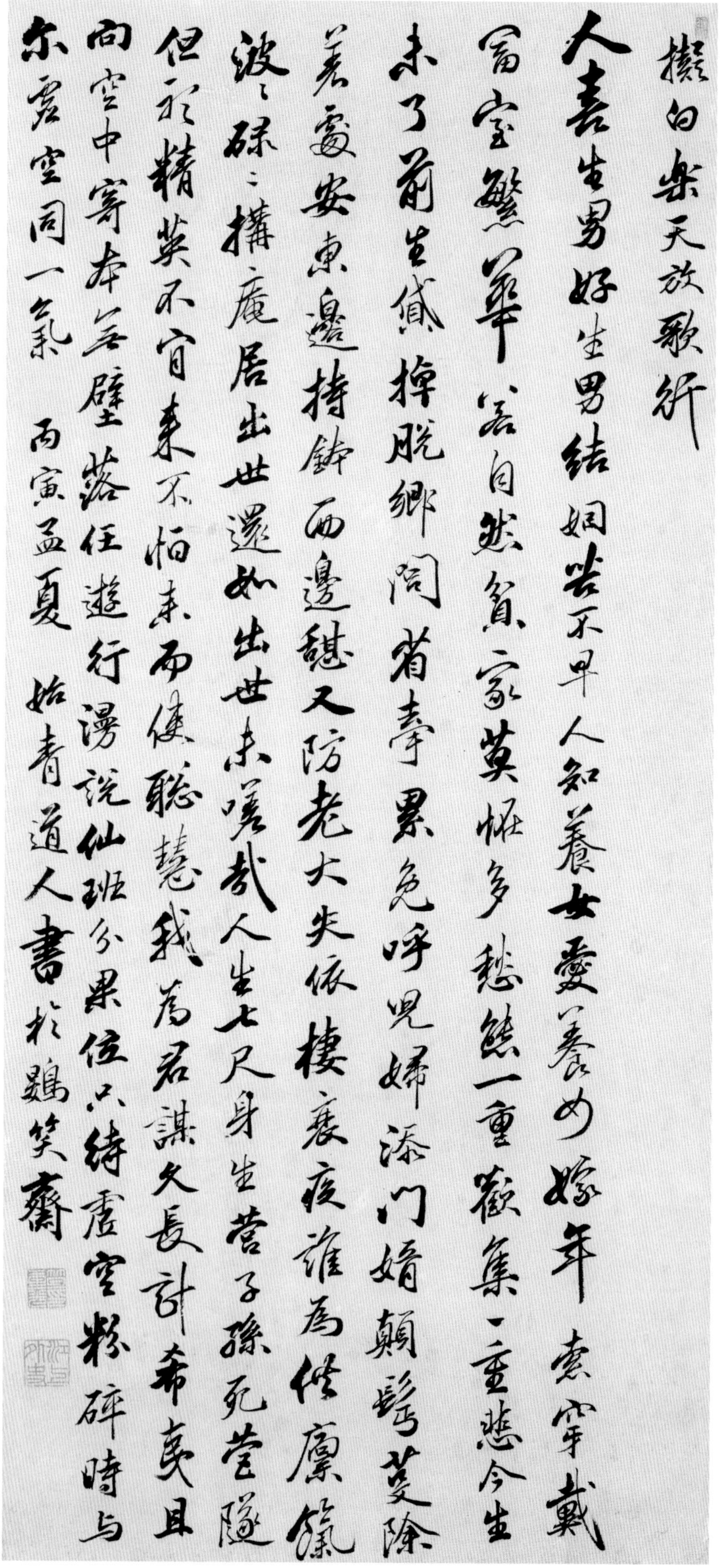

44

弘曆　行書麥色詩軸

紙本　行書
縱75.7厘米　橫94.8厘米
清宮舊藏

Mai Se Shi (A poem on wheat rippling in the wind) in running script
By Aixinjueluo Hongli (1711-1799)
Hanging scroll, ink on paper
H. 75.7cm　L. 94.8cm
Qing Court collection

愛新覺羅・弘曆(1711—1799)，即清高宗乾隆皇帝，雍正皇帝第四子。二十五歲即皇位，在位六十年，文治武功，天下承平，國勢強盛，史稱“康乾盛世”。弘曆深諳漢文化，擅屬文，喜賦詩，能繪畫，尤勤於臨池，怡情翰墨一生不輟，其存世書跡為歷代帝王之冠。

《麥色詩軸》書五律一首，款署“壬午仲春月上浣　御筆”，鈐“所寶惟賢”(白文)、“乾隆御筆”(朱文)印。書於乾隆二十七年壬午(1762)，時弘曆五十二歲。

此軸書法縱逸，勁健豪邁，頗富氣勢，為其大字行書中的佳作，既可看出其對趙字的研習，又反映了他對祖父康熙皇帝書法的摹仿，屬於兼容趙、董的書法面貌。

鑑藏印記：“石渠寶笈所藏”(朱文)、“宣統尊親之寶”(朱文)。

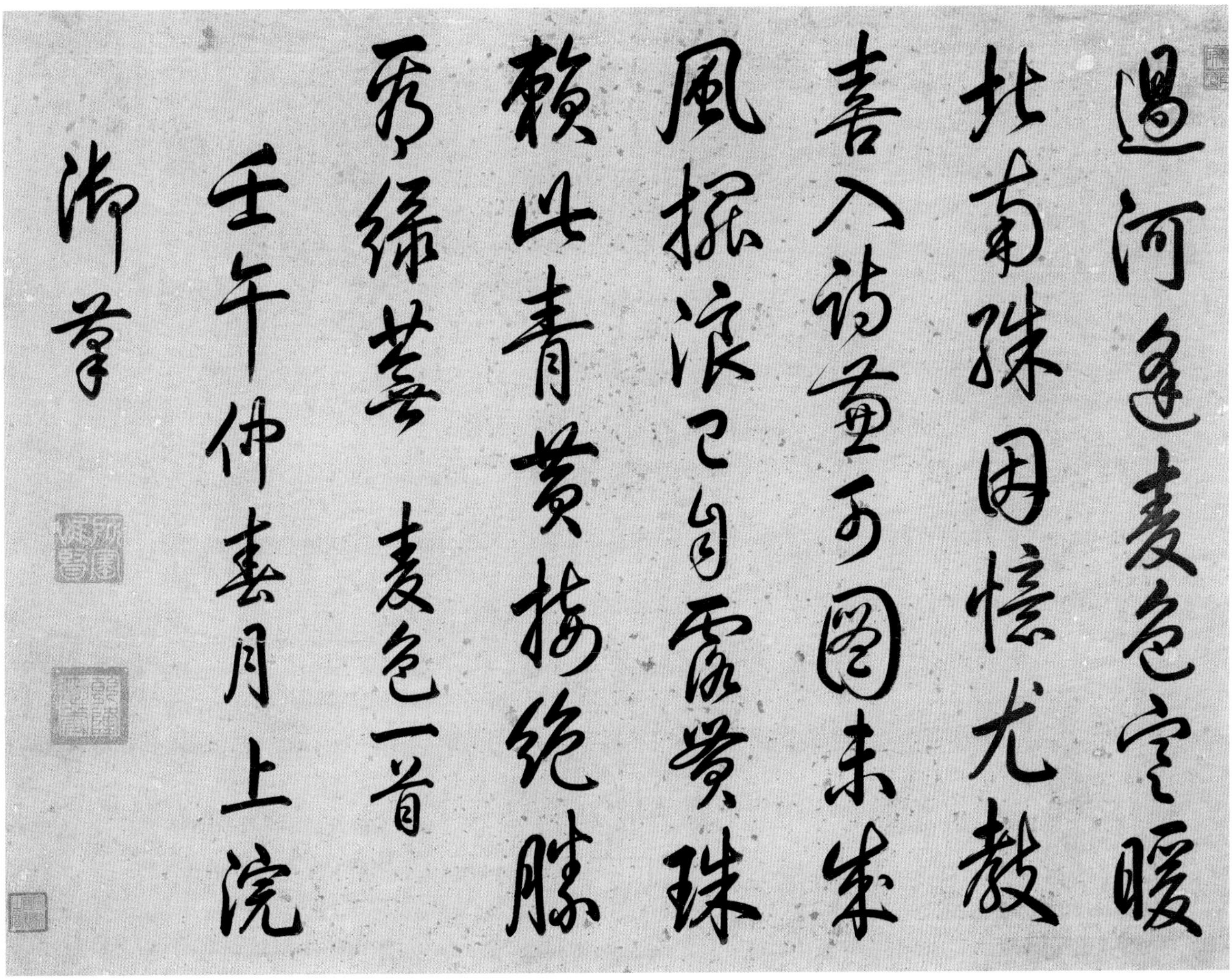

45

弘曆　行楷書麥莊橋記軸

紙本　行楷書
縱144.7厘米　橫62.4厘米
清宮舊藏

Mai Zhuan Qiao Ji (Notes on Mai Zhuang Qiao) in running-regular script
By Aixinjueluo Hongli
Hanging scroll, ink on paper
H. 144.7cm　L. 62.4cm
Qing Court collection

軸書《麥莊橋記》，款署"乾隆十有四年歲在己巳夏六月朝之七日　御制並書"，鈐"≡（乾）"（朱文）、"隆"（朱文）、"御書"（朱文）印。麥莊橋位於京西，"為城外適中之地"。時弘曆三十九歲。

此軸書法圓熟秀勁，規正端麗，是乾隆行楷書的典型面目。然千字一律，略無變化，反映了此時"館閣體"已成熟和定型，並逐漸失去了書法藝術應有的生氣和活力。

鑑藏印記："石渠寶笈所藏"（朱文）。

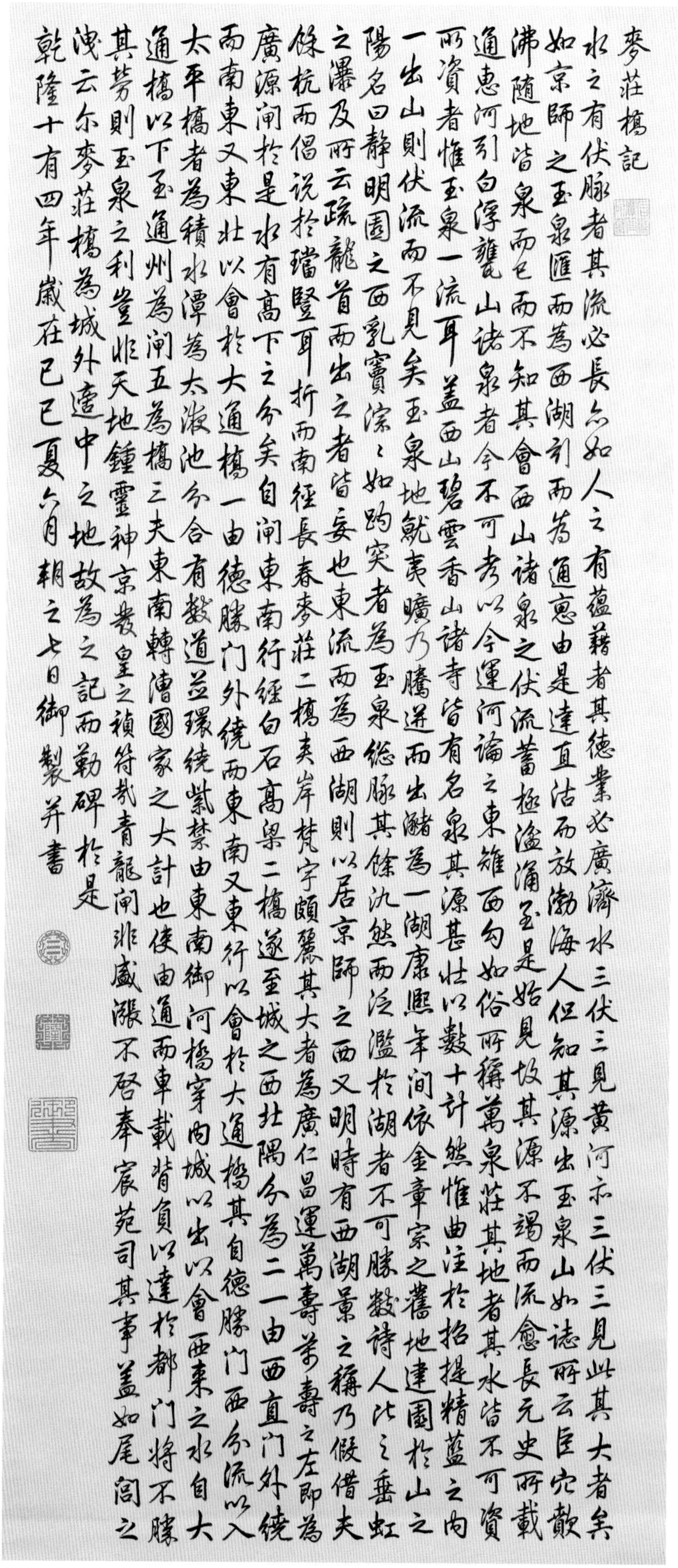

46

張照　楷書武侯祠記軸

紙本 楷書
縱95.7厘米 橫52.3厘米

Wu Hou Ci Ji (Notes on Zhuge Liang Memorial Hall) in regular script
By Zhang Zhao (1691-1745)
Hanging scroll, ink on paper
H. 95.7cm　L. 52.3cm

張照(1691—1745)，字得天，號涇南、天瓶居士、南華山人等，清代華亭(今上海松江)人。康熙四十八年(1709)進士，雍正間官至刑部尚書，參與纂修《大清會典》。後因失職罪免職，乾隆七年(1742)復任刑部尚書，入直南書房。工詩文，善書畫，書法初學董其昌，中年出入顏、米，為"館閣體"代表書家，乾隆初年的"御書"匾額和書畫題跋多由他代筆。刻有《天瓶齋帖》。

軸臨唐代柳公綽書《武侯祠記》。款署"叔父千里寄書索大楷字，臨此與巨來弟，感惠徇知一合也　照"，下鈐"張照之印"(白文)、"得天"(朱文)印。

柳公綽為柳公權之弟，官至兵部尚書，亦工書法，多書寫名士所撰碑記。米芾評："公綽乃不俗於兄"。此作存柳書基本面貌，然更趨規整，點畫秀潤，結體工穩，字形大小一律，章法整齊劃一，墨色烏黑光亮，格調雍容華美，屬典型的清代"館閣體"書風。

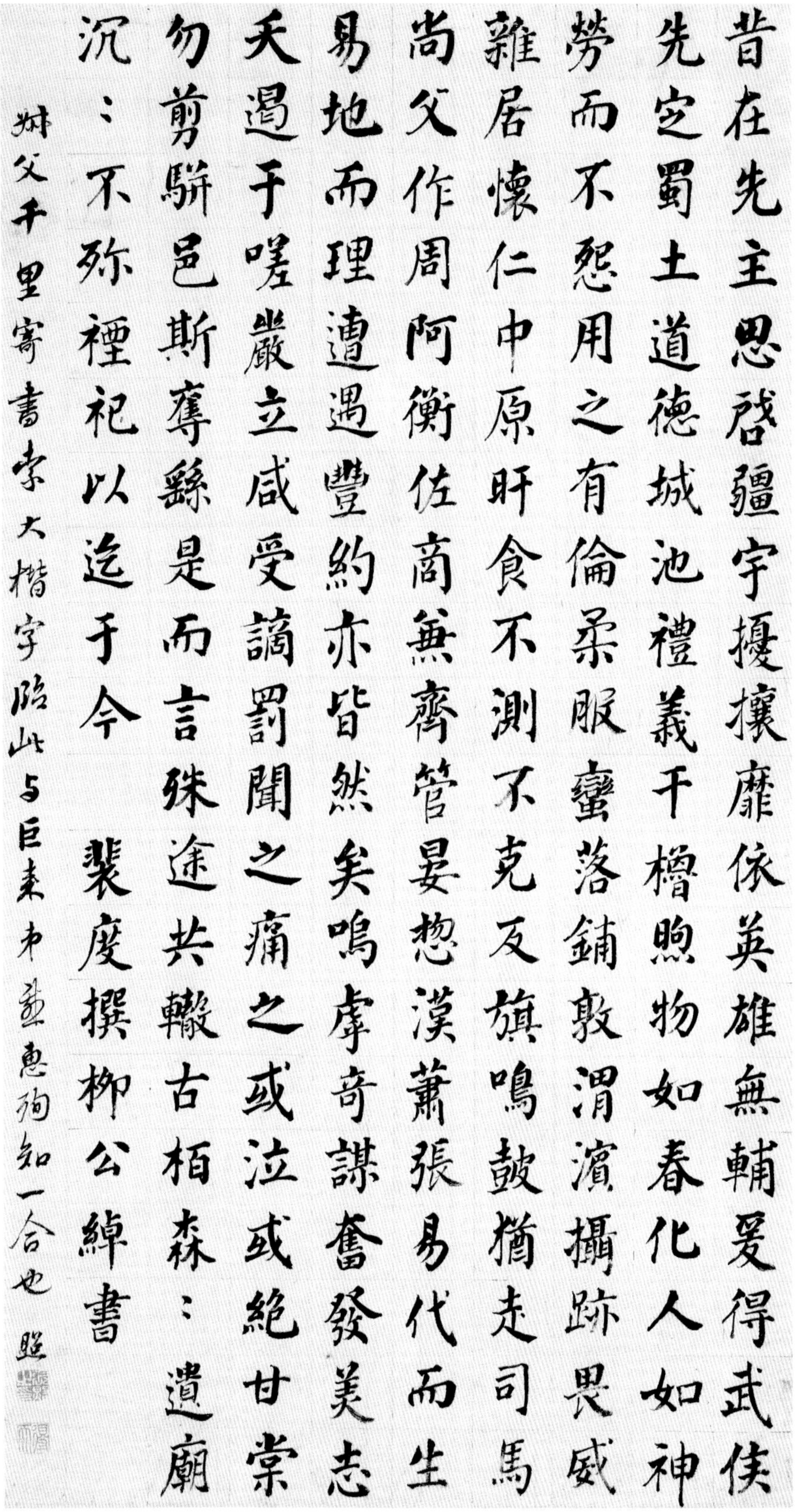

47

張照　行書七律詩軸

紙本　行書

縱143.7厘米　橫54.8厘米

Qi Lu Shi (seven-syllable regulated verse) in running script

By Zhang Zhao

Hanging scroll, ink on paper

H. 143.7cm　L. 54.8cm

軸書七律詩一首，款署"張照"，下鈐"張照之印"（白文）、"瀛海仙琴"（朱文），引首鈐"既醉軒"（朱文）印。

此軸行筆圓轉流暢，墨色濃潤，偶出枯筆於牽絲回環處，更顯神采飛揚。融董其昌疏朗閒逸的佈白和顏真卿淳厚敦樸的筆致於一體，呈現出自家風貌。

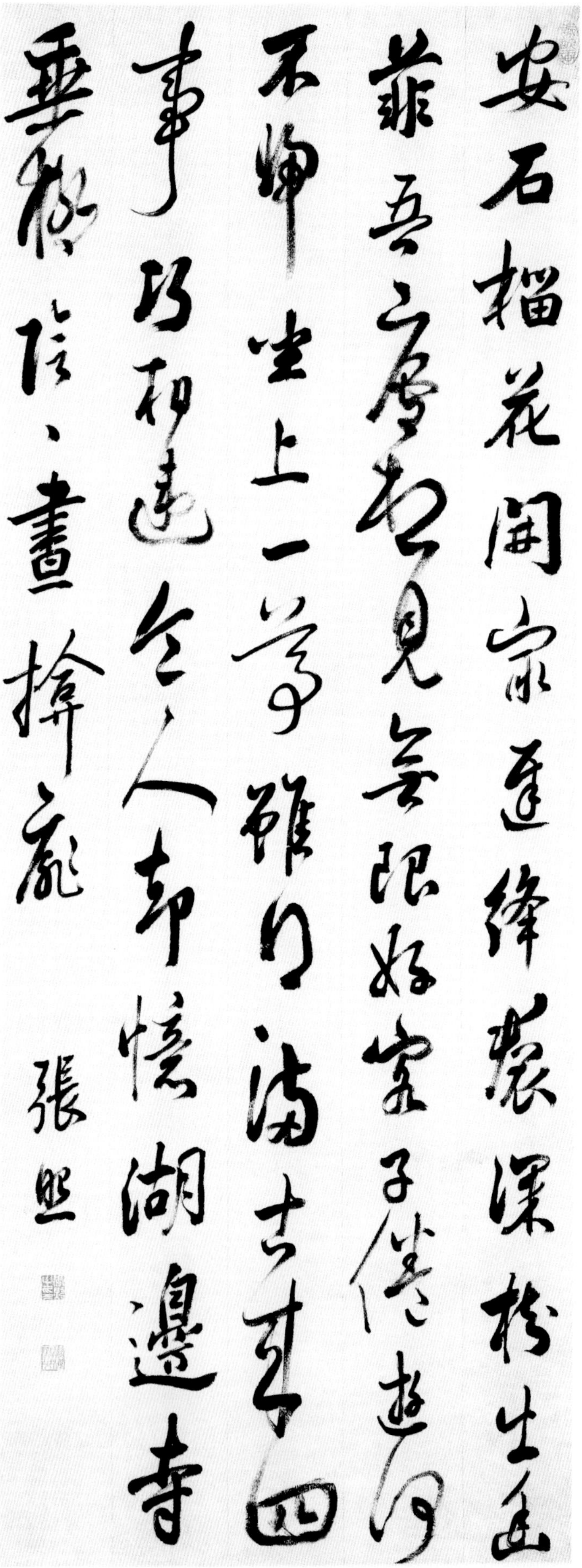

48

梁詩正　行書元人五律詩軸

紙本 行書
縱129厘米 橫56.3厘米

Yuan Ren Wu Lu Shi (five-syllable regulated verse) in running script
By Liang Shizheng (1697-1763)
Hanging scroll, ink on paper
H. 129cm　L. 56.3cm

梁詩正(1697—1763)，字養仲，號薌林，清代錢塘(今浙江杭州)人。雍正八年(1730)探花，官東閣大學士。與張照同編《石渠寶笈》等。書法初學柳公權，繼學趙孟頫、文徵明，晚師顏真卿、李邕，為清代"館閣體"代表書家。

軸書錄元人五言律詩一首，款署"梁詩正"，鈐"梁詩正印"(白文)、"薌林"(朱文)，引首鈐"十二樓前侍從臣"(朱文)印。

此軸書法受李邕影響，字體勁健，神形兼美，結構嚴謹，佈局合理，是典型的宮廷書法。據梁詩正自云，曾"在上書房為高宗作擘窠大字"，可見其"館閣體"大字功底深厚，故深受皇帝賞識。

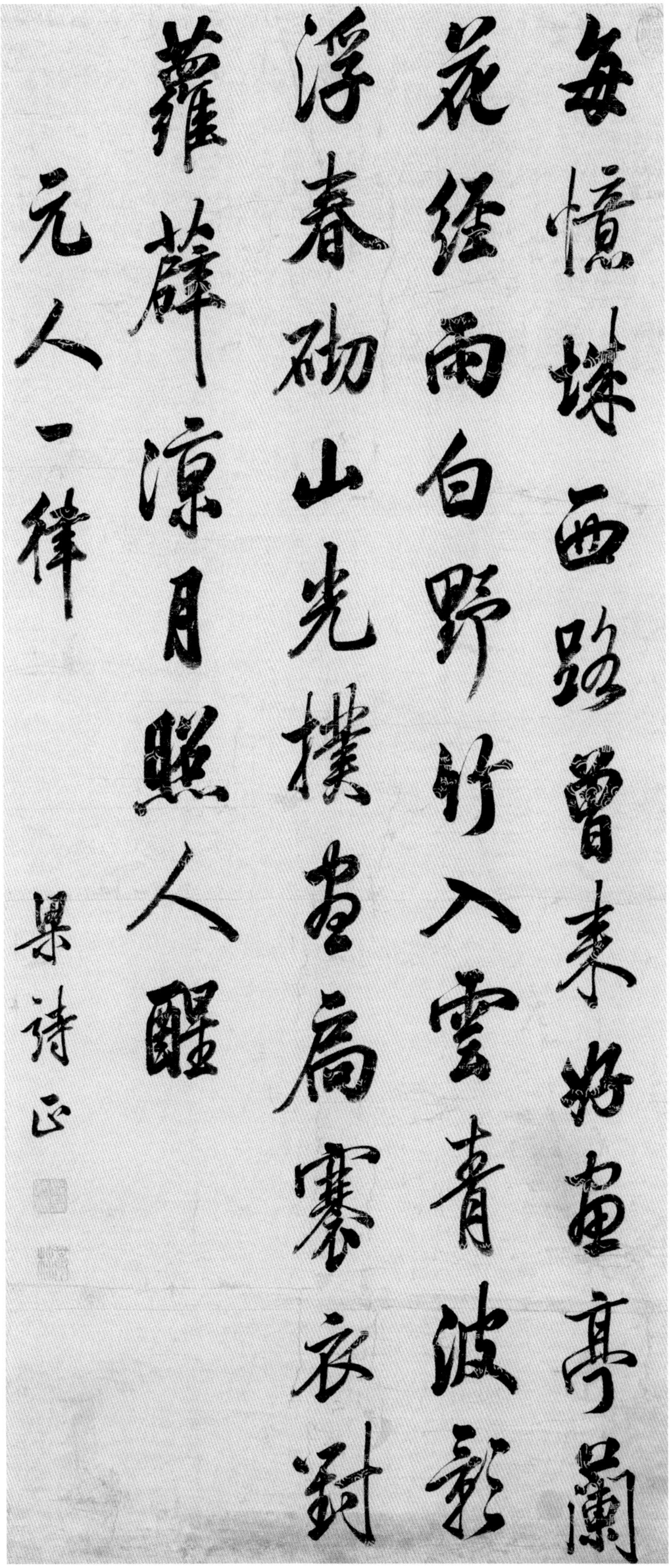

49

英和　楷書楊慎樂清秋賦軸

紙本 楷書
縱175.2厘米 橫90厘米
清宮舊藏

Le Qing Qiu Fu by Yang Shen in regular script
By Ying He (1771-1840)
Hanging scroll, ink on paper
H. 175.2cm　L. 90cm
Qing Court collection

英和（1771—1840），字樹琴，一字定圃，號煦齋。索綽絡氏，滿族正白旗人，隸內務府。乾隆五十八年（1793）進士，授編修，累遷侍讀。嘉慶年授禮部侍郎，直南書房。道光年累官至戶部尚書，協辦大學士，加太子太保。工詩文，善書法，初學顏真卿、趙孟頫，晚參歐陽詢、柳公權書意，與永瑆、劉墉齊名。

軸書錄明代楊慎《樂清秋賦》，款署"臣英和敬書"，鈐"臣英和印"（朱文）、"朝朝染翰"（朱文）印。

署"臣"字款，係應制之作。英和一直為官，行走於宮內，書法受內廷影響很深。應制作品，結體、筆法均嚴謹修整，風格典重，較之平日之作，缺少瀟散之態。

鑑藏印記："寶蘊樓書畫續錄"（朱文）。

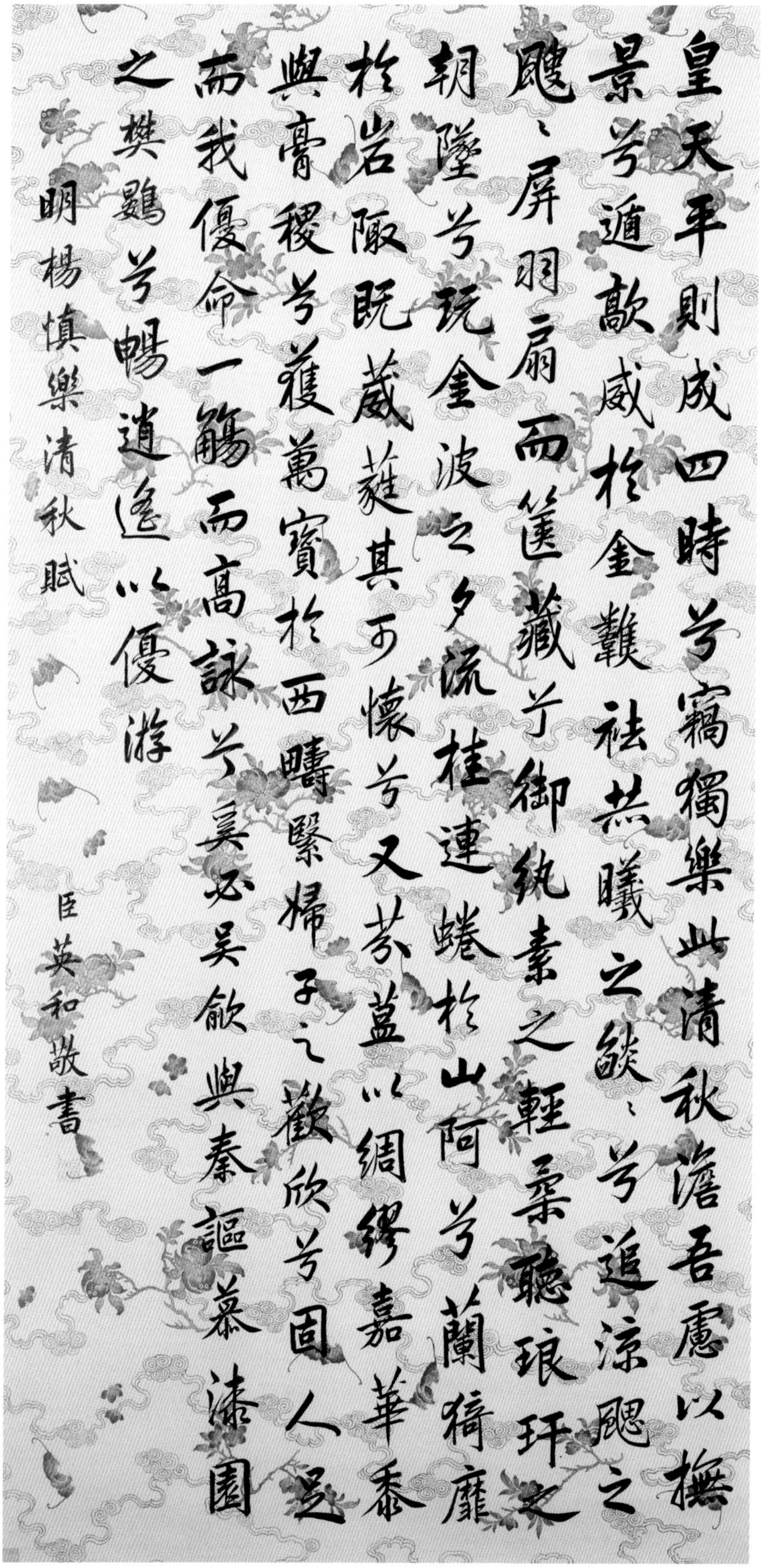

50

梁國治　行書評書帖軸
絹本　行書
縱73.2厘米　橫67.4厘米
清宮舊藏

Ping Shu Tie (Comments on calligraphy) in running script
By Liang Guozhi (1723-1786)
Hanging scroll, ink on silk
H. 73.2cm　L. 67.4cm
Qing Court collection

梁國治（1723—1786），字階平，號瑤峯、豐山，清代會稽（今浙江紹興）人。乾隆十三年（1748）狀元。累官湖廣總督兼荊州將軍、湖南巡撫、軍機大臣、直南書房、戶部尚書、東閣大學士等。

軸錄唐代張彥遠《書法要錄·袁昂古今書評》。款署"評書帖臣梁國治敬臨"，鈐"臣梁國治"（朱文）、"敬書"（朱文）印。

此軸書法温潤敦厚，出規入矩，行筆緩而滯，墨跡濃重，字形圓潤端莊，為典型的"館閣體"書。梁氏擅長臨古帖，沈初《西清筆記》記："梁文定相國，於唐人楷法真有得力，在直廬稍暇，即展臨法帖。"

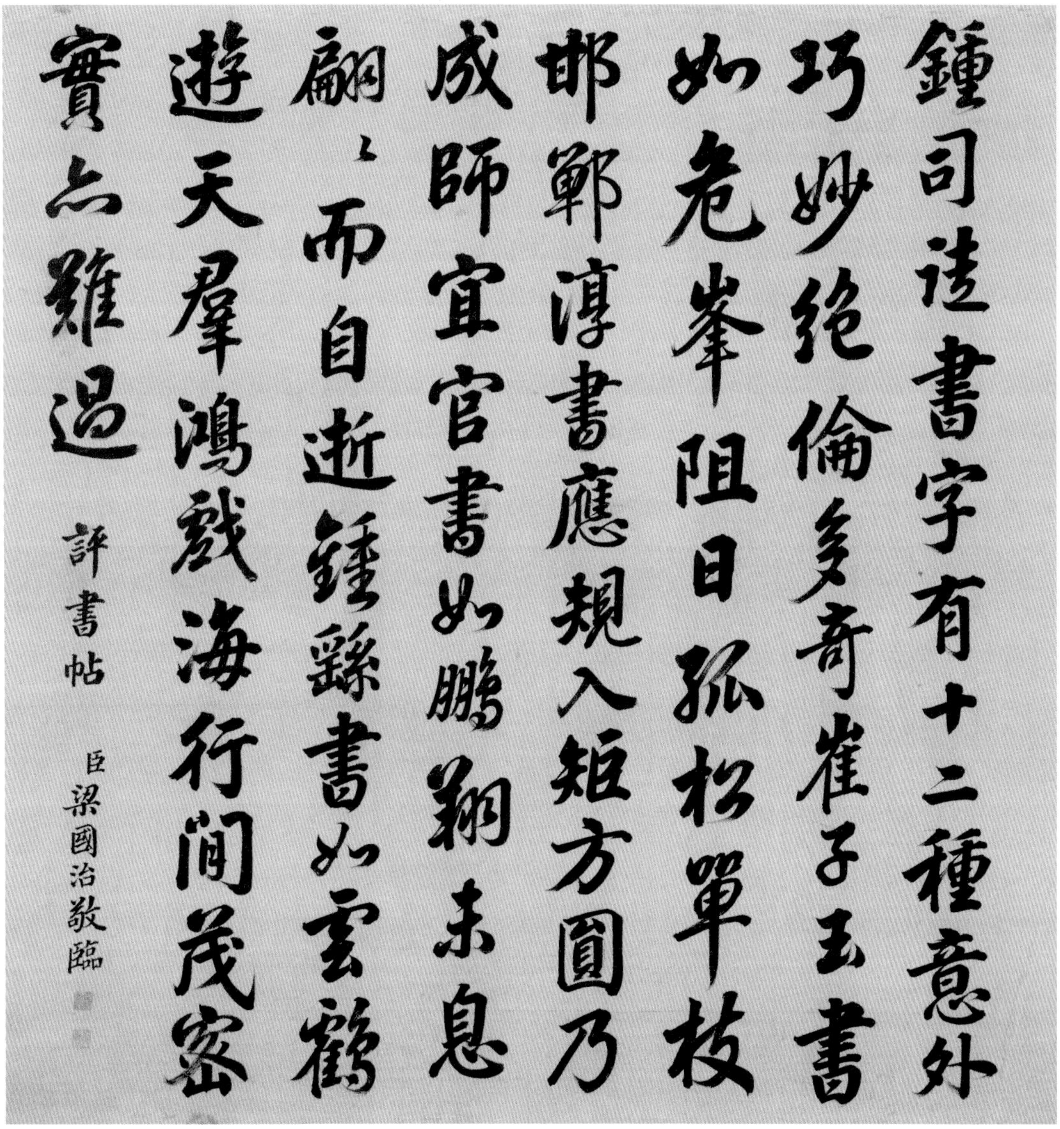

51

汪由敦　行書蘇軾春帖子詞軸

紙本　行書
縱115.5厘米　橫59.7厘米
清宮舊藏

Su Shi Chun Tie Zi Ci (A Ci-ode to the Spring Festival scroll by Su Shi) in running script
By Wang Youdun (1692-1758)
Hanging scroll, ink on paper
H. 115.5cm　L. 59.7cm
Qing Court collection

汪由敦（1692—1758），字師苕，號謹堂，清代錢塘（今浙江杭州）人。雍正二年（1724）進士，以庶吉士遷內閣學士，直上書房，授侍讀學士，累遷工部尚書、刑部尚書、吏部尚書協辦大學士等。善書法，師法晉、唐人，兼工篆、隸，在乾隆詞臣中其書可比張照。卒後，乾隆曾命集其書為《時晴齋帖》十卷勒石內廷。

軸書宋代蘇軾《春帖子詞》。款署"蘇軾春帖子詞 臣汪由敦敬臨"，鈐"臣由敦印"（朱文）、"葵藿是平生"（白文）印。署"臣"字款，為應制之作。

此軸書法結體緊密，筆墨飽滿，風格持重溫潤，淳雅清逸，娟秀妍美，為"館閣體"風貌。

鑑藏印記：乾隆內府諸印。

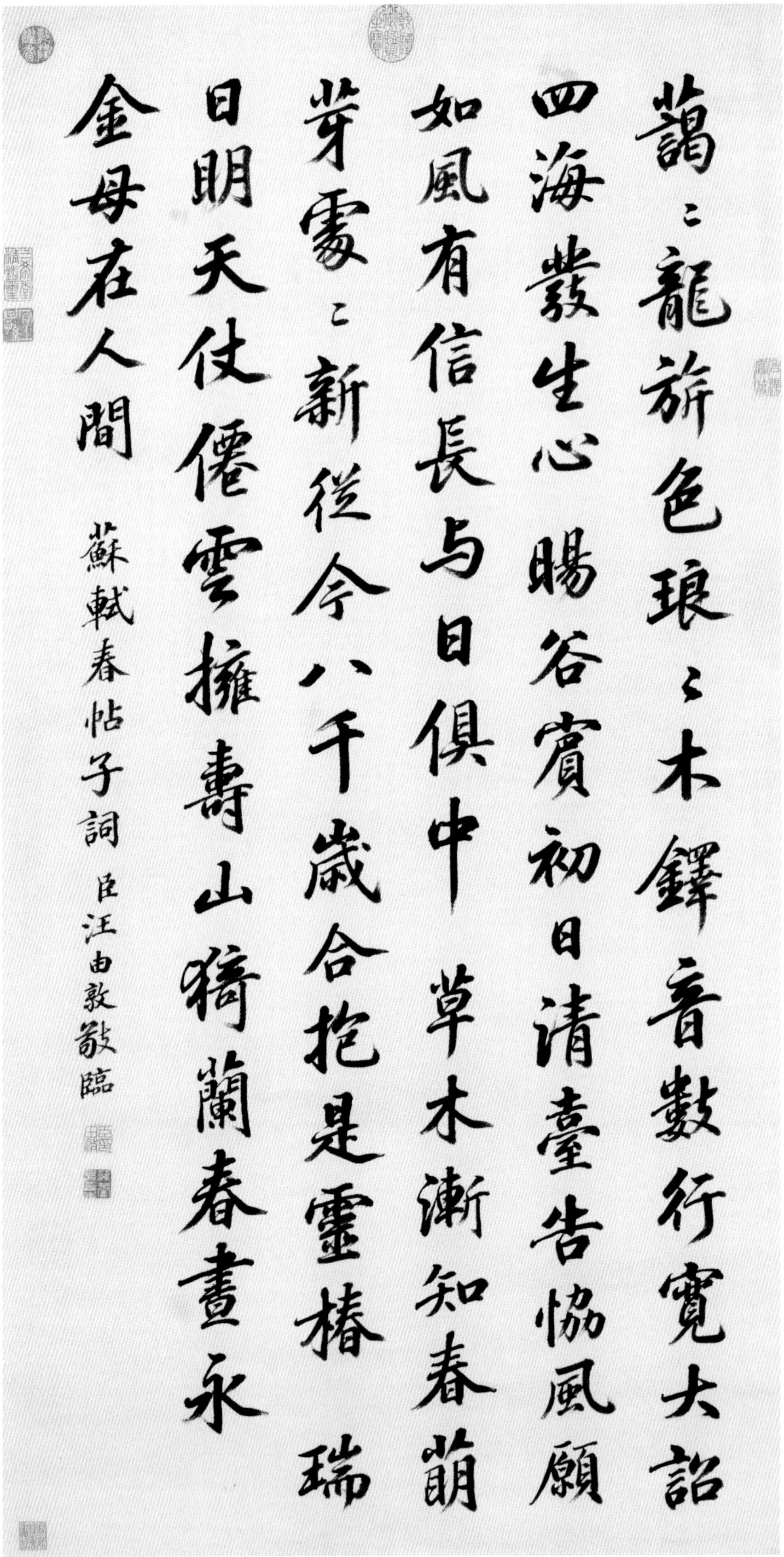

藹藹龍旂色琅琅木鐸音數行寬大詔
四海發生心賜谷賓初日清臺告協風顧
如風有信長与日俱中草木漸知春萌
芽處處新從今八千歲合抱是靈椿瑞
日明天仗僊雲擁壽山猗蘭春晝永
金母在人間
蘇軾春帖子詞　臣汪由敦敬臨

52

董誥　楷書沈奎煙雨樓賦軸

蠟箋紙本 楷書
縱180厘米 橫84厘米
清宮舊藏

Shen Kui Yan Yu Lou Fu (Prose-poem on the Misty Rain Tower by Shen Kui) in regular script

By Dong Gao (1740-1818)
Hanging scroll, ink on waxen-paper
H. 180cm　L. 84cm
Qing Court collection

董誥(1740—1818)，字西京，號蔗林、柘林，浙江富陽人。乾隆二十八年(1763)進士，官大學士。工古文詩詞，書法、山水畫稟承家學，與其父董邦達有"大、小董"之稱。

軸節錄沈奎《煙雨樓賦》。款署"臣董誥敬書"，鈐"臣董誥印"(朱文)、"以勤補拙"(白文)印。

此軸為應制之作，係典型的"館閣體"書法。墨色厚重，結字秀麗，筆勢渾厚，字體大小整齊、端莊，法度井然，書風溫雅敦厚，深受其父及宮廷書法影響。

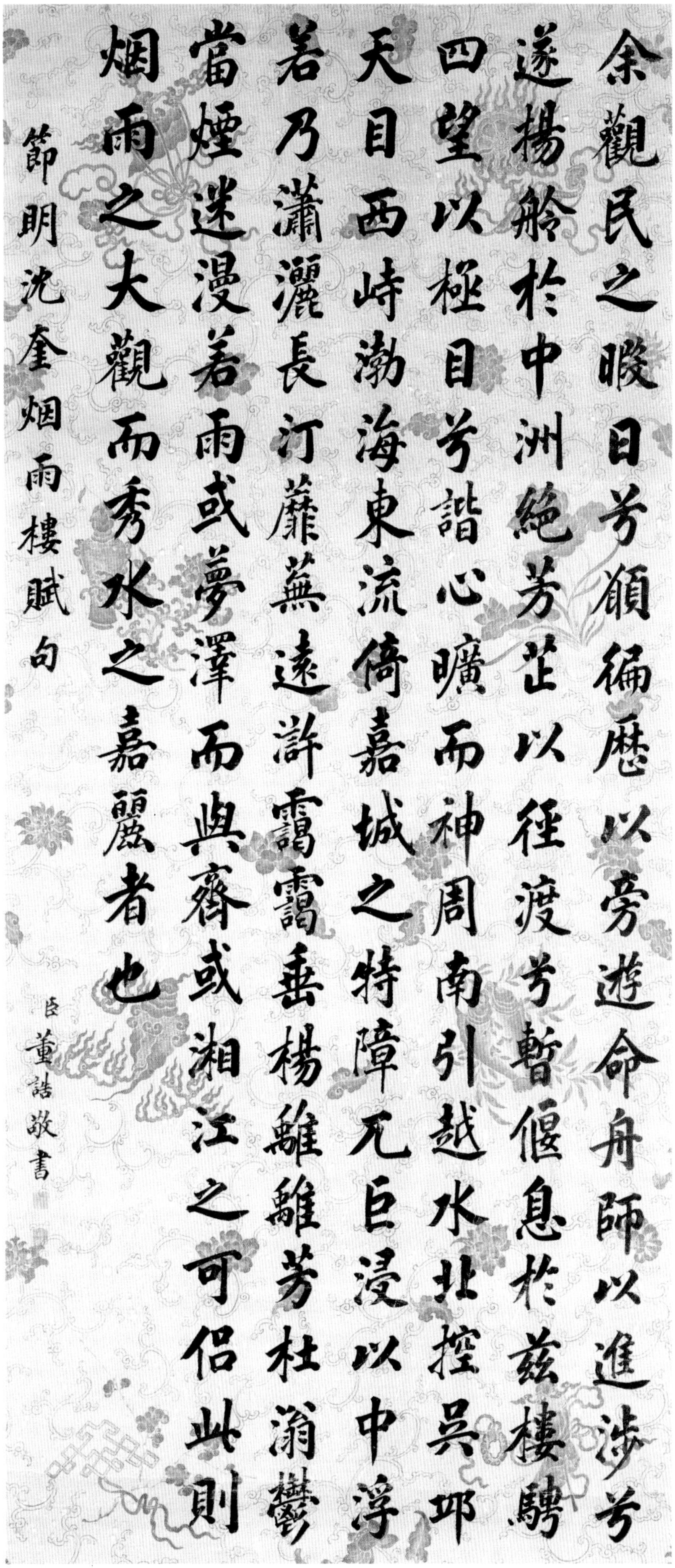

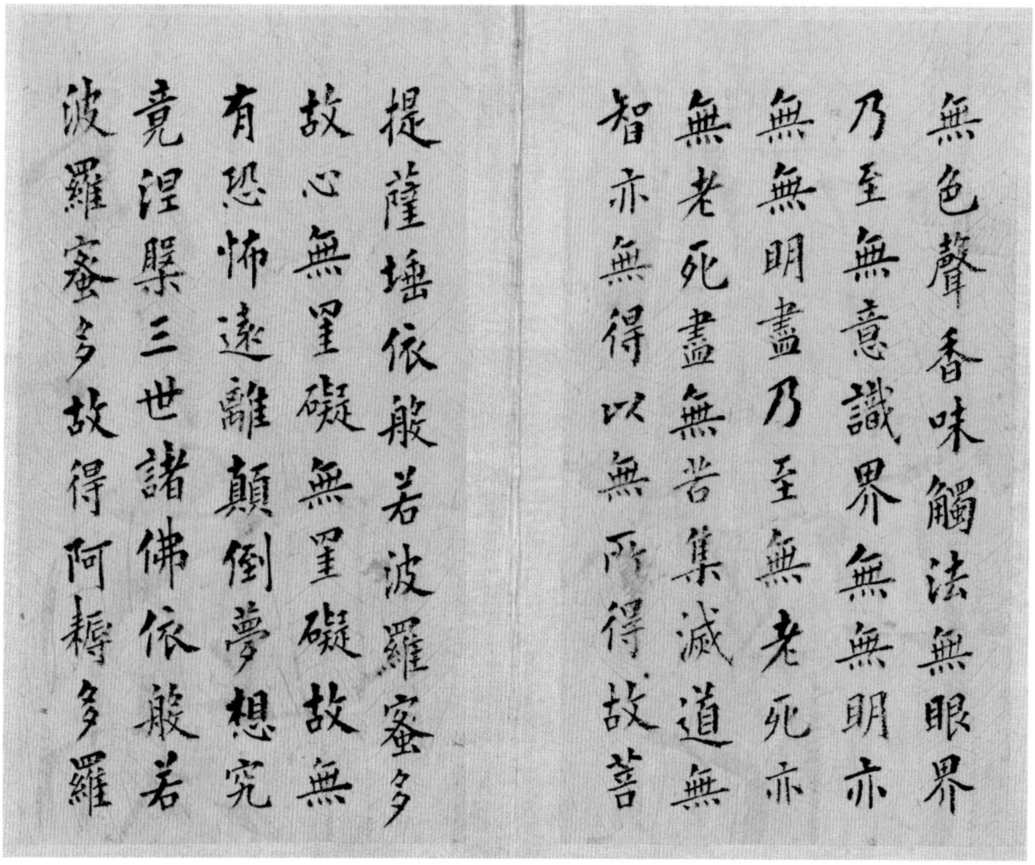
無色聲香味觸法無眼界
乃至無意識界無無明亦
無無明盡乃至無老死亦
無老死盡無苦集滅道無
智亦無得以無所得故菩
提薩埵依般若波羅蜜多
故心無罣礙無罣礙故無
有恐怖遠離顛倒夢想究
竟涅槃三世諸佛依般若
波羅蜜多故得阿耨多羅

第三開

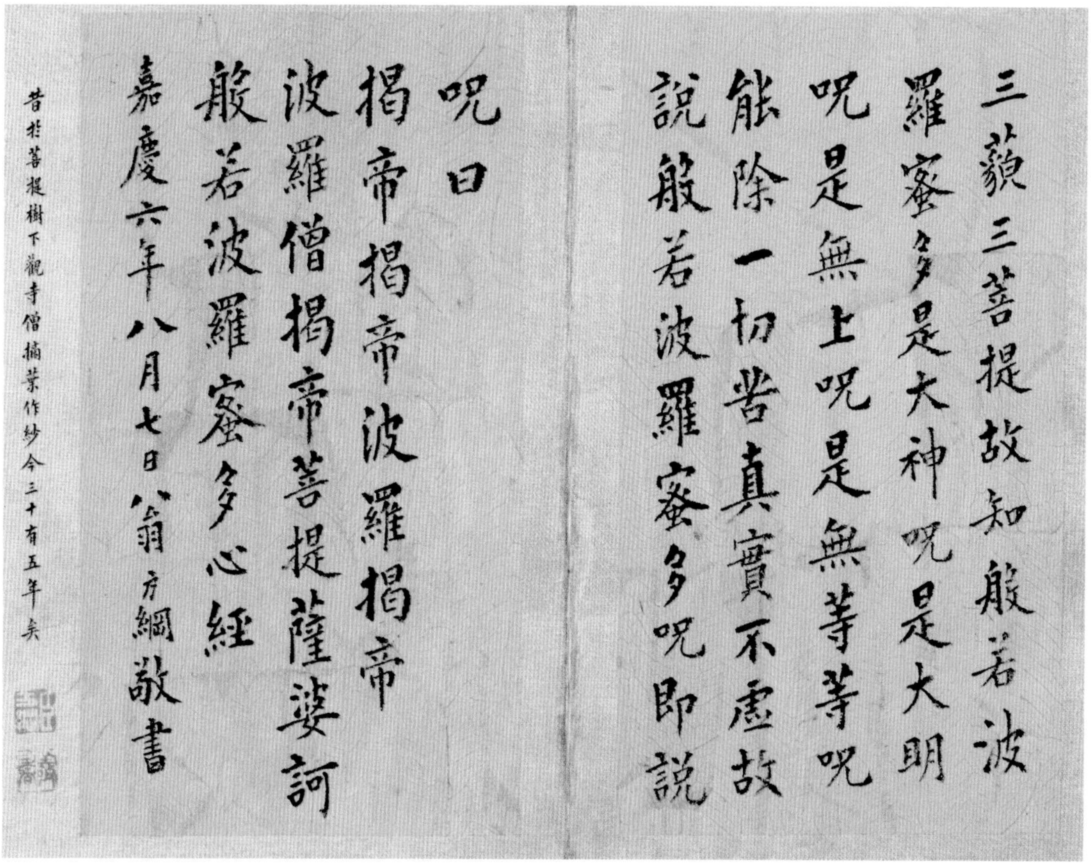
三藐三菩提故知般若波
羅蜜多是大神呪是大明
呪是無上呪是無等等呪
能除一切苦真實不虛故
說般若波羅蜜多呪即說
呪曰
揭帝揭帝波羅揭帝
波羅僧揭帝菩提薩婆訶
般若波羅蜜多心經
嘉慶六年八月七日八翁方綱敬書
昔於菩提樹下觀寺僧摘葉作紗今三十有五年矣

第四開

54

翁方綱　行書詩文軸

紙本　行書
縱79厘米　橫30.5厘米

Shi Wen (A poem and prose) in running script
By Weng Fanggang
Hanging scroll, ink on paper
H. 79cm　L. 30.5cm

軸分上下兩部分，上部為小行書七律詩一首，款署“西郊僧舍看花之作”，鈐“覃谿”(朱文)印。下部大字行書文一段，款署“覃溪翁方綱”，鈐“翁方綱印”(白文)印。

此軸小行書靈動恣肆，行筆灑脱；大字則凝重、溫潤、厚實。反映出作者用筆緩疾及字形大小的隨意變化，及以柔潤流暢、天然醇厚取勝的特色，誠如康有為所言：“覃溪老人行書活潑”。

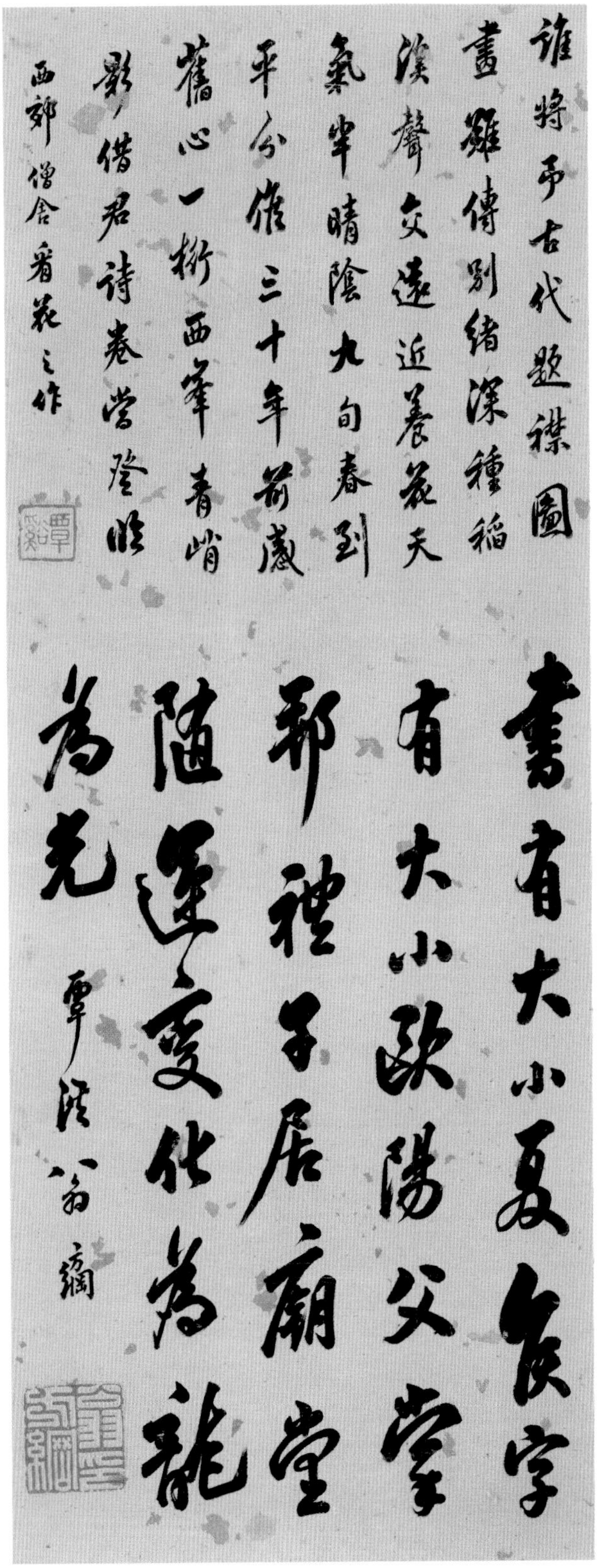

釋文：

誰將帀古代題襟，圖畫難傳別緒深。種稻溪聲交遠近，養花天氣半晴陰。九旬春到平分候，三十年前感舊心。一桁西峯青峭影，借君詩卷當登臨。　西郊僧舍看花之作

書有大小夏侯，字有大小歐陽。父掌邦禮，子居廟堂。隨運變化，為龍為光。　覃溪翁方綱

55

翁方綱　行書論絳帖卷
紙本　行書
縱28.9厘米　橫302.4厘米

Lun Jiang Tie (Jiang Tie Review) in running script
By Weng Fanggang
Handscroll, ink on paper
H. 28.9cm　L. 302.4cm

卷書錄自論《絳帖》文，款署“己未初秋上澣　方綱”，鈐“翁方綱”（白文）、“覃溪”（朱文），引首鈐“蘇齋”（朱文）印。時為清嘉慶四年（1799），翁方綱年六十七歲。卷前有熊景星題跋。

《絳帖》為匯刻叢帖，北宋潘師旦摹刻，二十卷，以《淳化閣帖》為底本而有所增損，因刻於絳州（今山西新絳）故名。翁氏平生臨習顏、虞、歐、蘇諸帖及各類碑版，形成獨有的風格。此卷為翁氏行書中佳作，行文流暢，筆法老成，筆勢圓渾而委婉，受蘇軾筆意影響較深。

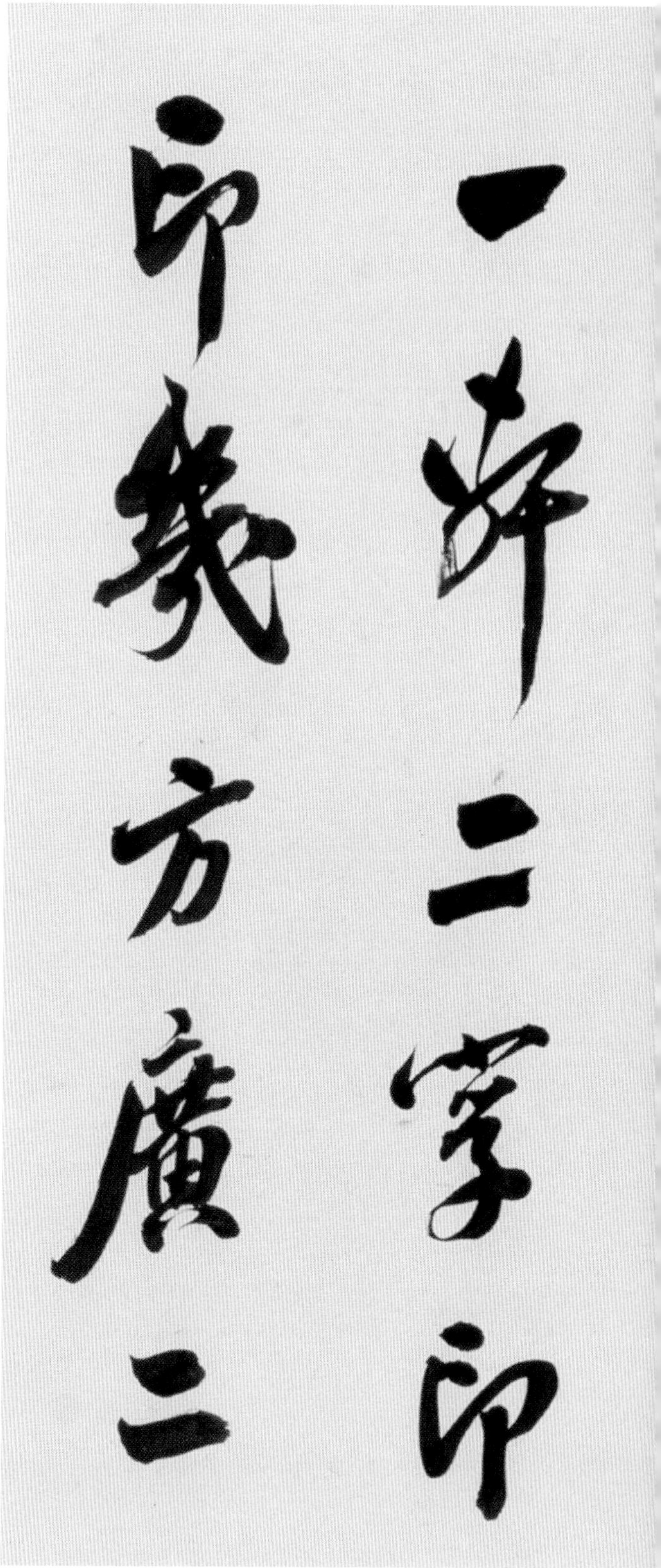

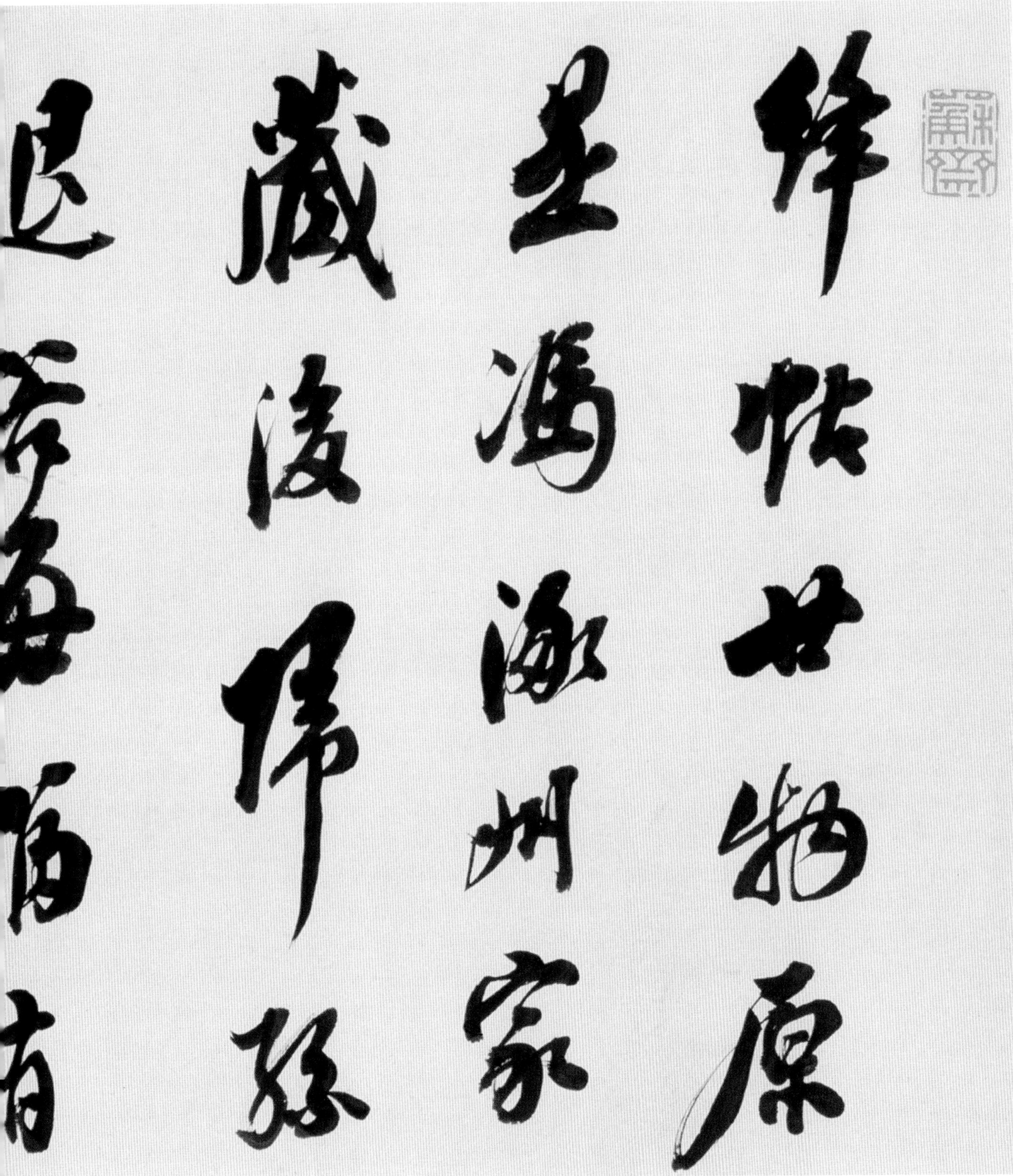

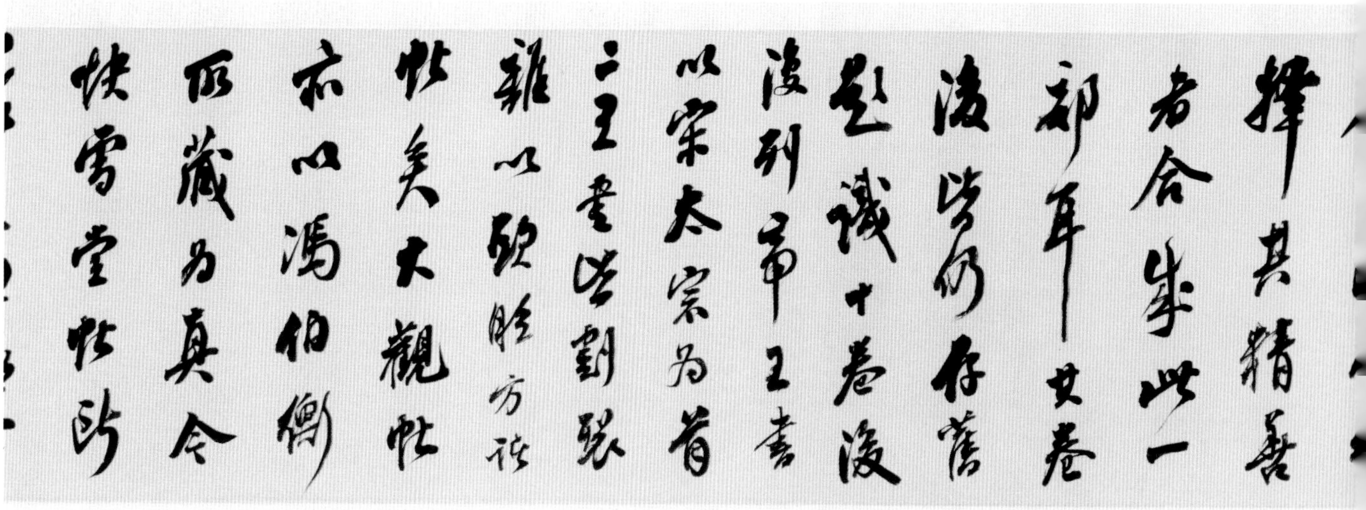

釋文：
絳帖廿物，原是馮涿州家藏，後歸孫退谷。每幅有一軒二字印，印幾方廣二寸，元初方一軒押於裝池間，亦間有無此印者。其紙皆橫簾紋，而榻手亦極精善，聞此同精拓者凡數部，皆不全者。馮伯衡擇其精善者，合成此一部耳，其卷後皆仍存舊題識。十卷後復列帝王書，以宋太宗為首，二王書皆割裂，雜以頭眩方諸帖矣。大觀帖亦以馮伯衡所藏為真，今快雪堂帖所摹之旦極寒追尋、建安諸帖及王廙、王治諸跡，多是從大觀真本出者。大觀原石榷場本，每至邊際破損處，尤古雅可愛。今以快雪摹刻驗之，如見祕閣真石之券。惜乎馮氏入石時，文敏未嘗自跋其由大觀真本摹出之原委，使後人無從而詳考耳。己未初秋上澣　方綱

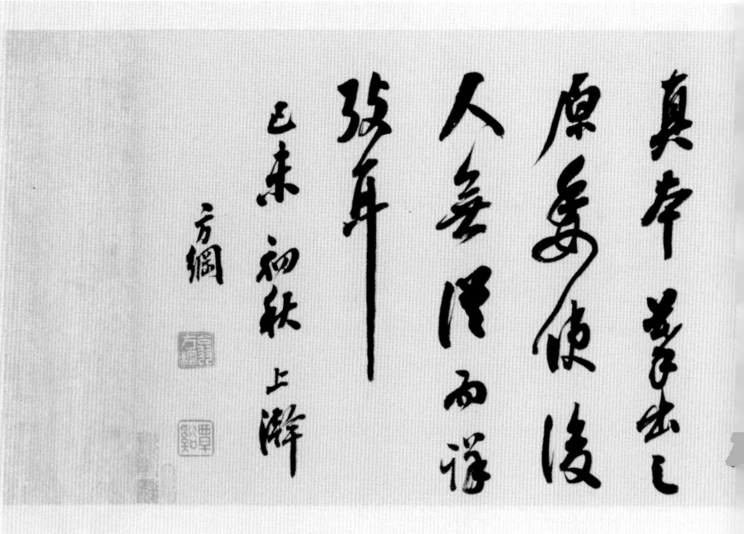

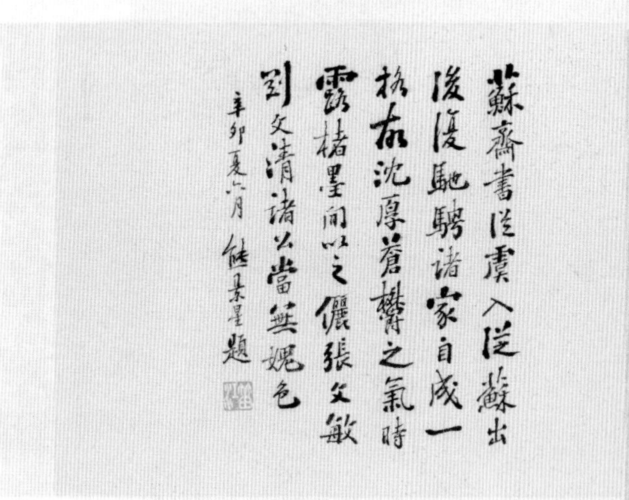

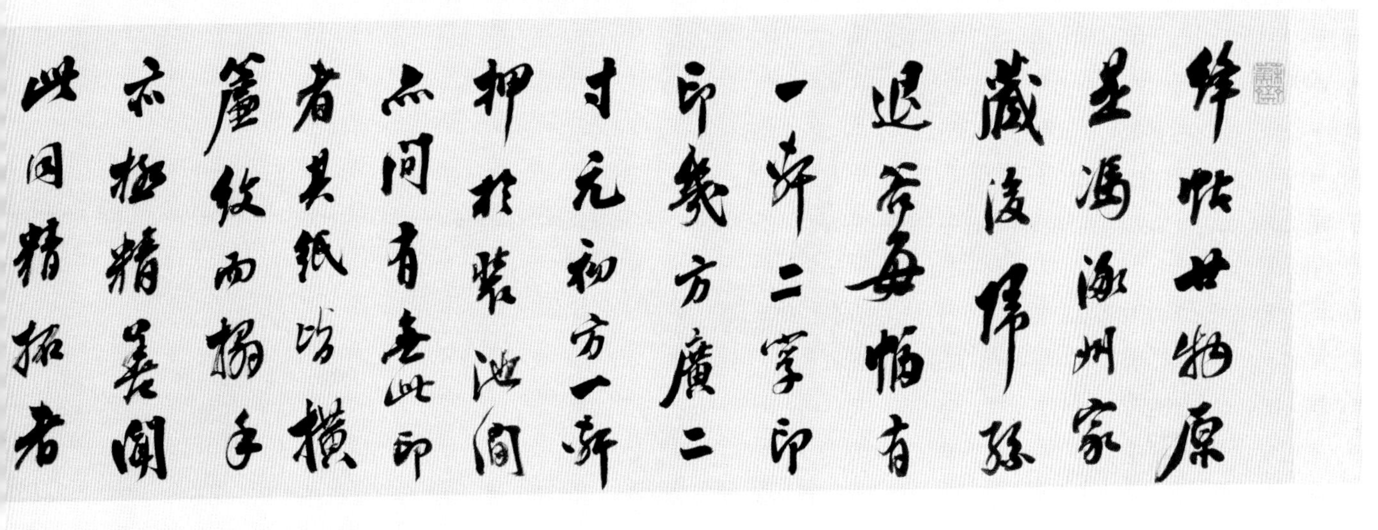

《論絳帖卷》之一

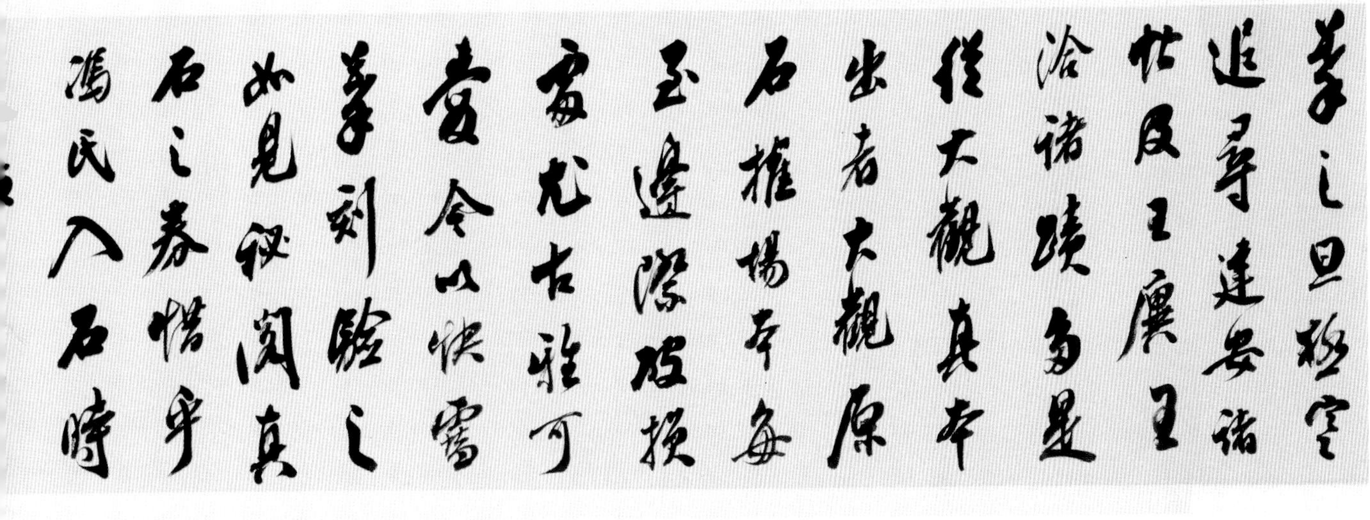

《論絳帖卷》之二

56

劉墉　小楷書七言詩冊

紙本　小楷書　六開
開縱17.8厘米　橫13.3厘米

Qi Yan Shi (seven-syllable poetry) in small regular script
By Liu Yong (1720-1804 or 1719-1805)
Album of 6 leaves, ink on paper
Each leaf: H. 17.8cm　L. 13.3cm

劉墉(1720—1804，又作1719—1805)，字崇如，號石庵，山東諸城人。乾隆十六年(1751)進士，官至體仁閣大學士。《清史稿》有傳。工書法，初學趙孟頫，後法魏晉，乃自成一家。清張維屏《松軒隨筆》評其書云："貌豐骨勁，味厚神藏，不受古人牢籠，超然獨出"。康有為評其書"力厚思沈，筋搖脈聚，近世行草書作渾厚一路，未有能出石庵之範圍者，吾故謂石庵集帖學之成也"。為"乾隆四家"之一。

冊書錄七言詩數首，款署"丙辰秋有九月重陽二日書於久安室　東武石庵"，下鈐"劉墉"(白文)、"石盦"(白文)印。"丙辰"為清嘉慶元年(1796)，劉墉時年七十八歲。末頁鈐"昆"、"虔"(朱文)連珠印。首頁裱邊鈐"子固父印"(朱文)印。後附晚清邵松年跋二段。

此冊書法樸實沉厚，結體圓整，有魏、晉人遺韻。包世臣在《藝舟雙楫》中記云："文清七十以後，潛心北朝碑版，雖精力已衰，未能深造，然意興學識，超然塵外"。劉墉晚年書法吸收了北碑的某些特點，在圓潤遒媚的風格中，融入方硬剛健的筆法，使其書風為之一變。為劉墉晚年小楷書的代表作。

鏇廳萬竅蚯蚓生石鼎三沸蒼蠅鳴清
風過雨差一快捲慢息颼颼茶烟輕閣門
之中非第三煮水蟹報此何意要將
冰雪滌煩煎清、冷、落夜泉石花
蒙頂来自蜀顧渚萬壑如屑玉一車
戴若不療飢猶勝觀瓶居井眉碏蒼

頭与酒従事奴隸宣得相肩隨君不
見霧寒桂冷今宵好紅泥風簾漸、
時門外立鵠漸諸生老夫投床作
雷鳴樓頭紙落如飛雪沈宋時名
誰重輕保論梁一与藍、陰阻西来
識天意渾淄別白勤烹煎由来相

士如品泉相如子雲出西蜀鼠吾寶鮫
于闐玉楚宮細腰常忍飢城中佳人
孫廣眉各爭尚好異裝束輕裾利屣
行遲隨君不見韋莊補屋誰氏子絕
代風流羞入時燒殘絳蠟月俄明百
和香中吹玉笙一片綠雲飛不散曲

欄杆外艷歌聲審音筍令与周郎耘
板銅糟共一床山雨乍收簾月白聽
風聽水按伊凉如此江山眠不起
九、蓮窻玉睡美人令附掌笈見
童飛燊聲中醹面水起看嶺雲鬱
復續更誇霜葉紅間紫佳時九月

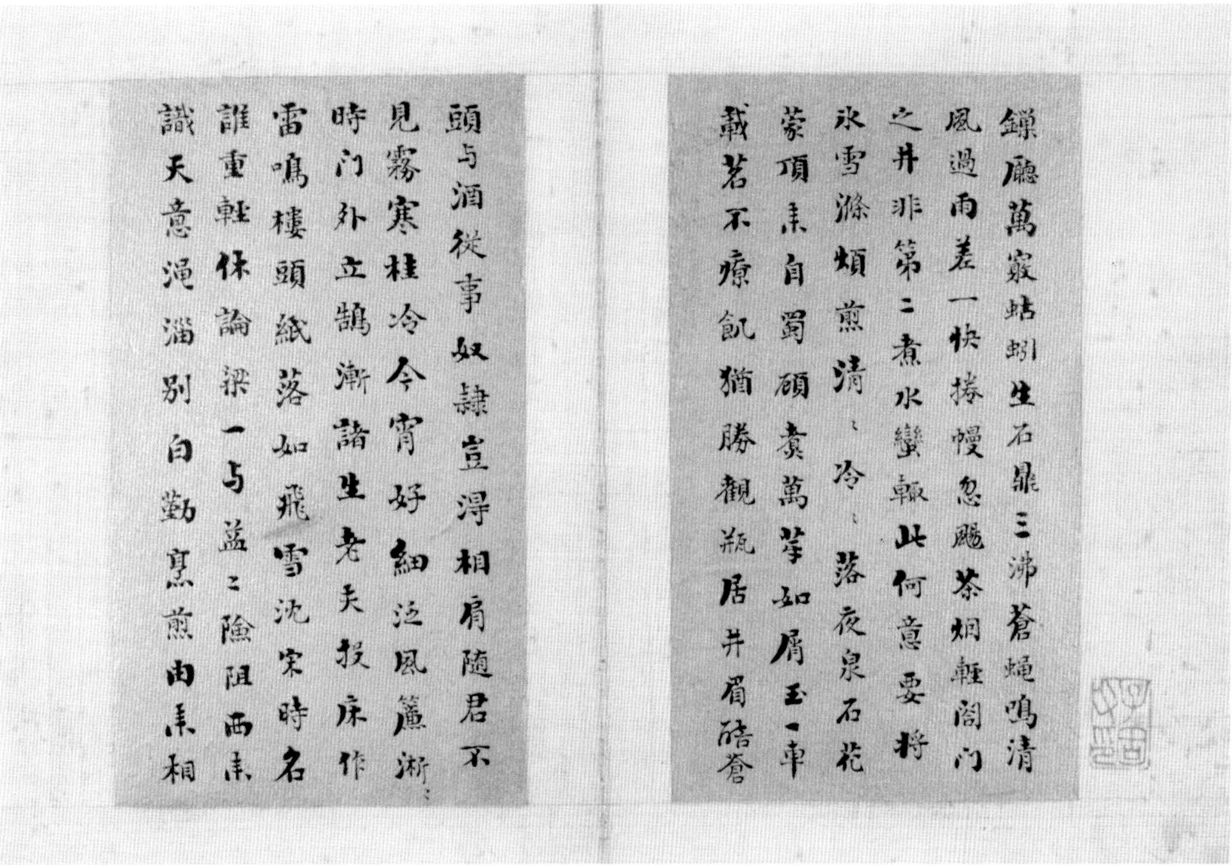

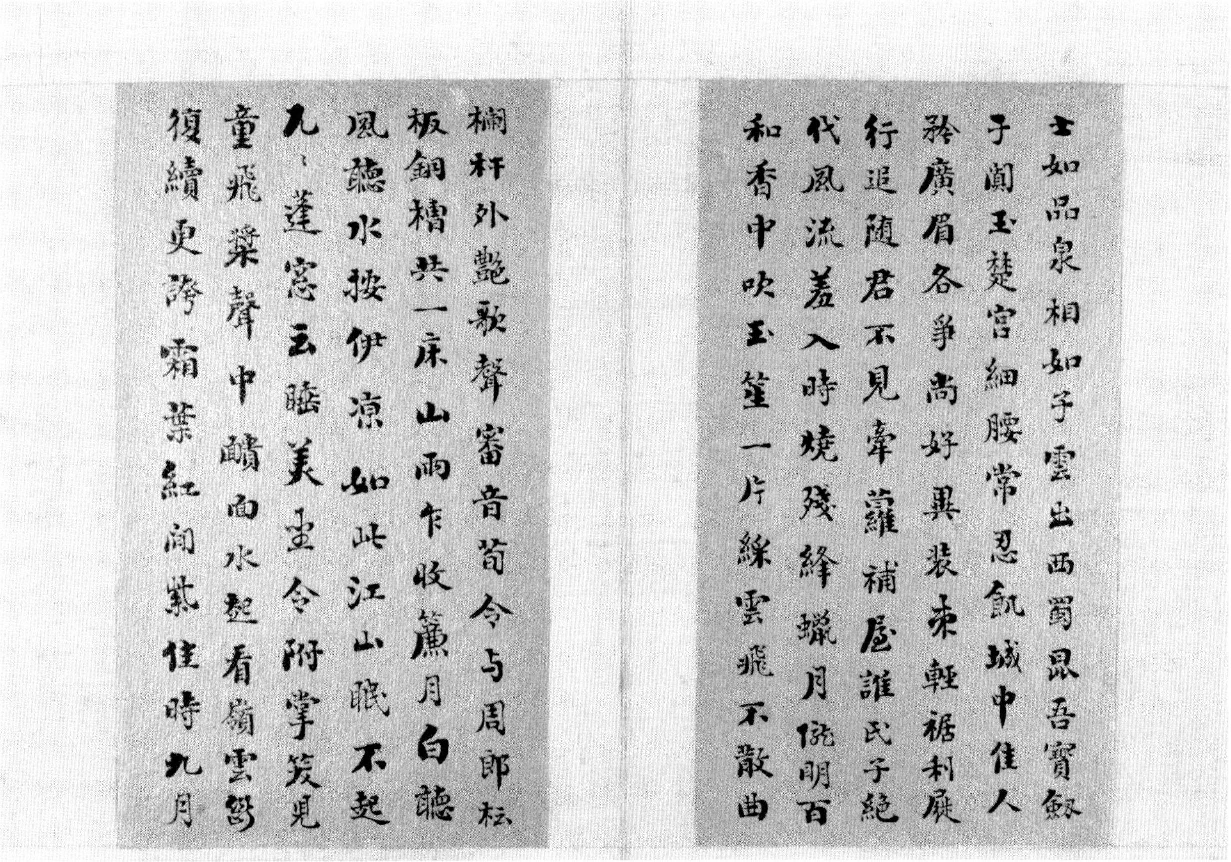

物足留連不獨騷人詠芳芷歲〻幾尺
閑烟鬟吳宮美人亦如蓮千年臺閣
沈野水石上空有金牛眠寒溪氷雪
凍始堅涸絕不復流涓〻溪橋一綫度
微逕孤寺冷落生炊烟九曲亭中荒
草營西山佛閣危峯巔仰穿蒙密

十月中孤棹千山萬山裏青螺髻綰
石簇〻白玉盤堆水瀰〻褵褷羽落沙
鳥喧䆉稏田紅野老喜村中稼女
捉鵞鴨船上呼見數魴鯉幾疊屏
風碎錦斑一奩明鏡香雲委漁燈隱
隱襯霞上塔火沈〻出水底湖南風

第三開

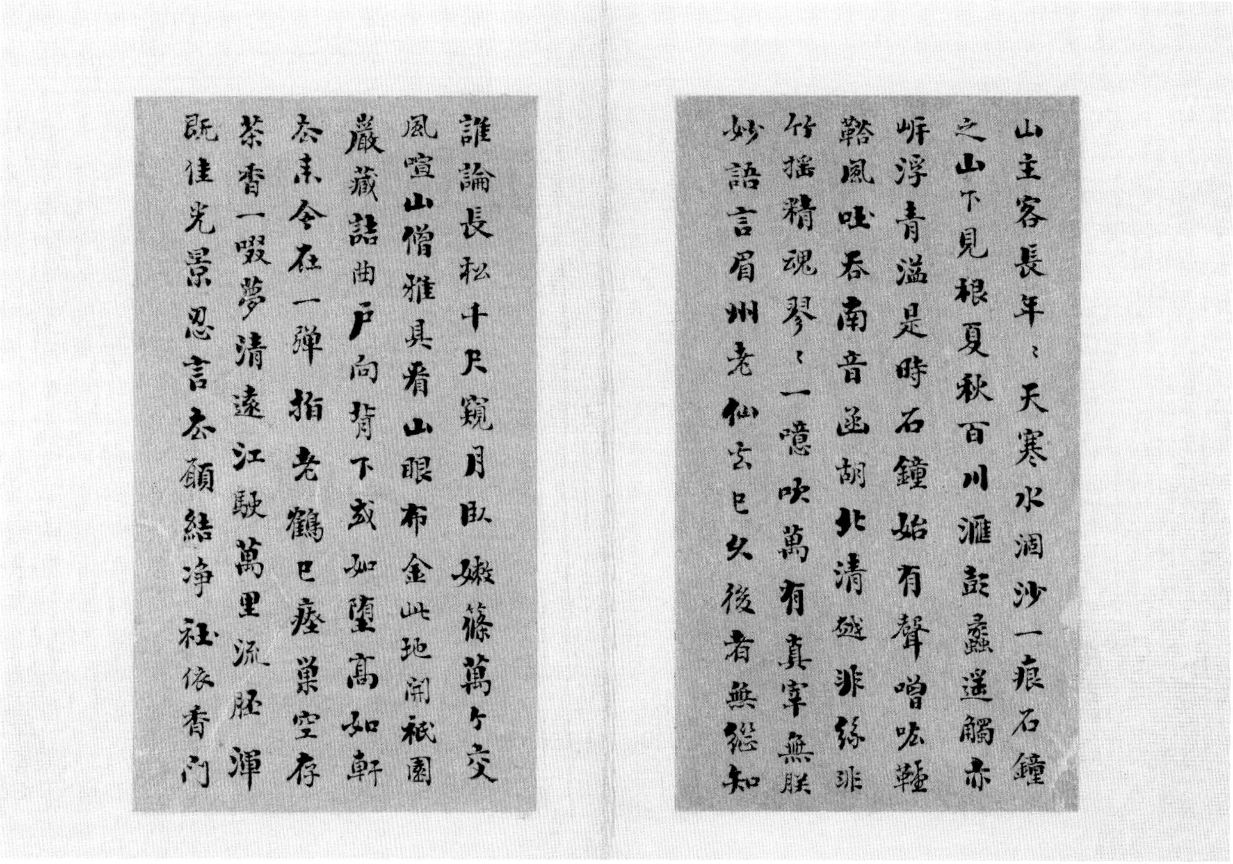
山主客長年々天寒水涸沙一痕石鐘
之山下見根夏秋百川滙鼓蠡逞觸赤
岍浮青溢是時石鐘始有聲噌吰鞺
鞳風吐吞南音涵胡北清越非絲非
竹搖精魂琴々一噫吹萬有真宰無朕
妙語言眉州老仙去已久後者無繼知
誰論長松千尺窺月臥嫩篠萬个交
風喧山僧雅具看山眼布金此地闢祇園
巖藏詰曲戶向背下或如墮高如軒
吞吐今在一彈指老鶴已瘞巢空存
茶香一啜夢清遠江駛萬里流壓渾
既往光景忍言吞顧結淨社依香門

第五開

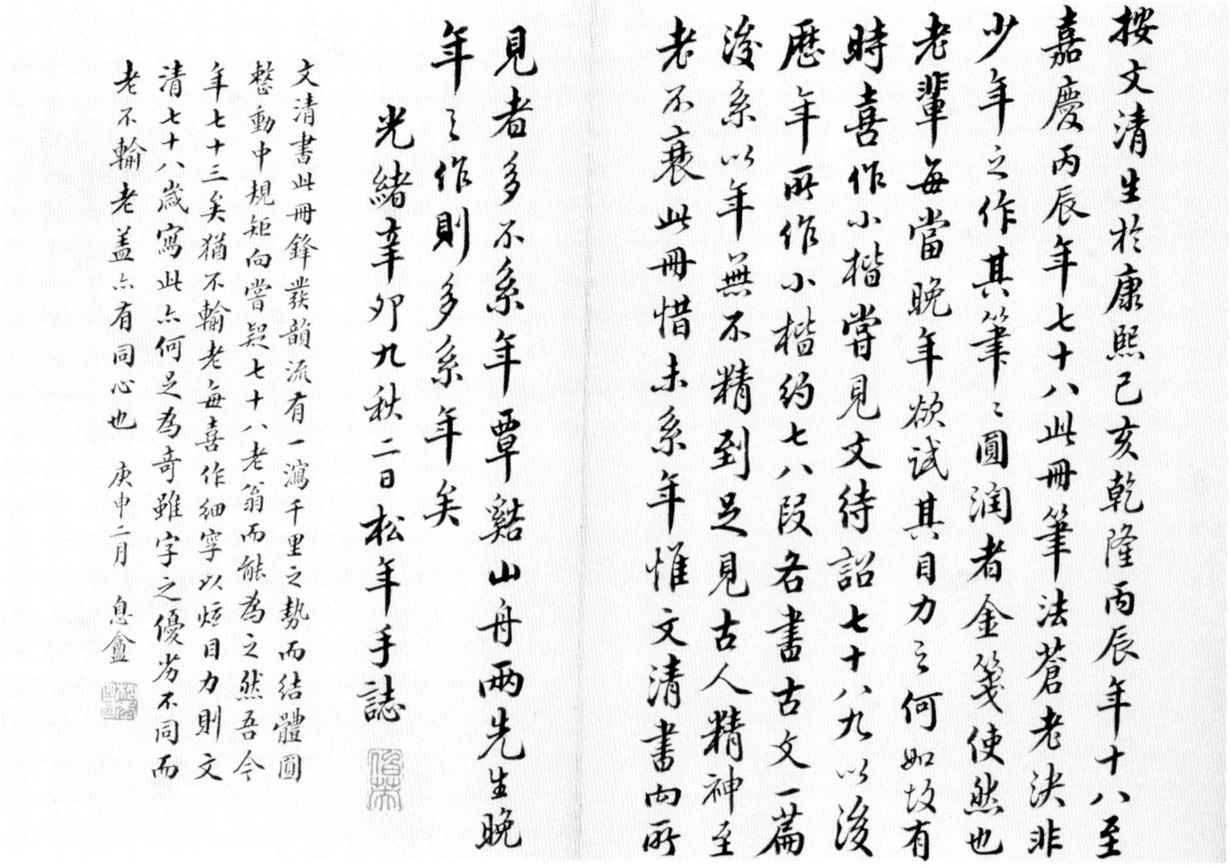
按文清生於康熙己亥乾隆丙辰年十八至
嘉慶丙辰年七十八此冊筆法蒼老決非
少年之作其筆々圓潤者金箋使然也
老輩每當晚年欲試其目力之何如故有
時喜作小楷嘗見文待詔七十八九以後
歷年所作小楷約七八段名書古文一篇
後系以年無不精到足見古人精神至
老不衰此冊惜未系年惟文清書向所
見者多不系年覃谿山舟兩先生晚
年之作則多系年矣
光緒辛卯九秋二日松年手誌
文清書此冊鋒穎流有一瀉千里之勢而結體圓
整動中規矩向嘗疑七十八老翁而能為之然吾今
年七十三矣猶不輸老每喜作細字以炫目力則文
清七十八歲寫此亦何足為奇雖字之優劣不同而
老不輸老蓋亦有同心也　庚申二月　息翁

第七開

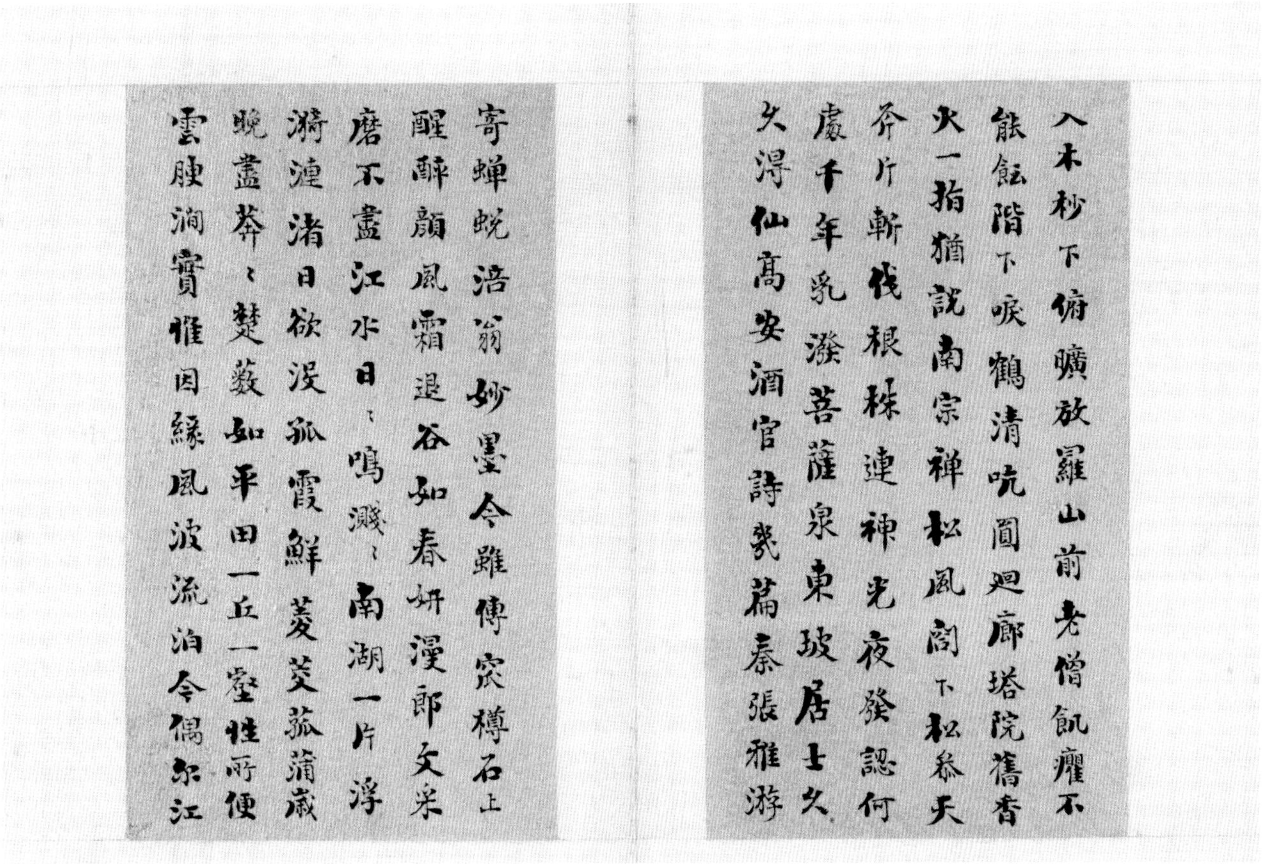
入木杪下俯曠放羅山前老僧飢癯不
能飫階下喉鶴清吭圓廻廊塔院舊香
火一指猶說南宗禪松風閣下松參天
芥片斬伐根株連神光夜發認何
處千年乳潑菩薩泉東坡居士久
矣溽仙高安酒官詩號篇秦張雅游
寄蟬蛻涪翁妙墨今雖傳究樽石上
醒醉顏風霜退谷如春妍漫郎文采
磨不盡江水日日鳴濺濺南湖一片浮
漪漣渚日欲沒孤霞鮮菱芡菰蒲歲
晚盡莽莽楚藪如平田一丘一壑性所便
雲腴澗寶惟因緣風波流泊今偶尒江

第四開

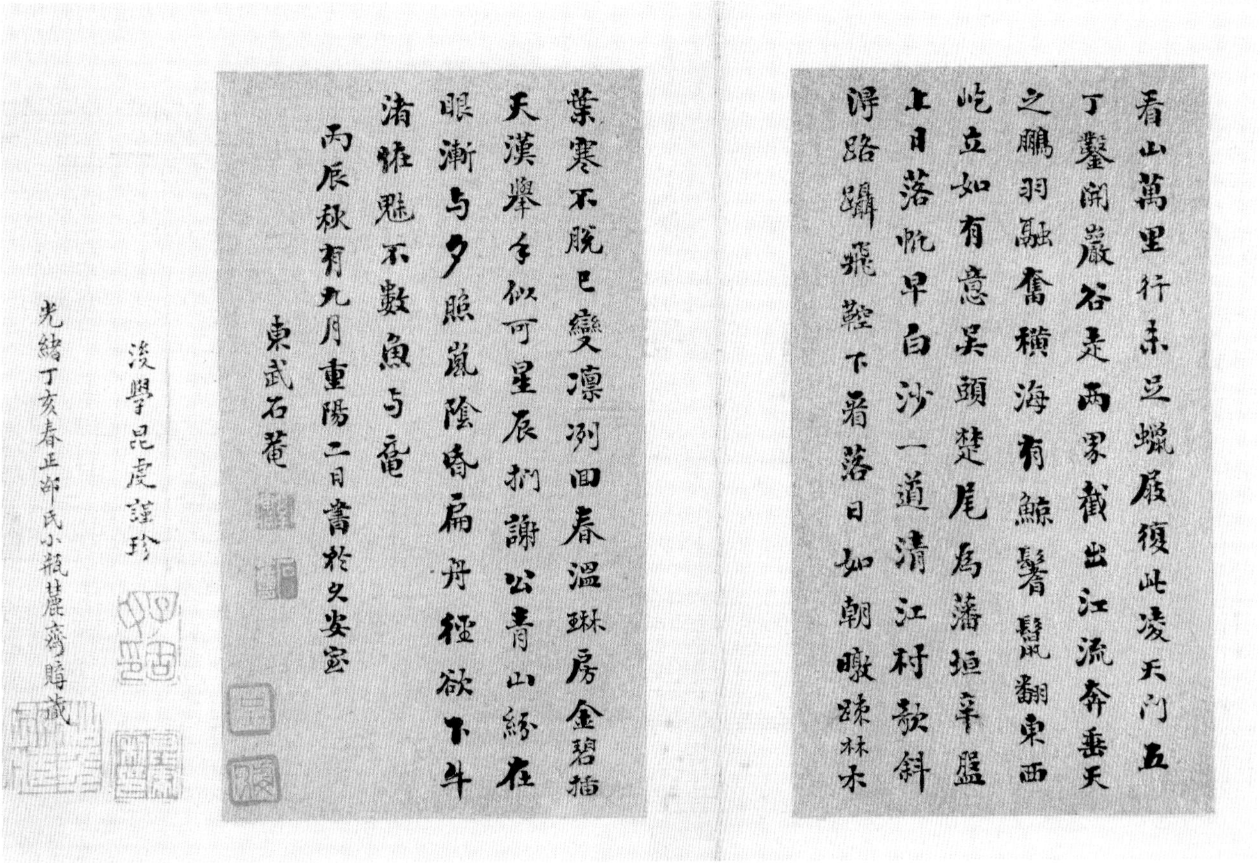
看山萬里行未足蠟屐復此凌天門五
丁鑿開巖谷走兩界截出江流奔垂天
之鵬羽融奮横海有鯨鬐鬣翻東西
屹立如有意吳頭楚尾為藩垣至盤
上日落帆早白沙一道清江村欹斜
浮路躡飛鞚下看落日如朝暾跡林木
葉寒不脫已變凜冽回春溫琳房金碧插
天漢舉手似可星辰捫謝公青山紛在
眼漸与夕照嵐陰昏扁舟極欲下斗
渚雉魁不數魚与黿
丙辰秋有九月重陽二日書於久安寓
東武石菴
後學昆虔謹珍
光緒丁亥春正邵氏小瓶廬齋購藏

第六開

57

劉墉　行楷書詩文卷

紙本　行楷書
縱26.8厘米　橫115.2厘米

Shi Wen (A poem and prose) in running-regular script
By Liu Yong
Handscroll, ink on paper
H. 26.8cm　L. 115.2cm

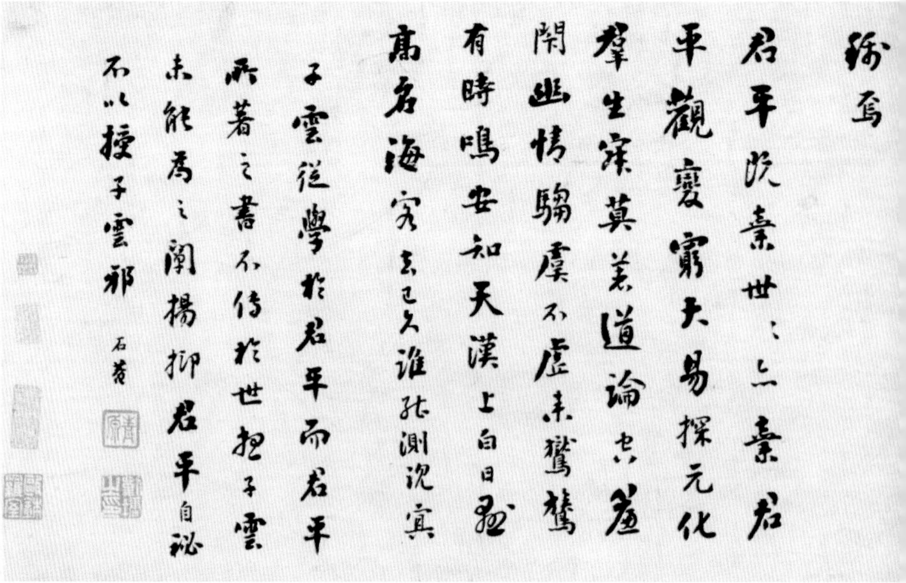

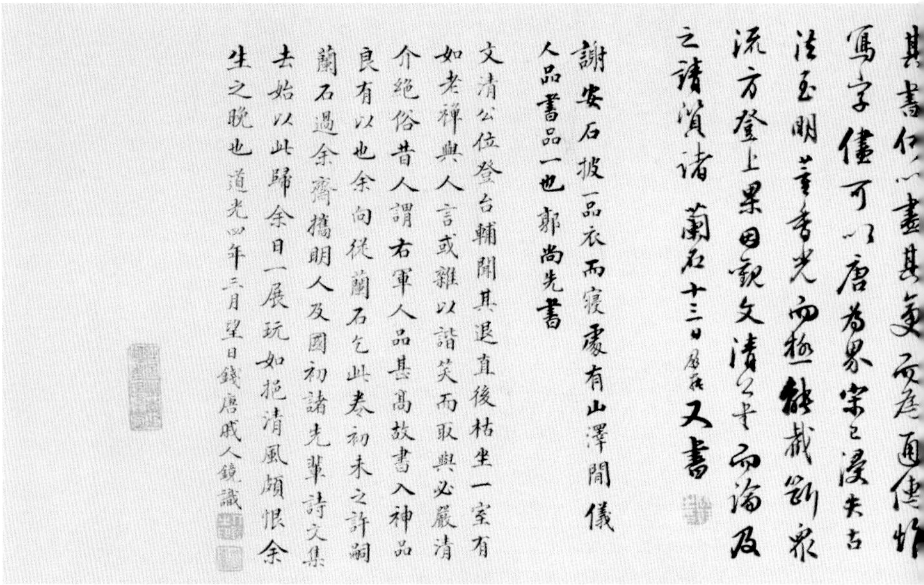

卷書“君平小傳”及五言詩一首，款署“石庵”，下鈐“青原”（朱文）、“劉墉之印”（白文），引首鈐“遊精寓賞”（朱文）印。末為劉墉自題一則。君平即嚴平，名遵，漢代隱士，卜筮（占卜）於成都。“子雲”即揚雄，漢代學者，少時以君平為師。

此卷書法筆厚貌豐，骨力內藏，墨色濃重渾厚，線條粗細相宜，結字互為遞映，豐潤中又具節奏感。劉墉書法主宗蘇軾，然講究結字，強調寫字不求平齊，要像鳥羽、魚鱗般有層次，以避免呆板。此卷運筆巧妙，較其他學蘇字者尤勝一籌。

鑑藏印記：“藏之名山自怡悦”（朱文）、“歸雲精舍”（白文）、“郭蘭石藏”（朱文）、“郭尚先審是印”（朱文）、“韻湖所藏”（朱文）、“徐宗浩印”（白文）、“石雪齋祕笈印”（朱文）、“歐鉢羅室”（白文）。

君平卜筮於成都市以為
卜筮者賤業而可以惠眾人有
邪惡非正之問則依蓍龜為
言利害與人子言依於孝與
弟言依於順與人臣言依
於忠矣因勢導之以善從吾
言者已過半矣裁日閱數人
得百錢足自養則閉肆下簾
而授老子博覽亡不通依老
子嚴周之指著書十餘萬言
揚雄少時從遊學以而仕京
師郷名數為郎逼在位賢者
孫君平德揲陵李疆素善
雄久之為益州牧喜謂雄曰
吾真得嚴君平矣雄曰君
偏禮以待之彼人可見而
不可得詘也疆心以為示然及
玉昌珍禮與相見卒不能及
三以為道事乃歎曰揚子雲

《詩文卷》之一

劉文清公雖位宰輔而性閒
適好藏古帖即轎中必以自隨
故其書不落唐以後人卷於
君主極繾綣之意可以識其有
趣矣道光四年新正七日因在
蘭石仁兄題於宣武門外之仁
壽硯齋

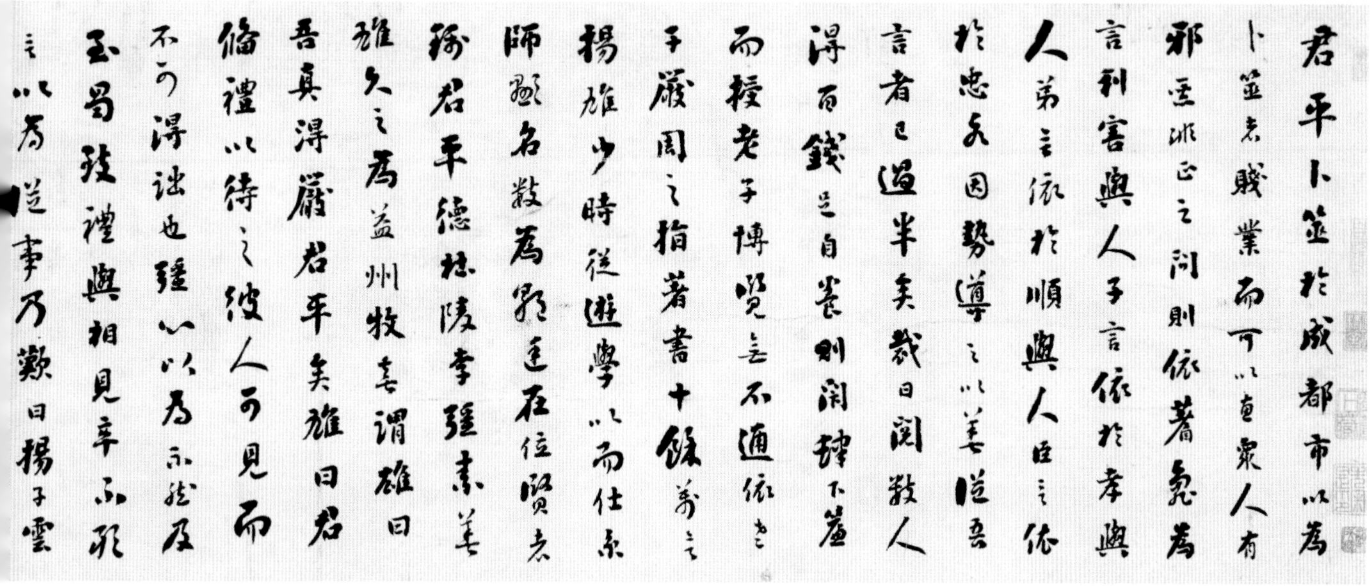

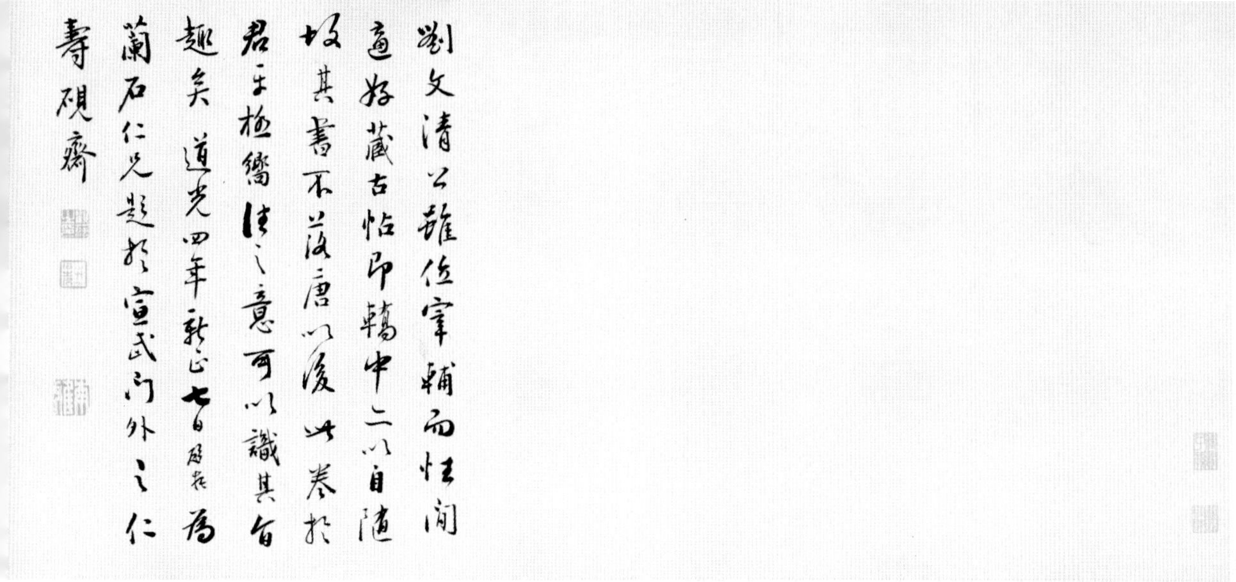

《詩文卷》之二

58

劉墉　行書送蔡明遠敍軸

紙本 行書
縱76厘米 橫45.4厘米

Song Cai Mingyuan Xu (Introduction to the Farewell to Cai Mingyuan) in running script
By Liu Yong
Hanging scroll, ink on paper
H. 76cm　L. 45.4cm

軸節臨唐代顏真卿《與蔡明遠帖》。款署“乙未冬日臨　石庵居士”，下鈐“劉墉之印”（白文）、“疑紫山房”（朱文），引首鈐“香岩室”（朱文）印。“乙未”為乾隆四十年（1775），時劉墉五十七歲。

此軸書法運筆圓勁，古樸飄逸，方圓兼備，蒼潤互見。清徐珂《清稗類鈔》評其書：“自入詞館以迄登台閣，體格屢變，神妙莫測。其少年時為趙體，珠圓玉潤，美如簪花。中年以後，筆力雄健，局勢堂皇。迨入台閣，則炫爛歸於平淡，而臻爐火純青之境矣。”此作反映了劉墉中年書法的體貌。

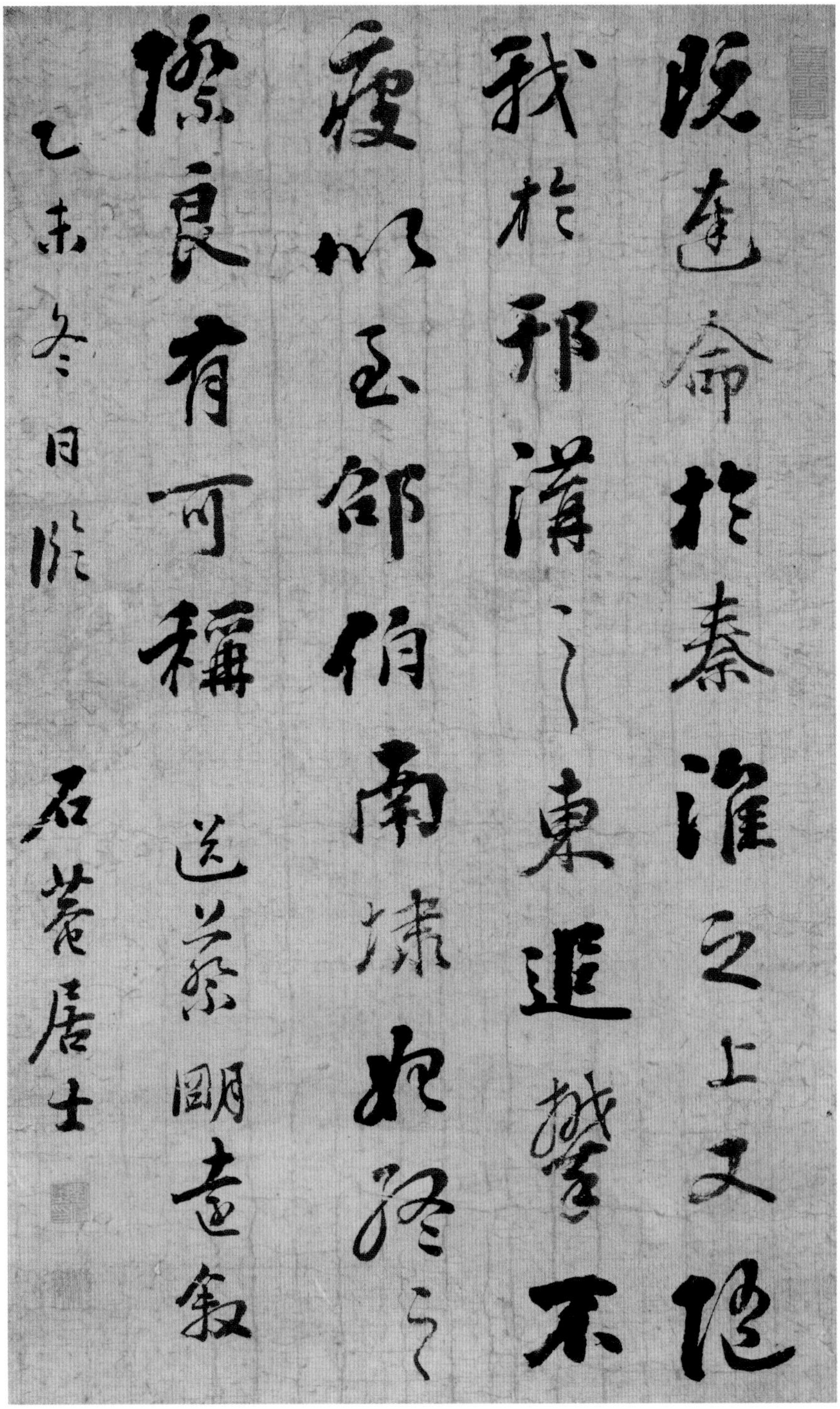

59

永瑆　楷書雜體詩冊

紙本 楷書　十一開
開縱26.7厘米　橫30.2厘米

Za Ti Shi (Poems in different styles) in regular script
By Yong Xing (1752-1823)
Album of 11 leaves, ink on paper
Each leaf: H. 26.7cm　L. 30.2cm

永瑆（1752—1823），字鏡泉，號少庵、詒晉齋主人。乾隆皇帝第十一子，封成親王。政治上少有作為，而研習詩文、書法，遂成大家，為“乾隆四家”之一。書法初師趙孟頫、歐陽詢，後涉足前代諸家，深得古人用筆之意。精真、行二體，兼及篆、隸。

《雜體詩冊》錄自作詩二十首。款署“嘉慶壬申四月　信芳大司馬以素冊十二葉索錄舊作，為寫雜體二十題請正　成親王”，下鈐“成親王”（白文）、“詒晉齋印”（白文）印，引首鈐“再壬申以後書”（朱文）印。清嘉慶壬申（1812），永瑆六十一歲。

此冊書法以歐、虞、褚諸家為法，並出以自家風度，清勁俊雅的風格中，流露出平和柔婉之意韻。這既是永瑆晚年書風的特徵，也是他懷舊心緒的一種體現。詩冊是寫給“信芳大司馬”即劉鐶之的，其父劉墉，詩注稱“石庵相國”，其祖劉統勳，詩注稱“延清文正公”。一門三世，俱為朝中高官顯貴，與成親王熟識並有私交。

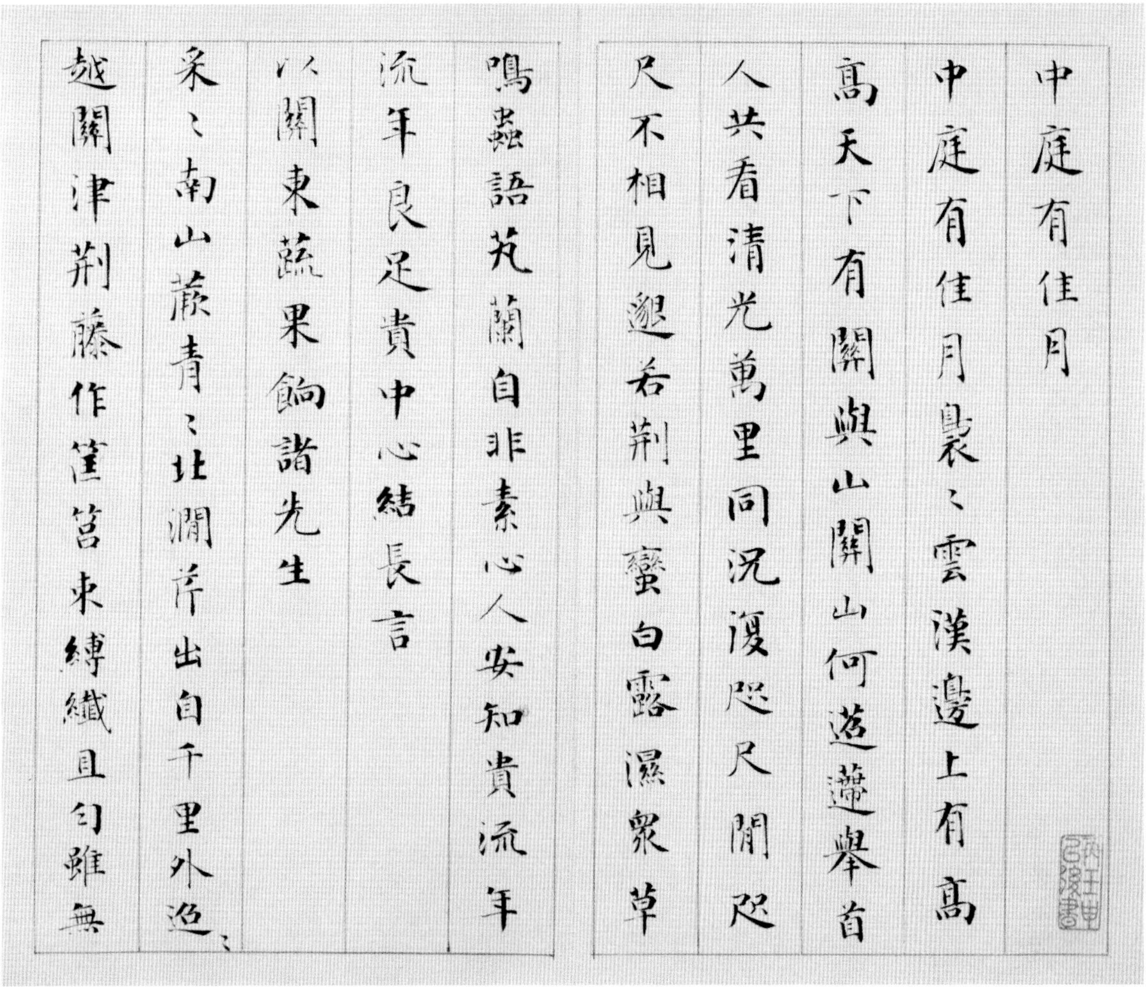

第一開

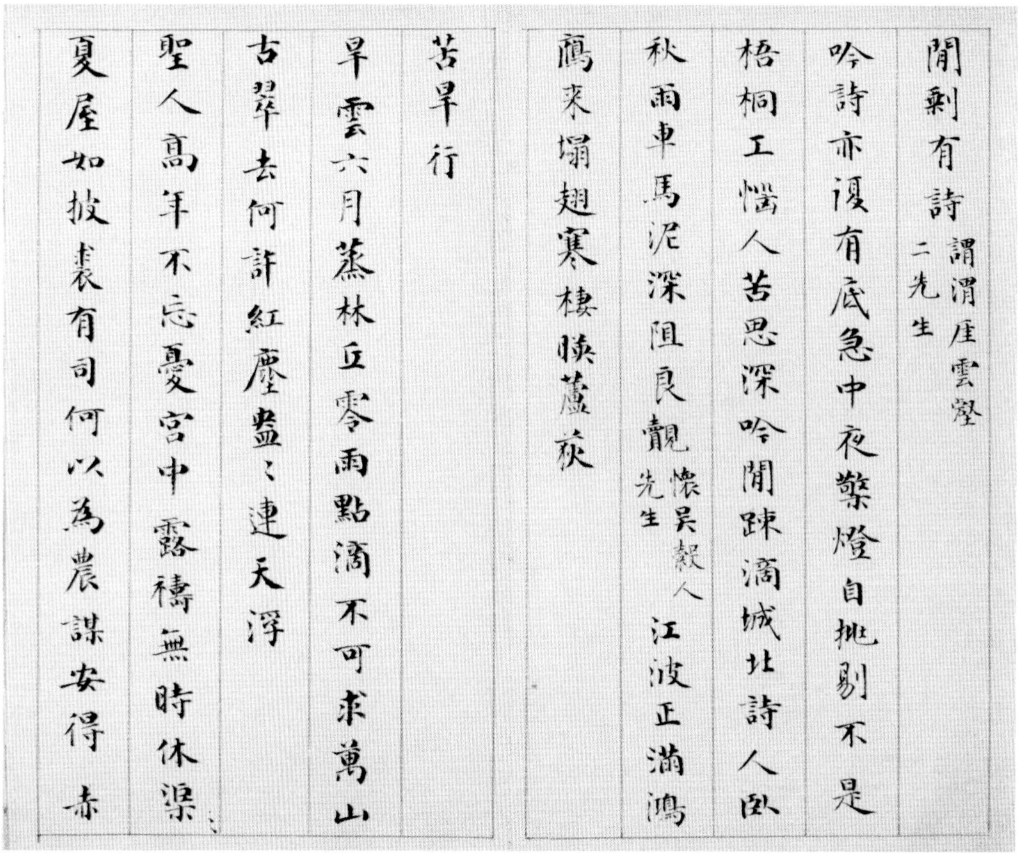
閒剩有詩 謂渭厓雲壑二先生
吟詩亦復有底急中夜檠燈自批剔不是
梧桐工惱人苦思深吟聞蹤滴城北詩人臥
秋雨車馬泥深阻良覿 懷吳穀人先生 江波正滿鴻
鴈來塌翅寒棲傍蘆荻
苦旱行
旱雲六月蒸林丘零雨點滴不可求萬山
古翠去何許紅塵盎盎連天浮
聖人高年不忘憂宮中露禱無時休渠
夏屋如披裘有司何以為農謀安得 赤

第三開

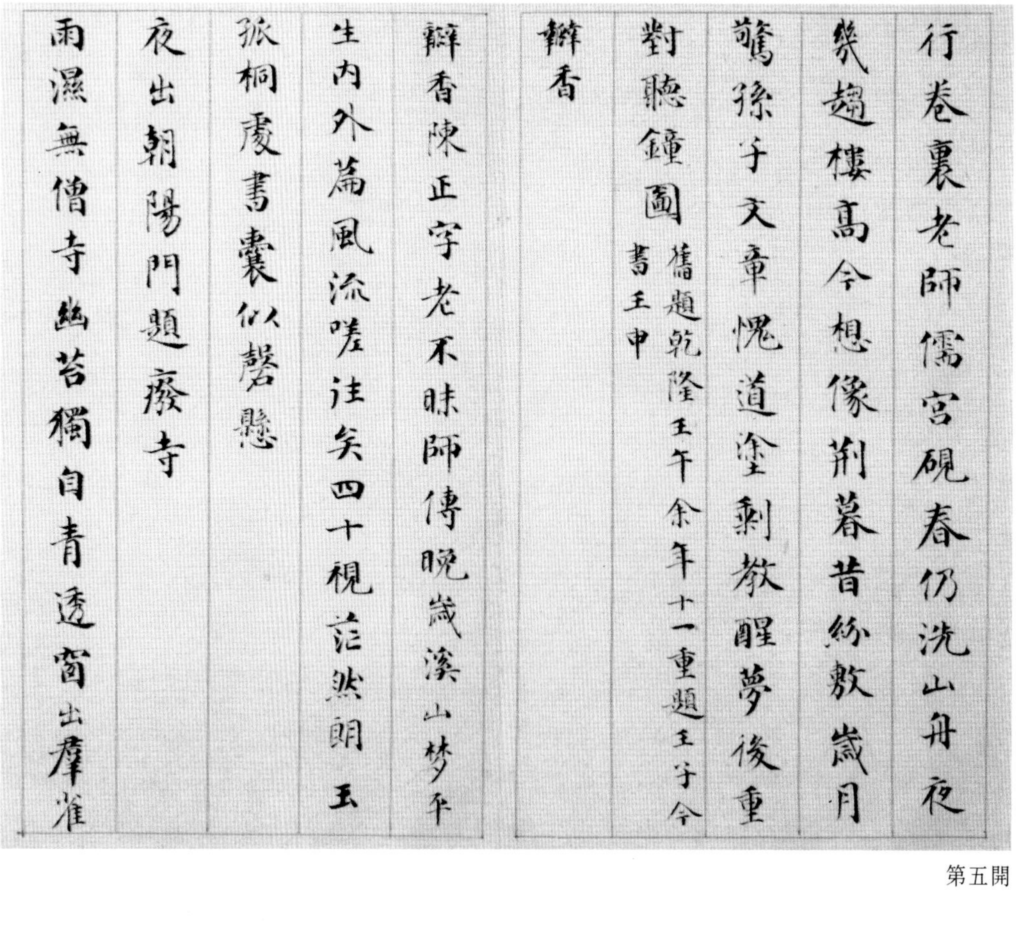
行卷裏老師儒宮硯春仍洗山舟夜
幾趨樓高今想像荊暮昔紛敷歲月
驚孫子文章愧道塗剩教醒夢後重
對聽鐘圖 舊題乾隆壬午余年十一重題壬子今書壬申
瓣香
瓣香陳正字老不昧師傳晚歲溪山夢平
生內外篇風流嗟往矣四十視茫然朗玉
孤桐處書囊似磬懸
夜出朝陽門題廢寺
雨濕無僧寺幽苔獨自青透窗出摩雀

第五開

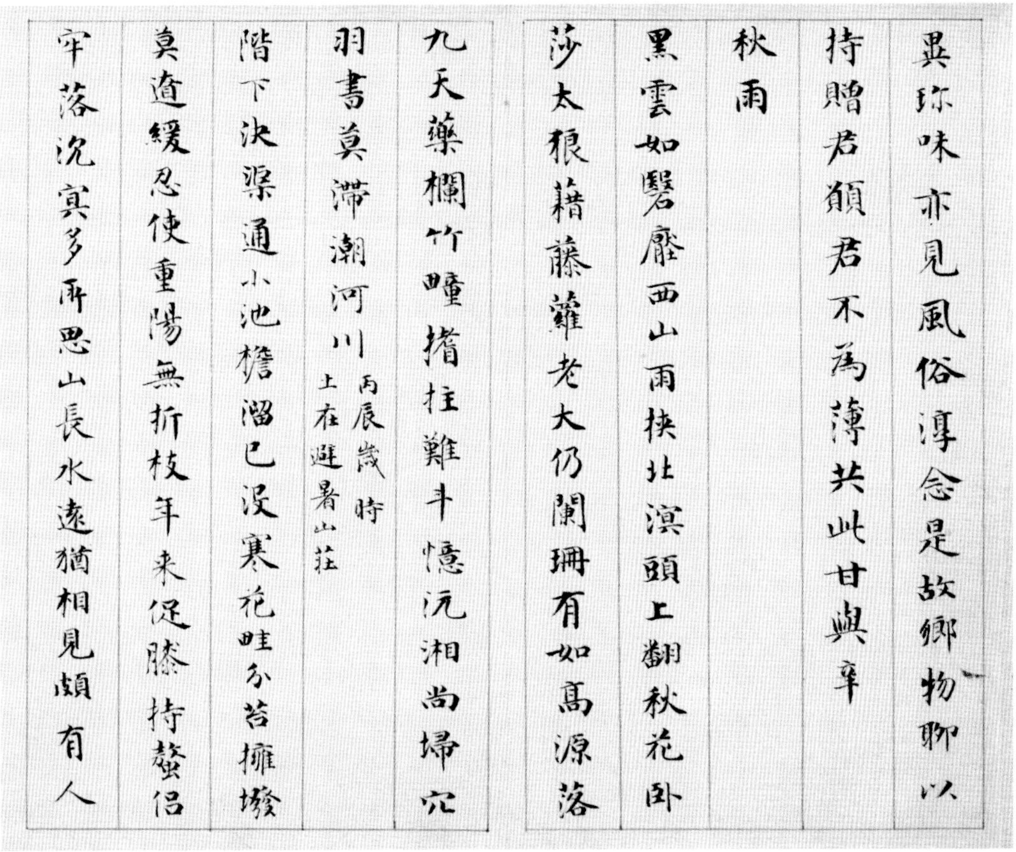
異珎味亦見風俗淳念是故鄉物聊以
持贈君須君不為薄共此甘與辛
秋雨
黑雲如罍靡西山雨挾北溟頭上翻秋花卧
莎太狼藉藤蘿老大仍闌珊有如高源落
九天藥欄竹幢擶柱難斗憶沅湘尚埽穴
羽書莫滯潮河川
丙辰歲時
上在避暑山莊
階下決渠通小池檐溜已沒寒花畦分皆擁墢
莫遣緩忍使重陽無折枝年來促膝持螯侶
罕落沉冥多所思山長水遠猶相見頗有人
第二開

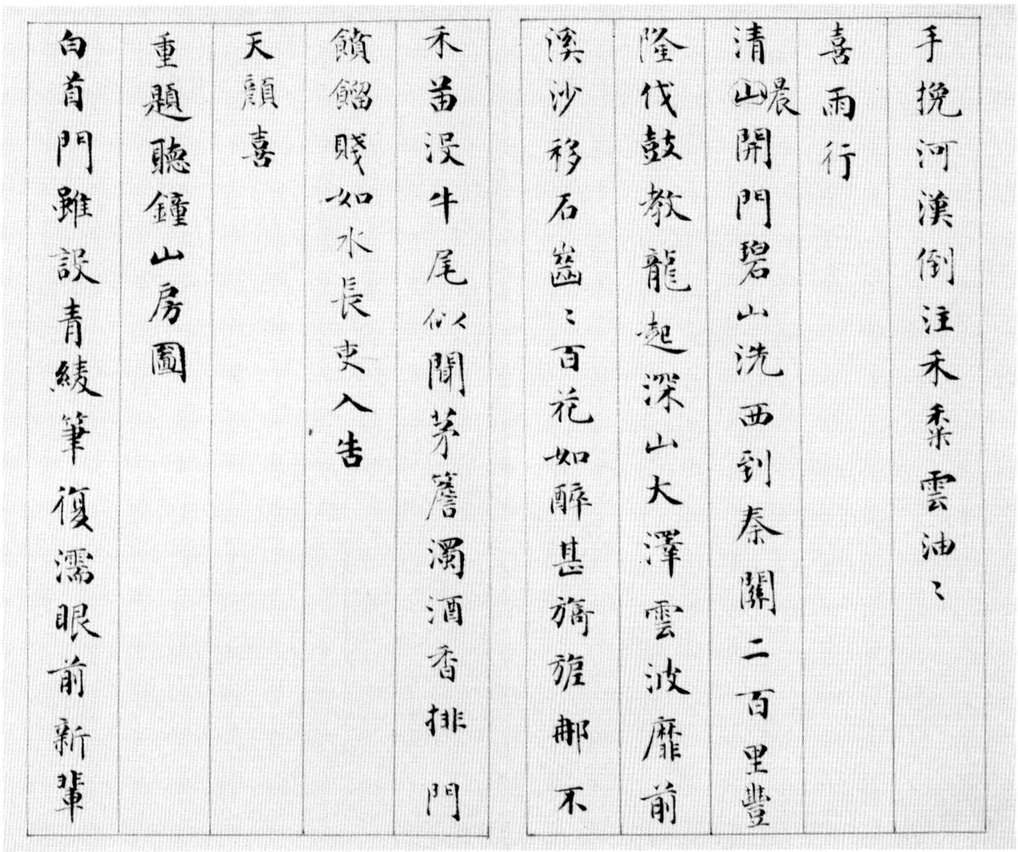
手挽河漢倒注禾黍雲油〻
喜雨行
清晨開門碧山洗西到秦關二百里豊
隆伐鼓教龍起深山大澤雲波靡前
溪沙移石齒〻百花如醉甚旖旎郁不
禾苗沒牛尾似〻聞茅簷濁酒香排門
餽餡賤如水長吏入告
天顏喜
重題聽鐘山房圖
白首門難設青綾筆復濡眼前新輩
第四開

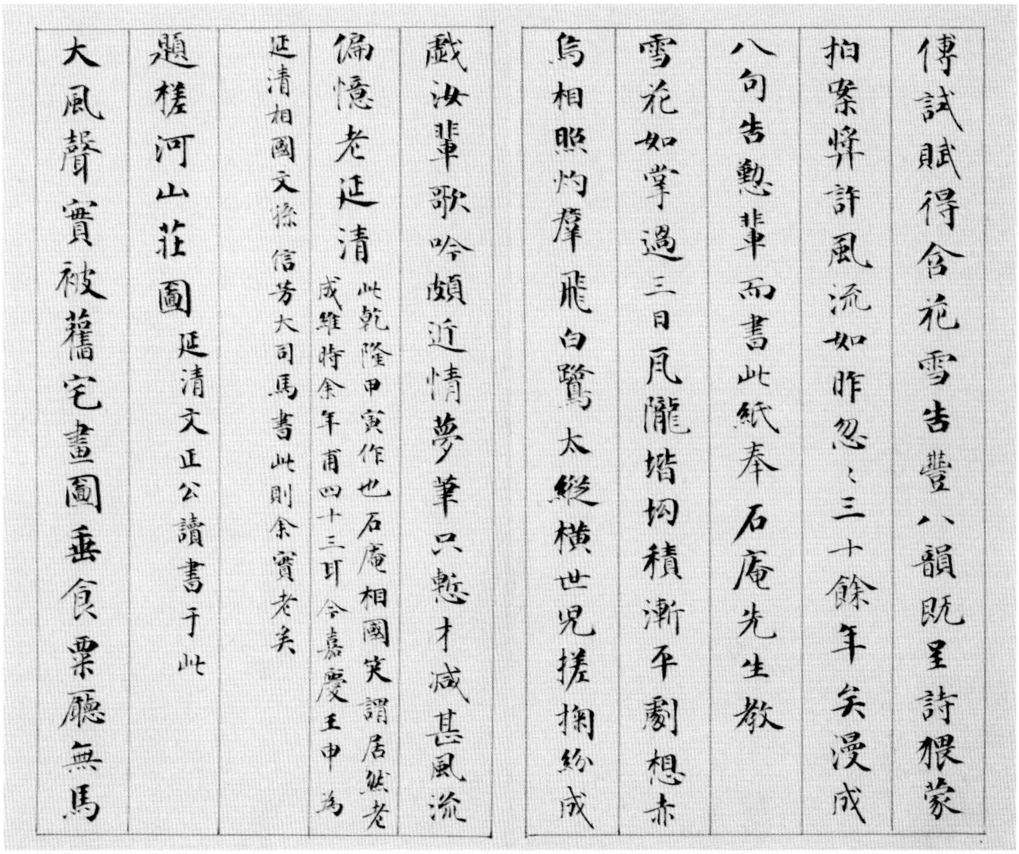

傳試賦得含花雪告豐八韻既呈詩猥蒙
拍案擊許風流如昨忽忽三十餘年矣漫成
八句告勉輩而書此紙奉石庵先生教
雪花如掌過三日風隴堦坳積漸平劉想赤
烏相照灼摩飛白鷺太縱橫世兒搓搦紛成
戲汝輩歌吟頗近情夢筆只慙才減甚風流
偏憶老延清 此乾隆甲寅作也石庵相國笑謂居然老成維特余年甫四十三耳今嘉慶壬申為
延清相國文孫信芳大司馬書此則余實老矣
題槎河山莊圖 延清文正公讀書于此
大風聲實被舊宅畫圖垂食粟應無馬

第七開

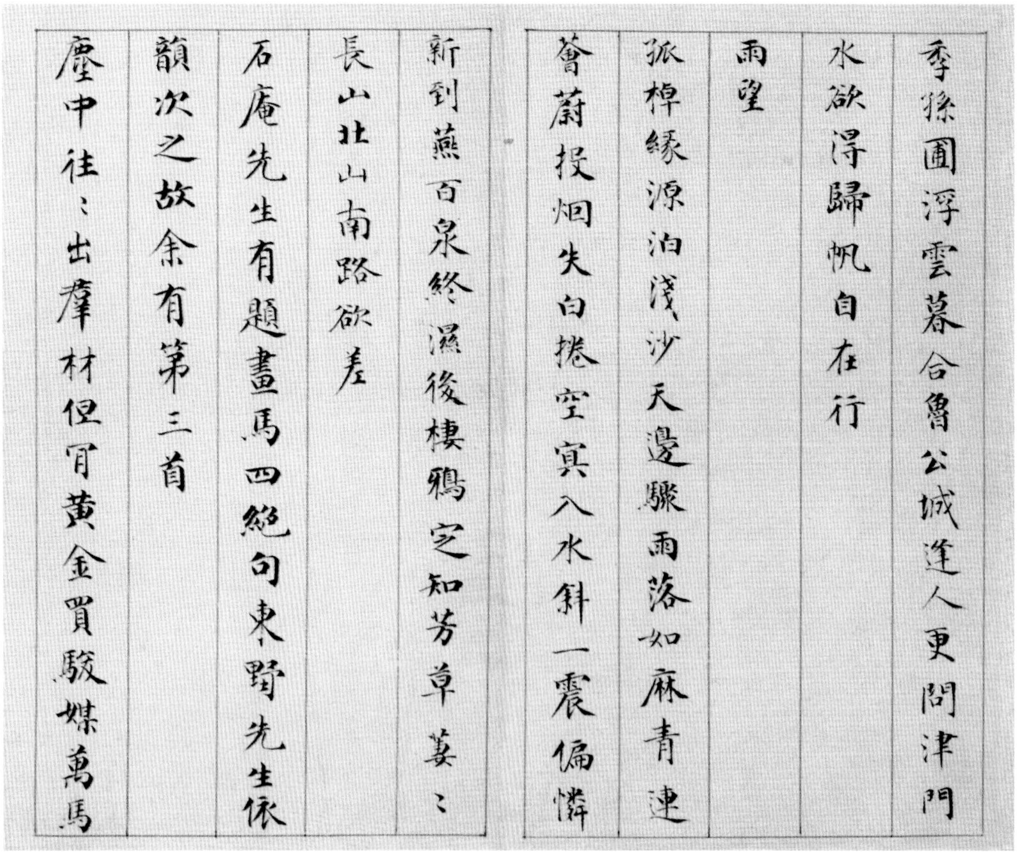

季孫圃浮雲暮合魯公城蓮人更問津門
水欲得歸帆自在行
雨望
孤棹緣源泊淺沙天邊驟雨落如麻青連
薈蔚投烟失白捲空冥入水斜一震偏憐
新到燕百泉終濕後棲鴉定知芳草萋萋
長山北山南路欲差
石庵先生有題畫馬四絕句東野先生依
韻次之故余有第三首
歷中往往出摩材但有黃金買駿媒萬馬

第九開

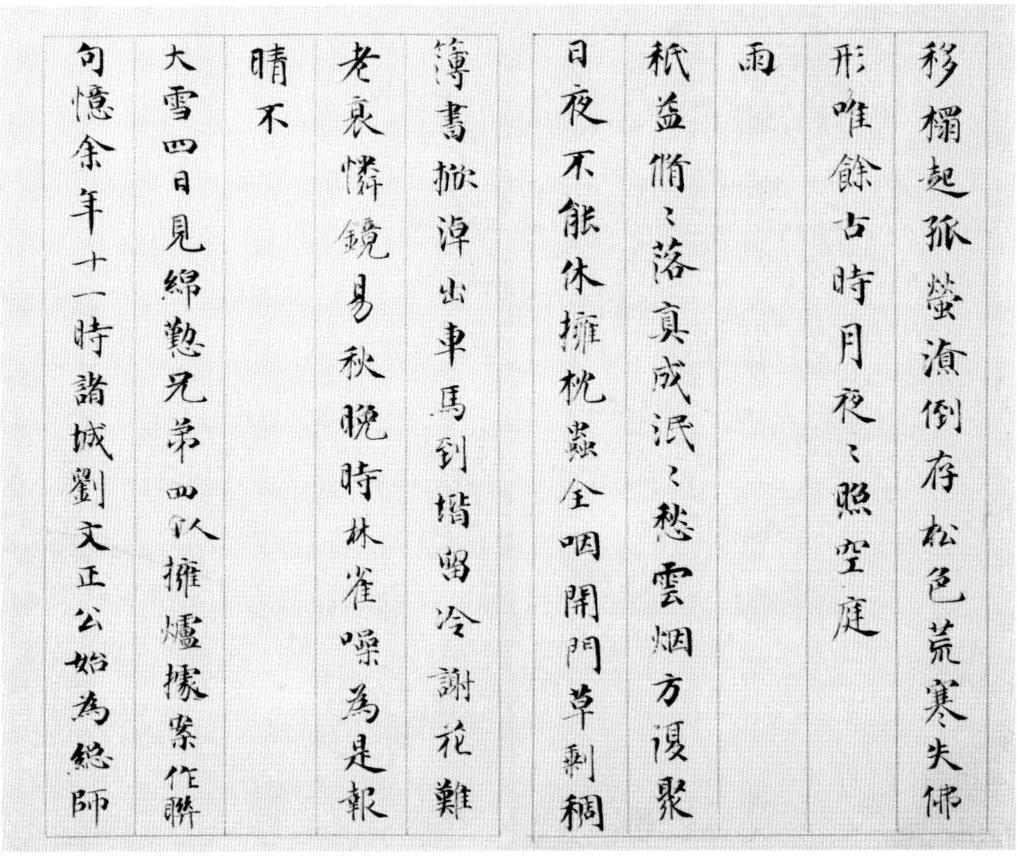

移榻起孤螢瀉倒存松色荒寒失彿
形唯餘古時月夜々照空庭
雨
秖益悄々落真成泯々愁雲烟方復聚
日夜不能休擁枕蟲全咽開門草剩稠
薄書掀淖出車馬到堦留冷謝花難
老衰憐鏡易秋晩時林雀噪為是報
晴不
大雪四日見綿懃兄弟四人擁爐據案作聯
句憶余年十一時諸城劉文正公始為總師

第六開

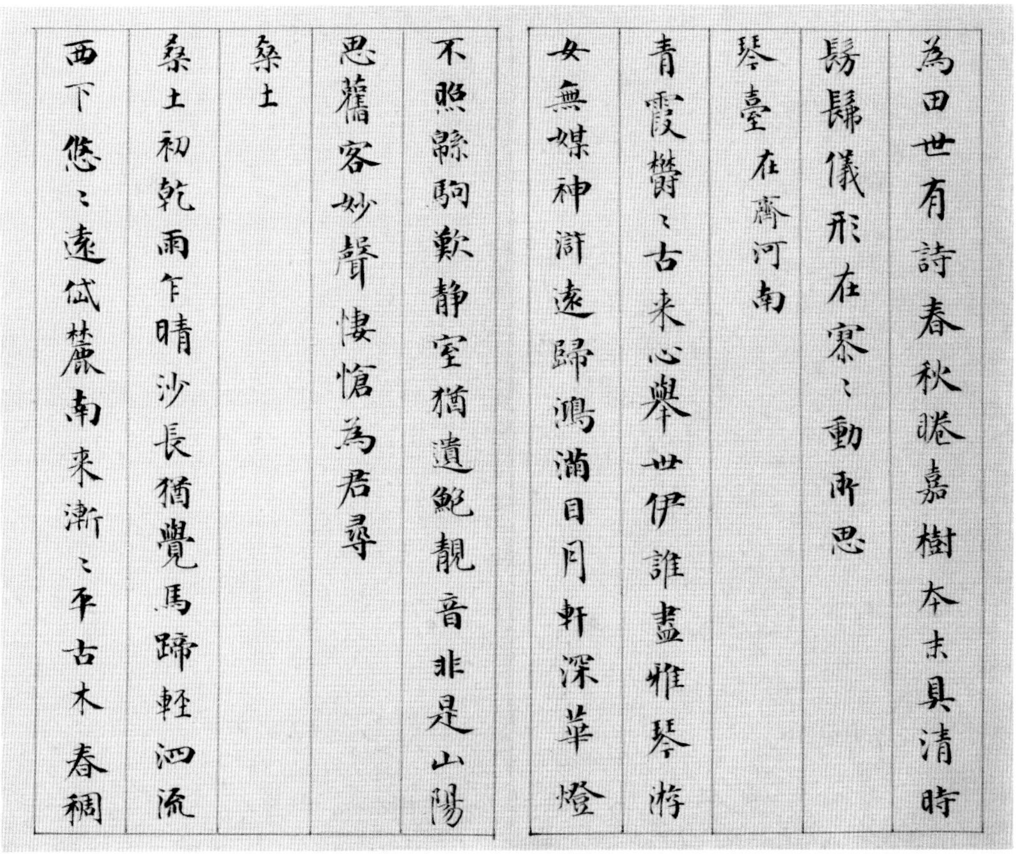

為田世有詩春秋腃嘉樹本末具清時
髣髴儀形在寤々動所思
琴臺在齊河南
青霞鬱々古來心舉世伊誰盡雅琴游
女無媒神澥遠歸鴻滿目月軒深華燈
不照緜駒歎靜室猶遺鮑靚音非是山陽
思舊客妙聲悽愴為君尋
桑土
桑土初乾雨乍晴沙長猶覺馬蹄輕泗流
西下悠々遠岱麓南來漸々平古木春稠

第八開

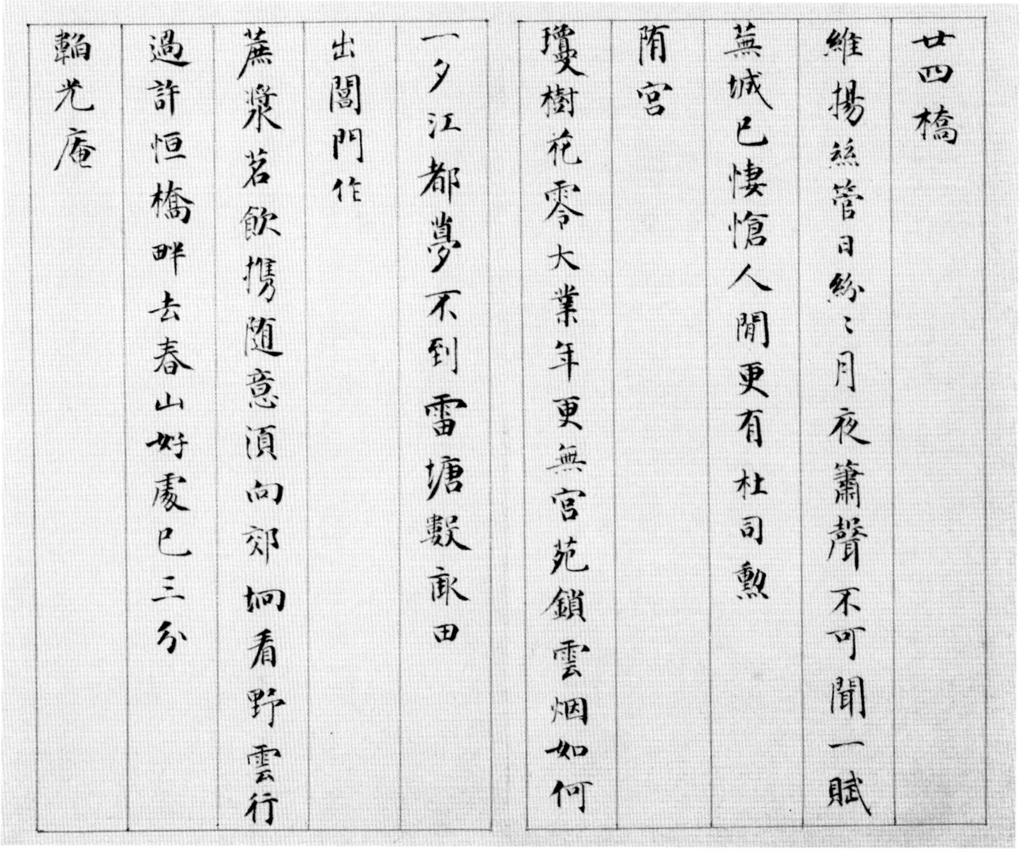
廿四橋
維揚絲管日紛紛月夜簫聲不可聞一賦
蕪城已悽愴人間更有杜司勳
隋宮
瓊樹花零大業年更無宮苑鎖雲烟如何
一夕江都夢不到雷塘數畝田
出閶門作
蕪漿茗飲携隨意須向郊坰看野雲行
過許恒橋畔去春山好處已三分
韜光庵

第十開

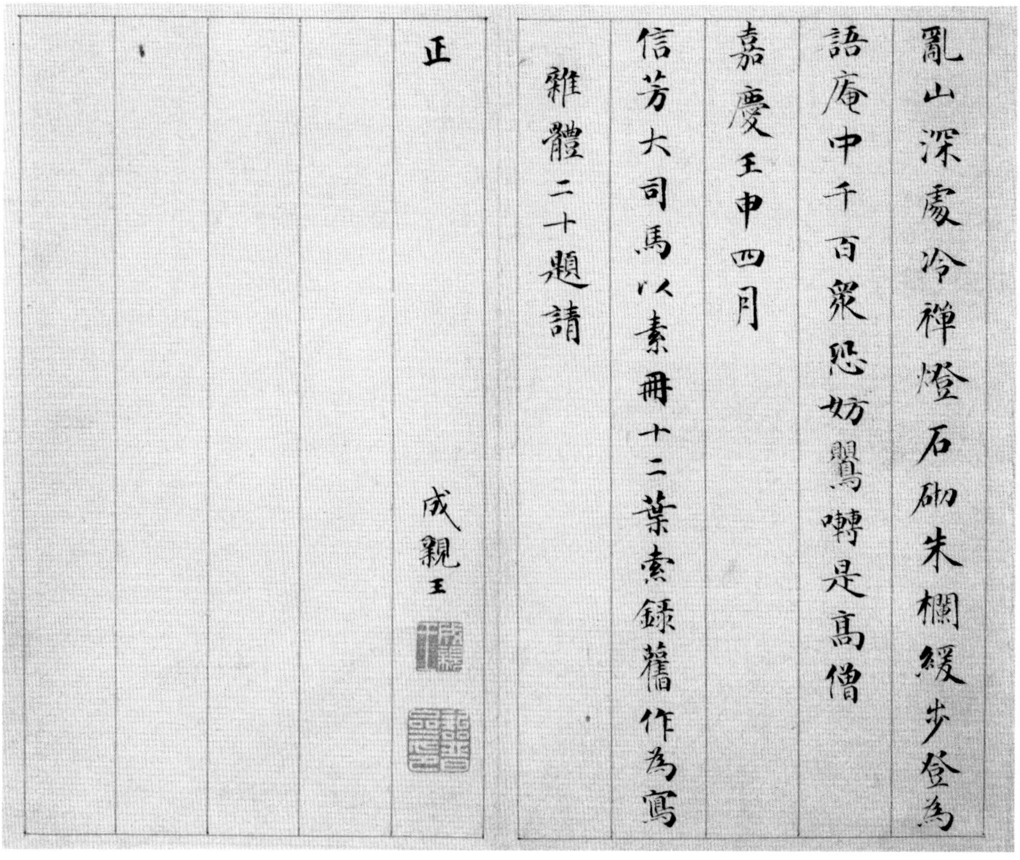
亂山深處冷禪燈石砌朱欄緩步登為
語庵中千百衆恐妨鶯囀是高僧
嘉慶壬申四月
信芳大司馬以素冊十二葉索錄舊作為寫
雜體二十題請
正
成親王

第十一開

60

永瑆　楷書詞林典故序軸

紙本 楷書
縱186.4厘米 橫81.8厘米
清宮舊藏

Ci Lin Dian Gu Xu (Preface to the Allusions to the Imperial Academy) in regular script

By Yong Xing
Hanging scroll, ink on paper
H. 186.4cm L. 81.8cm
Qing Court collection

《詞林典故序》全稱為《御制續纂詞林典故序》，詞林乃翰林院的別稱。《詞林典故》一書成於乾隆十三年(1748)，其時僅八卷，至嘉慶九年(1804)《續纂詞林典故》修成，已增至六十四卷。此作無年款，但據文中所述："乙丑仲冬月，大學士朱珪請序"可推知書於嘉慶十年(1805)仲冬之後，屬永瑆晚年手筆。款署"臣永瑆敬書"，鈐"臣"(白文)、"永瑆"(白文)印。

此軸書法師歐陽詢，結體瘦緊，用筆勁利，極具唐人森嚴之法度。以此面目書寫御制文，雖顯得端莊恭謹，但同時也不免有澀重板滯的缺憾。

鑑藏印記：乾隆、嘉慶、宣統內府諸印。

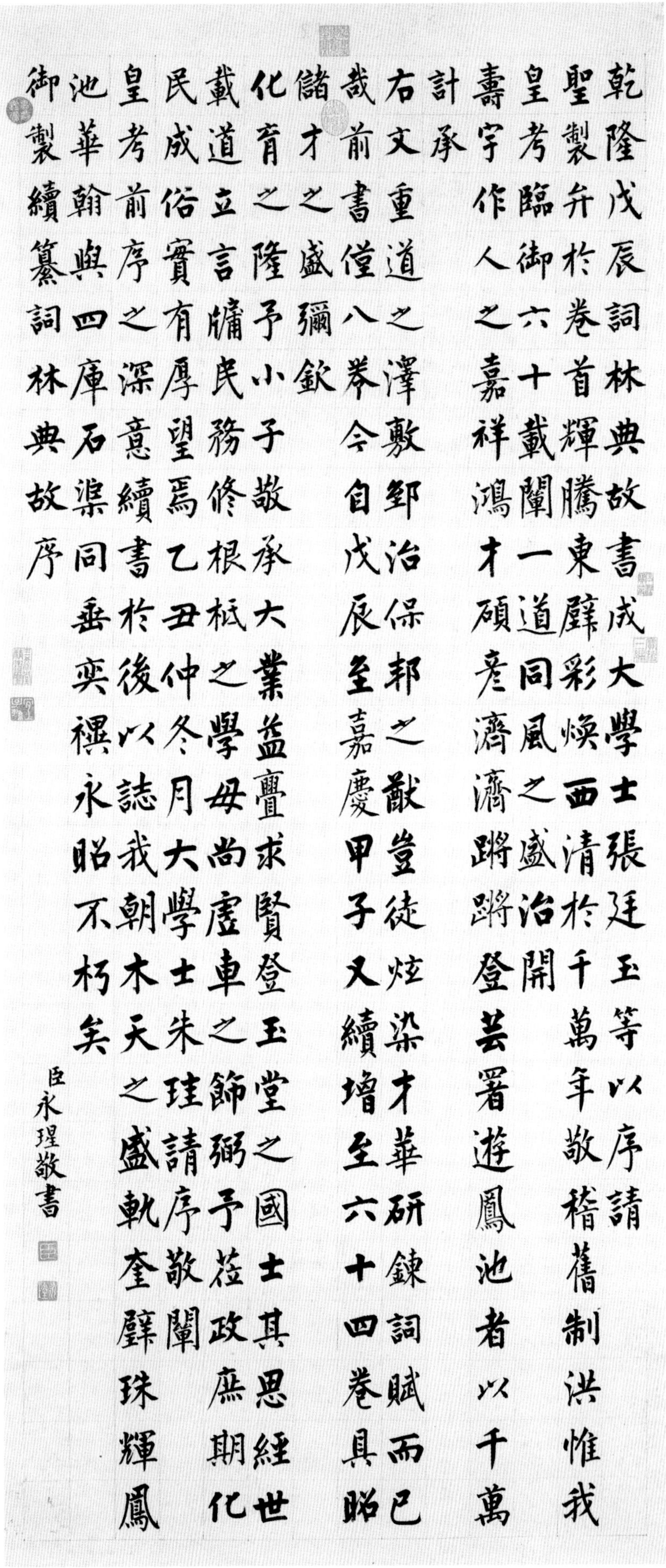

61

永瑆　行楷書詩文四條屏

紙本　行楷書
屏縱74.6厘米　橫25.5厘米

Shi Wen Si Tiao Ping (Poems) in regular-running script

By Yong Xing
A set of 4 narrow vertical scrolls hung together, ink on paper
Each scroll: H. 74.6cm　L. 25.5cm

四條屏以真、行二體書錄謝朓、江淹、王安石、李衛公等四家詩文。分別鈐"聽雨屋"(朱文)、"校理祕文"(朱文)、"大雅"(朱文)、"我從山水窟中來"(朱文)、"永瑆之印"(朱文)、"而倪室"(朱文)、"看雪閣"(白文)、"有文"(朱文，葫蘆)、"成親王"(白文)、"唯壬申吾以降"(朱文)印。

此作書法面目各異，或規正端莊，或飄逸瀟灑，神情兼備，充分展示了成親王的書藝成就。富有觀賞性的表現形式——四條屏，也為此作增添了宏麗的氣勢。

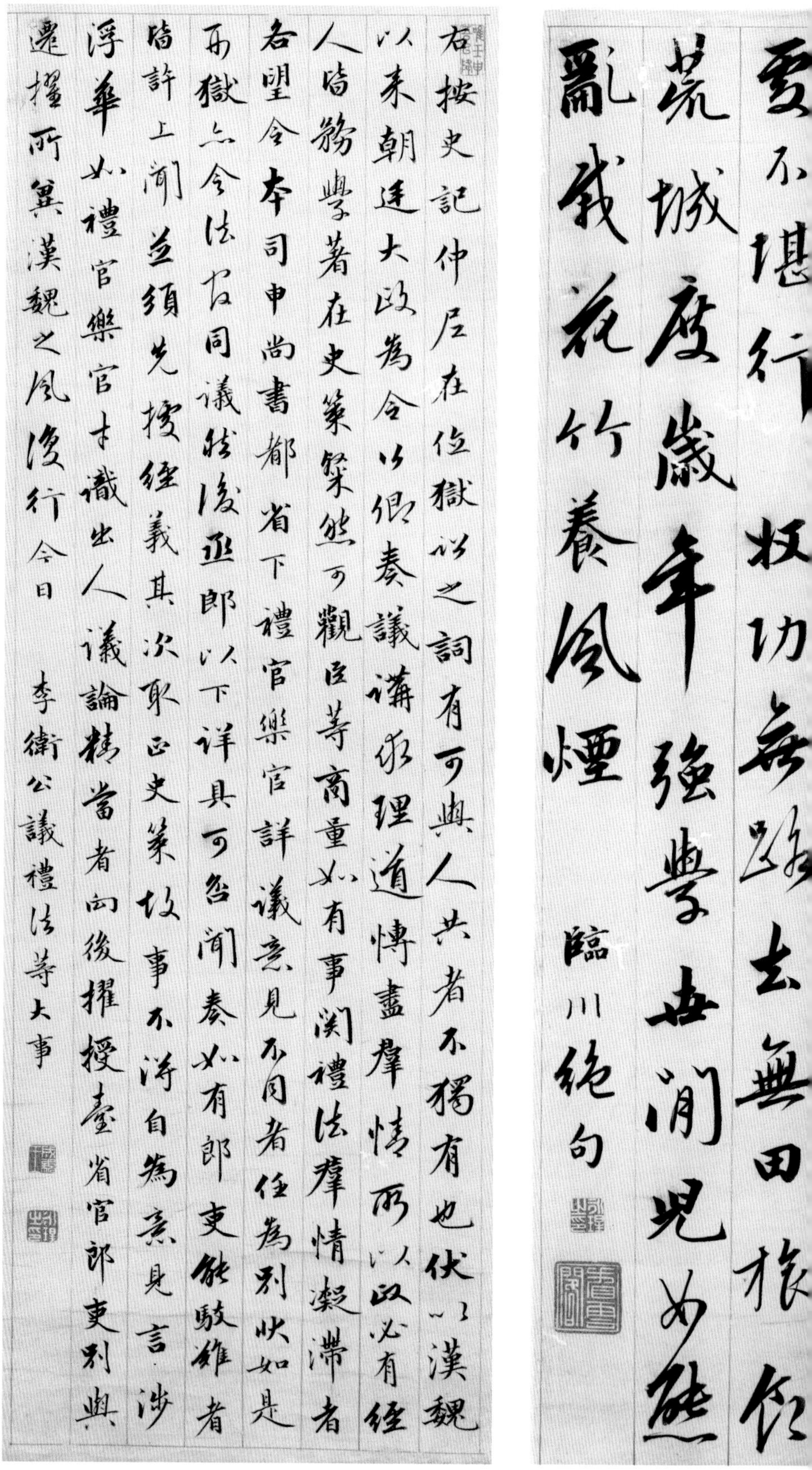

掖庭聘絕國長門失歡讌相逢詠蘼
蕪辭寵悲團扇花叢亂數蝶風簾
入雙燕徒使春帶賒坐惜紅顏變平
生一顧重夙昔千金賤故人心尚爾心
人不見

謝元暉

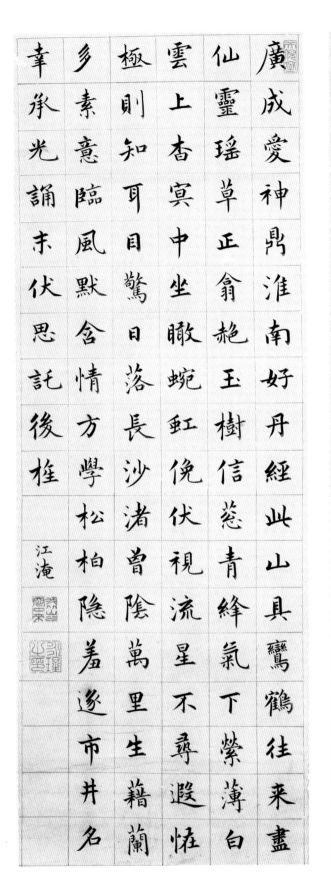

廣成愛神鼎淮南好丹經此山具鸞鶴往來盡
仙靈瑤草正翕赩玉樹信蔥青絳氣下縈薄白
雲上杳冥中坐瞰蜿虹俛伏視流星不尋遐怪
極則知耳目驚日落長沙渚曾陰萬里生藉蘭
多素意臨風默含情方學松柏隱羞逐市井名
幸承光誦末伏思託後旌

江淹

翛然三月閑集前綠蘩陰〻忽滿

62

鐵保　行草書臨王帖冊

紙本　行草書　五開
開縱16.3厘米　橫26.5厘米

Lin Wang Tie (After Masters Wang's calligraphy) in running-cursive script

By Tie Bao (1752-1824)
Album of 5 leaves, ink on paper
Each leaf: H. 16.3cm　L. 26.5cm

鐵保(1752—1824)，字冶亭，號梅庵、鐵卿，滿族正黃旗人。乾隆三十七年(1772)進士。嘉慶年間官至兩江總督、吏部尚書。擅詩，少時即與百齡、法式善稱三才子。工書畫，楷書學顏真卿，行草書宗法二王、懷素、孫過庭，為"乾隆四家"之一。嘗刻《惟清齋帖》，為士林所重。

《臨王帖冊》臨寫晉代王廙、王洽、王獻之等人七帖共五開，款署"丙寅四月廿五日大雨，閉門作書亦復佳，特不知河口情形何如，心甚懸懸。鐵保識"。鈐"鐵保私印"(白文)、"宮保尚書"(朱文)、"平生珍賞"(朱文)印。"丙寅"為清嘉慶十一年(1806)，作者時年五十四歲，為其中年之作。

此冊書法運筆精熟，雖為臨帖之作，但無澀滯之感，可見書家對摹寫對象極為熟悉。鐵保書法長於摹古，尤其對王氏一門書法精研不輟，時人謂其"臨池之工天下莫及"，由此可見一斑。

鑑藏印記："幼農"(朱文)、"格平讀過"(朱文)、"傳賢子孫"(白文)等十方。

第三開

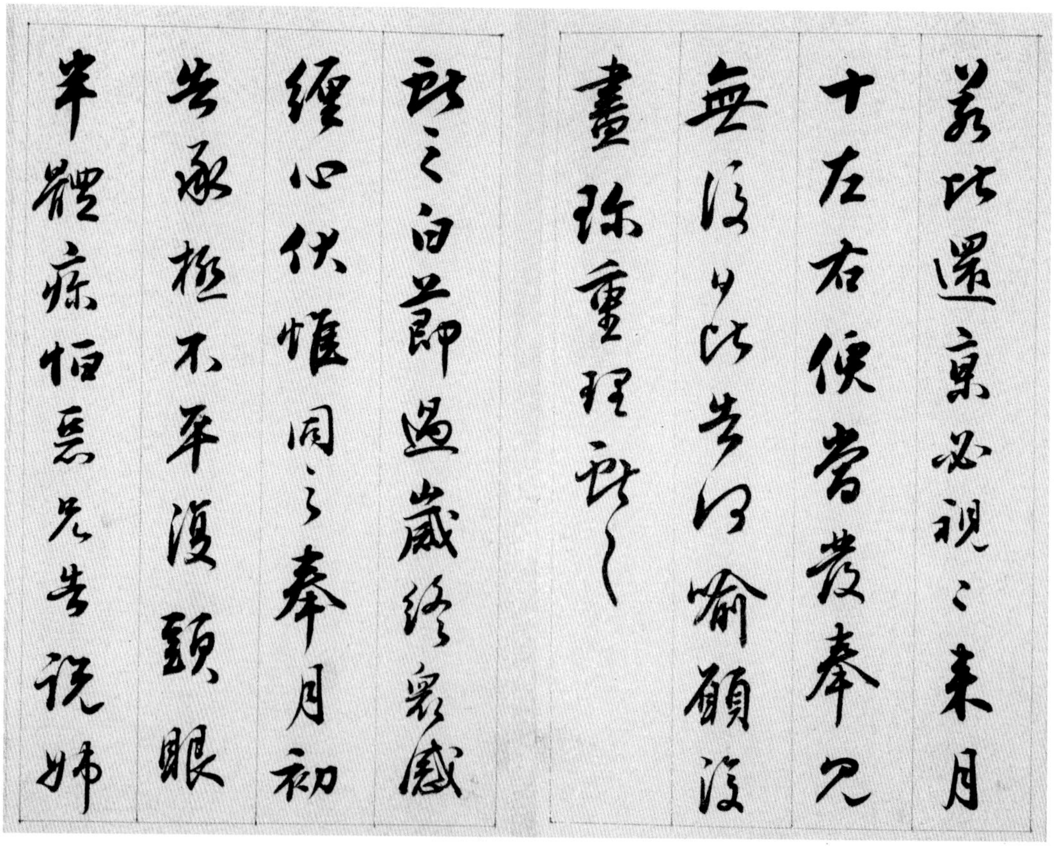

若比還京，必視之。來月十左右便當發。奉見無復日，比告何喻。願復盡珍重理。獻之

獻之白，節過歲終，眾感纏心。伏惟同之。奉月初告，承極不平復。頭眼半體疹恆惡。兄告說，姊

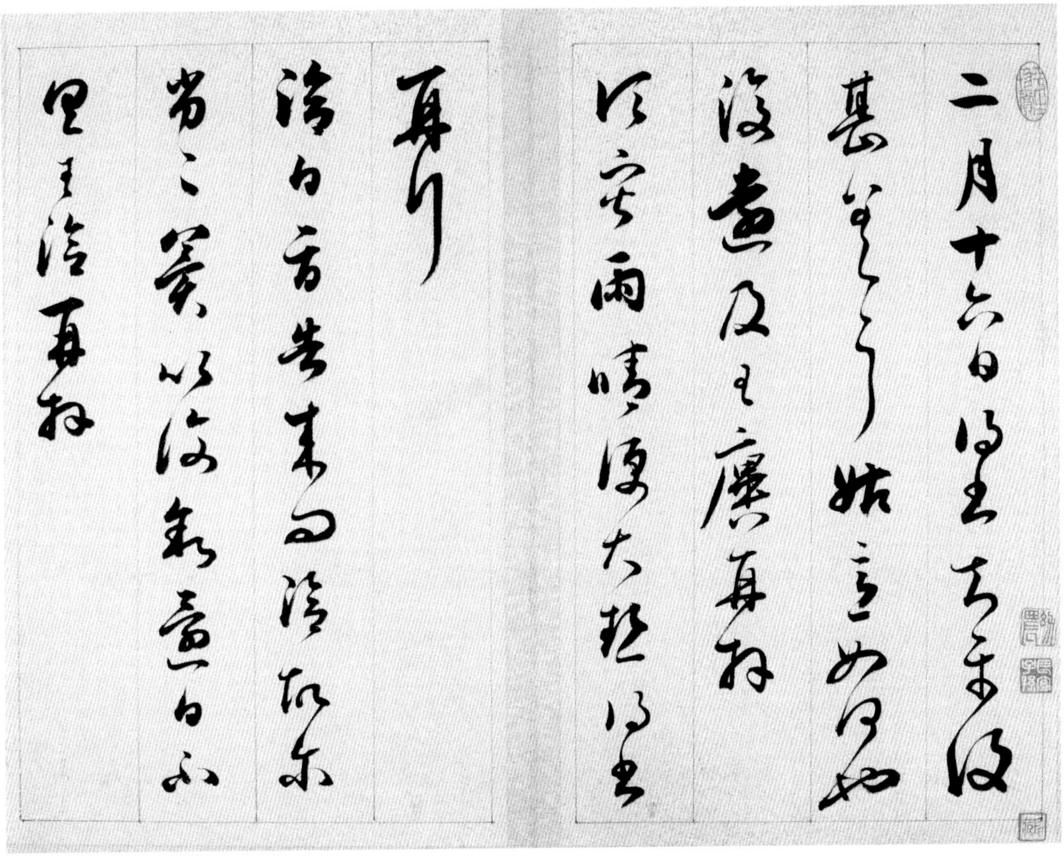

第一開

釋文：

二月十六日，得書知示，復甚差耳。姑意如何也，復遠及。王廙再拜。頃災雨晴，便大熱，得書，再拜。

洽白，辱告來(承)問，洽故爾劣劣。冀以復敘。還白不具。王洽再拜

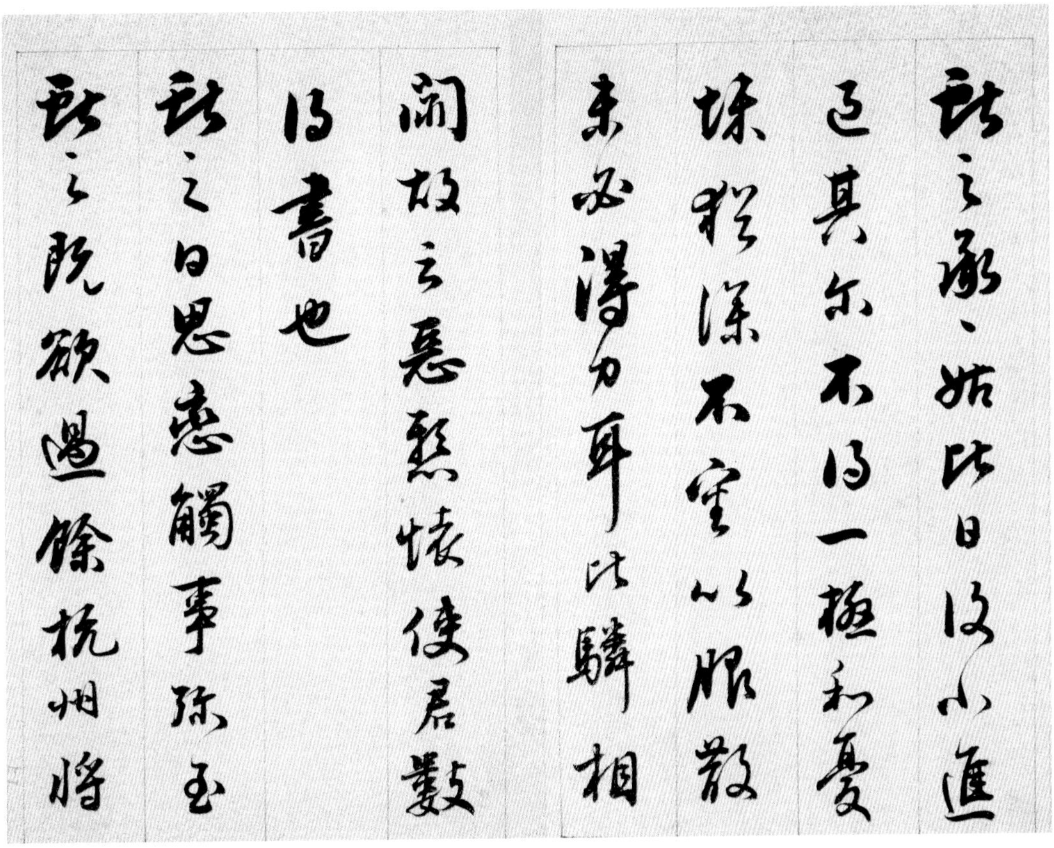

第二開

獻之，承承，姑比日復小進退，其爾不得一極和，憂悚猶深。不審比服散，未必得力耳。比驎相聞，故云惡，慚懷。使君數得書也。

獻之白，思戀觸事彌至，獻之既欲過餘杭。州將

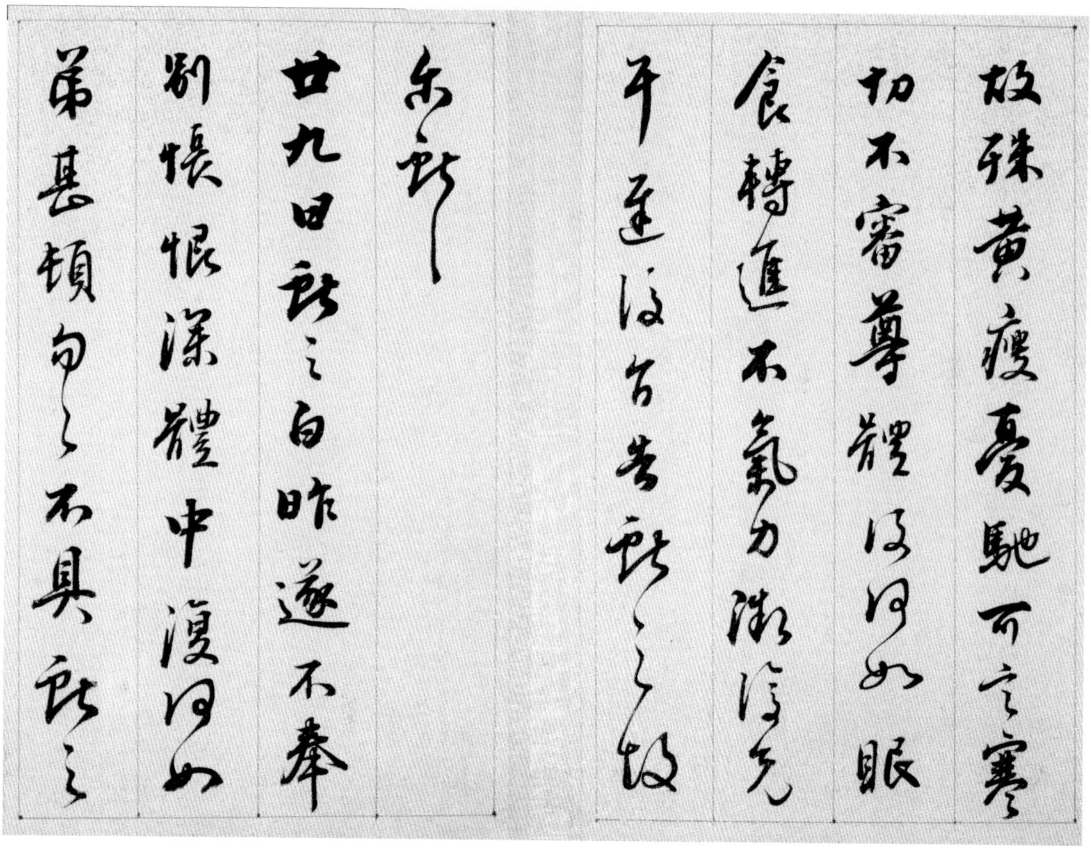

第四開

故殊黃瘦，憂馳可言。寒切。不審尊體
復何如，眠食轉進不，氣力漸復先耳。
遲復旨告，獻之故爾。獻之
廿九日獻之白，昨遂不奉，別悵恨深。
體中復何如。弟甚頓，匆匆不具。獻之

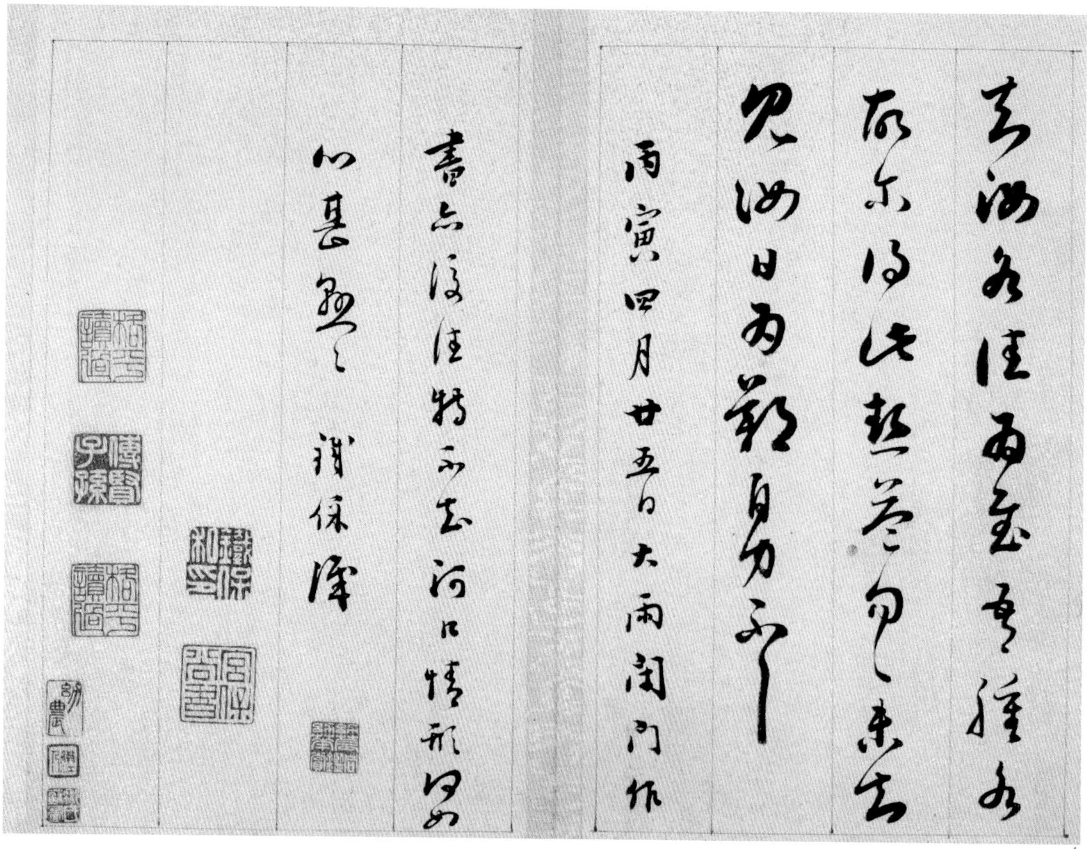

第五開

知汝各佳為慰，吾腫水故爾，得此熱，
益匆匆，未知見汝日為嘆。自力，不
具。　丙寅四月廿五日大雨閉門作書亦復
佳，特不知河口情形何如，心甚懸懸。
鐵保識

63

鐵保　行書錄語軸

紙本　行書

縱113.7厘米　橫39.8厘米

Lu Yu (Quotations) in running script

By Tie Bao

Hanging scroll, ink on paper

H. 113.7cm　L. 39.8cm

軸書董其昌《畫禪室隨筆》語。款署“鐵保”，鈐“鐵保私印”(朱文)、“梅庵”(白文)印。

此軸書法用筆粗重，結字緊密，精氣內斂而勁力自寓其中。結字用筆雖仍具王書特色，而行距寬疏，有明代晚期書家倪元璐、黃道周書風遺韻。此軸風格與上幅《臨王帖冊》明顯不同，更具自家書的特色。

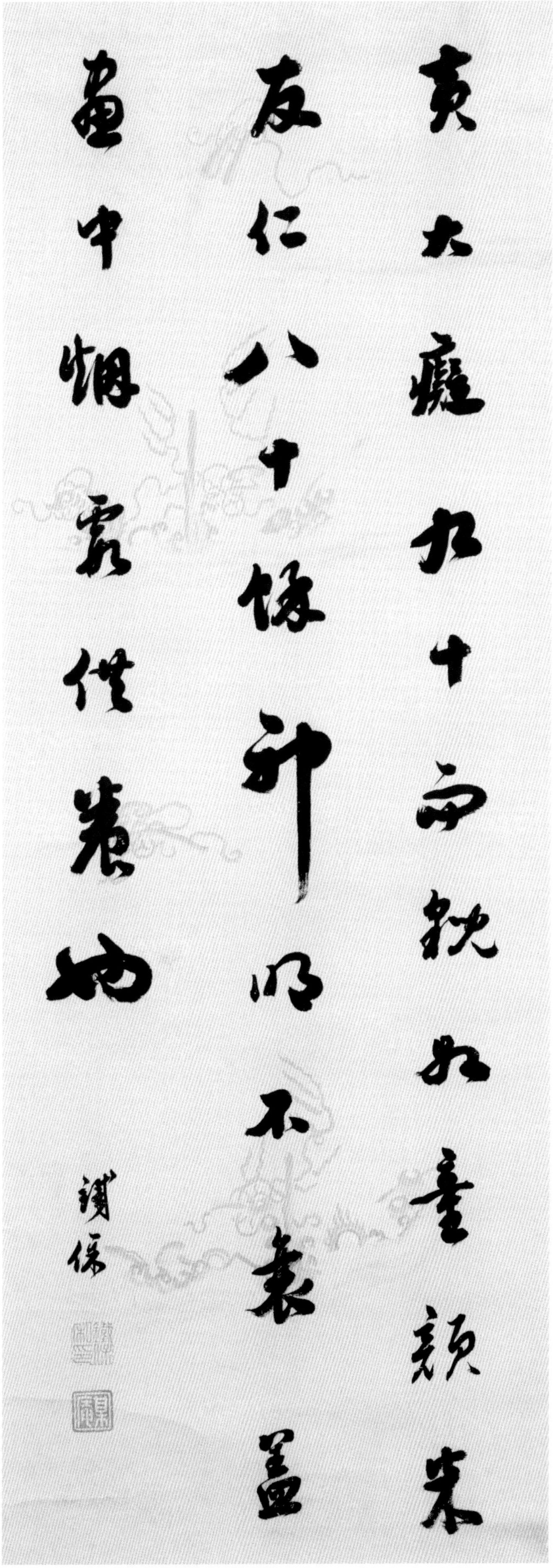

64

梁同書　行書苕溪漁隱叢話軸

紙本 行書
縱130.3厘米 橫34.5厘米

Tiao Xi Yu Yin Cong Hua (Collected Writings of the Fishing in Reclusion on Tiao Xi Scream) in running script
By Liang Tongshu (1723-1815)
Hanging scroll, ink on paper
H. 130.3cm　L. 34.5cm

梁同書(1723—1815)，字元穎，號山舟，晚號不翁、新吾長翁。梁詩正之子。乾隆十七年(1752)進士，官至翰林院侍講。幼習書法，十二歲能為擘窠大字，初學顏、柳，中年法米芾，直至九十歲，依然筆致灑脱，無蒼老之氣。與梁巘有"南北梁"之稱。著有《頻羅庵論書》，《頻羅庵書畫跋》等。

軸節錄宋代胡仔《苕溪漁隱叢話》。款署"己未冬初山舟同書書時年七十有七"，下鈐"山舟"(白文)、"梁同書印"(白文)印。書於嘉慶四年(1799)，時梁同書七十七歲，為晚年手筆。

此軸書法出筆輕疾，柔中蘊剛，結字嚴謹，遒勁俊爽，毫無蒼老之氣。清錢泳《履園叢話》曾云："侍講早年書宗趙、董，惟自壯至老，筆筆自運，不屑依傍古人，故所書全無帖意。"

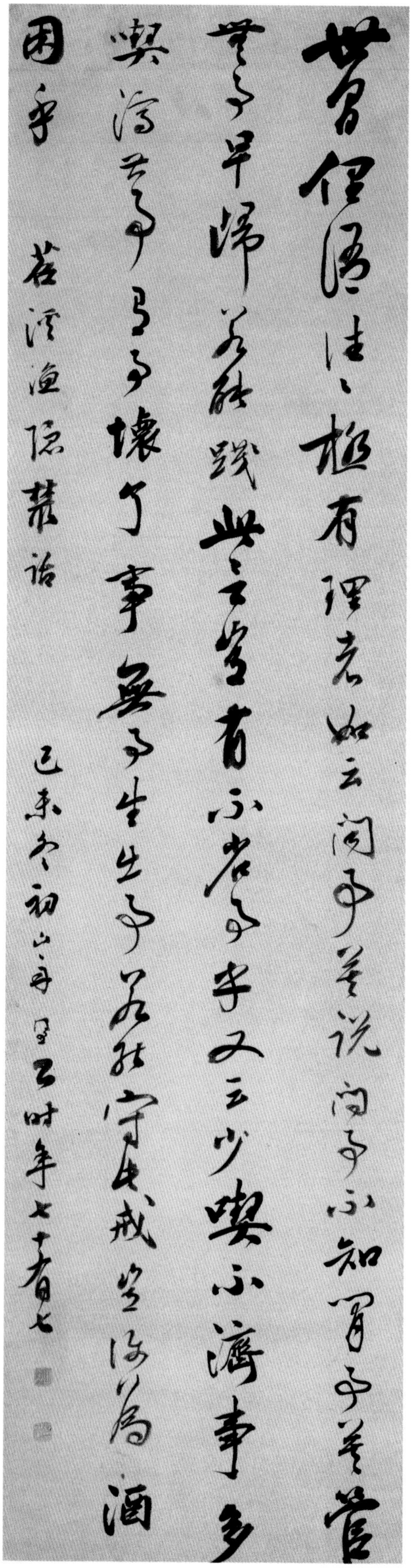

釋文：
世間俚語往往極有理者，如云：聞事莫說，問事不知，閒事莫管，無事早歸。若能踐此言，豈有不省事乎。又云：少喫不濟事，多喫濟甚事，有事壞了事，無事生出事。若能守此戒，豈復為酒困乎。苕溪漁隱叢話　己未冬初山舟同書書時年七十有七

65

梁同書　楷書汪安人傳冊

紙本　楷書　兩開半
開縱26厘米　橫11.6厘米

Wang Anren Zhuan (Biography of Wang Anren) in regular script
By Liang Tongshu
Album of 2 and a half leaves, ink on paper
Each leaf: H. 26cm　L. 11.6cm

《汪安人傳冊》無作者款、印。徐宗浩題跋推斷，為梁同書八十七歲時書（清嘉慶十四年，公元1809年），即汪安人去世第二年，為晚年佳作。傳後有清龔承鈞及近人徐宗浩兩家題跋。

此冊字體端莊，結構嚴謹，點畫一筆不苟，筆法徐疾有致，從容中流露出溫文爾雅的書卷氣。《履園叢話》即云："先生博學多文，尤工於書，日得數十紙，求者接踵。年九十餘，尚為人書碑文墓誌，終日無倦容，蓋先生以書見道也。"

鑑藏印記："黃景目勘書讀畫記"（朱文）、"遂園珍祕"（朱文）、"徐宗浩印"（白文）、"石雪齋祕笈印"（朱文）、"鮑孝子次孫"（朱文）、"淮陰鮑氏收藏"（朱文）。

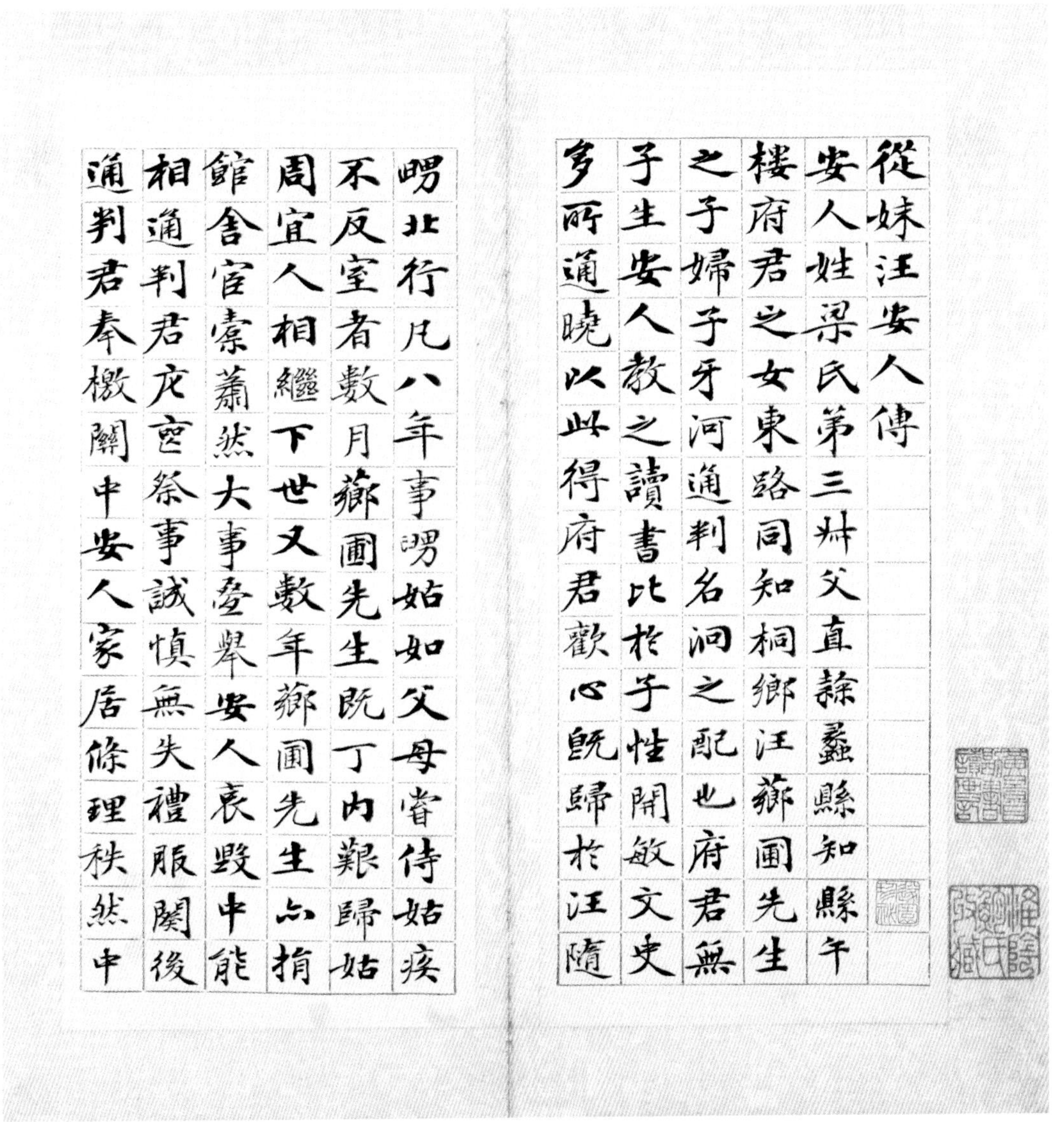

第一開

第三開

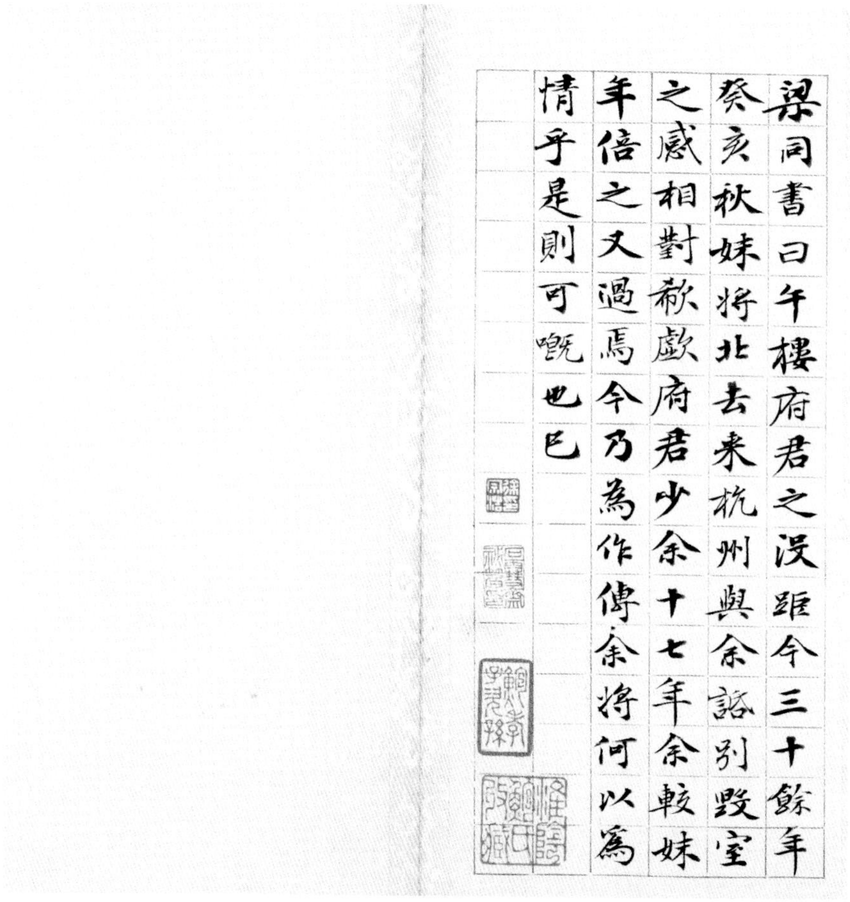
梁同書曰午樓府君之沒距今三十餘年癸亥秋妹將北去來杭州與余話別毀室之感相對欷歔府君少余十七年余較妹年倍之又過焉今乃為作傳余將何以爲情乎是則可嘅也已

第五開

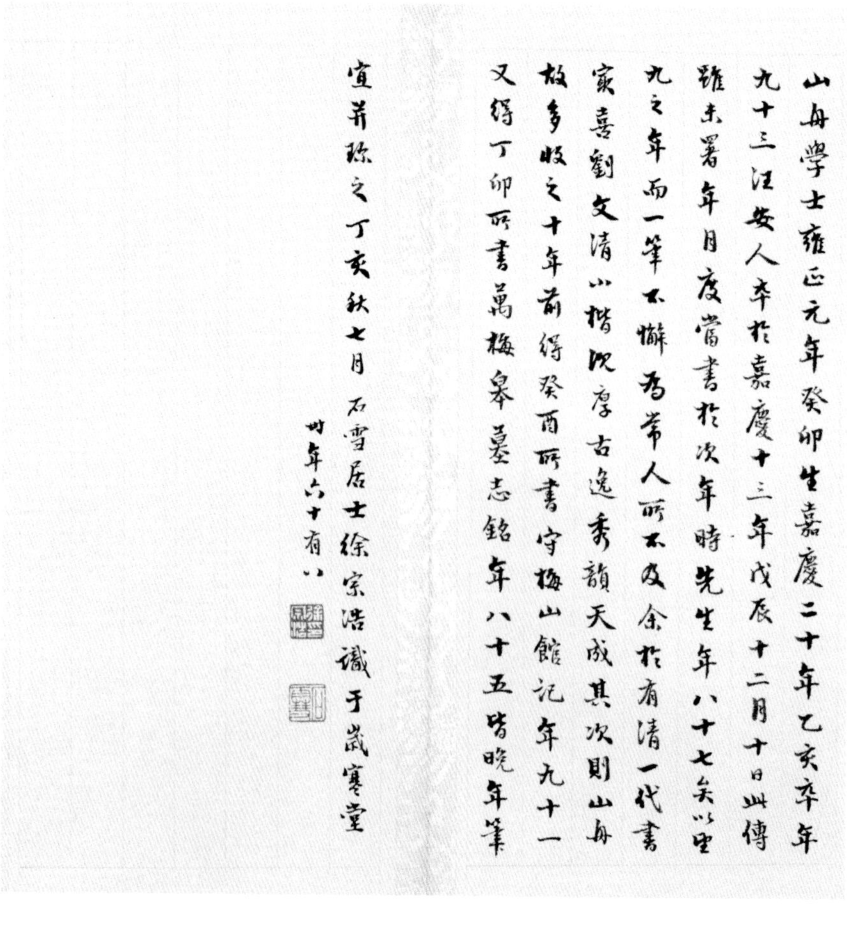
山舟學士雍正元年癸卯生嘉慶二十年乙亥卒年九十三汪安人卒於嘉慶十三年戊辰十二月十日此傳雖未署年月度當書於次年時先生年八十七矣以望九之年而一筆不懈為常人所不及余於有清一代書家喜劉文清小楷沉厚古逸秀韻天成其次則山舟故多收之十年前得癸酉所書守梅山館記年九十一又得丁卯所書萬梅皋墓志銘年八十五皆晚年筆宜并珍之丁亥秋七月 石雪居士徐宗浩識于歲寒堂 時年六十有八

第二開

外戚鄰咸稱之絕甘分少教子女慈和有法度通判君改官直隸始迎安人京寓屢署劇邑政煩以困寓內事咸安人理之無內顧憂年方壯積勞內傷得失血證幾殆者再至嘉慶十三年冬通判君擢他邑安人遽以羸疾殞傷哉時十二月十日也

生乾隆三十一年七月二十七日年十四十有三子一任梁女三長適歸安王丙餘尚幼安人少既好學長更篤耆暇輒手一編嘗輯音韻纂組若干卷搜羅頗富論者比於錢諷陰時夫書為詩亦婉約可誦言閨閣中者有取焉安人為不死矣

第四開

動險駿拔筆筆生動

癸酉八月龔承鈞識

66

王文治　行書五言詩軸

紙本　行書
縱129.8厘米　橫45.2厘米

Wu Yan Shi (five-syllable poetry) in running script
By Wang Wenzhi (1730-1802)
Hanging scroll, ink on paper
H. 129.8cm　L. 45.2cm

王文治(1730—1802)，字禹卿，號夢樓，清代丹徒(今江蘇鎮江)人。乾隆二十五年(1760)探花，官翰林侍讀，出為雲南姚安知縣，後告歸不復出仕。此後曾在鎮江文書院講學。工詩文，通音律，精鑑賞。書法初習二王，後受米芾、趙孟頫、董其昌影響，晚年出入張即之。書風以清淡姿媚，秀逸灑脱著稱。與劉墉、翁方綱、梁同書並稱於書壇。

軸書贈“湛華七弟”自作詩一首。款署“夢樓愚兄王文治頓首”，下鈐“王文治印”(白文)、“曾經滄海”(白文)，引首鈐“柿葉山房”(朱文)印。

此軸書法兼取米、董，結體纖巧多姿，運筆流暢自然，偶有淡墨飛白，風神多姿，是王文治淡雅書風的代表作品。

鑑藏印記：“曾藏武林孫氏”(白文)、“煙蘿盦”(白文)。

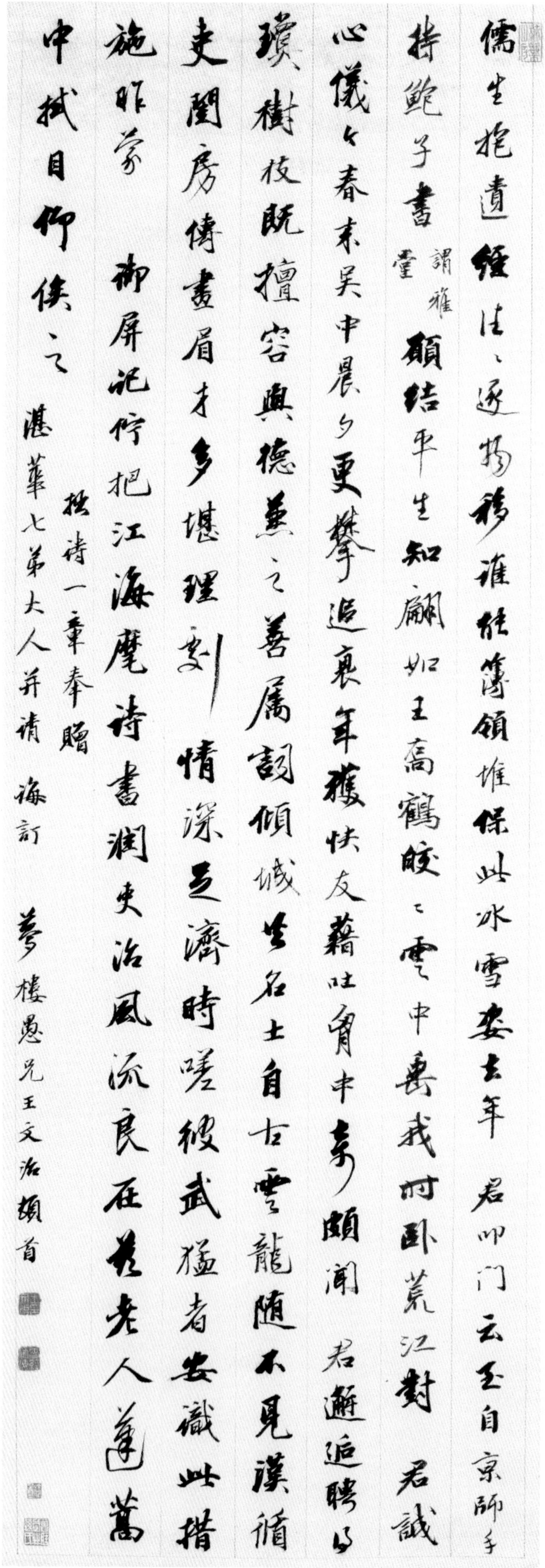

67

王文治　行楷書臨帖冊

紙本　行楷書　十一開半
開縱23.2厘米　橫27.8厘米

Lin Tie (After masters' calligraphy) in running-regular script
By Wang Wenzhi
Album of 11 and a half leaves, ink on paper
Each leaf: H. 23.2cm　L. 27.8cm

《臨帖冊》款署"奉呈方舟老父台大人是政　時己丑穀雨後三日　治弟王文治"，下鈐"王文治印"(白文)、"曾經滄海"(白文)印，引首鈐"書禪"(白文)印，首頁鈐"夢樓"(朱文)印。

此冊乃王文治臨古之作，有鍾繇《力命表》、歐陽詢《張翰帖》、徐浩《朱巨川告身》、顏真卿《爭座位帖》、歐陽詢《度尚帖》、米芾《蜀素帖》等。"己丑"為乾隆三十四年(1769)，王文治四十歲，屬壯年用意之佳作，充分顯示了他臨帖與師古的深厚功力。諸帖中尤以《張翰帖》與《蜀素帖》在神形上力追古人，最為精彩。

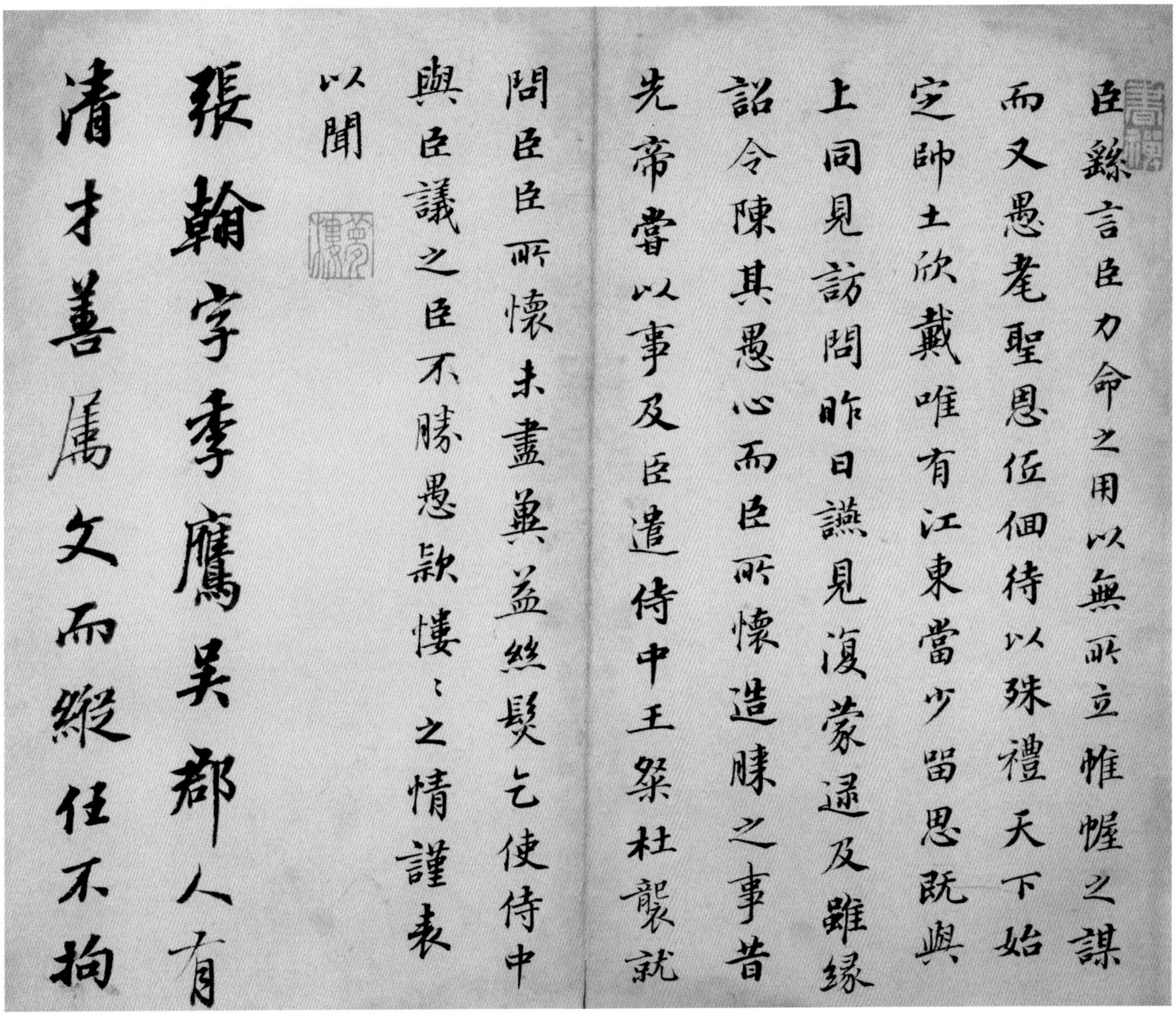

第一開

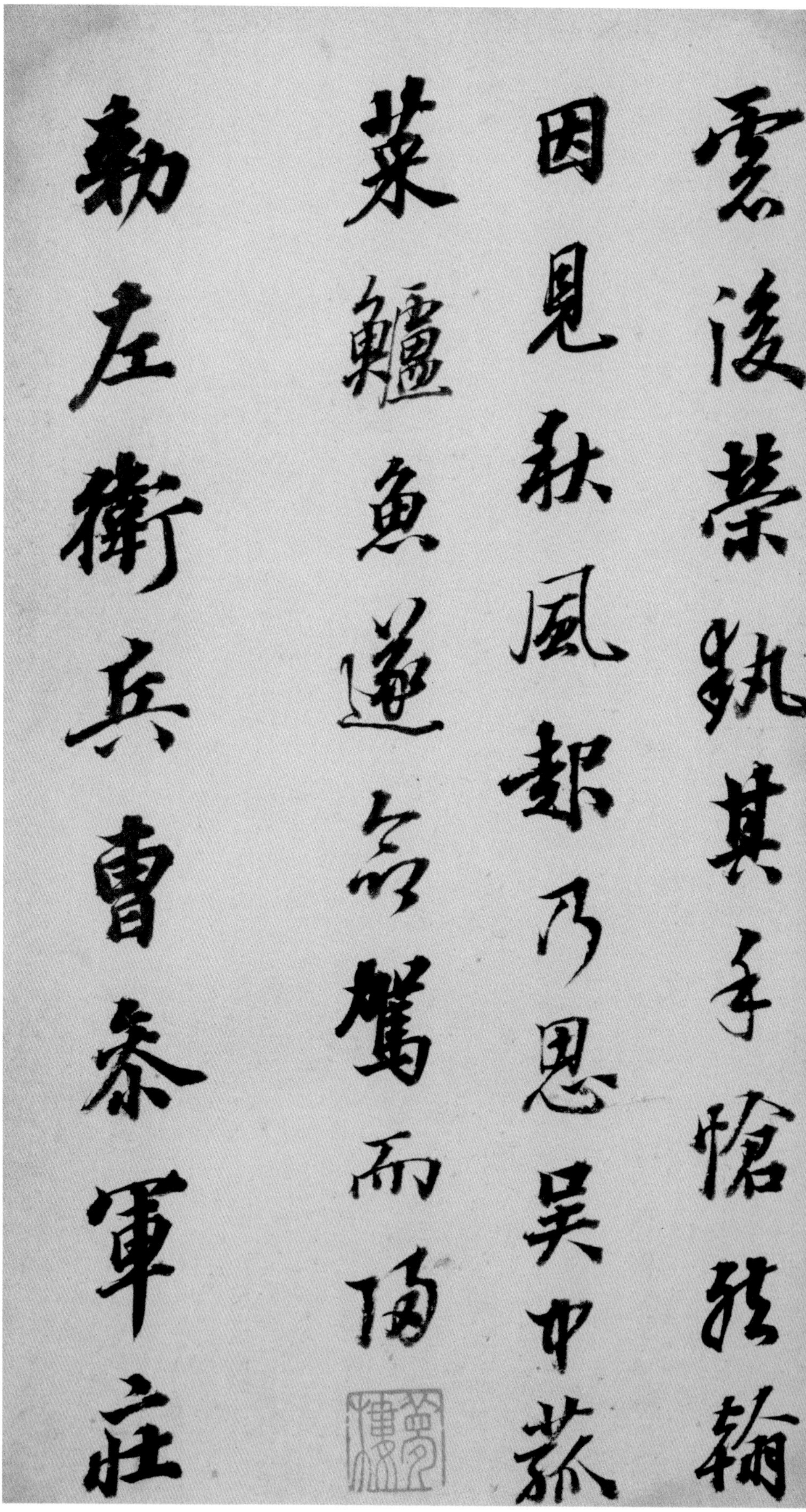
雲後葉執其手愴然翰
因見秋風起乃思吳中菰
菜鱸魚遂命駕而歸
勅左衛兵曹參軍莊

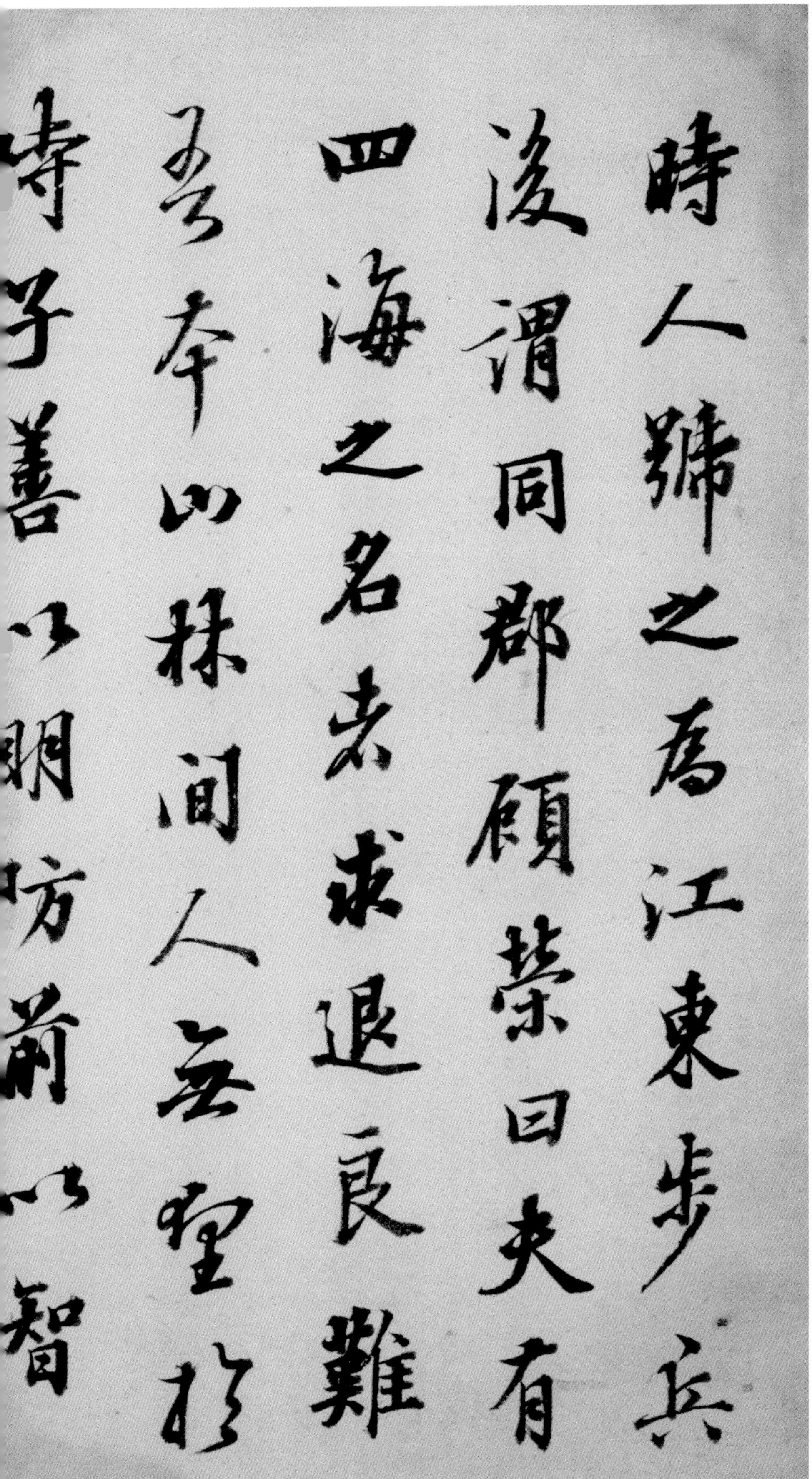
時人號之為江東步兵
後謂同郡顧榮曰夫有
四海之名求退良難
吾本山林間人無望於
時子善以明防前以智
第二開

此告也宣政四角印文隱然尚存至元
丙戌購于武林明年重裝又明年同
秘書郎喬仲山官渭西攜書譜見
訪遂得詳考書于卷末鮮于樞伯
幾父記

且鄉里上齒宗廟上齒朝
廷上位皆有等威以關長幼
故得尊偏殊而天下和平也
且上自宰相御史大夫兩省
五品以上俱奉官自為一行十

尊知雜事滿史別置一榻使
百寮具得瞻仰不亦可乎
里翁云宗四大家皆學顏弟争坐
一種耳此學顏真卿之惟争坐一
種則不能知里翁精鑒必有確據
兆豈強此家有鳴里帖而不祉解

法帖之意自見筆意後乃知之惜
未得臨數百過也

世或有謂神仙可以學得
不死可以力致者或云上壽
百二十古今所同過此以往莫

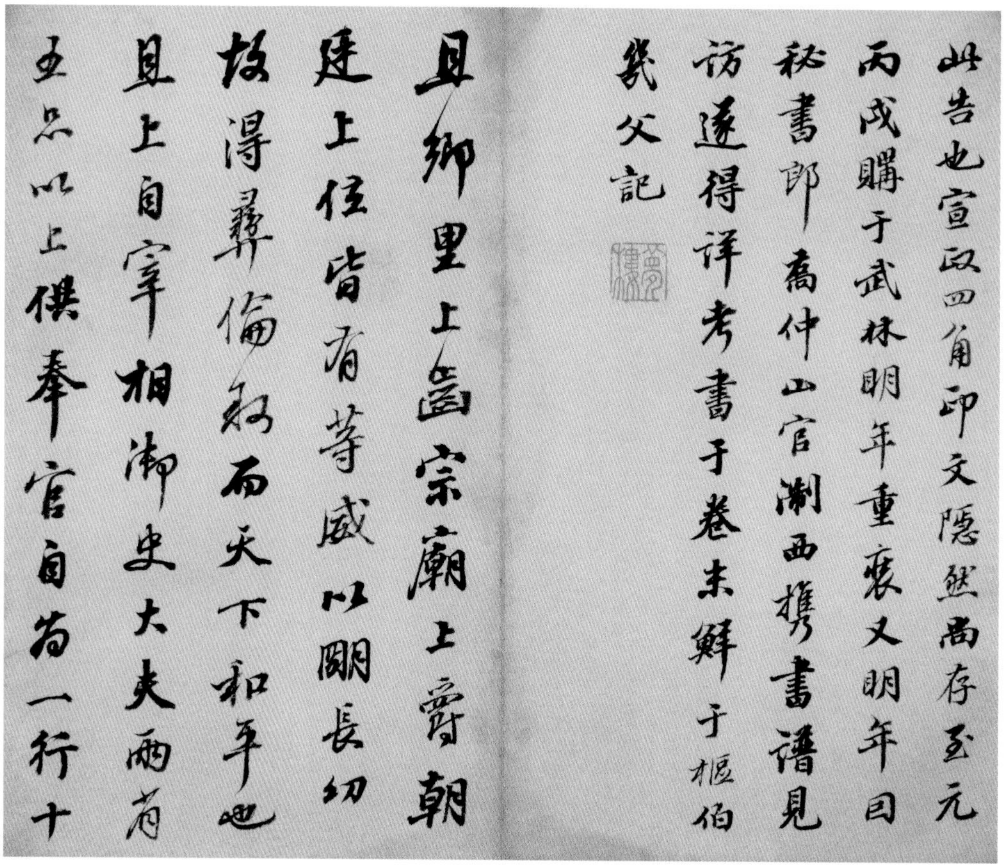

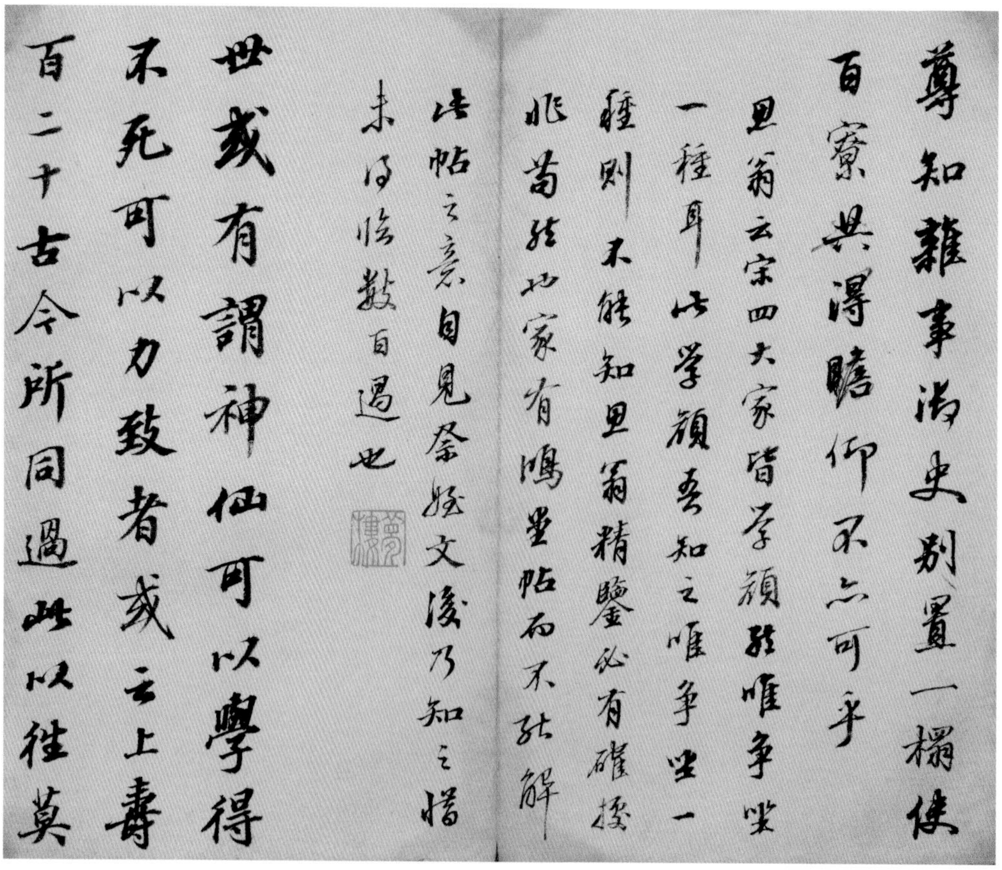

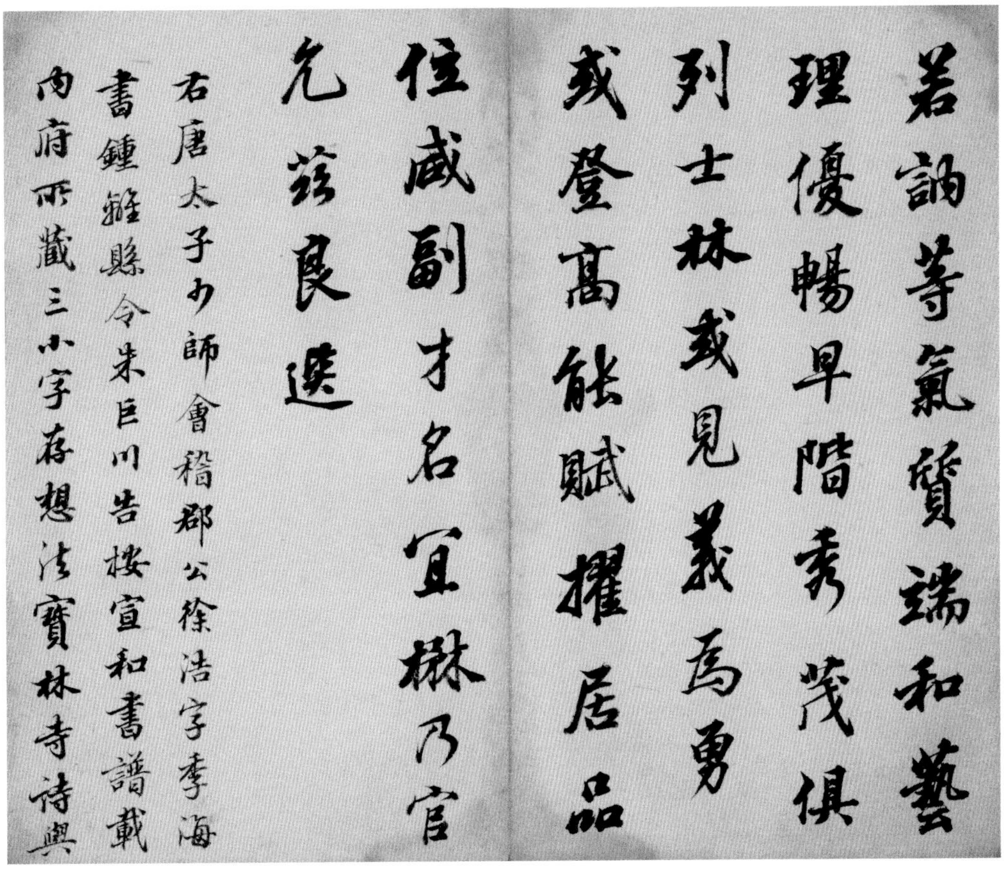
若論等氣質端和藝
理優暢早階秀茂俱
列士林哉見義爲勇
或登高能賦擢居品
位咸副才名宜楙乃官
允茲良選
右唐太子少師會稽郡公徐浩字季海
書鍾繇縣令朱巨川告按宣和書譜載
內府所藏三小字存想法寶林寺詩與

第三開

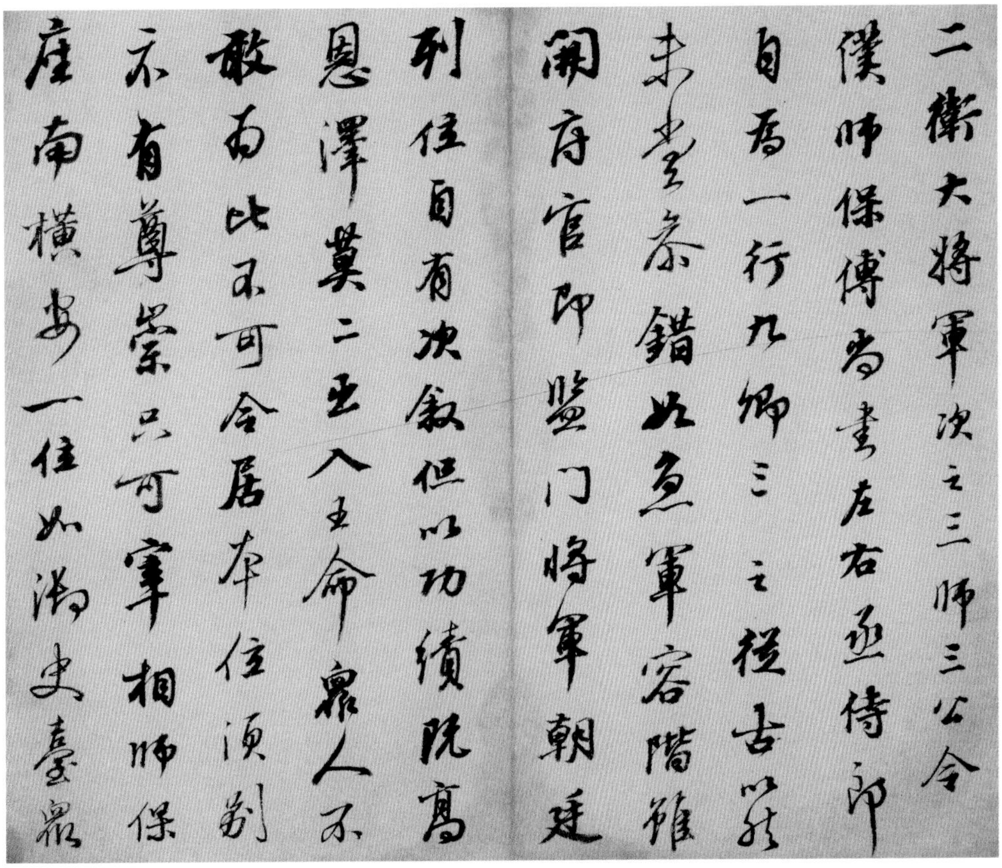
二衛大將軍次之三師三公令
僕師保傅尚書左右丞侍郎
未嘗參錯如魚軍容階雖
開府官即監門將軍朝廷
列位自有次叙但以功績既高
恩澤莫二出入王命衆人不
敢爲比不可令居本位須別
座南橫安一位如御史臺衆

第五開

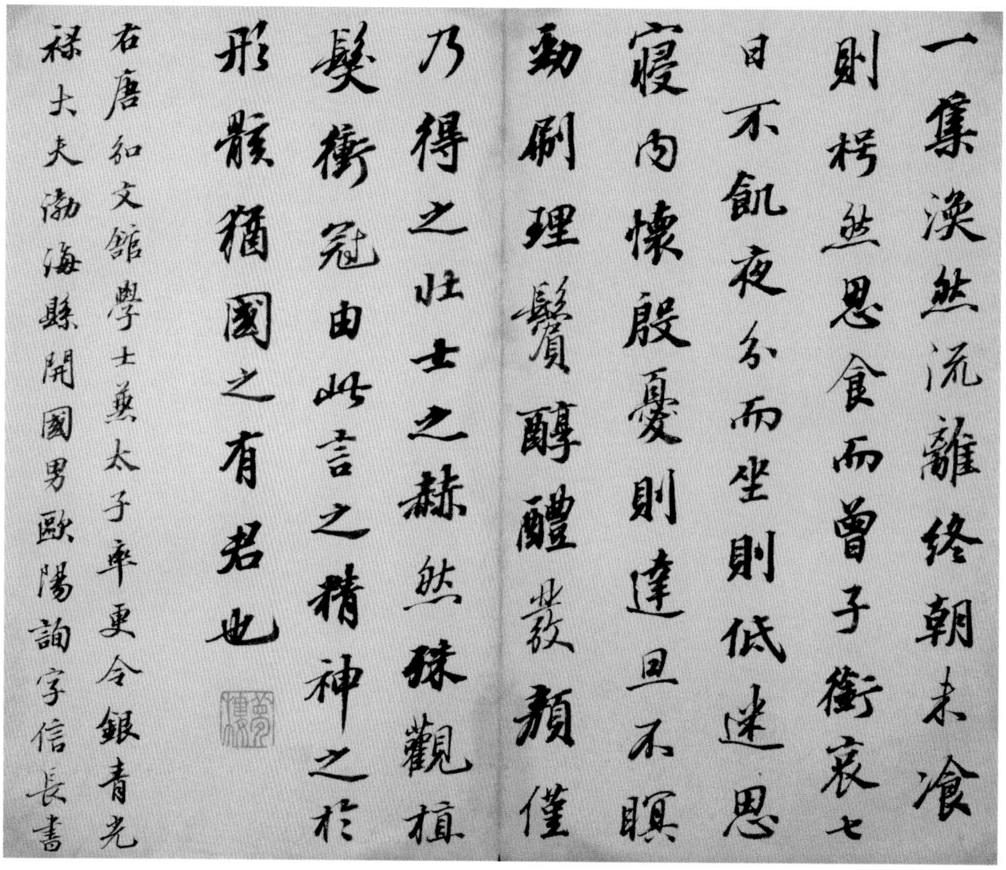
一集渙然流離終朝未飡
則枵然思食而曾子銜哀七
日不飢夜分而坐則低迷思
寢內懷殷憂則達旦不瞑
勁刷理鬢醇醴發顏僅
乃得之壯士之赫然殊觀植
髮衝冠由此言之精神之於
形骸猶國之有君也
右唐弘文館學士兼太子率更令銀青光
祿大夫渤海縣開國男歐陽詢字信本書

第八開

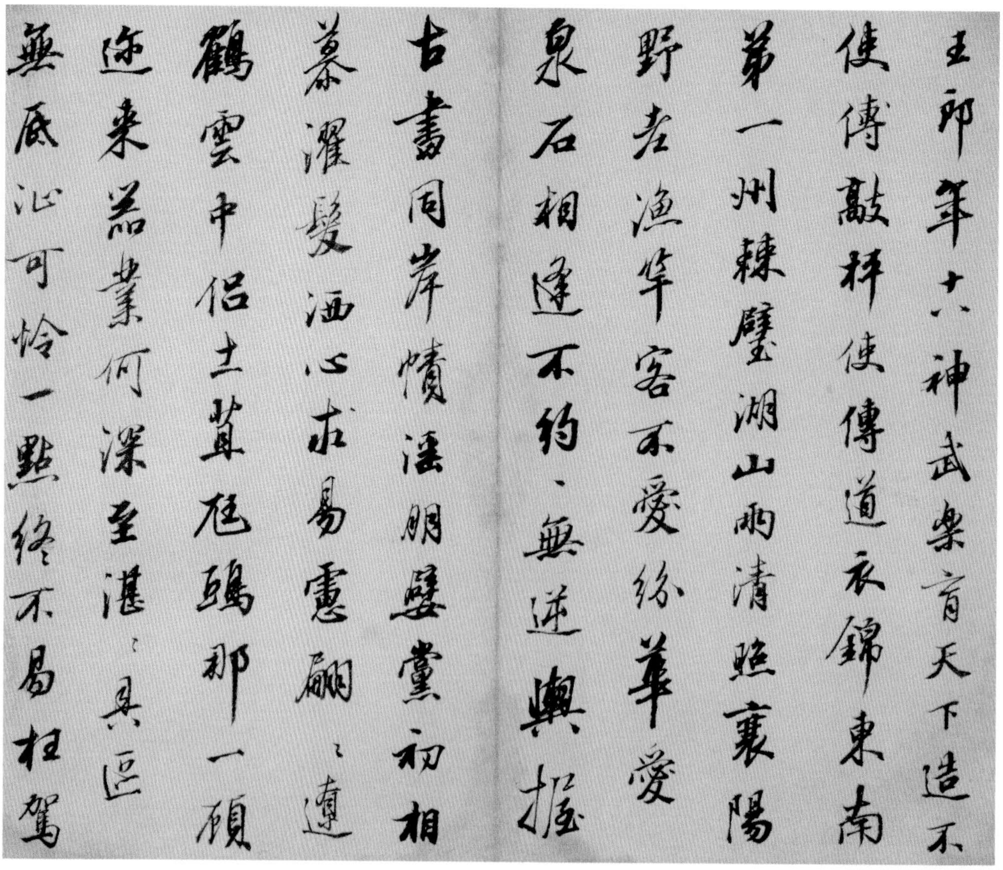
王郎年少神武樂育天下造不
使傅敲拜使傳道衣錦東南
第一州棘璧湖山兩清照襄陽
野老漁竿客不愛紛華愛
泉石相逢不約〻無逆輿握
古書同岸幘淫朋嬖黨初相
慕濯髮洒心求易慮翩〻遼
鶴雲中侶土苴雞鶩那一顧
迹來茹古何深至湛〻具區
無底沚可憐一點終不易枉駕

第十開

非天妄者此皆兩失其情試

粗論之夫神仙雖不目見記

籍所載前史所傳較而論

之其必有異似特受異氣

稟之自然非積學所能致

也至於導養得理以盡性

命上獲千餘歲下可數百

年可有之耳而世皆不精

故莫能得之何以言之夫服

藥求汗或有弗獲而愧情

度尚帖元豐巳未官長内獲于南昌魏

泰康亮帖壬戌歲過山陽獲于今中散

大夫鍾離景伯各著半古印適合縫文曰

清河圖籍之印乃昔一書也究延平之化

豈不有神奈孔璧之遺孰云致誤元祐

庚午冬至蕭關外舍痕贊曰渤海貝

怳字亦險絶真到内史行自為停莊若

對越俊如跳擲後學莫觀遂趣佇芳

送王渙之參舟

集英春殿鳴捎歇神武天臨

光下澈鴻臚初唱第一聲白面

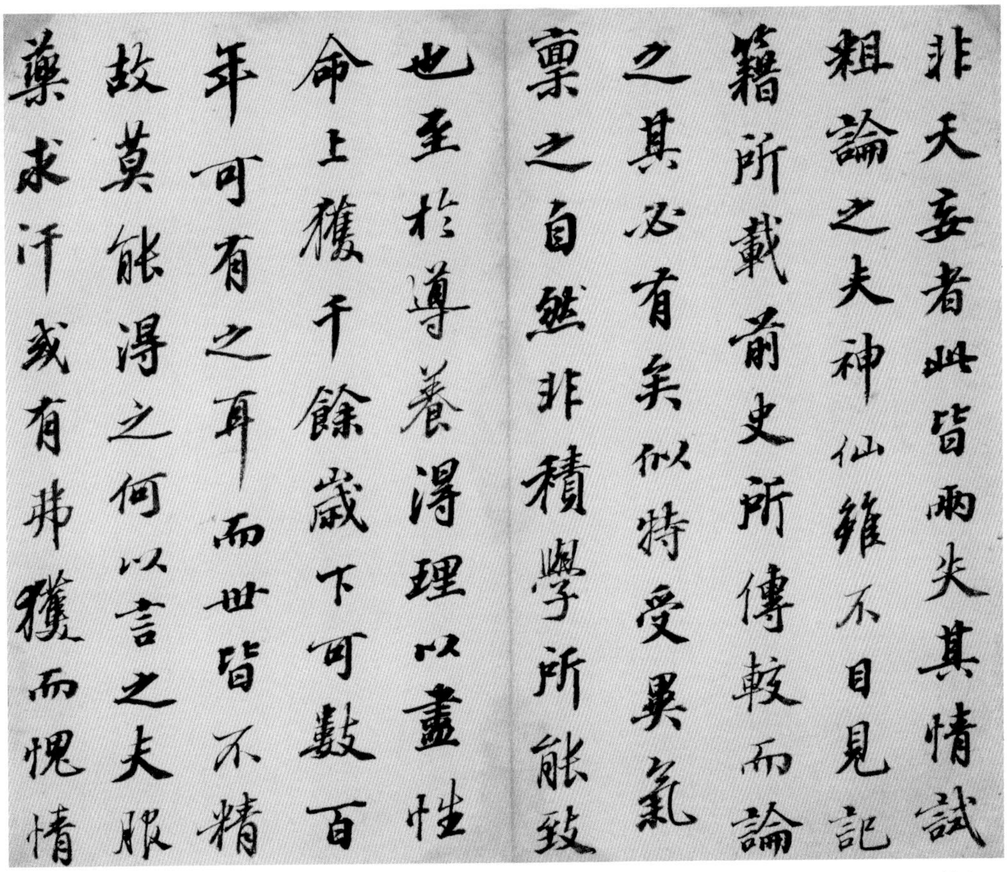

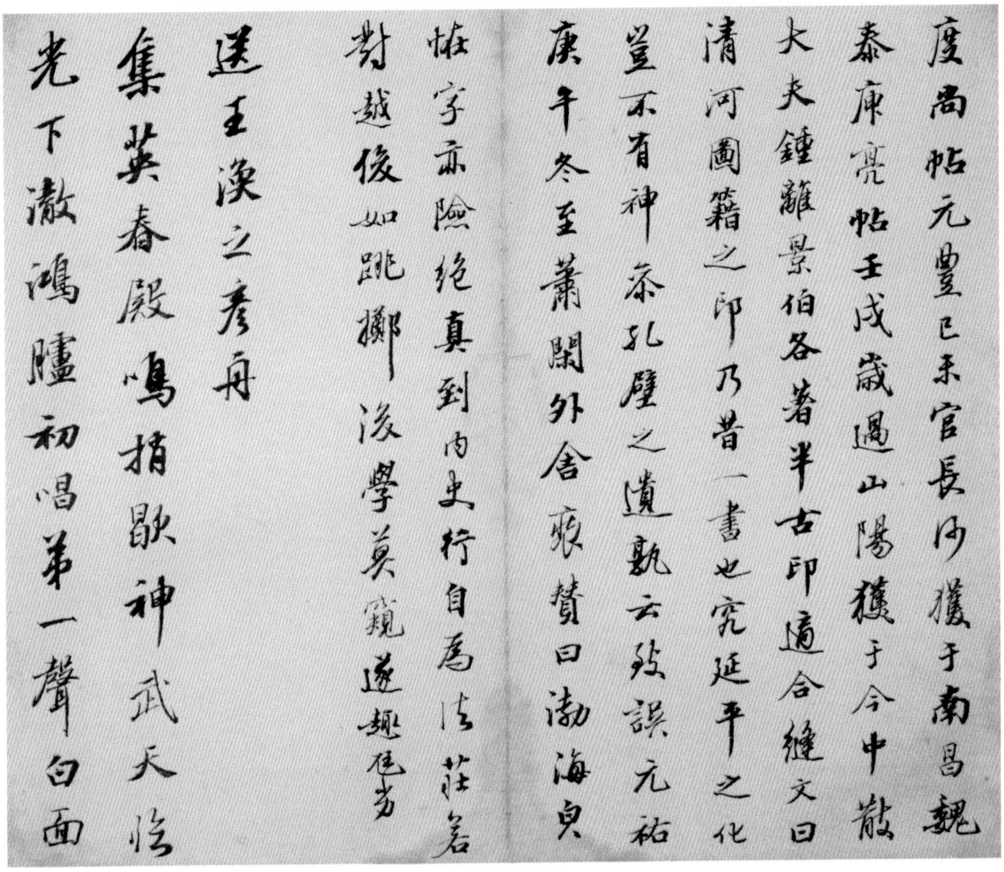

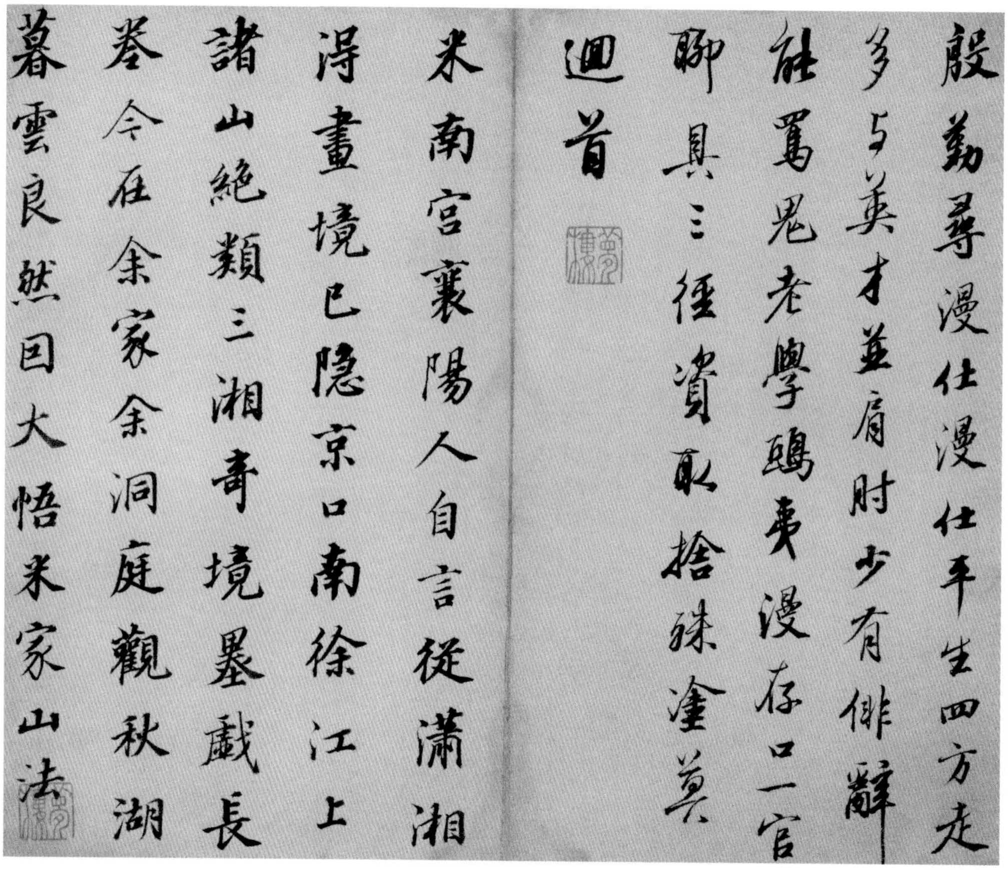

殷勤尋漫仕漫仕平生四方走
多与英才並肩時少有俳辭
徙罵兒老學鴟夷漫存口一官
聊具三徑資取捨殊塗莫
迴首

米南宮襄陽人自言從瀟湘
得畫境巳隱京口南徐江上
諸山絕類三湘奇境墨戲長
巻今在余家余洞庭觀秋湖
暮雲良然曰大悟米家山法

右臨古帖巻自鍾太傅而下凡七家
奉呈
方舟老父臺大人是政時巳丑穀雨
後三日
治弟王文治

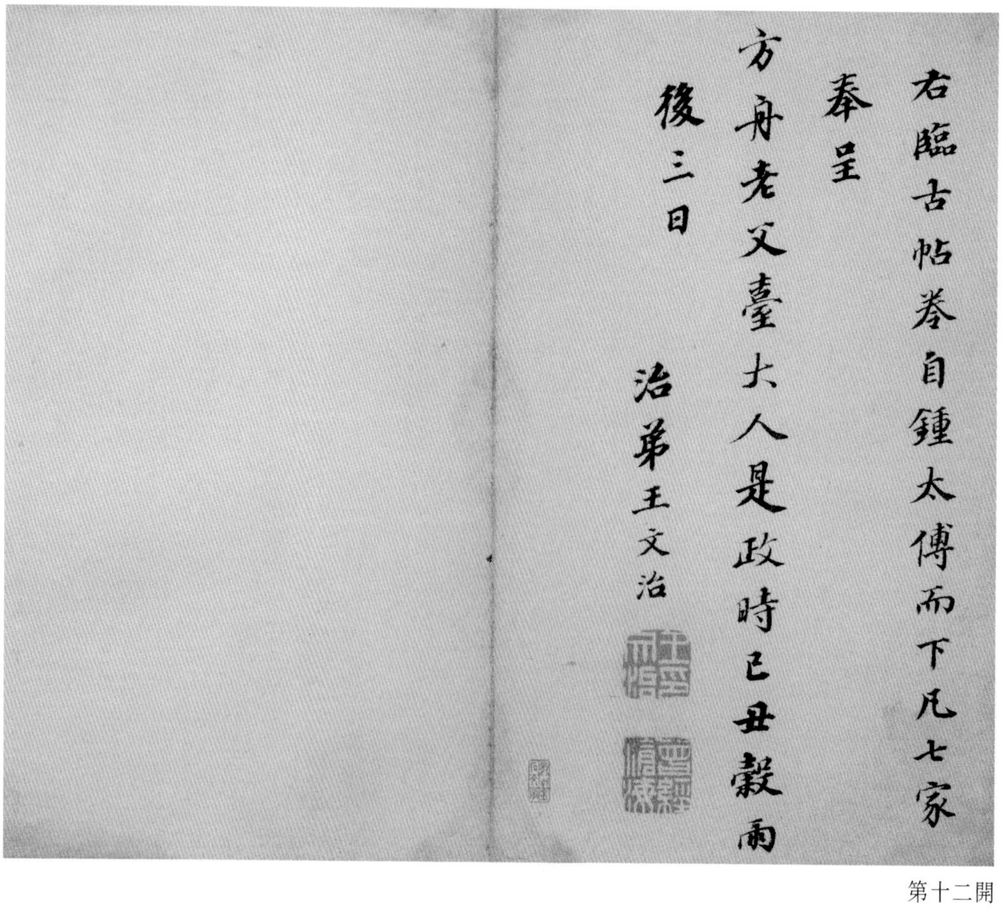

68

金農　漆書相鶴經軸

紙本 漆書

縱278厘米 橫50.7厘米

Xiang He Jing (Crane Physiognomy) in "Qi Shu" script

By Jin Nong (1687-1763)

Hanging scroll, ink on paper

H. 278cm　L. 50.7cm

金農(1687—1763)，原名司農，字壽門，號冬心等，清代仁和(今屬浙江杭州)人。受業於何焯。乾隆元年以布衣被薦赴京博學鴻詞科，未中，遂遊歷四方，後居揚州，以賣書畫為生。博學多才，善詩詞，精鑑賞，嗜古成癖。五十歲後開始繪畫創作，為"揚州畫派"主要畫家。書法師漢魏南北朝刻石書跡，大膽變法，創面目獨特的"漆書"。

《相鶴經軸》款署"壬申十一月 㕬林居士金農"，下鈐"金吉金印"(白文)、"生於丁卯"(朱文)印。"壬申"為乾隆十七年(1752)，金農六十六歲。

金農"漆書"的特點是，橫畫扁平粗壯，起筆、收筆處着意直切成形，直畫、長撇、勾畫等細勁鋒利；體勢方厚、凝重；濃黑的墨色與字間空白形成鮮明的對比，視覺效果強烈。金農從《天發神讖碑》、《國山碑》中汲取筆意，再加之自己的創造、發揮，才造就了"漆書"獨特的風格。此作為"漆書"的典型作品。

鑑藏印記："承素堂書畫記"(朱文)等。

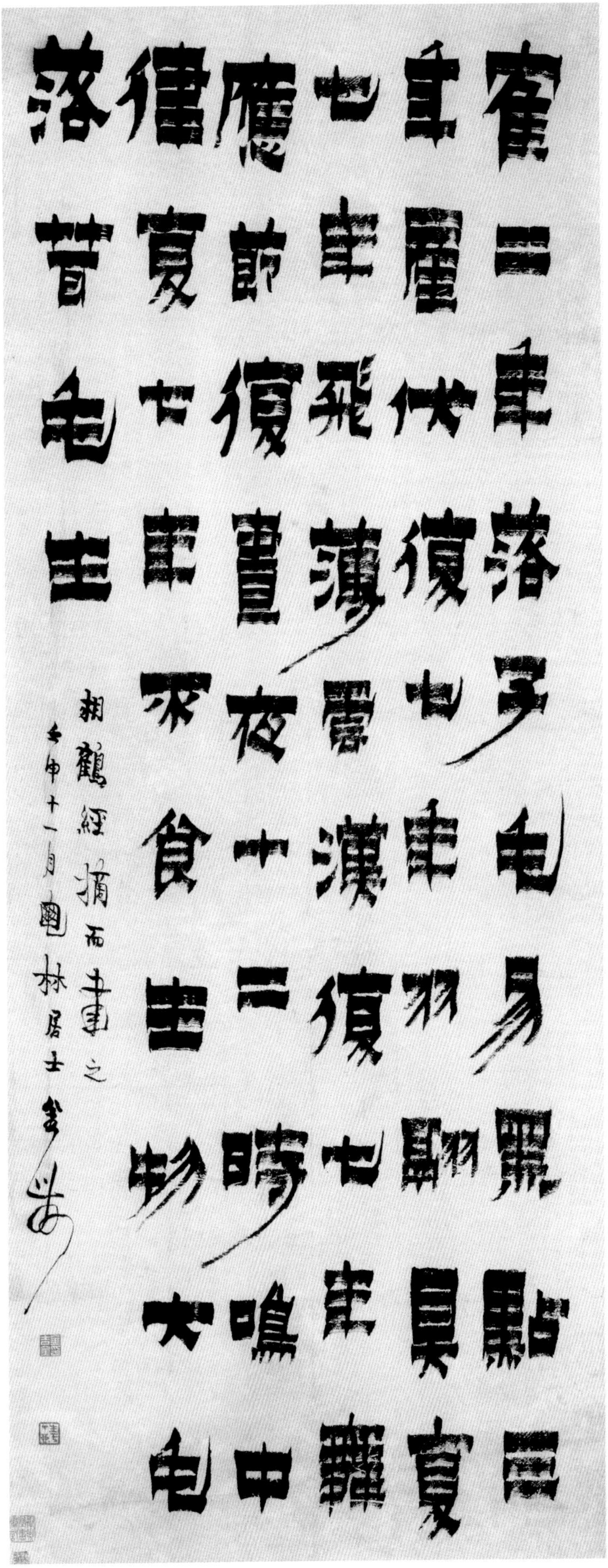

69

金農　漆書陶秀實清異錄軸

紙本 漆書
縱119厘米 橫59.5厘米

Tao Xiu Shi Qing Yi Lu (Quotation from the "Qing Yi Lu" of Tao Xiushi) in "Qi Shu" script
By Jin Nong
Hanging scroll, ink on paper
H. 119cm　L. 59.5cm

軸書錄宋代陶秀實《清異錄》。陶秀實即陶穀(903—970年)，《清異錄》是其雜採隋唐至五代典故所寫的一部隨筆集。款署"癸亥夏五書陶秀宦清異錄一則，以奉老學長兄大雅之教　古杭金農"，下鈐"金農印信"(朱文)、"六十不出翁"(白文)印。"癸亥"為乾隆八年(1743)，金農五十七歲。

此時期金農的"漆書"已初具規模，特點鮮明，但尚未強烈誇張，字形仍為方形兼帶扁狀，用筆多圓轉，整體面貌融蒼勁與輕靈於一爐，並達到了和諧、變化而歸於自然的境界。

鑑藏印記："小書畫舫祕玩"(朱文)、"嚴小舫珍藏金石書畫印"(白文)。

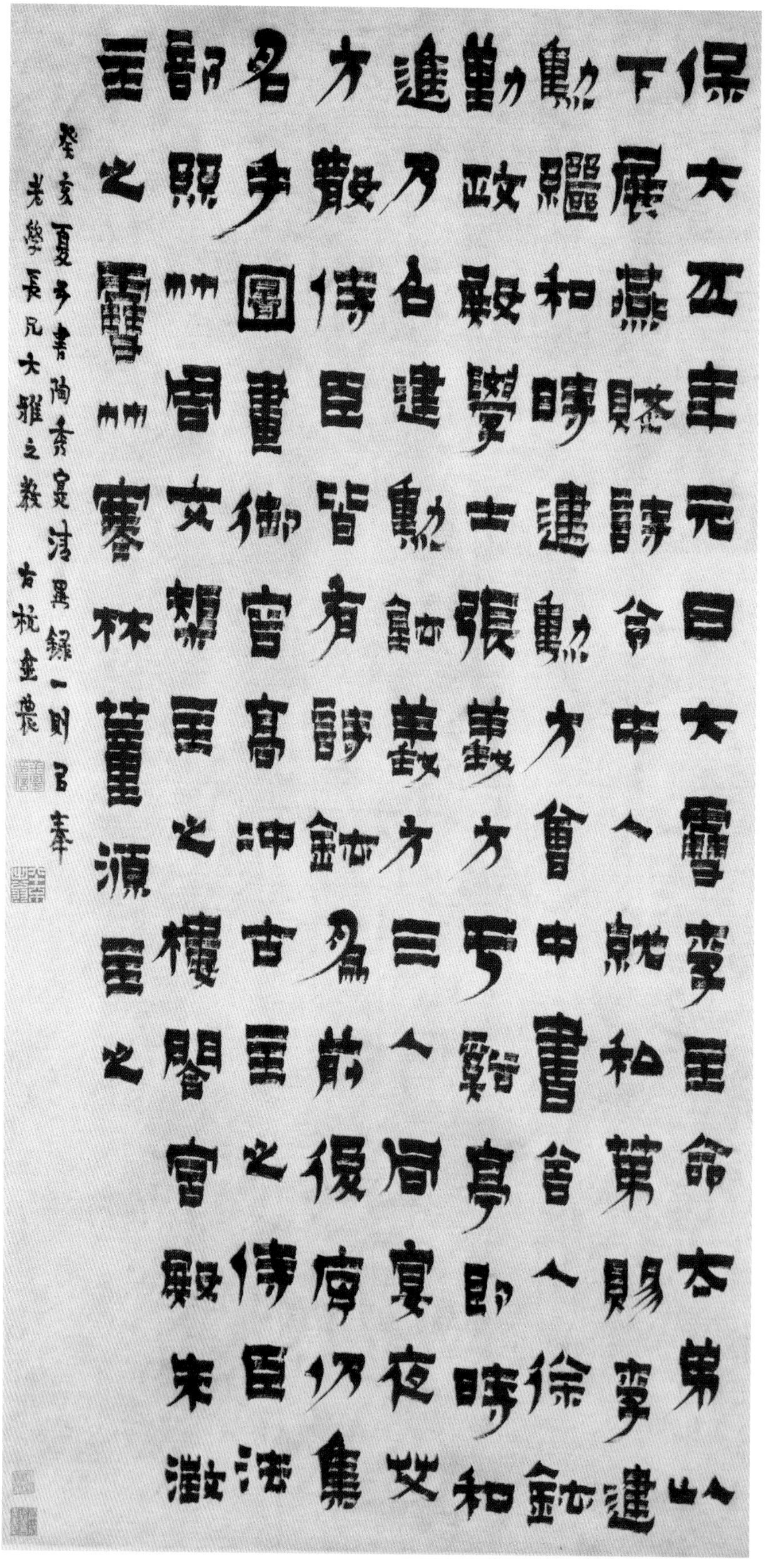

70

金農　隸書臨乙瑛碑軸

紙本　隸書
縱98.5厘米　橫41.4厘米

Lin Yiying Bei (After inscriptions of Yiying stele) in official script

By Jin Nong
Hanging scroll, ink on paper
H. 98.5cm　L.41.4cm

軸節臨東漢《乙瑛碑》。款署"錢唐金農書"，鈐"金農印信"(朱文)、"壽門"(白文)印。

此軸書體扁平樸實，用筆靈潤流暢，點畫方圓互見，富於變化。與原碑相比，有所取捨，更多新意。蔣寶齡《墨林今話》評金農"書工八分，小變漢法"，此作正是小變漢法，糅合變通，以表現自家意趣的代表作品。

鑑藏印記："味蓼山房暫記"(朱文)。

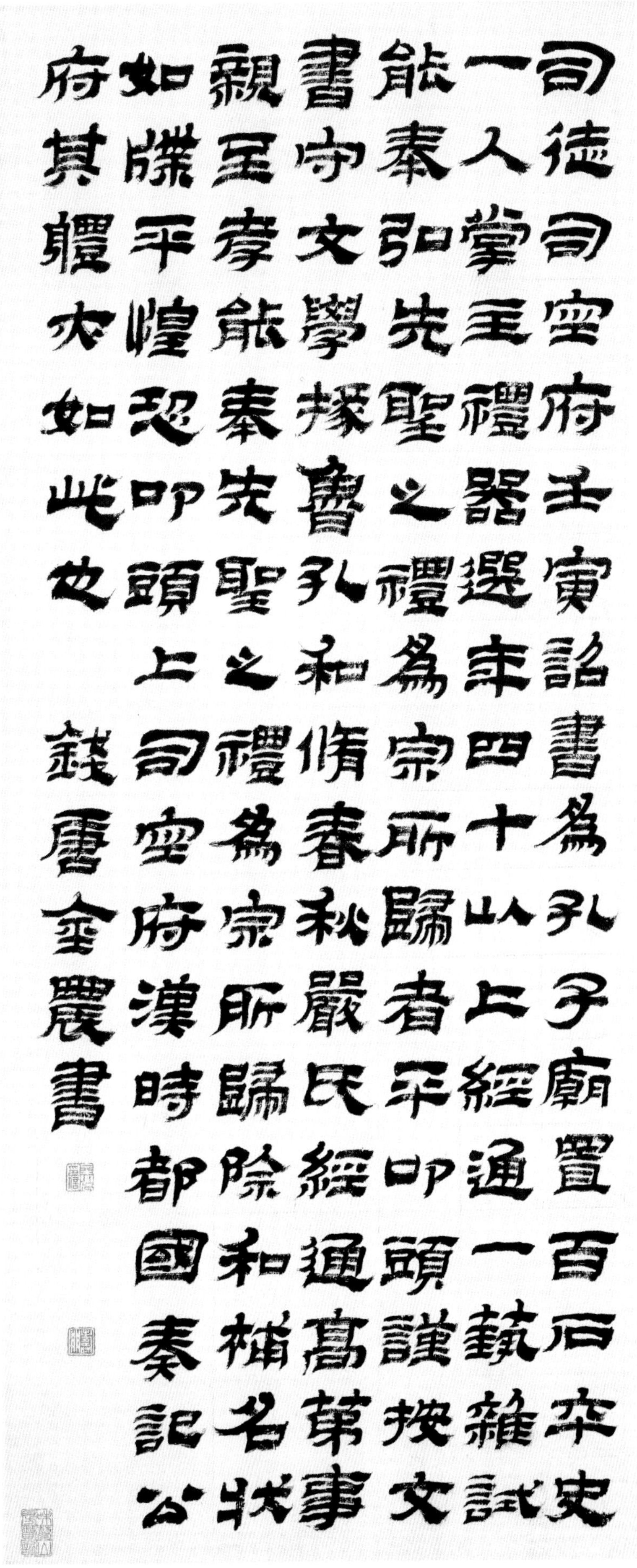

71

金農　隸書碑記軸

紙本　隸書
縱106.5厘米　橫38.7厘米

Bei Ji (Notes on Han steles "Fu Ge Song" and "Gui Chi Wu Rui Bei") in official script
By Jin Nong
Hanging scroll, ink on paper
H. 106.5cm　L. 38.7cm

軸書論漢代《郙閣頌》、《龜池五瑞碑》文。款署"農"，下鈐"金司農印"(白文)、"金氏壽門"(朱文)，引首鈐"辛丑以來之作"(朱文)印。

此軸書法結體取《史晨碑》，用筆近《曹全碑》，字體扁平，筆墨飽滿渾厚，風格樸拙勁健。金農隸書得力於漢碑，但並非一味模仿，而是加以個性化的創作。此件作品的章法、用墨和整體面貌均呈現強烈的創新意識。

鑑藏印記："余光弼字嘯風"(朱文)、"唐鴻昌"(朱文)、"少海"(朱文)、"樫園所藏"(白文)。

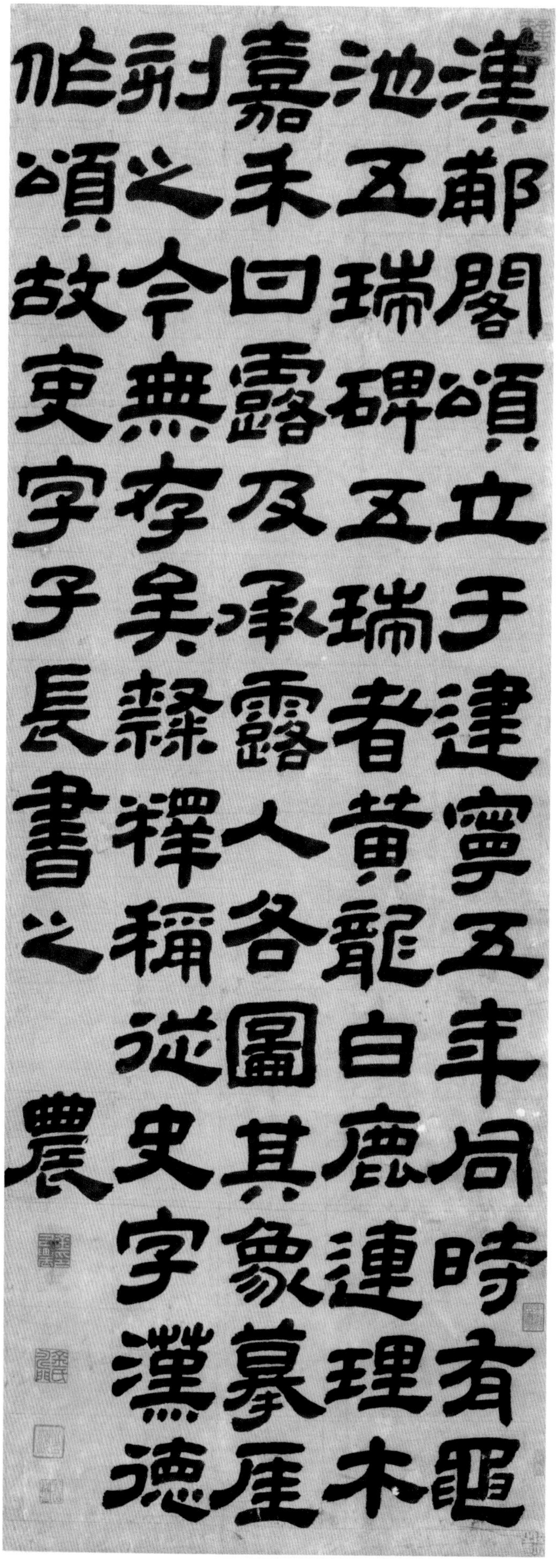

72

鄭燮　隸書論書軸

紙本　隸書
縱167.8厘米　橫43.5厘米

Lun Shu (Comments on ancient and modern calligraphers) in official script
By Zheng Xie (1693-1766)
Hanging scroll, ink on paper
H. 167.8cm　L. 43.5cm

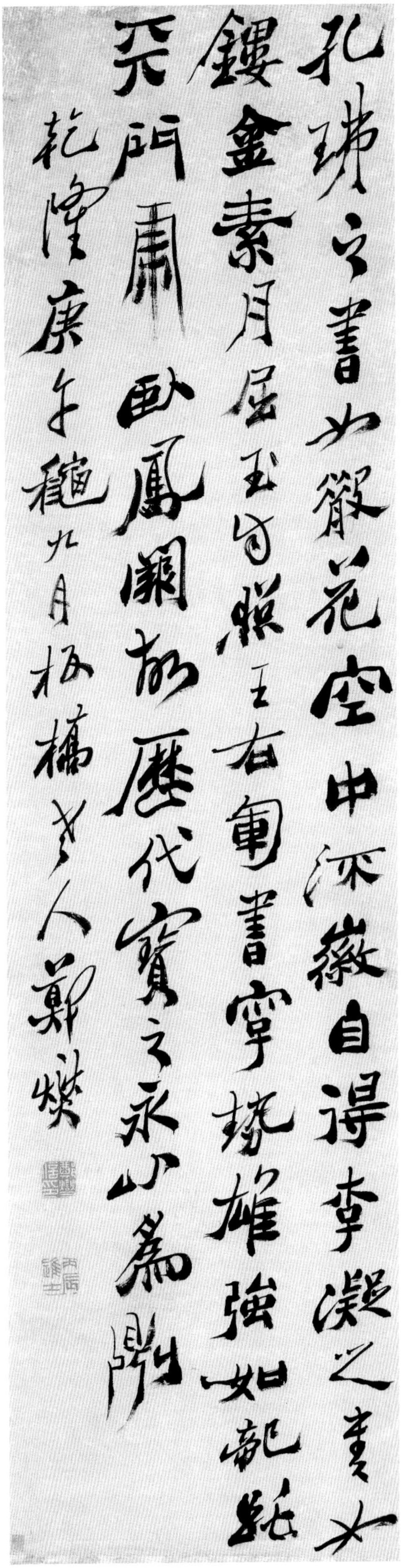

鄭燮(1693—1766)，字克柔，號板橋，清代興化(今屬江蘇)人。乾隆元年(1736)進士，歷任山東范縣、濰縣知縣。作官前後均居揚州，以賣書畫為生。擅畫蘭、竹。詩文多摯語，格調清新。書法精隸、真、行，並糅合真、草、篆、隸、行五體，又參蘭竹筆法，創“六分半書”，形態變異，為人稱奇。又兼工篆刻。是“揚州八怪”中個性獨特、藝術成就突出的大家。

軸書錄梁武帝《古今書人優劣評》中論孔琳之、李岩之、王羲之三則。作於乾隆十五年(1750)，時五十八歲，此時正在山東濰縣任上。款署“乾隆庚午秋九月　板橋老人鄭燮”，鈐“鄭燮信印”(白文)、“丙辰進士”(朱文)印。

關於“六分半書”，板橋曾自言：“板橋書法以漢八分雜入楷、行、草。”《清代學者像傳》也稱：“曲為別致，以隸、楷、行三體相參，圓潤古秀。”《墨林今話》說：“板橋書隸、楷參半，自稱六分半書，極瘦硬之致，亦間以畫法行之。”其實，“六分半書”不僅僅是隸、楷、行相參，並間以畫法，還有其它特點，如筆畫疏密相間，柔剛、方圓並用；章法上正斜相揖，錯落有致，如“亂石鋪街”等。這些特點都可以在此軸中得到印證，為典型的“六分半書”。

鑑藏印記：“竹朋鑑定”(朱文)。

73

鄭燮　行書七律詩軸

紙本　行書
縱185.8厘米　橫85.5厘米

Qi Lu Shi (seven-syllable regulated verse) in running script

By Zheng Xie
Hanging scroll, ink on paper
H. 185.8cm　L. 85.5cm

軸書七言律詩一首，書於乾隆七年（1742）初夏，是年春天，五十歲的鄭板橋來到山東范縣，開始了他"潦倒山東七品官"的十二年宦海生涯。款署"壬戌首夏呈龍眠主人鈞鑑　鄭燮謹書"，下鈐"鄭燮"（白文）、"克柔"（白文），引首鈐"揚州興化人"（白文）印。

此軸書風挺健流美，以黃山谷體為主，又將蘭、竹畫意融入其中，故勢斂而意趣妍媚。蔣心餘詩云："板橋作字如寫蘭，波磔奇古形翩翻。板橋寫蘭如作字，秀葉疏花見姿致。"

鑑藏印記："臥雪齋藏"（朱文）。

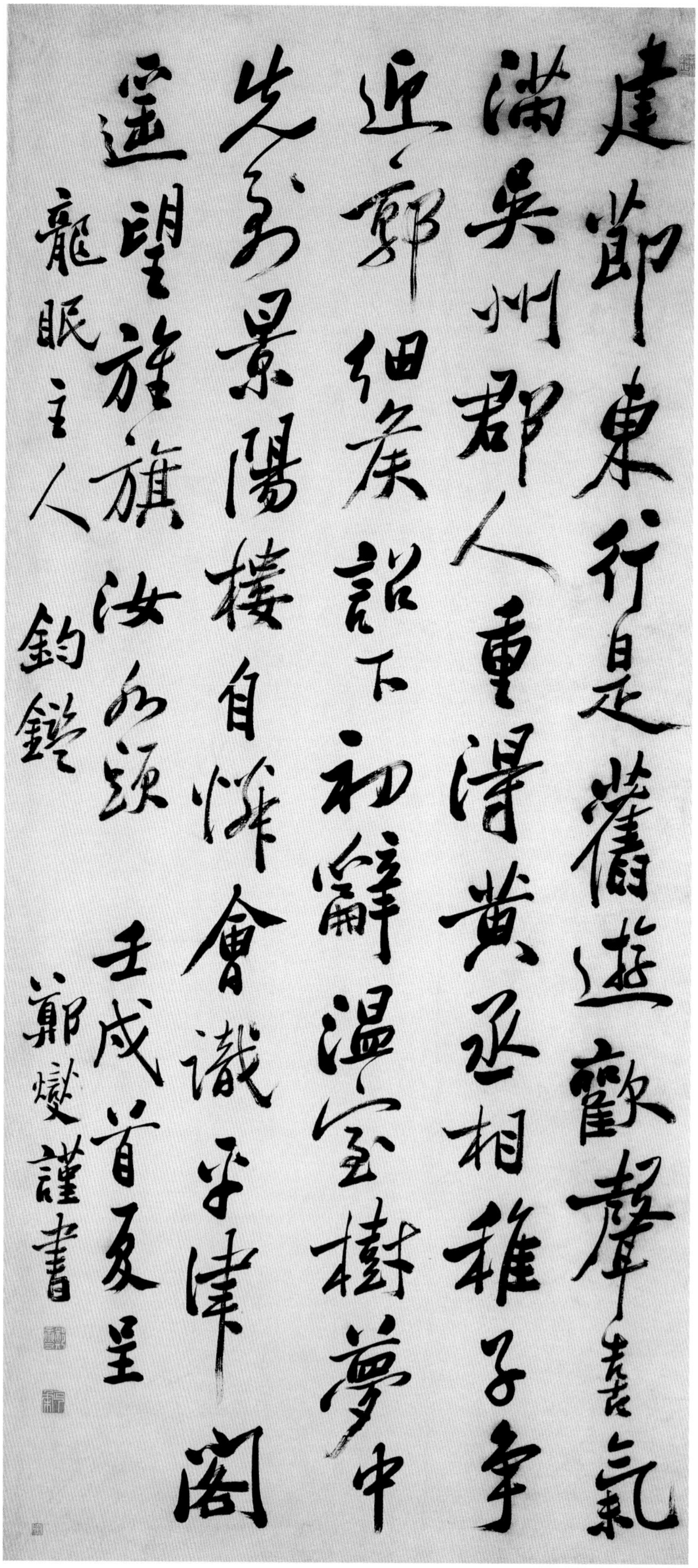

74

鄭燮　行草書詠墨詩軸

紙本　行草書
縱143.9厘米　橫75.9厘米

Yong Mo Shi (A poem on Ink Stick) in running-cursive script
By Zheng Xie
Hanging scroll, ink on paper
H. 143.9cm　L. 75.9cm

《詠墨詩軸》款署"板橋鄭燮"，下鈐"濰夷長"(白文)、"燮何力之有焉"(白文)，引首鈐"俗吏"(朱文)印。

此軸是板橋較為少見的行草書，其迅疾揮灑，一氣貫下，無意經營佈置，卻錯落有致，心手相合，達到了一任自然的境界。但過於隨意灑脱，不免有草率失勢之處。

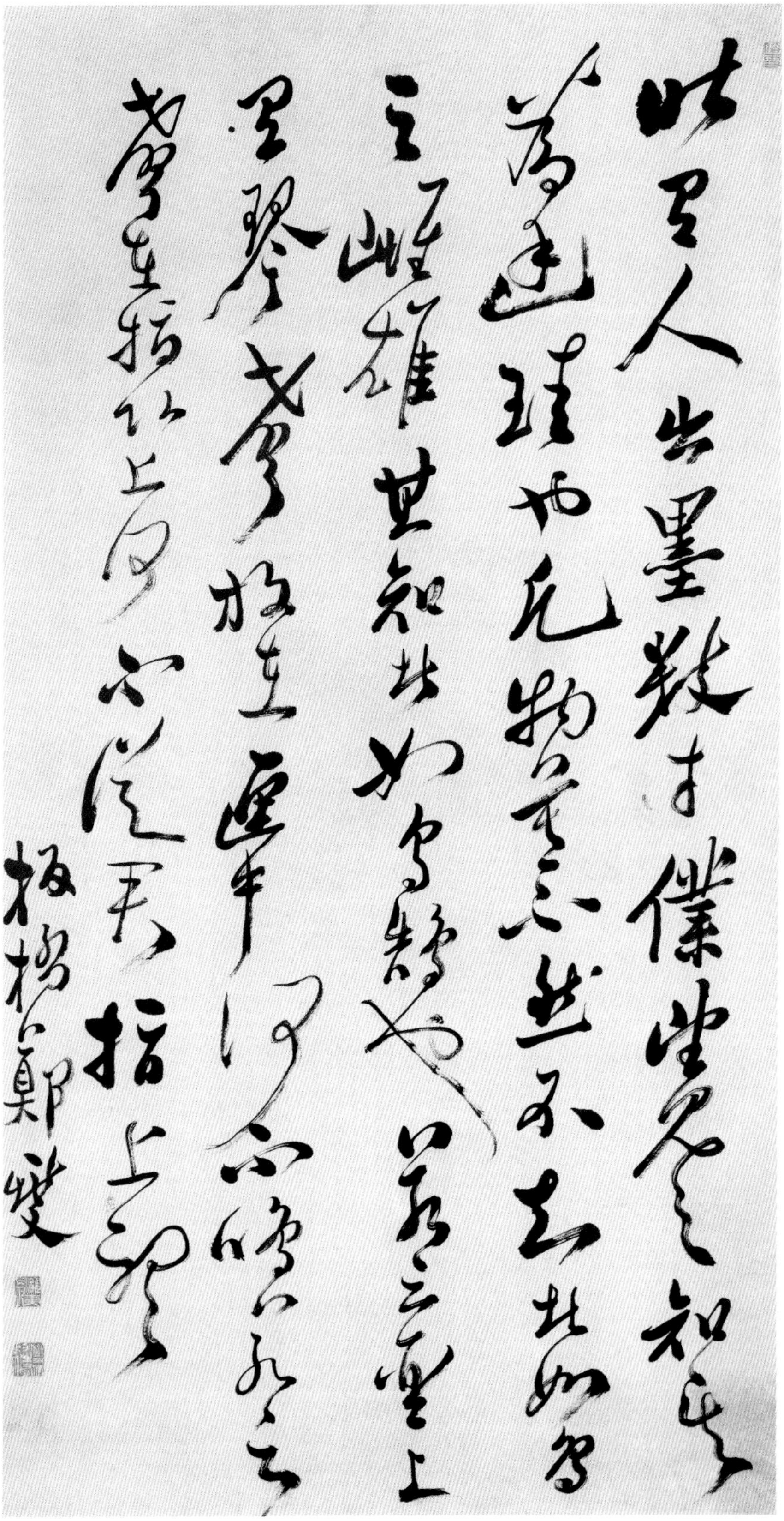

釋文：
昨有人出墨數寸，僕望見之，知其為廷珪也。凡物莫不然，不知者如鳥之雌雄，其知者如鳥鵲也。若云琴上有琴聲，放在匣中何不鳴。若云聲在指頭上，何不從君指上聽。　板橋鄭燮

75

黃慎　草書七言詩軸

紙本 草書
縱179.5厘米 橫93厘米

Qi Yan Shi (seven-syllable poetry) in cursive script
By Huang Shen (1687-c.1768)
Hanging scroll, ink on paper
H. 179.5cm　L. 93cm

黃慎（1687—約1768），字恭壽，又字恭懋，號東海布衣、瘿瓢子、瘿瓢山人等，清代寧化（今屬福建）人。久居揚州，以賣畫為生，為“揚州八怪”之一。工草書，宗法唐代懷素，得其神髓；遠宗二王，而以狂怪書風名盛於時。一生不仕，與鄭燮等活躍於揚州的藝術家相友善。著有《狡湖詩草》傳世。

軸書錄自作七言詩一首。款署“客江南答李子明楚中見寄　美成堂黃慎”，鈐“黃慎”（白文）、“瘿瓢”（白文）印。詩當為黃氏在南京時所作。

黃慎書法源於章草書，且更多地融入了書家自我的書法意趣，因而給人以狂怪難識之感。此軸書法點畫紛披，散而有序，字間連帶折轉自如，結字用筆不拘成法，標新立異，表現出書家極強的個性。

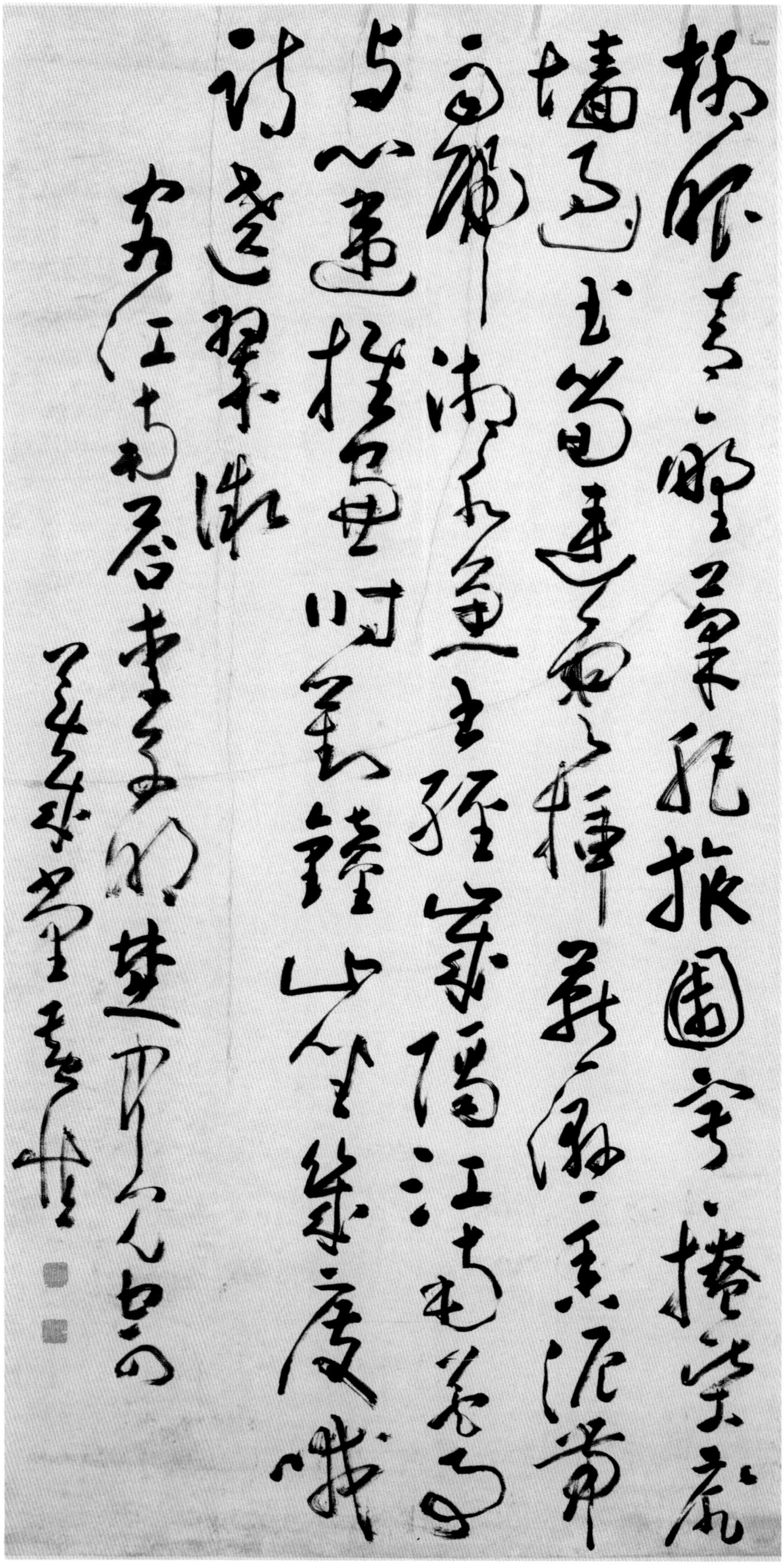

釋文：
柳眼青青野菊肥，旅園寂寂掩柴扉。
牆過玉筍連雲插，燕啣香泥帶雨歸。
湘水魚書經歲隔，江南花事與心違。
推簾時對鐘山坐，幾度哦詩繞翠微。
客江南答李子明楚中見寄　美成堂黃慎

76

黃慎　草書五律詩軸

紙本　草書
縱166.9厘米　橫84.6厘米

Wu Lu Shi (five-syllable regulated verse) in cursive script
By Huang Shen
Hanging scroll, ink on paper
H. 166.9cm　L. 84.6cm

軸書錄五言律詩五首，款署“寧化黃慎”，下鈐“黃慎”(白文)、“瘦瓢山人”(白文)印。從書風判斷應屬中、晚年作品。

此軸書法宕逸奇譎，筆力雄健，結字奇古險絕，注重點的用法，字形欹正相生，如“驚蛇走虺，驟雨狂風”，飄逸馳騁，獨具特色。在清代中期揚州書法家中，黃慎的書法頗富個性。此軸代表了黃慎草書藝術水平，表現出書家以險絕求勝的書藝特點。

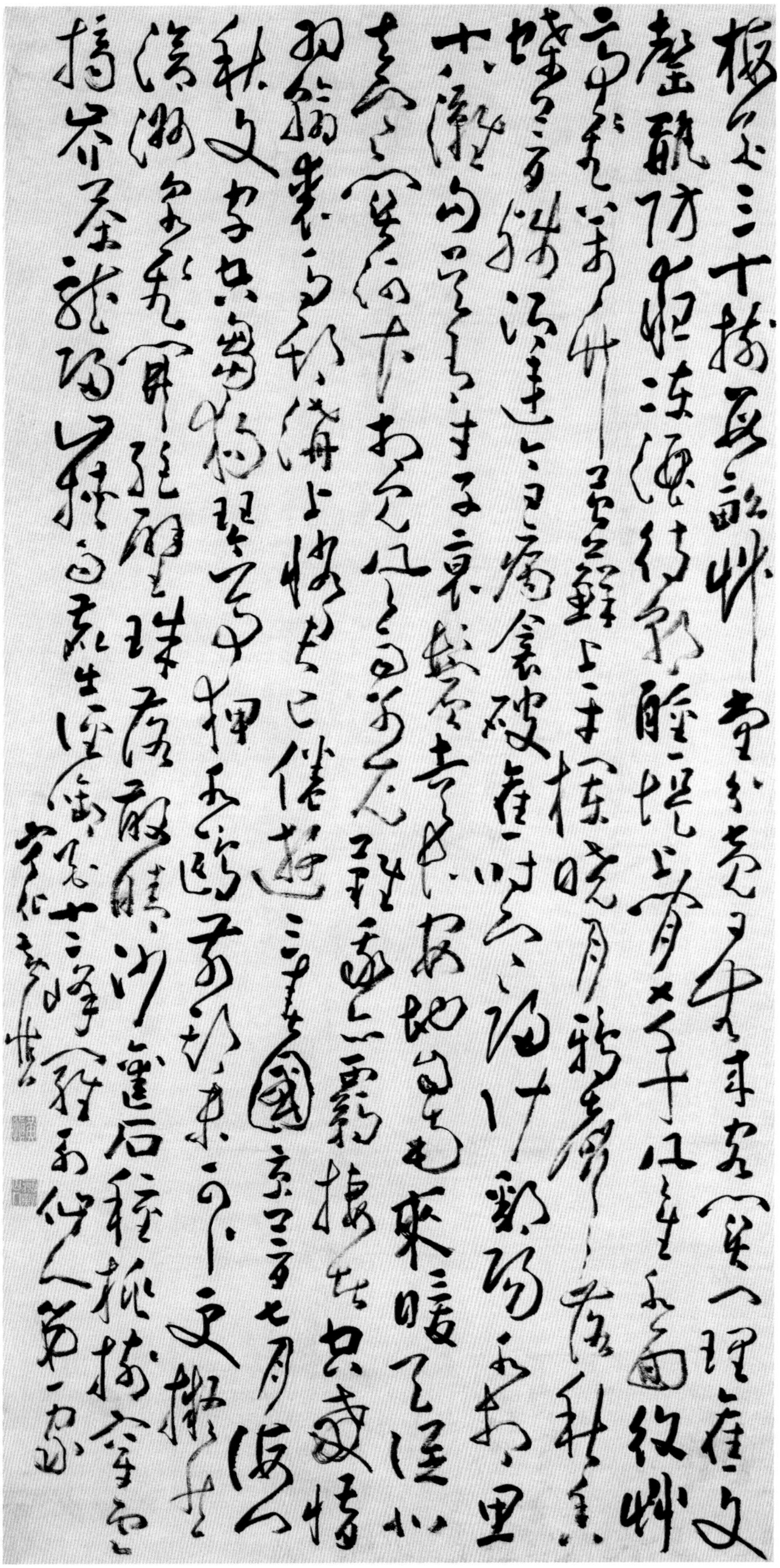

釋文：
梅花三十樹，數畝草堂分。竟日無來客，關門理舊文。磬瓶防夜凍，酒待朝醺醺。堤上閒叉手，風生水面紋。草亭飛萬竹，苔蘚上平欄。曉月鴉聲落，秋香蝶夢殘。酒連今日病，衾破舊時寒。歸計鄱陽水，相思十八灘。句吳有才子，衰鬢走長安。地自南來暖，天從北去寒。關河乍相見，風雨別尤難。我亦羈棲者，空教惜羽翰。裘馬邗溝上，憐君已倦遊。三春國京夢，七月海門秋。文字空芻狗，琴尊狎水鷗。前期未可卜，更擬共滄洲。泉飛開絕壁，珠落散晴沙。鑿石種桃樹，穿雲摘岕茶。龍歸山挾雨，鹿出徑啣花。十二峯羅列，仙人第一家。
寧化黃慎

77

郭尚先　楷書黃庭內景經卷

紙本　楷書
縱36厘米　橫268.5厘米

Huang Ting Nei Jing jing (Book of the Lower Elixir Field, (Linterior Aspect)) in regular script
By Guo Shangxian (1784-1832)
Handscroll, ink on paper
H. 36cm　L. 268.5cm

郭尚先(1784—1832)，字元聞，又字蘭石，福建莆田人。嘉慶十四年(1809)進士。官大理寺卿、禮部侍郎。工書擅畫，精鑑別。他推崇顏真卿書法，認為“學書不過魯公一關，終身門外漢”，故從顏書入手，深得其法。書名盛於嘉(慶)、道(光)間，在京師時，索書者“趾樓於戶，每作字脱手，輒為人持去，拱璧珍之”。

卷書錄《黃庭經》之《內景經》。款署“道光四年六月十四日錄奉，笛生四兄同年省覽　莆田郭尚先”，鈐“蘭石”(朱文)印。清道光四年(1824)，郭尚先四十一歲。

此卷書法以顏真卿書為根底，又融以“館閣體”姿韻，結體寬博秀雅，筆力雄渾堅實，為郭尚先晚期精心之作。

鑑藏印記：“宋李心賞”(朱文)、“古歡室藏”(朱文)、“銕杲真賞”(白文)、“吉林宋李子古歡室收藏金石圖書之印”(朱文)。

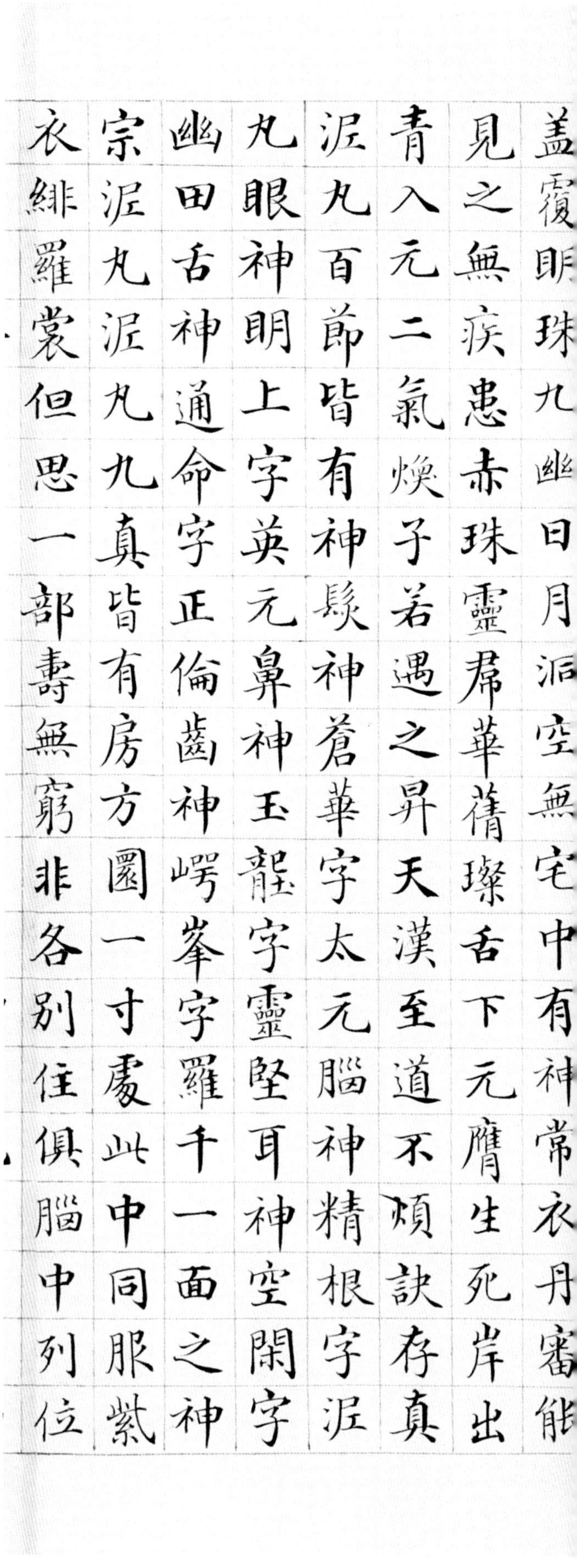

蓋覆明珠九幽日月洞空無宅中有神常衣丹審能
見之無疾患赤珠靈帬華蒨璨舌下元膺生死岸出
青入元二氣煥子若遇之昇天漢至道不煩訣存真
泥丸百節皆有神髮神蒼華字太元腦神精根字泥
丸眼神明上字英元鼻神玉壟字靈堅耳神空閑字
幽田舌神通命字正倫齒神崿峰字羅千一面之神
宗泥丸泥丸九真皆有房方圓一寸處此中同服紫
衣緋羅裳但思一部壽無窮非各別住俱腦中列位

黃庭內景經

上清紫霞虛皇尊太上大道玉晨君閑居蘂珠作七

言散化五形變萬神是為黃庭曰內篇琴心三疊舞

胎仙九氣暎明出霄間神蓋童子生紫煙是曰玉書

可精研詠之萬過昇三天千災已消百病痊不但虎

狼之凶殘亦以却老年永延上有魂靈下關元左為

少陽右太陰後有密戶前生門出日入月呼吸存元

氣所合列宿分紫煙上下三素雲灌漑五華植靈根

七液洞流衝廬間迴紫抱黃入丹田幽室內明照陽

門口為玉池太和官漱咽靈液災不干體生光華氣

香蘭却滅百邪玉鍊顏審能修之登廣寒晝夜不寐

乃成真雷鳴電激神泯泯黃庭內人服錦衣紫華飛

帬雲氣羅丹青綠條翠靈柯七蕤玉籥閑兩扉重掩

金關密樞機元泉幽關高崔巍三田之中精氣微嬌

女窈窕翳霄暉重堂煥煥揚八威天庭地關列斧鉞

靈臺盤固永不衰中池內神服赤朱丹錦雲袍帶虎

兩耳百液津蒼錦雲衣舞龍幡上致明霞日月煙百
病千災急當存兩部水王對生門使人長生昇九天
脾部之宮屬戊己中有明童黃裳裏消穀散氣攝牙
齒是為太倉兩明童坐在金臺城九重方圓一寸命
門中主調百穀五味香辟却虛羸無病傷外應尺宅
氣色芳光華所生以表明黃錦玉衣帶虎章注念三
老子輕翔長生高仙遠死殃膽部之宮六府精中有
童子曜威明雷電八振揚玉旌龍旂橫天擲火鈴主
諸氣力攝虎兵外應眼瞳鼻柱間腦髮相扶亦俱鮮
九色錦衣六華裙佩金帶玉龍鳳文能存威明乘慶
雲儀使萬靈朝三元脾長一尺掩太倉中部老君治
明堂厥字靈元名混康治人百病消穀粮黃衣紫帶
龍虎章長精益命賴君王三呼我名神自通三老同
坐各有朋或精或胎別執方桃孩合延生華芒男子
回九有桃康道父道母對相望師父師母丹元鄉可
用存思登虛空殊途一會歸要終閉塞三關握固停
含漱金醴吞玉英遂至不死三蟲亡心意常和致忻
昌五嶽之雲氣彭亨保灌玉廬以自償五形完堅無
災殃上觀三元如連珠落〻明景照九隅五靈夜燭
煥八區子存內皇與我遊身披鳳衣銜虎符一至不
久昇虛無方寸之中念深藏不方不圓閉牖窗三神
還精老方壯魂魄內守不爭競神生腹中銜玉璫靈
注幽闕那得喪琳條萬尋可仗蔭三魂自清帝書命
靈臺鬱藹望黃野三寸異室有上下間關榮衛高元
受洞房紫極靈門戶是昔太上告我者左神公子發
神語右有白元併立處明堂金匱玉房門上清真人
當吾前黃裳子丹氣頻煩借問何在兩眉端內俠日
月列宿陳七曜九元冠生門三關之中精氣深九微
之內幽且陰口為天關精神機足為地關生命扉手
為人關把盛衰若得三宮存元丹太一流珠安昆侖
重〻樓閣十二環自高自下皆真人玉堂絳宇盡元
宮琁璣玉衡色琅玕瞻望童子坐盤桓問誰家子在
我身此人何去入泥丸千〻百〻自相連一〻十〻
似重山雲儀玉華俠耳門赤帝黃老與我魂三真扶
胥共房精津五斗煥明是七元日月飛行六合間帝
鄉天中地戶端面部魂神自相存呼吸元氣以求仙
仙公〻子已可前朱鳥吐縮白石源結精育胞化生
身留胎止精可長生三氣右回九道明正一含華乃
充盈遙望一心如羅星金室之下不可傾延我白首

見黑急坐守肝氣鬱勃清且長羅列六府生三光心
精意專內不傾上合三焦下玉漿元液雲行去臭香
治蕩髮齒練五方取津元膺入明堂下漑喉嚨神明
通坐侍華蓋游貴京飄〻三帝席清涼五色雲氣分
青蔥閑目內眄自相望使心諸神還相崇七元英華
開命門通利天道存元根百二十年猶可還過此守
道誠甚難惟待九轉八瓊丹要復精思存七元日月
之華捄老殘肝氣周流終無端肺之為氣三焦起視
聽幽明候童子調理五華精髮齒三十六咽玉池裏
開通百脉血液始顏色生光金玉澤齒堅髮黑不知
白存此真神勿落〻常憶此宮有坐席眾真合會轉
相索隱藏羽蓋看天舍朝拜太陽樂相呼明神八威
正辟邪脾神還歸是胃家漑養靈根不復枯閉塞命
門保玉都萬神方酢壽有餘是為脾建在中宮五藏
六府神明王上合天門入明堂守雌存雄頂三光外
方內圓神在中通利血脈五藏豐骨青筋赤髓如霜
脾救七竅去不祥日月列布設陰陽兩神相會化玉
漿淡然無味天人粮子丹進饌肴正黃乃曰琅膏及
玉霜太上隱環八素瓊漑益八液腎受精伏於太陰
見我形揚風三元出始青恍忽之間至青靈戲於飈
臺見赤生逸城熙真養華榮內眄沉默鍊五形三炁
徘徊得神明隱龍遁芝雲琅英可以充飢使萬靈上
蓋元〻下虎章沐浴盛潔棄肥薰入室東向誦玉篇
約得萬遍義自解散髮無欲以長存五味皆至正氣
還夷心寂問無煩寃過數已畢體神精黃華玉女告
子情真人既至使六丁即受隱芝太洞經十讀四拜
朝太上先謁太帝後北向黃庭內經玉書暢授者曰
師受者盟雲錦鳳羅金鈕纏以代割髮肌膚全攜手
登山啑液丹金書玉景乃可宣傳得可授告三官勿
令七世受冥患太上微言致神仙不死之道此其文

道光四年六月十四日錄奉
笛生四兄同年省覽 莆田郭尚先

黃庭內景經

上清紫霞虛皇尊太上大道玉晨君閒居蘂珠作七
言散化五形變萬神是為黃庭曰內篇琴心三疊舞
胎仙九氣映明出霄間神蓋童子生紫煙是曰玉書
可精研詠之萬過昇三天千災已消百病痊不但虎
狼卻滅六以卻老年永延是曰入門出日入月呼吸存元為
少陽方太陰後有客戶前生門出日入月呼吸元
乃成真人嚥雷鳴電激神泯黃庭內人服錦衣
香蘭卻滅百邪玉鍊顏審能修之登廣寒
門口為玉池太和官漱咽靈液災不干田幽室內明照陽
氣兩合列宿分紫煙上下三素雲灌漑五華植靈根
七液洞流衝盧間高奔日月吾上道鬱儀結璘善相扶
靈臺磐固永不襄中池內神服赤朱錦帶裙帶煥玠精
女窈寵翳霄暉重堂煥七竅八威天庭地關列斧斤
金關密樞機元條翠高崔嵬三田之中精氣微嬌婚
謹備靈宅既清玉帝居隱芝自相扶天中之嶽精謹修
蓋覆明珠丹日月洞空無宅中有真人常衣丹審能出
見之無疾患赤珠靈幕舊華蓋下元醫生死岸能知出
青入元二氣煥子若遇之昇天漢至元腦神精根字泥丸
泥丸百節皆有神長谷玄鄉繞郁寮眉號華蓋帶覆
田眼神明上字英玄鼻神玉籠字靈堅耳神空閒字幽田
神皓華字虛成肝神龍煙字含明翳鬱導煙主濁清
次坐向外方所存在心自相當心神丹元字守靈肺
衣緋羅裳但思一部壽無疾非各別住俱相扶
宗泥丸泥丸九真皆有房方圓一寸處此中同服紫
明六府五藏神體偏皆在心內運天經晝夜存之自
生氣府之宮似華蓋位素錦衣裳黃羅帶嬌息呼吸存
調氣中嶽鼻齋位玉關七元之子主調利精華調飲食
體不快急存心丹田中外應口舌吐五華臨絕呼之亦登攝
已形不滯和丹錦緋裳披玉羅金鈴朱帶坐婆娑調
血理命身不枯外應口舌吐五華臨絕呼之亦登攝
寒熱榮衛和丹錦緋裳披玉羅金鈴朱帶坐婆娑調

《黃庭內景經卷》之一

及狎嬰瓊室之中八素集泥丸夫人當中立長谷元
鄉繞郊邑六龍散飛難分別長生至慎房中急何為
死作令神泣忽之禍鄉三靈浞但吸氣錄子精寸
田尺宅可治生若當決海百潰嘆去樹枯失青
氣亡液漏非已形專閉御景乃長生保我泥丸三奇
靈恬淡閒視內物不干泰而干懸美匪事泰
老滂丁思詠玉書入上清各三房間通達洞浞視
見無內外存漱五牙不飢渴中六丁謁急守
宮近在易隱括盧而寶空中初不闕三道了
精室正盧神明閒含滿急存百念念節度六府修治
九藹無行形中八景神二十四真出自然但修羊
玉室無行形中八景神二十四真了
故行自來朝神見與我言安在紫房幃幕間立高拱
恬淡無欲遊羅品列三關出華生死界洞房靈象斗日月父
外三五元之圖內際密盱盡觀真人在己莫問鄰何
竟魄煉一之為物巨辛見顧盱至忌死
邊遐索求因緣隱景藏形與世殊含氣養精口如朱
居俟嶽逰無憂羽服一整八風驅控駕三素乘
帶執性命守盧無名入上清死錄除三神之樂由隱朱
常服藹金華正立從玉輿奧不登山誦我書醫醫
晨霞金華正立從玉輿奧不登山誦我書醫
真人巖入山何難故盧入雲路含存可長活
幽闕羅品列三明出華生死界洞房靈象斗日月父
日泥丸九母雌一三光煥照入子室能存元真萬事畢
推及歸一三五合氣九節可用隱地迴八術伏牛
一身精神不可失高奔日月上吾吐回顏填血腦口銜靈芒攜
保乃見玉清盧無老可以回顏填血腦口銜靈芒攜
五皇腰虎帶籙佩金璫駕欱接生宴東蒙元
兢魄煉一之為物巨辛見顧盱至忌死
氣諸藏賤六神合集盧中宴結珠固精養神根玉莖
書道常完堅閉口屈舌食胎津使我遊錄獲飛仙
金蕊常完堅閉口屈舌食胎津使我遊錄獲飛仙
道士非有神積精氣以成真黃童妙音難可聞玉
火兵符圖備靈關前昂後甲高下陳執劍百丈舞錦
書絳蘭赤丹文字曰真人巾負甲持符開七門
火兵符圖備靈關前昂後甲高下陳執劍百丈舞錦
幡十絕監空扇紛紜火鈴冠霄陵落煙安在黃闕兩錦
眉間此非枝葉實是根紫清上皇大道君太元兩
俠侍端化生萬物使我仙飛昇十天駕玉輪書夜七
日思勿眠子能浔真之可長存積功成鍊非自然是由神百
精誠亦由專內守堅固真中恬淡自致神百
穀之寶亦土地精五味外美邪魔腥臭亂神明胎氣零
穀之寶亦土地精五味外美邪魔腥臭亂神明胎氣太和

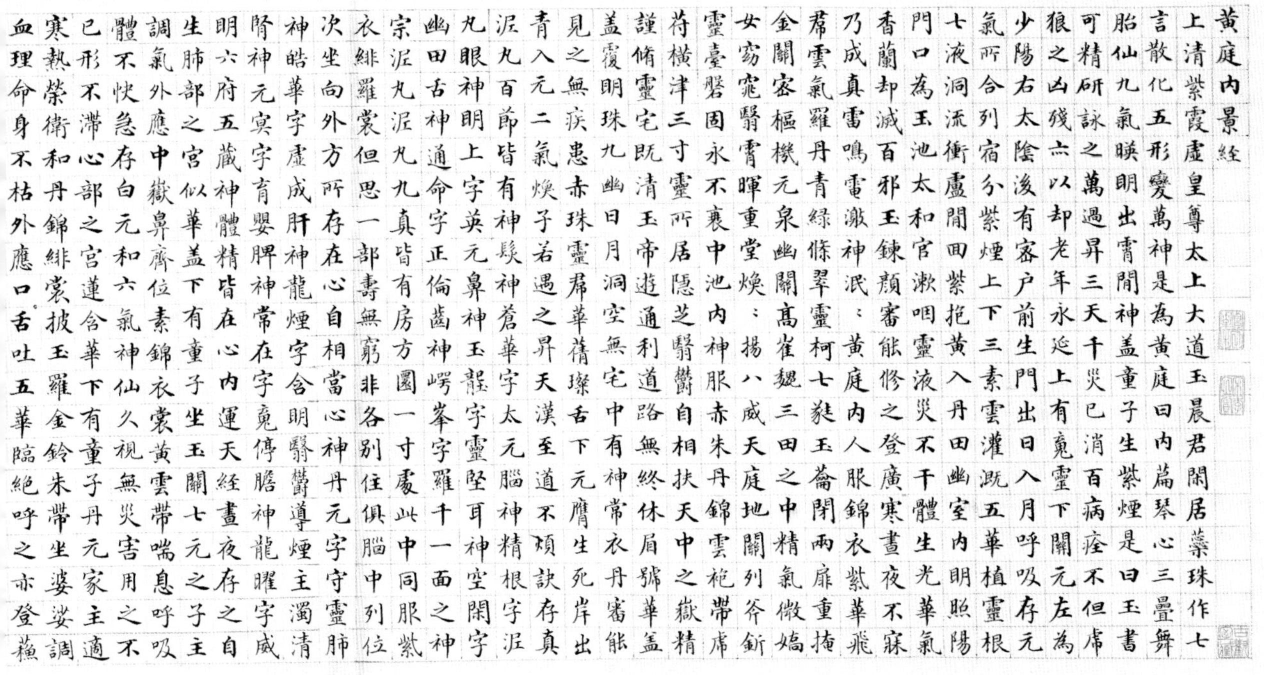

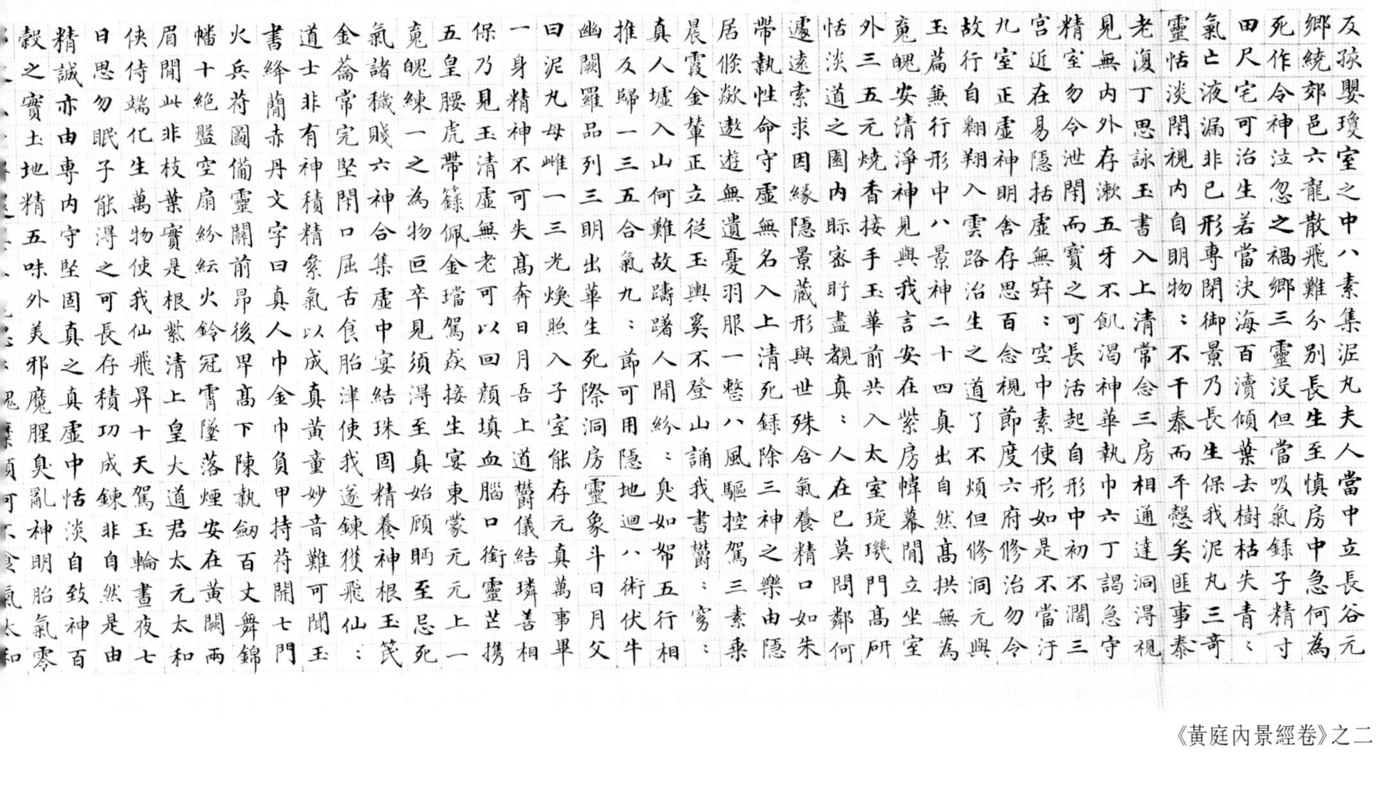

《黃庭內景經卷》之二

78

汪士慎　隸書觀繩伎七古詩軸

紙本 隸書
縱118.2厘米 橫34.8厘米

Guan Sheng Ji Qi Gu Shi (seven-syllable ancient-style poetry) in official script
By Wang Shishen (1686-1762)
Hanging scroll, ink on paper
H. 118.2cm　L. 34.8cm

汪士慎(1686—1762)，字近人，號巢林，別號溪東外史、晚春老人等，安徽歙縣人，久居揚州。擅詩文書畫，為“揚州八怪”之一。書法以分隸最工，宗法漢人。晚年雙目失明，但仍能書畫，金農謂其“盲於目不盲於心”。亦精篆刻。

軸書錄唐代劉言史七言詩一首，書於清雍正三年(1725)，時汪士慎四十歲。款署“近人汪士慎書於擁萬山堂”，鈐“漸翁”(朱文)、“近人”(白文)、“夢泉生”(白文)、“士慎”(白文)印。

此軸書法清勁，用筆挺秀纖細，結字方整，波、挑之勢具漢隸風格，但總體上仍受明代及清初隸書的影響，傳統多於變化，體現了鮮明的時代特點。

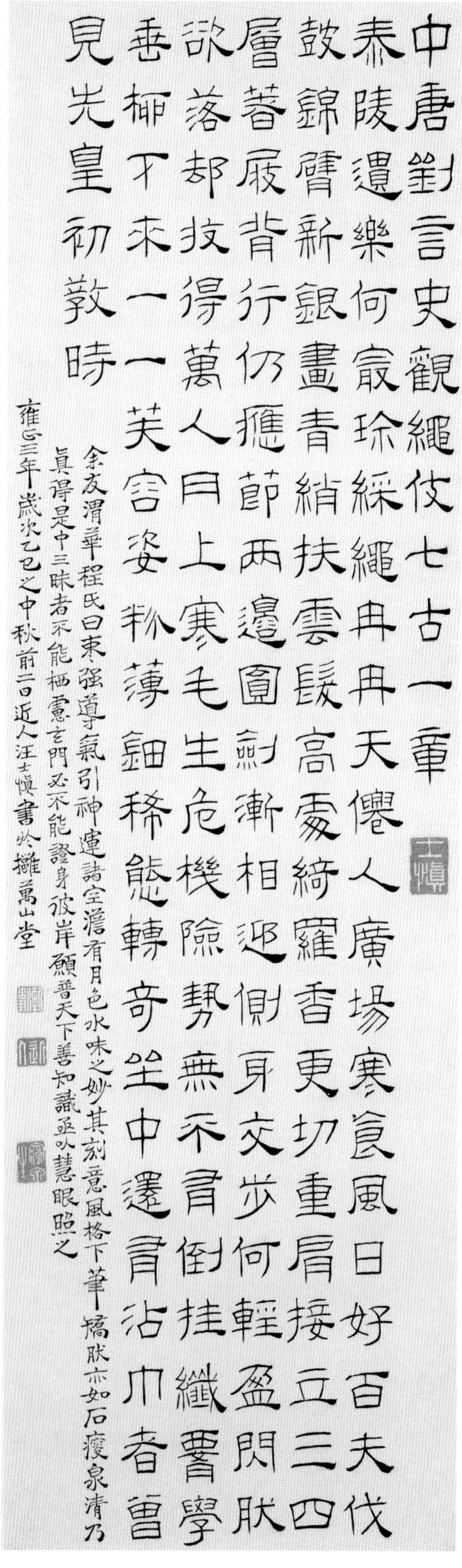

79

張問陶　行書七絕詩軸

紙本 行書
縱121.8厘米 橫36.2厘米

Qi Jue Shi (seven-syllable quatrain) in running script
By Zhang Wentao (1764-1814)
Hanging scroll, ink on paper
H. 121.8cm　L. 36.2cm

張問陶(1764—1814)，字仲治，號船山，又號蜀山老猿、老船，四川遂寧人。乾隆五十五年(1790)進士，歷任江南道御史、吏部郎中、萊州知府。後以病辭，僑寓蘇州。工詩，為清代蜀中詩人之冠。擅書法，書風放逸險勁，近米芾。畫亦佳，風格近徐渭。

軸書七絕詩一首。款署“梧原大兄正　　問陶”，鈐“句漏山房”(朱文)、“張問陶印”(朱文)印。

此軸出筆峭厲方勁，點畫迅疾露鋒，字體放逸自然，縱橫處似米芾，古拙處又有金石氣息。

鑑藏印記：“毛敦齋藏”(朱文)。

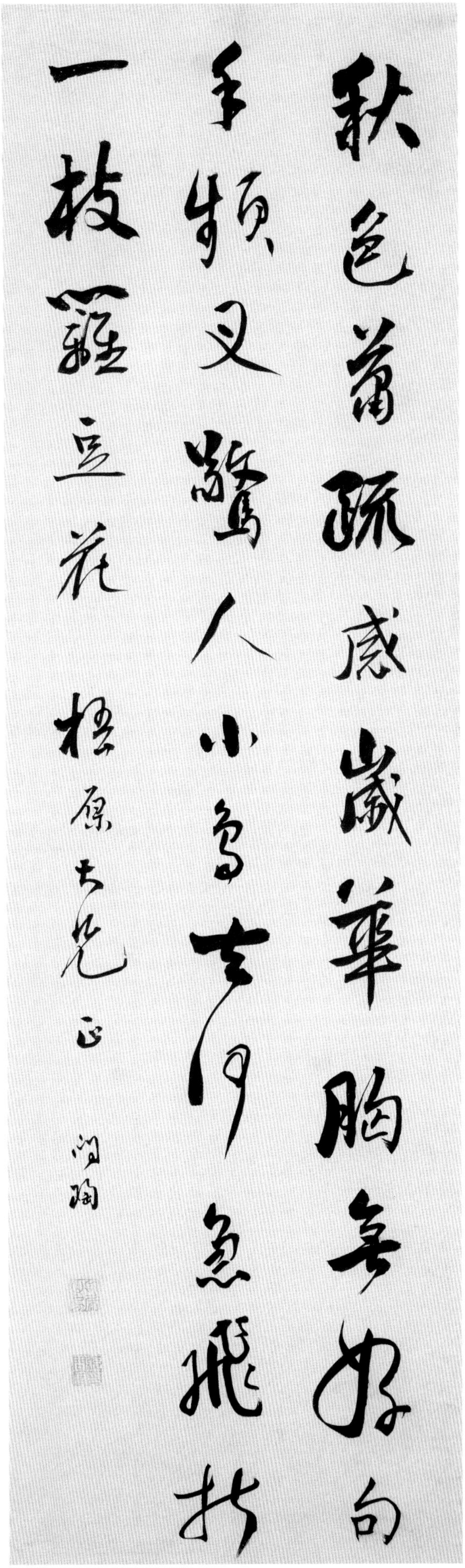

80

張問陶　行書七律詩軸

紙本　行書
縱102厘米　橫31厘米

Qi Lu Shi (seven-syllable regulated verse) in running script
By Zhang Wentao
Hanging scroll, ink on paper
H. 102cm　L. 31cm

軸書七言律詩二首。款署“庚申閏四月二日　張問陶”，下鈐“船山”(白文)、“張問陶印”(白文)印。“庚申”為清嘉慶五年(1800)，時張問陶三十七歲，為其成熟時期作品。

此軸書法宗米芾，又兼取徐渭之法，用筆行中帶隸，出鋒自由多變，結體圓渾中見拙樸，點畫勻稱中具錯落，別具自然平易之趣。

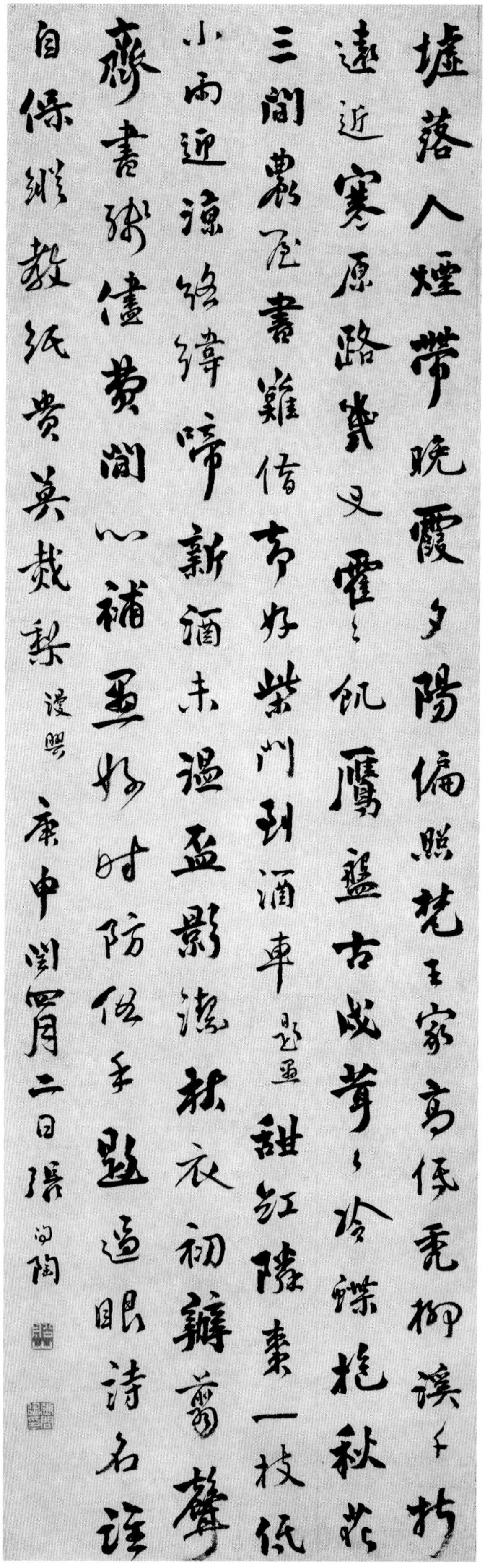

81

洪亮吉　篆書碧琅玕館橫額

紙本 篆書
縱29.4厘米 橫84.3厘米

Bi Lang Xuan Guan (A horizontal tablet inscribed with characters Bi Lang Xuan Guan) in seal script
By Hong Liangji (1746-1809)
Horizontal tablet, ink on paper
H. 29.4cm　L. 84.3cm

洪亮吉(1746—1809)，原名禮吉，字稚存，號北江，清代陽湖(今江蘇常州)人。乾隆五十五年(1790)進士，官編修，督學貴州、福建。以言獲罪，遣戍伊犁，有感於人生遭遇，遂自號更生居士。為乾嘉考據學著名學者之一，與孫星衍並稱"孫洪"。書法以篆書見長，兼工隸、行書。

橫額係為齋堂題寫。款署"壬戌六月洪亮吉"，下鈐"亮吉"(白文)、"更生居士"(白文)，引首鈐"文學侍從"(白文)、"雙清室"(朱文)印。書於嘉慶七年(1802)，洪亮吉五十七歲。

此作書法師李陽冰，字勢流暢平匀，功力深厚。但略乏生動與創新，失之於僵窘。

鑑藏印記："武進趙去非藥農信印"(白文)。

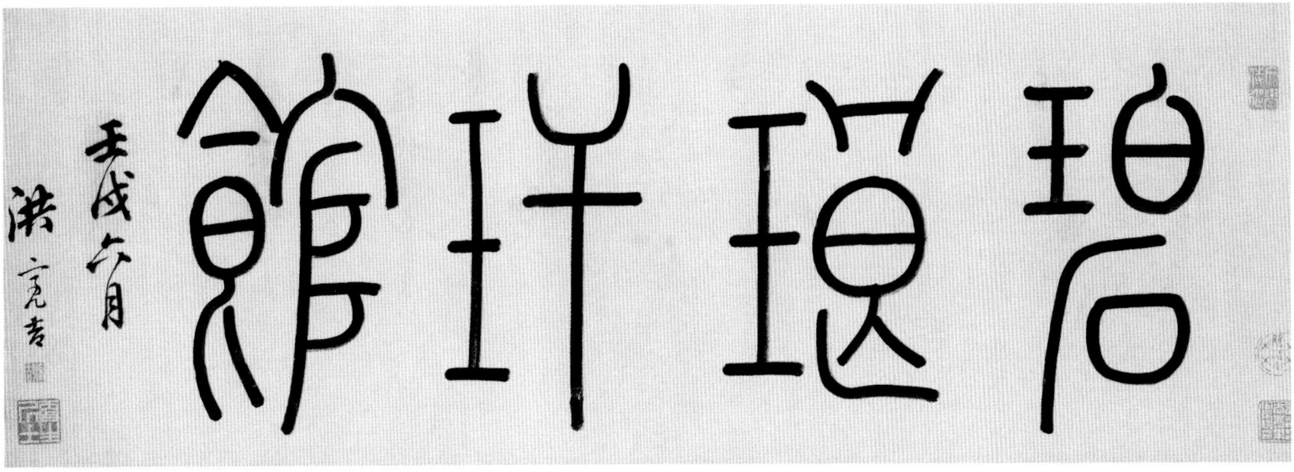

釋文：
碧琅玕館　壬戌六月　洪亮吉

82

洪亮吉　行書七絕詩軸

紙本 行書
縱166厘米 橫35厘米

Qi Jue Shi (seven-syllable quatrain) in running scrtipt
By Hong Liangji
Hanging scroll, ink on paper
H. 166cm　L. 35cm

軸書七絕詩一首，款署“甲子小陽春日，鈔小遊仙詩一首更生齋洪亮吉”，鈐“禮吉”(白文)、“稚存”(朱文)印。書於嘉慶九年(1804)，時洪亮吉五十九歲，為伊犁赦歸後的晚期手筆。

此軸書風婉麗疏秀，兼具“館閣體”的柔美悅目與米、董書法的勁健散淡，筆墨老到而不乏生意。洪亮吉雖以篆書名世，但行書也不無得意之筆。

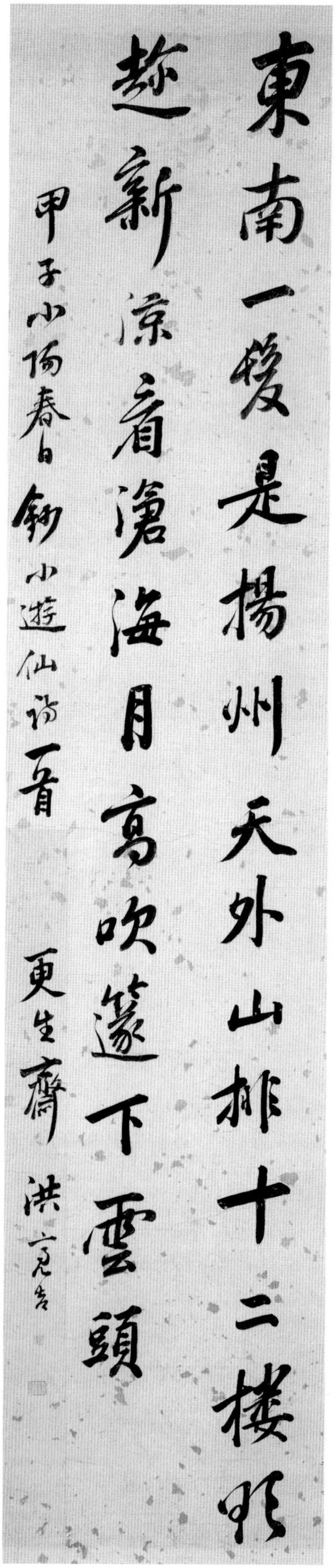

83

鄧石如　篆書文軸

紙本　篆書
縱117厘米　橫74厘米

Wen Zhou (An ancient prose) in seal script
By Deng Shiru (1743-1805)
Hanging scroll, ink on paper
H. 117cm　L. 74cm

鄧石如(1743—1805)，初名琰，字石如，因避清仁宗嘉慶皇帝諱遂以字行，更字頑伯，號完白山人、笈遊道人等，清代懷寧(今安徽安慶)人。工書法、篆刻。書擅各體，以篆、隸最精，兼融各家之長，形成獨特風格，對清代中、後期書壇有巨大影響。《清史稿》有傳。

軸書錄《荀子．宥坐》。款署"頤齋大人屬書　鄧琰"，鈐"鄧琰"(白文)、"石如"(白文)印。從題款名字看，應為乾隆時期作品。

此軸書法用筆細勻，受《嶧山碑》及李陽冰篆法影響，使用羊毫中鋒，筆畫圓勁，收筆處略出鋒，呈尖峭狀，尚屬傳統玉箸篆之範疇。

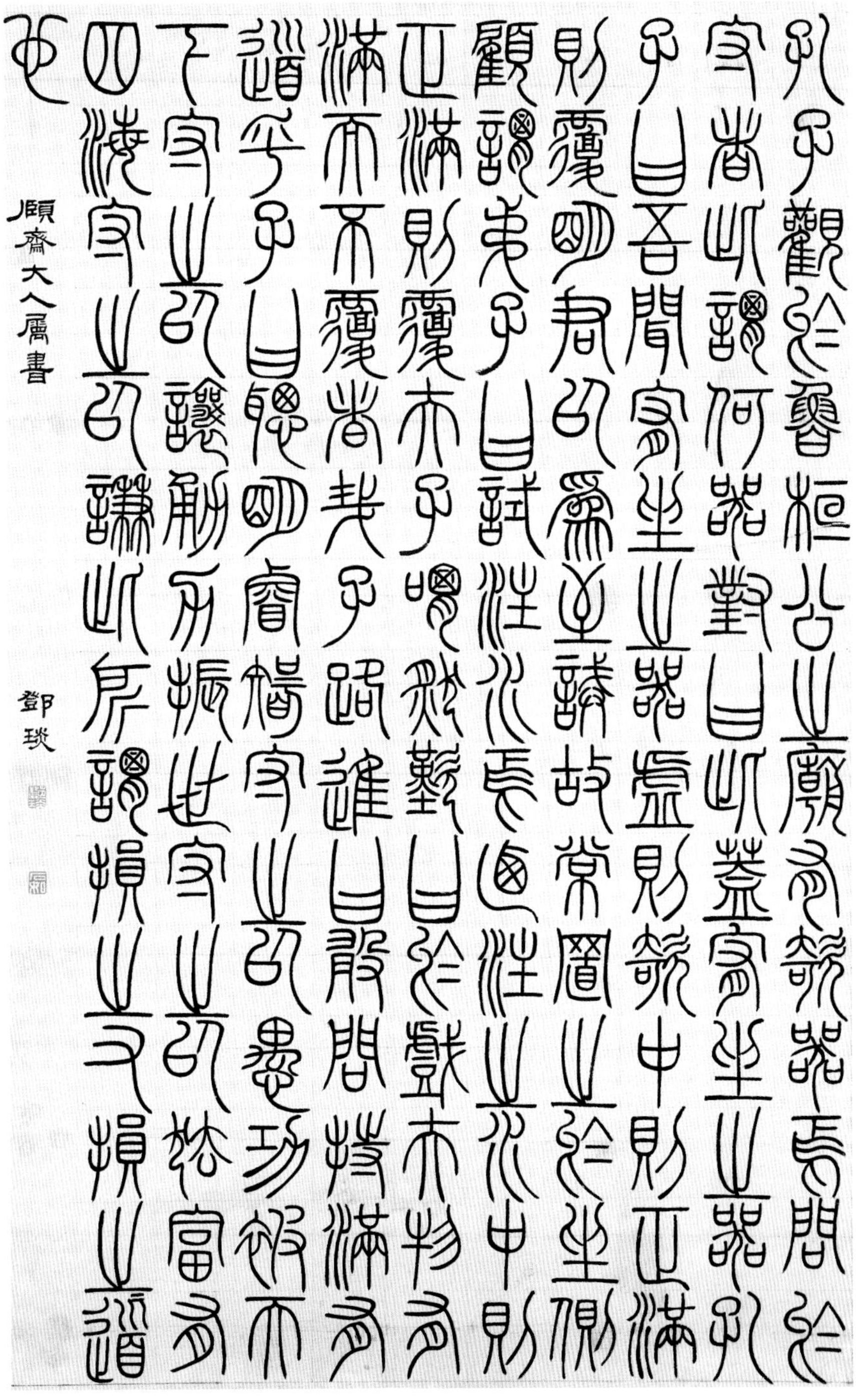

釋文：
孔子觀於魯桓公之廟。有欹器焉，問於守者：此謂何器？對曰：此蓋宥坐之器。孔子曰：吾聞宥坐之器，虛則欹，中則正，滿則覆，明君以為至誡，故常置之於坐側。顧謂弟子曰：試注水焉。迺注之水，中則正，滿則覆。夫子喟然嘆曰：於戲，夫物有滿而不覆者哉。子路進曰：敢問持滿有道乎？子曰：聰明睿智，守之以愚；功被天下，守之以讓；勇力振世，守之以法；富有四海，守之以謙。此所謂損之又損之道也。　頤齋大人屬書　鄧琰

84

鄧石如　篆書四箴四條屏

紙本 篆書
屏縱206厘米 橫31.3厘米

Si Zhen (Four admonitions) in seal script
By Deng Shiru
A set of 4 narrow vertical scrolls hung together, ink on paper
Each scroll: H. 206cm　L. 31.3cm

四條屏錄宋代程頤《四箴》文。首署“程夫子四箴”，下隸書款“乾隆辛亥春末　古浣後學鄧琰敬書”，鈐“鄧琰”(白文)、“石如”(朱文)印。“辛亥”為乾隆五十六年(1791)，鄧石如四十九歲。

此屏為鄧石如中年時期篆書精品，結構謹嚴，筆法瀟脱自如，突破傳統玉箸篆風格，融入金石銘文的特點，復摻入隸書筆法，獨具婉麗圓勁的魅力。

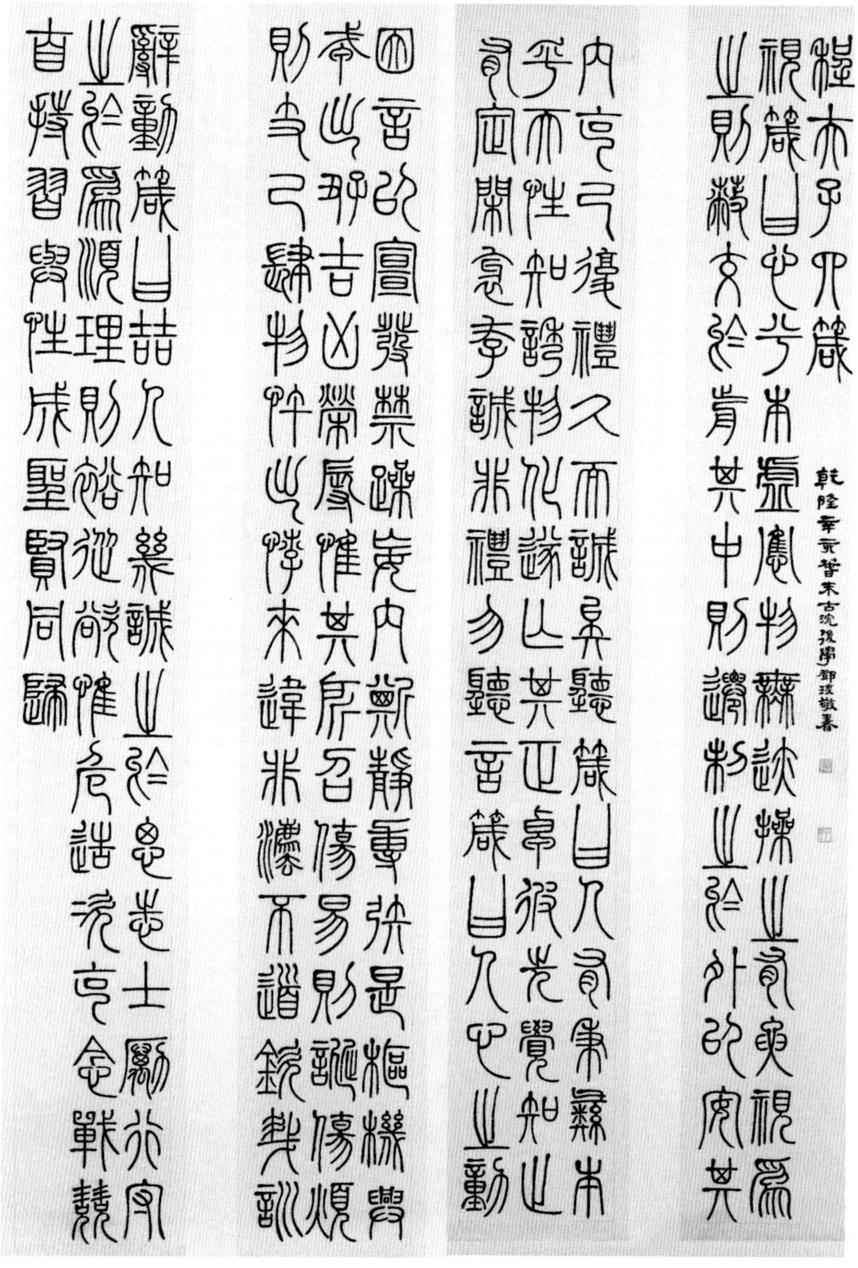

釋文：
程夫子四箴　乾隆辛亥春末古浣後學鄧琰敬書
視箴曰：心兮本虛，應物無跡。操之有要，視為
之則。蔽交於前，其中則遷。制之於外，以安其
內。克己複禮，久而誠矣。聽箴曰：人有秉彝，
本乎天性。知誘物化，遂亡其正。卓彼先覺，知
止有定。閒衺存誠，非禮勿聽。言箴曰：人心之
動，因言以宣。發禁躁妄，內斯靜專。矧是樞
機，興戎出好。吉凶榮辱，惟其所召。傷易則
誕，傷煩則支。己肆物忤，出悖來違。非法不
道，欽哉訓辭。動箴曰：喆人知幾，誠之於思。
志士勵行，守之於為。順理則裕，從欲惟危。造
次克念，戰兢自持。習與性成，聖賢同歸。

85

鄧石如　隸書七言詩軸

紙本　隸書
縱134.7厘米　橫62.6厘米

Qi Yan Shi (seven-syllable poetry) in official script
By Deng Shiru
Hanging scroll, ink on paper
H. 134.7cm　L. 62.6cm

軸錄自作《新洲詩》一首。款署"皖口新洲詩　次江上學堂韻為楚橋八兄先生正之　完白山人鄧石如初稿"，下鈐"石如"（朱文）、"鄧氏完白"（白文），引首鈐"日湖山日日新"（朱文）印。從用印、題款及書法風格分析，此軸當為嘉慶年間所書，是鄧石如晚年隸書精品。

此軸書法結字扁長互見，行距緊密而字距寬疏。墨氣濃重，用筆挺健，轉折處方圓互見，而撇捺之筆復具北碑之形態，自成隸書一種新風格。李瑞清評曰："完白隸書，下筆馳騁，殊乏蘊藉，但瞻魏采，有乖漢制，與正直殘石差足相比。"觀其隸書確與漢隸有別，更多呈現出魏碑的特徵，這也正是鄧氏書法所獨具的特色。

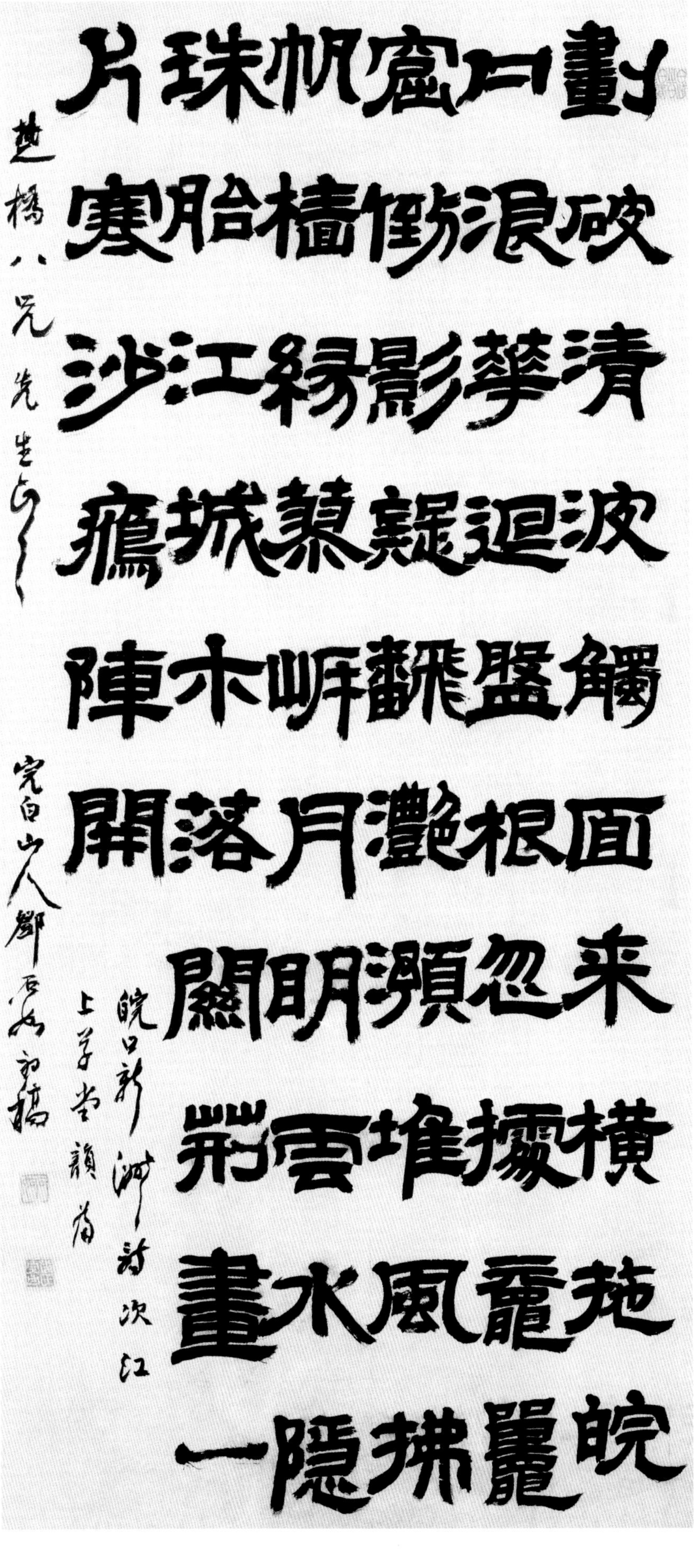

86

鄧石如　楷書滄海日長聯
紙本　楷書
聯縱137.2厘米　橫28.3厘米

Cang Hai Ri Chang Lian (A long antithetical couplet) in regular script
By Deng Shiru
A pair of hanging scrolls, ink on paper
Each scroll: H. 137.2cm　L. 28.3cm

《滄海日長聯》為"龍門式"對聯，書於"嘉慶改元(1796)春王正月"，款署"鐵硯山房正書"，鄧石如時年五十四歲。下聯右下有清代康有為跋一段："完白山人篆分固為近世集大成，即楷書亦原本南北碑而創新體，筆力如鑄鐵，畫法尤厚。"

此聯書法古茂沉雄，體兼隸楷，法於魏碑，存隸書孑遺，有隸楷之謂。運筆渾厚，風格蒼古質樸，體現出深厚的碑學基礎。

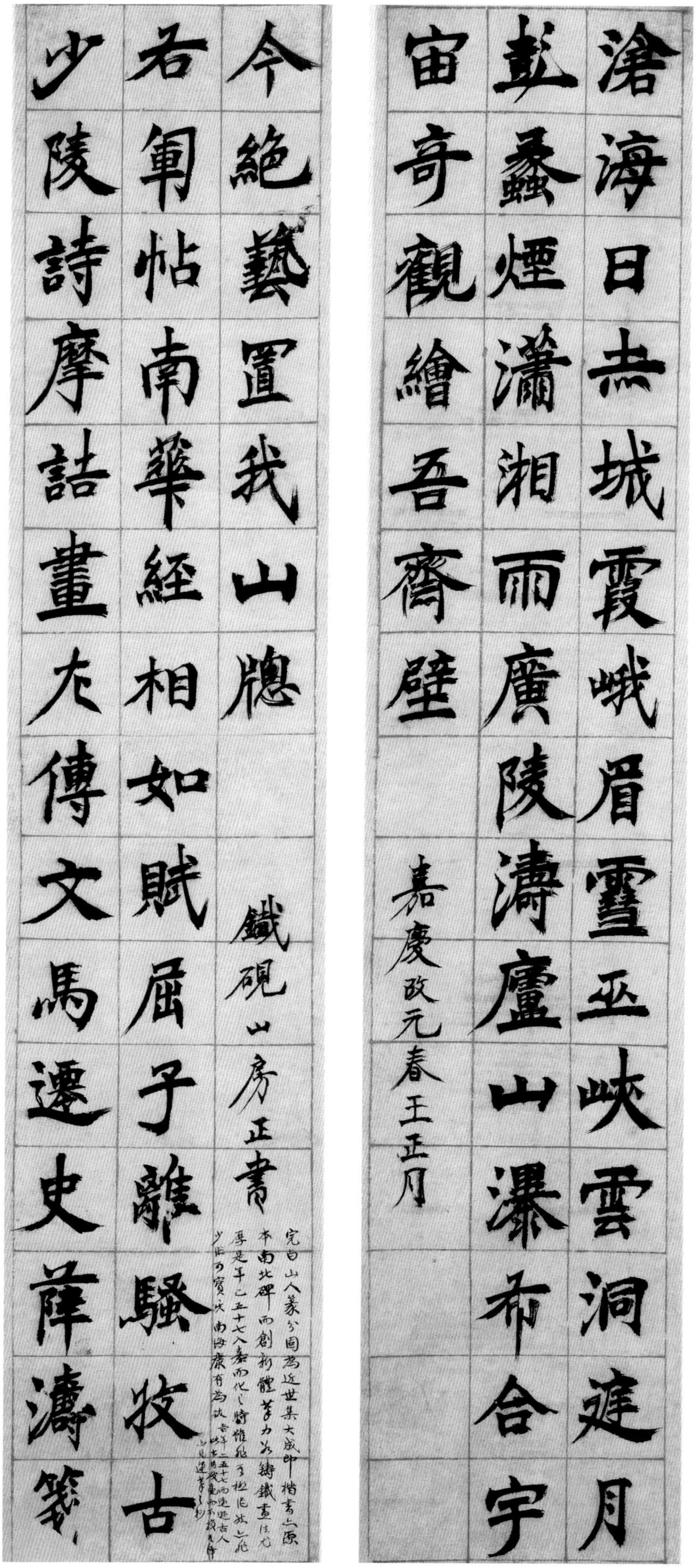

87

鄧石如　行書遊五園詩軸

紙本 行書
縱159厘米 橫42.2厘米

You Wuyuan Shi (Poem on a visit to Wuyuan) in running script
By Deng Shiru
Hanging scroll, ink on paper
H. 159cm L. 42.2cm

軸錄自作《遊五園》詩一首。款署“遊五園作　完白翁”，下鈐“鄧石如”(白文)、“頑伯”(白文)，引首鈐“完白山人”(白文)印。從題款方式及書風看，應為鄧氏晚年所書。

鄧石如存世墨跡中，行書較少。此軸用筆沉實勁健，多有震顫之筆，一波三折，如錐劃沙，復存古隸書筆意，體現出鄧氏書法兼融古法又有創新的特點。鄧石如作為清代中期書壇巨擘，不僅諸體悉備，而且各體書均具特色。

鑑藏印記：“禮卿府君遺物”(朱文)、“□壽樞家珍藏”(朱文)。

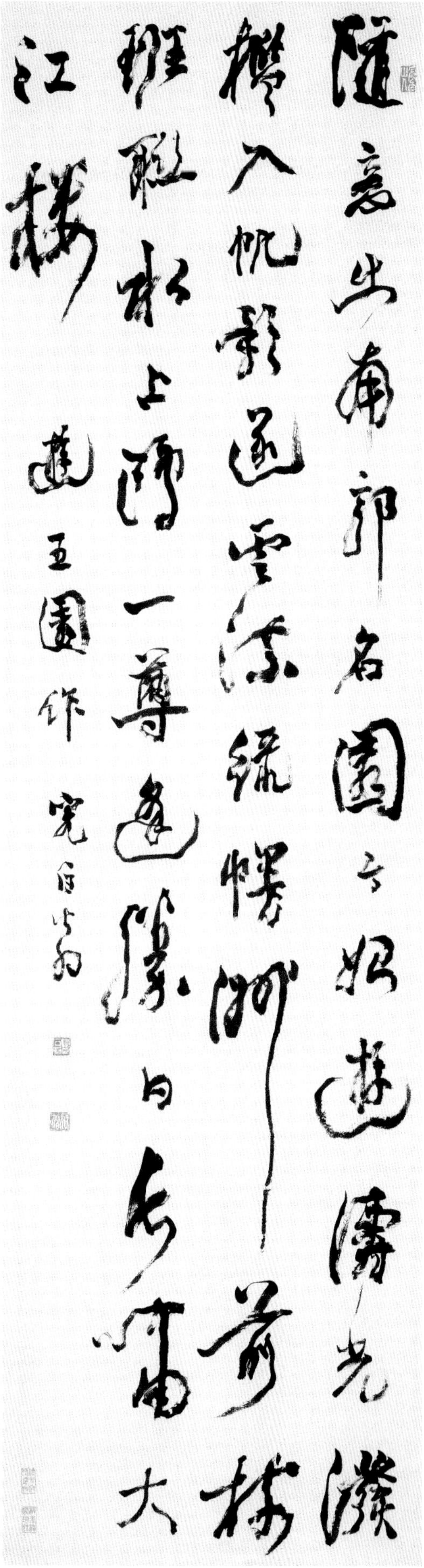

88

鄧石如 四體書冊

紙本 四體書 十七開
開縱25.7厘米 橫11.1厘米

Si Ti Shu (Calligraphy in seal, official, regular and running scripts)
By Deng Shiru
Album of 17 leaves, ink on paper
Each leaf: H. 25.7cm L. 11.1cm

《四體書冊》集鄧氏篆、隸、楷、行四體書為一冊。篆書七開，大部分出自《石鼓文》，但字句不可連屬。款署“癸丑小春(乾隆五十八年，1793年)旬有八日書於武昌節署之天香書屋 古皖鄧琰臨”，下鈐“鄧琰”(白文)、“石如”(朱文)印，首鈐“家在龍山鳳水”(朱文)印。隸書三開，末款“石如鄧琰書”，鈐“鄧琰”(白文)、“石如”(朱文)印，首鈐“家在龍山鳳水”(朱文)印。楷書錄“冠銘”六開，末識“湘畾六哥先生雅鑑 弟琰”，鈐“笈遊道人”(朱文)、“家在龍山鳳水”(朱文)、“日湖山日日春”(朱文)印。行書一開，為嘉慶八年(1803)致包世臣書信一札。冊後有包世臣於道光二十七年(1847)題記，敍集此冊經過；張曙孫觀款、曾邁題記。

據包世臣題記言，此冊中原有大篆二種，現僅存一種，應在包氏題記後為人割去。諸作除行書信札為嘉慶年所作，其餘皆為乾隆後期所書，正是鄧石如書藝最為輝煌的時期，技藝成熟，各體臻妙。篆、隸書法古人而出新意，楷書宗《石門銘》而兼諸碑，行書則信手揮灑，使轉自如，韻致嫻雅。一冊中集鄧氏諸體之精品，堪稱代表之作。

鑑藏印記：“倦翁”(白文)、“包世臣字慎伯”(白文)、“斐廬”(朱文)、“美意延年”(白文)、“曾邁”(白文)等。

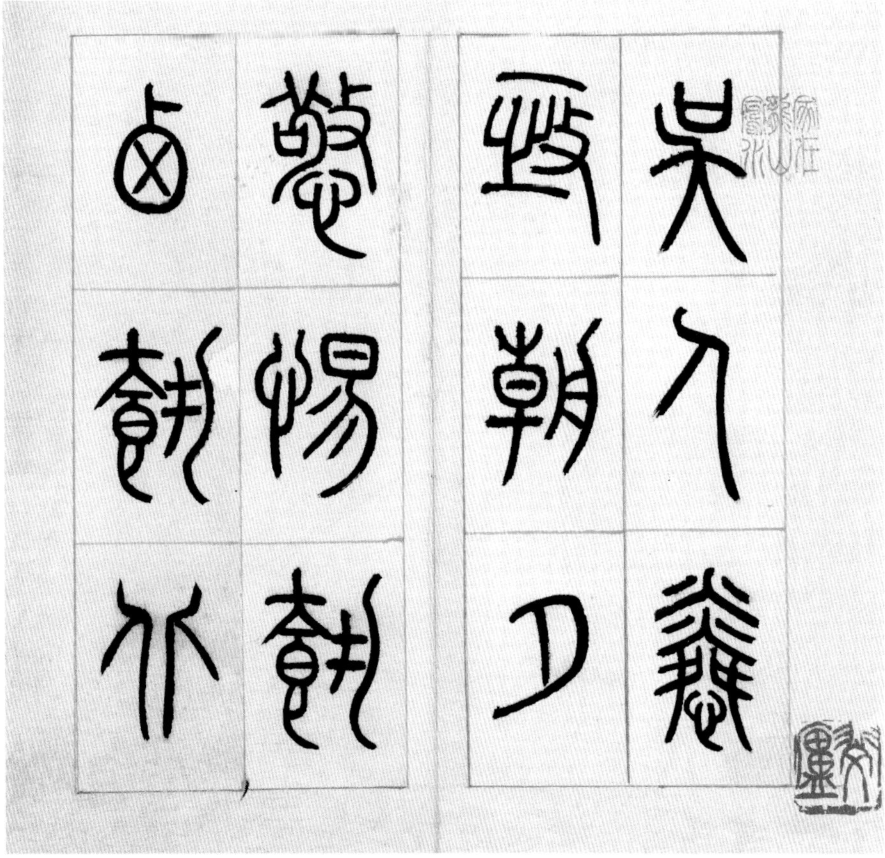
第一開

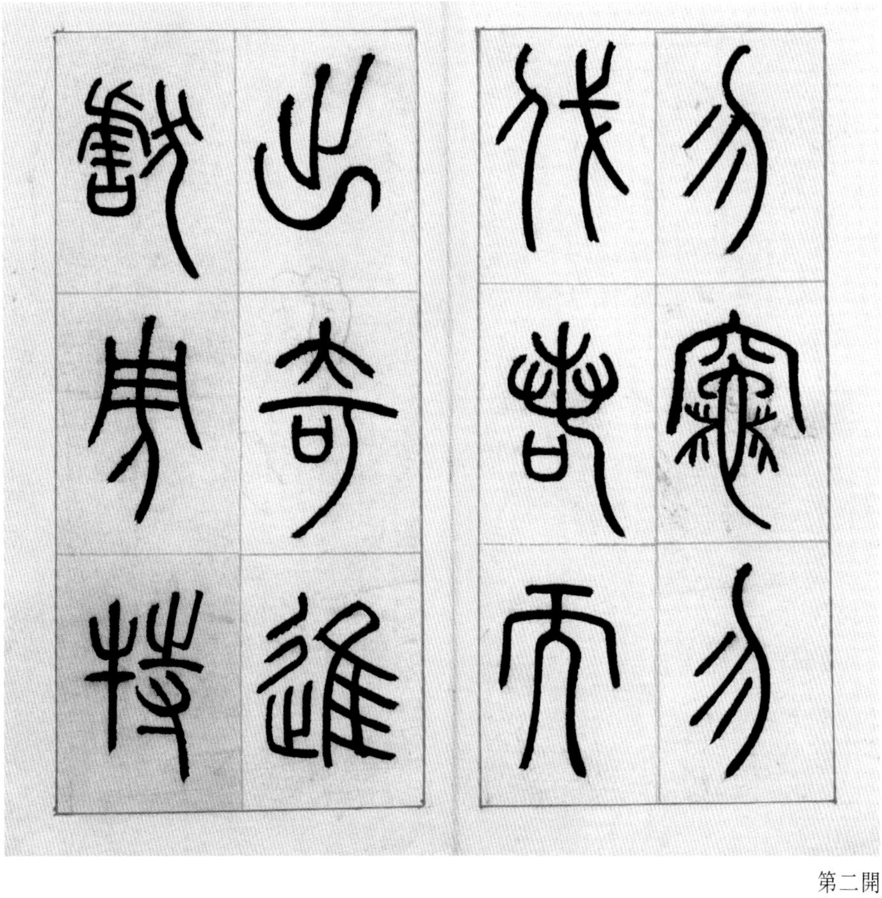
第二開

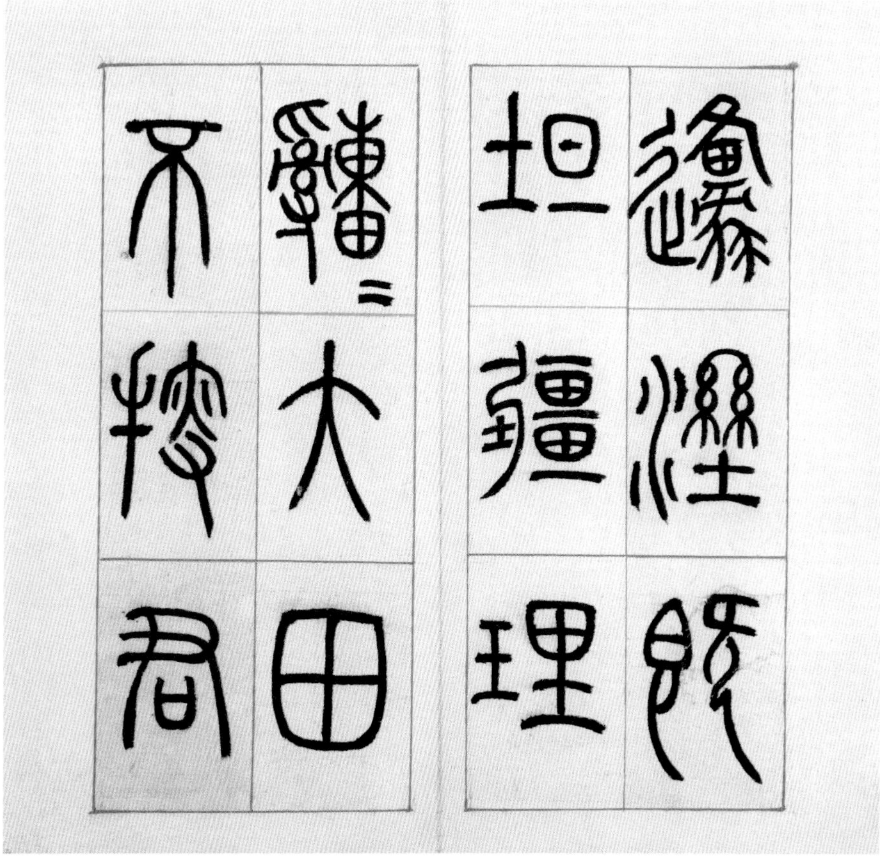

第四開

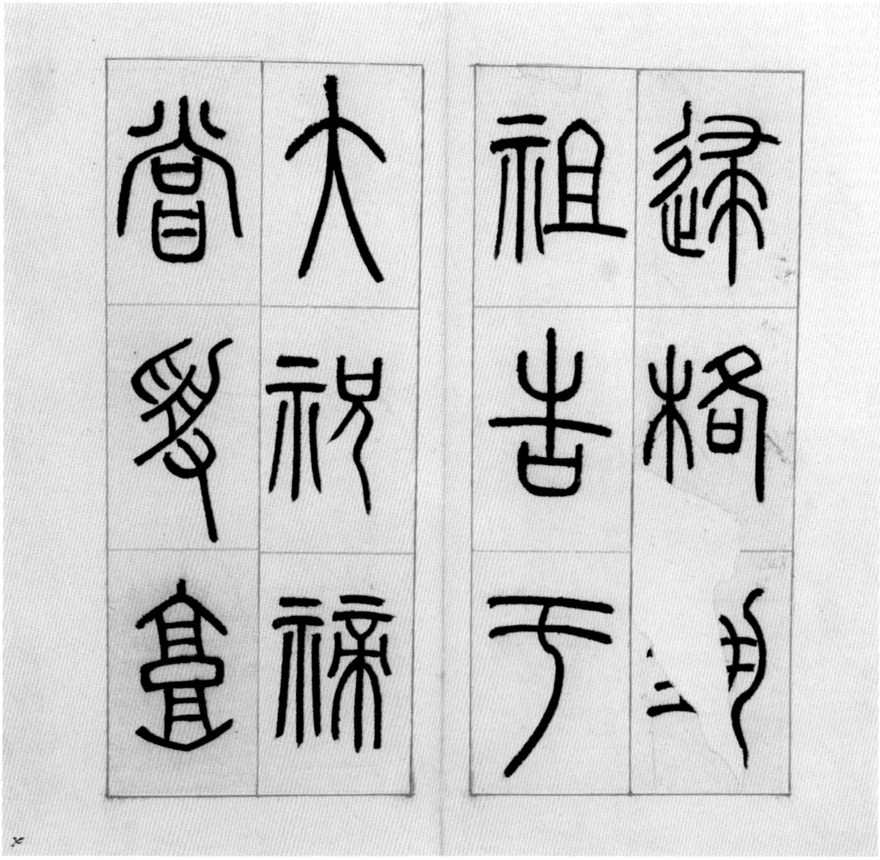

第六開

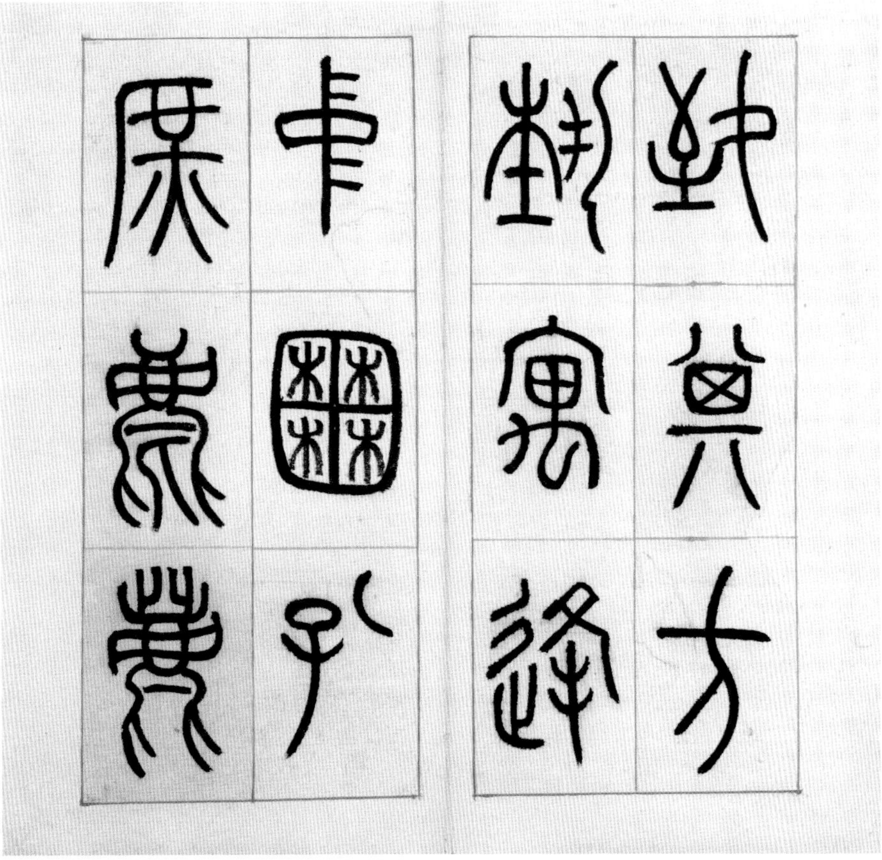
第三開

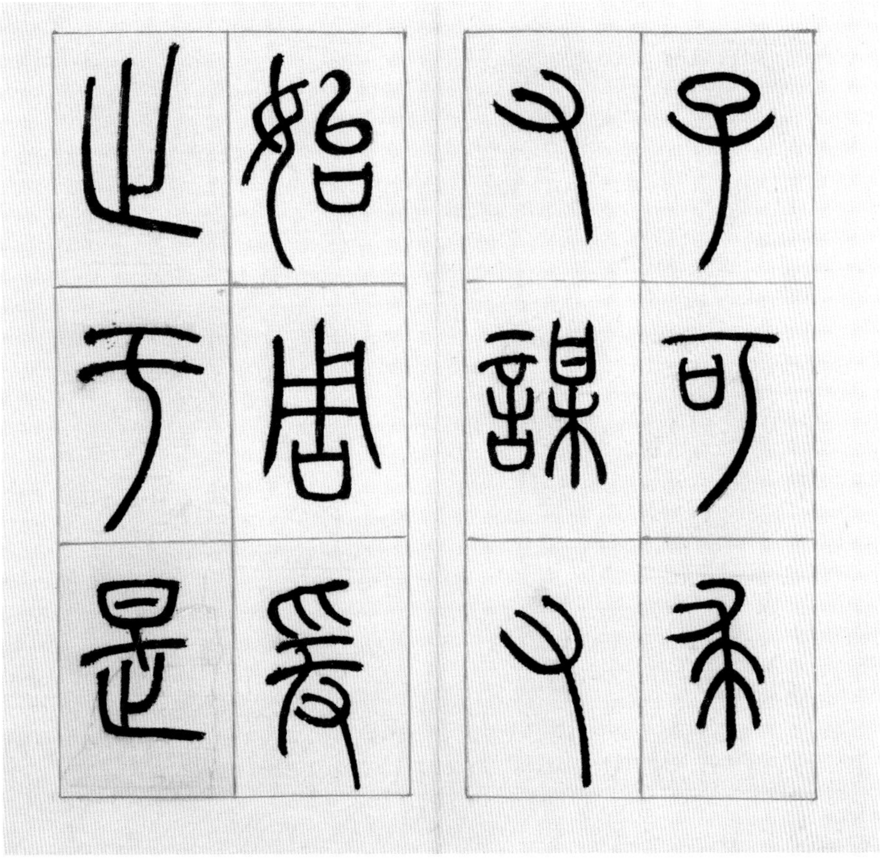
第五開

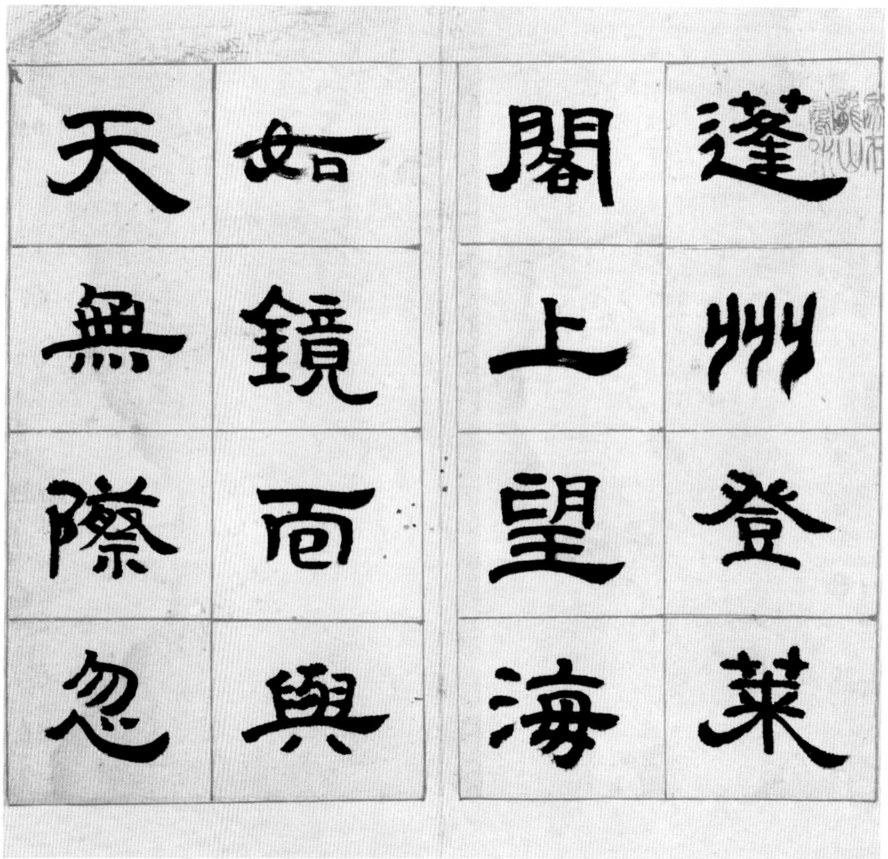

第八開

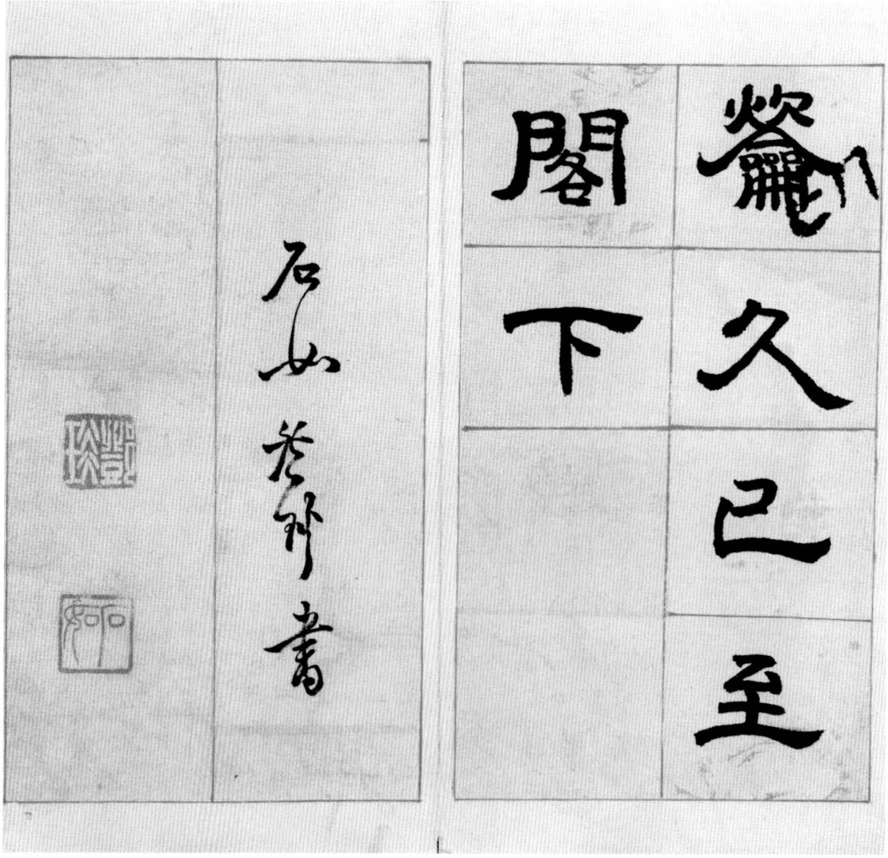

第十開

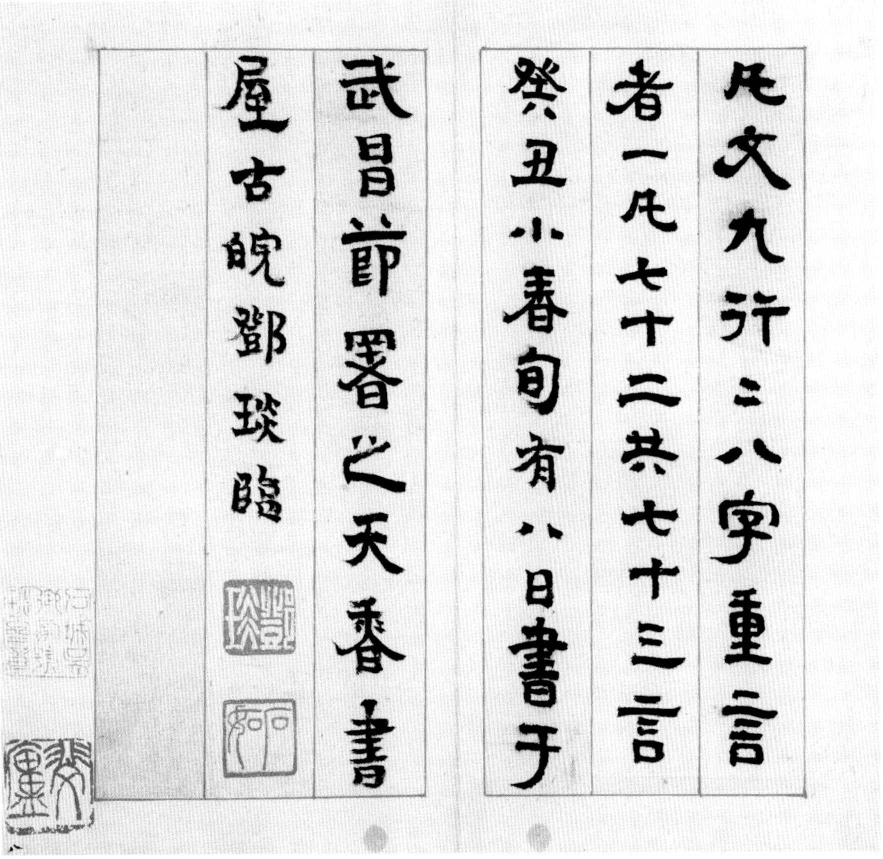
凡文九行行八字重言
者一凡七十二共七十三言
癸丑小春旬有八日書于
武昌節署之天香書
屋古皖鄧琰臨

第七開

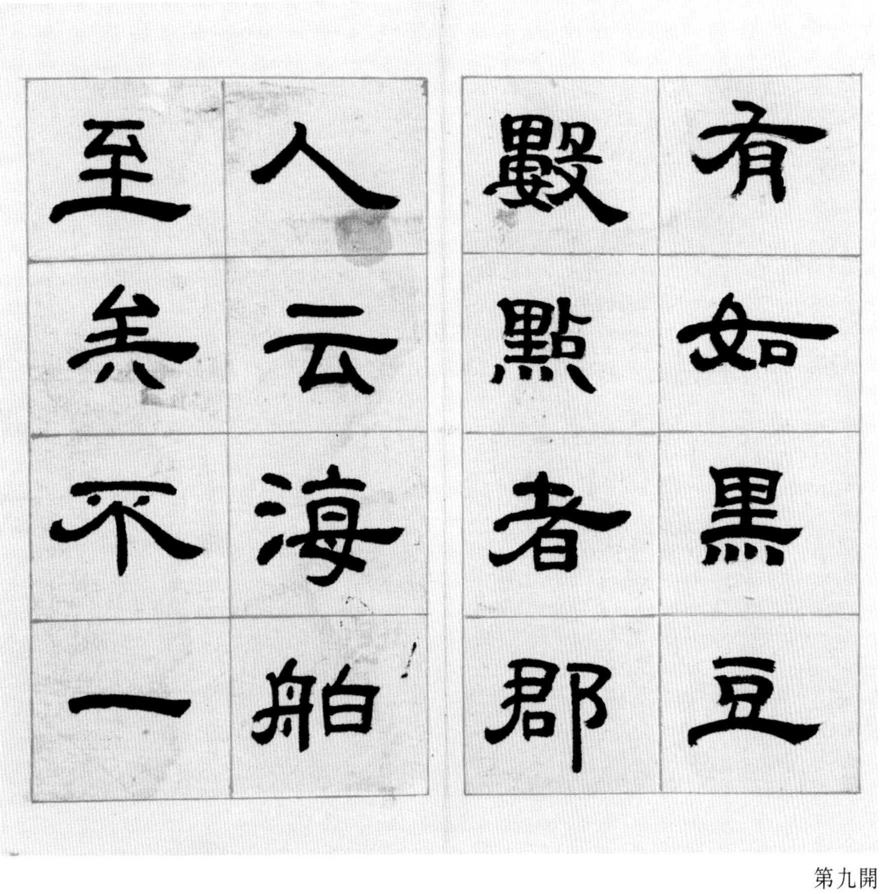
有如黑豆
數點者郡
人云海舶
至矣不一

第九開

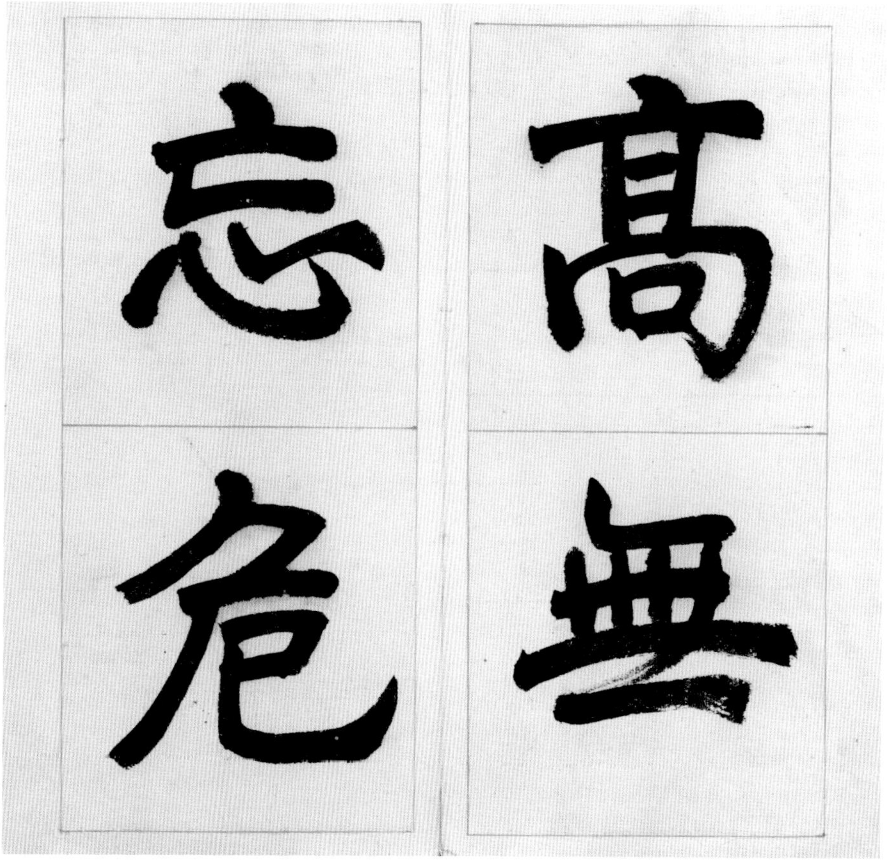

第十二開

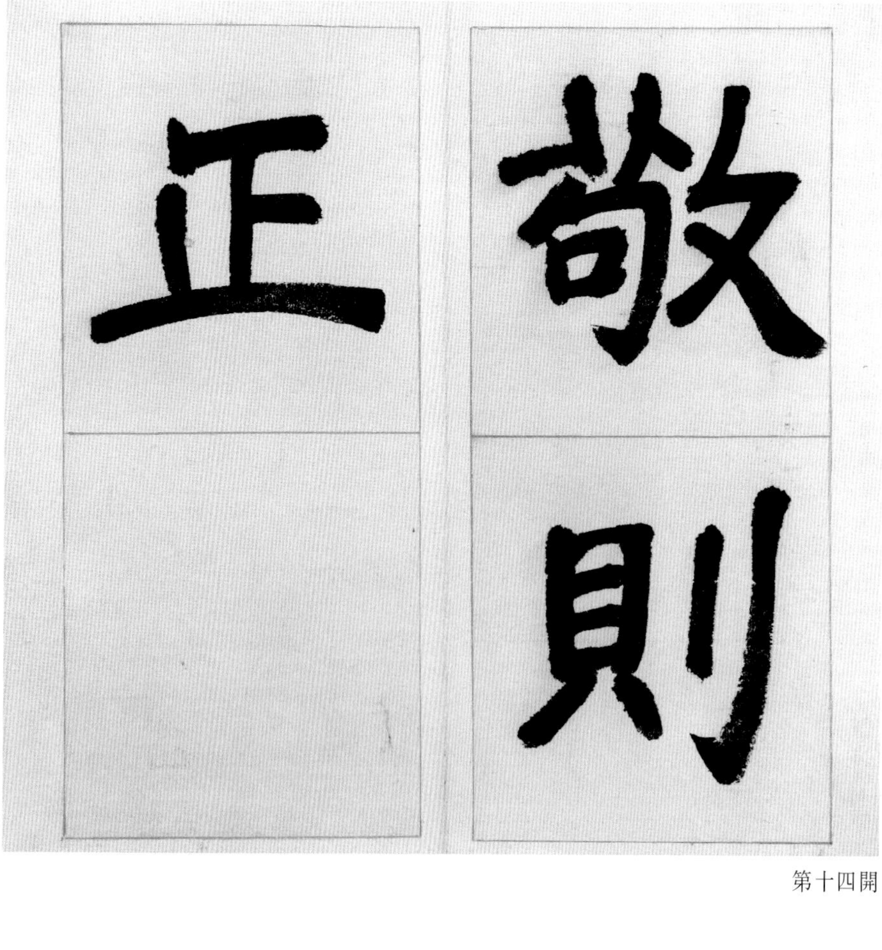

第十四開

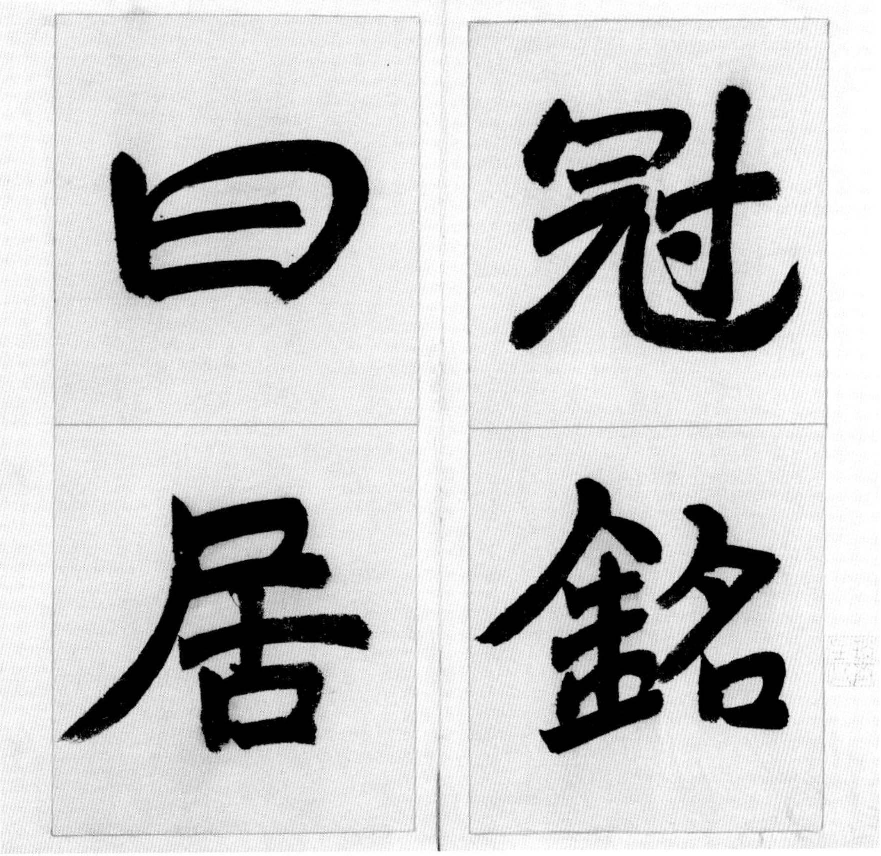

第十一開

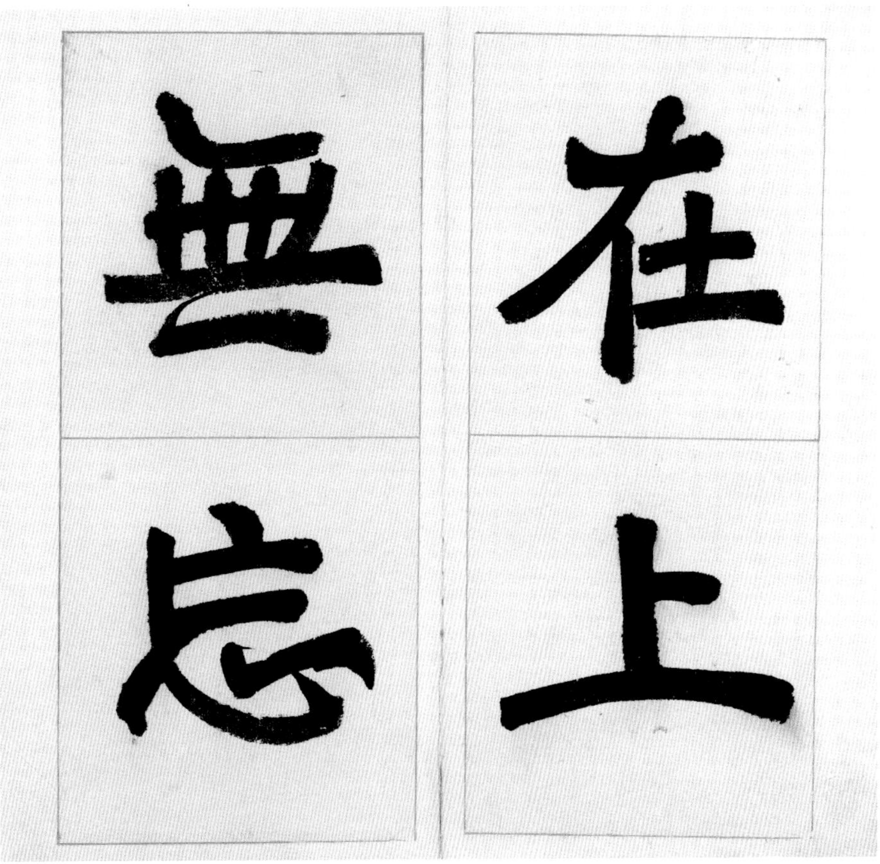

第十三開

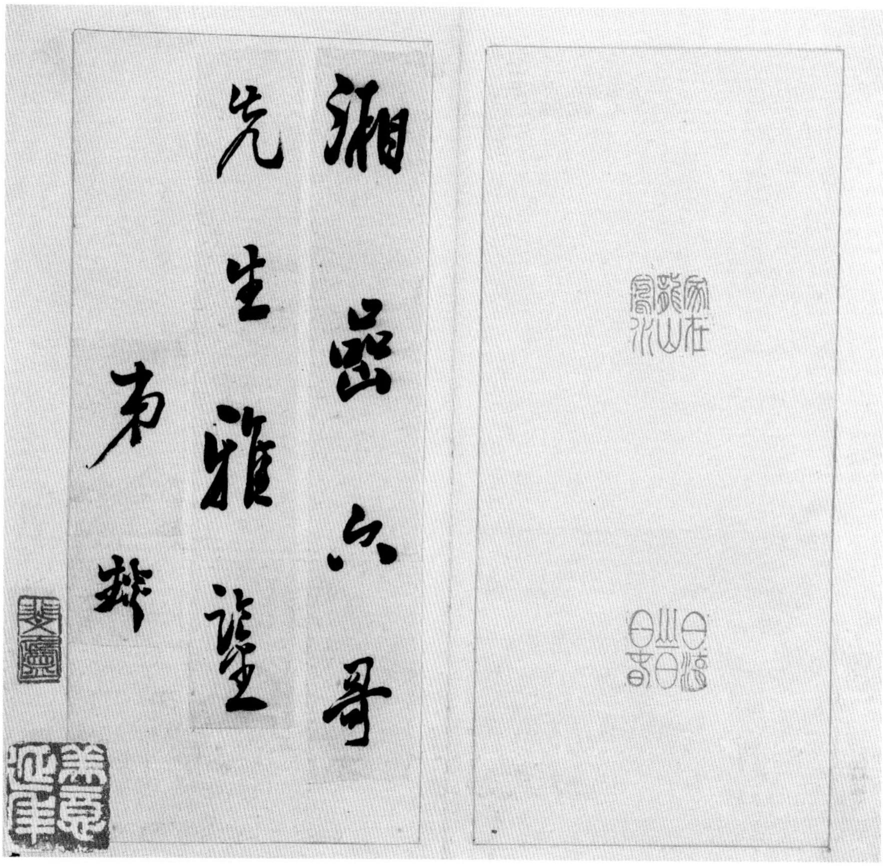

湘嵒六哥
先生雅鑒
南橫

右大篆二種正書一種皆乾隆末作
其時墨守古法為七八百年舉世兩不為其力
量神致遂足與古人爭席更以字行之後字
勢微方乃合篆隸分真為一法始成鄧體行
書一派乃嘉慶癸亥夏兩致予書距歸道山
才三年耳興言并裝成幀以備四體先生晚年
篆分人閣多有惟正書尚少而詁為至精蓋
出入石門銘而可與化度廟堂伯仲者也
道光廿又七年歲在丁未五月廿二日倦翁題記

歲雪十一年辛丙二月晞前百砚衕張嘯孫觀

嘉慶八年癸亥鄧山人年六十一歲已安吳年二十九歲道光二十七年丁未安吳
年七十三歲 張曜孫作張茗柯先生猶子 庚子元月曾遹記

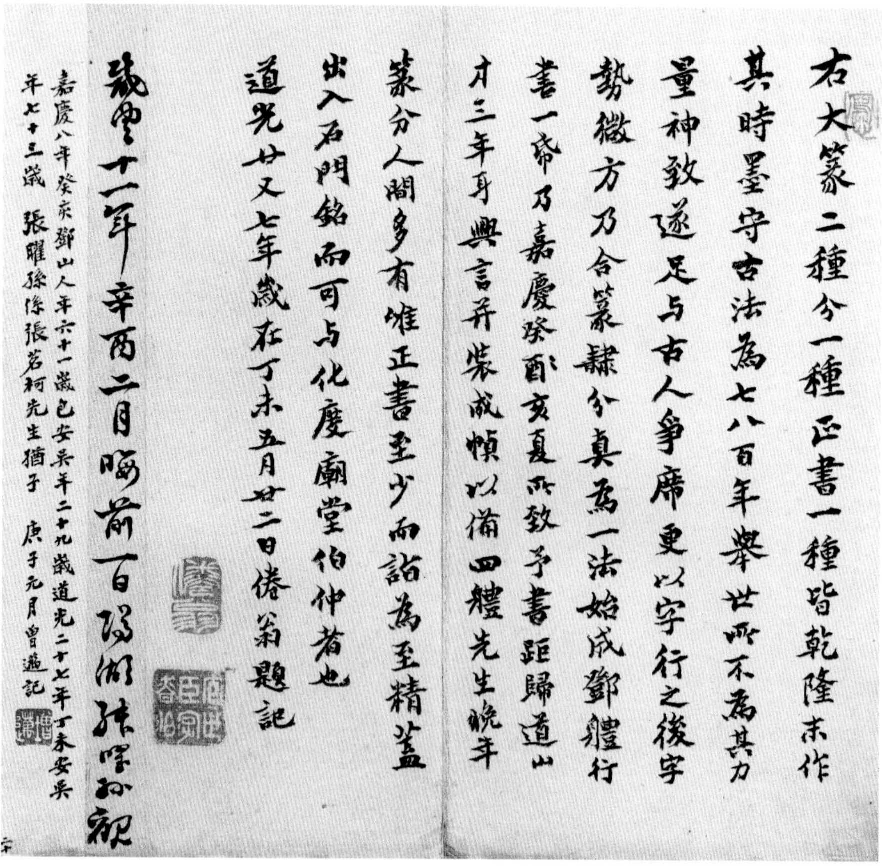

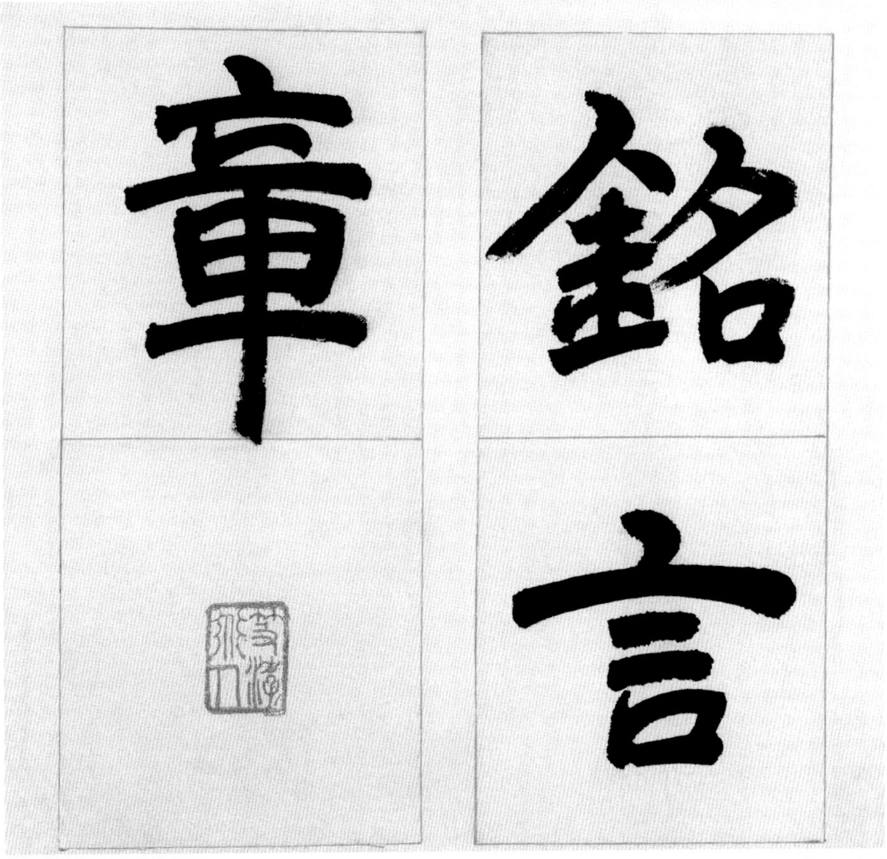

第十五開

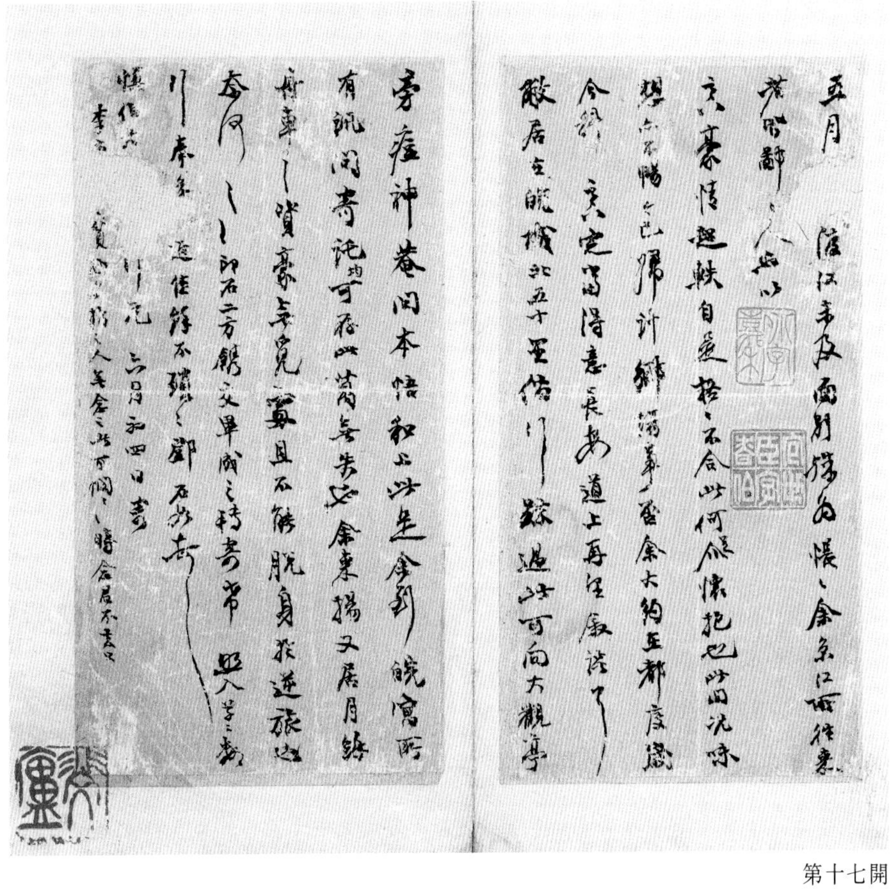

第十七開

89

程荃　篆書六條屏

紙本　篆書
屏縱132.4厘米　橫30厘米

Liu Tiao Ping (a set of 6 hanging scrolls) in seal script
By Cheng Quan (Dates unknown)
A set of 6 narrow vertical scrolls hung together, ink on paper
Each scroll: H. 132.4cm　L. 30cm

程荃(生卒年不詳)，字蘅衫，安徽懷寧人。鄧石如弟子。精研許慎《說文解字》及秦漢刻石，成為完白山人之嫡傳。精篆刻，繪畫工山水。

六條屏節錄《孝經．聖治章第九》。款署"戊戌孟夏古真州程荃"，鈐"程荃私印"(白文)、"蘅衫"(朱文)印。戊戌為清道光十八年(1838)。

此屏書風剛健婀娜，用筆靈活，富於變化，線條渾厚樸實，委婉生動，突破了玉箸篆的過分拘謹僵硬，富碑學的生意和靈氣。

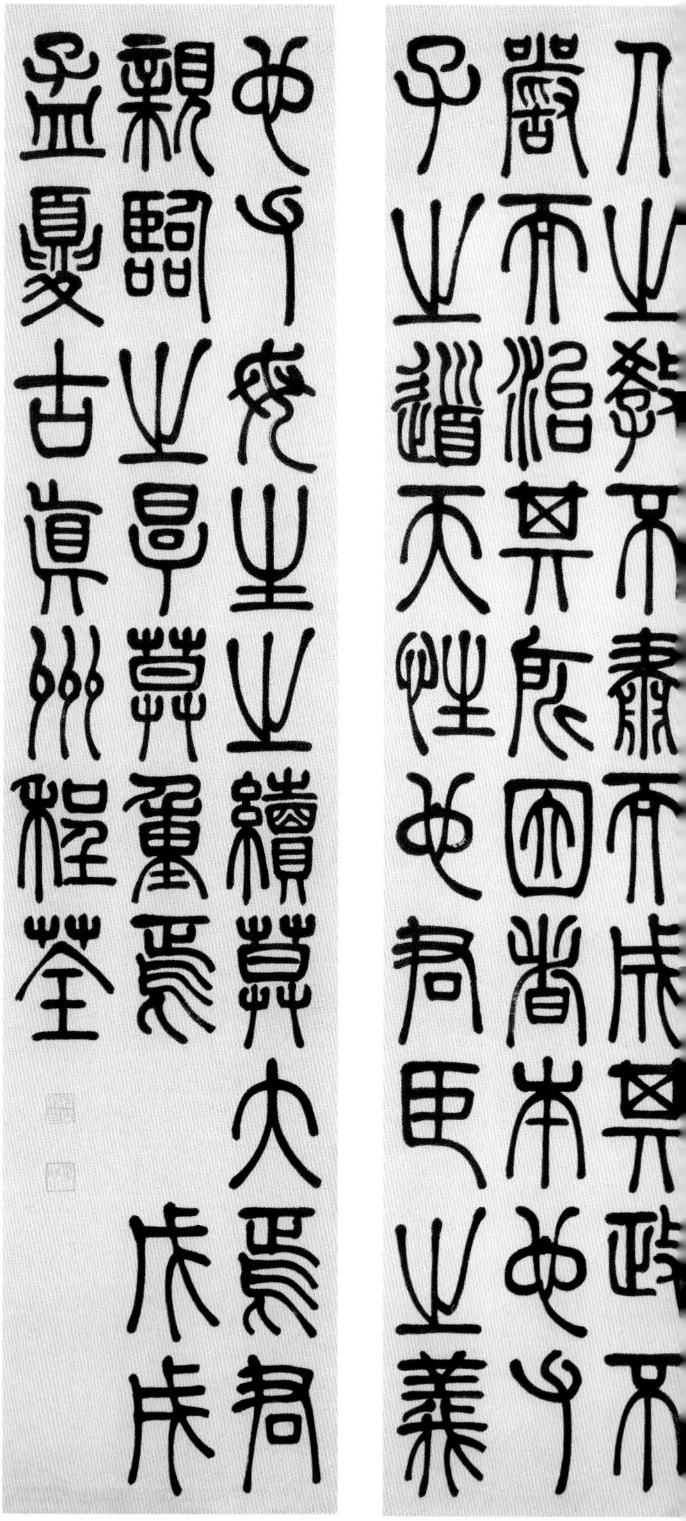

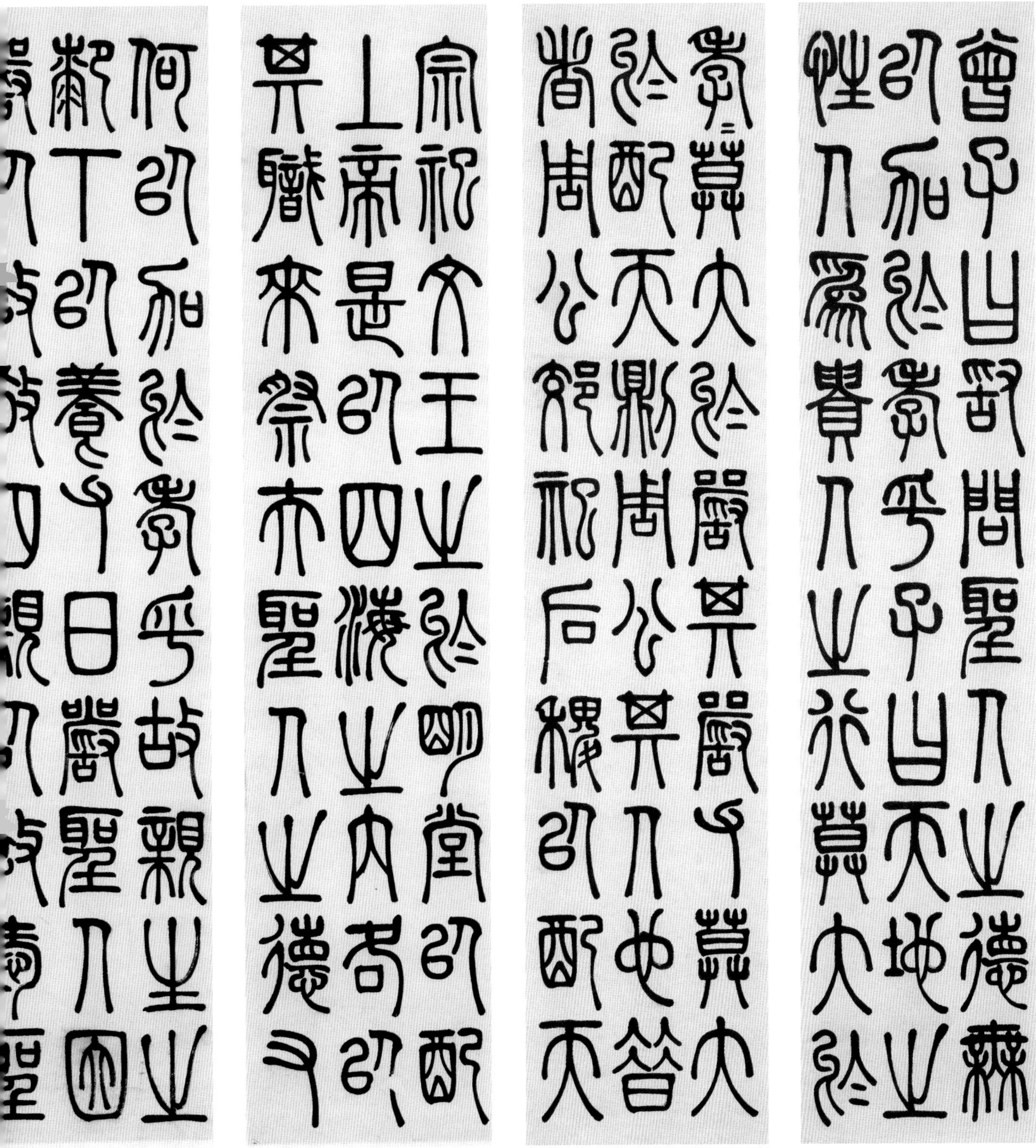

釋文：
曾子曰：敢問聖人之德，無以加
於孝乎。子曰：天地之性人為
貴，人之行莫大於孝，孝莫大於
嚴，其嚴父莫大於配天，則周公
其人也。昔者周公郊祀，后稷以
配天，宗祀文王之於明堂，以配
上帝。是以四海之內各以其職來
祭，夫聖人之德又何以加於孝
乎。故親生之膝下，以養父日
嚴，聖人因嚴以教，敬四親以教
愛聖人之教，不肅而成其政，不
嚴而治其所，因者本也。父子之
道天性也，君臣之義也。父母生
之續莫大焉，君親臨之，厚莫重
焉。戊戌孟夏古真州程荃

90

王澍　篆書五字軸

紙本　篆書

縱71.8厘米　橫49.3厘米

Wu Zi (five characters for celebrating one's birthday) in seal script

By Wang Shu (1668-1743)

Hanging scroll, ink on paper

H. 71.8cm　L. 49.3cm

王澍（1668—1743），字若林，一字蒻林，號虛齋，別號竹雲、二泉寓客、恭壽老人，江蘇金壇人。康熙五十一年（1712）進士，官吏部員外郎。以善書法充五經篆文館總裁官。晚年歸隱無錫，築良常山館，因號良常山人。工書法，宗歐陽詢。篆書師法李斯，功力深厚，為世人推重。擅治印，鑑定古碑刻最精。著《虛舟題跋》、《古今法帖考》、《論書賸語》等。

軸篆書“如南山之壽”五字。款署“天官大夫王澍書”，鈐“澍”（白文）印。

此作點畫勻細婉轉，略顯單薄，但章法佈局緊湊而巧妙，字體大小搭配，富於變化。整體穩重而富有裝飾性，表現出書家的獨具匠心。

鑑藏印記：“王□□珍藏”（朱文）、“秀水陸氏鬱林山館收藏之印”（朱文）。

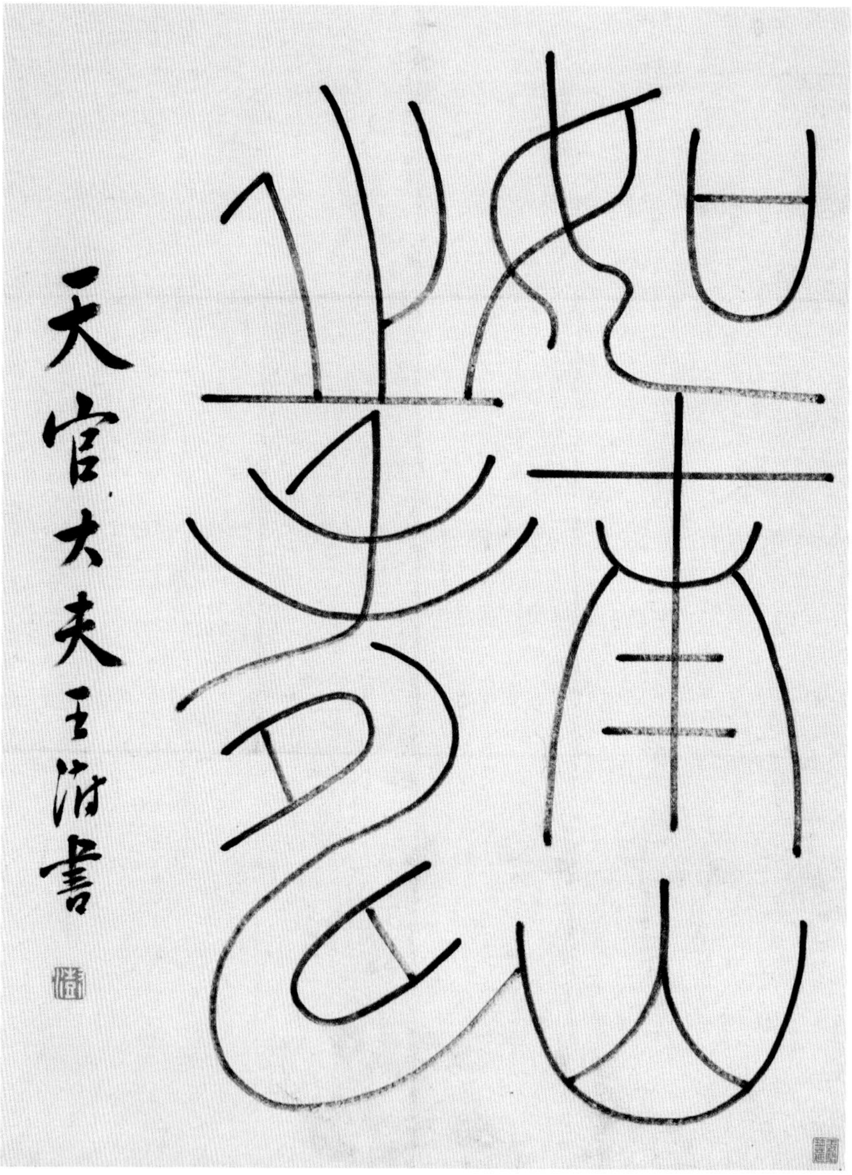

91

吳熙載　隸書六言聯
紙本 隸書
聯縱115.3厘米 橫28厘米

Liu Yan Lian (parallel phrases with six characters) in official script
By Wu Xizai (1799-1870)
Antithetic couplet, ink on paper
Each scroll: H. 115.3cm　L. 28cm

吳熙載(1799—1870)，原名廷颺，字熙載，因避清同治皇帝(載淳)諱，更字讓之，號晚學居士，堂號師慎軒，江蘇儀徵人。諸生，博學多能，為包世臣入室弟子，篆刻師鄧石如。精於小學，善各體書，亦工篆刻。恪守師法又能自成面目，為世人所宗尚。在中日印壇有較大影響。有《師慎軒印譜》、《吳讓之印譜》、《吳讓之先生畫集》行世。《清史稿》有傳。

六言聯款署"仲陶四兄屬　讓之"，鈐"吳讓之氏"(白文)、"熙載之印"(白文)印。

此聯筆法豐茂，厚壯古拙，風格近鄧石如。用墨淡而潤，結體嚴整，筆畫舒展，字形外露，頗顯生動活潑，又具健壯寬博之勢。

鑑藏印記："丁戌山庵主精鑑寶藏"(朱文)。

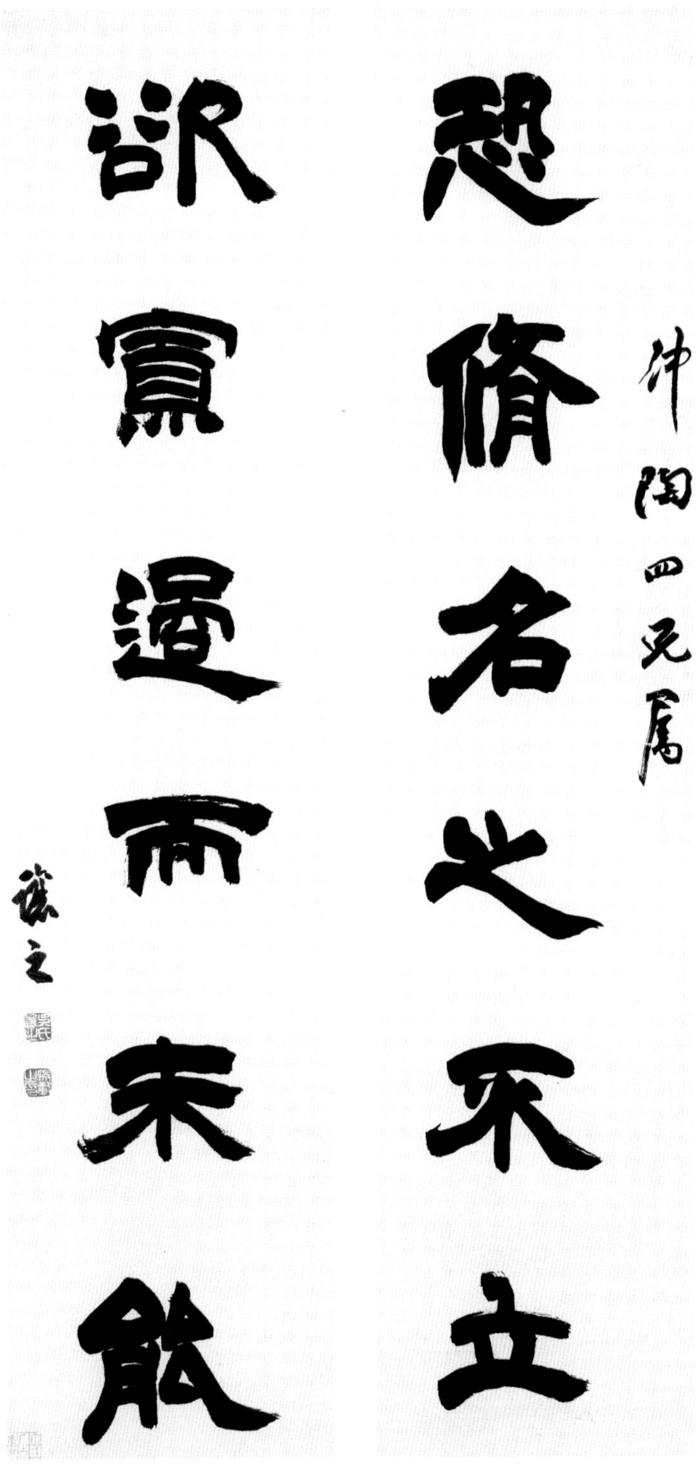

92

吳熙載　隸書夏承碑四條屏

紙本　隸書
屏縱135厘米　橫32.5厘米

Xia Cheng Bei (Inscriptions from Xia Cheng tablet) in official script
By Wu Xizai
A set of 4 narrow vertical scrolls hung together, ink on paper
Each scroll: H. 135cm　L. 32.5cm

四條屏臨東漢《夏承碑》。款署"載之先生屬臨漢夏承碑覆本　乙丑冬仲　真州吳讓之"，鈐"吳熙載印"(白文)、"讓之"(朱文)印。"乙丑"為清同治四年(1865)，吳熙載時年六十七歲。

《夏承碑》為東漢建寧三年(170年)立，宋代元祐年間得於河北洺州河堤，毀於明代嘉靖二十二年(1543)，二年後按舊拓重刻。《夏承碑》字體多存篆籀筆意，結字奇特，篆隸夾雜。

此屏基本保持了原作字體的外貌結構，但用筆較為寬厚粗獷，行筆圓而滯拙，具渾樸沉勁之勢。

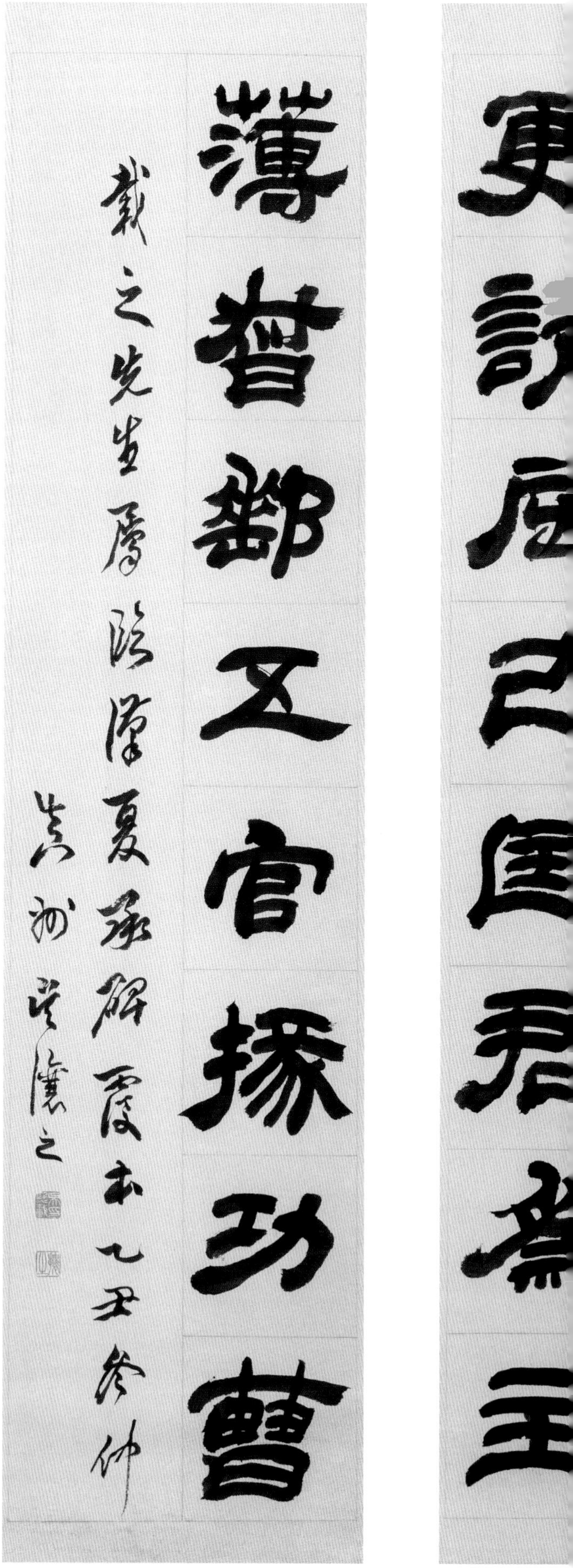

是故寵祿傳于歷世
策薰著于王室君鍾
其美受性淵懿含和
履仁治詩尚書兼覽
羣藝靡不尋暢州部

93

吳熙載　篆書臨完白山人書軸

紙本　篆書
縱122.7厘米　橫39.8厘米

Lin Wan Bai Shan Ren Shu (After the calligraphy of Wan Bai Shan Ren) in official script

By Wu Xizai
Hanging scroll, ink on paper
H. 122.7cm　L. 39.8cm

軸臨鄧石如書，款署"仲祥二兄屬臨完白山人　弟讓之"，鈐"吳讓之氏"(白文)、"晚生"(白文)印。

此軸書法用筆轉鋒、搭鋒順勢自然，字體呈方形，結體較為嚴整，屈曲盤迴，長勢取姿。吳熙載篆書為鄧石如嫡傳，此作亦稱臨鄧書，但行筆的開合，間架的佈置都別有情致，形成自己的風格。

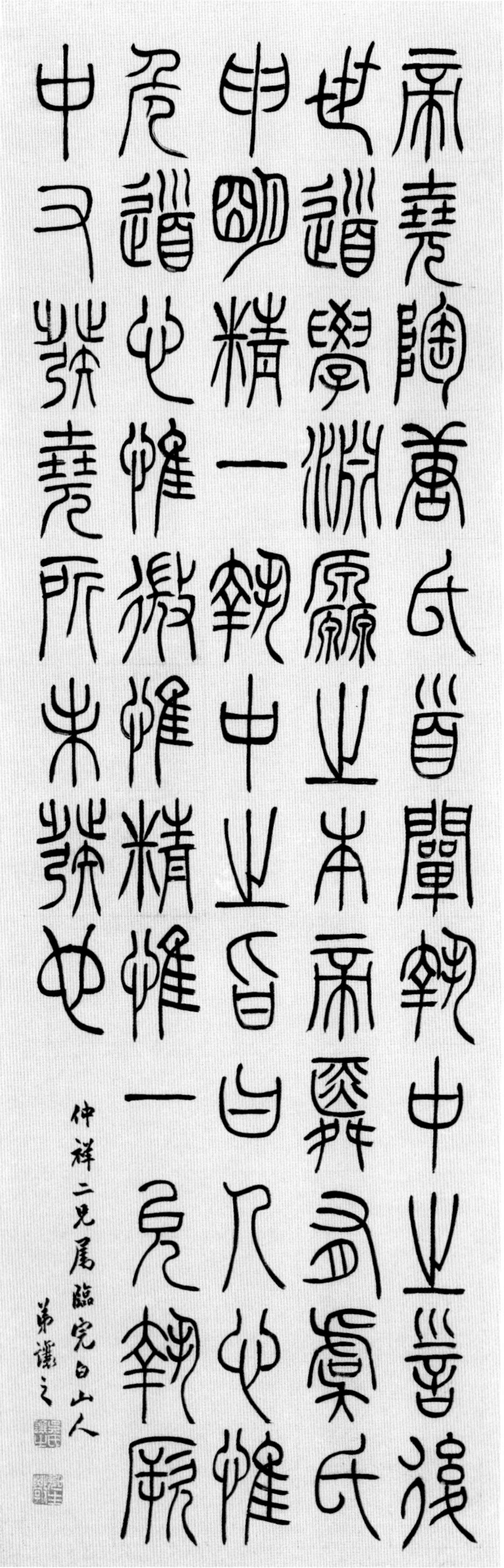

釋文：
帝堯陶唐氏，首闡執中之言，後世道學淵源之本。帝舜有虞氏，申明精一，執中之旨曰，人心惟危，道心惟微，惟精惟一，允執厥中，又發堯所未發也。　仲祥二兄屬臨完白山人　弟讓之

94

伊秉綬　隸書五言聯

紙本　隸書
聯縱109.3厘米　橫25.3厘米

Wu Yan Lian (parallel phrases with five characters) in official script
By Yi Bingshou (1753-1815)
Antithetic couplet, ink on paper
Each scroll: H. 109.3cm　L. 25.3cm

伊秉綬(1753—1815)，字組似，號墨卿，福建寧化人。乾隆五十四年(1789)進士，曾官惠州、揚州知府，在任期間頗有政績。《清史稿》有傳。工詩，善畫墨梅。尤以擅書名於時，書工行、楷、篆、隸，以隸書最負盛名，位列“乾嘉八隸”之首。早年從劉墉學書，與王文治、桂馥、黃易、孫星衍等人師友相交，研討書藝，融古鑄今，遂成自家特色。與鄧石如共為清代碑學鼻祖。

聯云：“為文以載道，論詩將通禪。”上款“書為舫西先生侍御尊兄正”，末款“嘉慶丁卯花朝 愚弟伊秉綬”，下鈐“墨卿”(朱文)、“東閣梅花”(朱文)印，引首鈐“宴坐”(白文)印。嘉慶丁卯(1807)，伊秉綬五十五歲，已是晚年作品。

此聯書法氣勢宏大，凝重整肅，結字扁方而多用圓筆，捨漢隸之波磔、出挑，豎畫用筆粗重而橫畫略細，寓工巧於樸拙之中，突破了傳統隸書的結構和筆法，獨闢蹊徑，自成一格。

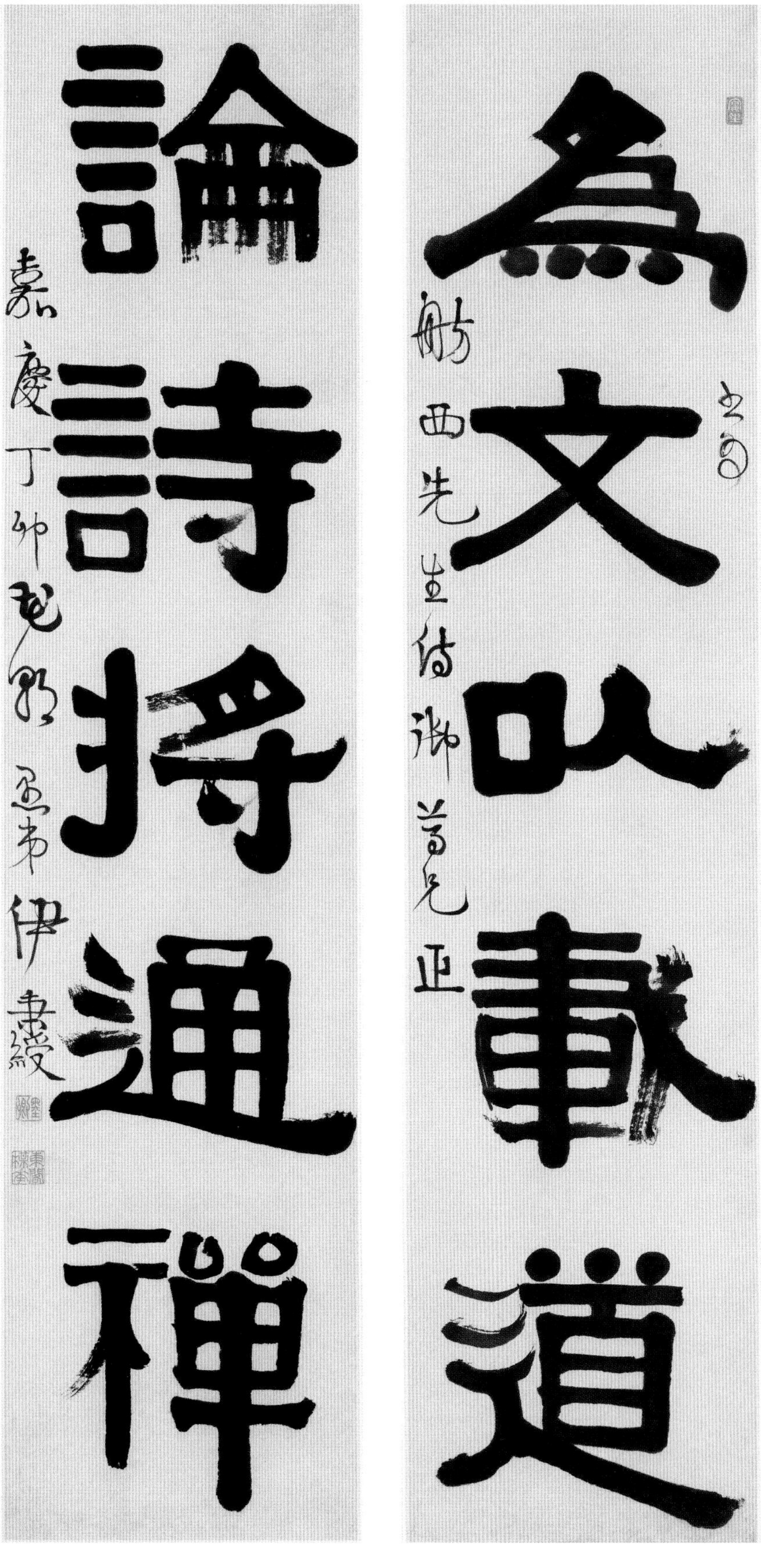

95

伊秉綬　隸書五字橫幅

紙本 隸書
縱32厘米 橫130.5厘米

Wu Zi Heng Fu (horizontal strip with five characters) in official script

By Yi Bingshou
Horizontal strip, ink on paper
H. 32cm　L. 130.5cm

橫幅隸書“華嶼讀書堂”。款署“簡田十六先生雅屬並正秉綬　嘉慶壬申歲”，鈐“墨卿”（朱文）、“東閣梅花”（朱文）、“墨庵”（朱文）印。“嘉慶壬申”為清嘉慶十七年（1812），伊秉綬時年六十歲，為其晚年所書。

伊秉綬擅長大字隸書，且愈大愈壯，具雄傑之勢。後人

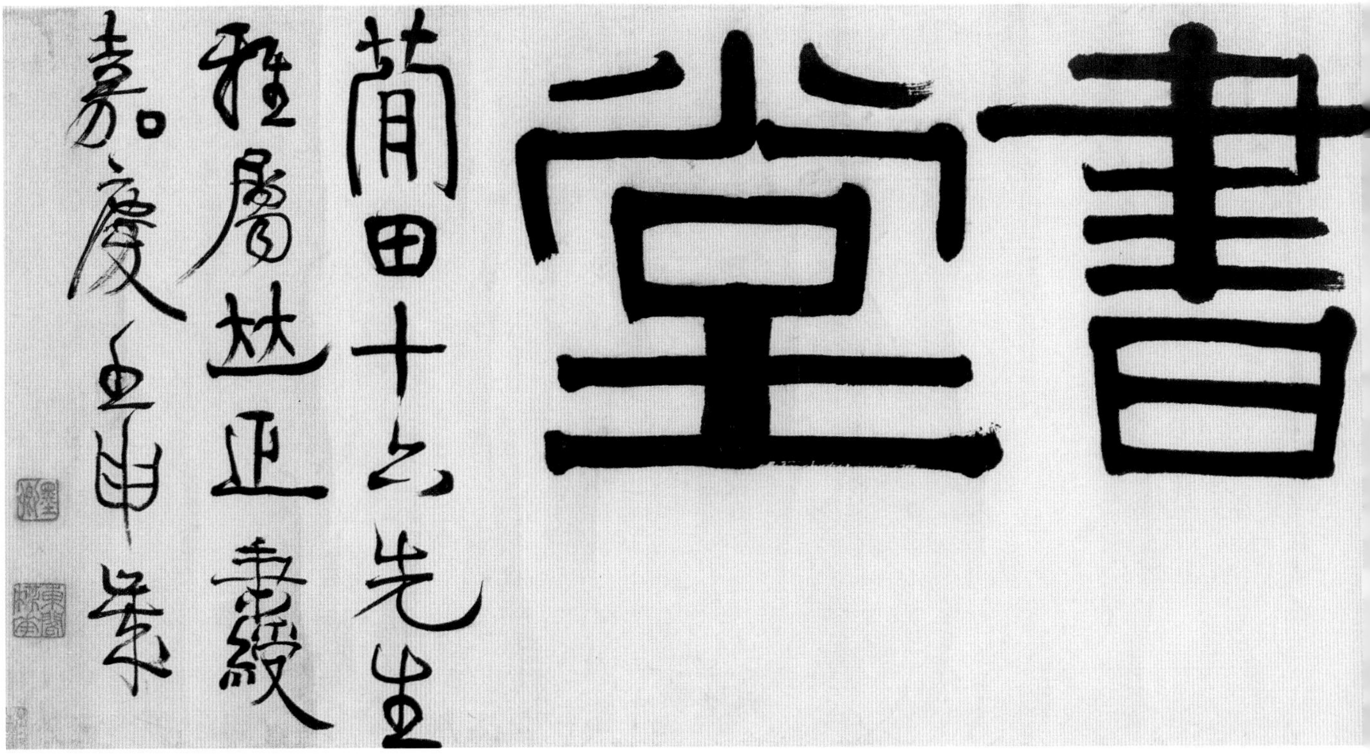

謂其書無唐後法，如漢魏人舊跡，頗有獨到之處。此作筆畫平直，墨色濃厚，結字方正，用筆粗細變化不大，全依佈白而呈現出與眾不同、迥異時尚的特色。

鑑藏印記："藥農平生真賞"(朱文)。

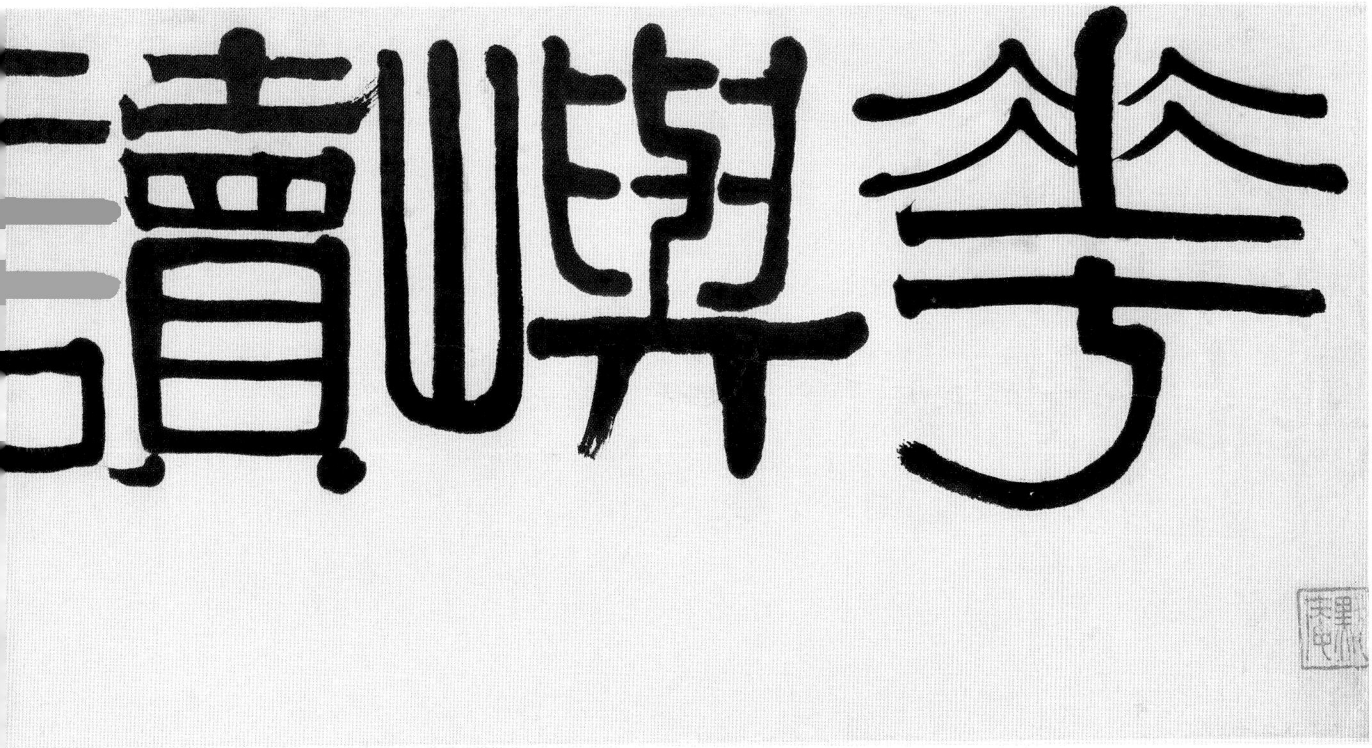

96

伊秉綬 行書臨帖軸

紙本 行書
縱93.6厘米 橫43.8厘米

Lin Tie (After a model calligraphy) in running script
By Yi Bingshou
Hanging scroll, ink on paper
H. 93.6cm L. 43.8cm

軸節臨唐代虞世南《臂痛帖》，該帖宋時曾收入《閣帖》，伊氏只臨寫了首尾部分。款署"手山十弟屬 秉綬 嘉慶九年四月八日重遇於邗上"，下鈐"墨卿"(朱文)、"伊秉綬印"(朱文)印，引首鈐"宴坐"(白文)印。嘉慶九年(1804)，伊氏五十二歲。

此軸書法行草相間，個別筆畫尚存章草書意韻，與《閣帖》原本有較大差別，而更多地體現出伊氏自身的書法特徵。伊氏行草書出自晉唐，而於顏真卿書法致力最深，兼收博取，自抒新意，並能以古隸筆法入行草，更使書風獨具特色。

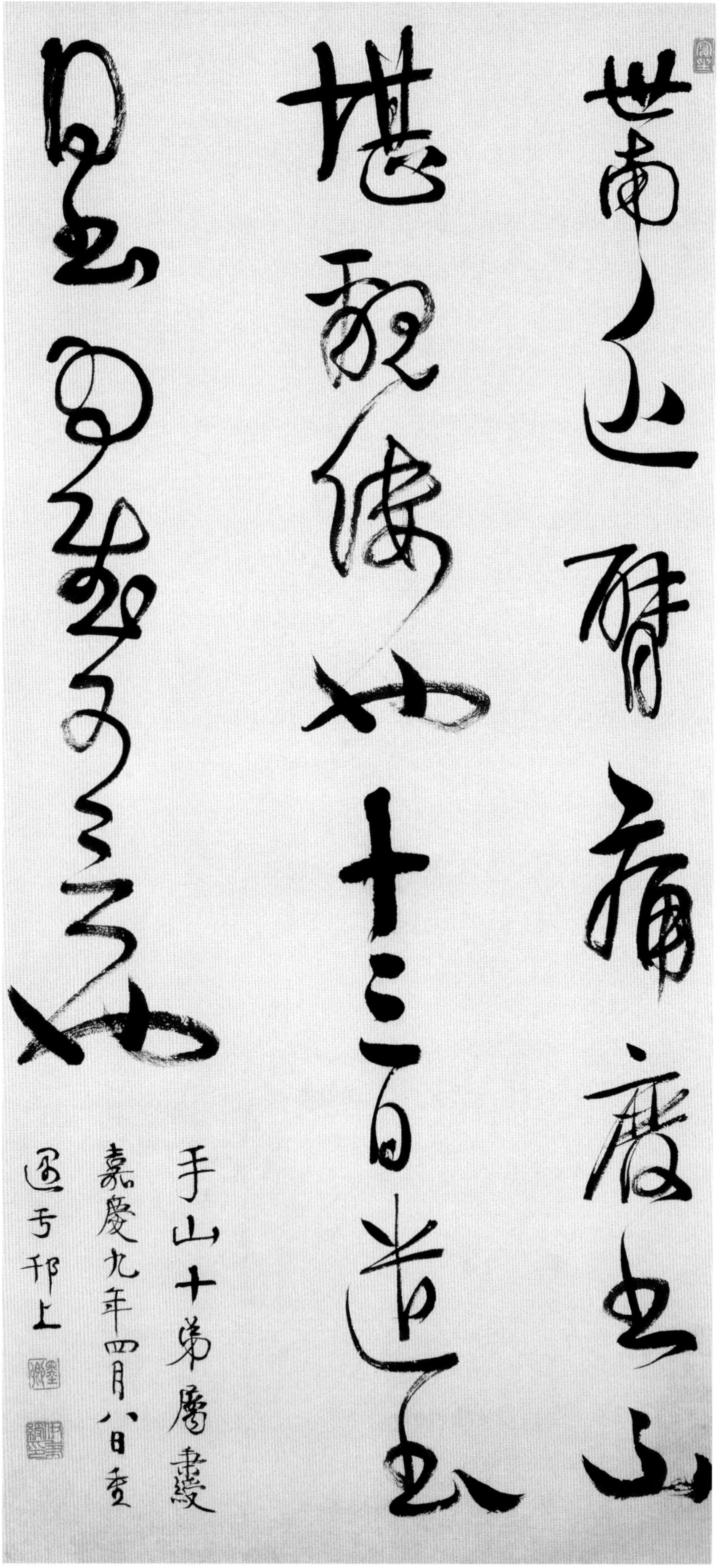

釋文：
世南近臂痛，廢書不堪覼縷也。十三日遣書，得書為慰可言也。 手山十弟屬 秉綬 嘉慶九年四月八日重遇於邗上

97

阮元　行書清浪灘詩軸

紙本　行書
縱80.2厘米　橫43.3厘米

Qing Lang Tan Shi (A poem on Qing Lang Tan) in running script
By Ruan Yuan (1764-1849)
Hanging scroll, ink on paper
H. 80.2cm　L. 43.3cm

阮元（1764—1849），字伯元，號芸台，晚號頤性老人、揅經老人，江蘇儀徵人。乾隆五十四年（1789）進士，高宗親擢第一。歷官兵部、禮部、戶部侍郎，湖廣、兩廣、雲貴總督，拜體仁閣大學士。提倡樸學，精於考據纂詁，為“乾隆考據學”著名學者，“主持風會數十年，海內學者奉為山斗”。（《清史稿．阮元傳》）力倡碑學，以探究書法淵源，所著《南北書派論》、《北碑南帖論》集其理論之大成，對清代書壇影響極大。書法師漢碑，間仿《天發神讖碑》，擅作擘窠大字，隸、行書亦合於古法。

軸錄自作《下楚南清浪灘》詩一首。款署“古峯大人屬書　時乙未夏在灤陽行館　節性齋老人元”，下鈐“阮元印”（朱文）印。書於清道光十五年（1835），阮元七十二歲。

此軸書風典雅，筆致流利，表現出純熟的臨帖之功。

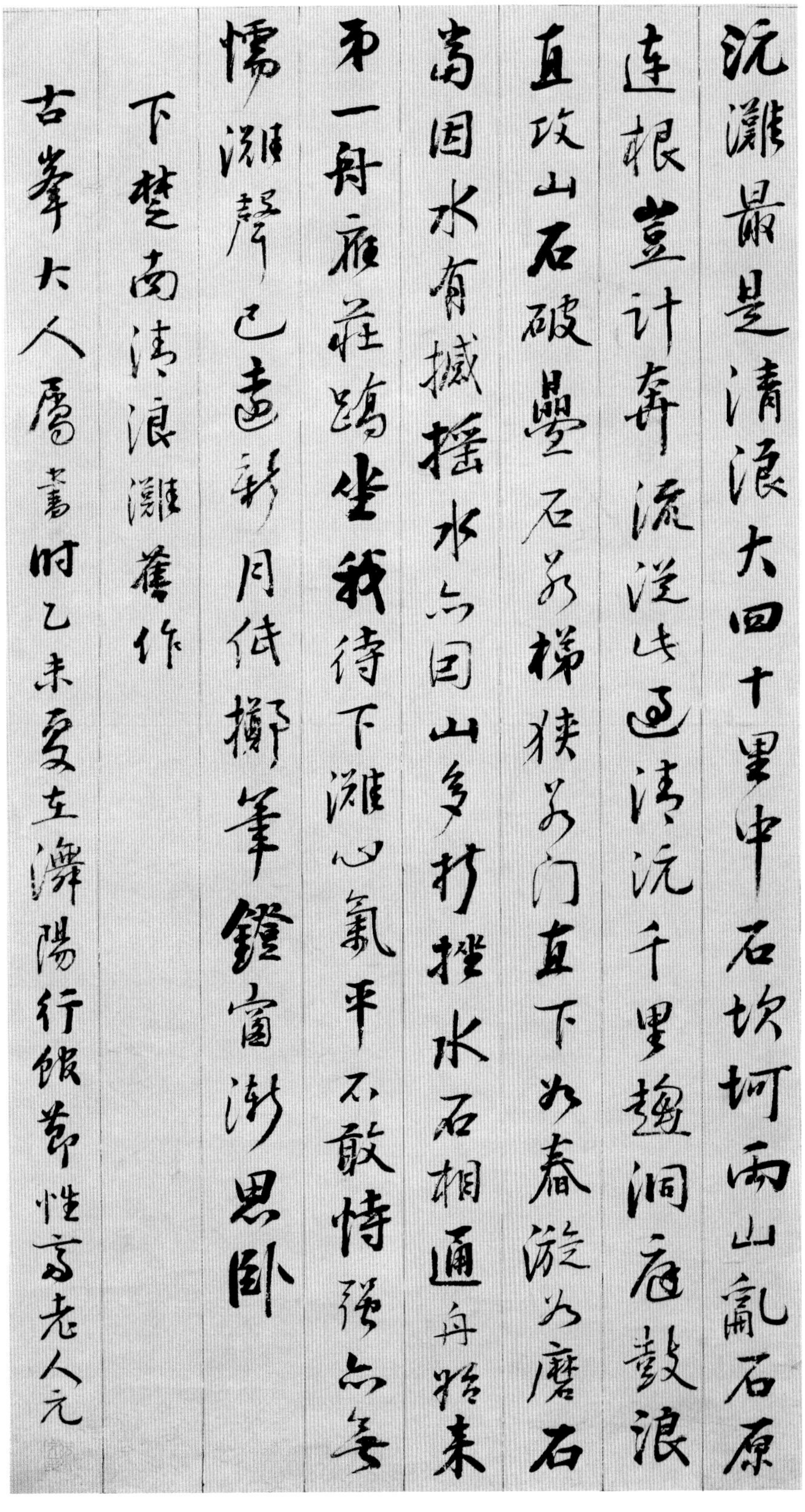

98

阮元　隸書論碑橫軸
紙本 隸書
縱28.3厘米 橫98.8厘米

Lun Bei (On the inscriptions from stone tablets) in official script
By Ruan Yuan
Horizontal hanging scroll, ink on paper
H. 28.3cm　L. 98.8cm

軸書錄論碑文。款署“眉軒七世兄正之　阮元”，下鈐“阮元之印”(朱文)、“節性齋主人”(朱文)印。

此軸雖稱隸書，但點畫少波磔，而多北碑的方折，結體也變扁平為方整，整體書風介於隸、楷之間，沉厚樸拙而又不乏靈動韻致。

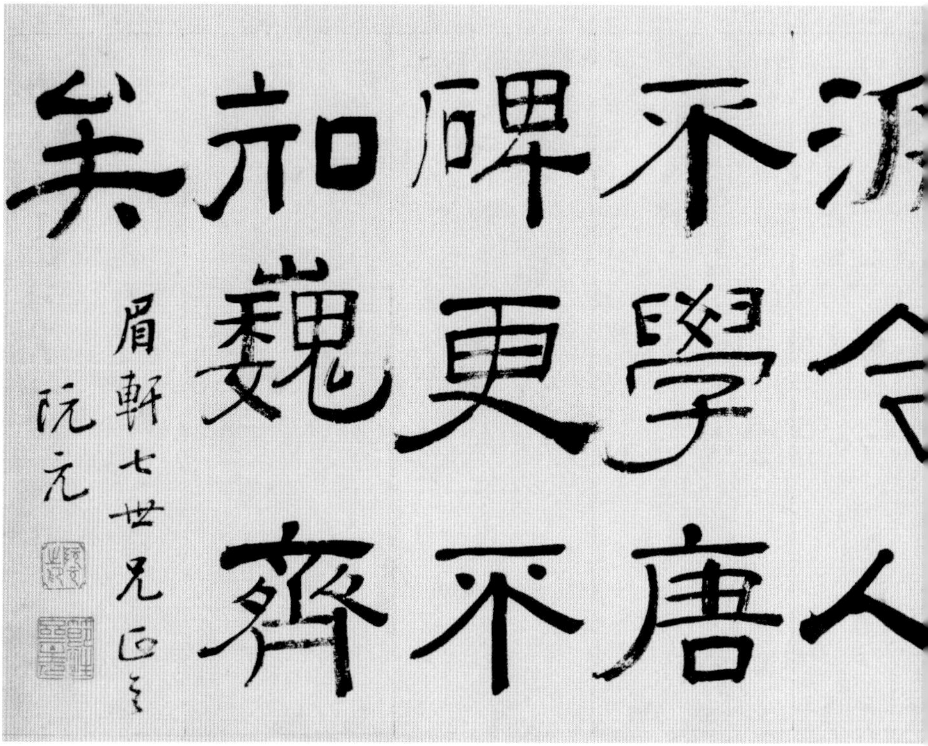

西嶽碑初開正書所經六代至唐惟北朝碑多可見亦

99

張廷濟　隸書賢臣頌軸

紙本　隸書
縱171.5厘米　橫36.9厘米

Xian Chen Song (Ode to officials of merits) in official script
By Zhang Tingji (1768-1848)
Hanging scroll, ink on paper
H. 171.5cm　L. 36.9cm

張廷濟(1768—1848)，原名汝林，字順安，又字説舟、作田，號叔未、海岳庵門下弟子、眉壽老人，浙江嘉興人。嘉慶三年(1798)解元，後屢次考進士均不第，遂結廬高隱，以圖書金石自娛。工詩詞，精金石考據校勘之學。收藏鼎彝、碑版、書畫甚富。書法擅行、楷，能篆、隸，兼作墨梅，饒有古意。

軸書《賢臣頌》句，款署“道光丁亥秋日書聖主得賢臣頌句廷濟”，下鈐“張廷濟印”(白文)、“張叔未”(白文)印。書於清道光七年(1827)，張氏六十歲，屬晚期作品。

此軸書法結體方正，運筆沉實，點畫圓勁，波、挑等漢隸特有的裝飾性筆法較少運用，顯出其融碑於隸的特色。書風穩健樸實，意韻含蓄。

鑑藏印記：“存精寓賞”(朱文)、“徐宗浩印”(白文)、“石雪齋祕笈印”(朱文)。

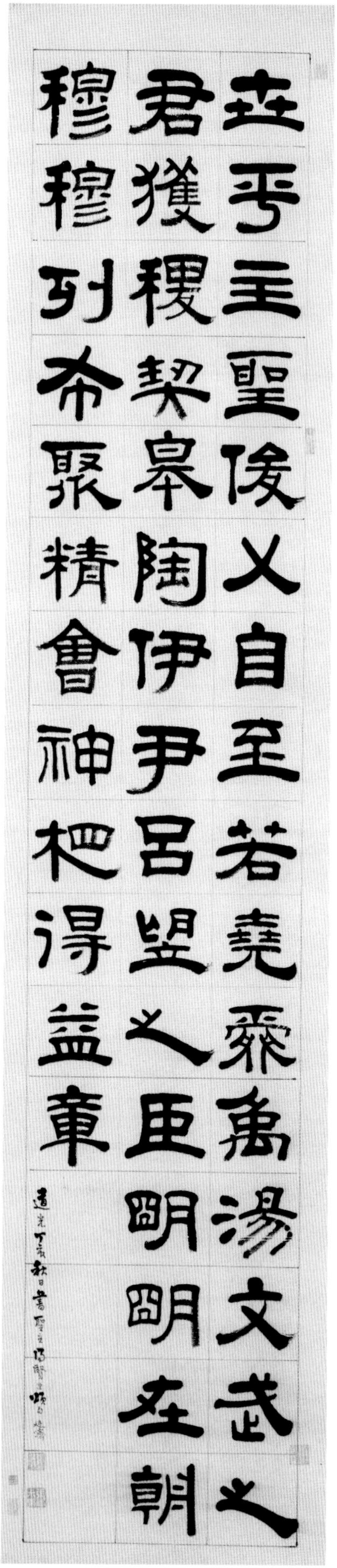

100

張廷濟　篆書臨史頌鼎銘軸

紙本 篆書
縱137.3厘米 橫30.9厘米

Lin Shi Song Ding Ming (After the inscriptions from "Shi Song Ding") in seal script
By Zhang Tingji
Hanging scroll, ink on paper
H. 137.3cm　L. 30.9cm

軸臨史頌鼎銘文。款署"道光十年庚寅又四月廿又九日摹學並識　叔未張廷濟時六十三歲"，鈐"張叔未"（白文）、"廷濟"（白文）、"新篁里"（朱文）、"寶穲"（朱文）、"張叔未鐘鼎學"（白文）印。

史頌鼎為西周後期青銅器，腹內壁有銘文六行六十三字，內容為王命令史頌省視蘇地，受到賓贈，史頌遂作此鼎，以紀念此事，並頌揚周天子。銘文主要表示宗周和蘇地之間的密切關系。張氏不僅是金石學家，而且是著名收藏家，富藏鼎彝之器，史頌鼎即為其藏品，此鼎收藏經過詳載於幅末題跋中。

此軸既屬摹學，與原銘文頗為形似。但由於書寫工具的不同，筆畫柔韌富於彈性，使轉靈動自如，並表現出筆墨輕重濃淡的變化，將質樸與生動融於一體。為張氏金文書法的代表作。

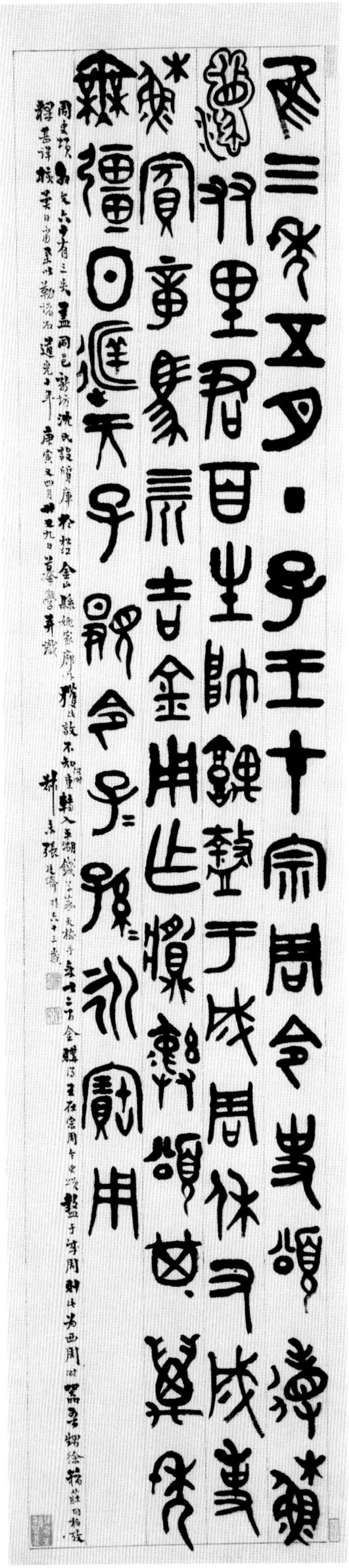

釋文：
唯三年五月丁子，王在宗周，令史頌省穌，瀾友里君百姓，帥堣盩於成周，休又成事。穌賓璋、馬四匹、吉金。用作䵼彝。頌其萬年無疆。日揚天子覭命，子子孫孫永寶用。
周史頌鼎文六十有三，失蓋。同邑新坊沈氏設質庫於松江，金山縣姚家廊下獲此敦。不知何時重轉入平湖錢子嘉天樹手。余以二百金購得。王在宗周，令史頌盩於成周，則此為西周時器。我甥徐籀莊同柏考釋甚詳核。異日當舉以勸諸石。道光十年庚寅又四月廿又九日摹學並識　叔未張廷濟，時六十三歲

101

張廷濟 行書七言古詩軸

紙本 行書
縱110.3厘米 橫31厘米

Qi Yan Gu Shi (seven-syllable ancient-style poetry) in running script
By Zhang Tingji
Hanging scroll, ink on paper
H. 110.3cm L. 31cm

軸書七言古詩一首，款署“叔未廷濟”，下鈐“張廷濟印”(白文)、“張叔未”(白文)，引首鈐“新篁里”(朱文)、“清儀閣”(朱文)、“寶穰”(朱文)印。

此軸書法字型方整，筆畫多硬折，風度清雅。章法佈置別具一格，字體大小交錯，書寫由前至後逐漸縮小，得變化起伏之效果。

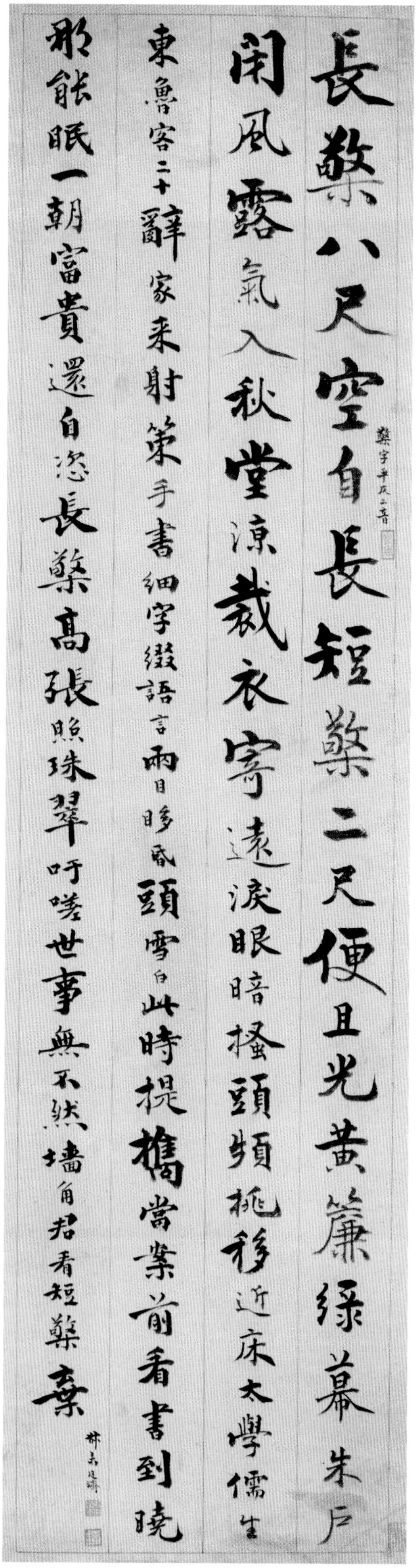

102

陳鴻壽　隸書四言聯

冷金箋本　隸書

聯縱112.3厘米　橫26.3厘米

Si Yan Lian (parallel phrases with four characters) in official script

By Chen Hongshou (1768-1822)

Antithetic couplet, ink on gold-flecked paper

Each scroll: H. 112.3cm　L. 26.3cm

陳鴻壽（1768—1822），字子恭，號曼生，別號種榆道人、夾谷亭長、胥溪魚隱，清代浙江錢塘（今浙江杭州）人。嘉慶六年（1801）拔貢，官至淮安同知。詩文書畫皆享有盛名，篆刻為“西泠八家”之一，對後世取法浙派者影響很大。曾在宜興與良工楊彭年合作製造砂壺，創“捏嘴”製法，不用模子，有隨意天成之趣，又自鐫壺銘“阿曼陀室銘壺”，人稱“曼生壺”。

聯款署“西橋世兄屬”，“曼生陳鴻壽”，鈐“曼生”（朱文）、“陳鴻壽印”（白文）印。

此聯書法結體奇譎，以姿態取勝，具有簡古超逸的藝術特質。曼生酷嗜摩崖碑版，然在創作中卻能脱盡恆蹊，創出自家面貌。他嘗言：詩文書畫不必十分到家，乃見天趣。此聯正是他變古法、得新趣的佳作。

鑑藏印記：“無所住齋鑑藏”（朱文）。

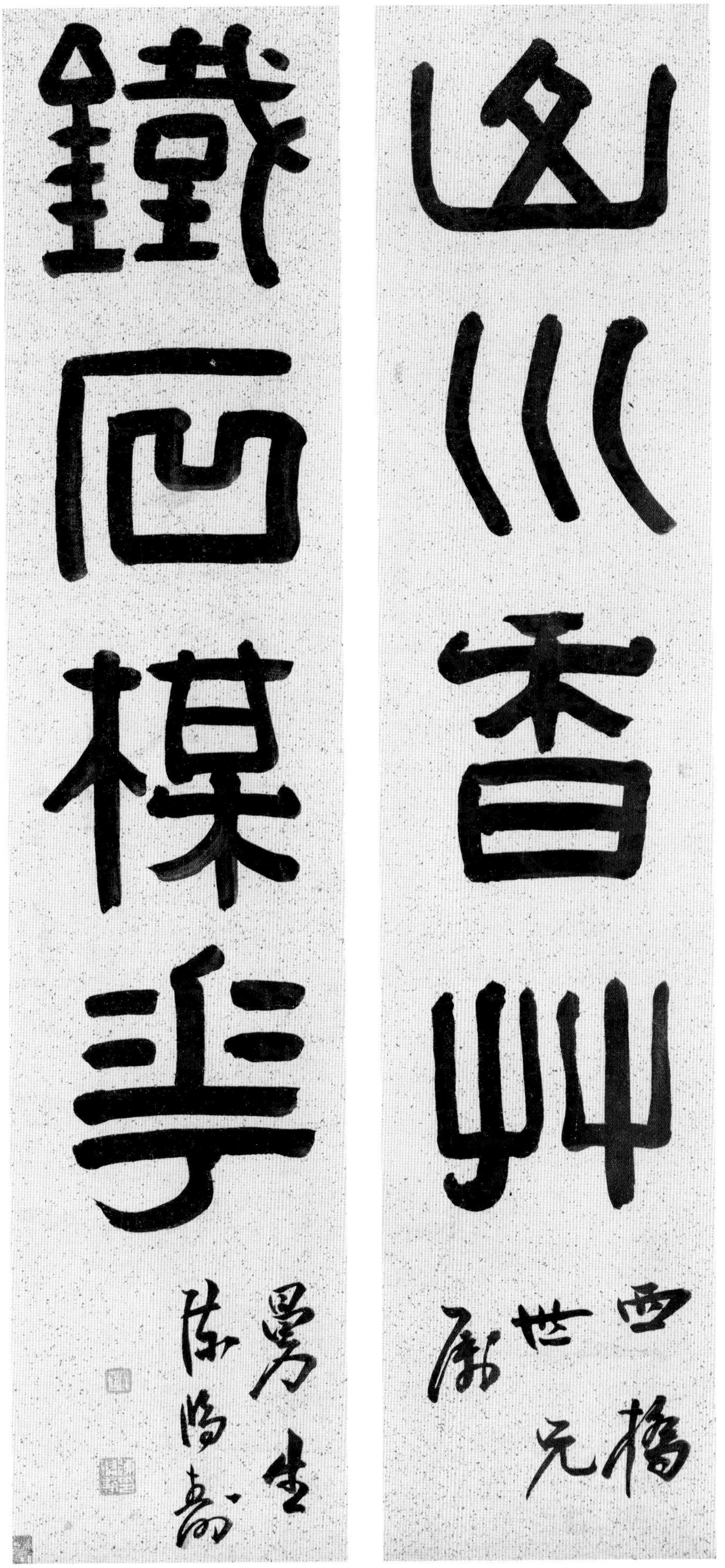

103

趙之琛　隸書臨漢譙君碑軸

紙本 隸書
縱133.7厘米 橫31.7厘米

Lin Han Qiao Jun Bei (After the inscriptions from the tablet of Qiao Min of Han Dynasty) in official script
By Zhao Zhichen (1781-1852)
Hanging scroll, ink on paper
H. 133.7cm　L. 31.7cm

趙之琛(1781—1852)，字次閒，號獻父，清代錢塘(今浙江杭州)人。精於金石之學。篆刻集各家之長，曾為阮元摹刻鐘鼎款識。繪畫工山水、花卉等，晚年喜寫佛像。書法工隸書，亦善行楷。

軸臨漢《譙敏碑》。款署“右臨漢譙君碑　趙之琛”，下鈐“趙之琛印”(白文)、“芬陀利花”(朱文)印。

《譙敏碑》，東漢中平四年(187年)刻，原石在直隸棗強縣，早佚。至清代，黃易得此碑舊拓本，方受世人矚目。此軸雖稱隸書，但結體方正，用筆幾無波磔，撇、捺更近於楷法。與原碑相比，脱去形似，而專注於隸楷之間的過渡和結體、用筆的變化。趙之琛曾不止一次臨寫此碑，對其領悟頗深，故能通融變化。

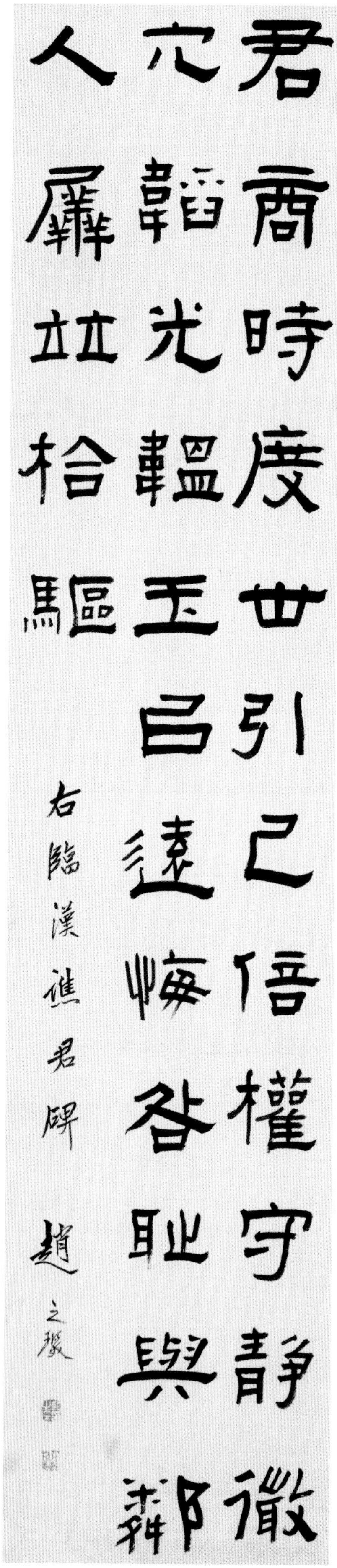

104

包世臣　楷書坡老語軸
紙本 楷書
縱130厘米 橫57.7厘米

Po Lao Yu (Quotations from Su Zhi) in regular script
By Bao Shichen (1775-1855)
Hanging scroll, ink on paper
H. 130cm　L. 57.7cm

包世臣(1775—1855)，字慎伯，號倦翁，安徽涇縣人。嘉慶十三年(1808)舉人，以遊幕、著述為事。晚年曾任江西新喻知縣。為清代著名思想家、書法家。倡導碑學，其書論《藝舟雙楫》流佈甚廣。《清史稿》有傳。

《坡老語軸》係為吳熙載書錄蘇軾語。款署"倦翁"，鈐"白門倦遊閣外史七十歲後書"(朱文)印。"坡老語"見載於《東坡集》，蘇軾書此墨跡現藏於日本大阪市立美術館。

包世臣早年習"館閣體"，又學二王、顏真卿諸家，後致力於篆隸北碑，自稱"廿年而後學，四十而後知"。此軸書法體勢伸展，姿態沉穩，受北碑影響較多。行筆緩，用墨潤，意態新穎，為晚年佳作。

鑑藏印記："真州方薇閣珍祕"(朱文)。

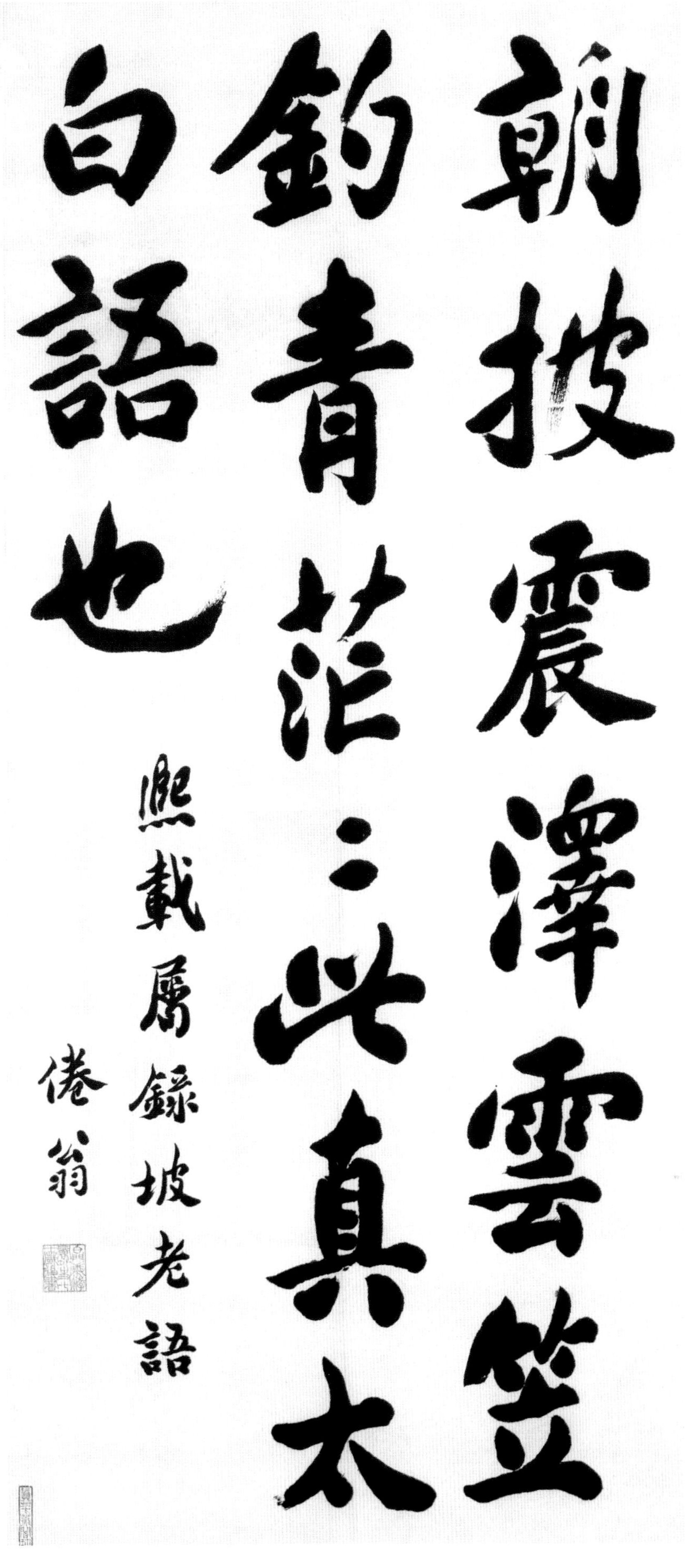

105

包世臣　草楷書臨十七帖冊

紙本　草楷書　二十四開
開縱28.2厘米　橫31.7厘米

Lin Shi Qi Tie (After the model calligraphy of Wang Xizhi) in cursive-regular script

By Bao Shichen
Album of 24 leaves, ink on paper
Each leaf: H. 28.2cm　L. 31.7cm

《十七帖》為晉王羲之書，以首帖"十七"名之，草書，凡二十七或二十九帖，摹刻本甚多。本冊前十一開，草書臨十七帖，款署："四月二十日　世臣"。後十三開，小楷書十七帖疏證，自題"道光十三年四月十七、八、九日作于小倦遊閣""安吳包世臣自記"，又題"次年六月偶檢華陽志""附書自訟，十八日世臣題記"。清道光十三年(1833)，包世臣五十九歲。從題文中可知，全文非一日所成。

此冊前草書既有王羲之率逸筆意，又融進北碑特有的金石氣，字形潑辣，極富個性。後小楷書以側鋒取勢，用筆略挺而硬，提按多棱側，有生拙之氣。

鑑藏印記："俞叔淵"(白文)、"序文收藏"(朱文)、"劉漢臣字麓樵"(白文)、"曾藏劉麓樵家"(朱文)、"海陵劉氏"(白文)等。

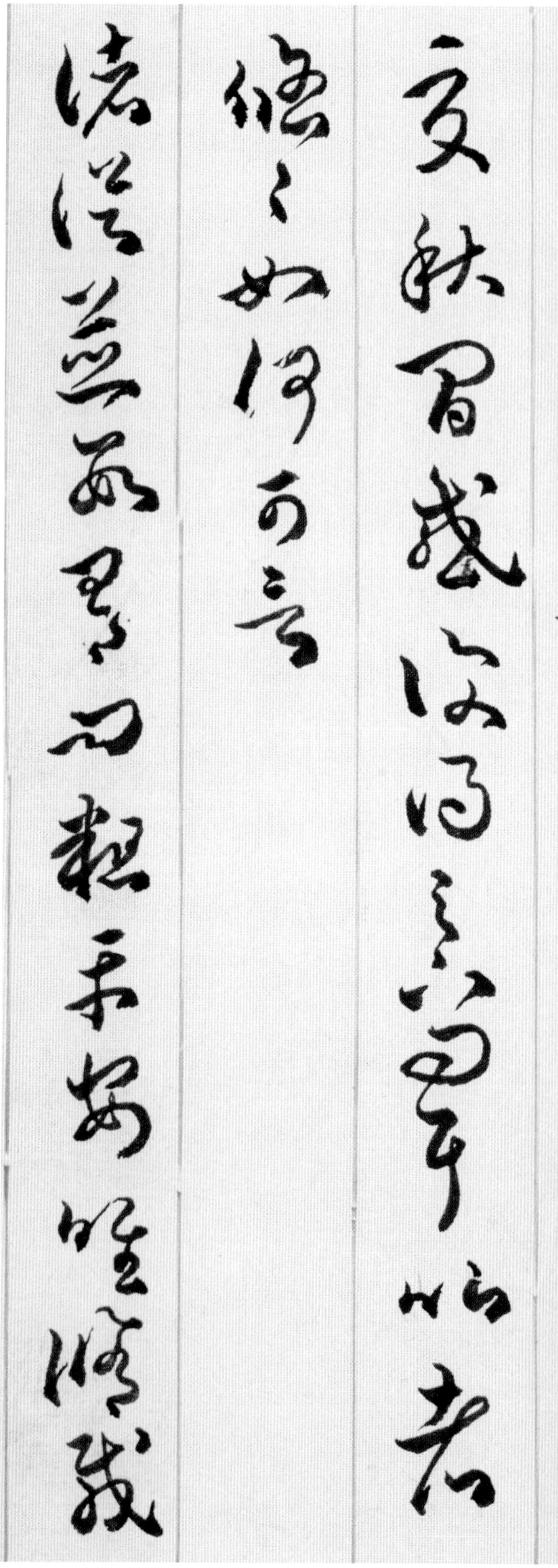

十七日先書郗司馬未去即日得
足下書為慰先書以具示復數字
計與足下別廿六年於今雖時書
問不解闊懷省足下先後二書
但增歎慨頃積雪凝寒五

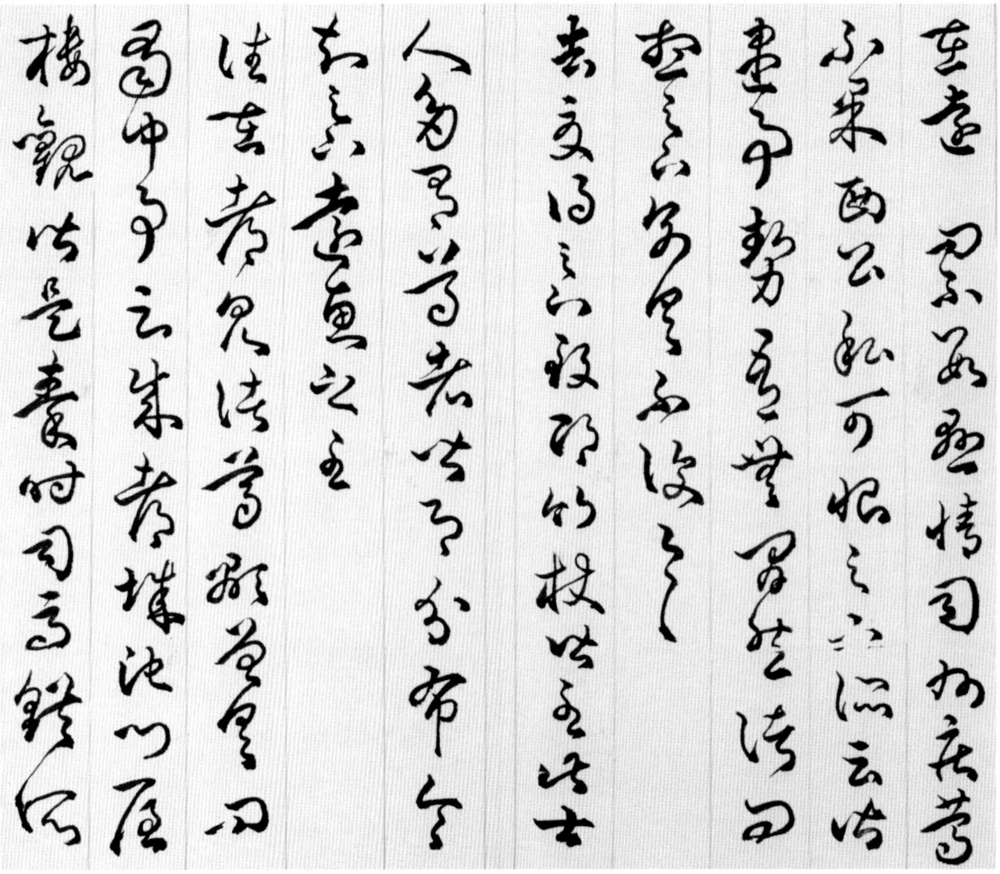

第二開

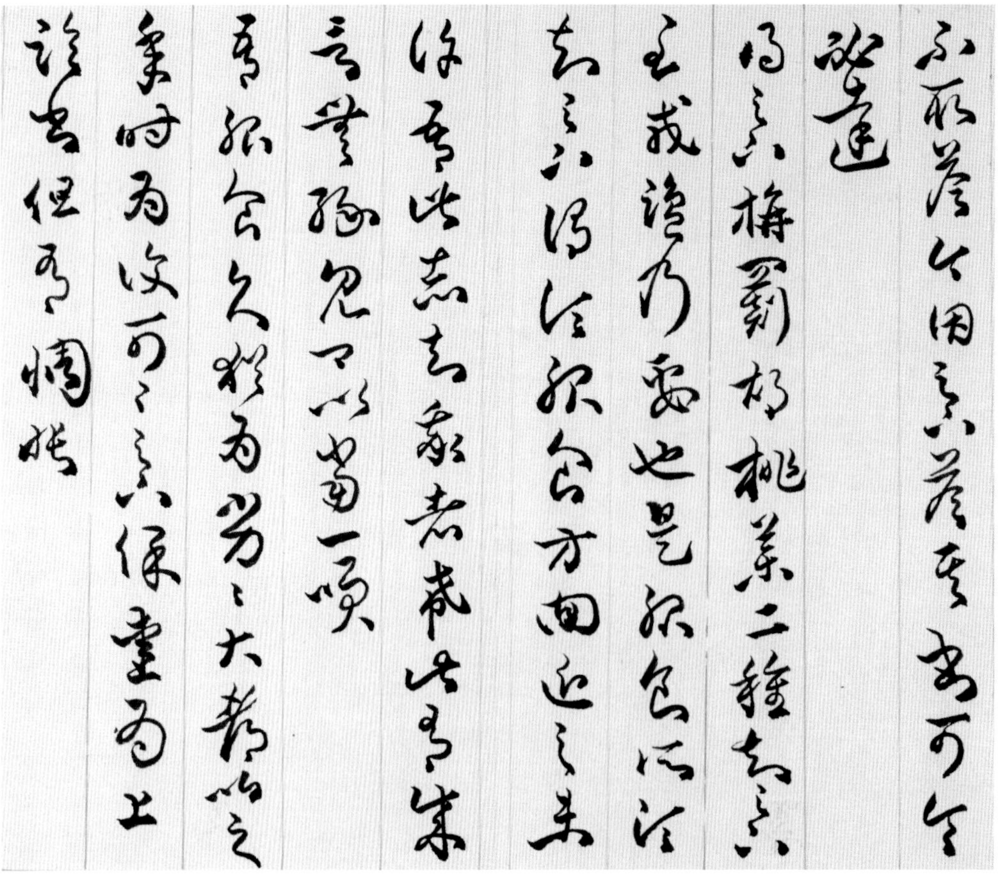

第四開

十七日先書，郗司馬未去。即日得足下書，為慰。先書以具示，復數字。

吾前東，粗足作佳觀。吾為逸民之懷久矣，足下何以等復及此，似夢中語耶。無緣言面，為歎，結情。

計與足下別二十六年，於今雖時書問，不解闊懷。省足下先後二書，但增歎慨。頃積雪凝寒，五十年中所無。想頃如常，冀來夏秋間，或復得足下問耳。比者悠悠，如何可言。

還，令人惆悵。至承此便還，廣興快，無緣，言信。

知有漢時講堂在，是漢何帝時立此。知畫三皇五帝以來備有，畫又精妙，甚可觀也。彼有能畫者不，欲因摹取，當可得不，信具告。

諸從並數有問，粗平安。唯修載在遠，音問不數，懸情。司州疾篤，不果西，公私可恨。足下所云，皆盡事勢，吾無間然。諸問想足下別具，不復具。

彼鹽井火井皆有不，足下目見不，為欲廣異聞，具示。

朱處仁今所在，往得其書信，遂不取答。今因足下答其書，可令必達。

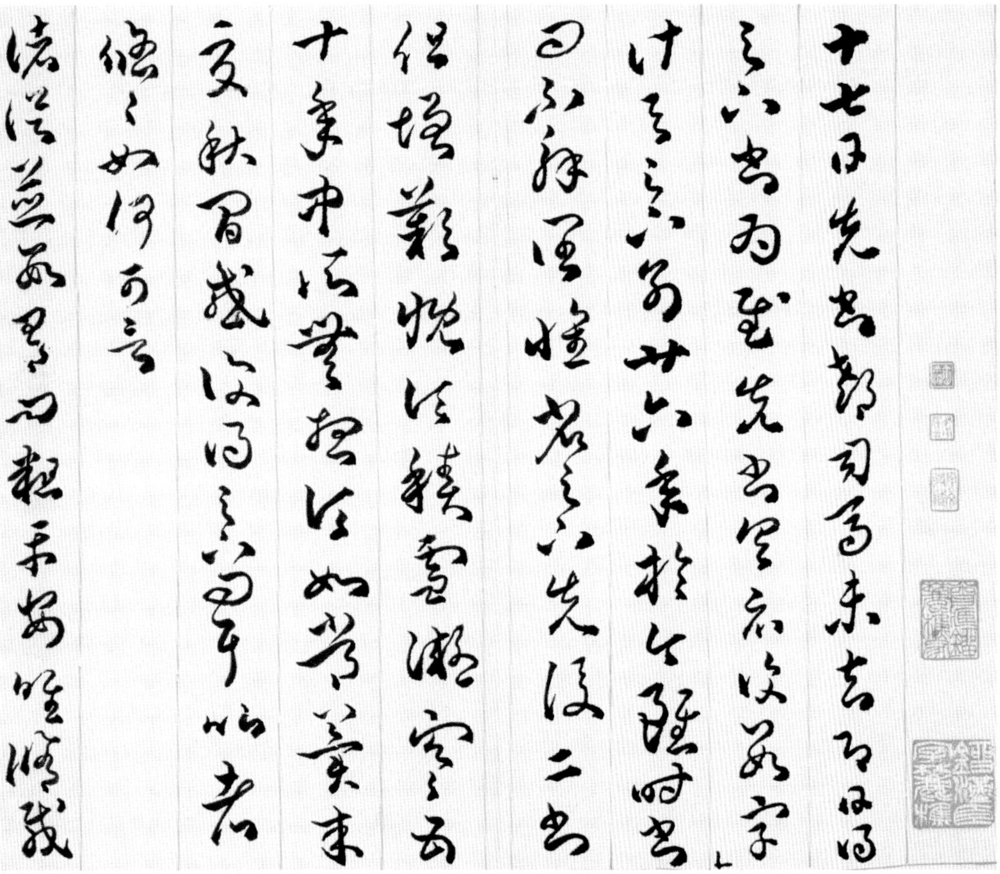

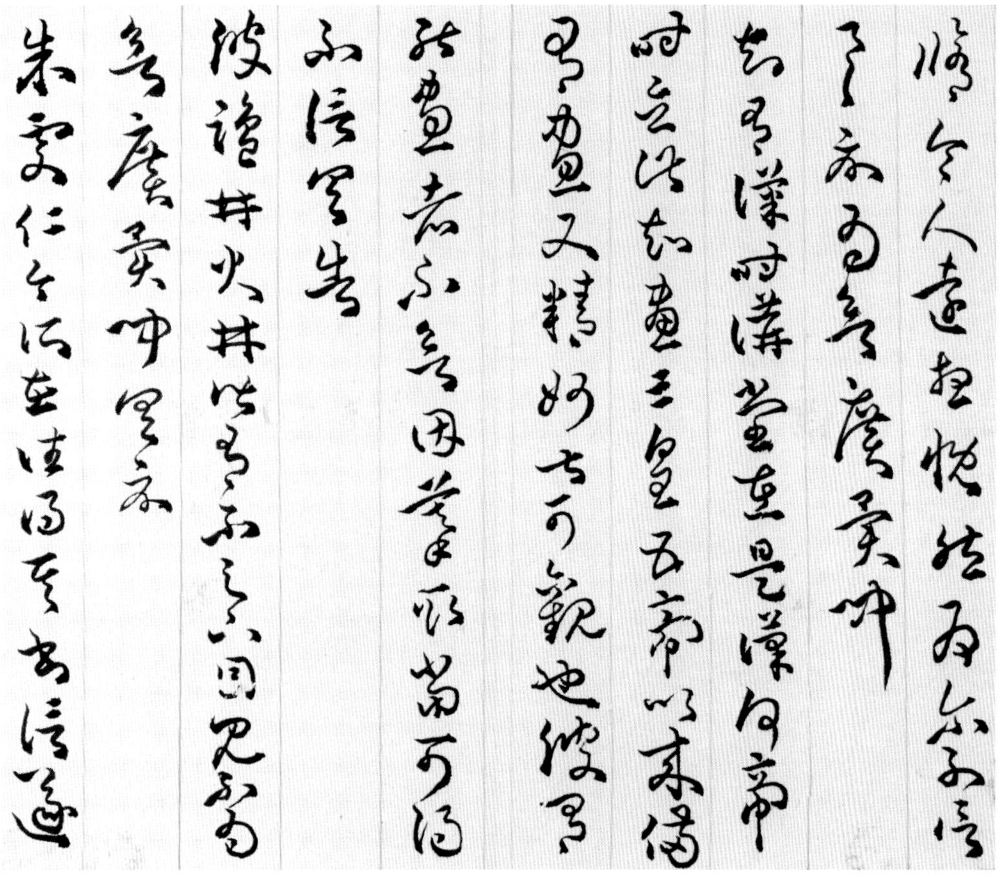

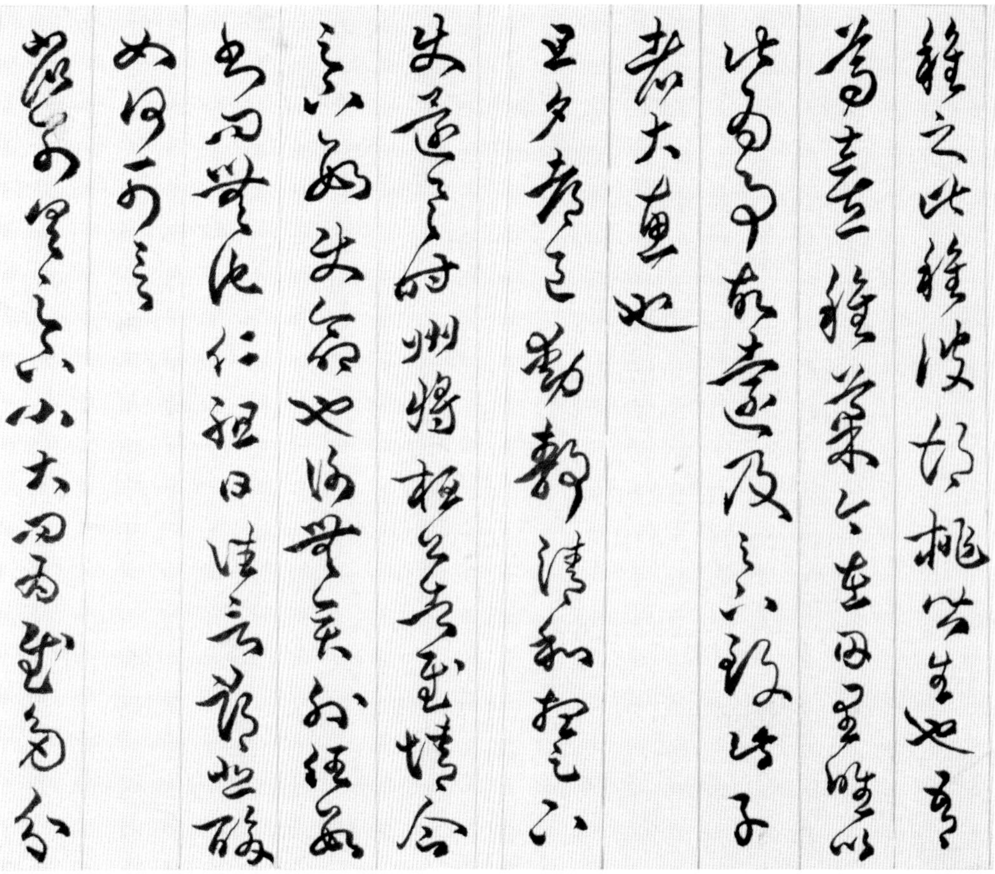

第六開

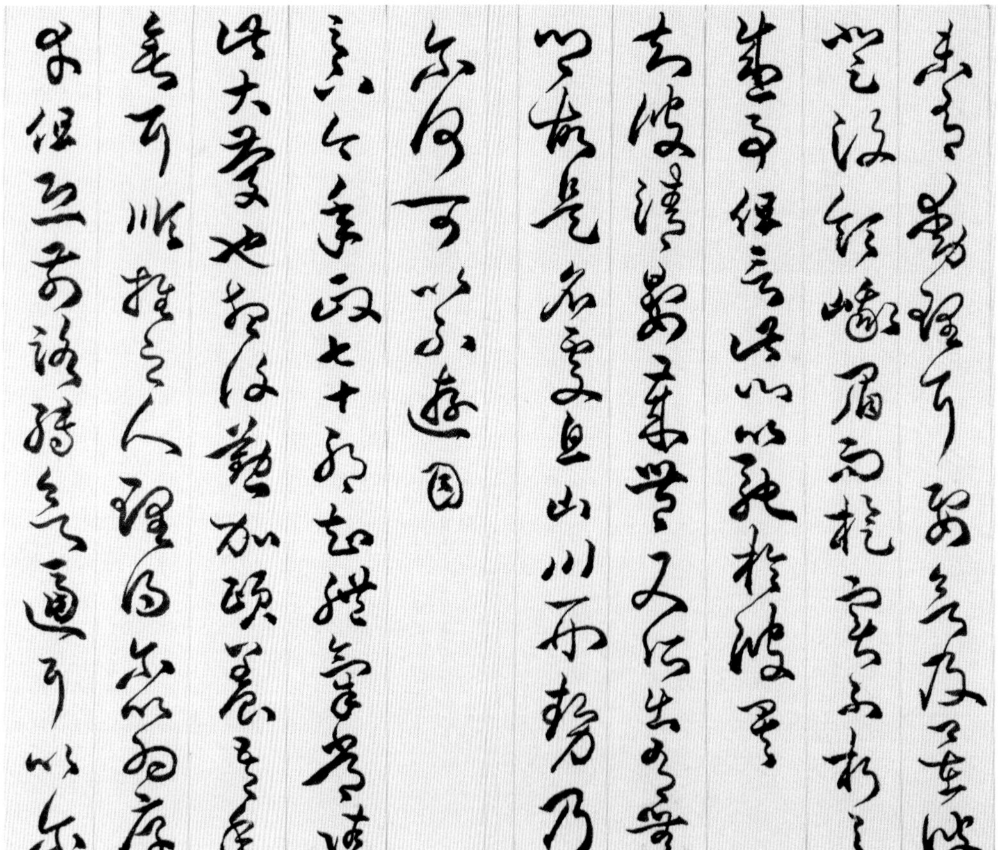

第八開

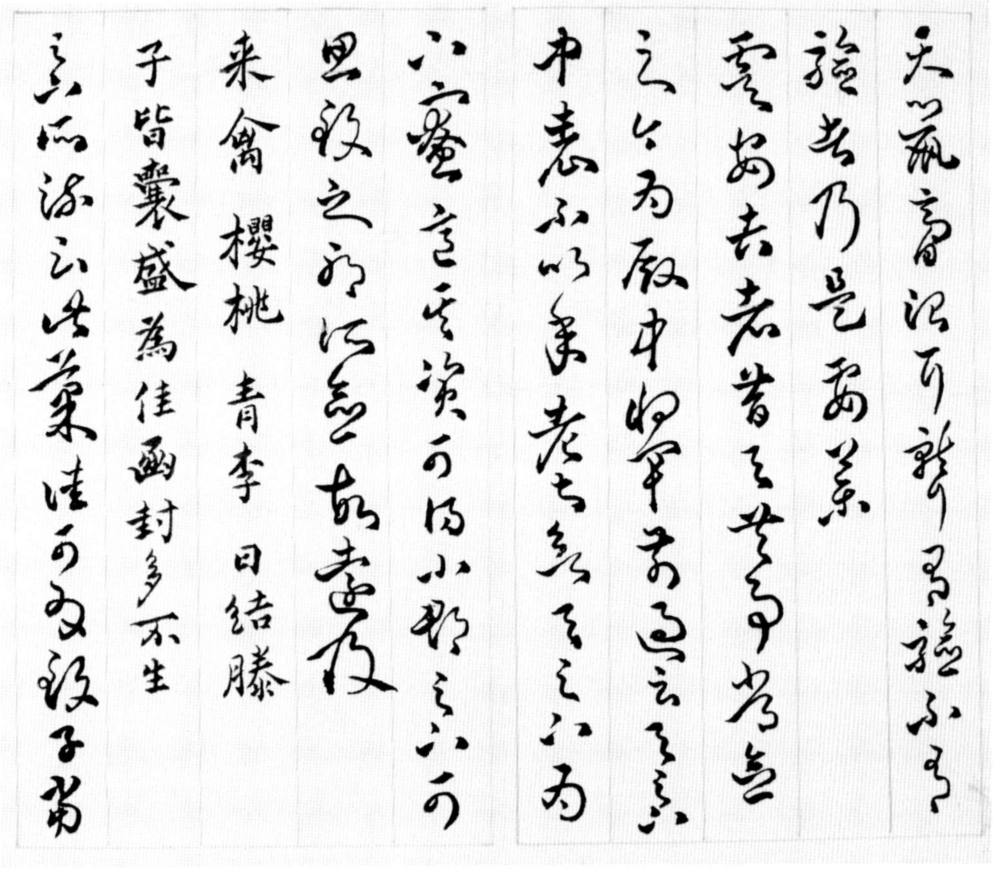

第五開

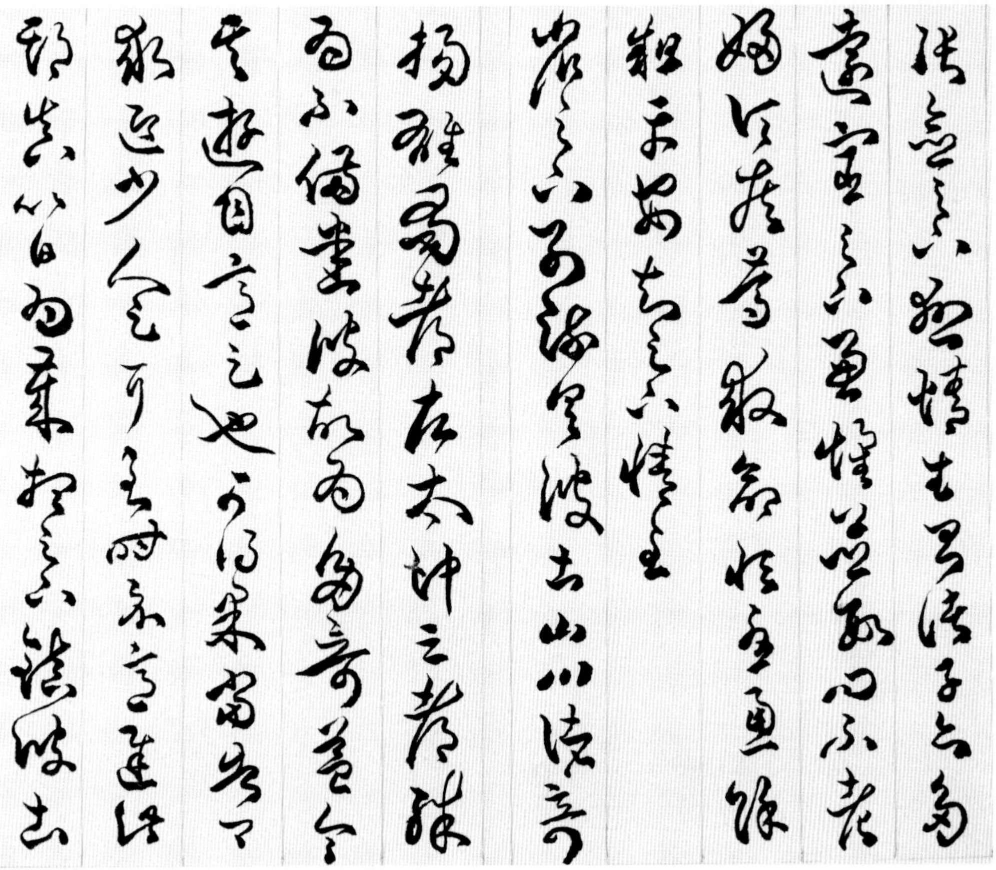

第七開

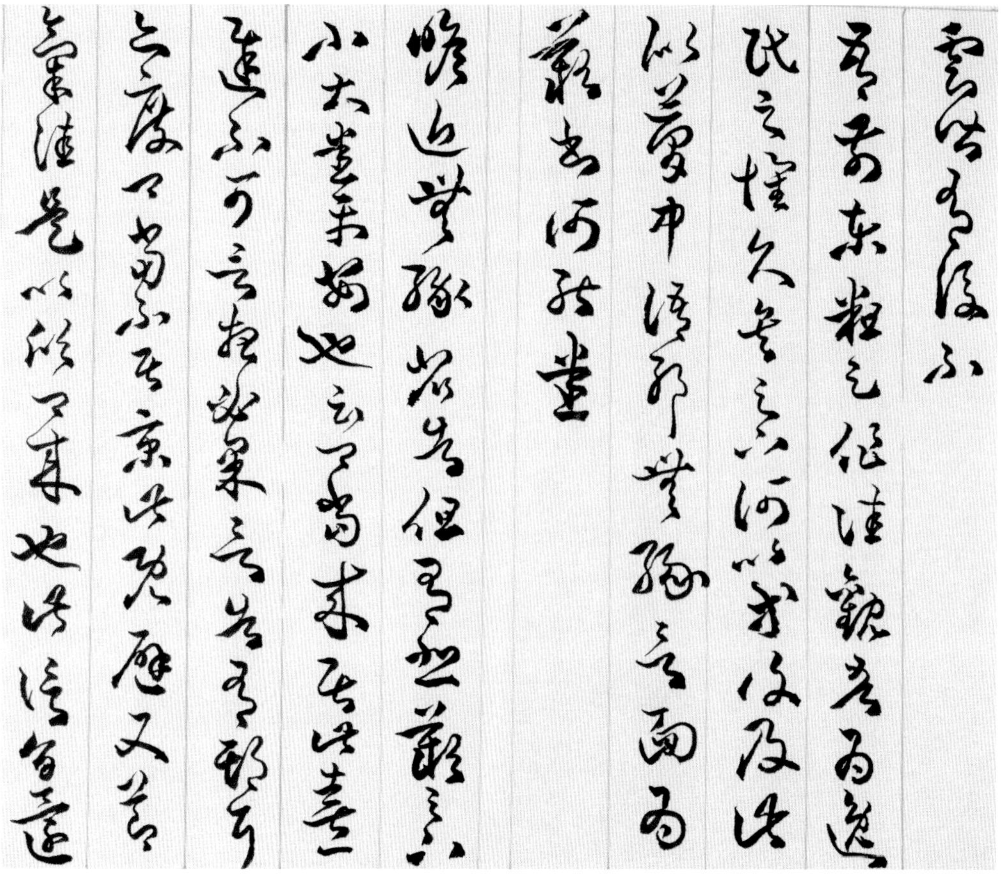

第十開

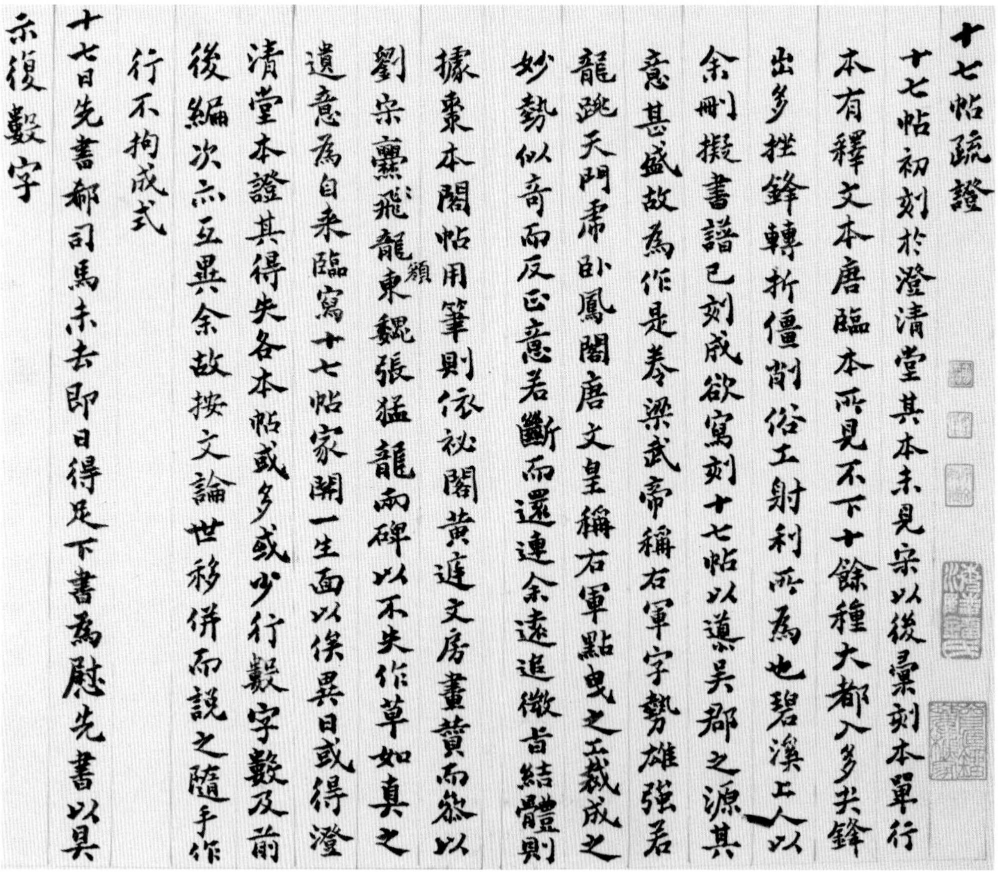

十七帖疏證

十七帖初刻於澄清堂其本未見宋以後彙刻本單行本有釋文本唐臨本所見不下十餘種大都入多失鋒出多挫鋒轉折僵削俗工射利所爲也碧溪上人以余刪擬書譜已刻成欲寫刻十七帖以導吳郡之源其意甚盛故爲作是拳梁武帝稱右軍字勢雄強若龍跳天門虎卧鳳閣唐文皇稱右軍點曳之工裁成之妙勢似奇而反正意若斷而還連余遂進徵旨結體則據秦本閣帖用筆則依祕閣黃庭文房畫贊而參以劉宋爨飛龍（顏）東魏張猛龍兩碑以不失作草如真之遺意爲自來臨寫十七帖家闢一生面以俟異日或得澄清堂本證其得失各本帖或多或少行數字數及前後編次亦互異余故按文論世移併而說之隨手作行不拘成式

十七日先書郗司馬未去即日得足下書爲慰先書以具示復數字

第十二開

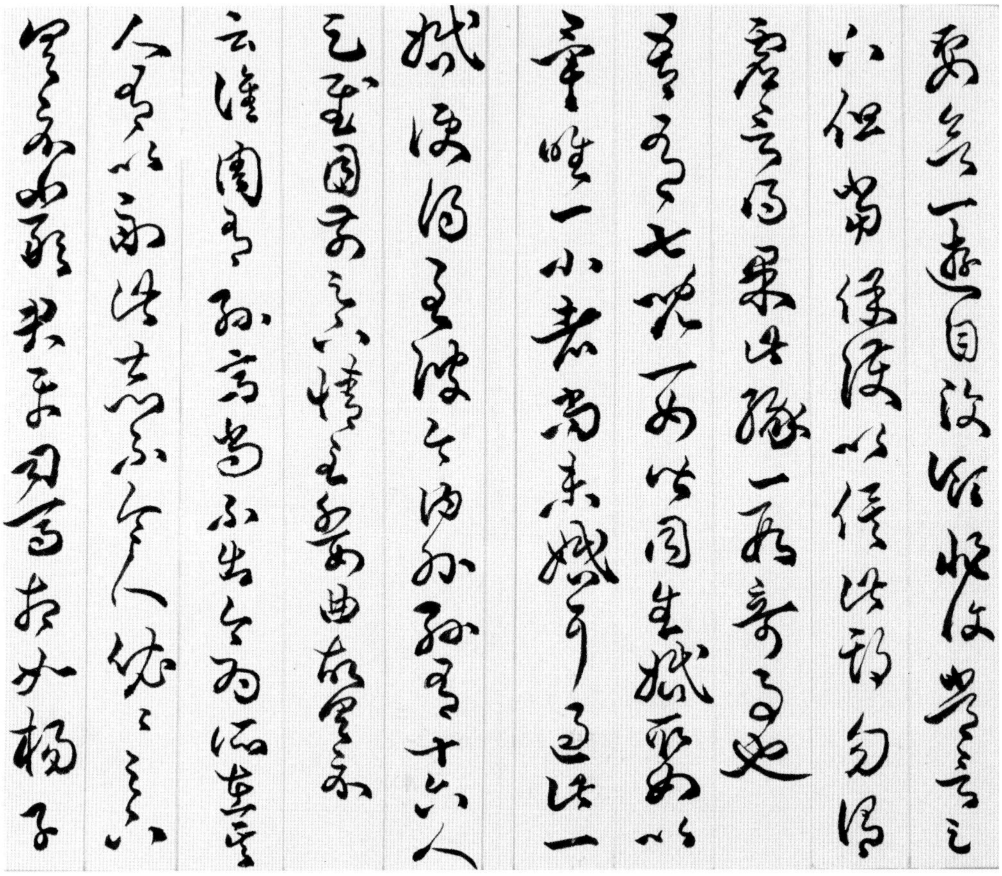

第九開

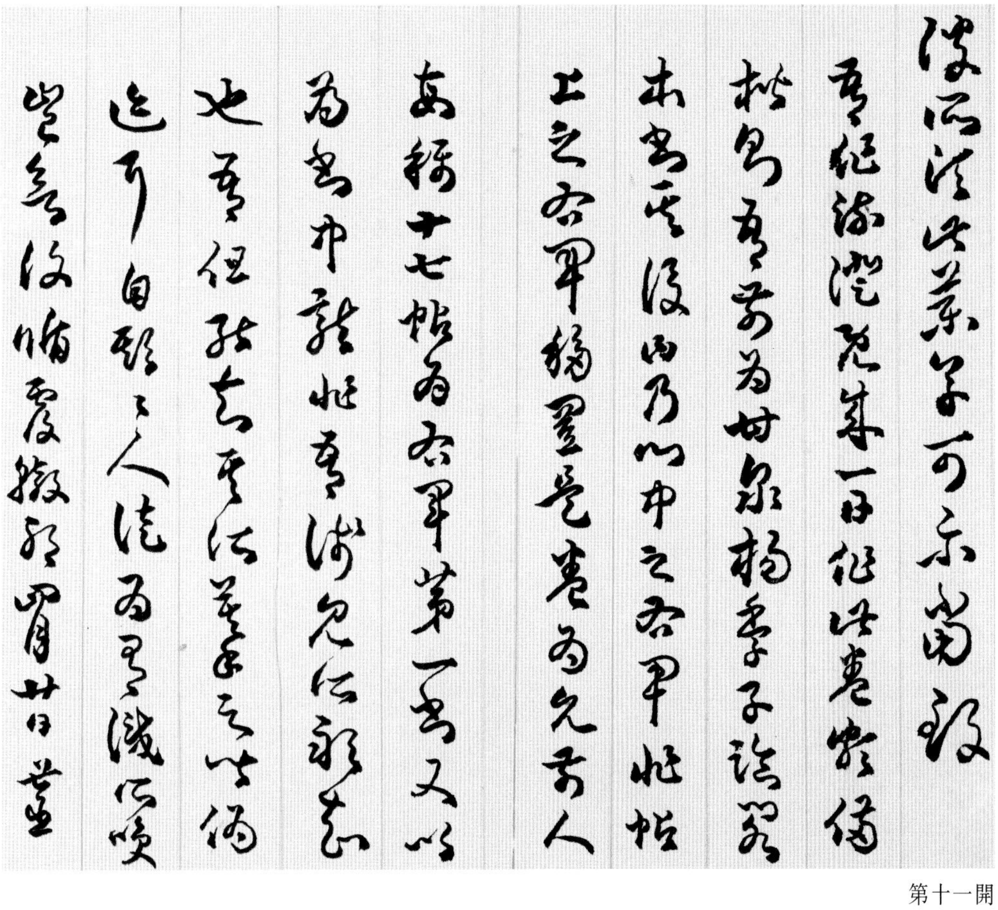

第十一開

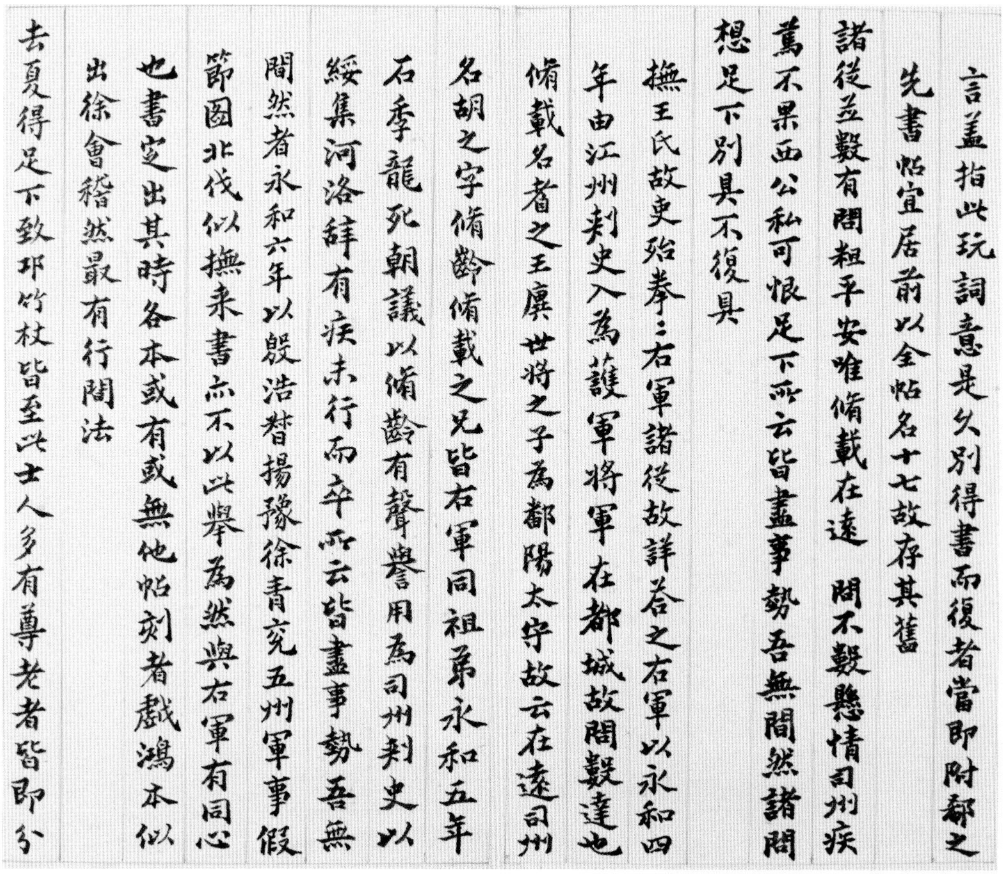
言蓋指此玩詞意是久別得書而復者當即附都之
先書帖宜居前以全帖名十七故存其舊
諸從並數有問粗平安唯脩載在遠　問不數懸情司州疾
篤不果西公私可恨足下所云皆盡事勢吾無間然諸問
想足下別具不復具
撫王氏故吏殆眷〻右軍諸從故詳荅之右軍以永和四
年由江州刺史入為護軍將軍在都城故問數達也
脩載名耆之王廙世將之子為都陽太守故云在遠司州
名胡之字脩齡脩載之兄皆右軍同祖弟永和五年
石季龍死朝議以脩齡有聲譽用為司州刺史以
綏集河洛肆有疾未行而卒所云皆盡事勢吾無
間然者永和六年以殷浩替揚豫徐青兗五州軍事假
節圖北伐似撫來書亦不以此舉為然與右軍有同心
也書定出其時各本或有或無他帖刻者戲鴻本似
出徐會稽然最有行間法
去夏得足下致邛竹杖皆至此士人多有尊老者皆即分

第十四開

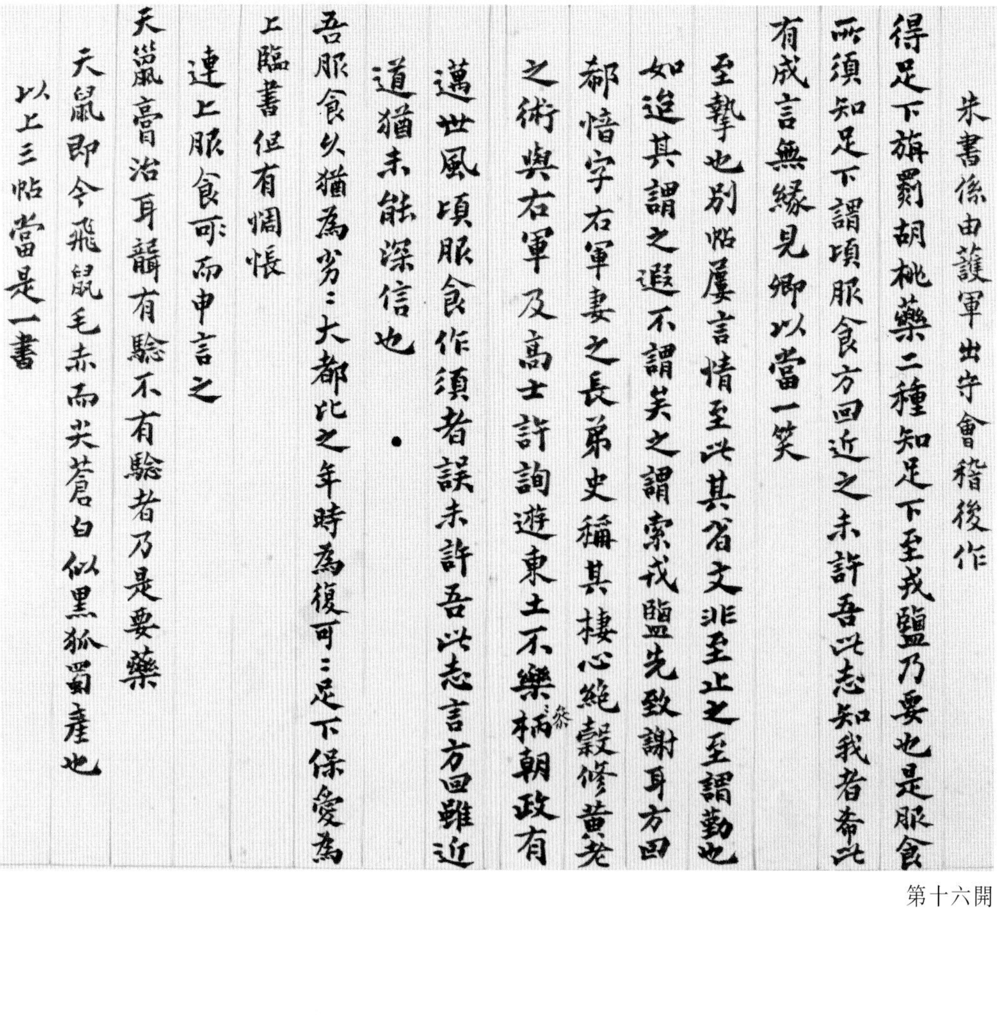
朱書係由護軍出守會稽後作
得足下旃罽胡桃藥二種知足下至戎鹽乃要也是服食
所須知足下謂頃服食方回近之未許吾此志知我者希此
有成言無緣見卿以當一笑
至摯也別帖屢言情至此其省文非至止之至謂勤也
如逸其謂之邈不謂芙之謂索戎鹽先致謝耳方回
郗愔字右軍妻之長弟史稱其棲心絕穀修黃老
之術與右軍及高士許詢遊東土不樂忝柄朝政有
邁世風頃服食作須者謨未許吾此志言方回雖近
道猶未能深信也
吾服食久猶為劣〻大都比之年時為復可〻足下保愛為
上臨書但有惆悵
連上服食所而申言之
天鼠膏治耳聾有驗不有驗者乃是要藥
天鼠即今飛鼠毛赤而尖蒼白似黑狐蜀產也
以上三帖當是一書

第十六開

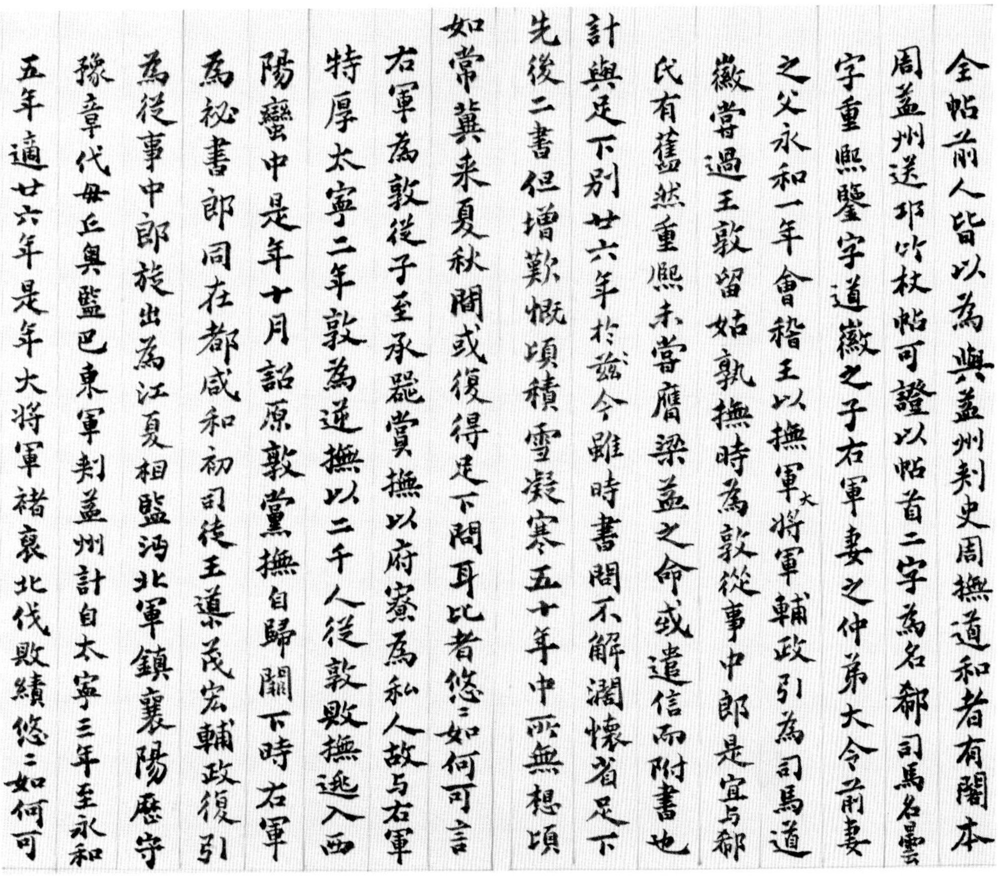

全帖前人皆以為與益州刺史周撫道和者有闕本
周益州送邛竹杖帖可證以帖首二字為名都司馬名曇
字重熙鑒字道徽之子右軍妻之仲弟大令前妻
之父永和一年會稽王以撫軍大將軍輔政引為司馬道
徽嘗過王敦留姑孰撫時為敦從事中郎是宜与郗
氏有舊然重熙未嘗膺梁益之命或遣信而附書也
計與足下別廿六年於茲今雖時書問不解闊懷省足下
先後二書但增歎慨頃積雪凝寒五十年中所無想頃
如常冀來夏秋間或復得足下問耳比者悠悠如何可言
右軍為敦從子至承罷賞撫以府寮為私人故与右軍
特厚太寧二年敦為逆撫以二千人從敦敗撫逃入西
陽蠻中是年十月詔原敦黨撫自歸闕下時右軍
為秘書郎同在都咸和初司徒王導茂宏輔政復引
為從事中郎旋出為江夏相監沔北軍鎮襄陽歷守
豫章代毋丘奥監巴東軍刺益州計自太寧三年至永和
五年適廿六年是年大將軍褚裒北伐敗績悠悠如何可

第十三開

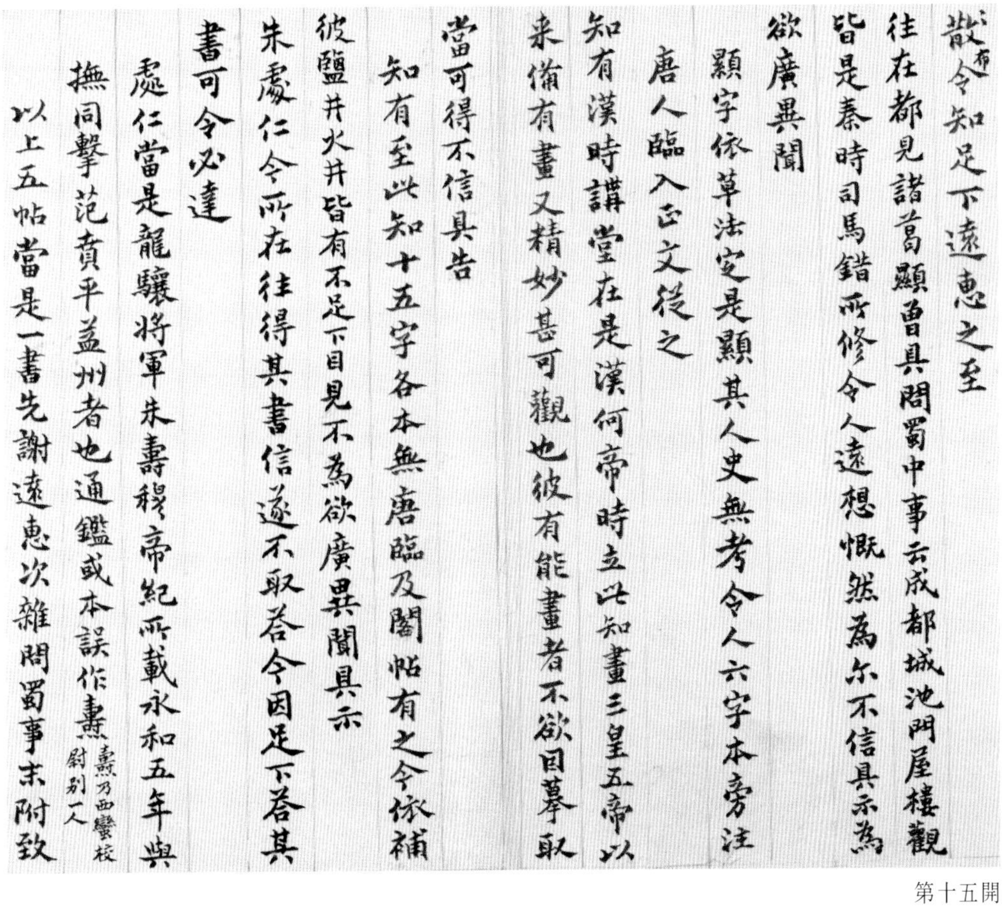

散布令知足下遠惠之至
往在都見諸葛顯曾具問蜀中事云成都城池門屋樓觀
皆是秦時司馬錯所修令人遠想慨然為尔不信具示為
欲廣異聞
顯字依草法定是顯其人史無考令人六字本旁注
唐人臨入正文從之
知有漢時講堂在是漢何帝時立此知畫三皇五帝以
來備有畫又精妙甚可觀也彼有能畫者不欲因摹取
當可得不信具告
知有至此知十五字各本無唐臨及闕帖有之今依補
彼鹽井火井皆有不足下目見不為欲廣異聞具示
朱處仁今所在往得其書信遂不取答今因足下答其
書可令必達
處仁當是龍驤將軍朱壽穆帝紀所載永和五年與
撫同擊范賁平益州者也通鑑或本誤作燾（燾乃西蠻校尉別一人）
以上五帖當是一書先謝遠惠次雜問蜀事末附致

第十五開

日往言尋悲酸如何可言
撫以永和九年斬蕭敬文使還指此具時州將時是也
撫已由安西征虜進平西言以此功朝議當進為鎮征極州將
之榮也入升平果進鎮西其卒也贈征西桓公以永和十
二年大敗姚襄於伊水收復洛陽修五陵告慰者言
撫其告欣慰也情公數使命撫前助桓公平蜀或
欲引之北伐有疏請也仁祖謝尚字尚弟奕字無奕
升平一年五月尚卒朝議以尚在北得人故以奕代尚
刺豫州北伐慕容雋明年卒於軍外任指此二升平一
年書
省別具足下小大問為慰多分張念足下懸情武昌諸子
亦多遠宦足下兼懷並數問不老婦頃疾篤救命恒
憂慮餘粗平安知足下情至
陶侃士行以咸和五四年平蘇峻後由江陵移鎮巴陵五
年斬郭默加督江州復移鎮武昌九年卒於鎮屬吏畫
其像於武昌西門故稱之士行十七子九子舊史有名撫

第十八開

卒於鎮益州歷四十三年前在敦所已游歷顯職史雖不
言其壽數大都七十餘矣
吾有七兒一女皆同生婚娶以畢唯一小者尚未婚耳過此
一婚便得至彼今內外孫有十六人足慰目前足下情至
委曲故具示
同生一母也未婚之小者乃大令右軍孫禎之外孫劉瑾
皆知名此帖說欲遊蜀而尚未果之故以堅其約當是最
後書各本無唯唐臨本有從之
以上十九帖定與撫
云譙周有孫高尚不出今為所在其人有以副此志不令人
依依足下具示嚴君平司馬相如揚子雲皆有後不
蜀人譙秀周之孫也李雄李驤李壽據蜀三徵皆不應
今為所言蜀已內屬在案也猶在帝左右之在連下九字
為句云譙周下廿九字十七帖本所無嚴君平下十四字閣本
亦別為帖唐臨本及大觀帖皆連為一文義為優從之
此帖定是永和三年右軍為江州刺史時聞宣武平蜀

第二十開

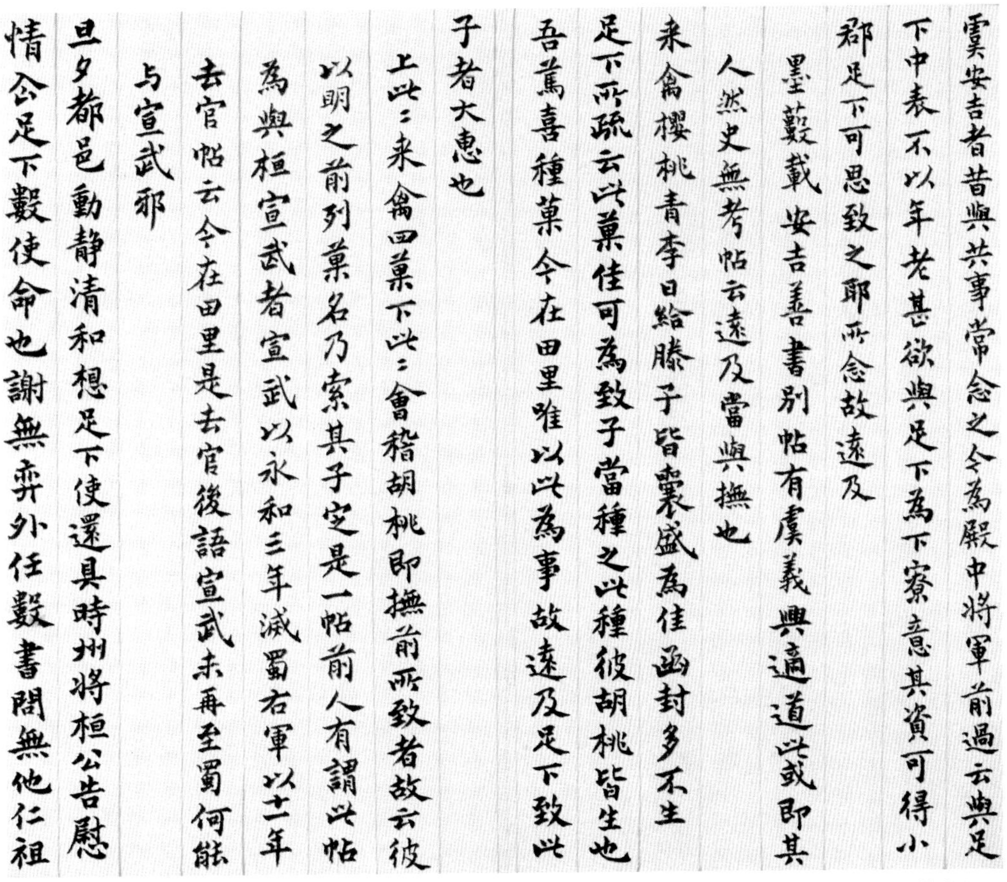
虞安吉者昔與共事常念之今為殿中將軍前過云與足
下中表不以年老甚欲與足下為下寮意其資可得小
郡足下可思致之耶所念故遠及
墨藪載安吉善書別帖有虞義興適道此或即其
人然史無考帖云遠及當與撫也
來禽櫻桃青李日給滕子皆囊盛為佳函封多不生
足下所疏云此菓佳可為致子當種之此種彼胡桃皆生也
吾篤喜種菓今在田里唯以此為事故遠及足下致此
子者大惠也
上此二來禽四菓下此二會稽胡桃即撫前所致者故云彼
以明之前列菓名乃索其子定是一帖前人有謂此帖
為與桓宣武者宣武以永和三年滅蜀右軍以十一年
去官帖云今在田里是去官後語宣武未再至蜀何能
與宣武耶
旦夕都邑動靜清和想足下使還具時州將桓公告慰
情企足下數使命也謝無弈外任數書問無他仁祖

第十七開

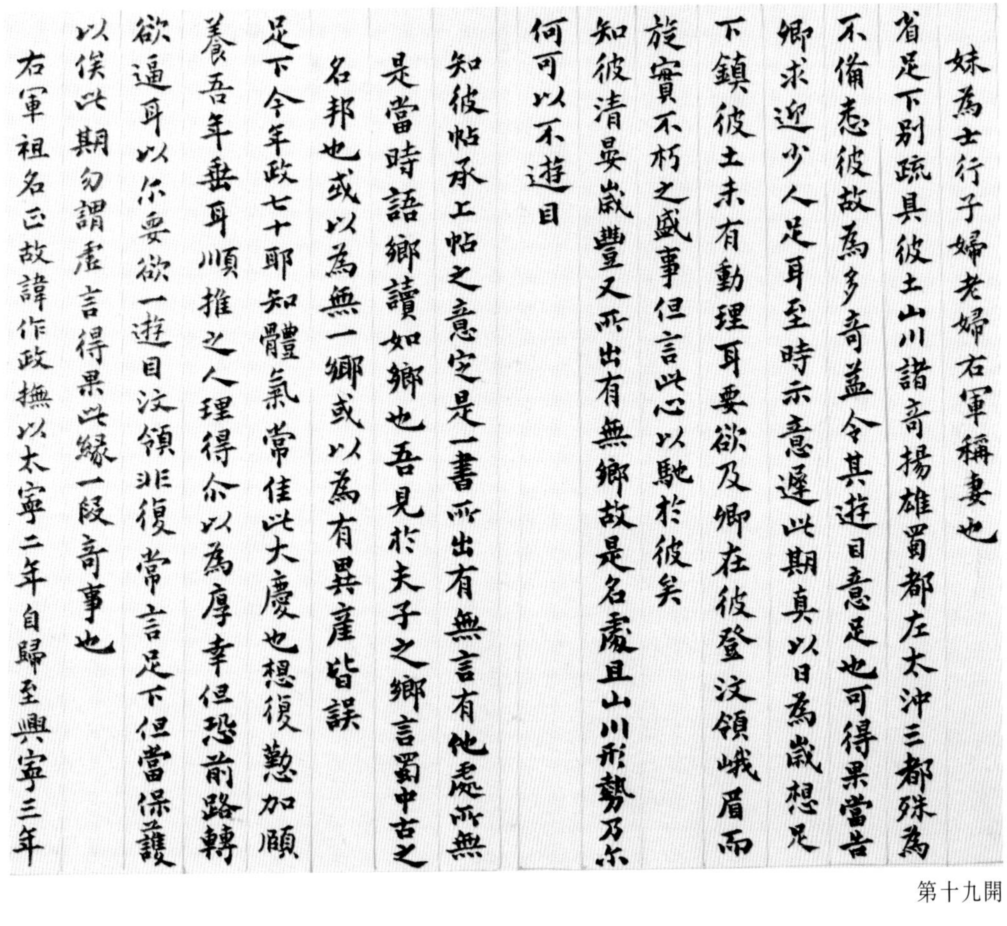
妹為士行子婦老婦右軍稱妻也
省足下別疏具彼土山川諸奇揚雄蜀都左太沖三都殊為
不備悉彼故為多奇益令其遊目意足也可得果當告
卿求迎少人足耳至時示意遲此期真以日為歲想足
下鎮彼土未有動理耳要欲及卿在彼登汶領峨眉而
旋實不朽之盛事但言此心以馳於彼矣
知彼清晏歲豐又所出有無鄉故是名處且山川形勢乃尔
何可以不遊目
知彼帖承上帖之意定是一書所出有無言有他處所無
是當時語鄉讀如鄉也吾見於夫子之鄉言蜀中古之
名邦也或以為無一鄉或以為有異產皆誤
足下今年政七十耶知體氣常佳此大慶也想復勤加頤
養吾年垂耳順推之人理得尔以為厚幸但恐前路轉
欲逼耳以尔要欲一遊目汶領非復常言足下但當保護
以俟此期勿謂虛言得果此緣一段奇事也
右軍祖名正故諱作政撫以太寧二年自歸至興寧三年

第十九開

殊不尒此々會稽避謂囂塵不及想必果言為句告有
期屬其先告来期也
知足下行至吴念違離不可居然當西耶遲知問
方回以黄門侍郎出為吴郡守固辭乃改臨海此右軍初聞
吴郡命喜其近東而致之書然謂重熙當西謂其代荀
羨為北中郎將鎮下邳也
以上三帖皆與方回
龍保善平安也謝之甚遲見卿舅可耳至為簡隔也今往
絲布單衣財一端示致意
今往十二字各本皆別唯唐臨本合良是從之
胡毋氏從妹平安故在永興居去此七十也吾在官諸理
極差頃比復匆々来示云與其婢問来信不得也
永興今蕭山此々會稽婢字絕句
彼所須此藥草可示當致
須各本草法皆成頃筆駛所致耳
以上三帖不得主名大都其羣從也

第二十二開

都見右軍大都七十許人前止檢晉書遂以為
無考率妄可笑想生平持論如是者不少也
附書自訟十八日 世臣題記

第二十四開

而致之者留意人材表章氣節乃懷柔反側第一義
宣武薦秀卒不起未必非此書啓之撫欲炙之士觀虞安
吉帖亦敘當論資是未可與言此也
以上一帖與桓宣武
吾前東粗足作佳觀吾為逸民之懷久矣足下何以等復
及此似夢中語耶無緣言面為嘆書何能悉
會稽在金陵東南朝時所謂東都東土東中皆作會
稽云吾前是辭內史後語等待也言同具逸民之志何
以遲遲不決作方者誤復及此似夢中語想右軍去官
時有書留之也此帖當與方回回既姻親又同志故措
辭直爽胡桃帖未許吾此志之說所由來也此永和十
一年書
瞻近無緣省告但有悲歎足下小大悉平安也云卿當來
居此憙遲不可言想必果言告有期耳亦度卿當不居
京此既避又節氣佳是以欣卿來也此信旨還具示問
兩告字各本俱作苦傳譌誤也晉人言苦皆謂病帖意

第二十一開

道光十三年四月十七八九日作於小倦遊閣雨日絲如霧中看
花而下筆如鷹鸇搏擊銳有不草而使轉從橫之意但
蕞波時有剩墨以此為憾嘉慶廿二年在都下為新建
余鼎鐵香作述書一卷字大寸當此書四之一而雄肆有若
方丈余明經久返道山述書不知流落何所蓋廿年作小
正書唯此二種也延平劍合以告有緣安吳包世臣自記
次年六月偶檢華陽國志云蜀破之明年後主
既遷移蜀大臣宗預廉化及諸葛顯等三萬
家於東及關中又蜀志云亮子瞻瞻長子尚與
瞻俱戰死於綿竹次子京與攀子顯內移河東
按攀父喬喬瑾次子也瞻未生前瑾白吳主遣
喬入蜀為亮後及喬兒恪弟融俱被害於吳攀
仍復瑾晉中宗即位建康之年右軍年已十五
時誕之孫恢為會稽太守顯其族子也或南依
恢故得在都見右軍耳上溯東移相距五十二
年顯之移也計喬年六十五是顯可弱冠亦在

第二十三開

106

何紹基　隸書魯峻碑卷
紙本　隸書
縱32厘米　橫196.3厘米

Lu Jun Bei (The inscriptions from the tablet of Lu Jun) in official script
By He Shaoji (1799-1873)
Handscroll, ink on paper
H. 32cm　L. 196.3cm

何紹基(1799—1873)，字子貞，號東洲，晚號蝯叟，清代道州(今湖南道縣)人。道光十六年(1836)進士，授編修，充武英殿國史館協修、總纂。先後任福建、貴州、廣東鄉試考官，四川學政等。後執教於山東、長沙、浙江等地書院。何氏博學多才，工書法，師顏真卿，上溯周、秦、漢古籀篆及南北朝碑版，真、行書面目獨特，意趣高古；篆、隸二體渾厚古拙，亦自成體勢。

卷書東漢《魯峻碑》，贈予石卿世兄。款署"紹基並記"，下鈐"何紹基印"(白文)、"子貞"(朱文)印，首印殘。

此卷書法體貌以方為主，點畫拗強硬拙，強調雕刻效果。後行書題記謙稱此作有如"初學執筆者"所書。

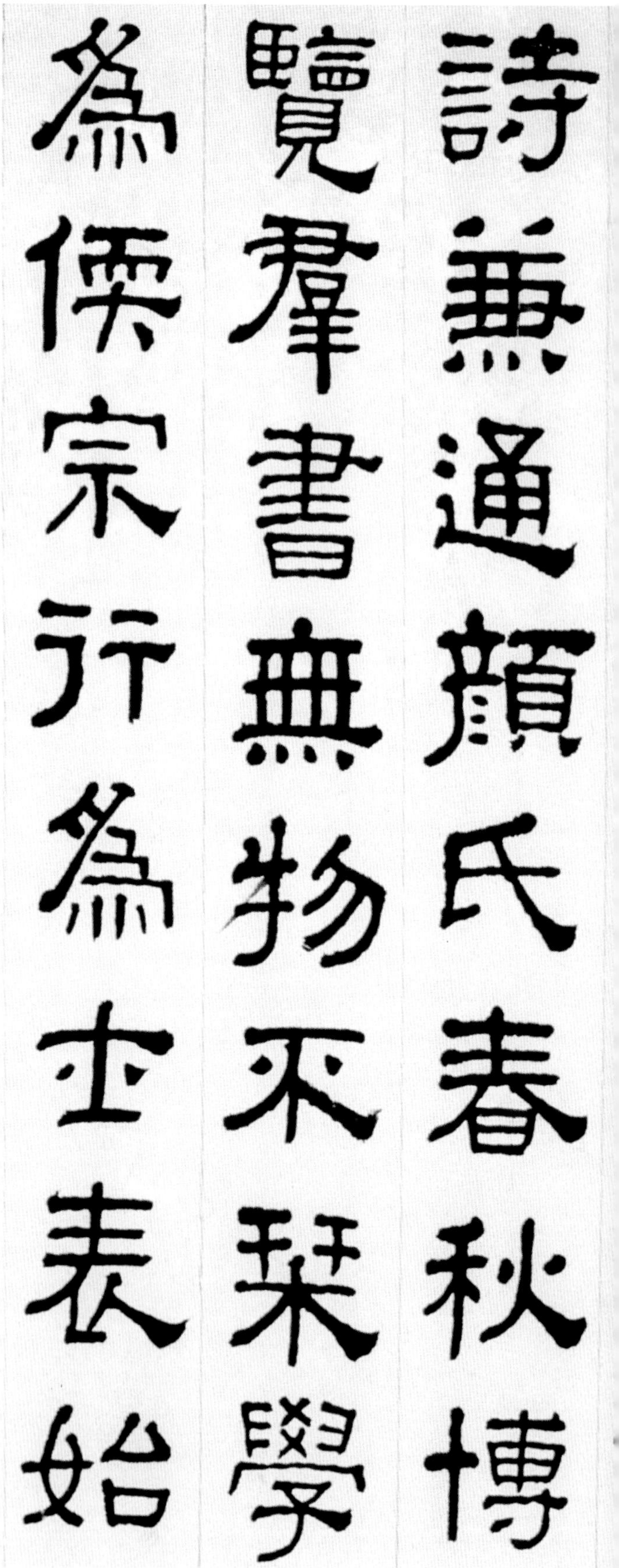

君諱峻字仲巖山陽
昌邑人其先周文公
之碩胄伯禽之懿緒
以載于祖考銘也君
則臨營謁者之孫脩
武令之子體純龢之

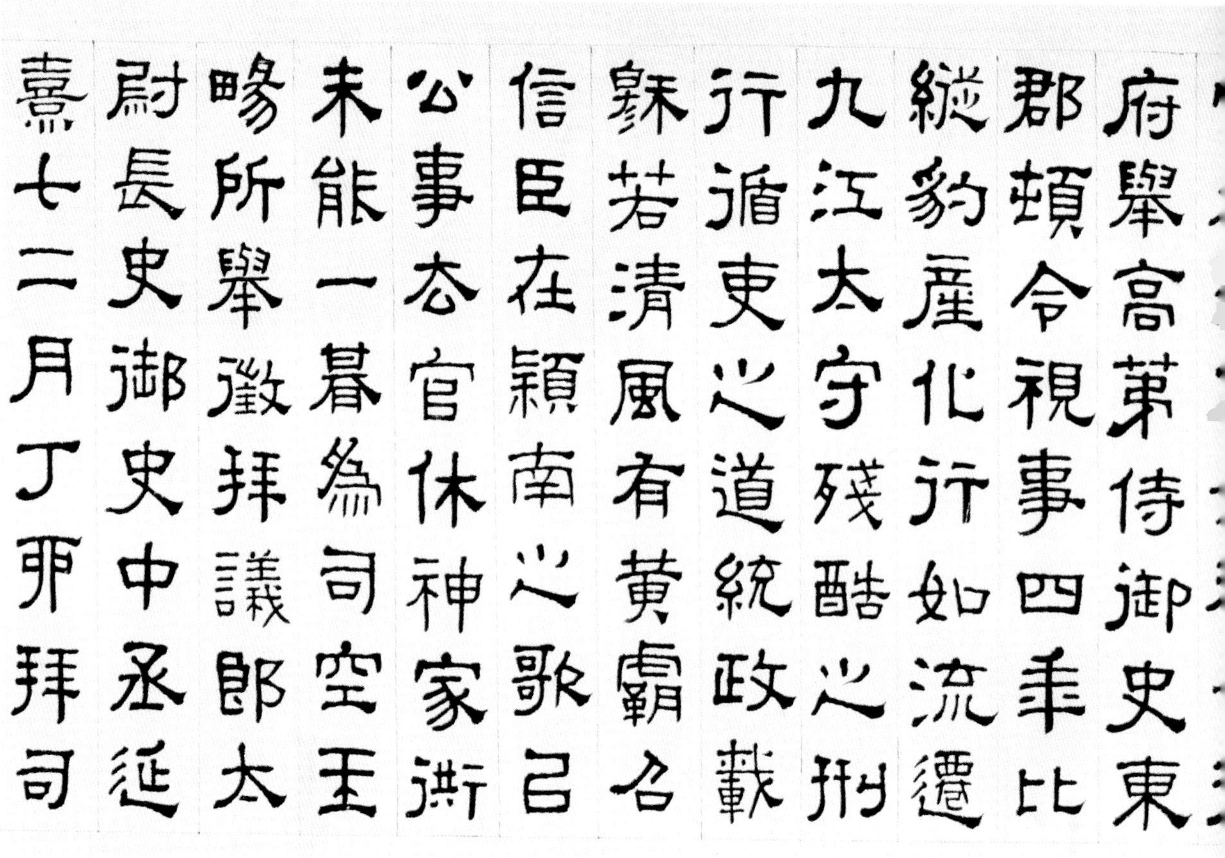
府舉高第侍御史東
郡頓令視事四年比
縱豹產化行如流遷
九江太守殘酷之刑
行循吏之道統政載
穌若清風有黃霸名
信臣在穎南之歌㠯
公事去官休神家衕
未能一朞為司空王
暢所舉徵拜議郎太
尉長史御史中丞延
熹七二月丁卯拜司

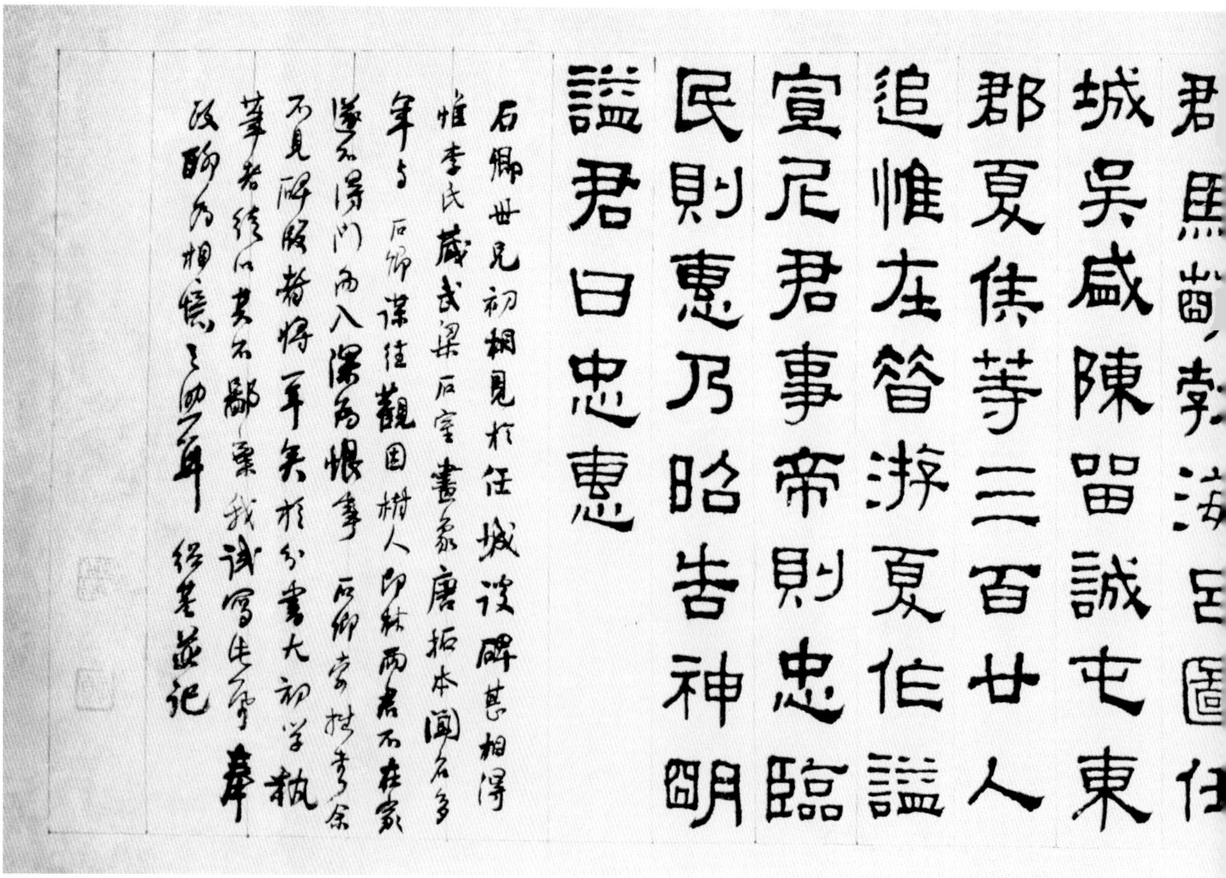
城吳咸陳留誠屯東
郡夏侯等三百廿人
追惟在昔游夏作謚
宣尼君事帝則忠臨
民則惠乃昭告神明
謚君曰忠惠
石卿世兄初相見於任城讀碑甚相得
惟李氏藏武梁石室畫象唐拓本聞名多
年与石卿謀往觀因樹人即執而君不在家
遂不得門而入深為恨事石卿索摹是碑余
不見碑殆將廿年矣於今書大初學執
筆者絕不鄙棄我試寫與之

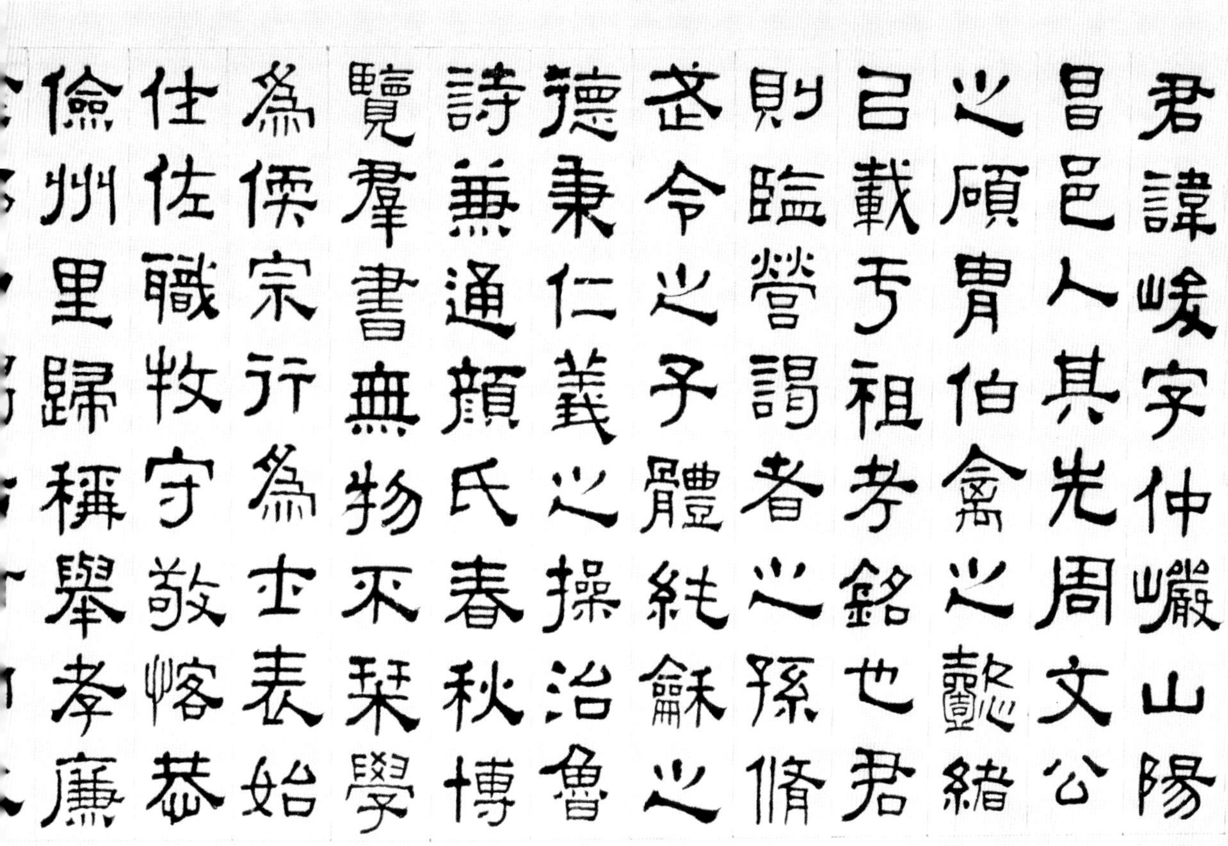

《魯峻碑卷》之一

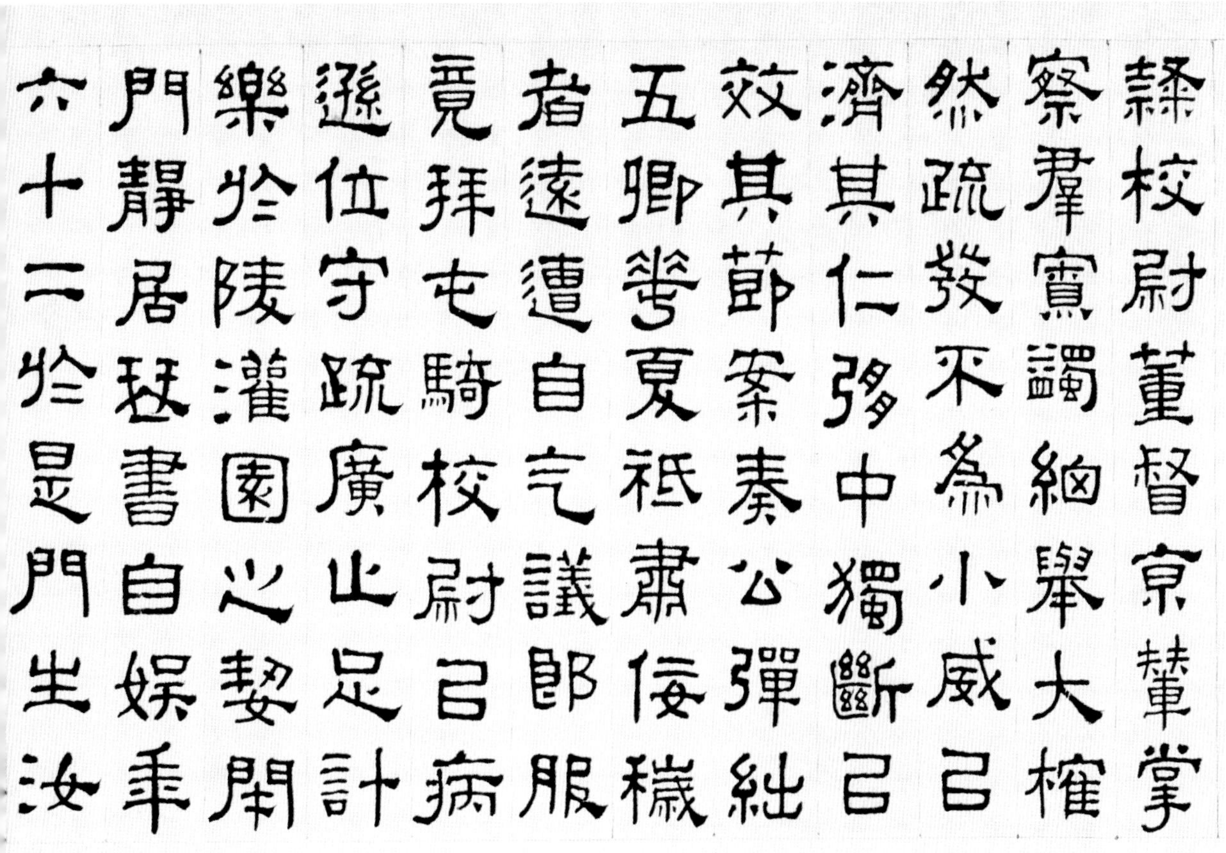

《魯峻碑卷》之二

107

何紹基　楷書冊

紙本　楷書　十八開
開縱27.3厘米　橫36.5厘米

Kai Shu (regular script)
By He Shaoji
Album of 18 leaves, ink on paper
Each leaf: H. 27.3cm　L. 36.5cm

冊書錄《封禪書》、《李廣傳》、《郁氏書畫題跋記》三則、《石渠隨筆》二則及七絕題詩。《封禪書》款署"道光丙午元旦起至初九日午時立春寫此文，竟每日不得八行，新年俗冗可笑　子貞記"，鈐"何紹基印"(白文)印。時道光二十六年(1846)，何紹基四十六歲。《李廣傳》款署"正月廿一日寫此傳竟，是日大風墨凍。惜道味齋何紹基"，下鈐"子貞"(朱文)印，時間為距前書十幾天後的正月。《郁氏書畫題跋記》、《石渠隨筆》款署"前三段郁氏書畫記，後兩段石渠隨筆　紹基"，下鈐"子貞"(朱文)、"二岳庵"(白文)印。自題七絕詩款署"古虞司馬得此冊於廠肆，珍祕之至，吾甚愧之，為題廿八字。時乙丑初春吳門旅次　蝯叟呵凍"，下鈐"子貞"(朱文)印。

此冊前兩作書法圓勁莊嚴，後兩書方筆增多，並含有隸意，個性化程度有所加強，時間稍晚，但從總體風格判斷，書寫時間相距不久。全冊表現了何氏對顏書的深刻把握，精湛的師古功力，以及對個性化書風的初步嘗試，是他中年小楷精品。饒有意趣的是，在近二十年之後的清同治四年(1865)，這部書冊輾轉由友人從廠肆中獲得，年已六十六歲的何紹基感慨繫之，續為題七絕一首，評自己二十年前的作品為"細楷矜嚴"。對照何氏前後詩文書法，不難發現其書風演變。題詩時已是人書俱老，書法中更多凝重之筆和率意之容。

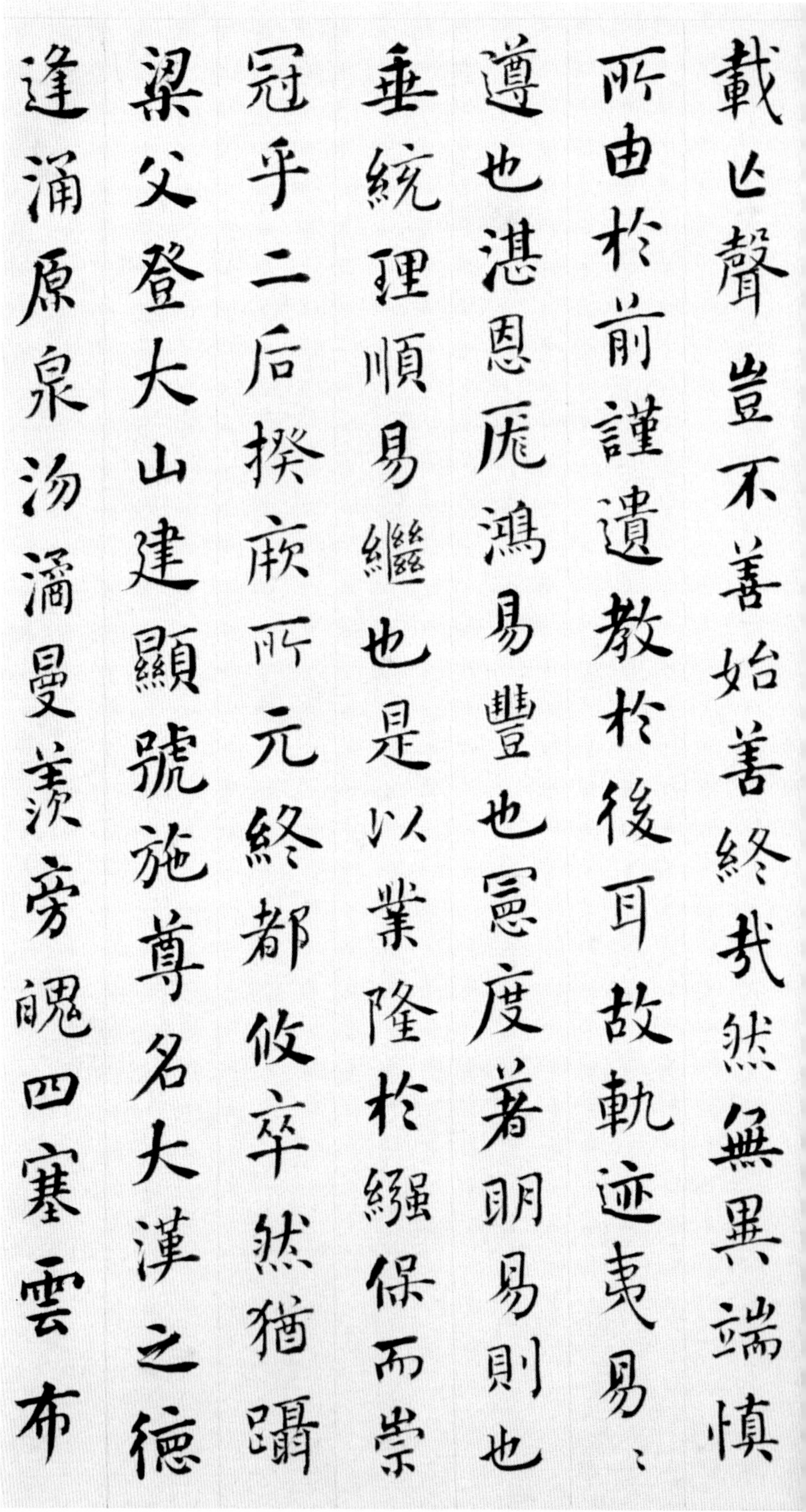

載亡聲豈不善始善終哉然無異端慎
所由於前謹遺教於後耳故軌迹夷易
遵也湛恩厖鴻易豐也憲度著明易則也
垂統理順易繼也是以業隆於繈保而崇
冠乎二后揆厥所元終都攸卒然猶躡
梁父登大山建顯號施尊名大漢之德
逢涌原泉沕潏曼羨旁魄四塞雲布

封禪書

伊上古之初肇自顥穹生民歷選列辟以迄乎秦率邇者踵武聽逖者風聲紛輪威蕤堙滅而不稱者不可勝數也繼昭夏崇號謚略可道者七十有二君罔若淑而不昌疇逆失而能存軒轅之前遐哉邈乎其詳不可得聞已五三六經載籍之傳維見可觀也書曰元首明哉股肱良哉因斯以談君莫盛於堯臣莫賢於后稷后稷創業於唐公劉發跡於西戎文王改制

第一開

爲符也㠯登介邱不亦恧乎進攘之道
何其爽與於是大司馬進曰陛下仁育羣
生義征不譓諸夏樂貢百蠻執摯德牟
往初功無與二休烈浹洽符瑞衆變期應
紹至不特創見意者太山梁父設壇場望
幸蓋號㠯況榮上帝垂恩儲祉將以慶成
陛下嗛讓而弗發也挈三神之歡缺王
道之儀羣臣恧焉或謂且天爲質闇示
珎符固不可辭若然辭之是泰山靡記

霧散上暢九垓下泝八埏懷生之類沾濡浸潤協氣橫流武節猋逝尒陿游原迥闊泳末首惡鬱沒闇昧昭晳昆蟲闓澤回首面內然後囿騶虞之珍羣徼麋鹿之怪獸導一莖六穗於庖犧雙觡共抵之獸獲周餘放龜於岐招翠黃乘龍於沼鬼神接靈圉賓於閒館奇物譎詭俶儻窮變欽哉符瑞臻茲猶以為薄不敢道封禪蓋周躍魚隕杭休之以燎微夫斯之

第二開

雨之又潤澤之匪惟徧我汜布濩之萬
物熙々懷而慕之名山顯位望君之来君
兮君兮侯不邁哉般々之獸樂我君圃
白質黑章其儀可喜旼々穆々君子之
態蓋聞其聲今視其來厥塗靡從天瑞
之徵茲亦於舜虞氏以興濯々之麟游
彼靈時時孟冬月君徂郊祀馳我君
輿帝用享祉三代之前蓋未嘗有宛々
黃龍興德而升采色元燿奐炳煇煌正
陽顯見覺悟黎烝於傳載之云受命所
乘厥之有章不必諄々依類託寓諭以
封巒披蓺觀之天人之際已交上下相發
允答聖王之事兢々翼々故曰於興必慮
衰安必思危是以湯武至尊嚴不失肅
祇舜在假典顧省厥遺此之謂也

班書錄此文與文選字多異
道光丙午元旦起至初九日午時立春寫此文
竟每日不得八行新年俗冗可笑子貞記

第四開

匈奴數千騎見廣以為誘騎驚上山陳廣
之百騎皆大恐欲馳還走廣曰我去大軍數
十里今如此走匈奴追射我立盡今我留匈奴
必以我為大軍之誘不我擊廣令曰前未到
匈奴陳二里所止令曰皆下馬解鞍騎曰虜多
如是解鞍即急奈何廣曰彼虜以我為走
今解鞍以示不去用堅其意有白馬將出護
兵廣上馬與十餘騎奔射殺白馬將而復還
至其百騎中解鞍縱馬臥時會暮胡兵終
怪之弗敢擊夜半胡兵以為漢有伏軍於
旁欲夜取之即引去平旦廣乃歸其大軍
後徙為隴西北地鴈門雲中太守武帝即
位左右言廣名將也由是入為未央衛尉而
程不識亦為長樂衛尉程不識故與廣俱
以邊太守將屯及出擊胡而廣行無部曲行
陳就善水艸頓舍人々自便不擊刀斗自衛
莫府省文書然亦遠斥候未嘗遇害程不
識正部曲行伍營陳擊刀斗吏治軍簿至

第六開

而梁父罔幾也亦各並時而榮咸濟厥世而屈說者尚何稱於後而云七十二君哉夫修德以錫符奉符以行事不為進越也故聖王弗替而脩禮以祇謁款天神勒功中岳以章至尊舒盛德發號榮以受厚福以浸黎民皇皇哉斯天下之壯觀王者之卒業不可貶也願陛下全之而后因雜縉紳先生之略術使獲曜日月之末光絕炎以展采錯事猶兼正列其義祓飾厥文作春秋一藝將襲舊六為七攄之無窮俾萬世得激清流揚微波蜚英聲騰茂實前聖之所以永保鴻名而常為稱首者用此宜命掌故悉奏其儀而覽焉於是天子沛然改容曰俞乎朕其試哉乃遷思回慮總公卿之議詢封禪之事詩大澤之博廣符瑞之富遂作頌曰自我天覆雲之油油甘露時雨厥壤可游滋液滲漉何生不育嘉穀六穗我穡曷蓄匪惟

第三開

李廣傳

李廣隴西成紀人也其先曰李信秦時為將逐得燕太子丹者也廣世世受射孝文十四年匈奴大入蕭關而廣以良家子從軍擊胡用善射殺首虜多為郎騎常侍數從射獵格殺猛獸文帝曰惜廣不逢時令當高祖世萬戶侯豈足道哉景帝即位為騎郎將吳楚反時為驍騎都尉從太尉亞夫戰昌邑下顯名以梁王授廣將軍印故還賞不行為上谷太守數與匈奴戰典屬國公孫昆邪為上泣曰李廣才氣天下無雙自負其能數與虜确恐亡之上乃徙廣為上郡太守匈奴入上郡上使中貴人從廣勒習兵擊匈奴中貴人者將數十騎從見匈奴三人與戰射傷中貴人殺其騎且盡中貴人走廣廣曰是必射鵰者也廣乃從百騎往馳三人三人亡馬步行數十里廣令其騎張左右翼而廣身自射彼三人者殺其二人生得一人果匈奴射鵰者也已縛之上山望

第五開

飲還至亭霸陵尉醉呵止廣〻騎曰故李
將軍尉曰今將軍尚不得夜行何故也宿廣
亭下居無何匈奴入遼西殺太守敗韓將軍
韓將軍後徙居右北平死於是上乃召拜廣
為右北平太守廣請霸陵尉與俱至軍而斬
之上書自陳謝罪上報曰將軍者國之爪牙
也司馬法曰登車不式遭喪不服振旅撫師
以征不服率三軍之心同戰士之力故怒形則
千里竦威振則萬物伏是以名聲暴於夷貉
威稜憺乎鄰國夫報忿除害捐殘去殺朕之
所圖於將軍也若乃免冠徒跣稽顙請罪豈
朕之指哉將軍其率師東轅弥節白檀以
臨右北平盛秋廣在郡匈奴號曰漢飛將
軍避之數歲不入界廣出獵見草中石以
為虎而射之中石沒矢視之石也他日射之
終不能入矣廣所居郡聞有虎常自射之及
居右北平射虎〻騰傷廣〻亦射殺之石建
卒上召廣代為郎中令元朔六年廣復

第八開

下遠甚然廣不得爵邑官不過九卿廣之軍
吏及士卒或取封侯廣與望氣王朔語曰自
漢擊匈奴廣未嘗不在其中而諸妄校尉以
下材能不及中以軍功取侯者數十人廣不
為後人然終無尺寸功以得封邑者何也豈
吾相不當侯耶朔曰將軍自念豈嘗有恨者
乎廣曰吾為隴西守羌嘗反吾誘降者八百
餘人詐而同日殺之至今恨獨此耳朔曰禍
莫大於殺已降此乃將軍所以不得侯者也
廣歷七郡太守前後四十餘年得賞賜輒
分其戲下飲食與士卒共之家無餘財終不
言生產事為人長爰臂其善射亦天性雖子
孫它人學者莫能及與人居則畫地為軍陳
射闊狹以飲專以射為戲將兵乏絕處見
水士卒不盡飲不近水不盡餐不嘗食寬緩
不苛士以此愛樂為用其射見敵非在數十
步之內度不中不發〻即應弦而倒用此其
將數困辱及射猛獸亦數為所傷云元狩四

第十開

朋軍不得自便不識曰李將軍極簡易然
虜卒犯之無以禁而其士亦佚樂為之死
我軍雖煩擾虜亦不得犯我是時漢邊郡
李廣程不識為名將然匈奴畏廣士卒多
樂從而苦程不識不識孝景時以數直諫
為大中大夫為人廉謹於文法後漢誘單于
以馬邑城使大軍伏馬邑旁而廣為驍騎將
軍屬護軍將軍單于覺之去漢軍皆無功
後四歲廣以衛尉為將軍出鴈門擊匈奴
匈奴兵多破廣軍生得廣單于素聞廣賢
令曰得李廣必生致之胡騎得廣々時傷置
兩馬閒絡而盛之臥行十餘里廣陽死睨其
傍有一兒騎善馬暫騰而上胡兒馬因抱兒
鞭馬南馳數十里得其餘軍匈奴騎數百追
之廣行取兒弓射殺追騎以故得脫於是至
漢々下廣吏々當廣亾失多為虜所生得
當斬贖為庶人數歲与故潁陰侯屏居藍
田南山中射獵嘗夜從一騎出從人田閒

第七開

為將軍從大將軍出定襄諸將多中首虜
率為侯者而廣軍無功後三歲廣以郎中令
將四千騎出右北平博望侯張騫將萬騎
与廣俱異道行數百里匈奴左賢王將四萬騎
圍廣々軍士皆恐廣乃使其子敢往馳之敢
從數十騎直貫胡騎出其左右而還報廣曰
胡虜易與耳軍士乃安為圜陳外鄉胡急
擊矢如雨下漢兵死者過半漢矢且盡廣
乃令持滿毋發而廣身自以大黃射其裨將
殺數人胡虜益解會莫吏士無人色而廣意
氣自如益治軍々中服其勇也明日復力戰
而博望侯軍亦至匈奴迺解去漢軍罷弗能
追是時廣軍幾沒罷歸漢法博望侯後期
當死贖為庶人廣軍自當無賞初廣與從
弟蔡俱為郎事文帝景帝時蔡積功至
二千石武帝元朔中為輕車將軍從大將軍
擊右賢王有功中率封為樂安侯元狩二年
代公孫宏為丞相蔡為人在下中名聲出廣

第九開

廣未對大將軍長史急責廣之莫府上簿
廣曰諸校尉無罪乃我自失道吾今自上簿
至莫府謂其麾下曰廣結髮與匈奴大小七十
餘戰今幸從大將軍出接單于兵而大將軍
徙廣部行回遠又迷失道豈非天哉且廣年
六十餘終不能復對刀筆之吏矣遂引刀自
剄百姓聞之知與不知老壯皆為垂泣而右將
軍獨下吏當死贖為庶人廣三子曰當戶椒
敢皆為郎上與韓嫣戲嫣少不遜當戶擊
嫣走於是上以為能當戶蚤死乃拜椒為代
郡太守皆先廣死廣死軍中時敢從票騎
將軍廣死明年李蔡以丞相坐詔賜冢地
陽陵當得二十畝蔡盜取三頃頗賣得四
十餘萬又盜取神道下外壖地一畝葬其
中當下獄自殺敢以校尉從票騎將軍擊
胡左賢王力戰奪左賢王旗鼓斬首多賜
爵關內侯食邑二百戶代廣為郎中令頃
之怨大將軍青之恨其父迺擊傷大將軍

第十二開

世傳淳化為法帖之祖然傳刻蔓衍在宋
已有三十二本其間刻搨工拙楮墨粗精雖
互有得失而失真多矣然淳化祖刻在當
時已不易得劉潛夫嘗得李瑋家賜本
謂直數百千其重如此況後世乎前輩辨
此帖凡數條皆有證據今非但不可見即見
亦無據以為辨矣無錫華中甫偶得舊
刻六卷相傳為閣本銀錠痕隱然可驗楮
墨既異字復豐腴至於行數多寡與世
傳本皆不同第六卷內宋人朱字辨證五條
精妙類蘇書但其間有黃辨等字疑為
黃長睿乃宣政間人在坡公之後不宜引以
為據也然考長睿法帖辨與此又不同豈
別一人也寡淺無識不敢自信漫記於此然
此帖要非尋常傳刻本也正德己卯五月
望衡山文徵明題
余生六十年閱淳化帖不知凡幾然莫有過
華君中甫所藏六卷者而中甫顧以不全

第十四開

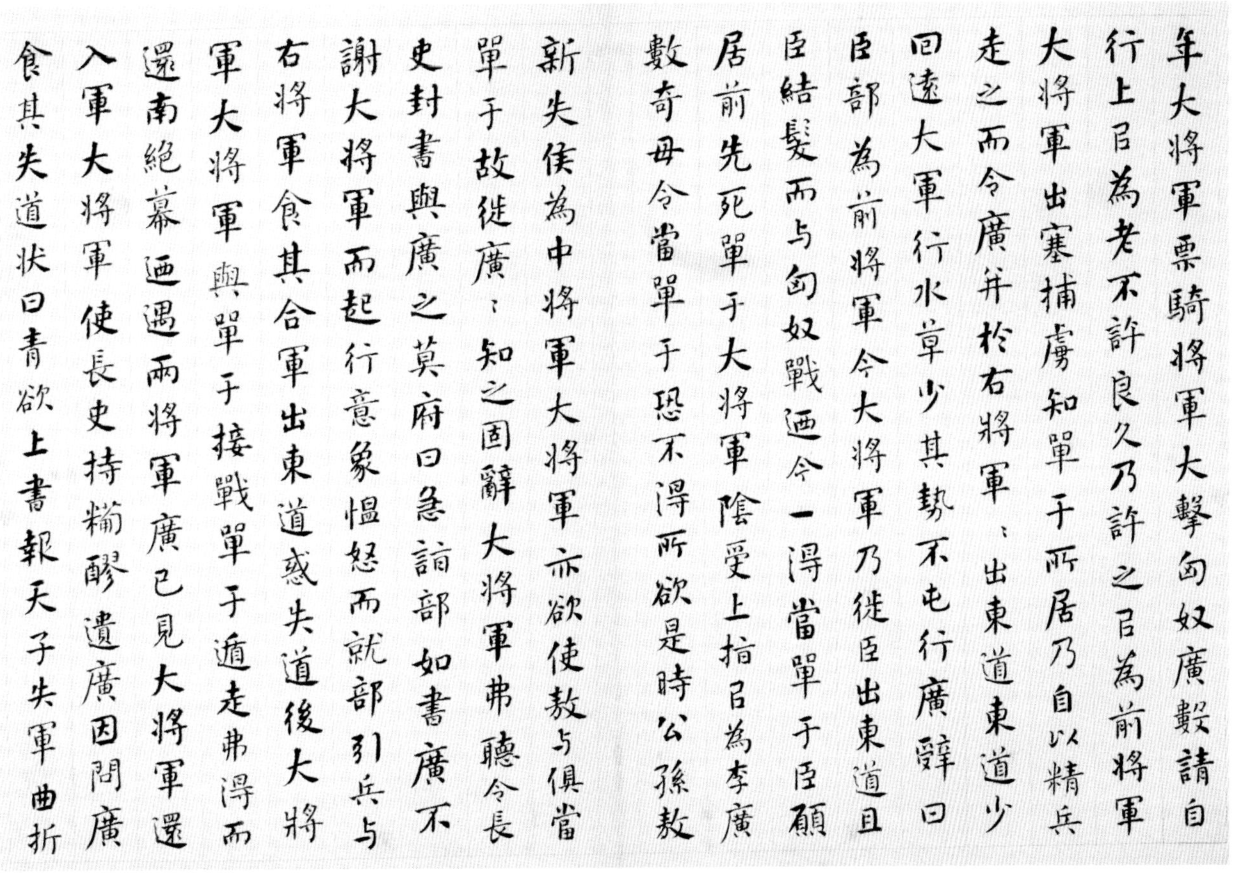
年大將軍票騎將軍大擊匈奴廣數請自
行上以為老不許良久乃許之以為前將軍
大將軍出塞捕虜知單于所居乃自以精兵
走之而令廣并於右將軍軍出東道東道少
回遠大軍行水草少其勢不屯行廣辭曰
臣部為前將軍今大將軍乃徙臣出東道且
臣結髮而與匈奴戰迺今一得當單于臣願
居前先死單于大將軍陰受上指以為李廣
數奇毋令當單于恐不得所欲是時公孫敖
新失侯為中將軍大將軍亦欲使敖與俱當
單于故徙廣廣知之固辭大將軍弗聽令長
史封書與廣之莫府曰急詣部如書廣不
謝大將軍而起行意象慍怒而就部引兵與
右將軍食其合軍出東道惑失道後大將
軍大將軍與單于接戰單于遁走弗得而
還南絕幕迺遇兩將軍廣已見大將軍還
入軍大將軍使長史持糒醪遺廣因問廣
食其失道狀曰青欲上書報天子失軍曲折

第十一開

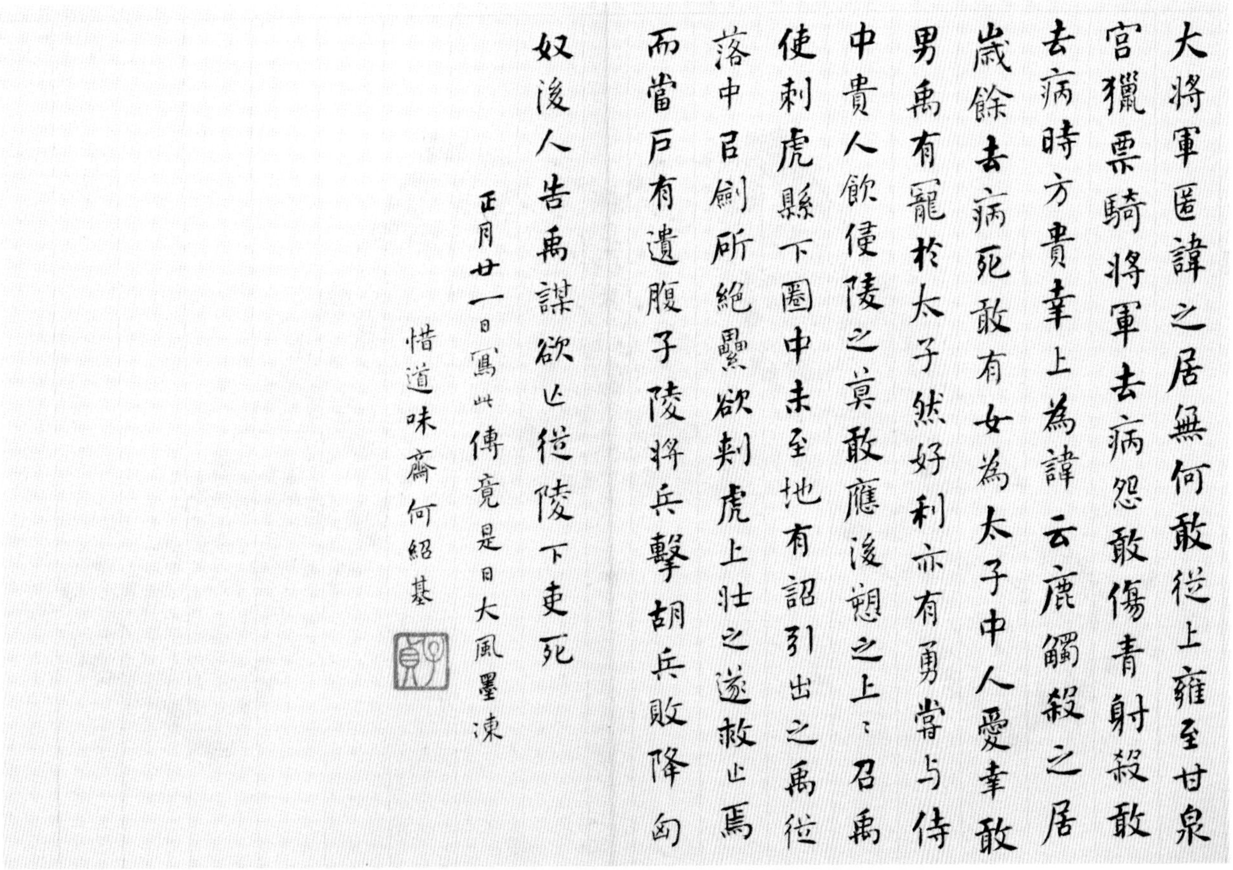
大將軍匿諱之居無何敢從上雍至甘泉
宮獵票騎將軍去病怨敢傷青射殺敢
去病時方貴幸上為諱云鹿觸殺之居
歲餘去病死敢有女為太子中人愛幸敢
男禹有寵於太子然好利亦有勇嘗與侍
中貴人飲侵陵之莫敢應後愬之上上召禹
使刺虎縣下圈中未至地有詔引出之禹從
落中以劍斫絕纍欲刺虎上壯之遂救止焉
而當戶有遺腹子陵將兵擊胡兵敗降匈
奴後人告禹謀欲亡從陵下吏死
正月廿一日寫此傳竟是日大風墨凍
惜道味齋何紹基

第十三開

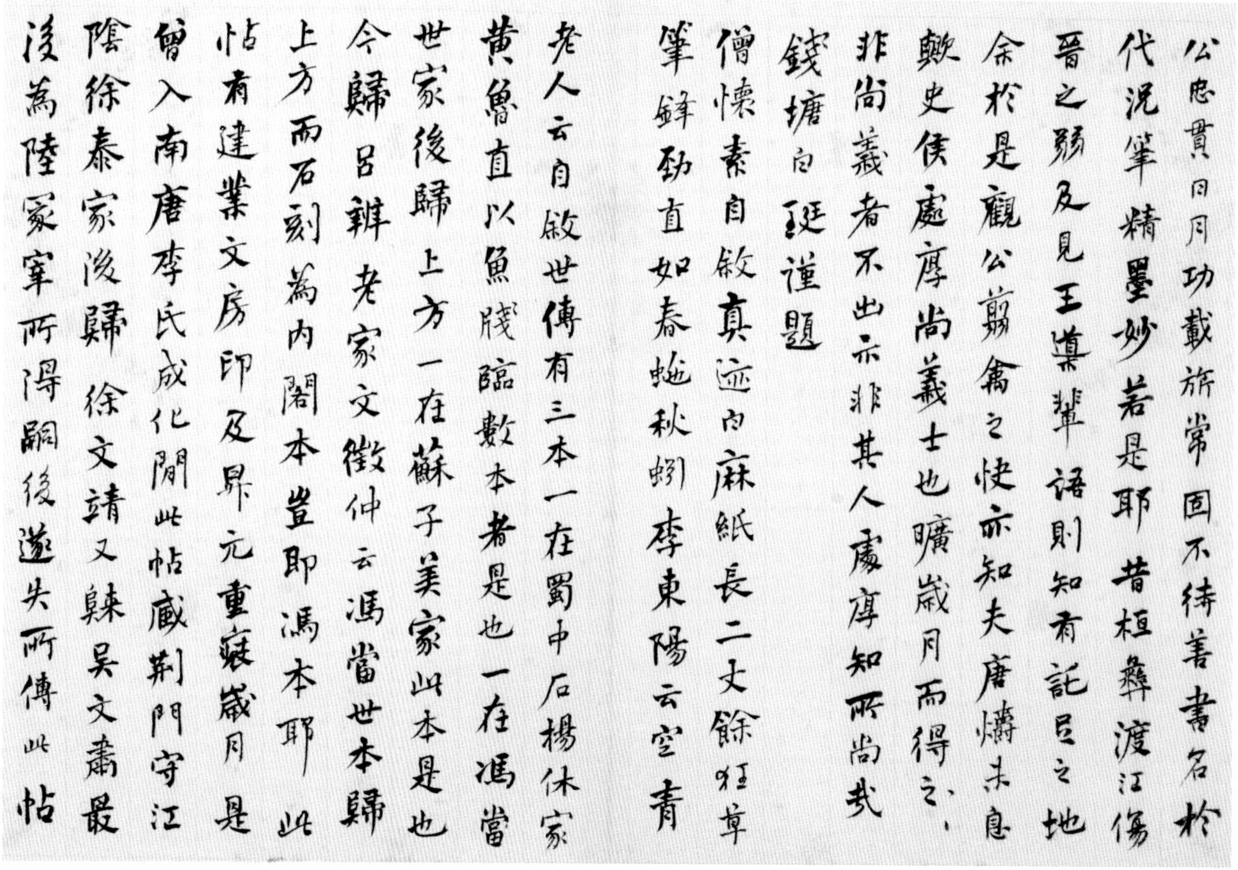

公忠貫日月功載旂常固不待善書名於代況筆精墨妙若是耶昔桓彝渡江傷晉之弱及見王導輩語則知有託足之地余於是觀公藹翕之快亦知夫唐燾未息歟史侯處厚尚義士也曠歲月而得之、非尚義者不出亦非其人處厚知所尚哉

錢塘白珽謹題

僧懷素自敘真迹白麻紙長二丈餘狂草筆鋒勁直如春蚓秋蛇李東陽云空青老人云自敘世傳有三本一在蜀中石楊休家黃魯直以魚牋臨數本者是也一在馮當世家後歸上方一在蘇子美家此本是也今歸呂辨老家文徵仲云馮當世本歸上方而石刻為內閣本豈即馮本耶此帖有建業文房印及昇元重裝歲月是曾入南唐李氏成化間此帖藏荊門守江陰徐泰家後歸徐文靖又歸吳文肅最後為陸冢宰所得嗣後遂失所傳此帖

第十六開

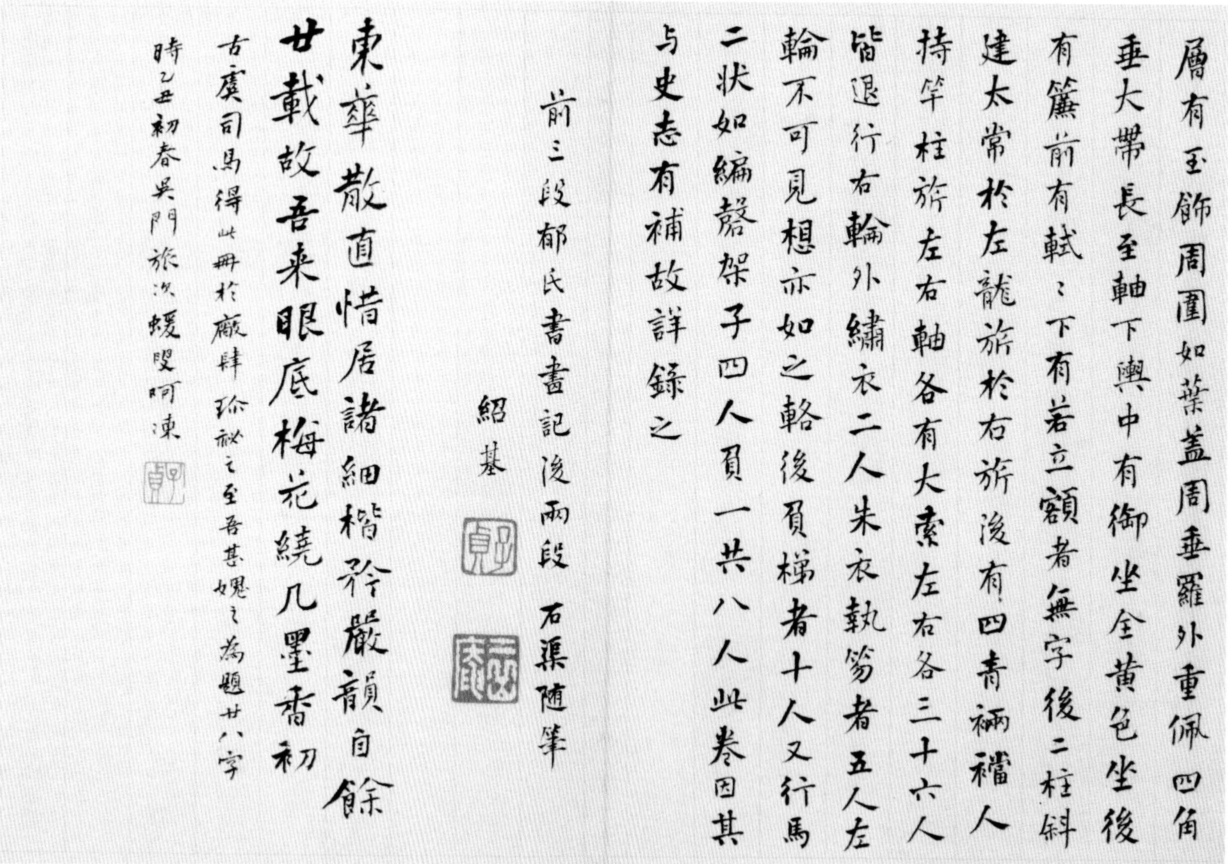

屬有玉飾周圍如葉蓋周垂羅外重佩四角垂大帶長至軸下輿中有御坐全黃色坐後有簾前有軾、下有若立額者無字後二柱斜建太常於左龍旂於右旂後有四青裲襠人持竿柱旂左右軸各有大袤左右各三十六人皆退行右輪外繡衣二人朱衣執笏者五人左輪不可見想亦如之輅後負梯者十人又行馬二狀如編磬架子四人負一共八人此卷因其与史志有補故詳錄之

前三段郁氏書畫記後兩段石渠隨筆

紹基

東華散直惜居諸細楷矜嚴韻自餘廿載故吾來眼底梅花繞几墨香初

古虞司馬得此冊於廠肆珍祕之至吾甚愧之為題廿八字

時乙丑初春吳門旅次蝯叟呵凍

第十八開

為恨余謂淳化閣五百餘年喪更兵火一行數字皆足感翫況六卷乎嘉靖庚寅兒子嘉偶於鬻書人處獲見三卷亟報中甫以厚直得之非獨卷數合紙墨刻搨與行間朱書辨證亦無不同蓋原是一帖不知緣何分析相去幾時卒復合而為一豈有神物周旋於其間哉昔趙文敏求古閣帖凡三易而後完自跋其後謂雖墨有燥溼輕重皆為淳化舊刻然則公所得固非一類也豈若此本散而復合殆若豐城之劍有不偶然者識希世之珍也嘉靖九年秋七月既望文徵明識

瀛州帖視魯公它書特大而凜〻忠義之氣如對生面非石刻所能彷彿也余生平所見真跡二小字麻姑記與此耳嘗有云桃源在何處乃見世道汙所召顏魯公細書麻姑記事近於怨特賢者適嬰多虞世降俗陋假異境以明其志殆子欲居夷也雖魯

第十五開

在蘇易簡家易簡之子耆〻子舜欽〻子泌激鈐縫有四代相印相傳為唐某宗賜小蘇許公玉刻圖記蓋舜卿家物

南宋鹵簿玉輅圖一卷舊題晉顧愷之殷輅圖經懋勤殿翰林校改今名以宋史輿服儀衛志紹興改訂制度考之惟玉輅制度悉合而鹵簿人數太少則畫者從簡且幅前絹斷似有割截也其畫首繡衣持繖二人次肩香案四人香案後朱衣執笏二人次乘馬背弓劍四人次御馬六馬有二人執轡次繡衣行者八人次平幘繡衣青裲襠二人有所背持次朱衣執笏中道者四人左右道者二人近輅前綠袍者二人繡衣執仗者二人玉輅輪十六輻前有三轅馬有六飾六馬各閒一人左右各有共六人軾前有橫轅六人助推以行轅左右各一人輿四方有粉畫即宋志所云飾以玉者四面周八闌而闕其中四隅四柱蓋三

第十七開

108

何紹基　楷書完白山人墓誌冊

紙本　楷書　七開
開縱30.6厘米　橫30.3厘米

Wan Bai Shan Ren Mu Zhi (Epitaph of Deng Shiru) in regular script
By He Shaoji
Album of 7 leaves, ink on paper
Each leaf: H. 30.6cm　L. 30.3cm

此冊名《鄧君墓誌銘》，由曾國藩篆額，李兆洛撰文，何紹基書寫。李兆洛所撰墓誌銘，較系統地介紹了鄧石如的生平業績和書藝成就，評價其書法"真氣彌滿，楷則具備，手之所運，心之所追，絕去時俗，冥符古初"，具重要史料價值。款署"道州何紹基書"，"時同治乙丑仲秋月何紹基謹記"。時在清同治四年（1865），何紹基六十六歲。

晚於鄧氏半個世紀的何紹基，是充滿感情來書寫這位前輩大師墓誌的，藝術上達到很高的水平。此冊書法以顏書為根底，並以篆法行之，同時兼融北碑書法的特點，筆畫婉通迴轉，剛柔相濟，姿態萬千，自足動人，顯示了何氏晚年深厚博大的書學修養及碑學、帖學融和無間的精湛書藝。

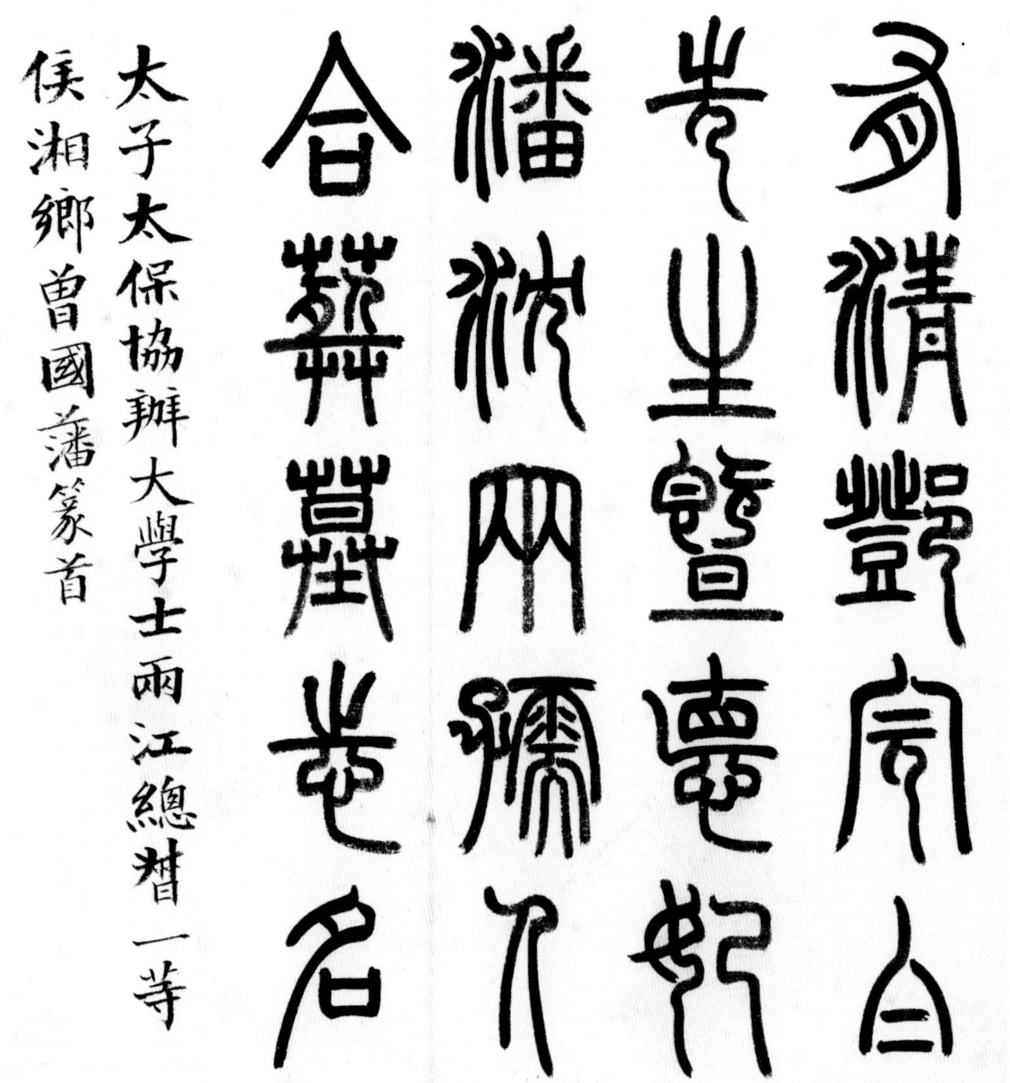

第一開

鄧君墓誌銘

武進李兆洛撰

道州何紹基書

鄧之先以國氏其自鄧陽遷懷寧縣白麟坂者曰君瑞至君十三世君字石如自號完白山人名與睿廟諱下一字同故以字行祖以上皆潛德不耀而學行純篤考諱一枝號木齋博學多通工四體書善摹印性傲兀不諧於世婁空晏如君少貧不能從學逐邨童樵采或販鬻餅餌以給饘粥暇即從諸長老問經書句讀效木齋先生

第二開

篆刻及隸古書弱冠為童子師刻石印寓篆隸鬻諸市梁聞山先生以書名潁鳳閒見而賞之介諸江寧梅石居鏐鏐為文穆公孫多蓄古金石文字盡發其藏以資觀摩木齋先生歿既葬出游天台鴈宕徧覽黃山三十六峯登匡廬絕頂金修撰榜與張皋文先生見君書大喜留館金家轉客於曹文敏公所旋偕至京師與劉文清公論書最契游盤山西山明十三陵而返畢弇山尚書開府兩湖尤重君留歲餘以其閒泛洞庭登衡嶽訪岣嶁碑望九疑其歸也橐中裝

第三開

家中勞苦煩辱及同堂子女嫁娶事皆孺人任之以辛酉春亦先君卒君悲不自勝壬戌春得妾程氏撫育子女而君仍出游蓋捐館前一月始歸也咸豐二年十二月傳密始葬君於梅沖李莊鬲祖墓左二配亦合窆焉岠君之卒四十

有八矣君書真氣彌滿楷則具備手之所運心之所追絕去時俗冥符古初傳密從余游日久故得敘而銘之銘曰望之峋々即之肫々綜之紜々理之彬々一以為古異一以為今醇豈獨其書是惟其人有雲輪囷來覆斯宅

第五開

且千金始買田二十餘畝築室曰鐵硯山房以畢公嘗製四鐵硯鏤銘以貽也後復北游登泰山謁孔林徧訪齊魯閒金石遺迹六十後不復遠游蹤跡止大江南北而已君脩幹美髯魁偉異恆人與人論道蓺所持侃〻絲毫不叚借布衣棕笠客公卿閒岸然無所詘也偶有餘資以周三族之貧者弟璹儒弱已析炊矣婚嫁事仍身任之弟歿敎其二子如子嘉慶十年十月卒年六十有三元配潘氏無出繼室鹽城沈氏生子傳密女三人沈孺人于歸後君無歲不出游

第四開

嘉慶初元君客丹徒袁郎中家愛其二鶴郎中舉以為贈載歸鐵硯山房馴擾特甚聞君謦欬則裵回循侍時或飛入青冥不知所之旋必自歸若相依為命也庚申冬雌鶴斃沈孺人得疾以次年正月逝君旋出游寄獨鶴於集賢關僧院郡守樊君强攜去君致書數千言太守以鶴見還寄鶴書手艸後為太守女夫陳芝楣中丞所藏乙丑夏獨鶴在僧院與蛇鬥不勝死君方在涇縣書孔廟禮器碑未竟得疾歸遂以冬初不起嗚乎異矣所歷名山攀援幽險饑則擷艸

第六開

木實食之夜闌投寓必磨墨盈盌縱筆作徑尺大字以消胸中欝勃之氣余生晚未及見君與傳密善屬書中耆丈所撰誌銘并錄遺事見示因附記於後時同治乙丑仲秋月何紹基謹記

第七開

109

何紹基　楷隸書律詩冊

紙本　楷隸書　十二開
開縱22.8厘米　橫13.3厘米

Lu Shi (regulated verses) in regular-official script
By He Shaoji
Album of 12 leaves, ink on paper
Each leaf: H. 22.8cm　L. 13.3cm

《律詩冊》為楷、隸二體書合冊，計有：楷書七言古詩詠《閻立本職貢圖》，行楷書五言古詩《洞庭春色》，隸書錄語一則，小楷七言古詩一首，小楷七言排律一首。款署“仲雲姻世講屬　子貞何紹基”，鈐“何紹基印”(白文)、“子貞”(朱文)、“九子山人”(朱文)印。

此冊隸書師法《張遷碑》，端直樸茂，筆力沉雄。楷書為兩種風格，小楷精雅圓勁，功力至深；行楷則在顏字的格局中注重線條的凝澀和拙樸，用筆以圓筆為主，間以方、側以求變化，個性鮮明。

鑑藏印記：“耜真”(朱文)、“背癢鳥抓時”(白文)。

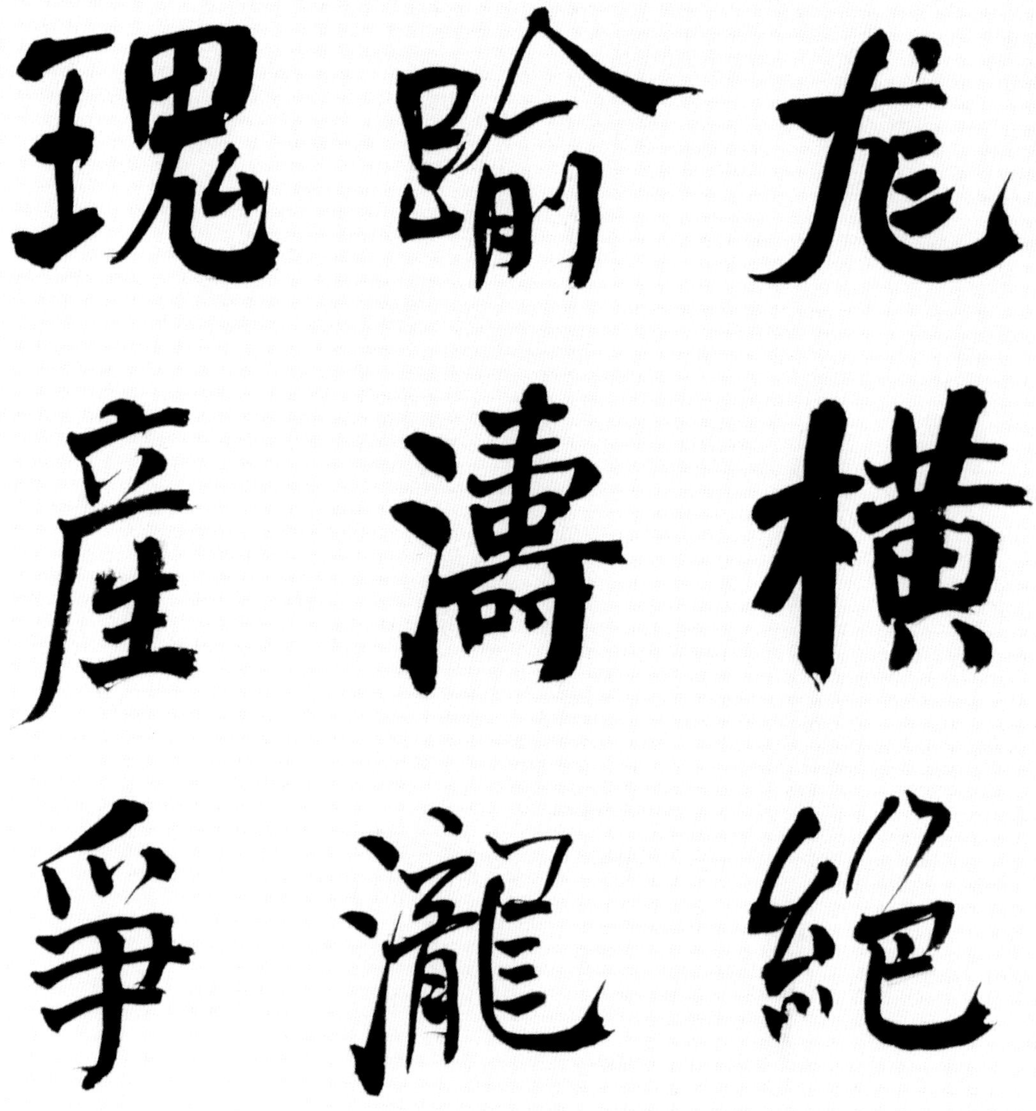

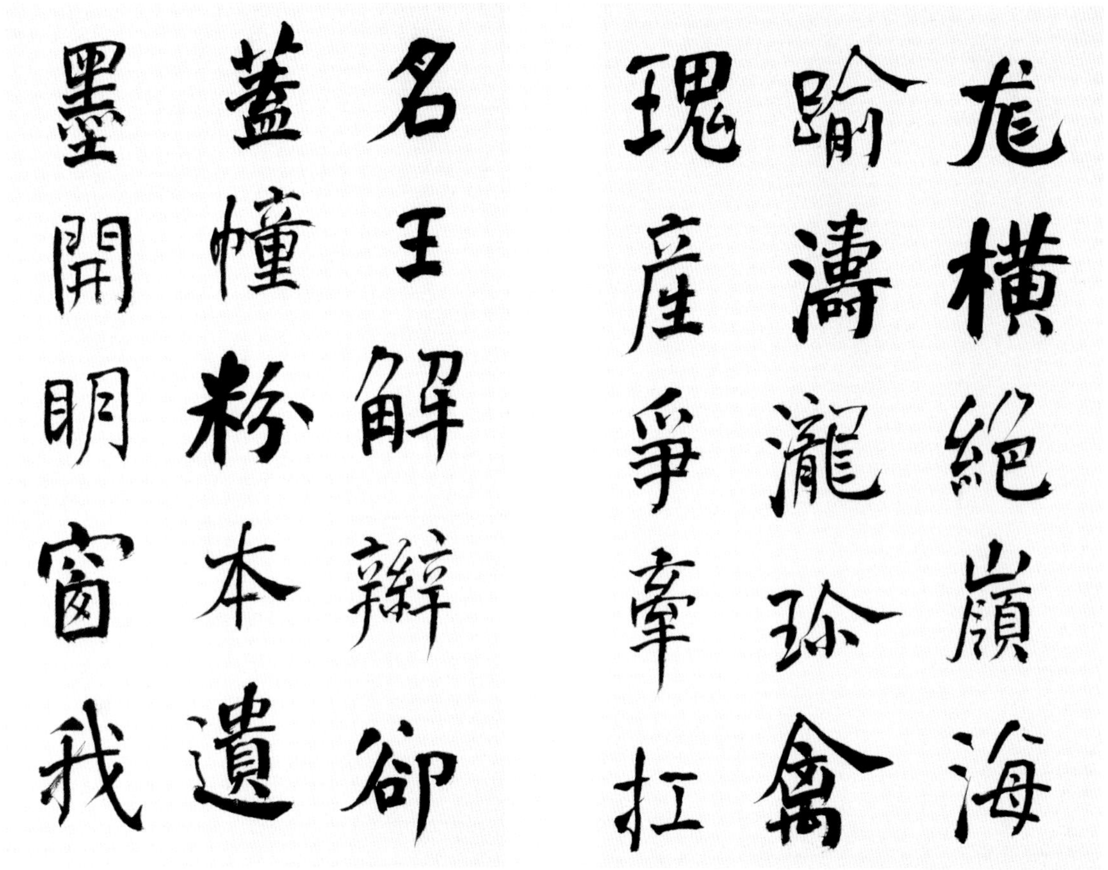
尨橫絕嶺海
踰濤瀧珍禽
瑰産爭辜扛
名王解辮卻
蓋幢粉本遺
墨開明窗我
第二開

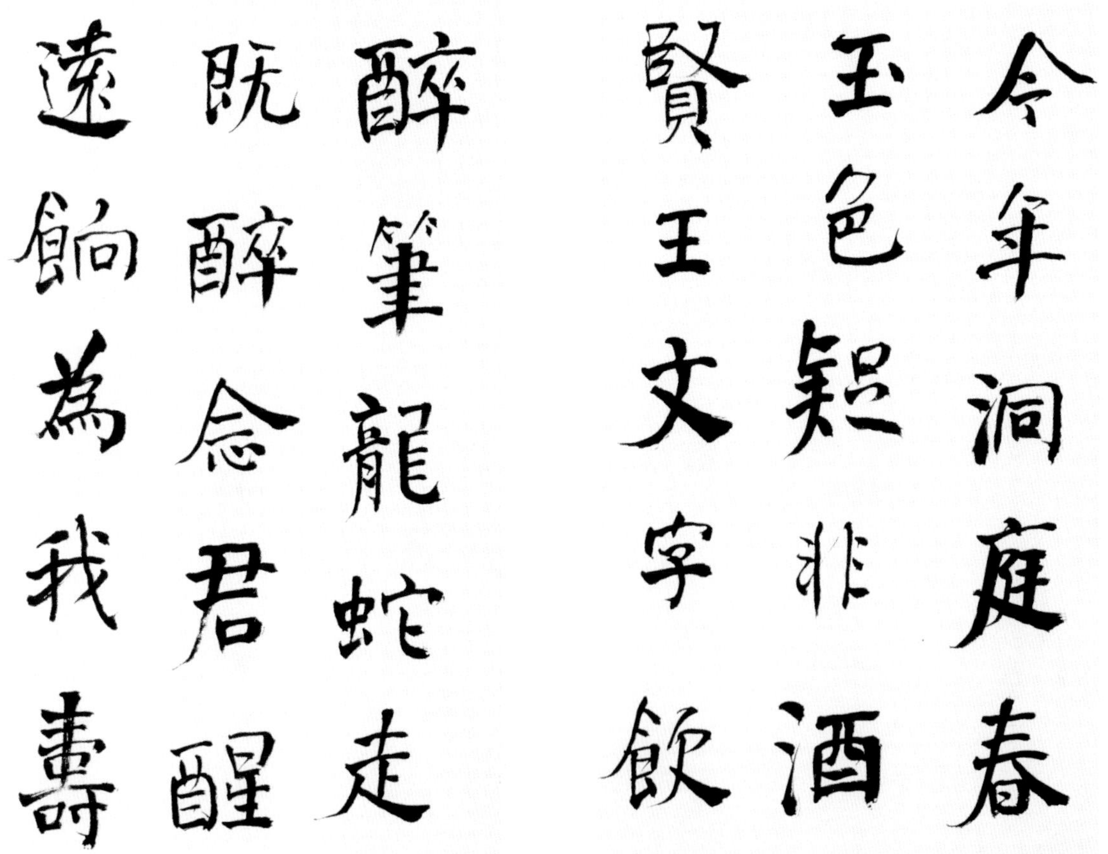
今年洞庭春
玉色鋘非酒
賢王文字飲
醉筆龍蛇走
既醉念君醒
遠餉為我壽
第四開

閻立本職貢
圖
正觀之德表
萬邦浩如滄
海吞河江音
容傖獰服奇

第一開

喟而作心未
降魏徵封倫
恨不雙
洞庭春色
二年洞庭秋
香霧長噀手

第三開

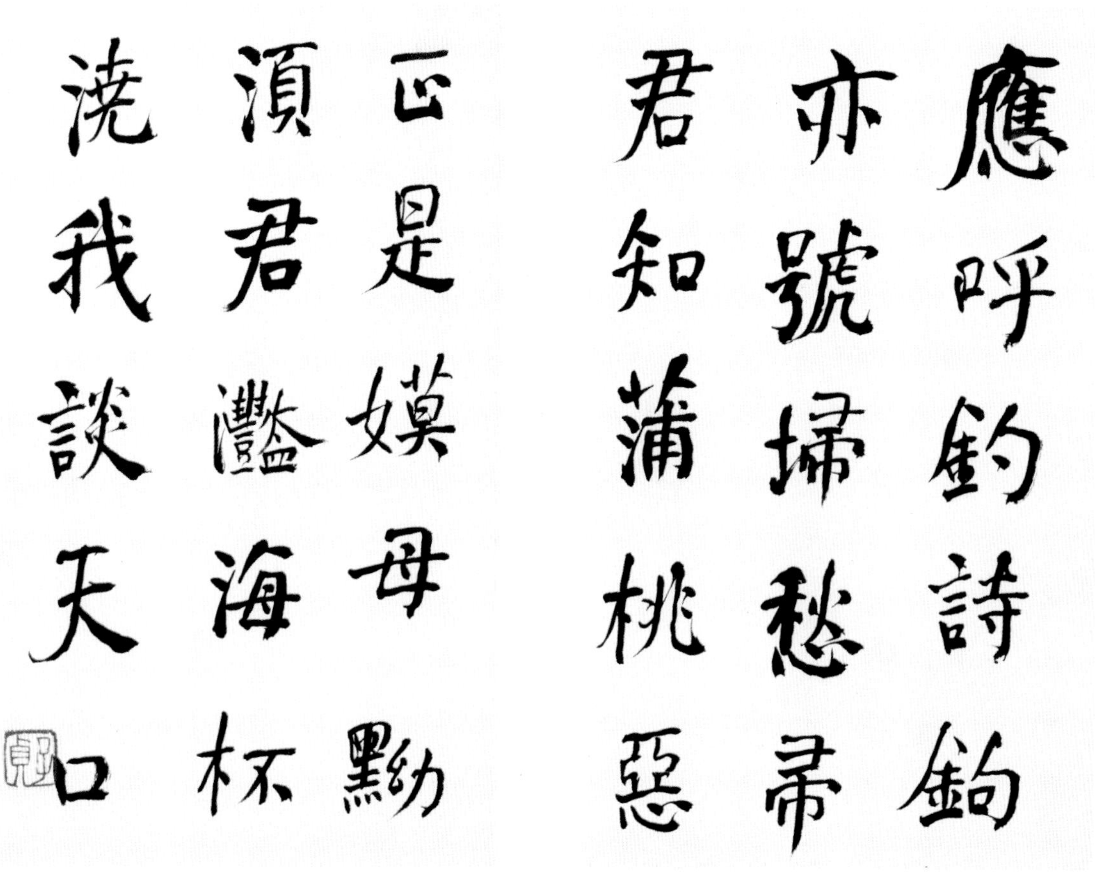

第六開

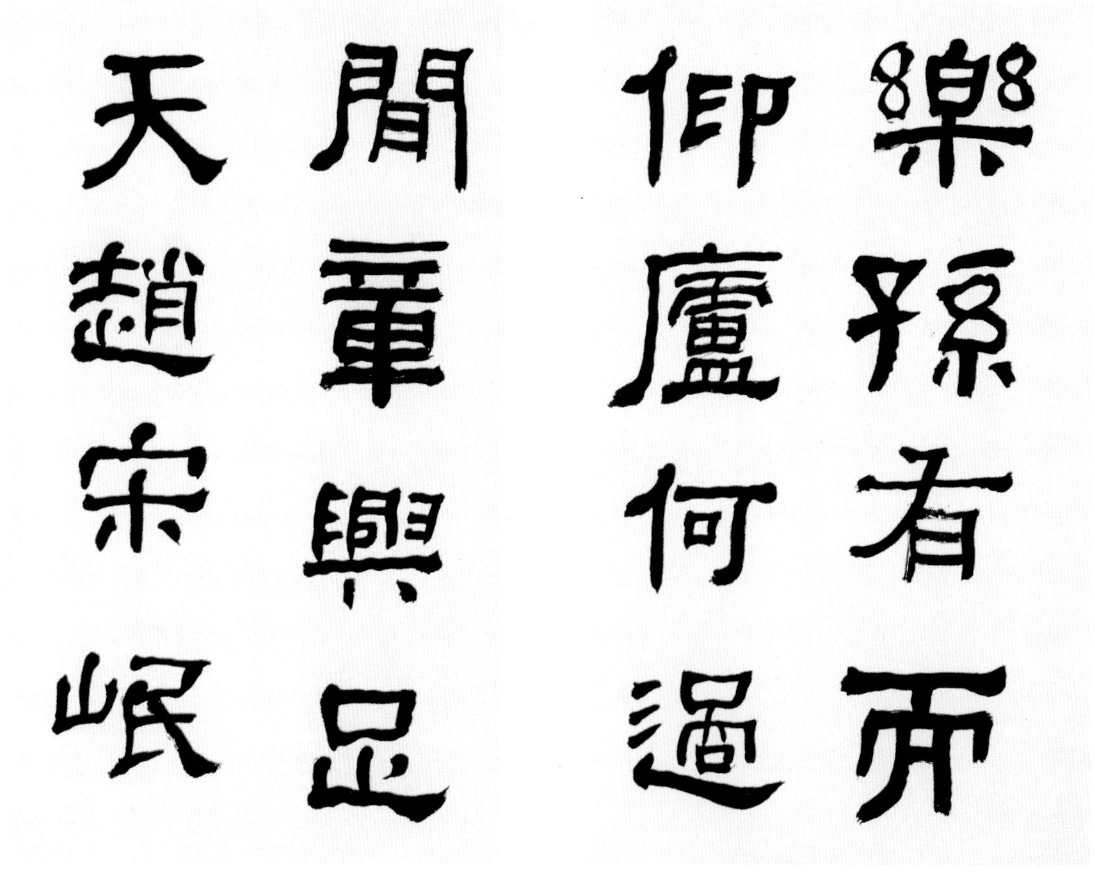

第八開

餅開香浮座
餞凸光照牖
方傾安仁醽
莫遣遠公齅
要當立名字
未用問升斗

第五開

唐君元龍
西人太守
先鄉記陳
留謝渡舊

第七開

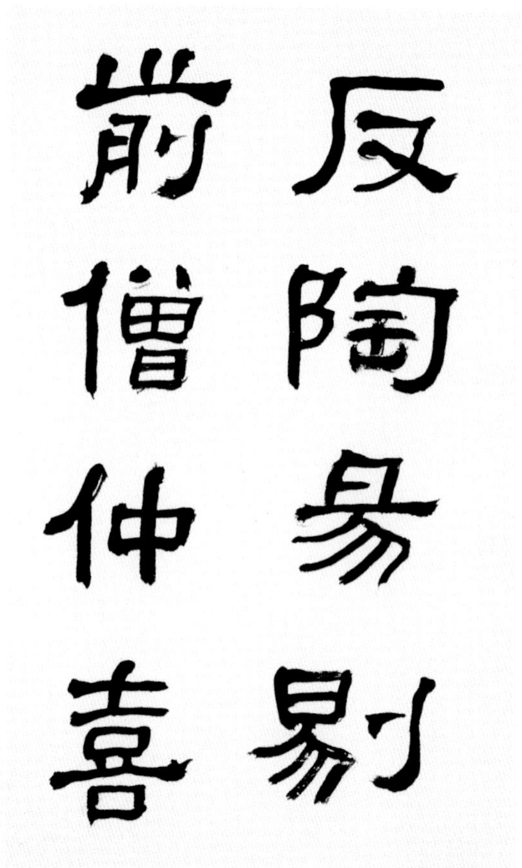
反陶易剔
前僧仲喜

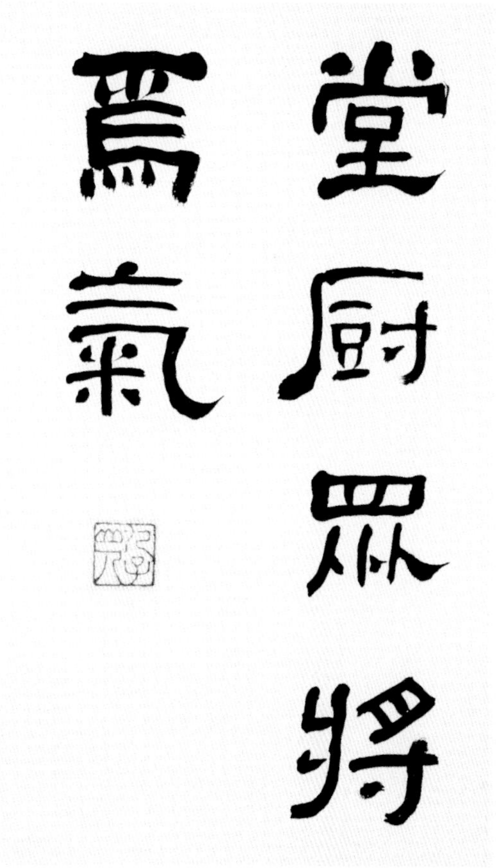
堂厨衆將
焉氣

第十開

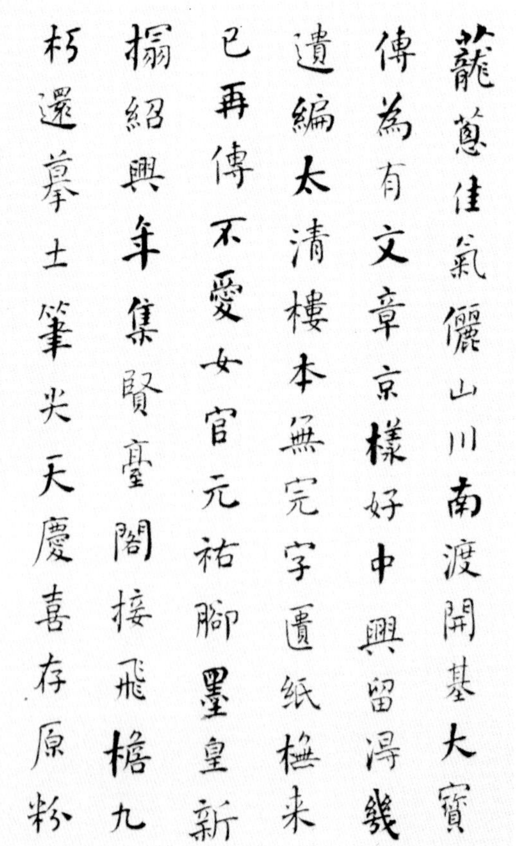
蘢蔥佳氣儷山川南渡開基大寶
傳為有文章京樣好中興留得錢
遺編太清樓本無完字匱紙梅来
已再傳不愛女官元祐腳墨皇新
搨紹興年集賢臺閣接飛檐九
朽還摹土筆尖天慶喜存原粉

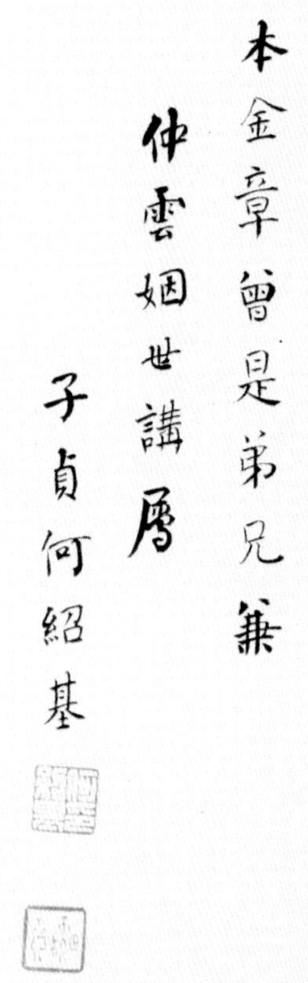
本金章曾是弟兄兼
仲雲姻世講屬
子貞何紹基

第十二開

東畢方承
高范會時
求董晉唐
景寬安定

第九開

中池有士服赤朱橫下三寸神所
居中外相距重閉之神廬之中
務脩治元廱氣管受精符急
固子精以自持宅中有士常衣
絳子能見之可不病橫理長
尺約其上子能守之可無恙呼
噏廬間以自償保守皃堅身
受慶方寸之中謹蓋藏精神
還歸老復壯俠以幽闕流下
竟養子玉樹令可壯

第十一開

110

何紹基　篆書論書軸

紙本　篆書
縱103.3厘米　橫62.3厘米

Lun Shu (Comments on calligraphy) in seal script
By He Shaoji
Hanging scroll, ink on paper
H. 103.3cm　L. 62.3cm

軸錄書評一則。款署“竹朋世仁兄前輩正篆　紹基”，鈐“何紹基印”(朱文)、“子貞”(白文)印。

篆書非何氏所長，他直到晚年方喜作篆，所以傳世作品不多。但其對篆書的關注、用心卻是貫穿於一生的。在《蝯叟自評》中即稱：“余學書四十餘年，溯源篆、分”。他推崇顏書，亦因其書含篆籀筆法並意趣高古。他在篆書創作中力追古拙意趣，以使內在精神和外在形象均接近古人。此軸書法結體寬厚，用筆遲澀，略帶顫動，具有豐富的粗細提按變化。猶如年代久遠的刻石、銅器或磚瓦銘文，因磨損剝蝕，點畫模糊，鋒芒全無，而愈感生動自然，並具耐人尋味的古意。

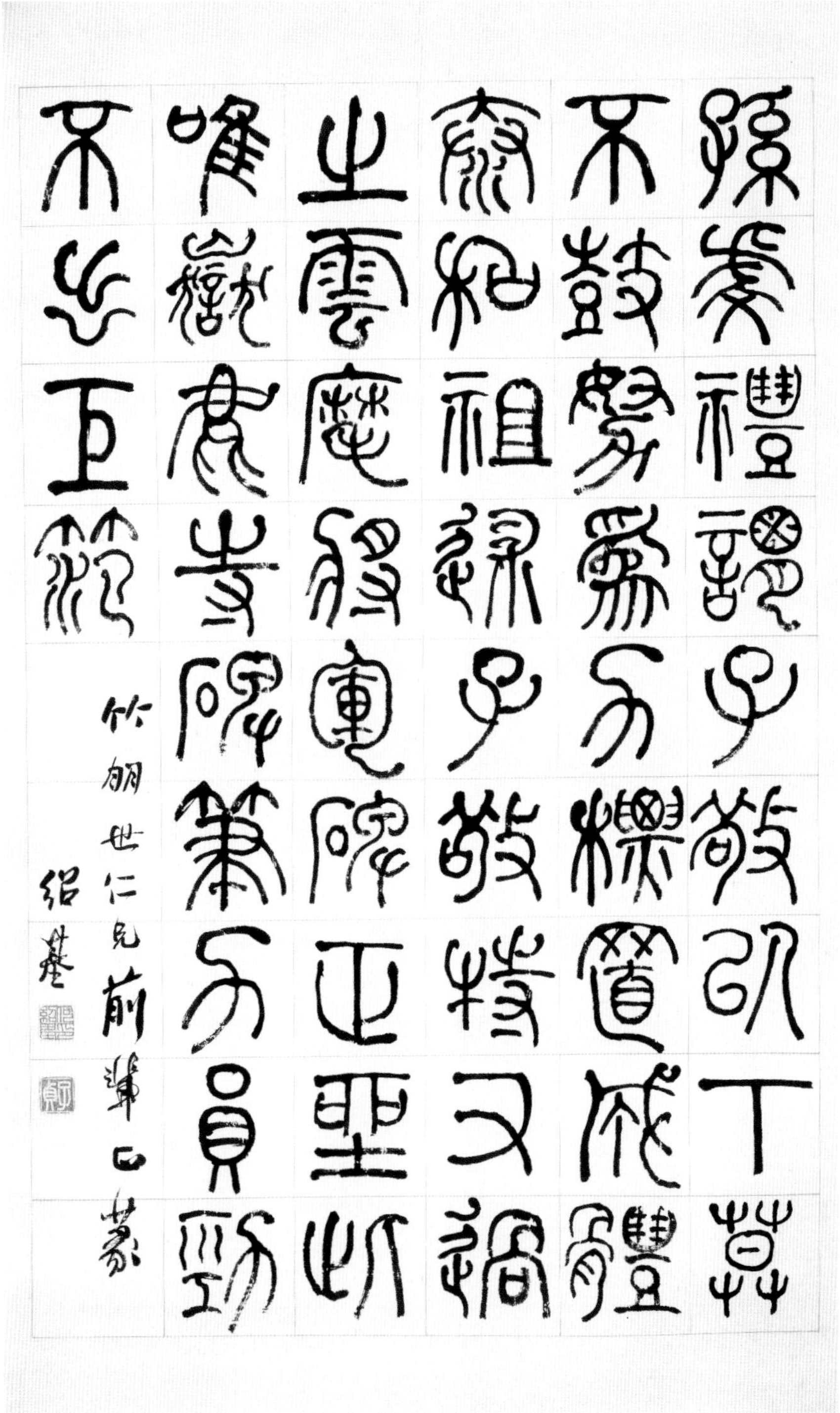

釋文：
孫虔禮謂子敬以下莫不鼓努為力，標置成體。泰和祖述子敬，特又過之，雲麾將軍碑正坐此。唯嶽鹿寺碑筆力圓勁，不出巨範。　竹朋世仁兄前輩正篆　紹基

111

林則徐　行書文軸
紙本　行書
縱125.8厘米　橫27.4厘米

Xing Shu Wen in running script
By Lin Zexu (1785-1850)
Hanging scroll, ink on paper
H. 125.8cm　L. 27.4cm

林則徐(1785—1850)，字元撫，一字少穆，晚號俟村老人。清代侯官(今福建福州)人。嘉慶十六年(1811)進士，歷任編修，監察御使、佈政使、巡撫、河道總督，兩廣、湖廣、陝甘、雲貴總督等。力主禁煙，在虎門銷煙，積極抵禦英軍入侵。著有政書、文鈔、詩鈔等多種，擅書法。《清史稿》有傳。

軸書文一則，款署"季成十六兄大人正　時戊寅夏六月年愚弟林則徐"，鈐"林則徐印"(白文)、"少穆"(朱文)印。"戊寅"為清嘉慶二十三年(1818)，林則徐三十四歲。

此軸書法以歐陽詢書體為根基，以端重安祥、偉岸寬博取勢，筆墨流暢，自然得體，內藏筋骨，寓剛於柔，呈自己獨特風格。

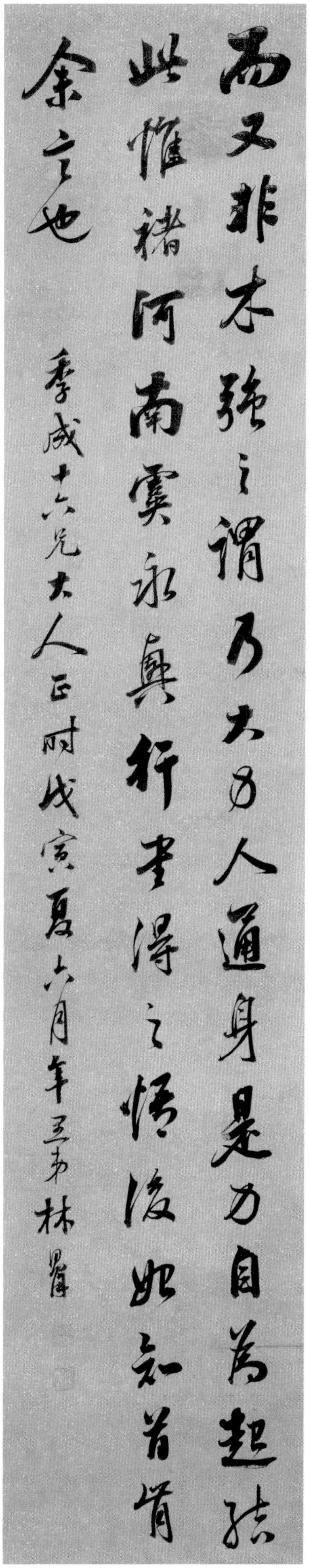

112

楊沂孫　篆書四條屏

紙本　篆書
屏縱138.3厘米　橫31.3厘米

Si Tiao Ping (a set of 4 hanging scrolls) in seal script
By Yang Yisun (1812-1881)
A set of 4 narrow vertical scrolls hung together, ink on paper
Each scroll: H. 138.3cm　L. 31.3cm

楊沂孫(1812—1881)，字子與，號永春，晚自署濠叟，江蘇常熟人。道光二十三年(1843)舉人，官至安徽鳳陽知府。工書法，尤工篆、隸，以篆書名滿天下。《清史稿》有傳。

四條屏節錄《後漢書．蔡邕傳》。款署"庚午中夏　仲昂二兄大人雅屬　虞椒楊沂孫書"，鈐"子與"(白文)、"吉祥之室"(朱文)、"歷劫不磨"(朱文)、"楊"(朱文)印。"庚午"為清同治九年(1870)，楊沂孫時年五十九歲。

此屏書法結體工整謹嚴，方圓互見，婉轉流通，變化精妙自然。行筆中鋒，轉折交結尤見功力。參大、小篆體筆意，取法甚高，自信"歷劫不磨"，對後世影響很大。

鑑藏印記："趙去非藥農信印"(朱文)。

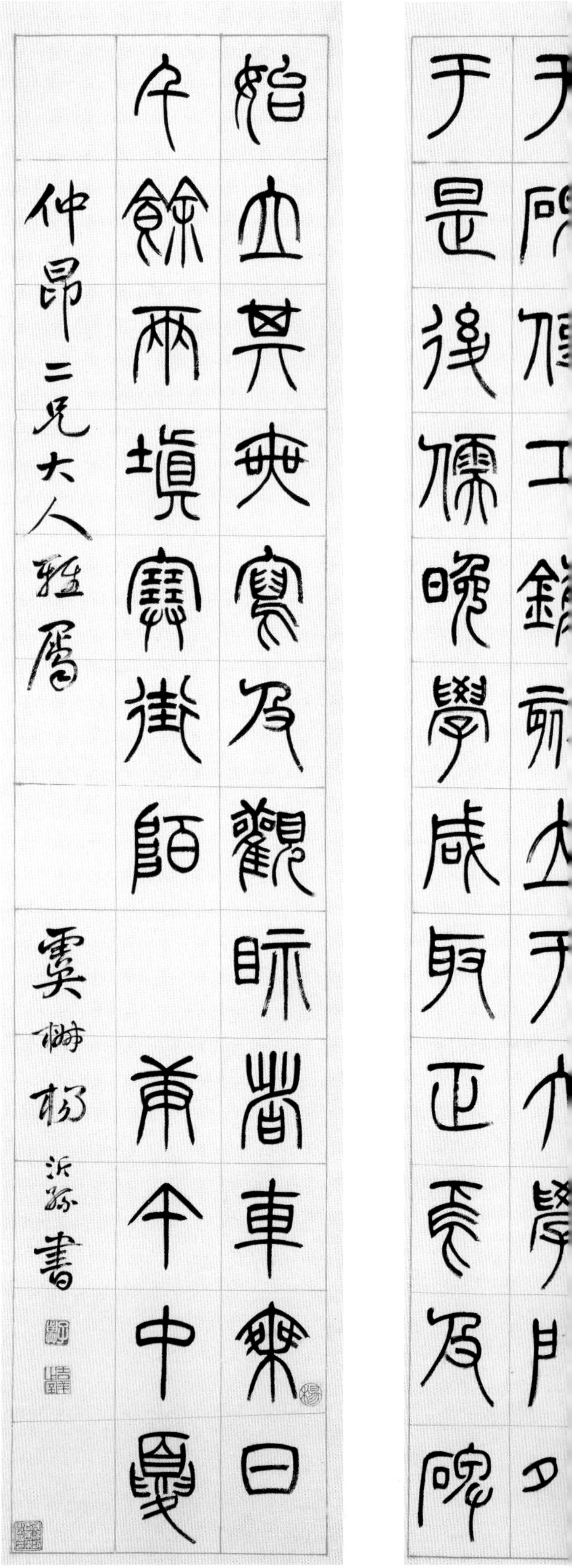

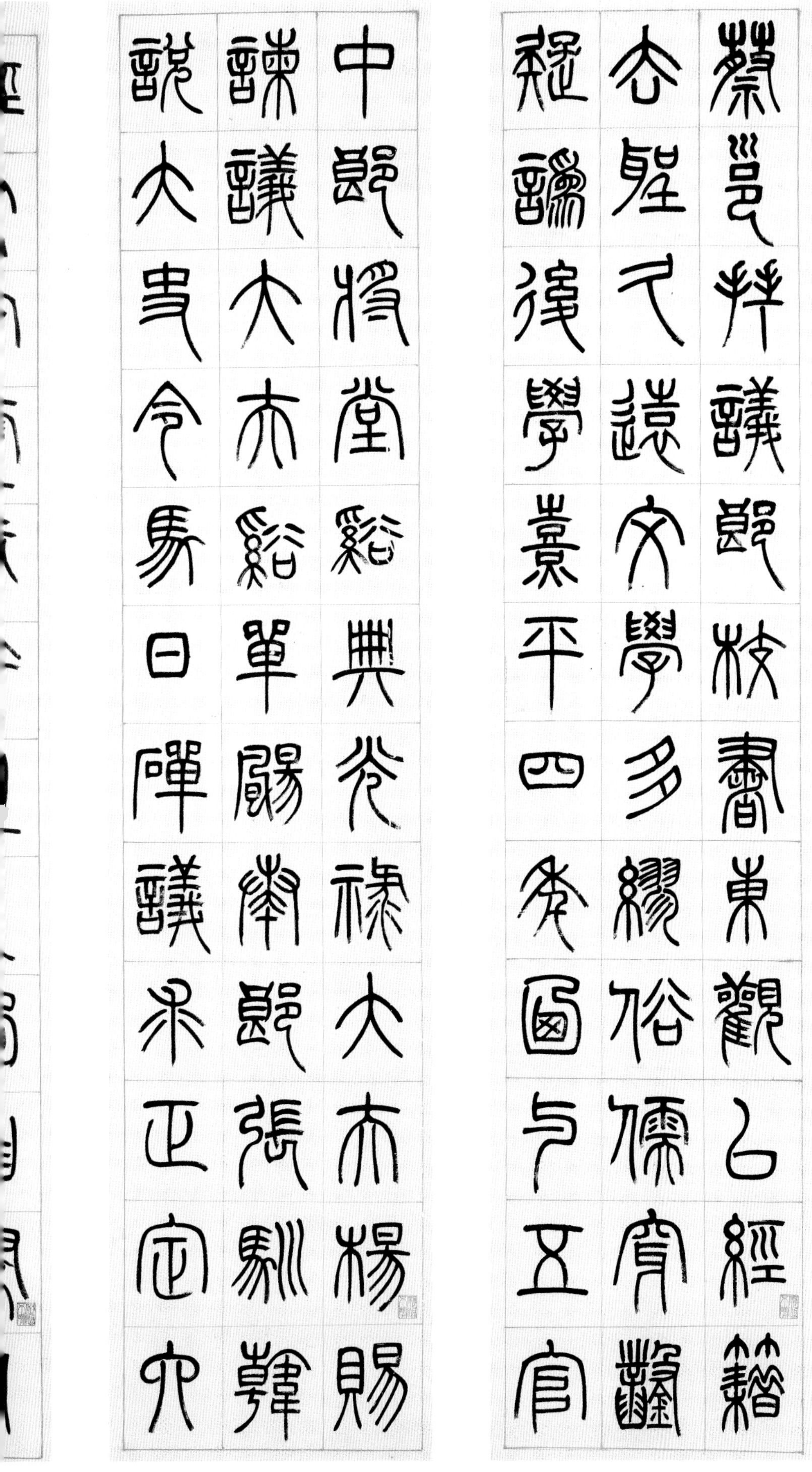

釋文：
蔡邕拜議郎，校書東觀。以經籍去聖久遠，文學多
繆，俗儒穿鑿疑誤後學。熹平四年，乃與五官中郎將
堂溪典，光祿大夫楊賜，諫議大夫溪單，揚奉郎張
馴、韓説，太史令馬日磾，議求正定六經文字，靈帝
許之。邕乃自書丹於碑，使工鐫刻，立于太學門外。
於是後儒晚學，咸取正焉。及碑始立，其摹寫及觀視
者，車乘日千餘兩，填塞街陌。　庚午中夏　仲昂二
兄大人雅屬　虞椒楊沂孫書

113

莫友芝　隸書荀子語屏
紙本　隸書
縱129.2厘米　橫37.9厘米

Xun Zi Yu (Quotations from Xun Zi) in official script
By Mo Youzhi (1811-1871)
Screen, ink on paper
H. 129.2cm　L. 37.9cm

莫友芝(1811—1871)，字子偲，號郘亭，晚號眲叟，貴州獨山人。道光十一年(1831)舉人，官至知縣，太平軍起義時，曾在曾國藩幕下，後寓金陵，遍遊江淮吳越，交結名士。為晚清宋詩派詩人，與遵義鄭珍齊名。精通文字音韻及版本目錄學。工書法，尤精篆隸、鐘鼎銘文及秦漢刻石。

屏書錄《荀子》語。款署"郘亭眲叟"，鈐"莫友芝印"(白文)印。

此屏字型方闊，結構簡樸，佈局別致，純任自然。其書氣勢靈動，灑脱放縱，融會篆隸，自出新意，別具意韻。

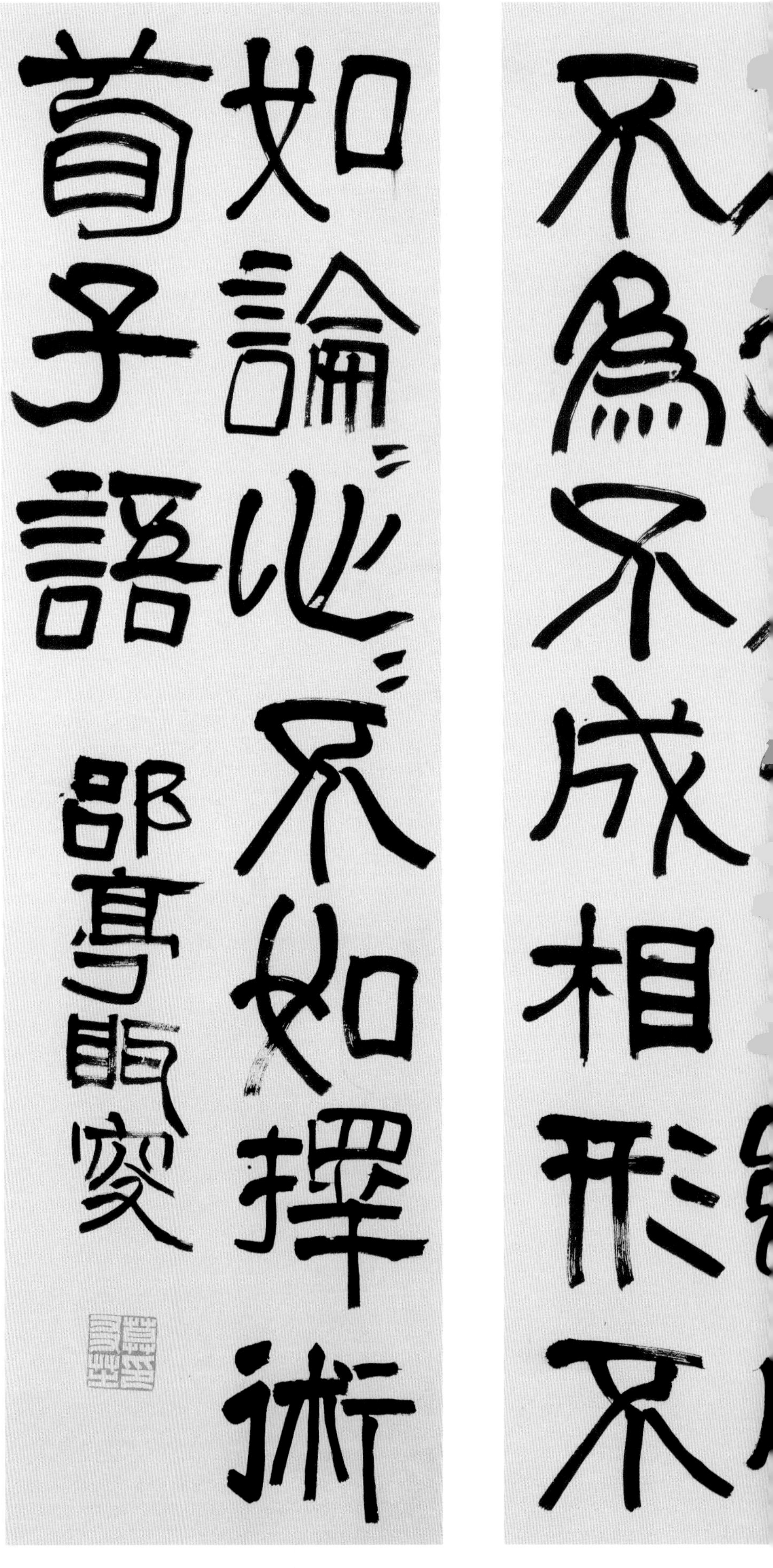

良農不為水旱不
耕良賈不為折閱
不市士君子不為
貧窮怠乎道雖述

114

莫友芝　篆書十言聯

紙本　篆書

聯縱109厘米　橫40.7厘米

Shi Yan Lian (parallel phrases with ten characters) in seal script

By Mo Youzhi

Antithetic couplet, ink on paper

Each scroll: H. 109cm　L. 40.7cm

上聯署“皖上軍次，為善徵弟作”，下聯署“同治甲子歲仲春　郘亭兄友芝”。鈐“莫友芝印”(白文)、“莫子偲氏”(朱文)印。書於清同治三年(1864)，莫友芝時年五十四歲。

此聯書法用筆圓渾豪肆，圓勁中寓方折。結體左右上下參差取勢，氣勢開張，意態跌宕。書風融秦漢篆刻文字，具雄強樸茂之韻。莫友芝書法被世人稱為“不以姿取容，具有金石氣”。

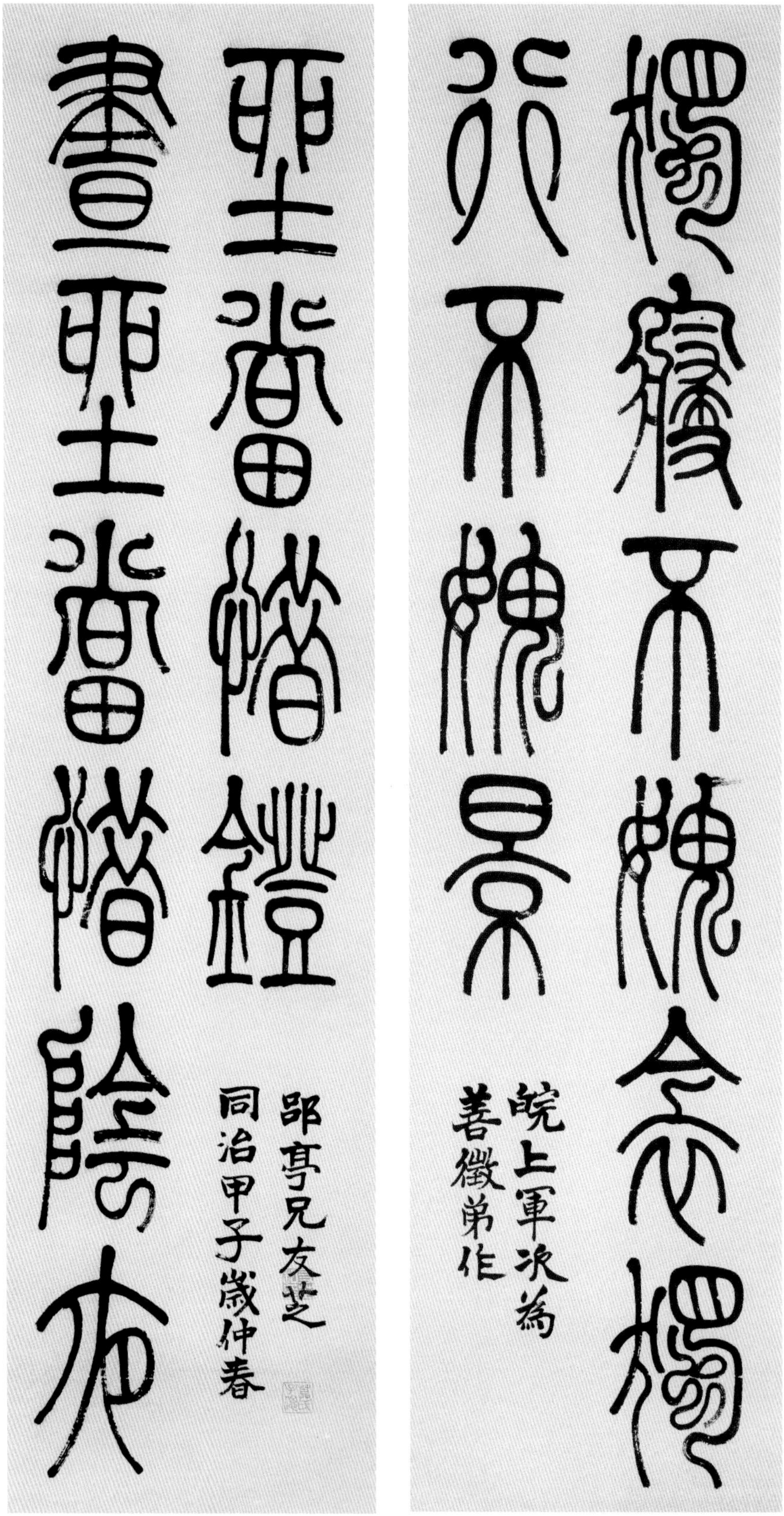
皖上軍次為
善徵弟作
郘亭兄友芝
同治甲子歲仲春

釋文：
獨寢不愧衾，獨行不愧景；晝坐當惜
陰，夜坐當惜鐙。

115

吳大澂 篆書五言詩軸
紙本 篆書
縱128.6厘米 橫30.2厘米

Wu Yan Shi (five-syllable poetry) in seal script
By Wu Dacheng (1835-1902)
Hanging scroll, ink on paper
H. 128.6cm L. 30.2cm

吳大澂(1835—1902)，初名大淳，避清穆宗諱改名，字止敬，又字清卿，號恆軒，晚號愙齋，清代吳縣(今江蘇蘇州)人。同治七年(1868)進士，曾官廣東、湖南巡撫等。晚清著名金石考古學家。擅書法，尤精篆書。《清史稿》有傳。

軸書五言詩一首，款署"畬香仁兄同年大人屬正 弟吳大澂"，鈐"吳大澂印"(白文)、"清卿書畫"(朱文)印。包首題簽"吳清卿篆書精品，哲宋所藏，景含題簽"，鈐"家桐私印"(白文)印。

此軸小篆線條勻淨挺拔，雅潔雋永，整齊畫一，為吳氏宗秦篆比較規整面貌，故馬宗霍有"整齊如算子"之譏。

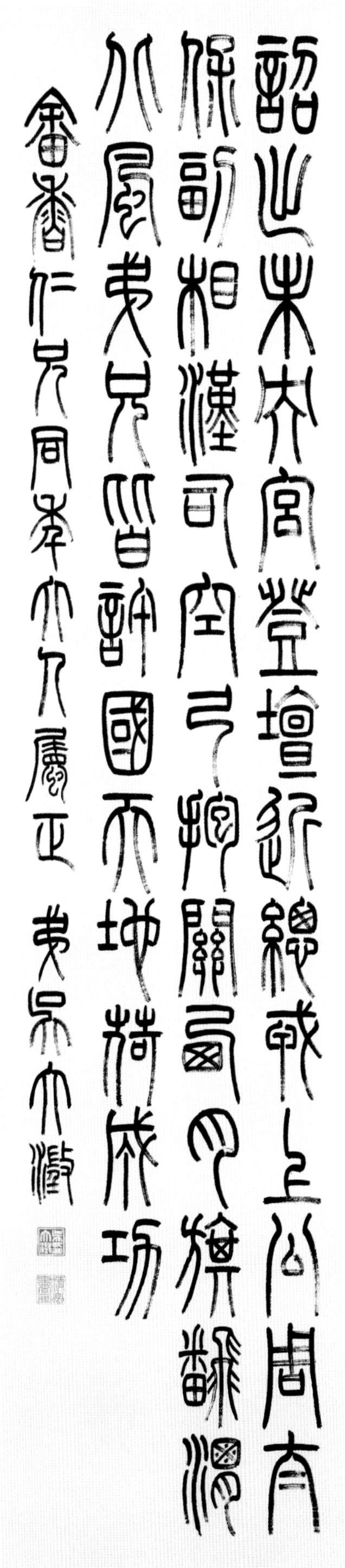

釋文：
詔出未央宮，登壇近總戎。上公周太保，副相漢司空。弓抱關西月，旗翻渭北風。弟兄皆許國，天地荷成功。
畬香仁兄同年大人屬正 弟吳大澂

116

吳大澂　篆書知過論軸

花箋紙本　篆書
縱129.3厘米　橫60.3厘米

Zhi Guo Lun (Becoming aware of one's own errors) in seal script

By Wu Dacheng
Hanging scroll, ink on paper
H. 129.3cm　L. 60.3cm

軸書《知過論》，款署"書樵大兄茂才屬　吳大澂"，鈐"吳大澂印"(白文)、"愙齋"(白文)印。

此軸書法大小篆結合，兼取金文，點畫參差，結體古拙，方圓融合，剛柔相兼，頗具鐘鼎古籀之態，與他圓勁端莊的齊整小篆體形成鮮明對比，從中亦可窺知其篆書的多樣變化和深厚功底。

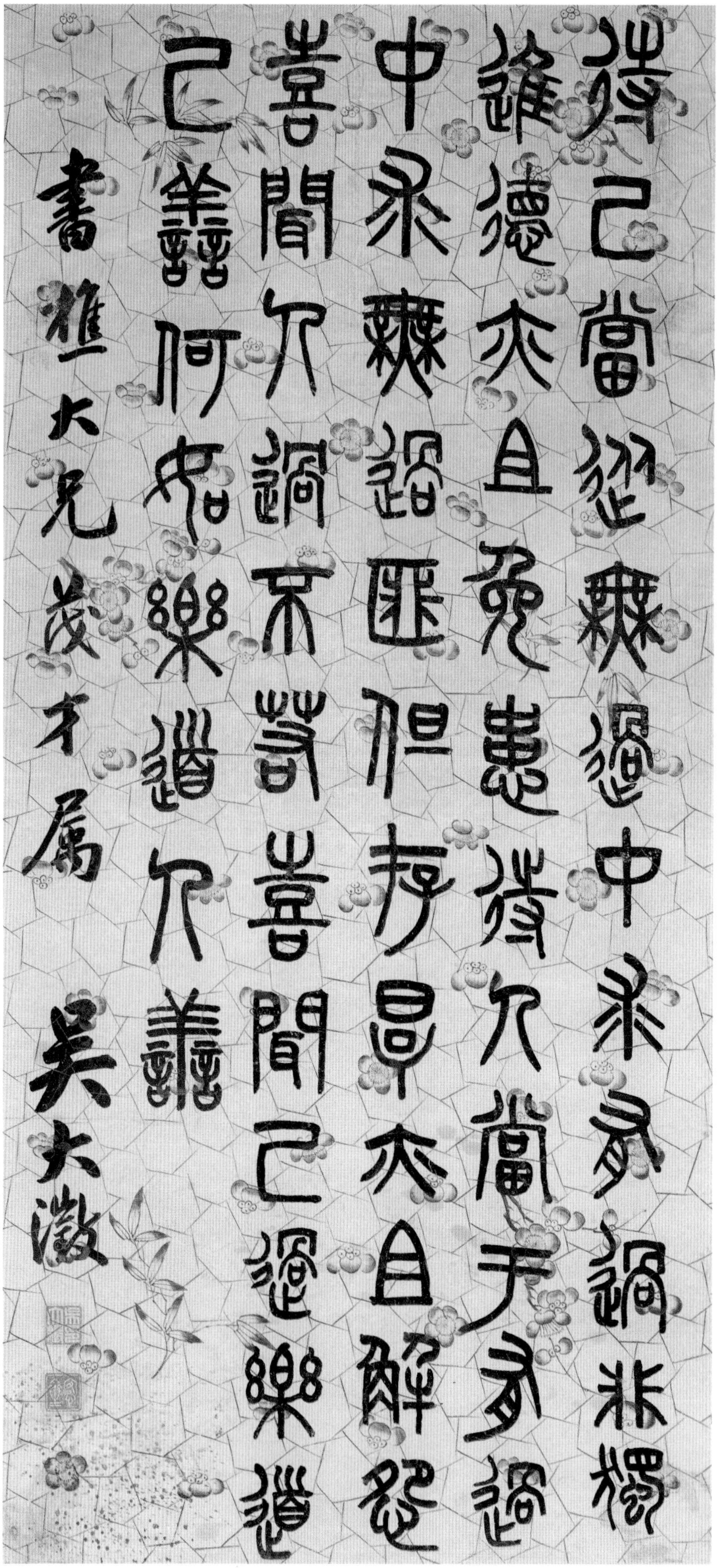

釋文：
待己當從無過中求有過，非獨進德，亦且免患。待人當於有過中求無過，匪但存厚，亦且解怨。喜聞人過，不若喜聞己過。樂道己善，何如樂道人善。書樵大兄茂才屬　吳大澂

117

楊峴　隸書七言聯

紙本　隸書
聯縱142.7厘米　橫32.8厘米

Qi Yan Lian (parallel phrases with seven characters) in official script
By Yang Xian (1819-1896)
Antithetic couplet, ink on paper
Each scroll: H. 142.7cm　L. 32.8cm

楊峴(1819—1896)，字見山，又字庸齋，號季仇，晚號藐翁，清代歸安(今浙江湖州)人。咸豐舉人，曾官常州知府，後辭官歸隱，與吳昌碩等交往甚密。工金石考據之學，精研隸書，參法眾碑，成瘦勁書風。

聯上款"仲雅老賢侄屬"，末款"七十六叟楊峴"，下鈐"臣顯大利"(白文)、"老藐"(朱文)印。為楊氏晚年書作。

此聯書法結字秀逸，筆力精到，多用顫筆飛白，較中年書作愈見蒼老古拙之氣。每字之末筆，聚力磔出，健拔峭勁，奇姿宕逸，得漢碑隸書之神韻。

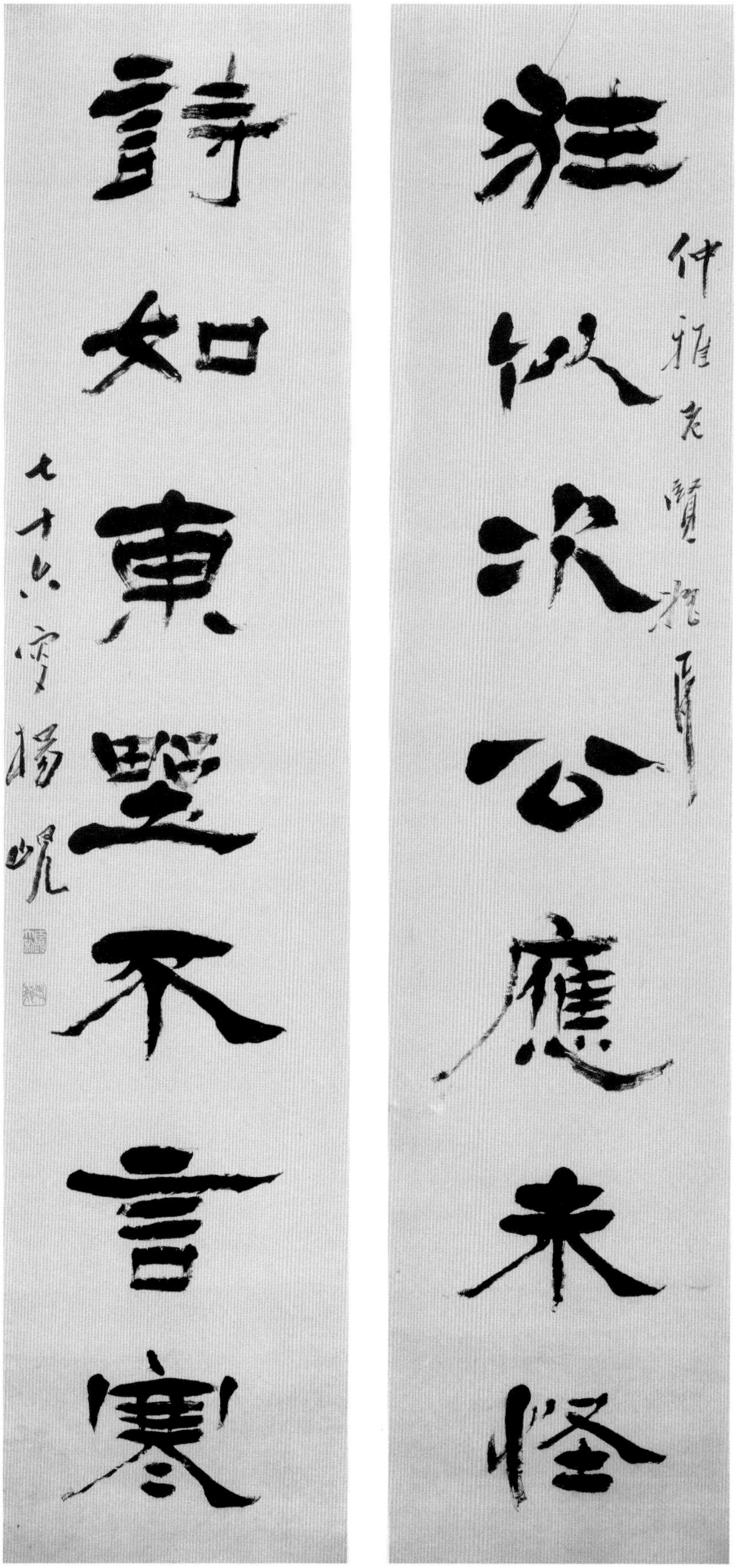

118

俞樾　四體書六條屏
紙本　四體書
屏縱142.5厘米　橫38.3厘米

Si Ti Shu Liu Tiao Ping (a set of 6 hanging scrolls in regular, running, seal and official scripts)
By Yu Yue (1821-1907)
A set of 6 narrow vertical scrolls hung together, ink on paper
Each scroll: H. 142.5cm　L. 38.3cm

俞樾(1821—1907)，字蔭甫，晚號曲園居士，浙江德清人。道光三十年(1850)進士。歷官編修、河南學政。終生從事學術研究，曾主講杭州詁經精舍達三十年之久，為清代著名經學大師，從學者眾。著述宏富。

六條屏以楷、行、篆、隸四體書成。上款均為"臞客"。鈐"俞樾印信"(白文)、"曲園居士"(白文)、"茶香室"(朱文)、"曲園居士長壽"(白文)、"俞樾長壽"(白文)、"曲園居士俞樓遊客右台仙館主人"(朱文)、"右台山人"(白文)、"春在草堂"(朱文)等印。

此屏楷書筆勢沉穩斂神，壯實飽滿。行書字勢盤旋流動，略取斜勢。篆書一宗秦漢，用筆腴潤修長，圓曲婉麗；另一類似《三公山碑》，書體古拙，字形方闊，與繆篆相互糅合，茂密纏綿，頗具創造性。隸書用筆錯落峭拔，線條緩而不勻，結體方整勻衡，有古雅樸拙、自然天真之貌。

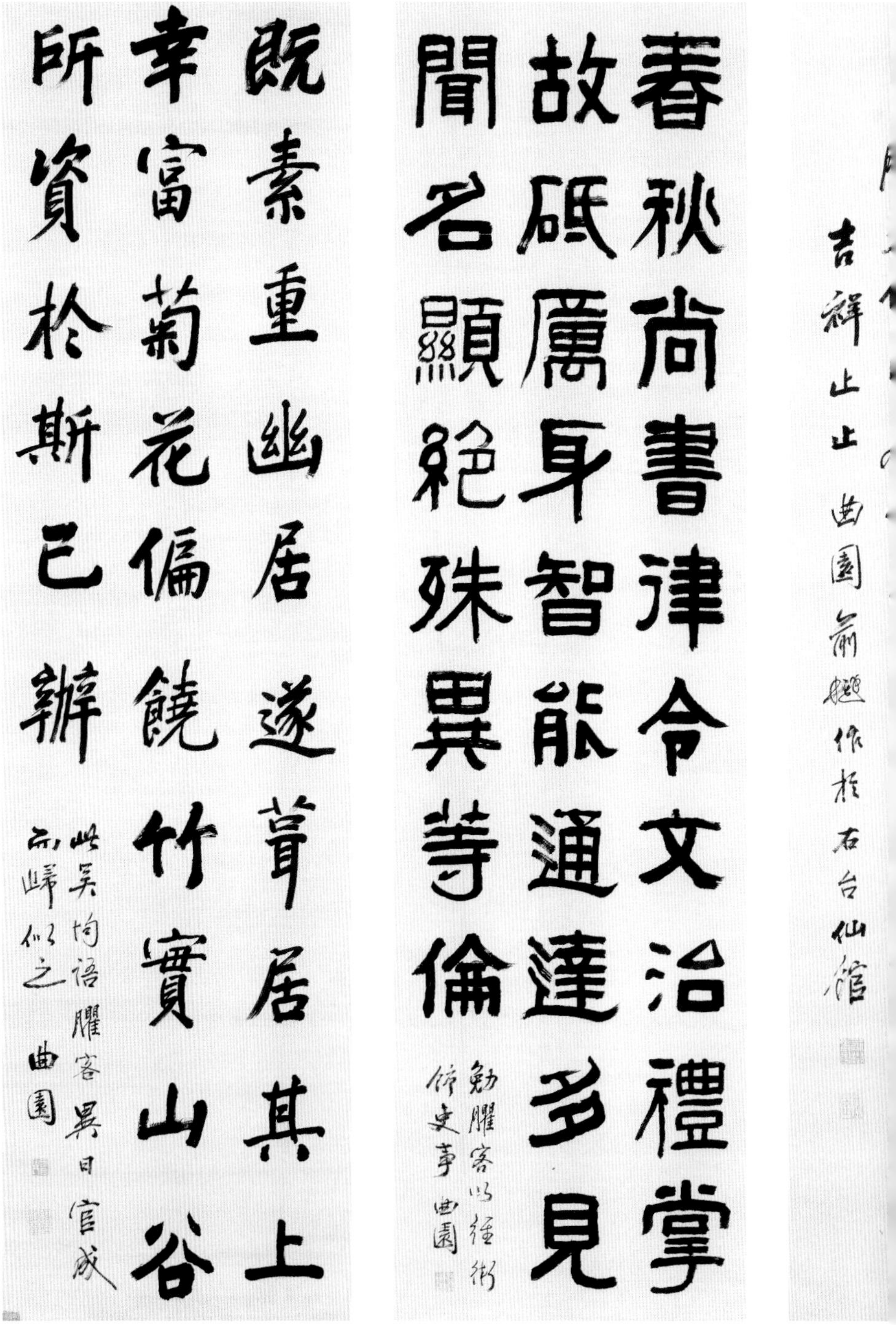

釋文：
不尚賢，使民不爭，不貴難得之貨，使
民不為盜。矔客異時將有臨民之責，故
書老子此二語贈之 曲園

日食庚呆廿七種菜，室有崔儦五千卷
書。矔客嗇於自奉而劬於學，為書此二
語 曲園叟

矔客異時將有臨民之責故書
老子此二語贈之 曲園

久住山中事，便一家眷屬
此老夫山中風景的為矔客領之異時過我
臺門如尚見念倩伺此詩 曲園

回官庚呆廿七種菜室有
崔儦図尔善壽
矔客嗇於自奉而劬於學
為書此二語 曲園叟

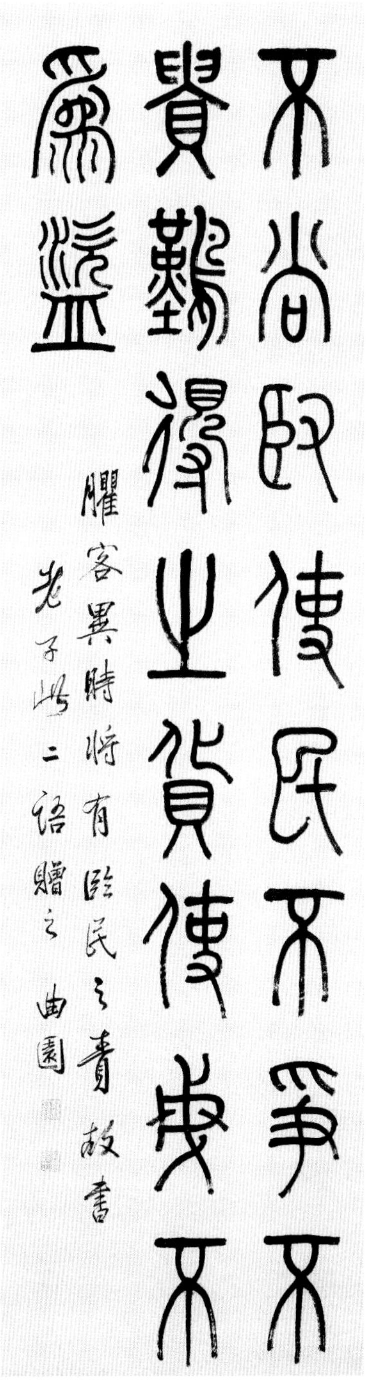

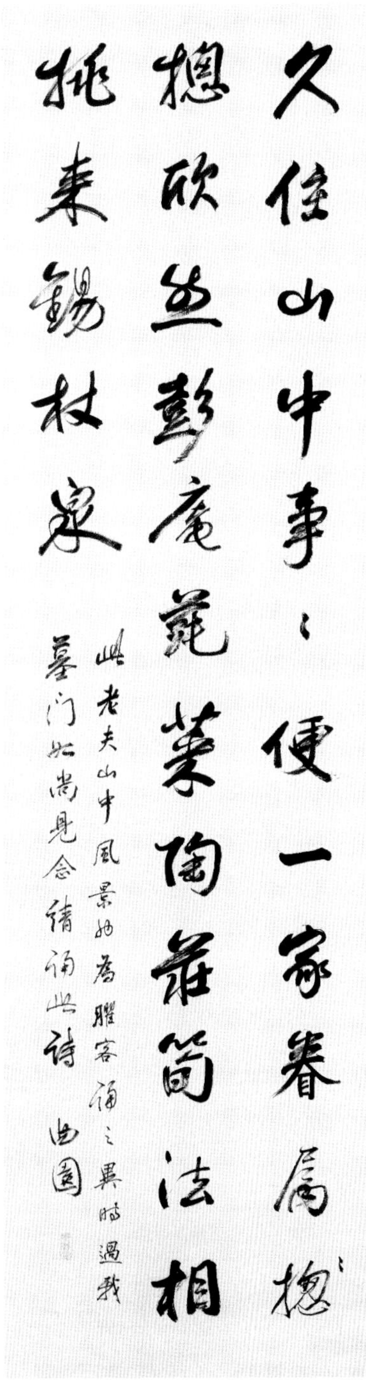

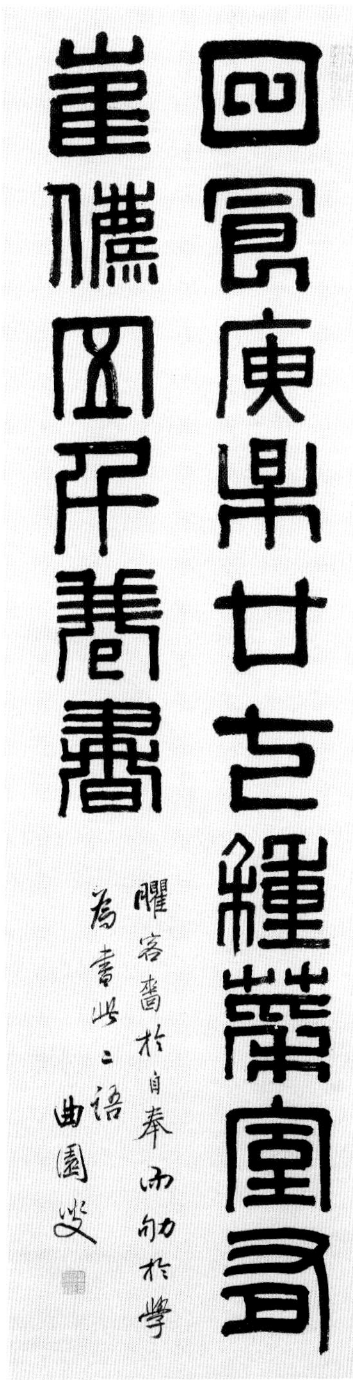

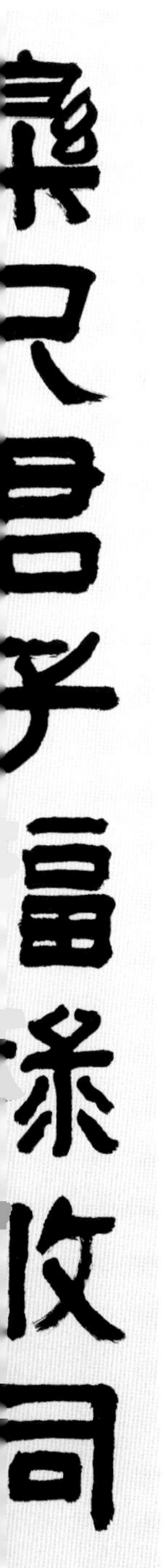

119

俞樾　隸書四言古詩軸
紙本　隸書
縱148.2厘米　橫80厘米

Si Yan Gu Shi (four-syllable ancient-style poetry) in official script
By Yu Yue
Hanging scroll, ink on paper
H. 148.2cm　L. 80cm

軸書四言古詩，款署"春亭尊兄雅鑑曲園俞樾時年八十"，鈐"俞樾長壽"(白文)、"田園居士"(朱文)，引首鈐"先皇天語，寫作俱佳"(朱文)。

此軸隸書體態方闊寬厚，呈方扁狀，似楷似隸，類六朝碑版形態。俞曲園學養精深，對鐘鼎碑版浸淫日久，落筆處古意森然。書風古雅拙樸，沉雄渾穆，乃為訓詁經義所染。

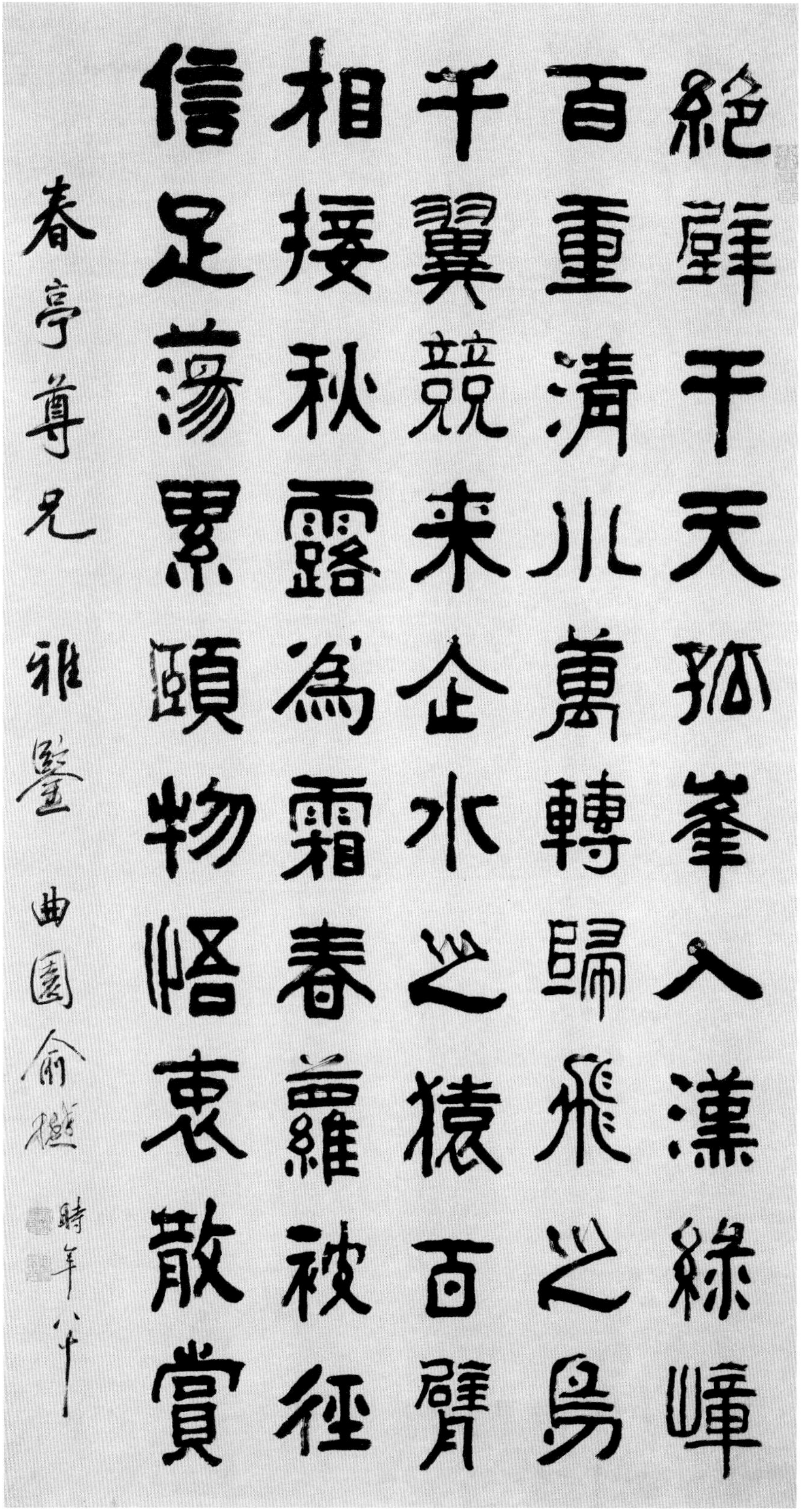

120

孫星衍　篆書五言古詩軸

紙本 篆書
縱163.4厘米 橫60厘米

Wu Yan Gu Shi (five-syllable ancient-style poetry) in seal script
By Sun Xingyan (1753-1818)
Hanging scroll, ink on paper
H. 163.4cm　L. 60cm

孫星衍(1753—1818)，字伯淵，又字淵如，清代陽湖(今江蘇常州)人。乾隆五十二年(1787)榜眼。歷任編修、督糧道等官。去官後主講揚州安定書院、紹興戢山書院。精研經學、校勘學、金石學等，著述甚豐。《清史稿》有傳。

軸書五言古詩一首，款署"壬子年古詩四首之一　孫星衍未定稿"，鈐"孫伯淵氏"(朱文)、"孫星衍印"(白文)、"佈政大夫"(白文)印。"壬子年"為乾隆五十七年(1792)，孫星衍時年四十歲。

此軸承襲唐代玉箸篆，筆畫細瘦圓轉，單一而規整，行筆嫻熟流暢，線條剛實而有力度，結體工整穩健，疏朗而閒雅古麗，不失為仿古篆書中的佳作。

鑑藏印記："藏園"(朱文)、"沅叔審定"(朱文)。

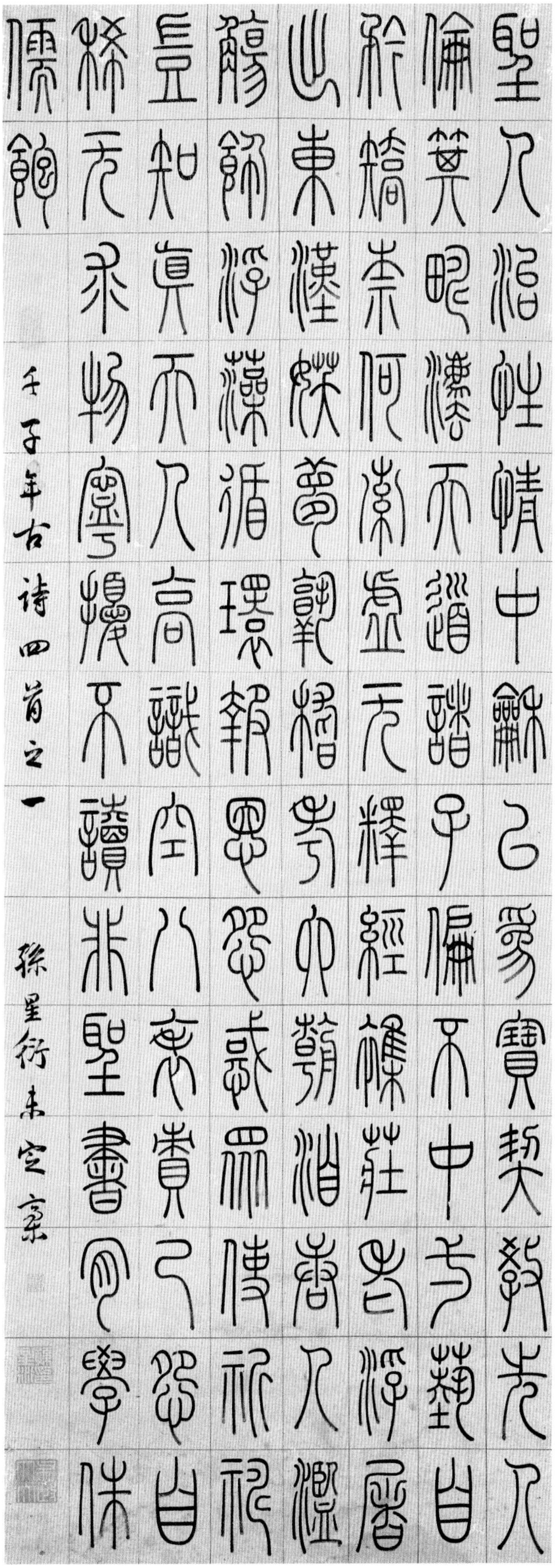

釋文：聖人治性情，中和以為寶。契教先人倫，箕疇法天道。諸子偏不中，一藝自矜矯。奈何索虛無，釋經集莊老。浮屠出東漢，娛夢孰稽考。六朝洎唐人，濫觴飾浮藻。循環報恩怨，惑眾使祈禱。豈知真天人，高識空八袤。責己怨自稀，無求物寧擾。不讀非聖書，宜學侏儒飽。壬子年古詩四首之一　孫星衍未定稿

121

趙之謙　楷書符瑞志四條屏
紙本 楷書
屏縱175.4厘米 橫43.1厘米

Fu Rui Zhi (Quotations from the book "Song Shu Fu Rui Zhi") in regular script
By Zhao Zhiqian (1829-1884)
A set of 4 narrow vertical scrolls hung together, ink on paper
Each scroll: H. 175.4cm　L. 43.1cm

趙之謙(1829—1884)，字益甫，號撝叔，別號悲盦等，浙江紹興人。咸豐舉人，曾歷任江西鄱陽、奉新知縣，後棄官居上海以賣畫為生。工書畫、篆刻，並精於金石之學，著有《六朝別字》、《補寰宇訪碑錄》等書。書法初宗顏真卿，後專意於北碑，篆隸師鄧石如，加以融化，自成一家。時人評云："撝叔書初師顏平原，後深明包氏鈎捺抵送萬毫齊力之法，篆隸楷行一以貫之，故其書姿態百出，亦為時所推重，實乃鄧派之三變也。"其書畫不僅名重於時，對近現代也有極大影響。

屏節錄《宋書・符瑞志》語。款署"節宋書符瑞志語，書呈湘文大公祖大人法鑑　　同治丁卯秋八月治趙之謙"，下鈐"趙之謙印"(白文)、"漢後隋前有此人"(朱文)印。書於同治六年(1867)，作者時年三十九歲，此時趙氏尚在為官，從上款語氣判斷應為書贈上司。

趙之謙楷書時人評云："行楷出入北碑，儀態萬方"。初學顏魯公，後將北碑之硬健與顏書之渾厚相融合，遂形成獨特的楷書風格。趙之謙書作中的常用印"漢後隋前有此人"，亦表明其書取法漢隋之間的魏晉最多。此屏書法用筆勁健方硬，存隸書遺意，盡顯魏碑書法外拓方整的筆法特徵，結體上又呈多變之勢，乃其書風初成時期的典型作品。

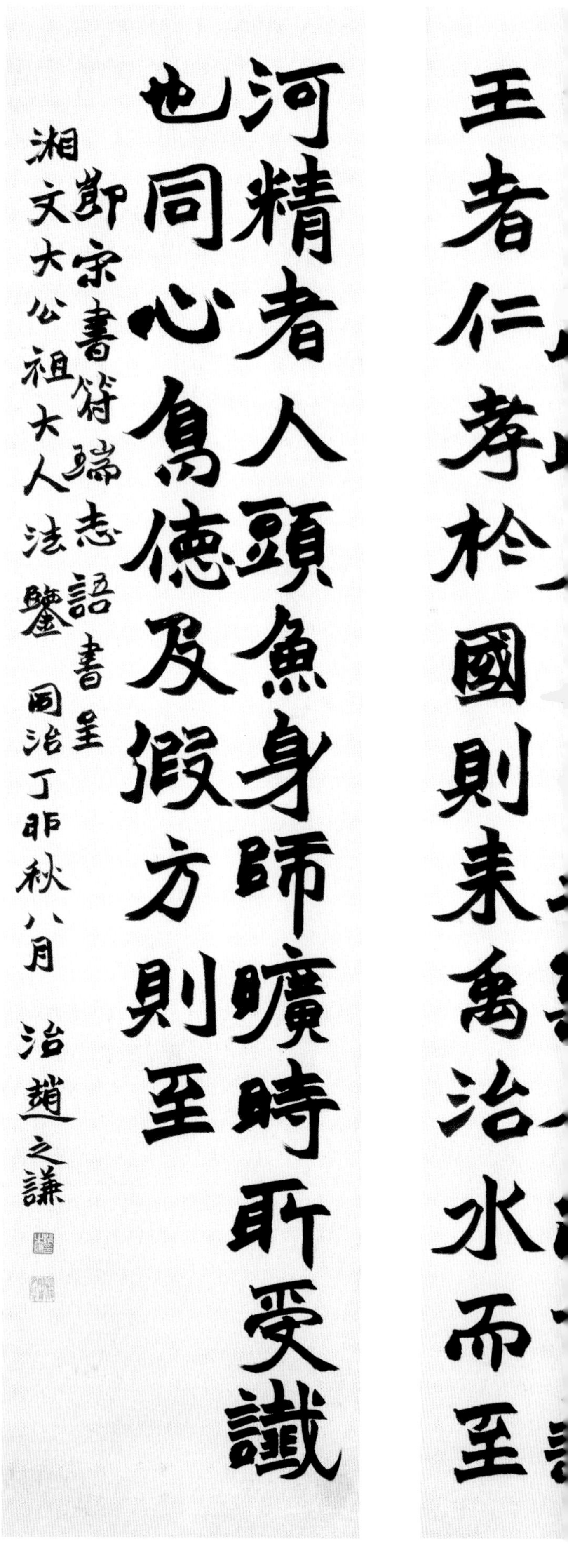

天鹿者純靈之獸也五色光燿洞明王者道備則至角端者日行萬八千里又曉四夷之語明君聖主在位明達方外幽遠之事則奉書而至周印者神獸之名也星宿之變也王者德盛則至麟者幽隱之獸也有明王在位則來為時辟除

122

趙之謙　楷書心成頌軸
高麗箋紙本　楷書
縱128.5厘米　橫36厘米

Xin Cheng Song (A thesis on calligraphy) in regular script
By Zhao Zhiqian
Hanging scroll, ink on paper
H. 128.5cm　L. 36cm

軸書《心成頌》，款署“同治乙丑五月　趙之謙記”，下鈐“趙之謙印”(白文)、“漢後隋前有此人”(朱文)印。為應友人“甘伯”之請書於同治四年(1865)，趙氏三十七歲。裱邊有師守玉題一行，鈐“師守玉印”(朱文)。

《心成頌》為隋代永興寺僧人智果所著，總結其學書心得著成，是一篇重要書法論文。清人姚配中註釋，遂風行當時。

此軸書法峻逸挺拔，棱角分明，魏碑書特色明顯，代表了趙之謙宗法北碑書風初成時期的面貌，是其早期書法的精品。此書結字方整，猶存隸書意韻，起筆處多用側鋒，鋒芒畢現，極具特色。

鑑藏印記：“師氏珍藏”(白文)。

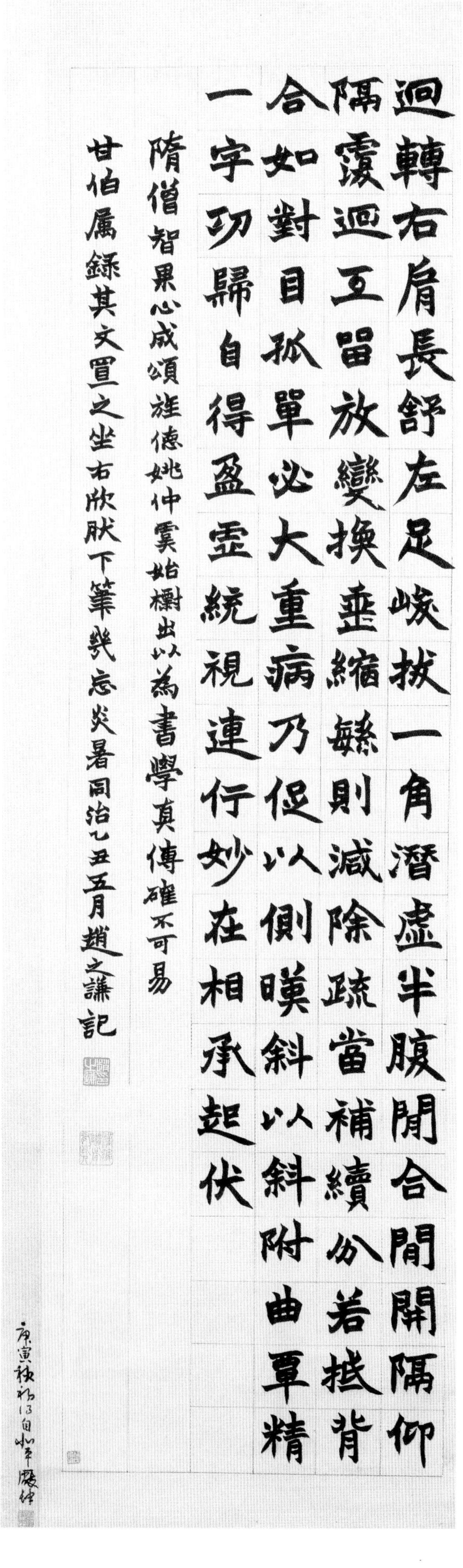

123

趙之謙　篆書鐃歌冊
紙本　篆書　十二開
開縱32.5厘米　橫36.8厘米

Nao Ge (Ancient martial music) in seal script
By Zhao Zhiqian
Album of 12 leaves, ink on paper
Each leaf: H. 32.5cm　L. 36.8cm

冊書漢代《鐃歌》，款署"同治甲子六月為遂生書。篆法非以此為正宗，惟此種可悟四體書合處，宜默會之。無悶"，下鈐"之謙印信"(白文)印。書於同治三年(1864)，趙氏時年三十五歲。

《鐃歌》，又稱騎吹，為古代軍樂，漢代皇帝出行即奏此樂。多敍戰陣之事，共二十二曲，今存十八曲。此冊錄"上之回"、"上陵"、"遠如期"三章。從題語看，應是為習書弟子所書範本。書法結字略長，中鋒用筆，沉實厚重，精氣內斂。用漢篆法，又融隸書筆法，起筆處多方雋，具魏碑意韻，表現了趙之謙書鑄古今，體兼眾長的獨特面貌，為其篆書代表作之一。

第一開

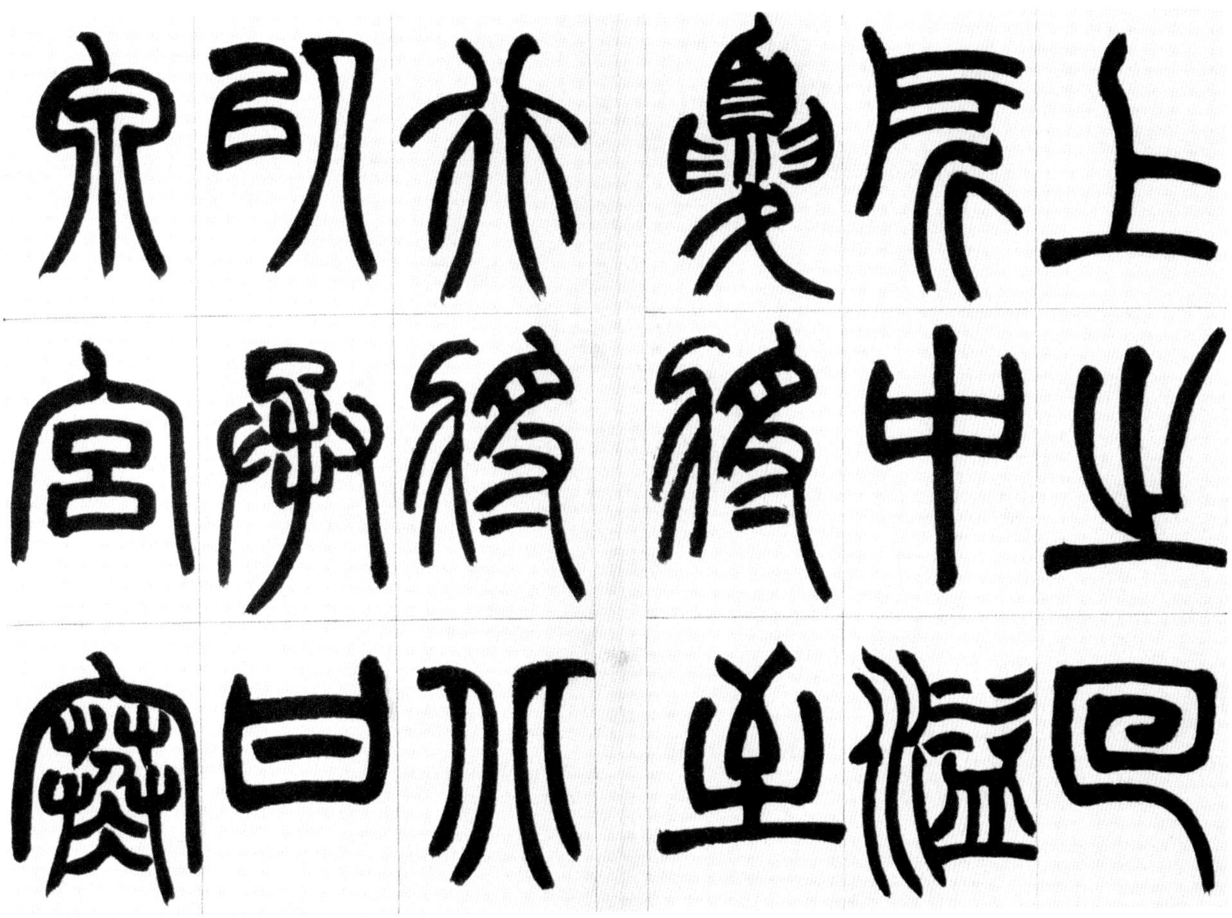

釋文：
上之回所中
溢夏將至行
將北以承日
泉宮寒

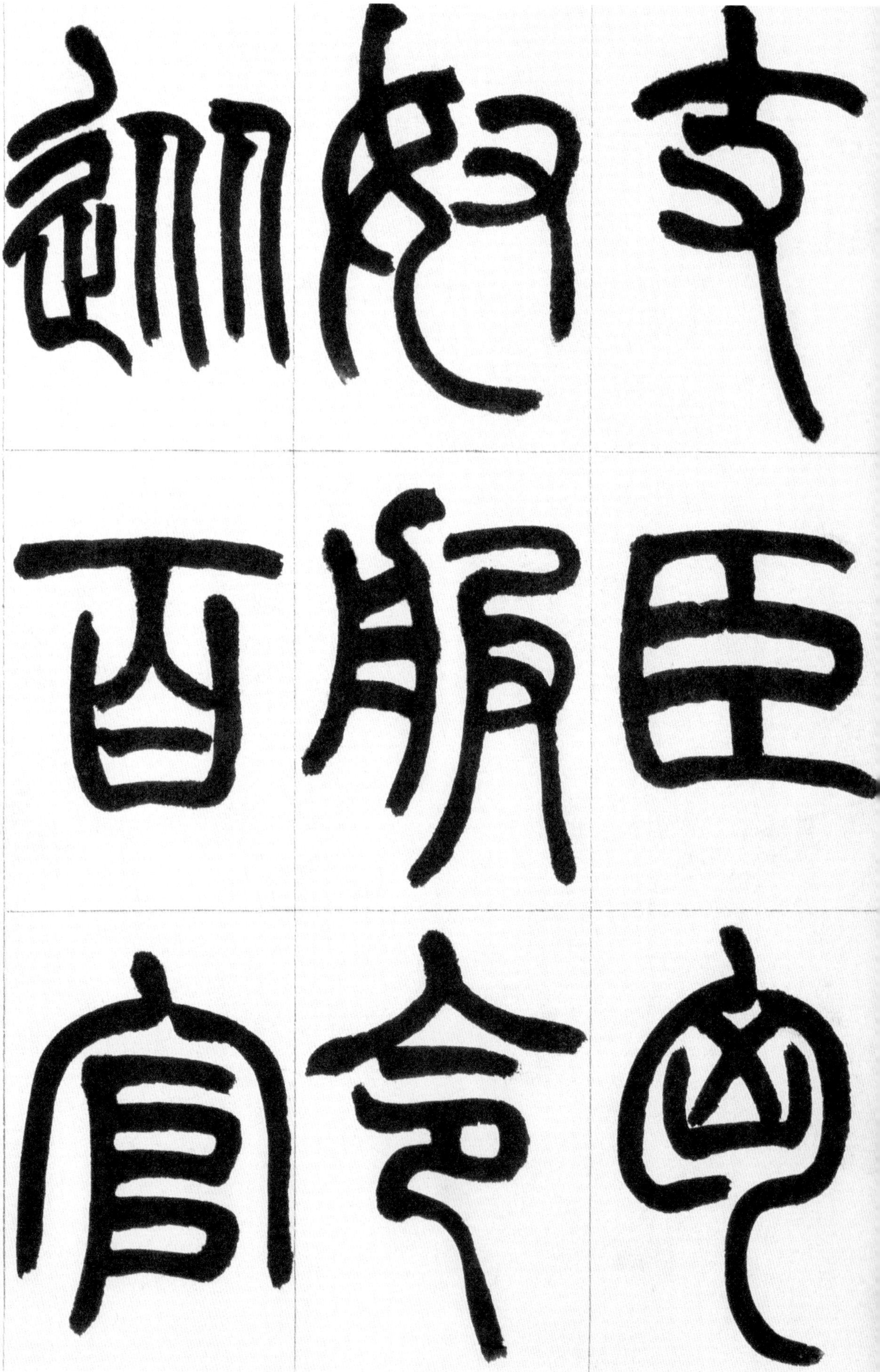

第二開

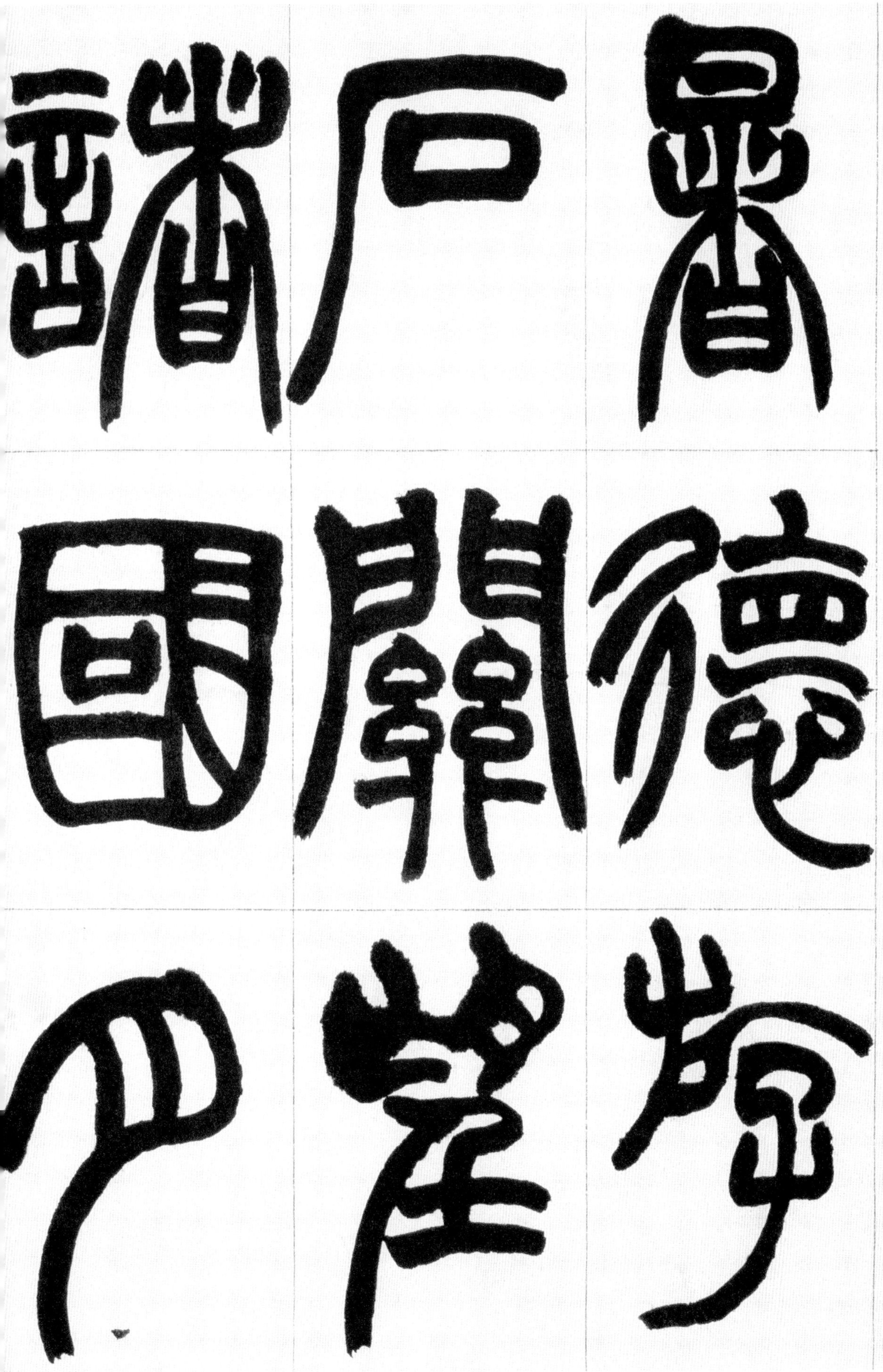

暑德遊石闕
望諸國月支
臣匈奴服令
從百官

第四開

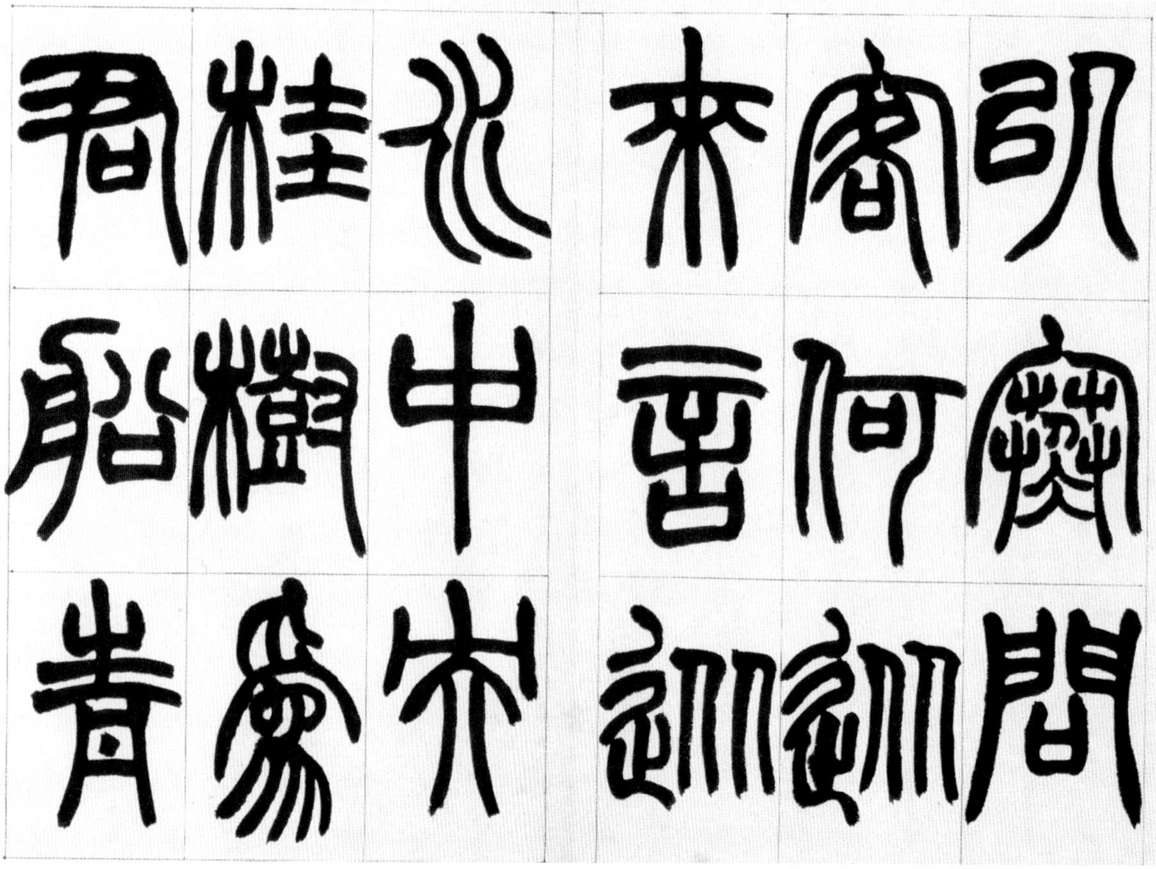

以寒問客何從來言從水中央桂樹為君船青

第六開

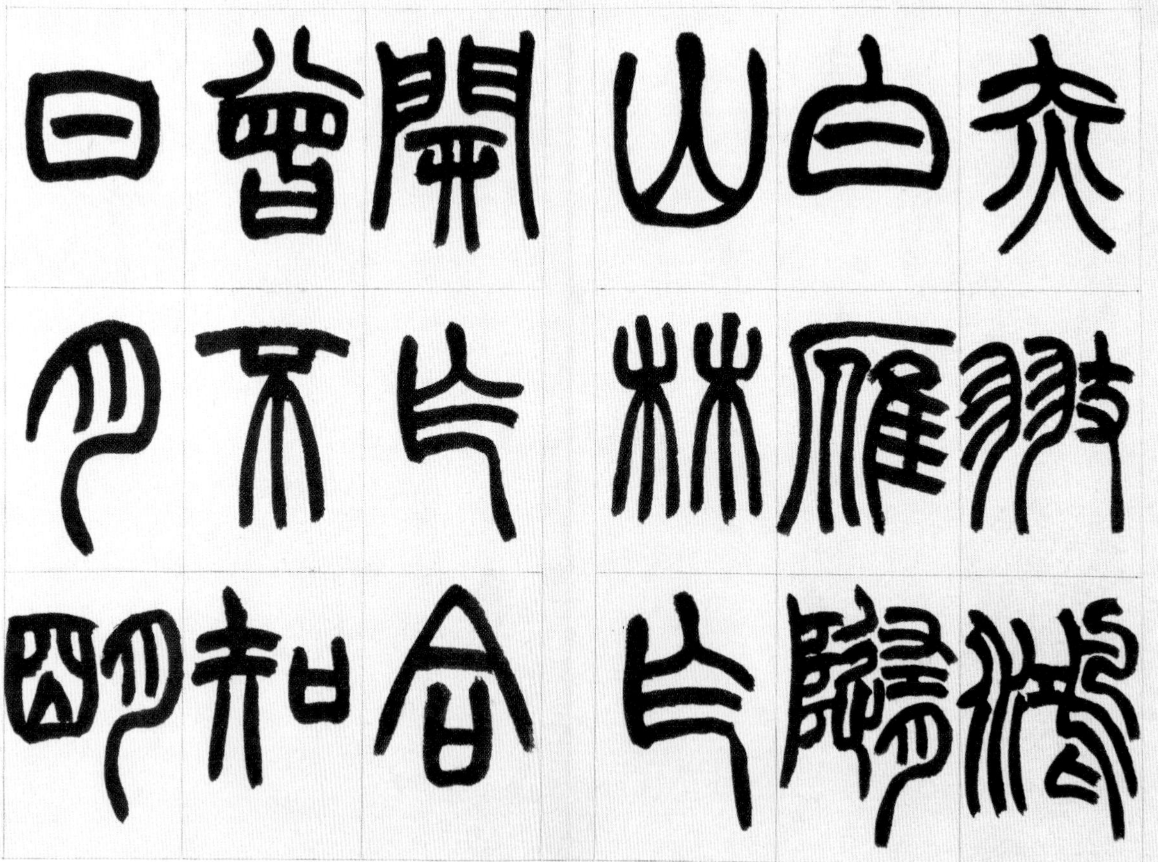

赤翅鴻白雁隨山林乍開乍合曾不知日月明

第三開

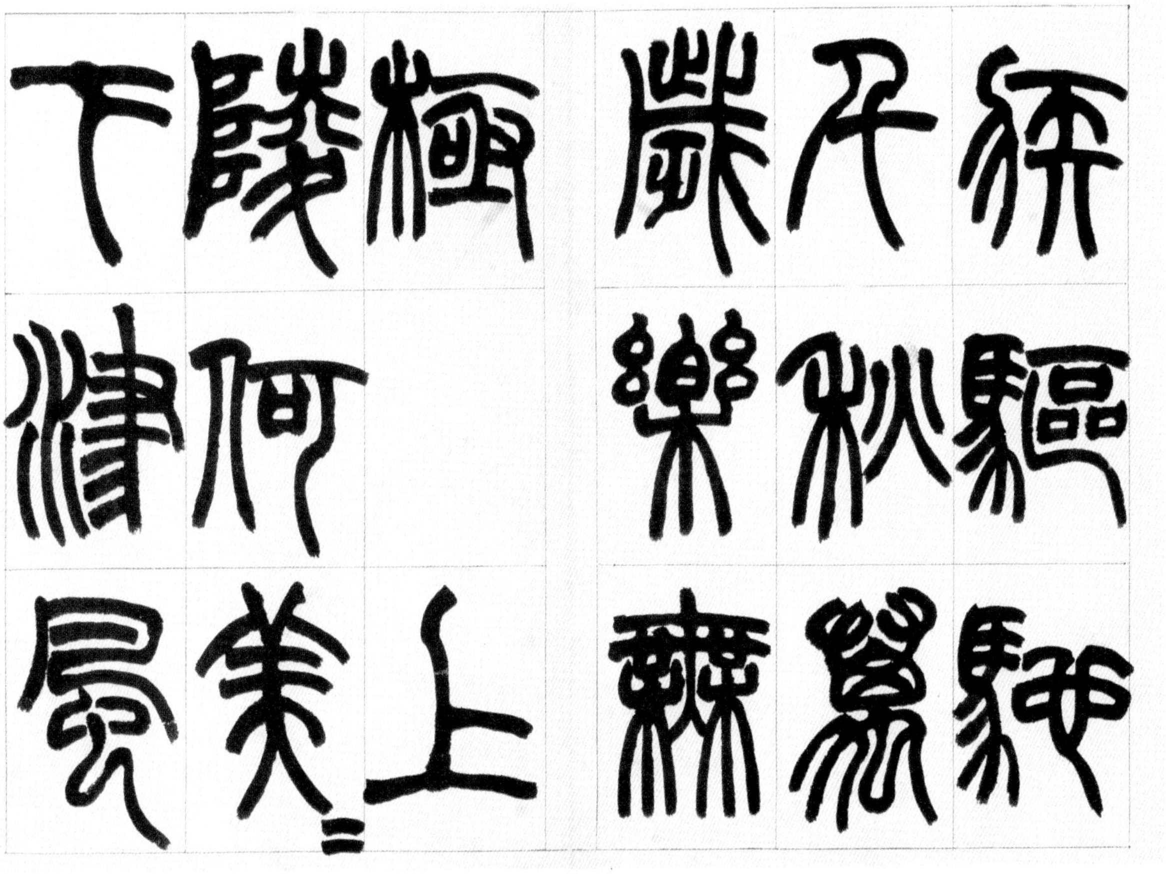

疾驅馳千秋萬歲樂無極
上陵何美美下津風

第五開

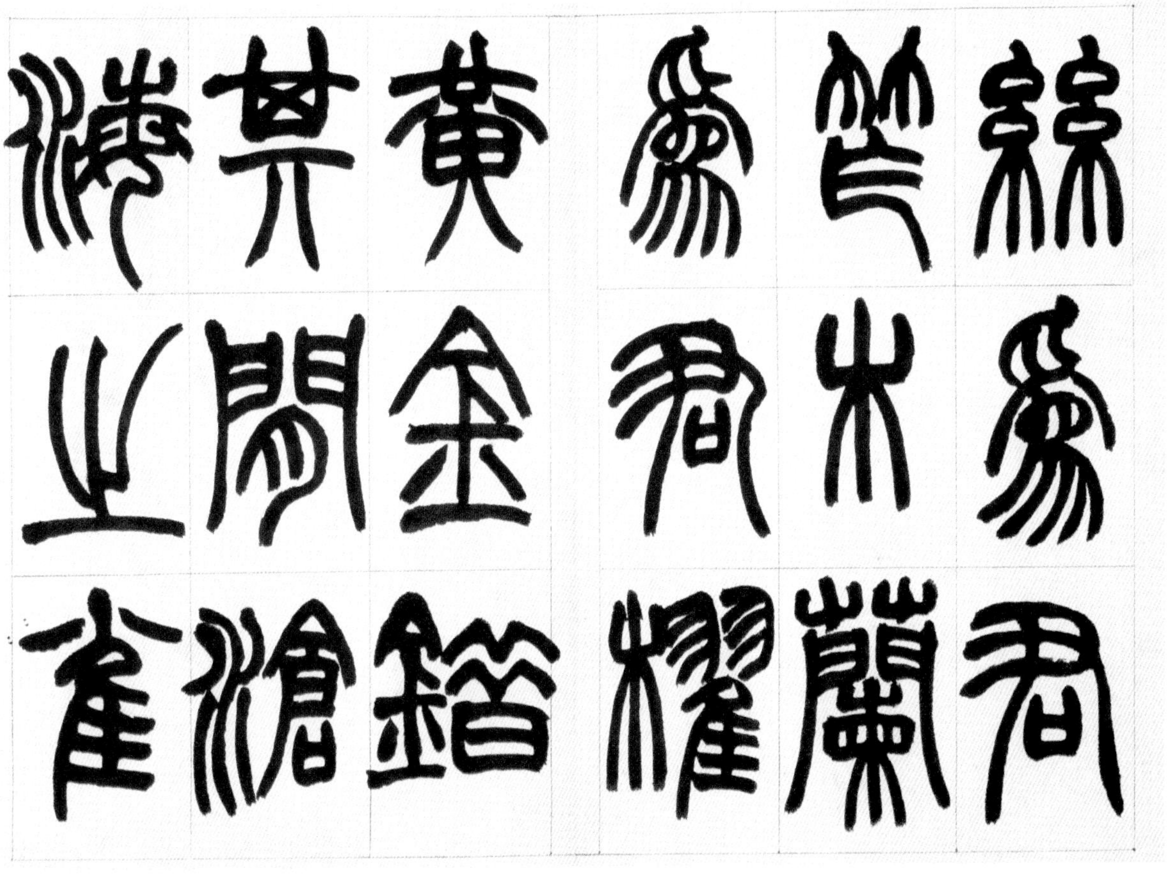

絲為君笮木蘭為君棹黃
金錯其間滄海之雀

第八開

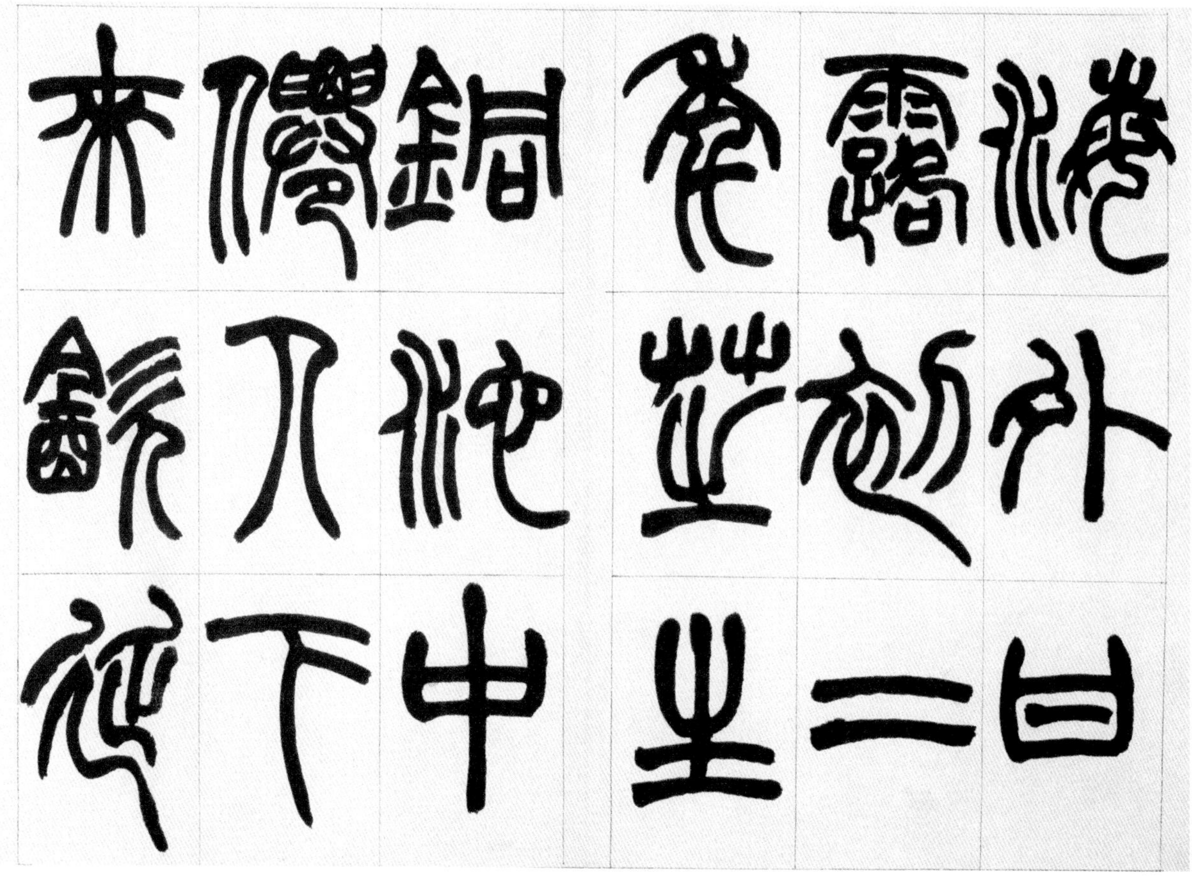

海外日露初二年芝生銅
池中仙人下來飲延

第十開

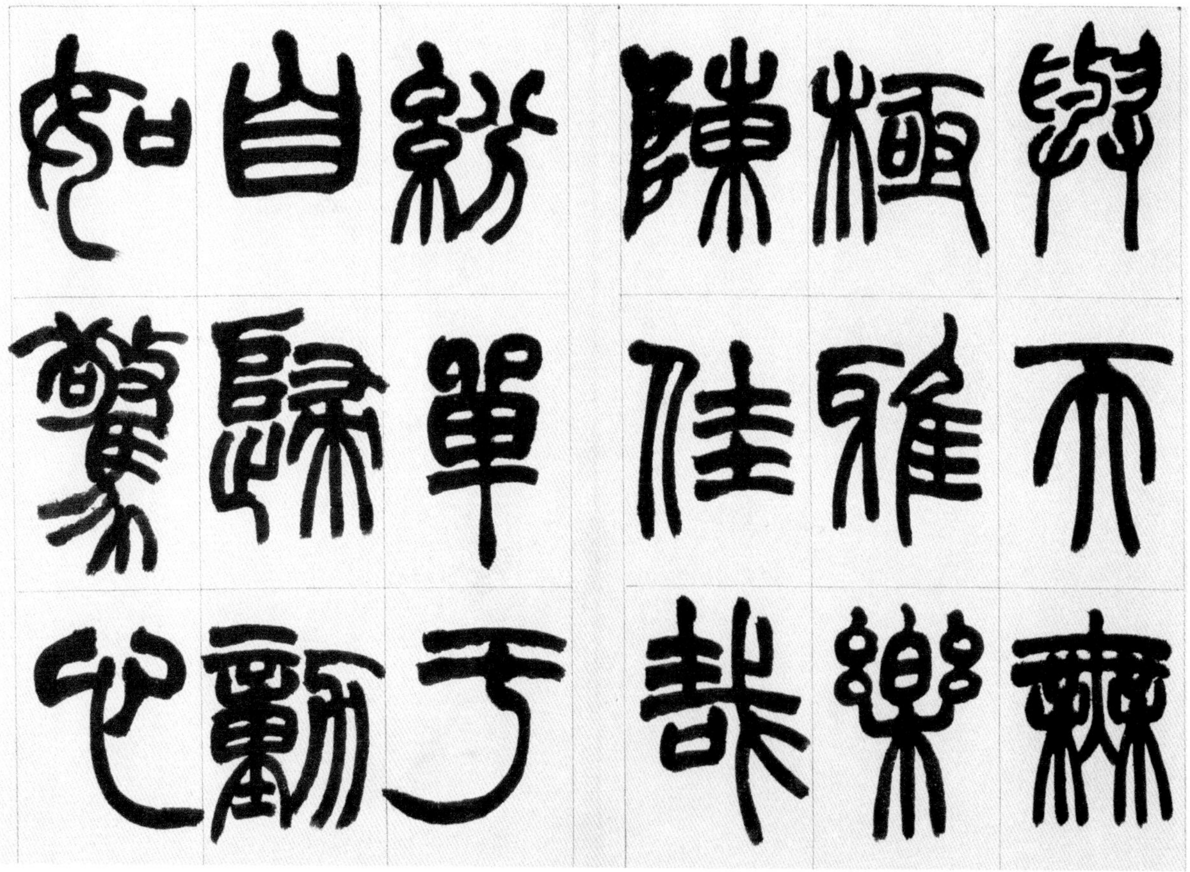

與天無極雅樂陳佳哉紛
單于自歸動如驚心

第七開

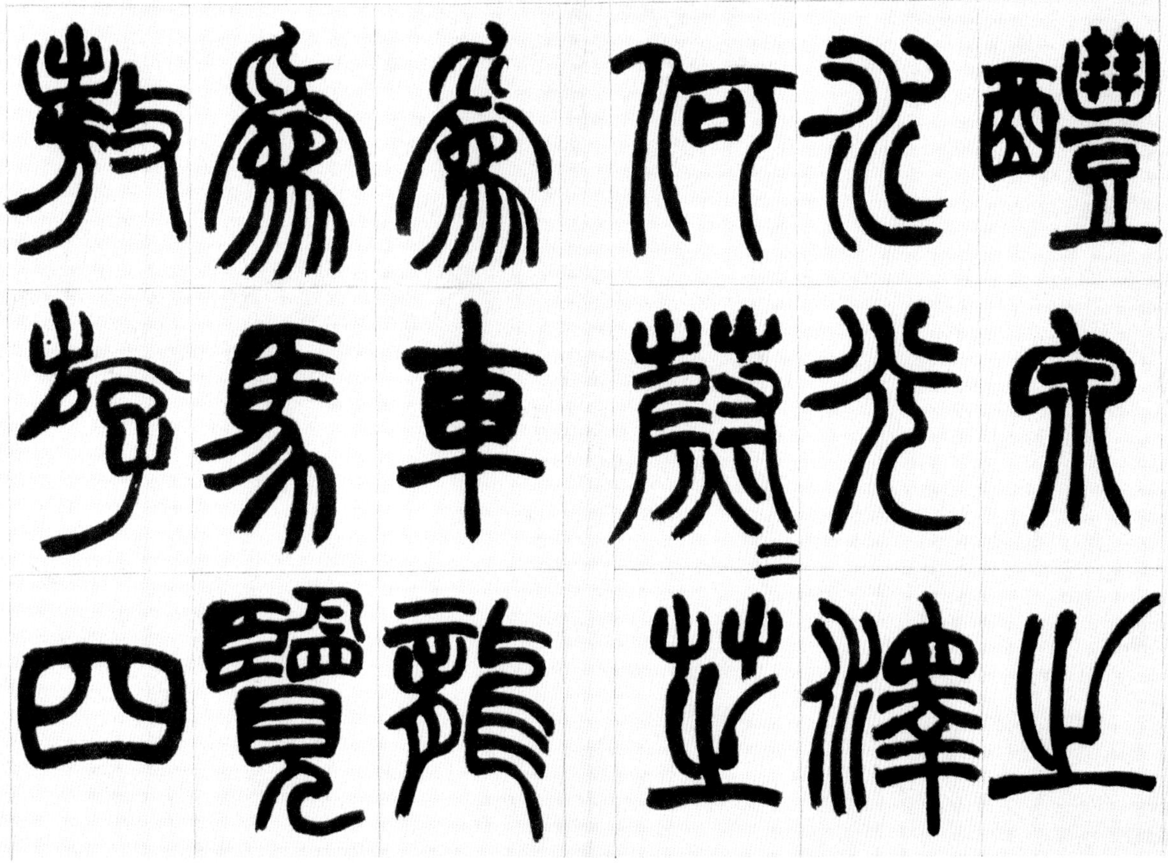

醴泉之水光澤何蔚蔚芝
為車龍為馬覽遨遊四

第九開

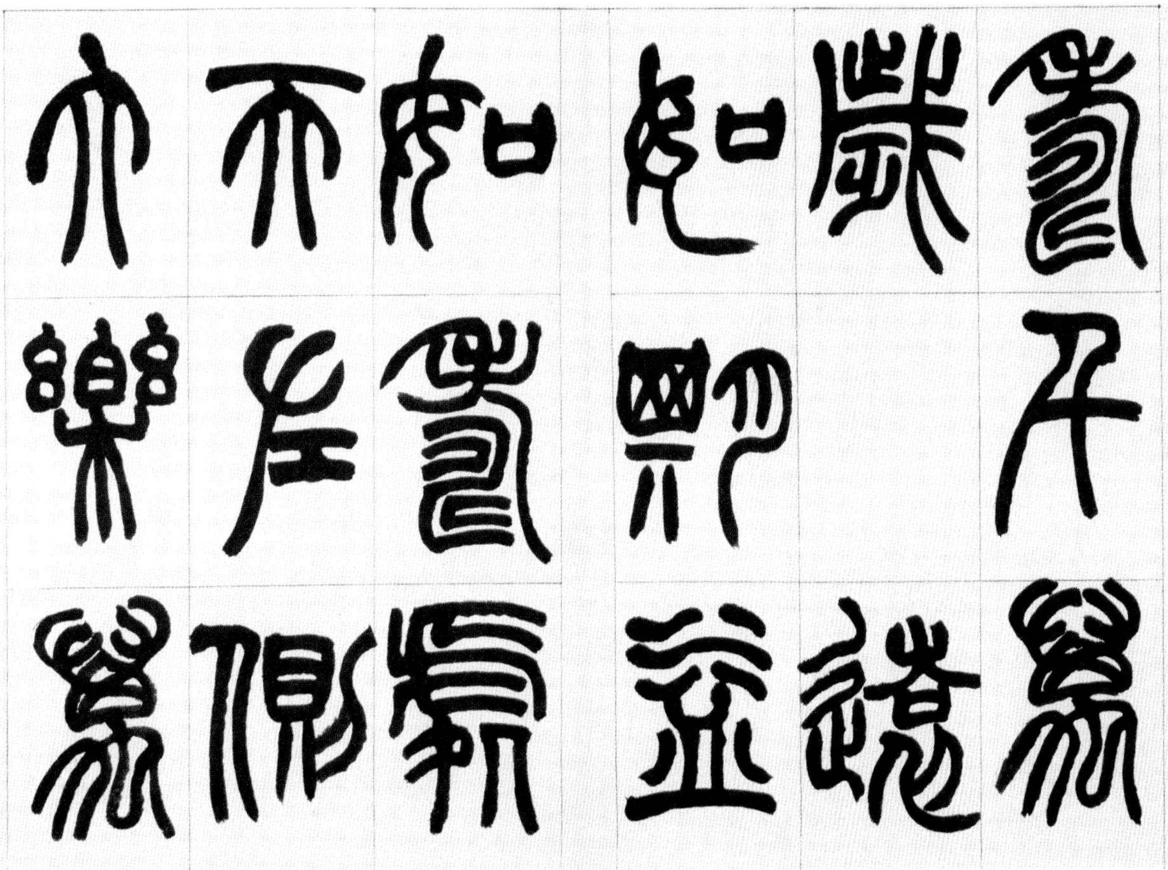

壽千萬歲　遠如期益如
壽處天左側大樂萬

第十一開

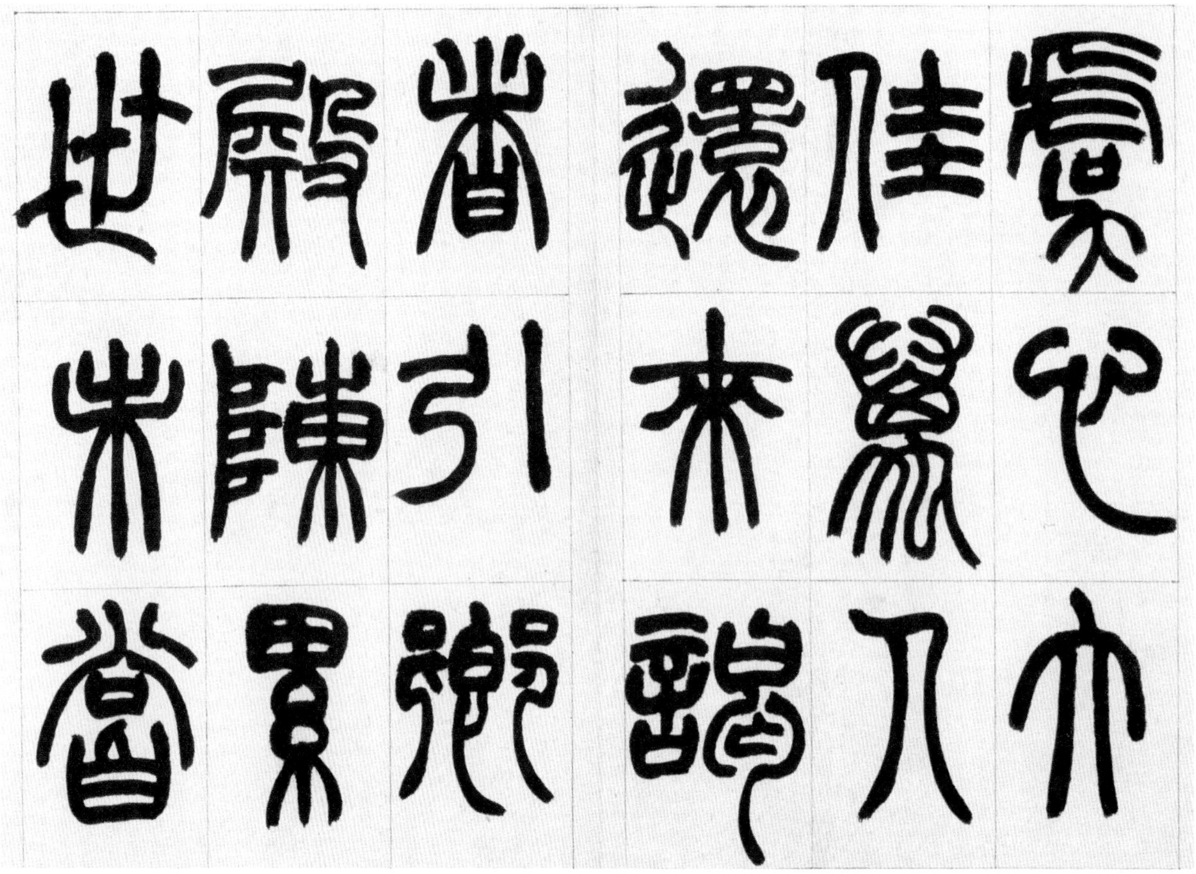

虞心大佳萬人還來謁者
引卿殿陳累世未嘗

第十二開

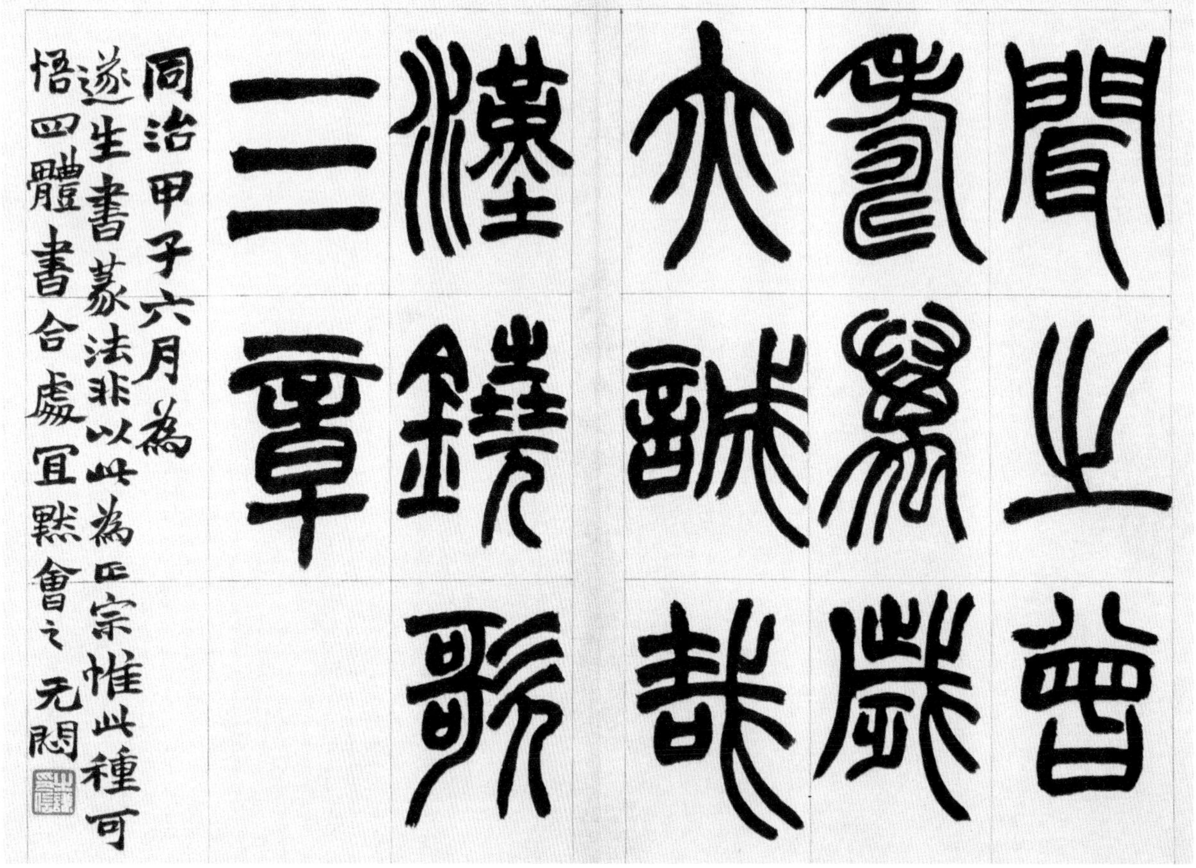

聞之曾壽萬歲亦誠哉　漢鏡歌三章　同治甲子六月為遂生書，
篆法非以此為正宗，惟此種可悟四體書合處，宜默會之。無悶

124

趙之謙　篆書許氏說文敍冊
紙本 篆書 八開
開縱32.4厘米 橫57.5厘米

Xu Shi Shuo Wen Xu (Preface to the "Shuo Wen Jie Zi" of Xu Shen) in seal script
By Zhao zhiqian
Album of 8 leaves, ink on paper
Each leaf: H. 32.4cm　L. 57.5cm

《許氏說文敍冊》節錄漢代許慎《說文解字敍》文。款署"方壺屬書此冊，故露筆痕以見起訖轉折之用。之謙"，鈐"趙氏之謙"白文方印。

從趙氏識語推測，此冊亦應是為弟子習字所書範本。書法結構謹嚴，篆法精麗，起訖之處未用藏鋒，其意是讓習書者易見筆法之蹤跡，卻獲得了一種意外的效果，使之不同於一般篆書之圓潤流美而自具特色。筆力勁健，使轉自如，將北碑融於其中，是為趙之謙篆書的一大特色。從書法風格及為弟子書寫範本來看，當為中年以後作品，是趙之謙篆書代表作之一。

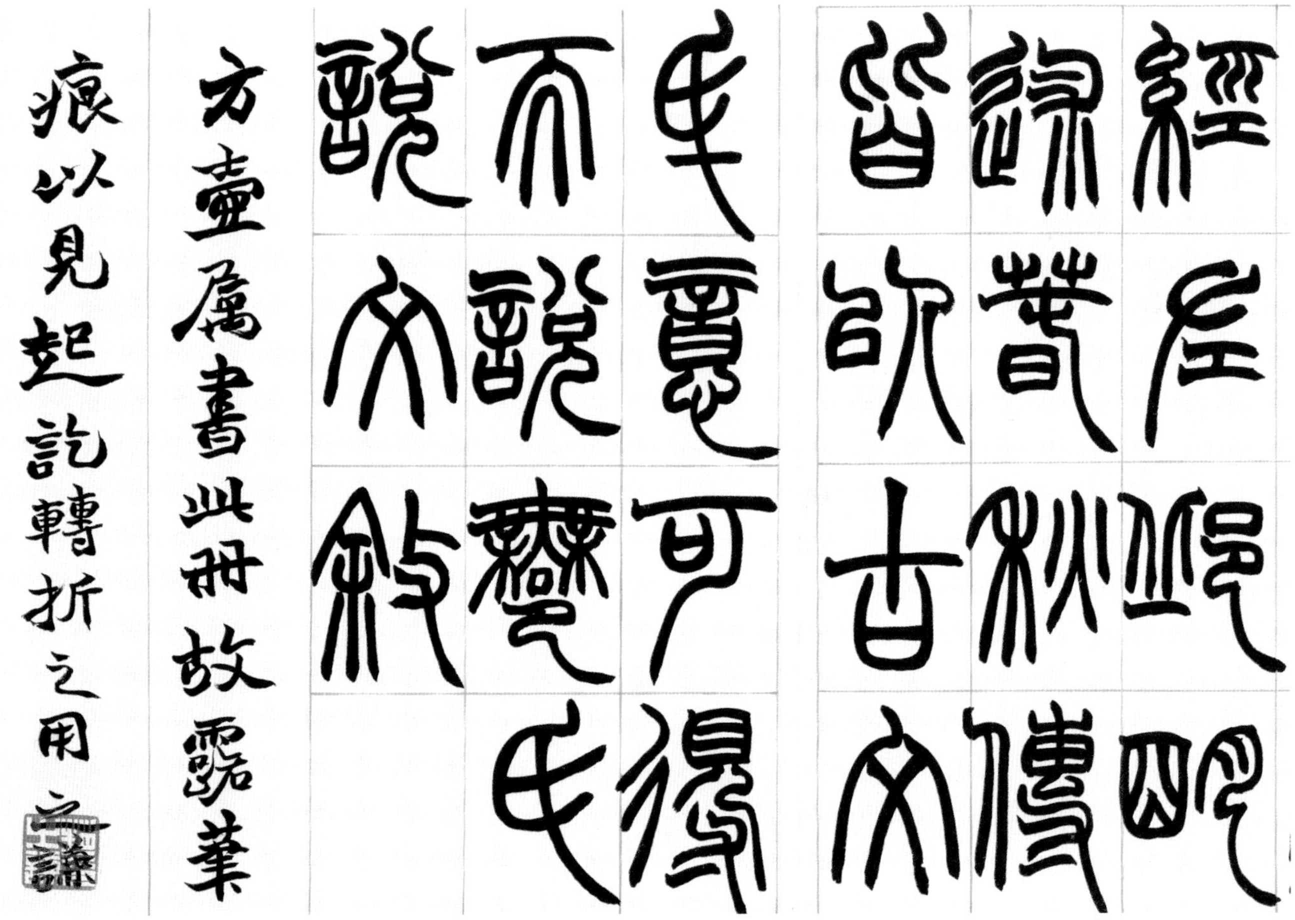
方壺屬書此冊故露筆
痕以見起訖轉折之用
之謙

第二開

篆書（印篆）

王庭　　丂（於）
宣　　　朝
君　　　王者
所　　　有
祿　　　曰（也）

第一開（左上）

文　斯　　气（夬）
形　益（蓋）立　下
故　貞　初　也　居
醜　類　作　倉　臺

側註（右起）：
於王庭。言文者，宣教明化王者，朝廷君子所以施
祿及下，居德則忌也。倉頡之初作書，蓋依類象
形，故謂

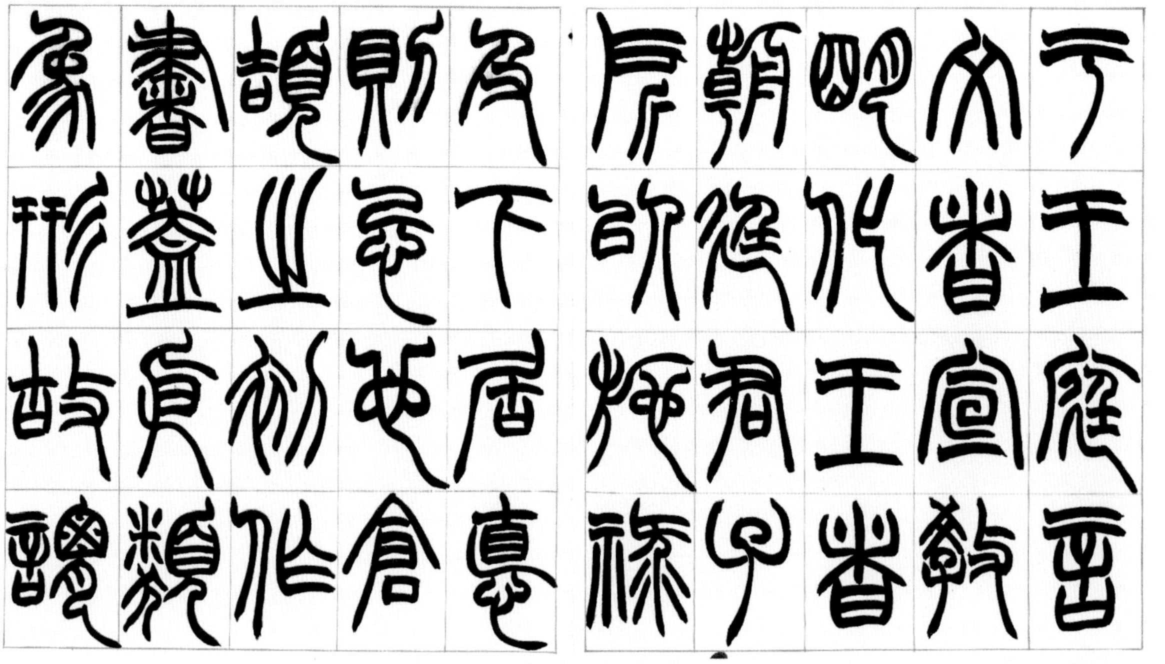

第四開（右下）

易　　　丂（於）　　七（代）
殊　糜（靡）十　　　庭（廷）
禮　　　　山　　　體
八　同　一　　　　教

第三開（左下）

酉（稻）一　先　　　民（氏）業
事　山　曰　教　川
者　稻　六　國　學
視　事　書　　　保

側註（右起）：
易殊體，封於泰山者七十有二代，靡有同焉。周禮
八歲（入）小學，保氏教國子先以六書。一曰指事，
指事者，視

第二開

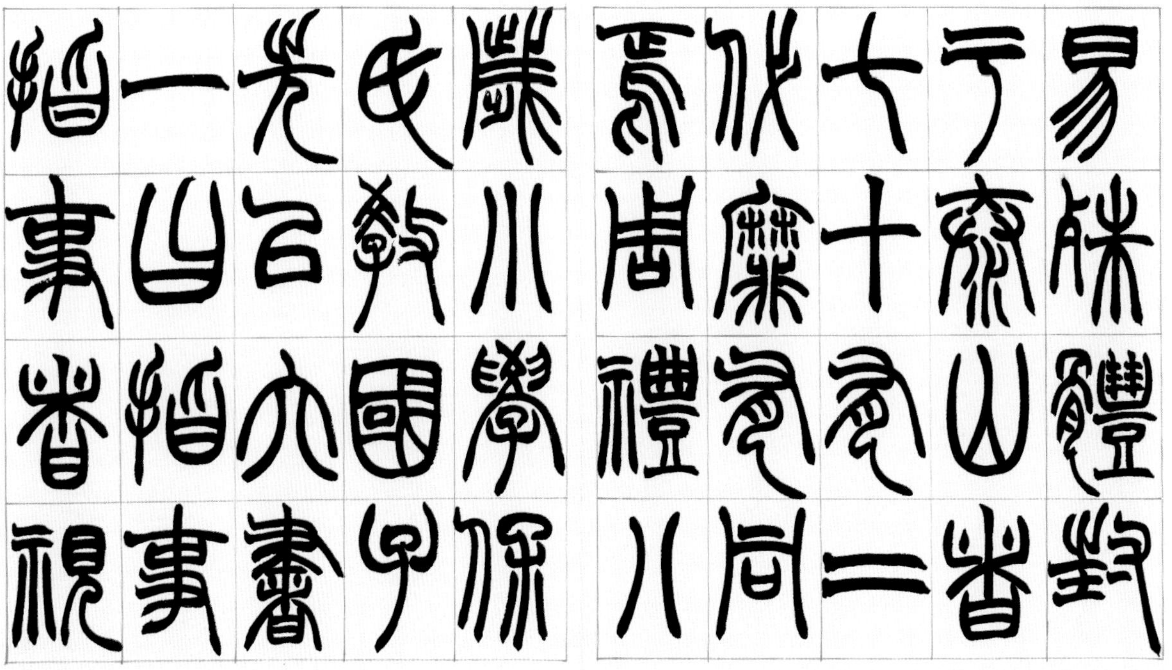

第四開

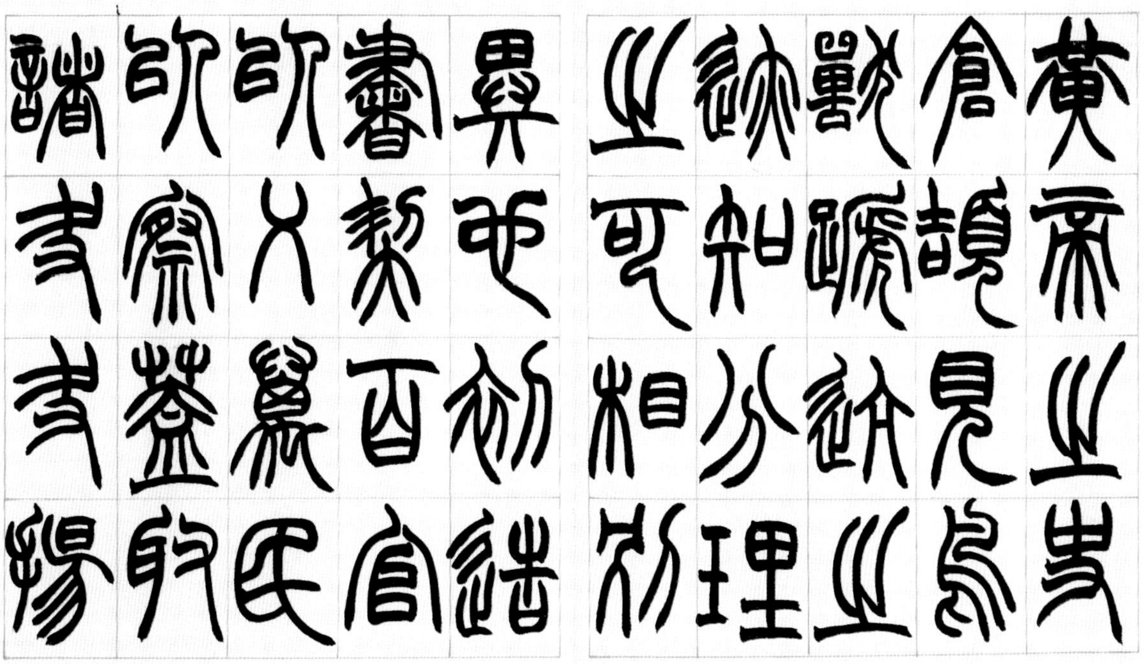

第一開

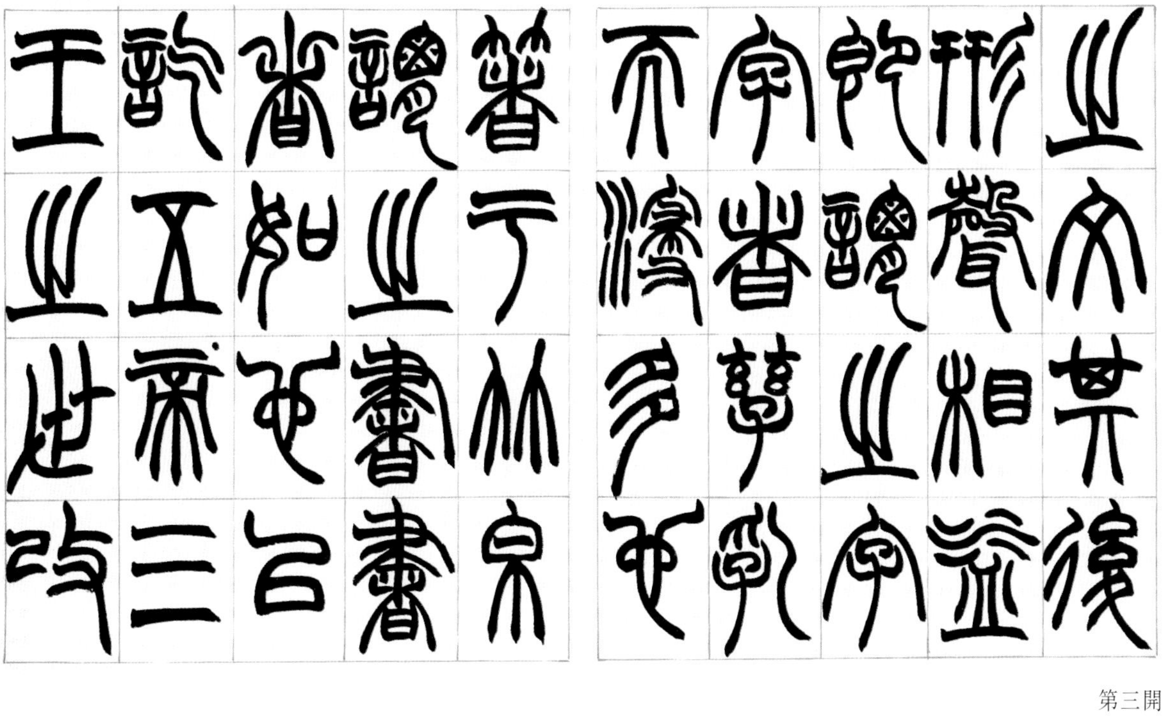

第三開

釋文：

黃帝之史倉頡，見鳥獸蹄迒之跡，知分理之可相別異也。初造書契，百官以乂，萬民以察，蓋取諸夬夬揚之文。其後形聲相益，即謂之字。字者，孳乳而浸多也。著於竹帛謂之書，書者如也，以訖五帝三王之世，改

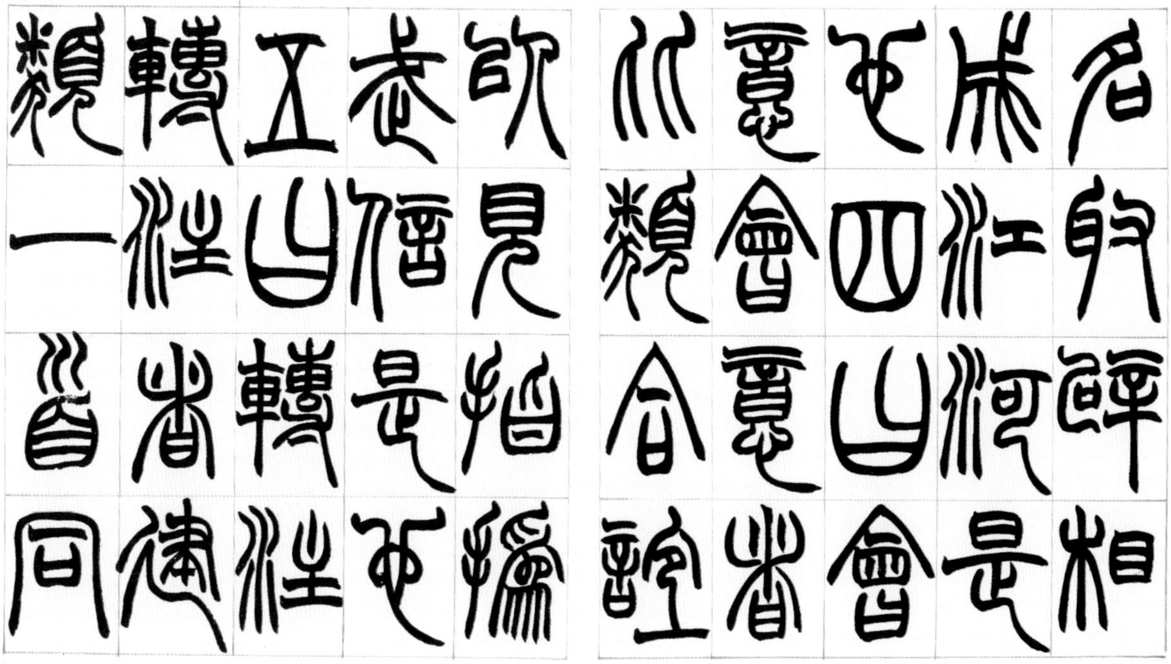

名，取辟相成，江河是也。四曰會意，會意者，比類合誼，以見指撝，武信是也。五曰轉注，轉注者，建類一首，同

第六開

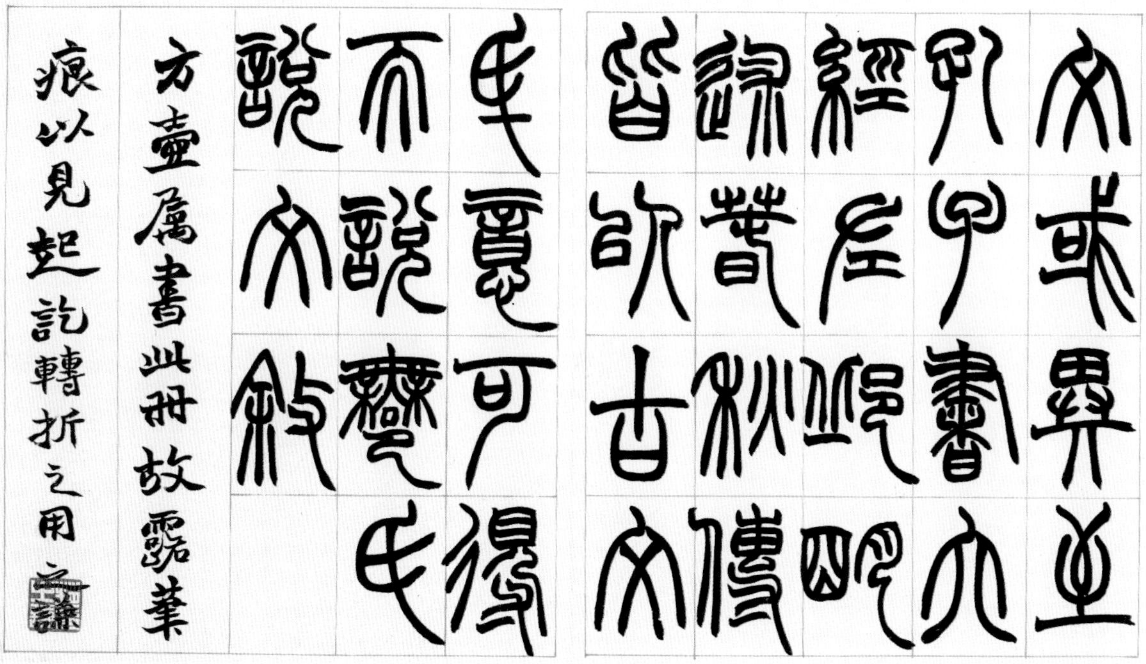

文或異。至孔子書六經，左邱明述春秋傳，皆以古文氏意可得而說。許氏說文敍。方壺屬書此冊，故露筆痕以見起訖轉折之用。之謙

第八開

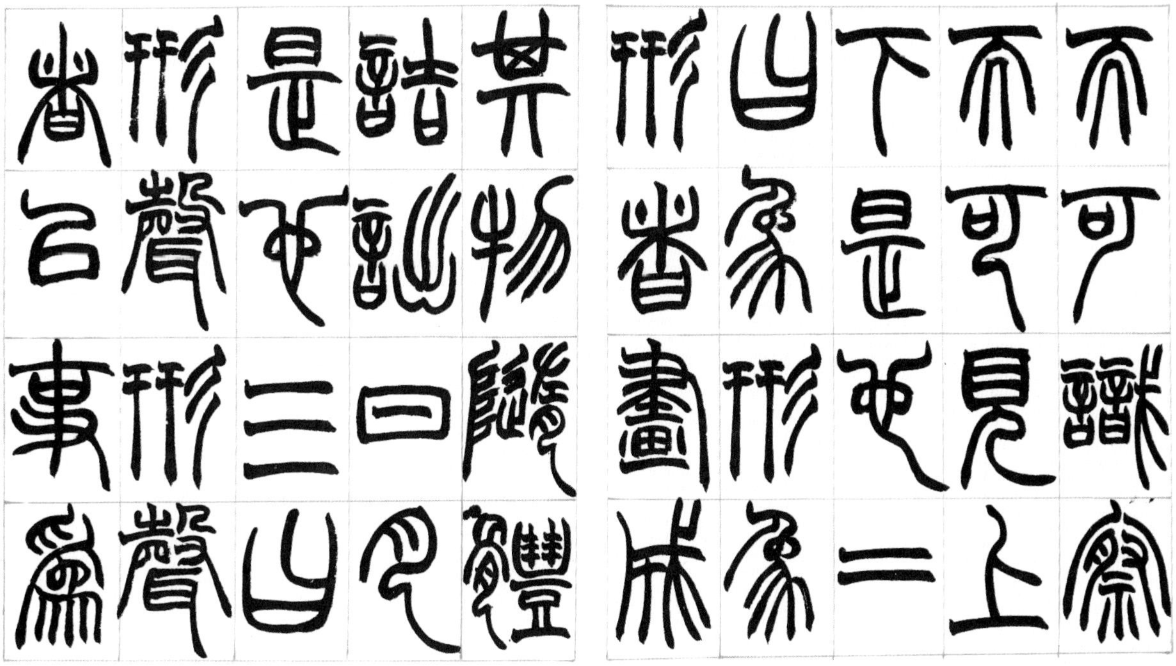

而可識，察而可見，上下是也。二曰象形，象形者，畫成其物，隨體詰詘，日月是也。三曰形聲，形聲者，以事為

第五開

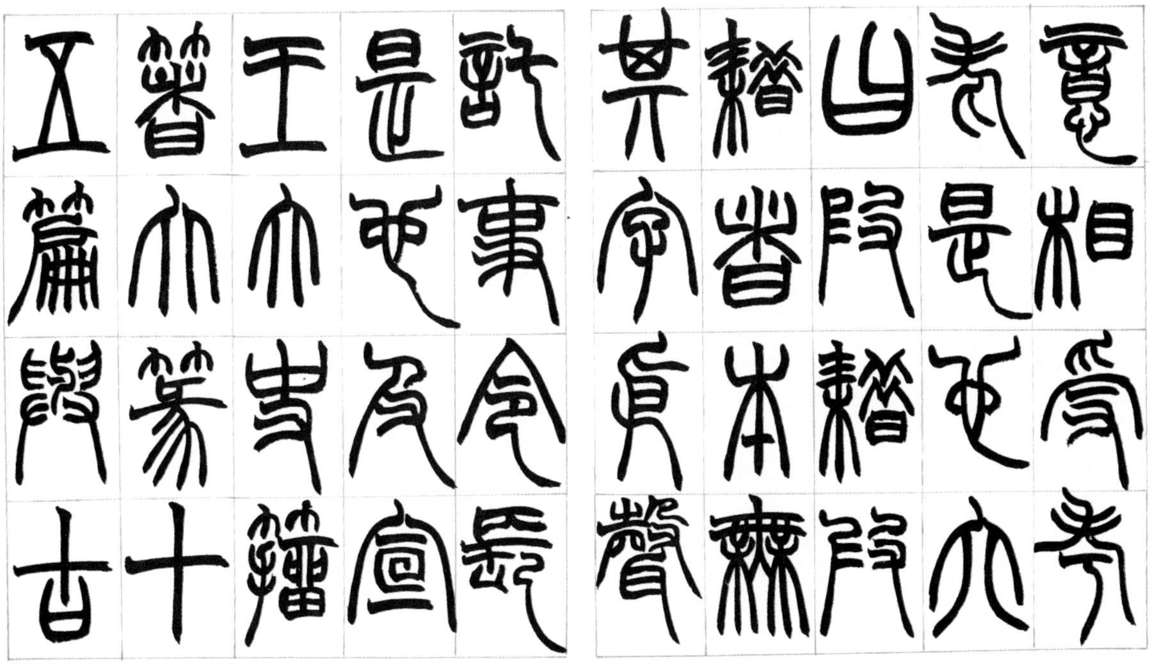

意相受，考老是也。六曰假借，假借者，本無其字，依聲托事，令長是也。及宣王太史籀，著大篆十五篇，與古

第七開

125

趙之謙 篆書急就章軸

紙本 篆書

縱112.4厘米 橫46.4厘米

Ji Jiu Zhang (An improvisation) in seal script

By Zhao Zhiqian

Hanging scroll, ink on paper

H. 112.4cm L. 46.4cm

軸節錄史遊《急就篇》。款署“史遊急就篇，益齋仁兄正。趙之謙”，下鈐“趙之謙印”(白文)印。從書風看屬晚年作品。受書者可能是上海人陳以謙，字益齋，工詩詞，善畫蘭。

此軸宗鄧石如篆法，又融入魏碑筆意，折筆由圓變方，筆勢渾厚，但肥扁多於圓勁。結字嚴整，張馳有度，全幅給人以凝重沉勁之感。

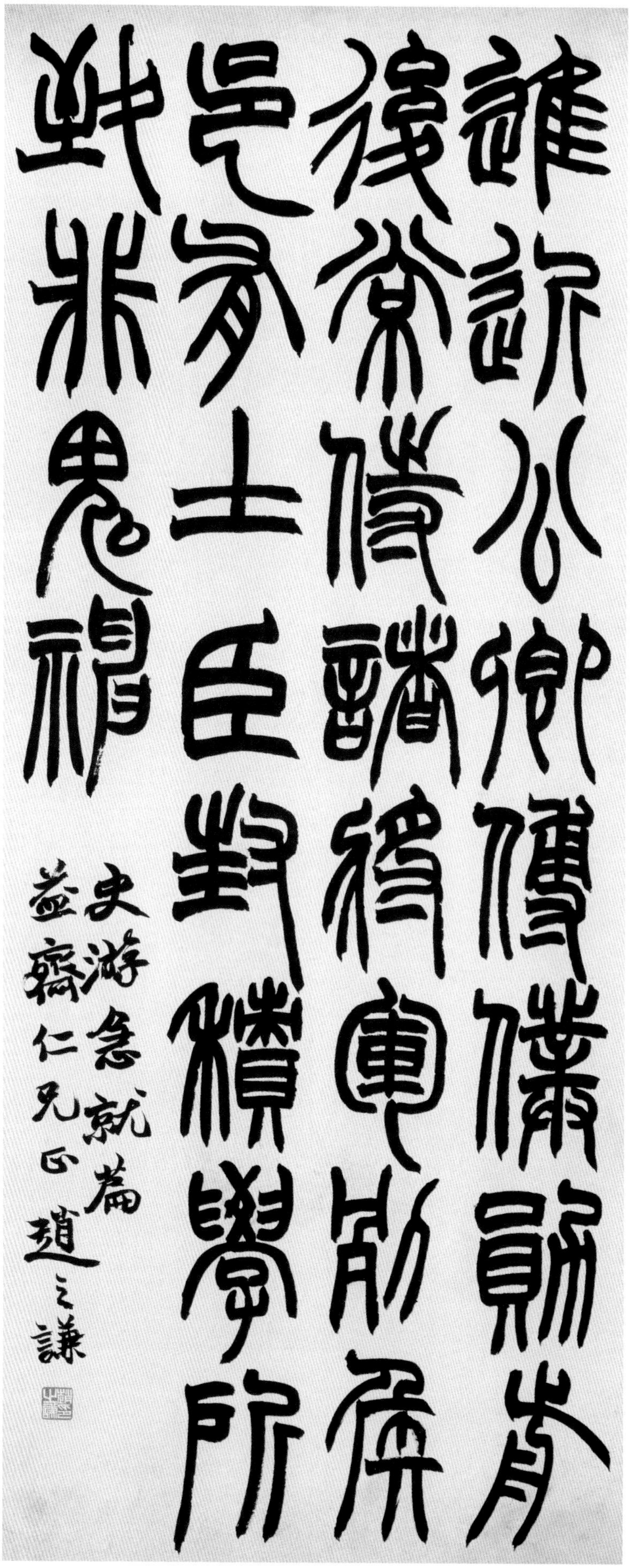

釋文：

進近公卿傅僕勳，前後常侍諸將軍。列侯邑有土臣封，積學所致非鬼神。 史遊急就篇 益齋仁兄正 趙之謙

126

趙之謙　楷書五言聯
紙本　楷書
聯縱189厘米　橫56.5厘米

Wu Yan Lian (parallel phrases with five characters) in regular script
By Zhao Zhiqian
Antithetic couplet, ink on paper
Each scroll: H. 189cm　L. 56.5cm

集前人詩句為聯："猛志逸四海，奇齡邁五龍。"上聯署"集陶徵士郭著作詩句為益齋尊兄書"，下聯款"同治九年太歲在庚午中夏之月　趙之謙記"，鈐"會稽趙之謙印信長壽"（白文）、"定光佛再世墜落娑般世界凡夫"（朱文）印。時趙氏四十一歲。

此聯書風雄健，折筆方闊而墨氣溫潤，尚保留有顏魯公楷法遺意，但其瀟洒流暢之勢，已具鄧石如書韻。謂其為鄧派之三變，信不虛言。此作為清代後期碑學書法的典型作品，也是趙之謙中年楷書的精品。

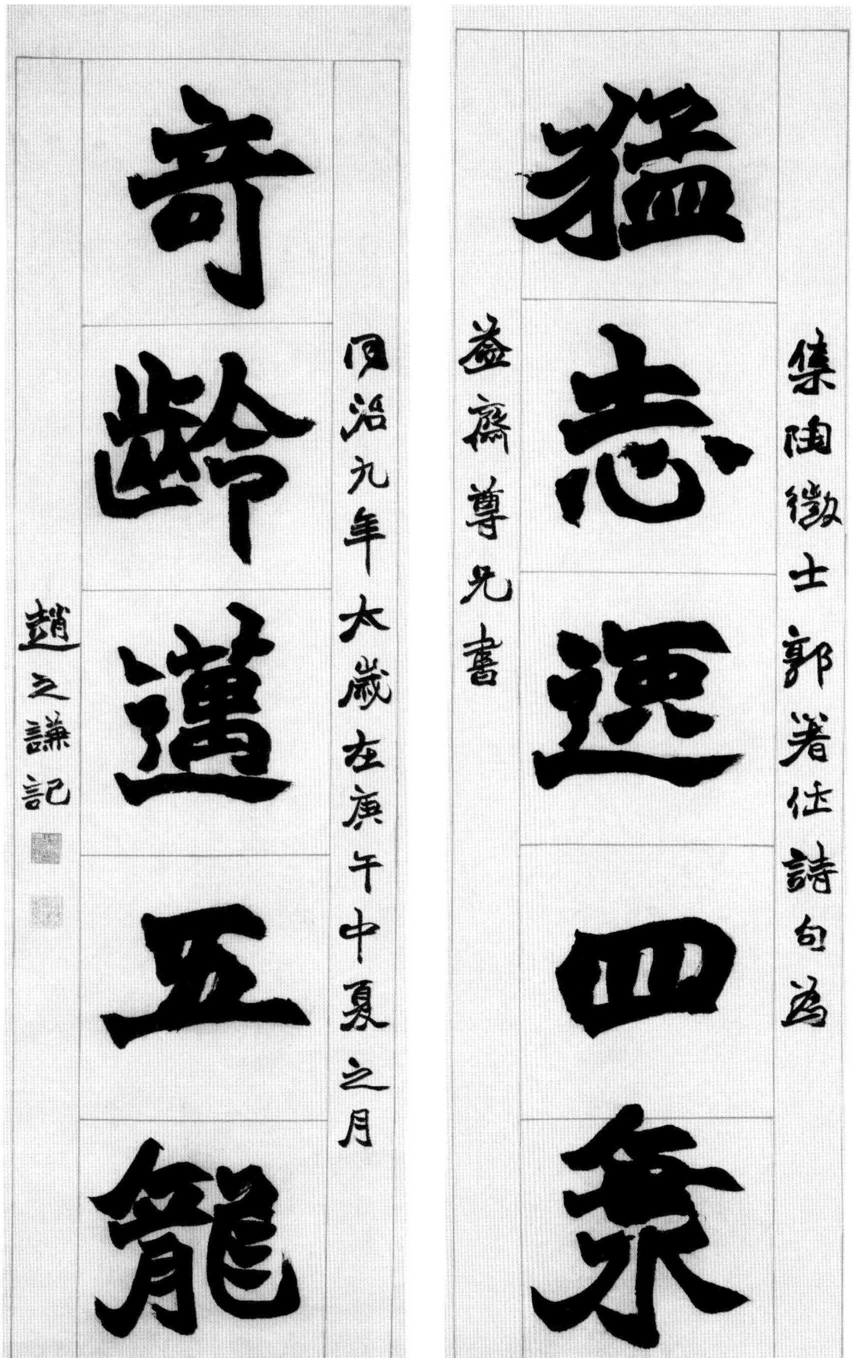

127

趙之謙 四體書冊
紙本 四體書 十二開
開縱28.5厘米 橫31.8厘米

Si Ti Shu (calligraphy in seal, official, regular and running scripts)
By Zhao Zhiqian
Album of 12 leaves, ink on paper
Each leaf: H. 28.5cm L. 31.8cm

《四體書冊》以篆、楷、行、行楷四體書錄古人語。首開篆書“君子暇豫則思義”，款署“阮子語”，鈐“趙之謙印”（朱文）印。第二開楷書，無款，鈐“會稽趙之謙字撝叔印”（白文）印。第三開楷書杜恕《體論》，末識“杜恕體論”，下鈐“漢後隋前有此人”（朱文）印。第四開楷書王充《論衡》句，末識“王充論衡”，下鈐“趙之謙印”（白文）、“漢後隋前有此人”（朱文）印。第五開行書《尹文子》句，末識“尹文子”，鈐“趙撝叔印”（朱、白文）印。第六開行楷書《莊子》句，末識“莊子”，下鈐“會稽趙之謙字撝叔印”（白文）印。第七開篆書《曾子・立事篇》句，“君子惡日以學及時而成。”末識“曾子立事篇”，鈐“趙撝叔”（朱、白文）印。第八、九開錄《抱樸子》句，末識“抱樸子”，下鈐“會稽趙之謙字撝叔印”（白文）印。第十開楷書，末款“撝叔”，下鈐“稽趙之謙字撝叔印”（白文）印。第十一開楷書錄商鞅文，末識“商君”，鈐“趙之謙”（白文）印。第十二開楷書，末識“昌言”，鈐“趙之謙印”（白文）印。從所鈐印章及書法風格看，此作應是趙之謙晚期作品。

趙之謙楷書初師顏真卿，後致力於北碑，遂成獨特書格。行、楷書盡現北碑方硬奇倔之風骨，用筆勁健，轉折處多呈峭勁之姿；而大字楷書則復具顏書沉雄偉岸之風。篆書用筆沉勁，以中鋒為主，間有側鋒頓挫，方圓互現，結體略長，字形雋美。此作集趙氏諸體書於一冊，代表了趙之謙書法藝術水平。

第一開

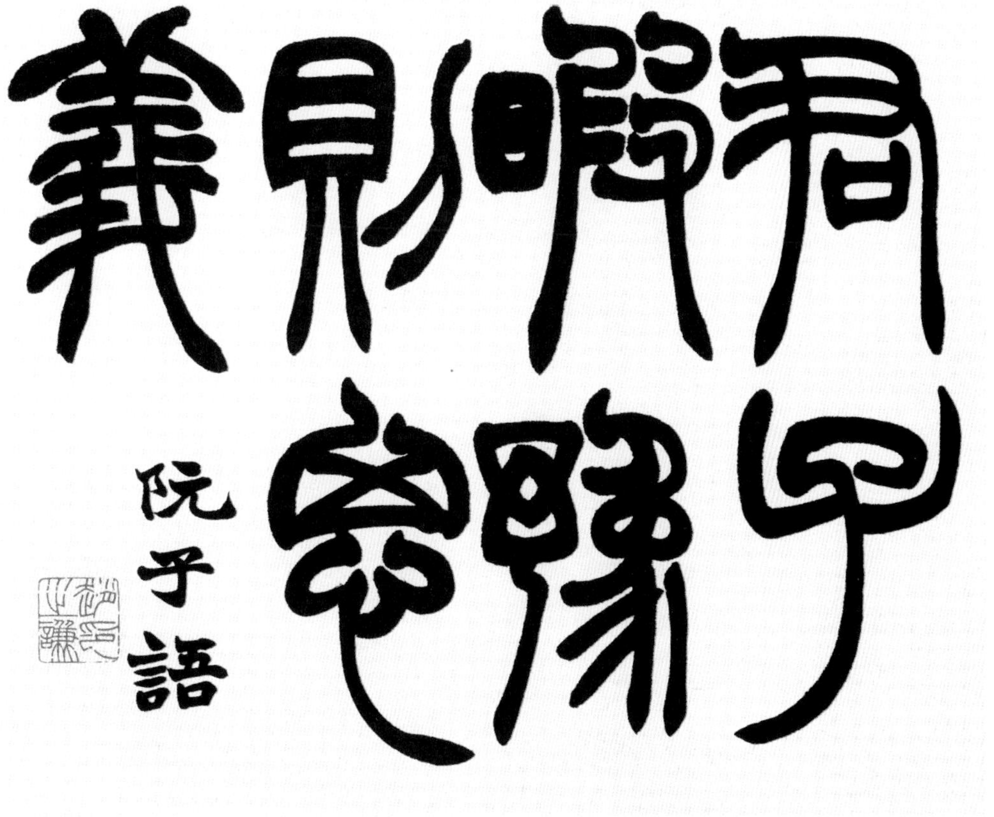

第二開

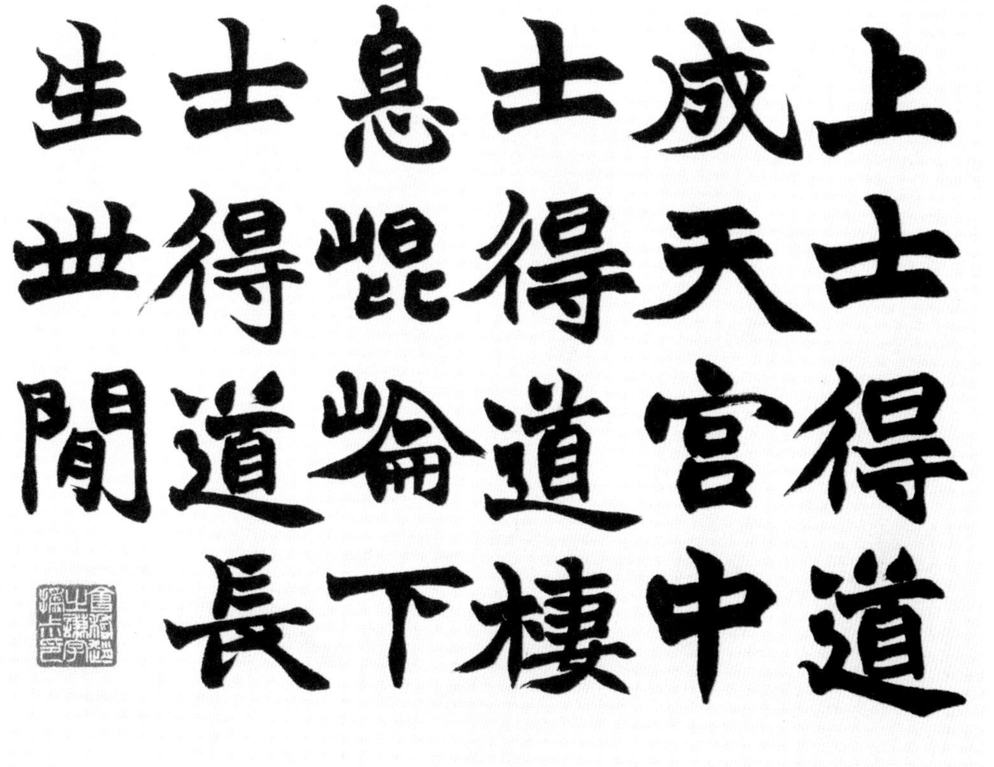

第四開

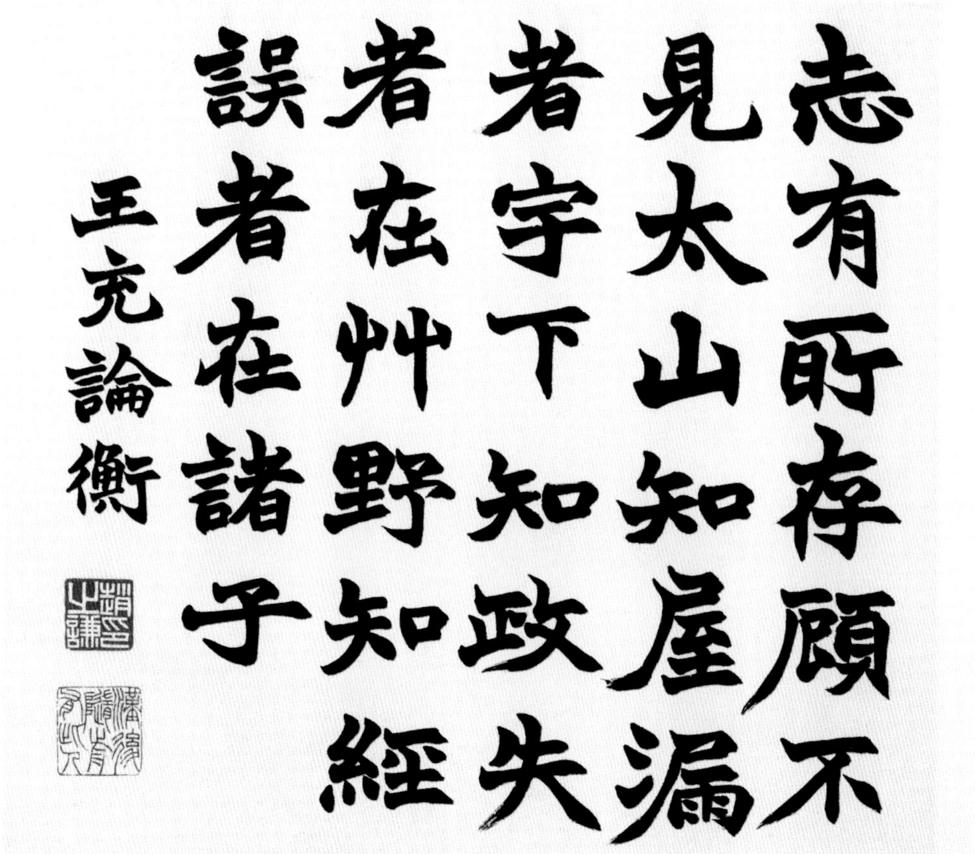
志有所存顧不
見太山知屋漏
者守下知政失
者在艸野知經
誤者在諸子
王充論衡

第六開

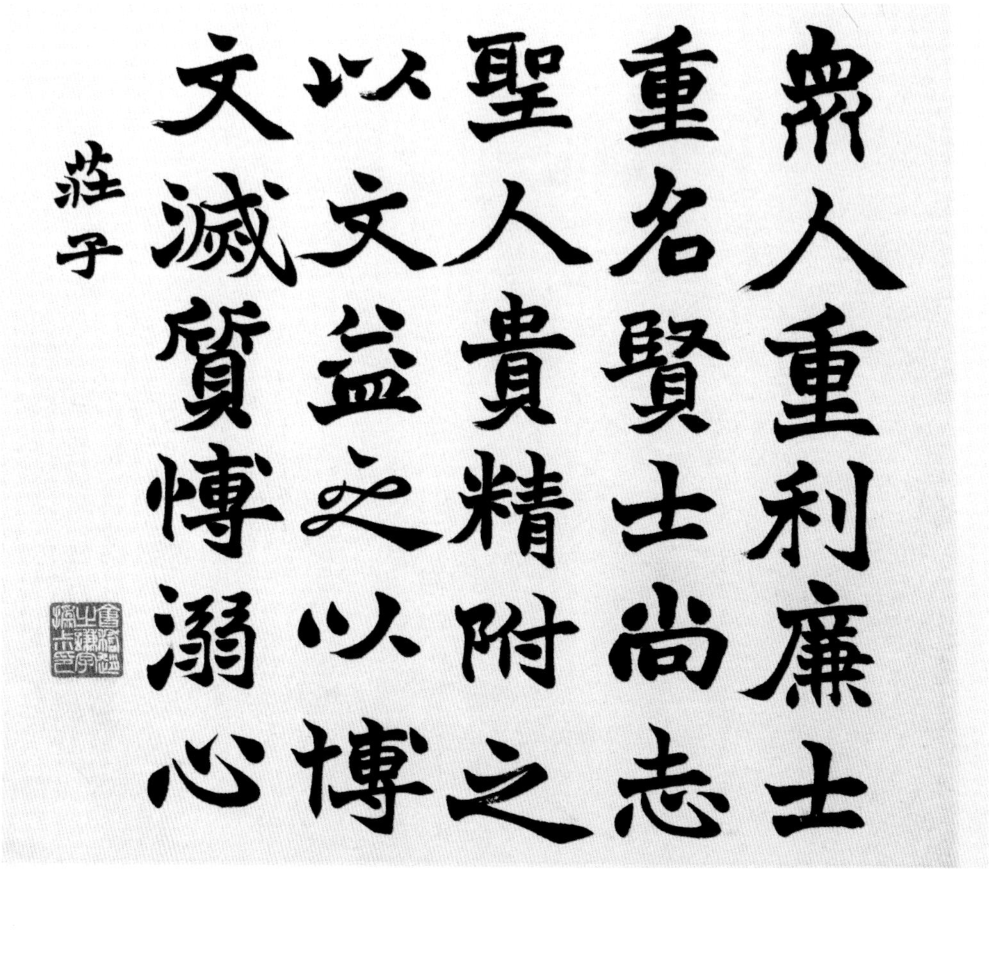
衆人重利廉士
重名賢士尚志
聖人貴精附之
以文益之以博
文滅質博溺心
莊子

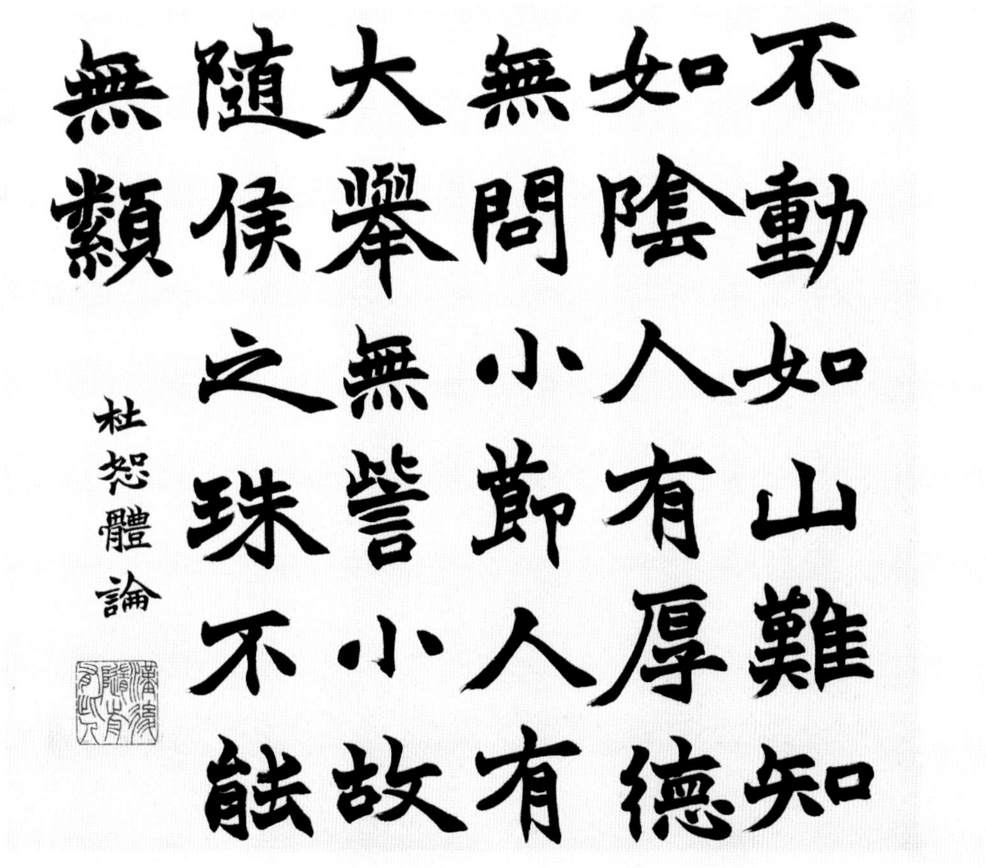
不動如山難知
如陰人有厚德
無問小節人有
大舉無訾小故
隨侯之珠不能
無纇
杜恕體論

第三開

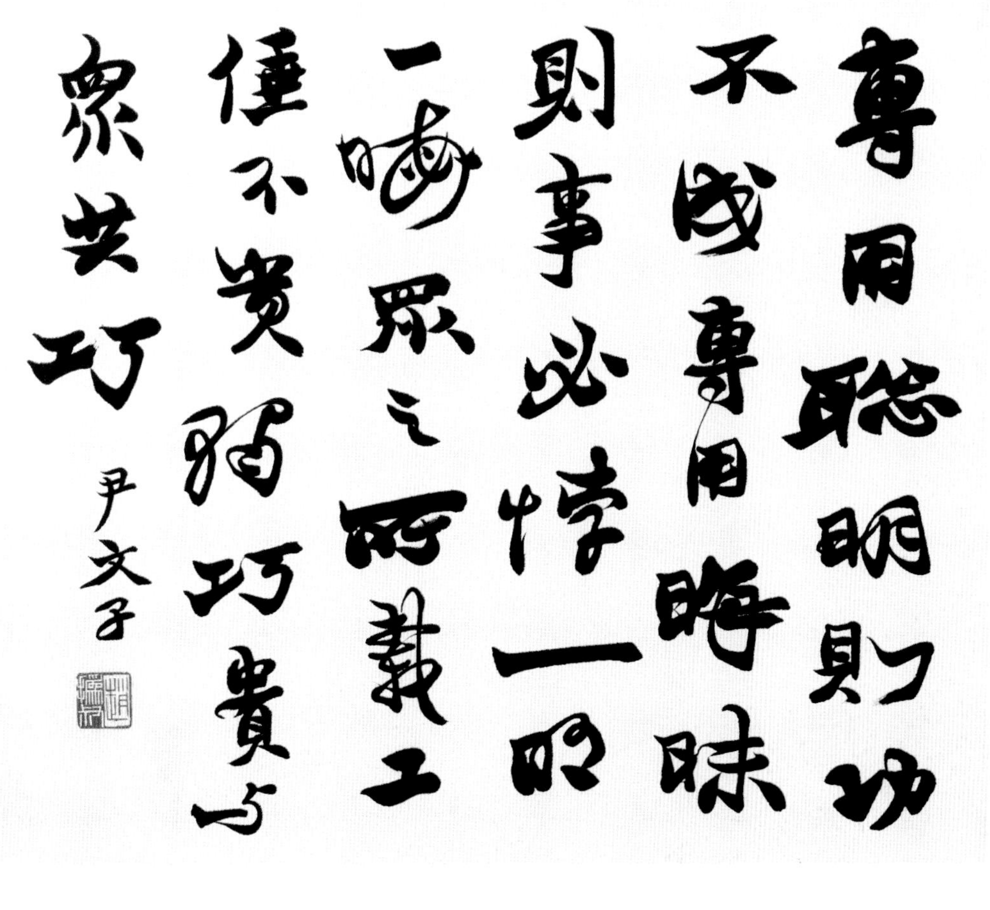
專用聰明則功
不成專用晦昧
則事必悖一明
一晦眾之所載工
僅不貲獨巧貴与
眾共巧
尹文子

第五開

第八開

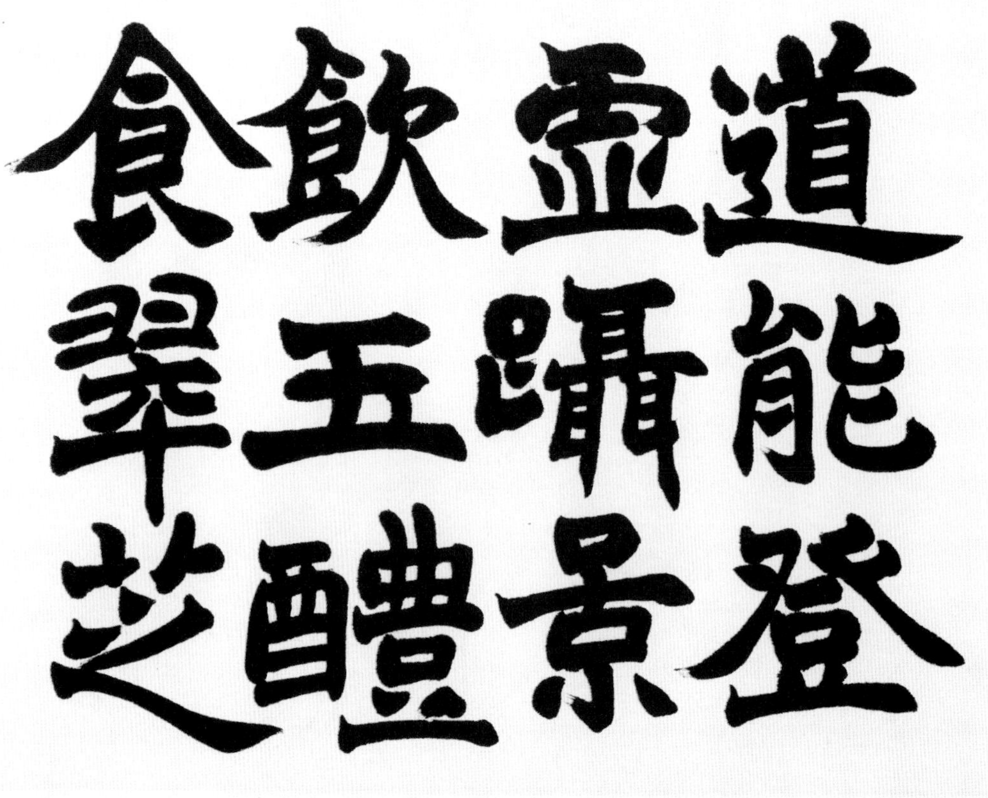
道能登
壺躡景
飲五醴
食翠芝

第十開

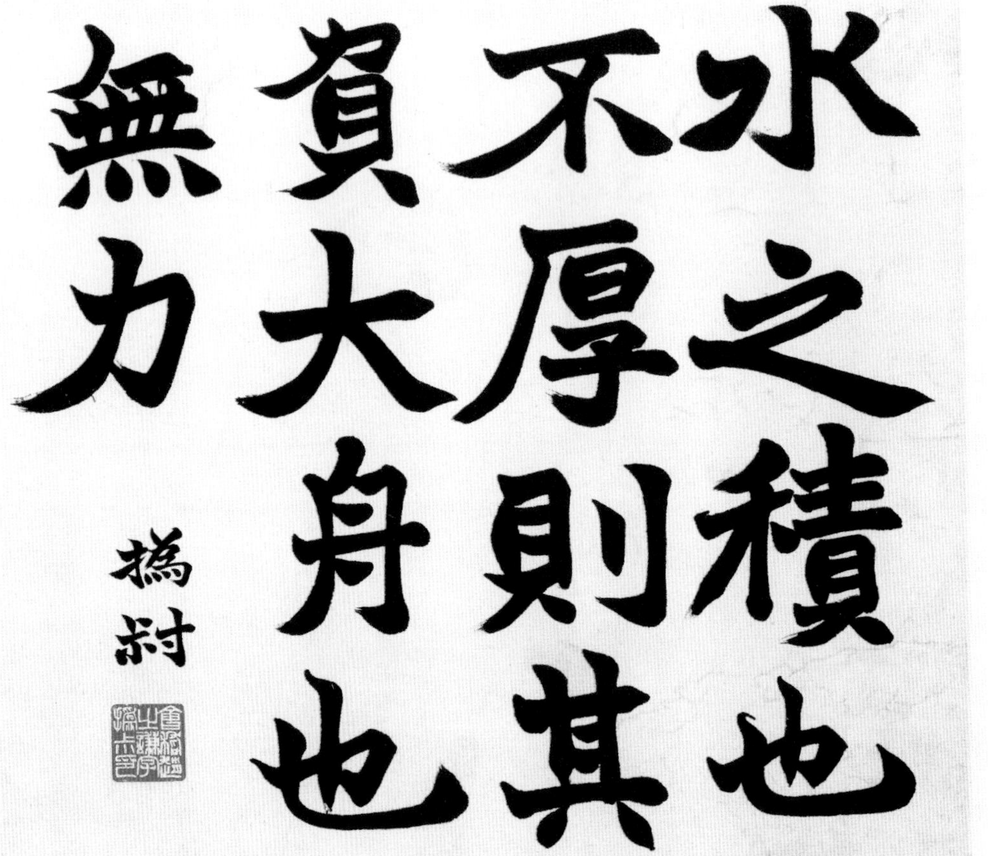
水之積也
不厚則其
負大舟也
無力
撝叔

第七開

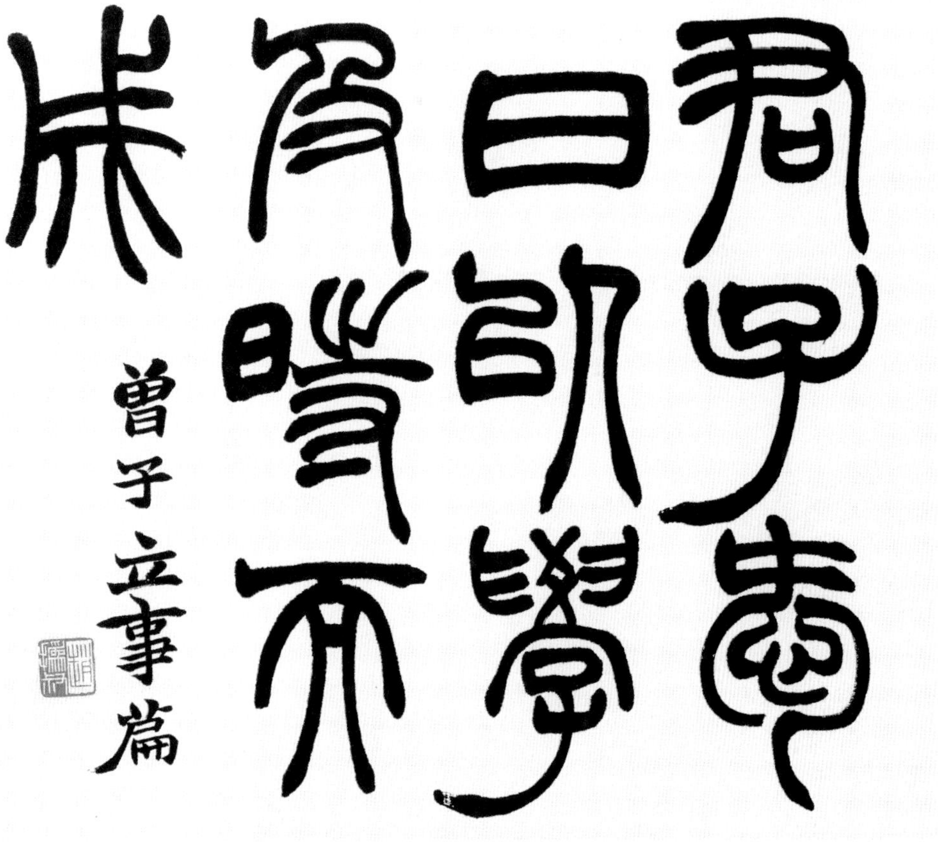

第九開

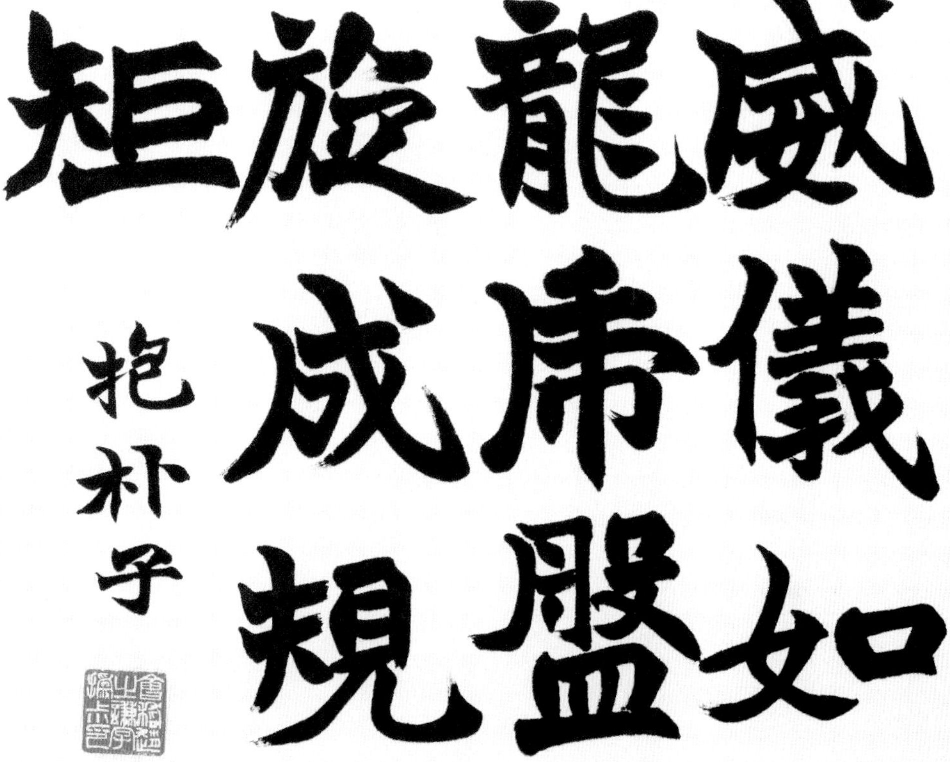

第十一開

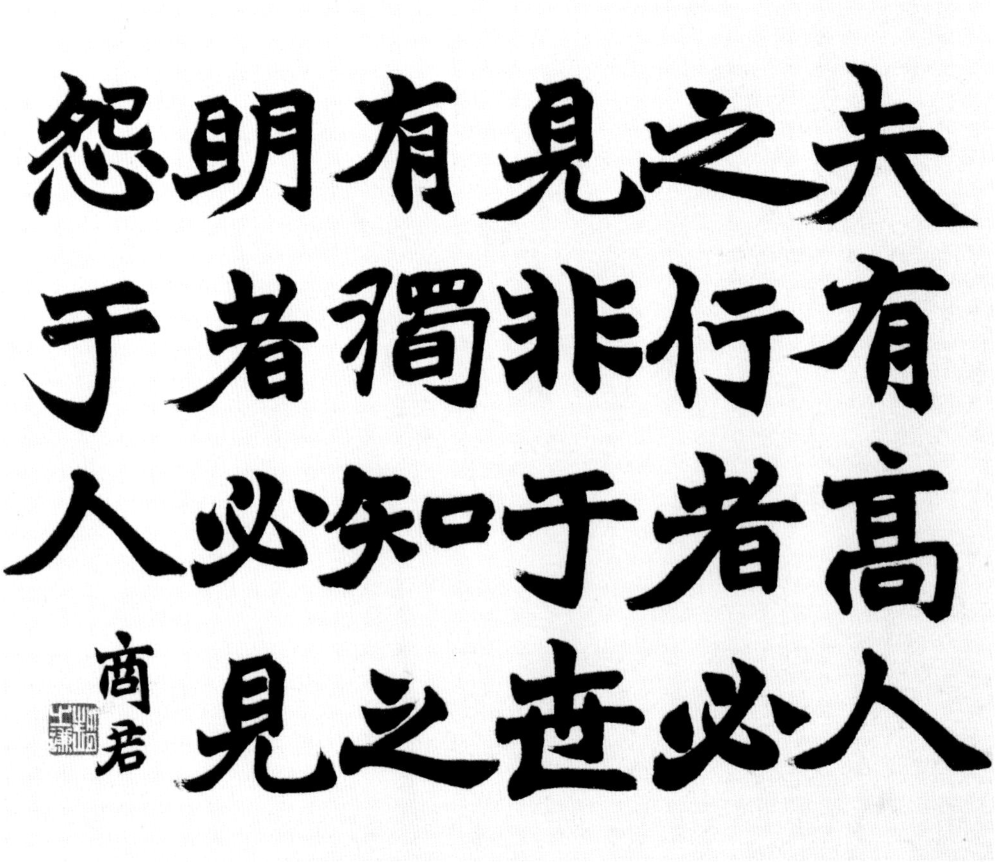
夫有高人之行者必見非于世有獨知之明者必見怨于人
商君

第十二開

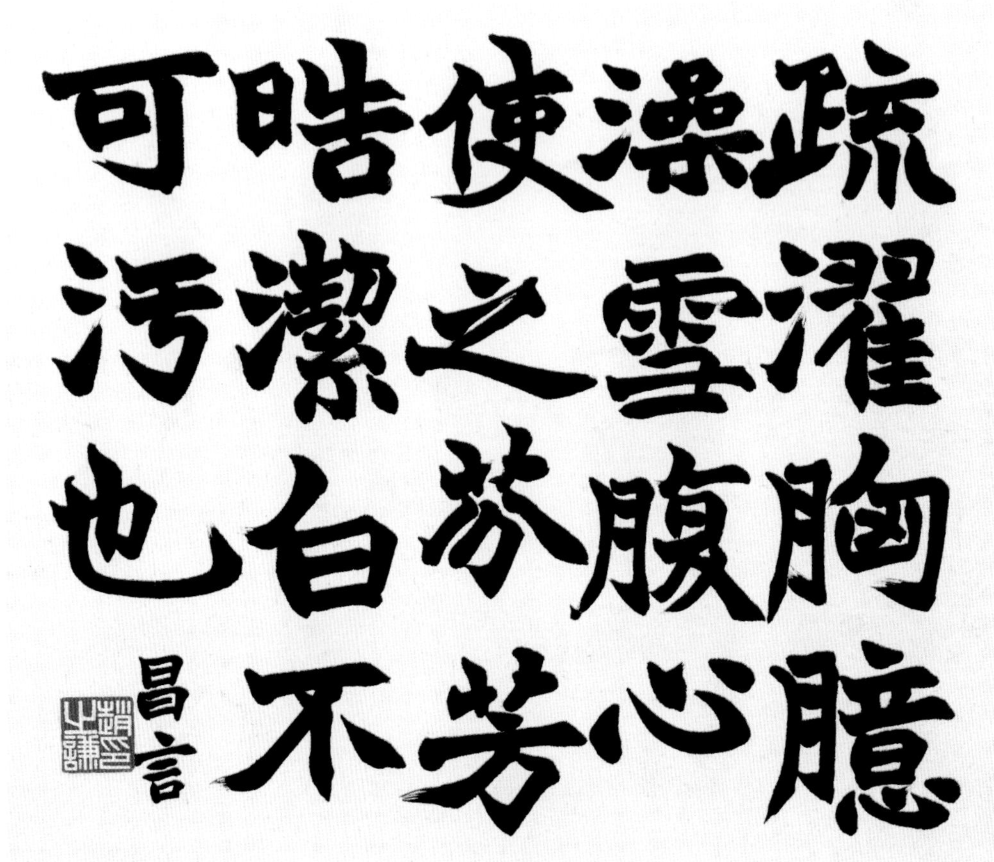
踈濯胸臆澡雪腹心使之芬芳皓潔白不可污也
昌言

128

張裕釗　行書七言聯

紙本　行書

聯縱129.5厘米　橫29.6厘米

Qi Yan Lian (parallel phrases with seven characters) in running script

By Zhang Yuzhao (1823-1894)

Antithetic couplet, ink on paper

Each scroll: H. 129.5cm　L. 29.6cm

張裕釗(1823—1894)，字廉卿，清代武昌(今湖北武昌)人。道光間舉人，官至內閣中書。與黎庶昌、吳汝綸、薛福成同師於曾國藩門下，世稱"曾門四弟子"。工書法，宗法魏晉，取法北碑，點畫轉折，外方內圓，風格獨特。近人馬宗霍評其書云："廉卿書勁潔清拔，信能化北碑為己用，飽墨沉光，精氣內斂，自是咸、同間一家。"

聯書贈"懷初尊兄大人鑑"，款署"弟張裕釗"，下鈐"張裕釗"(白文)、"廉卿"(白文)印。

此聯書法清勁灑脫，落墨沉實，折筆方勁處猶存北碑韻致，轉筆處用提頓法，以方為圓，落墨含蓄，誠如康有為所云："故為銳筆而實留，故為漲墨而實潔"。結字謹嚴，內緊外拓，頗具高古渾穆之氣，代表了張氏書法的典型風格，是其書作中精品。

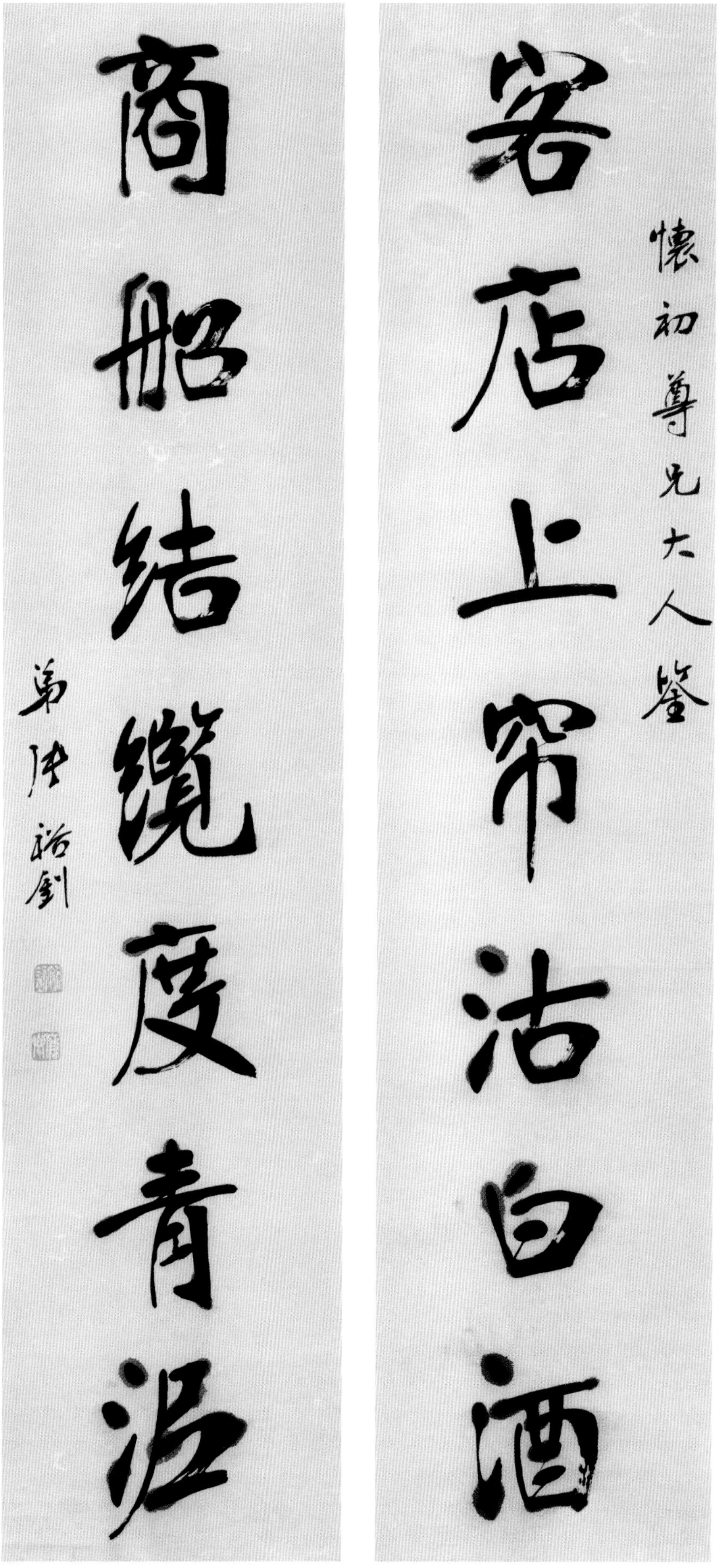

129

翁同龢 行書軸

紙本 行書
縱137.7厘米 橫68厘米

Xing Shu (calligraphy in running script)
By Weng Tonghe (1830-1904)
Hanging scroll, ink on paper
H. 137.7cm L. 68cm

翁同龢(1830—1904)，字叔平，號松禪，晚號瓶庵居士，江蘇常熟人。咸豐六年(1856)狀元，同治、光緒帝師。歷官刑部尚書、兼總理各國事務大臣、戶部尚書職協辦大學士等。工詩，間作畫，尤以書法名世。《清史稿》有傳。

軸款署"叔芾仁兄書家屬　叔平翁同龢"，鈐"翁同龢印"(白文)、"叔平"(朱文)印。

此軸書法雄渾古樸，氣息淳厚，字體寬博。側鋒用筆處線條方而扁，並時出飛白，顯得蒼健、鬱勃，帶有顏體沉着端重、雄放豪逸勢態。

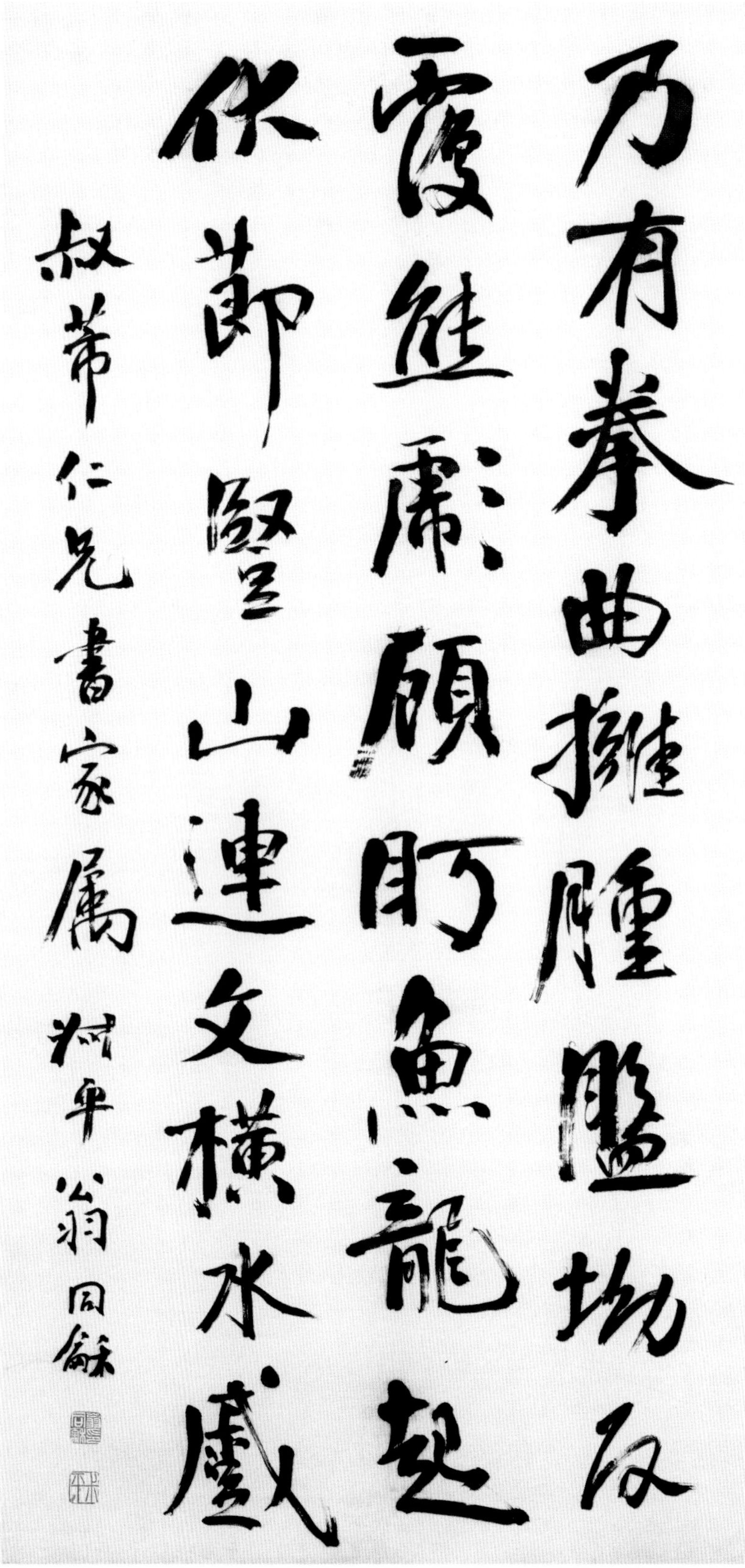

130

李瑞清　楷書臨鄭羲碑軸

紙本 楷書

縱131.1厘米 橫69.3厘米

Lin Zheng Xi Bei (After the inscriptions form the tablet of Zheng Xi) in regular script

By Li Ruiqing (1867-1920)

Hanging scroll, ink on paper

H. 131.1cm　L. 69.3m

李瑞清（1867—1920），字仲麟，號梅庵，民國後署清道人，江西臨川人。光緒進士。入翰林，任南京兩江優級師範監督，兼江寧提學史，提倡藝術教育。工書，少習北碑，工大篆、漢碑，行草書得力於黃山谷，真書出自晉唐。與曾熙有“北李南曾”之稱。辛亥革命後，改穿道服，以遺老自居，寓滬鬻字以自給。

軸臨北魏《鄭羲碑》，款署“渾穆精古而中有英鷙之氣，散盤法也。體規而矩，行氣橫而神和，北魏第一石也。宣統二年十一月　李瑞清”，鈐“阿梅”（朱文）、“李瑞清”（白文）、“黃龍硯齋”（白文）印。清宣統二年（1910），李瑞清時年四十四歲。

《鄭羲碑》即北魏《鄭文公下碑摩崖》，又名《鄭羲下碑摩崖》。此碑在山東掖縣雲峯山，乾隆間桂馥尋蹤得之，始有拓本傳世。此軸書法以澀而頓挫之筆取勢，並以點畫伸縮增加節奏感，形成雄渾峭拔，古樸奇拙風格。李瑞清以金文《散盤》筆法融入六朝碑誌，對《鄭羲碑》的臨寫，精確不易，遂成絕詣，為一時學大篆、習北碑者所宗。

鑑藏印記：“劉曼生收藏”（朱文）。

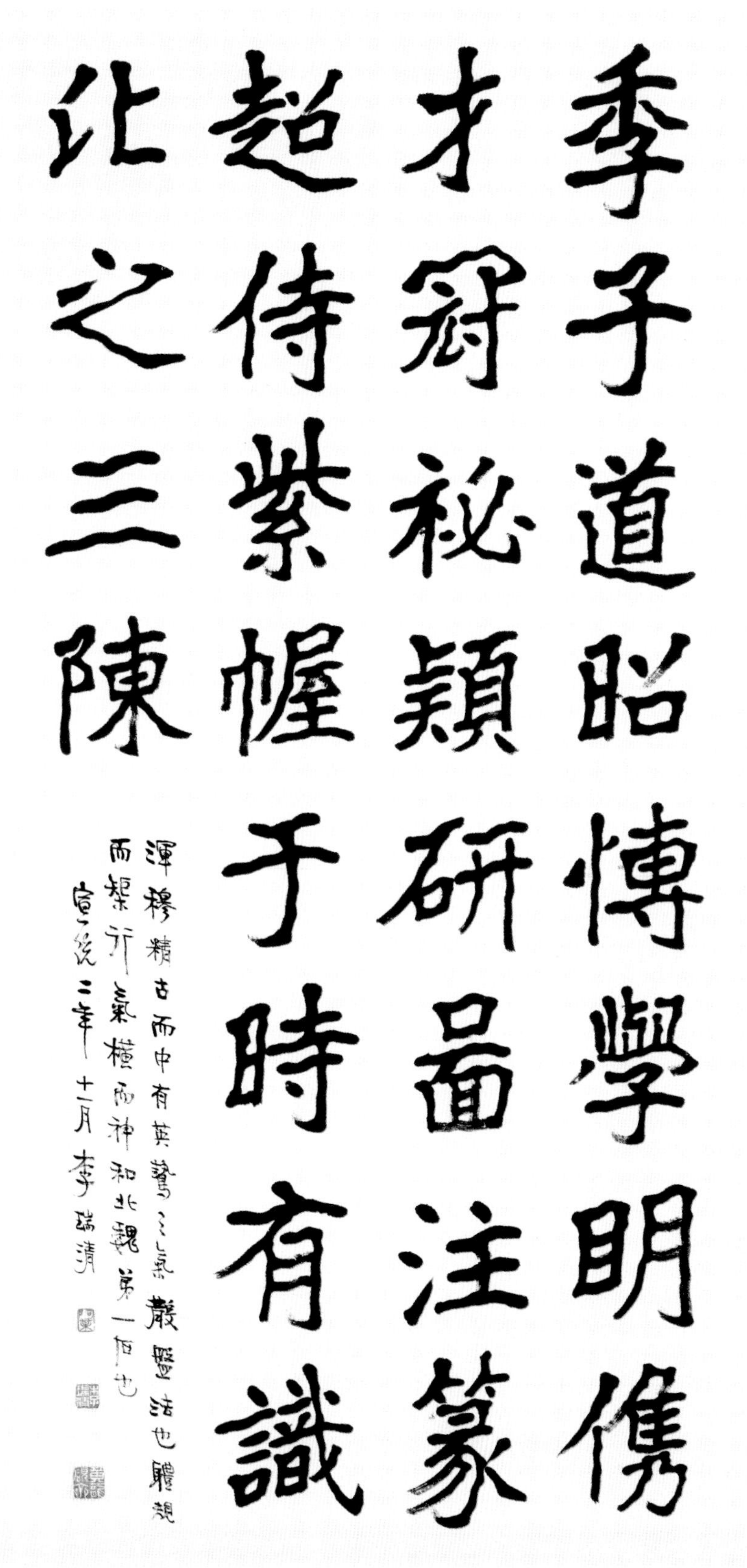

131

李瑞清　楷書鶴銘四條屏

紙本 楷書

屏縱130.3厘米 橫31.7厘米

He Ming (An inscription on crane) in regular script

By Li Ruiqing

A set of 4 narrow vertical scrolls hung together, ink on paper

Each scroll: H. 130.3cm　L. 31.7cm

軸書《瘞鶴銘》句，款署“鶴銘直繇鹿孝禹得筆法，與古篆通消息，前年遊焦山，坐臥碑下者兩晝夜。今來觀海青島，臨呈安圃尚書，尚覺江風襲袂也。玉梅華道士清”。鈐“李鉢 ”(朱文)、“駕麟乘龍馭鶴之室”(白文)印，首幅鈐“玉梅華庵”(朱文)、“黃龍硯齋”(白文)印。

《瘞鶴銘》是南北朝時期的摩崖刻石，宋黃長睿考為梁天監十三年(514年)刻，石原在丹徒(今江蘇鎮江)焦山西麓崖壁上，後墜入江中，碎為五塊。清康熙五十三年，蘇州太守陳鵬年募工挽出五石，移置焦山觀音庵內。其書法雄強秀逸，王澍評為：“書法雖已剝蝕，然蕭疏淡遠，固是神仙之跡。退谷所謂字體寬綽，具古隸，鋒稜雖刓，精光瑩者。”此軸書法取《瘞鶴銘》書勢，線條委婉，古拙奇峭，雄偉飛逸，自具風神。

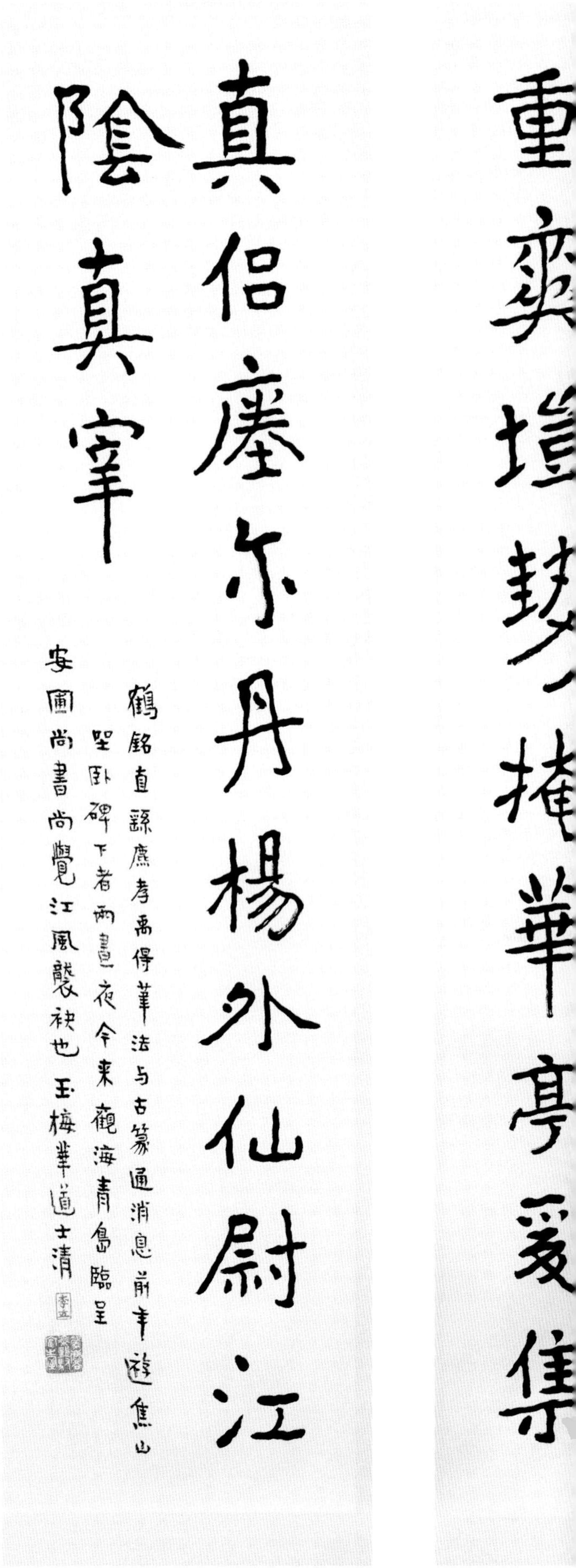

上皇歲得於華朱未遂
吾翔也迺以玄黃山之下仙家
石旌事篆銘不朽詞曰相此
胎禽浮華表留唯髣髴事
亦邪土惟盜後蕩洪流前固之

132

沈曾植　行書四言詩軸
紙本　行書
縱145.8厘米　橫40厘米

Si Yan Shi (four-syllable poetry) in running script
By Shen Zengzhi (1850-1922)
Hanging scroll, ink on paper
H. 145.8cm　L. 40cm

沈曾植(1850—1922)，字子培，號乙盦，晚號寐叟，浙江嘉興人。生於詩書之家，學識廣博，為晚清學者、詩人和書法家。書擅各體，尤以草書為佳。初學包世臣，復取法鄧石如，晚年轉宗黃道周、倪元璐，因而其書風始終處於不斷變化之中。其書多用方筆，風格挺健峭拔，沙孟海先生評曰："翻覆盤旋，如遊龍舞鳳，奇趣橫生。"

軸錄宋代黃庭堅詩一首。款署"山谷詩　寐翁"，下鈐"沈曾植印"(白文)、"海日廔"(朱文)印，引首鈐"知一念即無量劫"(朱文)印。

此軸書法下筆有力，多用側鋒，筆畫勁利挺峭，有北碑意趣，章法佈局亦自具特色。沈氏書法貌似鬆散，實則意到筆隨，回護照應，不失毫厘。章法佈白更處處呼應，相揖相讓，靜中求動。此作代表了沈曾植行書藝術水平。

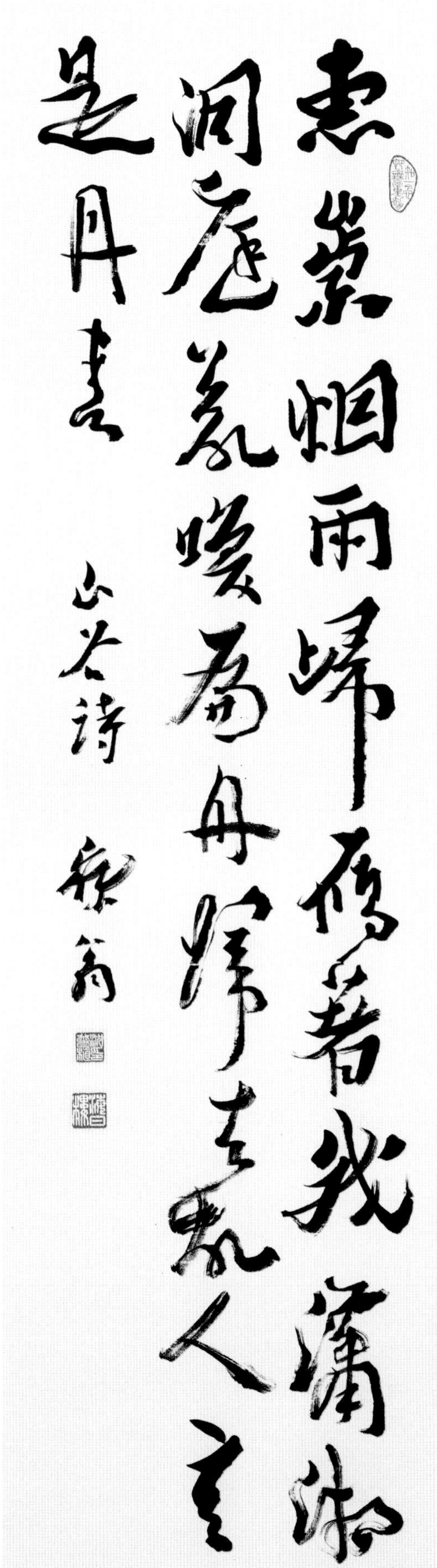

133

沈曾植　草書臨帖軸

紙本　草書

縱146.1厘米　橫40.2厘米

Lin Tie (After a model calligraphy) in cursive script

By Shen Zengzhi

Hanging scroll, ink on paper

H. 146.1cm　L. 40.2cm

軸臨東晉王羲之《重熙書帖》。款署“敬垣仁兄雅政　寐叟”，下鈐“寐叟”(朱文)、“海日廔”(白文)印。

此軸雖係臨古帖，但運筆流暢，更多自家書特徵。如運筆粗重，多用側鋒，呈現出挺勁峭拔、方硬勁健的風格，帶有濃鬱的北碑書法特色。字與字間相對緊密，多不相連，但筆意相通而使行氣貫通。又有黃道周書法奇倔風格之孑遺，表現出獨特的草書風貌。清代晚期書壇在碑學盛行的情況下，書家們多以篆隸書為能事，以草書名世者為數甚少，因而沈氏書法在當時堪稱獨具一格。

鑑藏印記：“千山張氏小琅環室藏”(白文)、“達盦 珍賞”(朱文)。

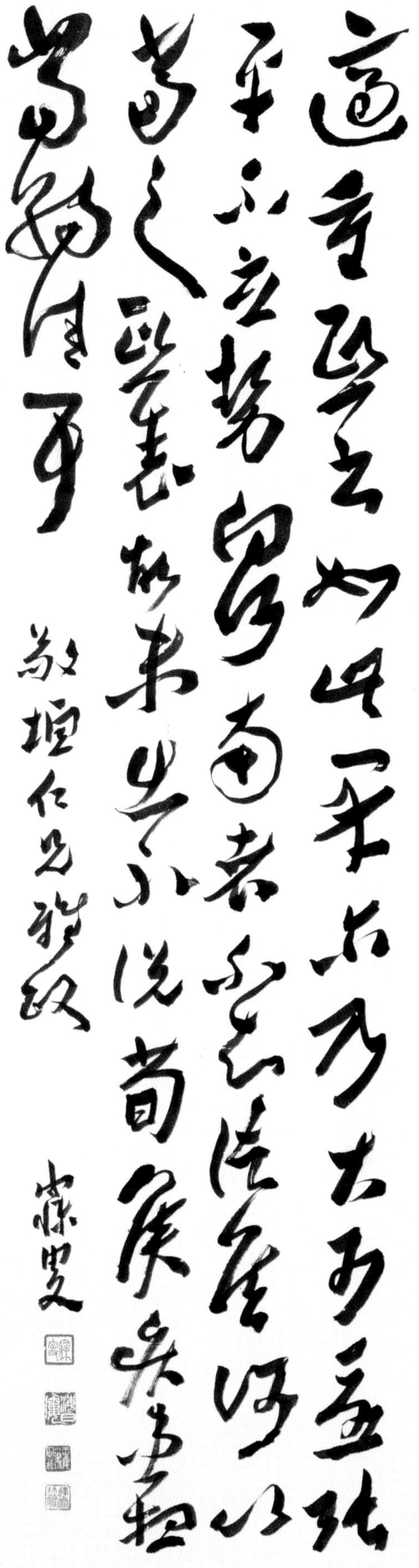

釋文：

適重熙書如此，果爾，乃甚可憂。張平不立勢向河南者，不知諸侯何以當之。熙表故未出，不說。荀侯疾患，想當轉佳耳。　敬垣仁兄雅政　寐叟

134

康有為　行書七言詩軸

紙本 行書

縱179.8厘米 橫47.7厘米

Qi Yan Shi (seven-syllable poetry) in running script

By Kang Youwei (1858-1927)

Hanging scroll, ink on paper

H. 179.8cm　L. 47.7cm

康有為(1858—1927)，原名祖詒，字廣夏，又字更生，號長素，清代南海(今海南)人。光緒進士，官工部主事。"戊戌變法"主要發起人之一。清末著名書論家，著有《廣藝舟雙楫》，影響甚廣。倡法北碑，書學包世臣、張裕釗，得力於《石門銘》，評者謂有"縱橫奇宕之氣"。其書不泥於古法，點畫結字，不求工整，處處皆有新意。《清史稿》有傳。

軸書錄七言詩一首，為康氏晚年為狄詠棠所書。款署"康有為"，下鈐"康有為印"(白文)、"維新百日出亡十六年二周大地遊遍四洲經三十一國行六十萬里"(朱文)印。左右裱邊有民國時人陳經等題識四則。

此軸書法用筆枯渴，筆力挺健而時出顫掣，筆畫多飛白痕跡，更增添了作品老勁雄壯之氣。結字大小變化，融漢、魏書法沉鬱雄偉於一體，又不受其拘束，逾規宕矩，自出新意。

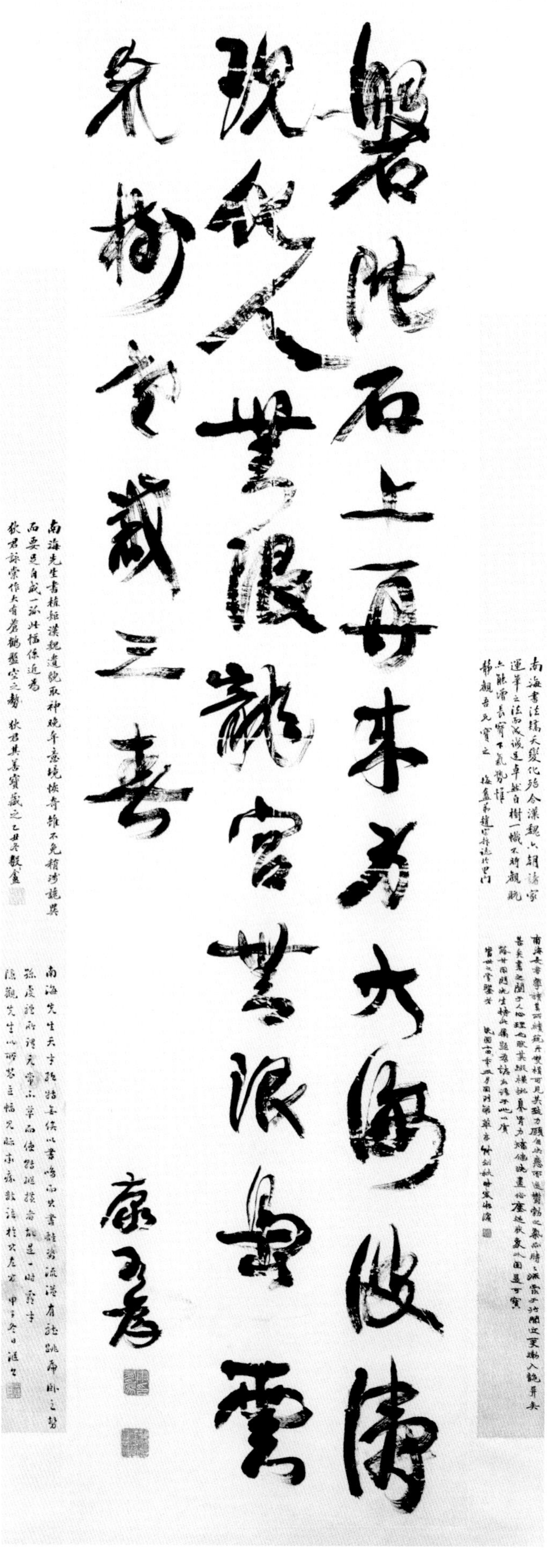

135

康有為 行書軸
紙本 行書
縱132.3厘米 橫64.7厘米

Xing Shu (calligraphy in running script)
By Kang Youwei
Hanging scroll, ink on paper
H. 132.3cm L. 64.7cm

軸款署"康有為"，鈐"康有為印"(白文)、"維新百日出亡十六年二周大地遊遍四洲經三十一國行六十萬里"(朱文)印。

此軸書法結體舒張，取北碑之方硬，以中鋒行筆，頓挫有力，而轉折多圓，顯現出恢宏的氣勢。符鑄評其書云："蓋純以樸拙取境者，故能洗滌凡庸，獨標風格。然肆而不蓄，矜而益張，不如其言之善也。"這一評論可謂恰如其分，指出了康氏書法雖富新意，但過分逾於法度，顯得外露而乏含蓄。

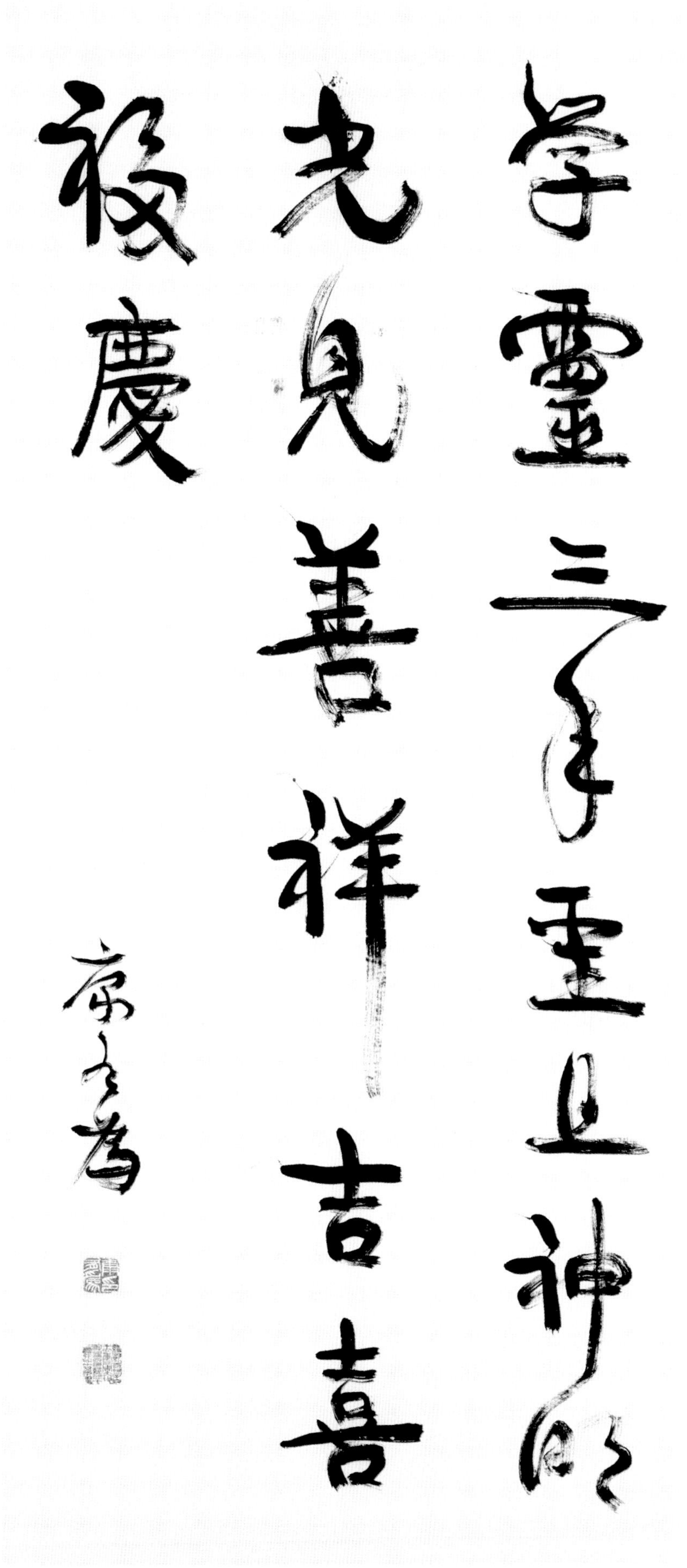

136

楊守敬　行書孟浩然詩軸

紙本　行書
縱165.1厘米　橫35.7厘米

Meng Haoran Shi (a poem of Meng Haoran) in running script
By Yang Shoujing (1839-1915)
Hanging scroll, ink on paper
H. 165.1cm　L. 35.7cm

楊守敬(1839—1915)，字惺吾，號鄰蘇，湖北宜都人。同治元年(1862)舉人。初習商，後潛心於歷史地理研究。精金石之學，善書法，曾為使臣隨員赴日本，攜古碑帖萬餘種，與日本書法家交流，對日本書壇產生很大影響。其書初學歐陽詢，後致力於顏真卿、蘇軾書法，乃自成一家。

軸書錄唐代孟浩然《夜歸鹿門山歌》詩，款署“錄孟襄陽詩宣統庚戌九月鄰蘇老人書於鄂城菊灣，時年七十有二”，下鈐“楊守敬”(白文)、“惺吾七十以後書”(白文)印。

此軸書法淳雅樸厚，能融鑄碑帖，寓漢隸之韻，法魏碑風規，行筆略帶滯澀之勢，峭拔古勁。結字秀麗，行筆灑脫，具歐書風韻。代表了楊守敬晚年書法藝術水平。

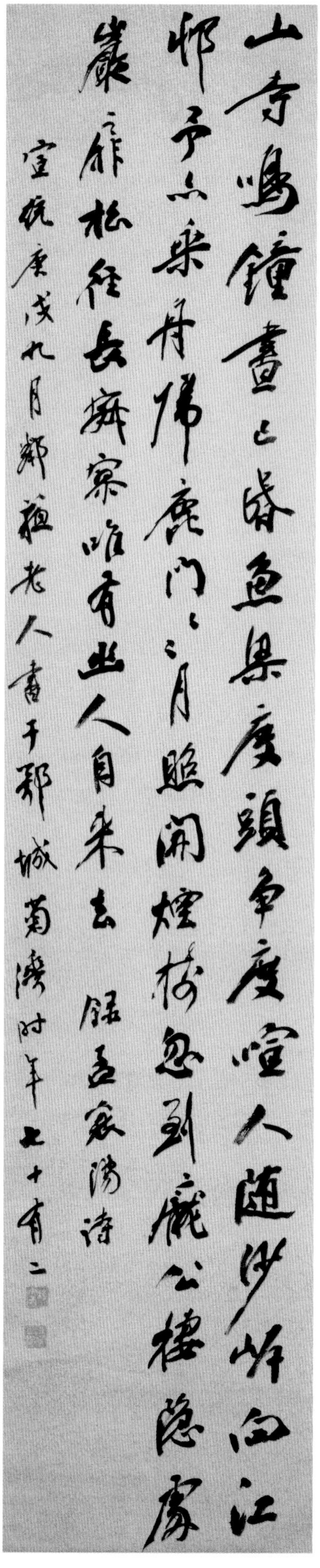

137

楊守敬　行書七言聯

紙本　行書

聯縱134.4厘米　橫32.5厘米

Qi Yan Lian (parallel phrases with seven characters) in running script

By Yang Shoujing

Antithetic couplet, ink on paper

Each scroll: H. 134.4cm　L. 32.5cm

聯云：“峯巒壓岸東西碧，桃李臨波上下紅。”款署“光緒丙午四月　鄰蘇老人”，下鈐“楊守敬印”（白文）、“光緒丙午鄰蘇老人六十八歲作”（白文）印。為楊守敬晚年書作。

此聯書法筆墨沉實，結字秀美，用筆連帶自然，使轉自如，間出飛白，個性鮮明。

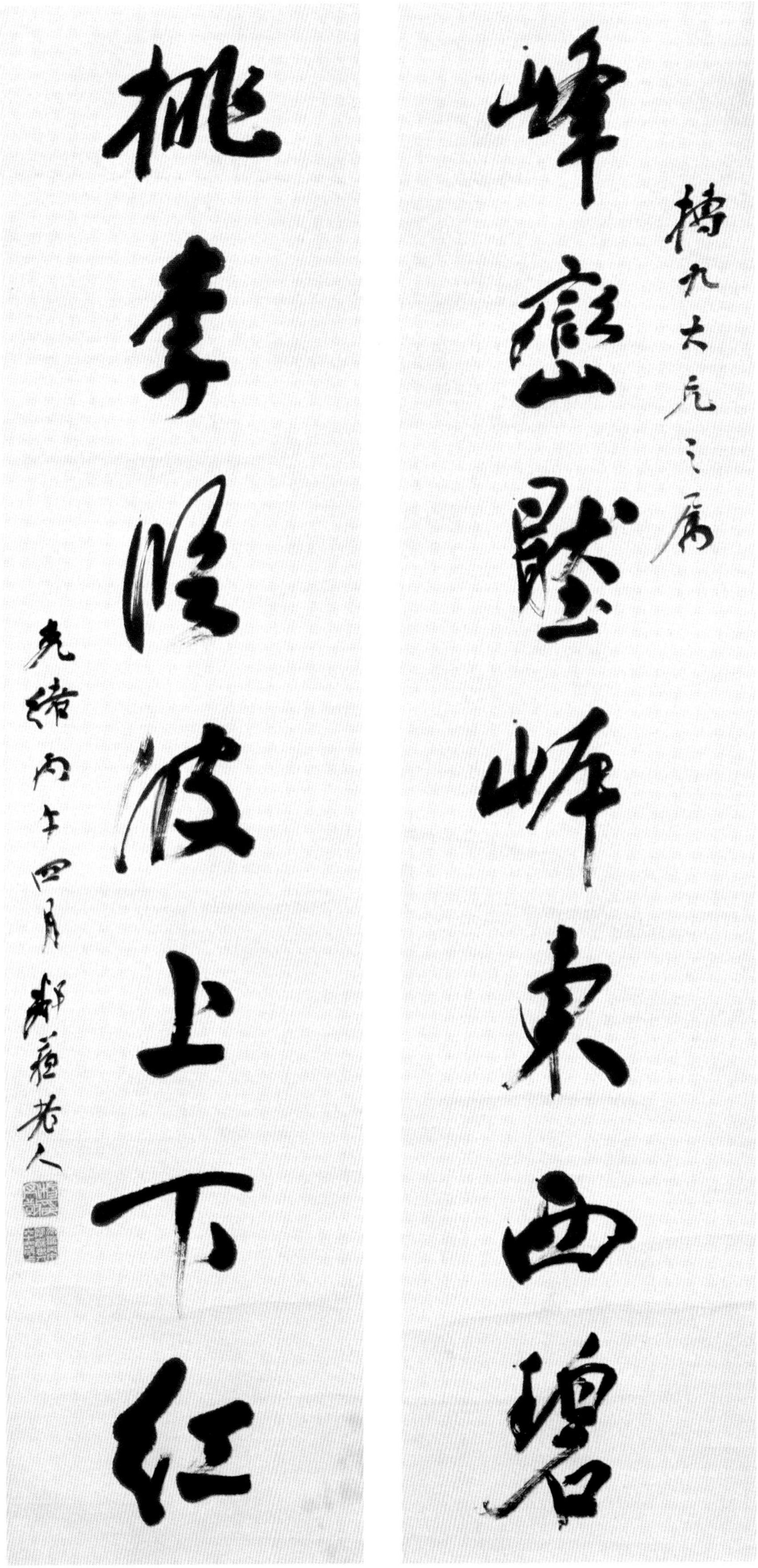

138

吳昌碩　行書五言詩軸
紙本 行書
縱136厘米 橫47厘米

Wu Yan Shi (five-syllable poetry) in running script
By Wu Changshuo (1844-1927)
Hanging scroll, ink on paper
H. 136cm　L. 47cm

吳昌碩（1844—1927），名俊卿，字昌碩，以字行，號苦鐵、缶廬等。浙江安吉人。早年習書，中年學畫。曾任官府小吏，後以鬻書賣畫為生。與任伯年、高邕等滬上書畫家友善。精書畫、篆刻，亦工詩，為名播宇內的海派宗師。書法一變前人成法，風格獨特，最長於摹寫石鼓文，以此擅名於近代書壇。

軸書錄五言詩一首。款署“普寧寺牡丹　丁卯深秋錄於癖斯堂　吳昌碩年八十四”。下鈐“倉碩”（白文）印。“丁卯”為1927年。

此軸書法古拙遒勁，於法度之外，別開生面。用筆時而厚重沉着，時而瀟灑飄逸，起筆與橫筆多沉實，撇筆多細長，有如其畫梅之法。結字多欹側，但以筆畫之粗細保持重心的穩定，無傾倒之勢。充分體現了吳氏書法“用筆遒勁，氣息深厚”，“結體以上下左右取姿勢”的特徵，特別是其中有許多繪畫的用筆特點，面貌獨具一格。

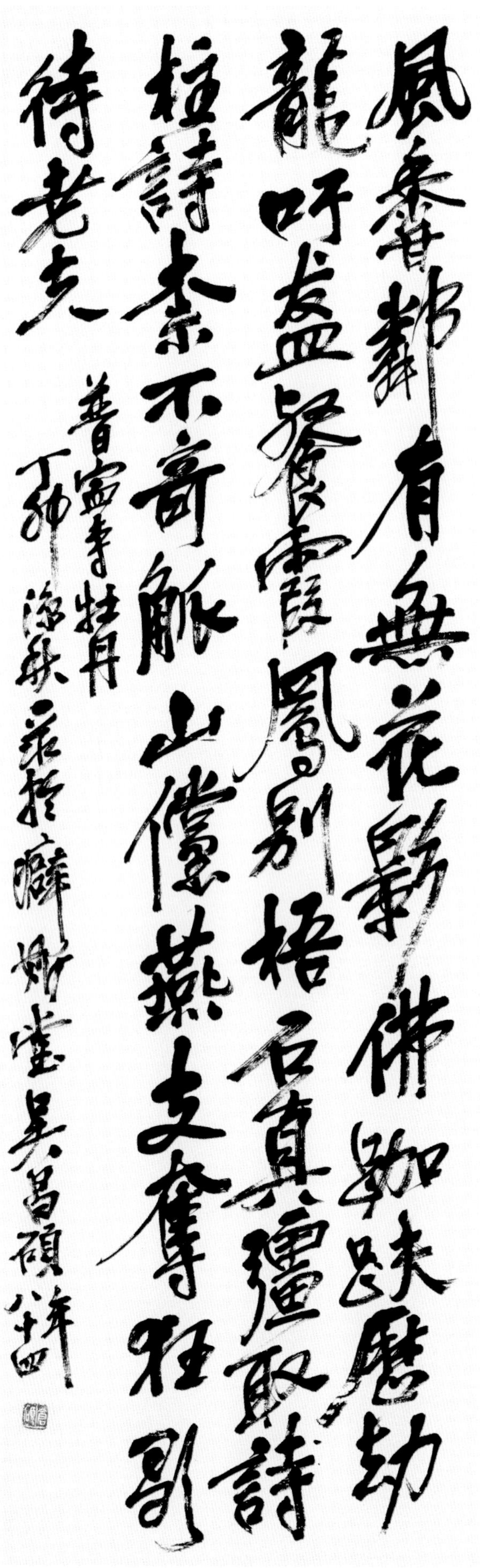

139

吳昌碩　篆書臨石鼓文軸

紙本 篆書

縱149.5厘米 橫82.3厘米

Lin Shi Gu Wen (After the inscription on drum-shaped stone blocks) in seal script

By Wu Changshuo

Hanging scroll, ink on paper

H. 149.5cm　L. 82.3cm

軸臨《石鼓文》第三鼓"田車"篇。款署"吳昌碩"，下鈐"俊卿之印"(朱文)、"昌碩"(白文)印。書於1915年，吳昌碩時年七十二歲。

此軸筆法沉厚渾樸，筆力雄健，線條粗細富於變化。作為臨書，既師其意、得其形，又獨具自家風骨。近人向燊評其書云："昌碩以鄧法寫石鼓文，變橫為縱，自成一派"。為吳昌碩石鼓文書法的代表之作。

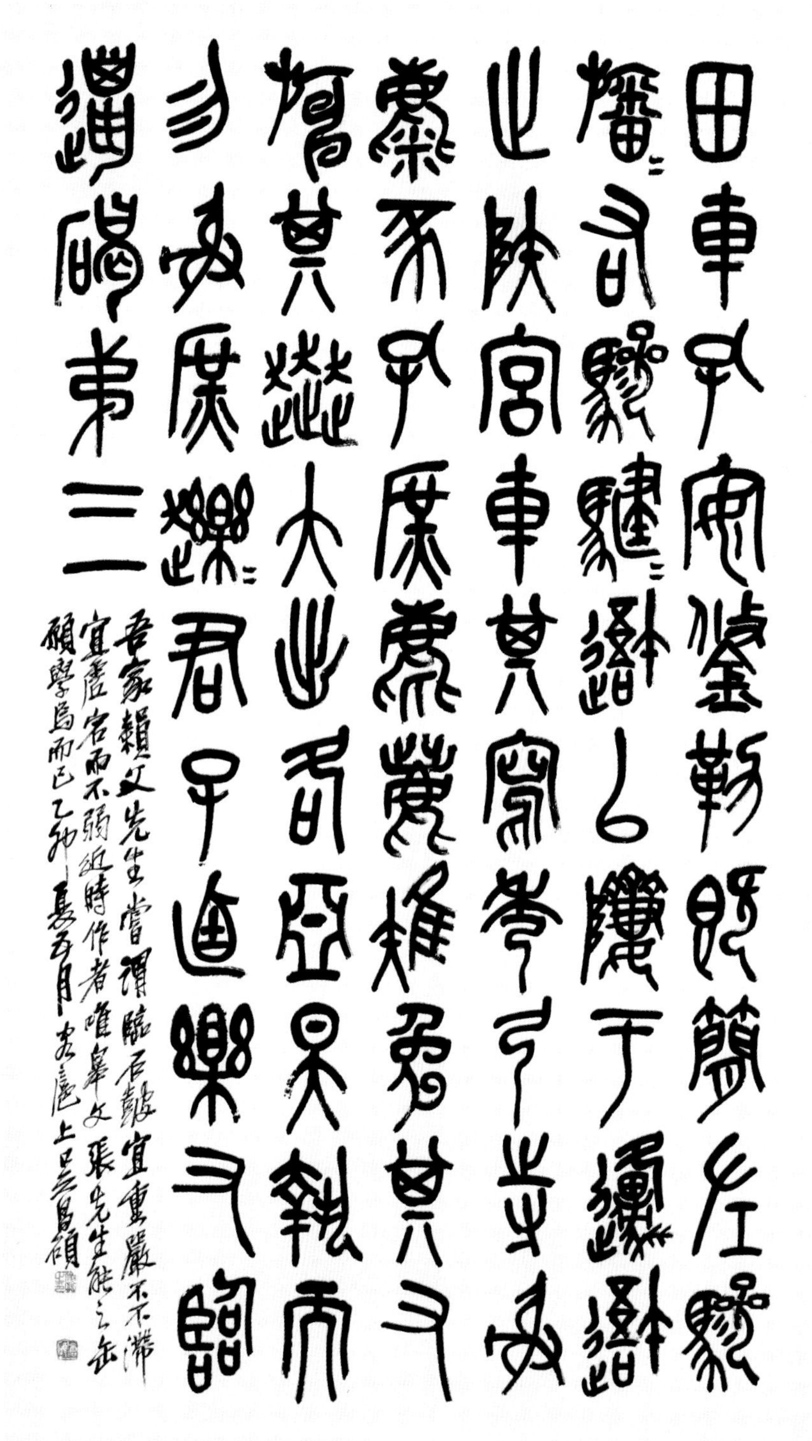

140

慈禧太后　御筆福祿壽三字軸

紙本　行書
縱128.3厘米　橫62厘米
清宮舊藏

Fu, Lu, Shou San Zi (three Chinese characters "happiness, prosperity and longevity")
By Empress Dowager Ci Xi (1835-1908)
Hanging scroll, ink on paper
H. 128.3cm　L. 62cm
Qing Court collection

慈禧(1835—1908)，姓葉赫那拉氏，安徽寧池太廣道道員惠徵之女，清咸豐帝貴妃。咸豐十一年(1861)發動"祺祥政變"，實行"垂簾聽政"，同治年自尊為慈禧皇太后。把持同治、光緒朝政四十八年。慈禧執政期間附庸風雅，喜以自己所作書畫賞賜羣臣以示恩寵，但其作品多為他人代筆。

軸書"福祿壽"，右上自題"光緒戊子新正御筆"，鈐"愛物儉身"(白文)、"法天立道"(朱文)印。上中鈐"慈禧皇太后之寶"(朱文)印。左上吳樹梅題七絕詩一首，鈐"吳樹梅章"(白文)、"朝朝染翰"(朱文)印。

此軸以"福、祿、壽"三字用朱筆象形手法組成一幅繪畫，"福"、"祿"兩字借用同一個偏旁"示"，"彔"、"畐"之間夾寫一個"壽"字，中間空白稍加數筆，畫成一個拄杖壽星。這種以字體組合成圖像的手法，多流行於民間，雖見巧妙，卻顯俗氣。關於慈禧太后的書法，近人馬宗霍《書林紀事》載："慈禧太后垂簾當國，亦喜怡情翰墨，學繪花卉，又學作擘窠大字，常書'福'、'壽'等字以賜內外大臣。"留存至今的慈禧書法以單個字為多，像本幅這樣書畫合一的作品罕見。

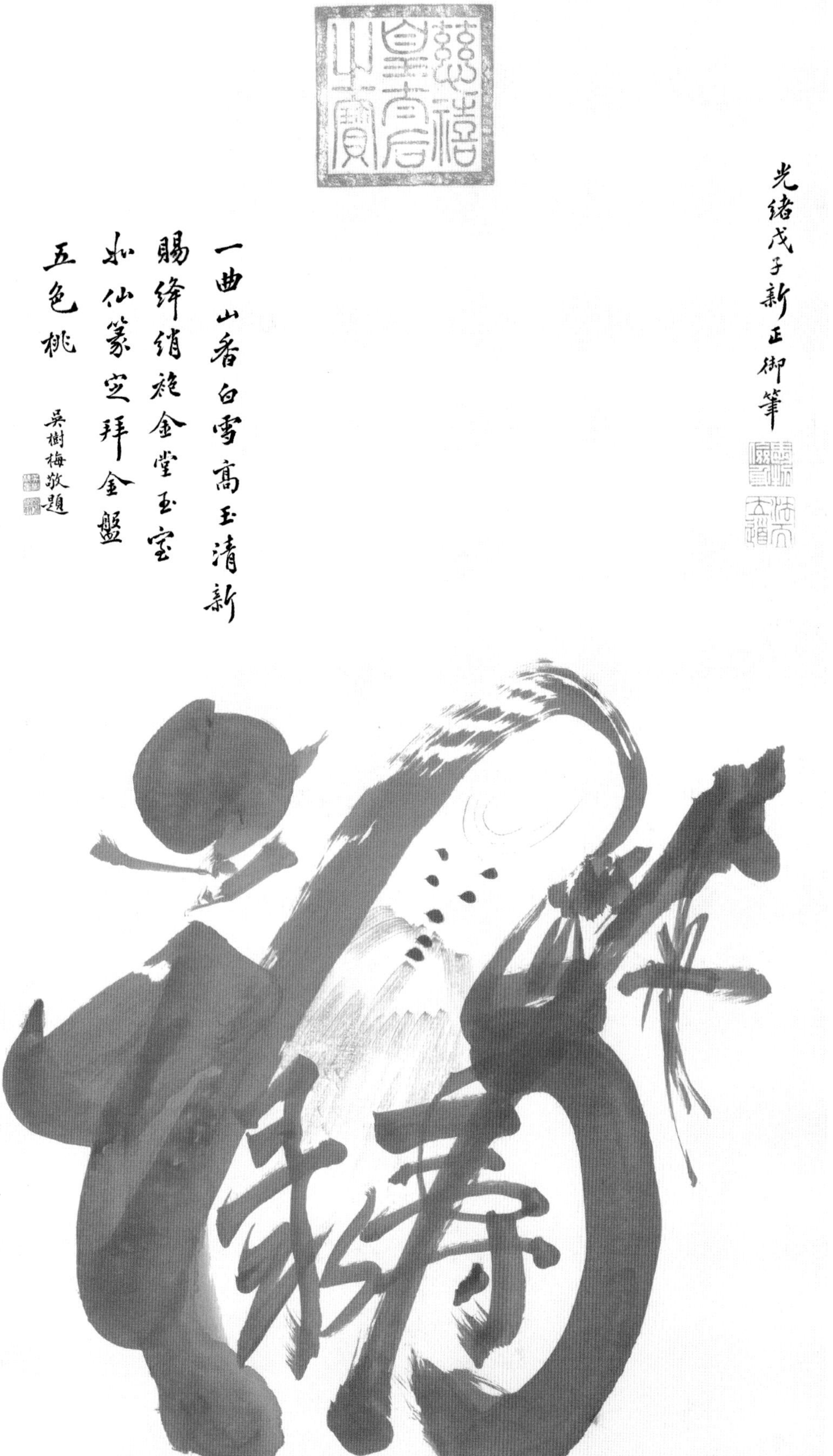
慈禧皇太后之寶
光緒戊子新正御筆
一曲山香白雪高玉清新
賜絳綃袍金堂玉室
如仙篆定拜金盤
五色桃
吳樹梅敬題